한국 청소년비행학

이완희 · 황성현 · 이창한 · 문준섭

pnc
publishing and culture
피앤씨 미디어

저자 서문

청소년비행은 우리 사회뿐만 아니라 전 세계적으로 모든 사회가 공통적으로 가지고 있는 심각한 문제 중에 하나다. 최근 10여 년간의 우리나라의 공식적·비공식적 데이터를 보면 양적인 측면에서 청소년비행은 줄어들고 있는 것을 쉽게 확인할 수 있다. 하지만 질적인 측면에서 그 수법이 매우 다양하고 점점 흉포화되어 가고 있다. 특히 인터넷 이용률의 증가와 스마트폰의 보급으로 인해 SNS를 활용한 사이버 비행이 크게 증가하고 있다. 최근 조사에 의하면 청소년들의 인터넷 이용자 중 절반이 사이버 비행의 가해경험이 있는 것으로 드러나 그 심각성은 날로 더해 가고 있다. 이 책을 집필하는 동안에도 하루가 멀다 하고 끔찍한 청소년관련 범죄 사건들이 뉴스기사에 올라 사회적으로 큰 이슈가 되고 있다. 이러한 문제를 해결하기 위해 교육학, 사회학, 심리학, 범죄학 등 다양한 전공 분야에서 지속적으로 학문적 관심을 보여 왔음에도 불구하고 아직까지 교재로 사용할 만한 뚜렷한 책이 없으며 번역서도 찾아보기 힘들다. 이러한 점들이 공동저자들의 마음을 움직였고 우리 사회에 맞는 교재를 만들어보자는 뜻이 모아졌다. 이 책을 함께 저술한 저자들은 오랫동안 범죄학과 경찰학분야에서 서로의 연구영역을 공유하고, 공유된 주제를 저서, 연구보고서, 학술논문을 발표해 왔다. 이러한 공동저자들의 학문적 배경과 연구경험을 바탕으로 한국청소년들을 새로운 관점과 이해를 돕고자 하였다. 이 교재는 'Stata를 활용한 사회과학자료분석'과 '한국범죄심리학'에 이은 공동저자들과의 세 번째 작업이다. 한국범죄심리학 저서와 같이 우리나라 청소년들의 비행과 문제점들을 한국의 문화적 특수성과 사회상을 반영하려 노력하였다. 이전까지 출판된 교재는 외국 청소년비행사례나 범죄자에 초점을 맞춘 면이 없지 않아 있다. 이러한 점들을 감안하여 이 책은 한국 사회에서 발생하는 청소년비행을 설명하는 데 주력하였다.

이 책은 크게 세 가지 영역으로 구성되어 있다. 전반부(제1장~제2장)는 청소년기의 특성과 문화를 통해 청소년비행을 이해하려 노력하였다. 또한 최근 10여 년 간의 공식적·비공식적인 데이터를 통해 청소년비행의 실태와 추이를 살펴보았다. 이 책의 중반부(제3장~제12장)는 청소년비행의 원인을 설명하는 이론들을 미시적·거시적 관점에서 살펴보고 최근 발표된 논문들의 연구결과들을 알아보았다. 또한 청소년들에게 가장 큰 영향을 주는 요인과 비행의 유형으로 분류하여 대책과 예방책들을 살펴보았다. 이 책의 후반부(제13장 & 제14장)는 소년사법시스템과 비행대책에 관하여 살펴보았다. 각 장의 서두에서 그 장의 내용을 한눈에 파악할 수 있는 국내 사례를 소개하고 마무리는 그 장의 내용을 정리하는 차원에서 연습문제를 제시하였다. 이것은 현재 우리 사회에서 발생하는 청소년비행의 원인과 그에 따른 대책을 큰 그림을 그려 생각하고 사고할 수 있는 능력을 향상시키기 위해서다.

끝으로, 바쁜 와중에도 한국청소년비행의 집필에 참여해주신 공동저자들에게 먼저 감사의 표시를 전하고 싶다. 특히 전반적인 책의 구성과 대표저자가 해야 할 역할 등 부족한 저에게 조언과 도움을 아낌없이 주신 황성현 교수님께 감사의 말을 전하고 싶다. 또한 이 책의 목차와 참고문헌 등 전반적으로 일목요연하게 정리하는 데 도움을 준 동국대학교 경찰사법대학 박사과정의 정재훈, 강병구, 유효은, 박희균, 이원기, 김다은, 정수웅, 김수민과 가천대학교 경찰·안보학과의 박현민 학생에게 감사의 말을 전한다. 이 책의 출판을 흔쾌히 허락해 주신 피앤씨미디어 박노일 사장님과 편집에 노고를 아끼지 않으신 심성보 이사님께 진심으로 감사의 말을 전하고 싶다.

2016년 2월
가천대학교 경찰·안보학과
대표저자 이완희

차 례

Chapter

01

청소년기의 특성과 문화

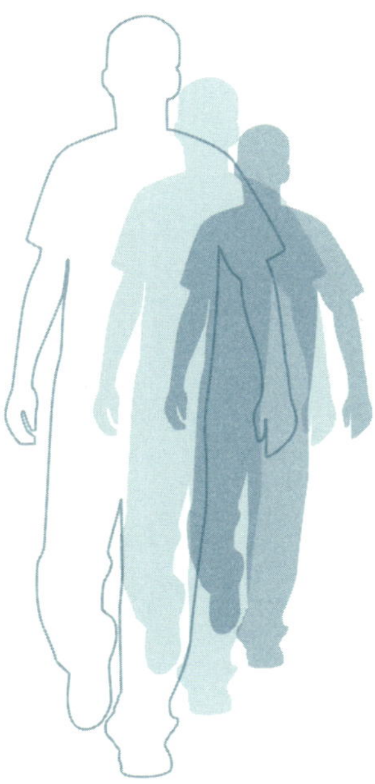

한 / 국 / 청 / 소 / 년 / 비 / 행 / 학

제1절 청소년기의 특성

일반적으로 청소년기는 "사춘기(puberty)", "전환기/과도기(transition period)", "질풍노도의 시기(a period of storm and stress)", "심리적 유예기", "제2의 탄생기" 등 다양하게 묘사되며 그만큼 불안정하고 불균형적인 발달적 특성이 잘 반영된 것이라 볼 수 있다. 청소년기는 아이에서 성인으로 성장해가는 발달과정으로 여러 가지 내·외적(육체적, 감정적, 인지적, 사회적)인 급격한 변화를 겪게 되며 사회에 적응하기 위한 시행착오가 많은 시기라고 말한다(Siegel & Senna, 1994). 청소년기(adolescence)는 라틴어 "아돌레스케레(adolescere)"에서 유래되었으며 '성장하다' 또는 '성숙되다'라는 의미로 성인으로 가는 갈등을 겪는 시기를 일컫는다. 아리스토텔레스는 청소년기를 다음과 같이 정의하였다. "젊은이는 정열적이고 즉흥적이며 성적 충동에 휘말리기 쉽다. 그리고 자제력도 약하며 그들의 기분은 쉽게 변화하고 욕망 또한 잘 바뀐다. 열성적이면서도 매사에 부진하기도 하다. 이와 같이 젊은이들이 정서적 안정을 찾지 못하는 까닭은 과격하게 행동하기도 하고 쉽게 좌절하기 때문이다. 또한 일에 대한 열정이 많아서 무엇이든 모두 해 보려고 하며, 자신이 전지전능하다고 생각하고 있다(이상현, 2004)."

출처: 구글이미지

청소년이라는 용어가 처음 사용되기 시작한 것은 18세기 유럽에서 산업화가 일어나면서부터다(조재연, 2014). "농경사회에서 산업사회로 이전되면서 생산 활동의 장은 주거지 인근에서 공장으로 변화하게 됐고, 부모들이 공장에 간 사이 아동들은 집에 방치되기 시작했다. 이렇게 부모와 유리된 아이들은 몰려다니며 부정적인 하위문화를 형성했고, 이들의 비행은 사회문제로 대두되기 시작했다. 또한 농경사회와 달리 상업사회는 공장에서 일할 교육받은 노동력을 필요로 했다. 이 두 가지를 해결하기 위해 자연스럽게 의무교육이 시행됐다. 기존의 농경사회에서는 노동력 없는 아동과 경제활동에 참여하는 성인의 개념만 존재했으나 의무교육 시행 이후 학교교육을 받으며 경제활동을 준비하는 계층이 새롭게 생겨나게 됐고, 이들을 청소년이라 부르게 된 것이다(조재연, 2014)." 하지만 많은 사회에서 청소년기를 인생의 한 부분으로 인식하지 못했으며 대부분이 간단하게 아동기와 성인기로 구분했었다. 스탠리 홀(Stanley Hall)은 1904년 그의 연구 "Adolescence"에서 청소년기(adolescence)를 질풍노도의 시기(storm and stress)라고 묘사하며, 인생에서 매우 특별한 시기로 성인이 되는 하나의 발달 단계라고 하였다. 이 시기는 매우 중요한 시기로 인생에 꼭 필요한 시기라고 말했다. 그리고 이것은 시대와 지역을 막론하고 모든 사회에 보편적으로 나타나는 현상이라고 강조했다. 그에 의해서 청소년에 대한 일반적인 시각에 많은 영향을 주었으며 그 이후 많은 사회적 변화가 일어났다. 미성년 노동법은 16세 미만의 아이들을 노동으로부터 해방시켰고 교육법은 아이들을 학교로 보내게 되었다.

청소년의기는 시대와 지역사회의 특성에 따라 차이가 있다. 현대사회에서 청소년기는 기본적으로 나이를 어떻게 규정할 것인가 하는 문제로 귀결된다. 연령을 시간적인 간격에 따라 기계적으로 구분·계층화하여 나이를 규정하는 것은 상당한 무리가 따른다. 연령은 기계적 또는 생물학적인 것 이상의 성격을 띠고 있기 때문이다. 사회적으로 말하면 이것은 하나의 기본적인 사회적 역할(social role)의 기준이다. 그것은 연령에 따라 사회의 기대가 달라지기 때문이다. 청소년에 대한 사회적 기대는 사회에 따라 다르고, 동일한 사회 안에서도 시차에 따라 다르다. 또한 연령에 따라 사회적·문화적 기대가 달라지며, 그 정도가 청소년기에 이르러서는 급격해진다(이상현, 2004).

청소년기는 시련과 불확실성의 시기이다. 이 시기는 유아기를 제외하고는 인생에서 어느 때보다도 가장 빠른 속도로 진행되는 생물학적 발전시기이다. 이 짧은 기간에 몸무게, 키, 성적 특징이 크게 변한다(이상현, 2004). 프로이트(Sigmund Freud)는 잠복기를 지나 성에 대하여 새로운 욕구를 느끼게 되는 단계가 곧 청소년기라고 했다. 그런데 사회적으로도 이 기간에는 새로운 기대, 새로운 구속과 제약이 생긴다. 청소년기를 포함하는 청년의 기간이 길어졌는지에 대하여서는 20세기 이전에는 청소년이라고 하는 연령계층을 생활 전체의 독특한 한 단계로 보지 않고, 인생의 초기인 유아기가 지나면 아동기에 이르게 되고 생식능력이 생기는 연령 직전까지 청소년기가 계속된다고 보았다(이상현, 2004). 청소년기는 신체적·정서적·도덕적·사회적인 면에서 아동에서 성인으로 변화하는 과도기적 발달단계로서 인격형성과 생활향유에 있어 중요한 시기라고 보고 있다(이상현, 2004).

〈표 1-1〉에서 보여주듯이 우리나라에서는 청소년 관련법에 따라 청소년의 용어와 연령을 서로 다르게 정의 하고 있다. 「청소년기본법」에서 청소년은 만 9세 이상 24세 이하를 말하고, 「청소년보호법」에서는 19세 미만을 청소년으로 규정하고 있다. 그 외에 「아동복지법」에서는 18세 미만을 아동으로, 「근로기준법」에서는 15세 이상 18세 미만을 근로연소자로, 「소년법」에서는 19세 미만을 소년으로 규정한다. 「형법」에서는 14세 미만을 형사미성년자라고 정의하며 형법 제

표 1-1 청소년 관련법의 용어정의 및 연령기준

관련법	법률상 용어	연령	관계부처
청소년기본법	청소년	9~24세 이하	여성가족부
청소년보호법	청소년	19세 미만	여성가족부
아동복지법	아동	18세 미만	보건복지부
근로기준법	근로연소자	15~18세 미만	고용노동부
소년법	소년	19세 미만	법무부
형법	형사미성년자	14세 미만	법무부
민법	미성년자	19세 미만	법무부

9조에서는 14세가 되지 아니한 자의 행위는 벌하지 아니한다고 규정한다. 「민법」에서는 19세 미만을 미성년자로 규정하며 법정대리인의 동의 없이 한 법률행위는 취소할 수 있다. 일반적으로 청소년기는 중·고등학교 학생들을 말하며 약 13세에서 18세 사이를 의미한다.

제2절 청소년문화

1. 청소년문화의 정의

청소년문화를 한 마디로 정의하는 것은 불가능하지만, 일반적으로 청소년문화는 청소년들이 그 시대에 공유하는 그들만의 독특한 문화를 말한다. 청소년문화를 논의하기 전에 문화가 무엇인지를 먼저 살펴보아야 한다. 문화란 특정한 사회의 성원들이 생활하는 데 있어서 제반 문제에 대처할 수 있도록 사회성원 간에 공유하고 있는 학습에 의해 사회적으로 전승된 사물과 지식, 언어와 가치관, 규범 등을 말한다(권이종 외, 2010). 이런 문화의 특징으로 창조성, 후천성, 축적성, 공유성, 체계성, 보편성과 다양성, 변동성 등을 들 수 있다(성열준 외, 2012). 창조성에서 문화는 자연이 인간에게 베풀어준 혜택이 아니라 인간이 스스로 만들어 낸 고안물이다. 후천성에서 문화는 학습되고 세대에서 세대로 전승된다는 특징이 있다. 축적성에서 문화는 전 세대에서 물려받은 문화를 당 세대는 학습하고, 학습한 문화의 내용에 그 세대가 만든 새로운 문화 내용을 첨가하여 다음 세대에 물려주는 것을 의미한다. 공유성은 개인의 특수한 행동이나 습관을 문화로 부르지 않고, 사회구성원들이 모두 유사하다고 느끼고, 행동하고, 표현하는 생활습관을 말한다. 체계성에서 문화는 그 자체로 홀로 존대하는 것이 아니라 사회의 다른 부분들과 서로 관련을 맺으며 하나의 종합적인 체계 속에서 조화를 이루는 것을 의미한다. 보편성과 다양성은 어느 사회나 문화가 존재하고, 사회구성원 모두에게 영향을 미치는 보편적인 성격을 가짐과 동시에 문화는 국가별, 지역별, 개인별로 여러 가지 다양한 형태로 나타난다. 변동성에서 문화는 한 시대, 한 사회에 머물러 있는 것이 아니라 세대 간 전승을 통해 끊임없이 변화하는 성격을 가진다.

이런 문화의 특징은 당연히 청소년문화에서도 나타난다. 청소년들은 성인과 구별되는 자신들만의 독창적인 문화를 창조(창조성)하고, 그 문화를 서로 학습하게 된다(후천성). 또한 전 세대에서 물려받은 청소년문화를 바탕으로 자신들만의 청소년문화를 축적한다(축적성). 그들의 문화는 한 개인의 소유가 아니라 서로 공유하면서(공유성), 다른 기성세대 문화와 때로는 대항문화로서 대립하면서 종합적인 조화를 이루어 나간다(체계성). 청소년문화는 어느 사회에나 존재하며(보편성), 동시에 국가별, 지역별, 개인별로 여러 가지 독특한 형태를 형성한다(다양성). 그리고 현 세대의 청소년문화는 그 자리에 머무는 것이 아니라 시대가 지남에 따라 변화하면서(변동성) 다음 세대에 새로운 형태로 전승된다.

따라서 청소년문화는 일반적인 문화적 특징을 다 가지고 있음과 동시에 특정한 시간과 공간에서 살아가고 있는 청소년들이 함께 공유하는 그들만의 독특한 문화적 특성을 가지고 있다. 즉, 성인이나 유아, 아동과는 달리 청소년들만 공유하는 행위양식이나 사고방식, 또는 여러 가지 새롭고 독특한 스타일을 청소년문화라 할 수 있다. 이런 청소년문화는 청년기에 있는 젊은 세대가 그들 나름의 행동방식과 생활양식을 모태로 하여 형성한 문화로서, 전체 사회문화나 주류문화에 대해 하나의 부분을 이루기 때문에 부분문화라 칭하기고 하고, 기성세대가 공유하는 주류문화가 아닌 하위문화라고 말하기고 한다. 청소년문화는 특히 소비문화, 사이버문화, 비행문화, 성문화, 여가문화, 언어문화, 춤문화, 또래문화, 게임문화, 학습문화, 팬덤문화, SNS문화 등에서 기성세대의 주류문화와 다른 독특성이나 창의성이 나타난다. 결론적으로 청소년문화를 종합하면, 청소년문화란 청소년기를 지내면서 비슷한 공감대를 나누는 특정 부류의 청소년집단이 그들의 가치관, 언어, 몸짓, 여가시간활용, 취향, 인간관계 등에서 나타내 보이는 특징적 생활유형으로 정의할 수 있다(배규환 외, 2008).

2. 청소년문화의 성격

우리 사회에서 청소년문화를 바라보는 시각은 다음과 같이 다섯 가지로 분류할 수 있다(김신일, 1993). 첫째, 청소년문화를 미숙한 문화로 보는 입장이다. 이 입장은 어른들의 시각에서 청소년문화를 미숙한 문화로 보는 것이다. 어른들의 시각에서 청소년들은 언제나 모자라고 미숙하게 보인다. 청소년들에게 문화라고 이름 붙일 만한 것도 없지만 소위 문화라는 것이 있다 해도 그것은 아직 미숙하고 모자라는 것에 불과하다는 입장이다.

둘째, 청소년문화를 비행문화로 보는 입장이다. 청소년들은 공부나 일보다는 놀기를 좋아하고, 어른의 눈을 속여 나쁜 짓 하는 것을 대범한 행동으로 인식하고 있다고 보는 것이다. 이런 시각을 갖는 성인은 청소년들이 사회적 규범과 질서를 파괴하는 것에서 쾌감을 느낀다고 본다. 뿐만 아니라 성인만화나 음란비디오, 퇴폐적 노래, 술, 담배, 심지어 성관련 비행과 환각제에 이르기까지 비행문화에 젖어 있다고 생각한다. 따라서 청소년들은 항상 부모나 교사의 감독하에 있어야 하며, 그들끼리 어울리게 해서는 안 된다는 사고방식을 갖는다. 이런 입장은 청소년비행과 관련하여 청소년문화를 논의할 때 적용되는 입장이라 할 수 있다. 청소년의 비행문화는 차후에 좀 더 상세하게 설명할 것이다.

셋째, 청소년문화를 하위문화로 보는 입장이다. 사회 전체의 문화 가운데 한 부분을 이루는 하위문화로서 청소년문화를 바라보는 것이다. 연령에 따라서는 아동문화, 청소년문화, 성인문화, 노인문화 등으로 나눌 수 있고, 사회의 지배구조에 따라서는 기성세대의 주류문화, 노동자문화, 상류문화, 하류문화 등으로 나눌 수 있는데 청소년문화는 비주류문화이며 우리 사회의 부분문화로 보는 입장이다. 하위문화로서의 청소년문화는 청소년이라는 연령집단에 적합한 문화요소로 이루어져 있다. 각 연령집단마다 그 연령에 걸맞은 문화를 가지고 있으므로 청소년들에게 그들의 문화가 존재하는 것은 지극히 당연한 일로 간주하는 입장이다.

넷째, 청소년문화를 대항문화 또는 반문화로 보는 입장이다. 이 입장에 따르면, 청소년들은 기성세대의 문화를 거부하고 자신들의 새로운 문화를 대안으로 내세우면서 개혁과 변화를 요구한다고 보는 것이다. 성인들이 도저히 이해하기 힘든 옷차림과 행동, 그리고 예절도 모르고 규범도 무시하는 청소년들의 행위는 기성문화에 대항하고 반대하는 문화로 비춰진다. 청소년문화에 대한 이러한 관점은 청소년 세대와 성인 세대 간의 갈등을 증폭시키며, 대립과 반목을 가중시킬 수 있다. 성인들의 관점에서 청소년들은 버릇없고 부모 세대의 모든 것을 송두리째 무너뜨리려 하는 위험한 세대로 보일 수 있다는 입장이다.

다섯째, 청소년문화를 새로운 문화로 보는 입장이다. 청소년문화를 우리 사회의 활력을 불러일으킬 수 있는 매개체로 보는 것이다. 그러므로 청소년들이 보여주는 이상한 몸짓과 말투, 이상스러운 옷차림, 도저히 이해할 수 없는 남녀 간의 행동, 한심스러운 인생관 등은 어른들의 눈에나 이상하고 한심스럽게 보이는 것이지 청소년 자신들에게는 자연스럽고 정상적인 행동인 것이다. 즉, 이것은 청소년들이 가지고 살아갈 그들 세대의 문화로 인정해야 한다는 입장이다.

이런 다섯 가지 시각 중에서 우리 사회가 지향해야 할 입장은 청소년문화를 새로운 문화로 인정하고 발전시키는 것이다. 청소년문화가 내포하고 있는 긍정적이고 적극적인 요소를 존중하고 육성하고자 하는 우리 사회의 관용이 필요하다. 청소년의 건강하고 주체적인 성장과 삶의 질적 발전을 위하여 그들의 문화를 존중해 줄뿐만 아니라 생동적인 문화를 창조하고 형성할 수 있도록 문화공간을 넓혀 주고 문화 활동을 지원해 주는 일이 중요하다(한상철, 2008). 만약 기성세대가 청소년문화를 미숙한 문화, 하위문화, 대항문화, 반문화 등으로 인식한다면 청소년들은 비행문화를 그들의 주류문화로 습득할 가능성이 농후하다. 청소년문화를 새로운 문화로 바라보는 차원에서 청소년들의 창의성, 참신성, 독특성, 다양성 등을 인정하고 그들의 문화를 적극적으로 지원할 때 우리 사회의 청소년들은 비행문화의 길로 들어서지 않을 것이다.

3. 청소년문화의 특성

우리나라 청소년문화의 특성을 살펴보면 다음과 같다(홍성봉·남미애, 2009). 첫째, 우리나라의 청소년문화는 학교 영역과 밀접하게 관련이 있다. 청소년은 다른 나라의 청소년들과는 달리 학교나 학원에서 거의 대부분의 시간을 보내고 있기 때문에 친구들과의 사귐이나 유대 등을 상당히 중요하게 생각한다. 이는 우리의 청소년문화가 다른 나라에 비해 다양하거나 참신하지 못한 이유이기고 하며, 간혹 비행친구들을 사귀게 되면 비행문화를 아주 쉽게 빠져드는 원인이기도 하다. 청소년문화가 학교나 학원을 중심으로 형성되는 것은 주입식 교육과 서열화된 대학입시에서 그 원인을 찾을 수 있다. 좋은 대학을 입학하기 위한 경쟁이 치열하기 때문에 청소년들이 자신들의 가치관과 세계관이 반영된 새로운 문화를 창조해 낼 시간적 여유가 없다. 오히려 학업에서 오는 스트레스나 긴장감을 해소하기 위해 각종 청소년비행이나 범죄를 저지를 가능성이 더 많은 것도 부인할 수 없는 사실이다.

둘째, 우리 사회의 청소년문화는 대중문화에 대한 의존성이 매우 강하다. 대중문화는 청소년을 둘러싸고 있는 가장 중요한 문화 환경이며, 청소년들이 스스로의 정체성을 형성하고 표현하는 중요한 기제이다. 아이돌가수로 대변되는 우리 사회의 대중문화는 한류의 세계화라는 긍정적인 면도 있지만, 자신들이 좋아하는 아이돌가수를 무비판적으로 추종하며, 다른 팬덤문화를 배척하고 적대시하는 부정적인 면도 있다.

셋째, 청소년들은 단순히 문화소비자로 존재하지 않고 문화생산자로 존재한다. 청소년들은 대중음악, 영상제작, 만화창작 등에 전문적인 실력을 겸비하여 문화현장에 참여하고 있다. 청소년들에게 문화는 소비와 수용의 대상만이 아닌 생산과 참여의 대상이 되기도 한다. 특히 최근 스마트폰의 보급으로 자신들이 좋아하는 문화를 SNS를 통해 일반대중들과 쉽게 공유하고 있다. 트위터, 페이스북, 인스타그램, 카카오톡 등을 통해 지식과 정보를 공유하면서 매스 미디어를 통해 문화를 단순히 전달받는 문화의 소비자로서의 역할에서 벗어나 1:1 미디어로 대표되는 여러 가지 SNS 프로그램을 통해 새로운 문화를 창조, 전달하고, 그들과 비슷한 취향을 가진 대중들과 문화를 공유하는 문화생산자로서의 역할을 한다.

넷째, 이런 문화생산자로서의 역할로 인해 청소년들은 새로운 문화를 창조하는 단계까지 발전하고 있다. 예를 들면, 자신들의 새로운 문화를 전달할 수 있는 문화매체가 확장되고 스마트폰과 인터넷이 일반화되면서 SNS 등을 통한 새로운 문화 창조에 적극성을 보인다. 종합하면, 우리 사회의 청소년문화는 학교나 학원 등을 중심으로 형성되고, 기존의 대중문화에 많은 영향을 받고 있지만, 그들만의 새롭고 참신한 문화를 창조하는 문화생산자자로의 역할을 담당하고 있다. 특히 SNS를 통해 그들의 참신하고 독특한 창작물들이 공유되고 소비되면서 과거에 대중문화를 단순히 수용하는 입장에서가 아니라 새로운 문화를 창조하고 전달하는 문화생산자로의 역할을 톡톡히 담당하고 있다.

4. 청소년의 비행문화

한 사회 내에서 주된 문화는 사회 구성원 모두가 공유하는 주류문화 또는 지배문화와 사회 구성원들의 분화 양태에 따라 쉽사리 하나로 묶어지지 않는 각각의 하위문화(subculture)로 구분할 수 있다. 하위문화의 의미는 주류문화 밑(sub)에 존재하거나 주류문화보다 질이나 수준이 떨어진다는 의미를 지닌 하위(sub)의 뜻을 내포하지 않는다. 오히려 하위문화는 주류문화가 가지지 못하는 다양성이나 독특한 개성 등을 지니고 있기 때문에 한 사회의 문화발전에 상당히 긍정적인 역할을 한다. 이런 의미에서 청소년문화는 주류문화가 가지지 못하는 다양성, 참신성, 독창성 등을 가지고 있기 때문에 우리 사회의 문화 융성에 긍정적인 역할을 한다. 이런 하위문화로서의 청소년 문화는 의복, 은어, 음악, 품행, 춤 등의 요소 결합을 통해서 형성된다. 모든 하위문화의 목표는 타인에 대해 현격한 차이를 나타내고, 동시에 그들의 단일한 동일성을 만드는 것이다. 하지만 하위문화는 이런 긍정적인 면을 가지고 있는 반면에 주류문화에 대항하는 대항문화 또는 반문화의 성격도 동시에 지니고 있다. 즉, 우리 사회에서 청소년문화는 주류문화에 대항하는 하위문화로서의 성격도 가지고 있다. 즉, 주류문화에서 강조하는 전통적인 법질서 준수, 전통적 가치의 전승 등을 거부하고 그들만의 반항적인 대항문화로서의 하위문화를 형성하기도 한다. 이런 하위문화로서의 청소년문화가 주류문화의 지배구조를 적대시할 경우 나타나는 것이 청소년의 비행문화이다. 청소년의 비행문화는 청소년문화 중에서 대항문화나 하위문화의 부정적 측면이 표출된 문화로 볼 수 있다.

청소년비행문화에 대한 실증적인 연구는 1920~30년대 미국의 시카고학파에서 그 유래를 찾을 수 있다. 시카고대학의 구조기능주의에 입각한 사회학자들이 하류층 지역 주거민들의 비행 및 범죄율이 다른 지역보다 월등하게 높은 이유를 산업화, 도시화, 현대화에 따른 변화로 인해 사회적 통제가 약화되었기 때문으로 파악했다. 그들은 경험적 연구를 통해 비행률은 하류층이 사는 도심지역 가까이에서 가장 높았고 보다 부유한 지역으로 갈수록 낮아지는 사실을 발견했다. 즉, 중산층 거주자들이 대도시로부터 교외 거주지역으로 빠져나감으로써 도심은 더욱 궁핍, 쇠락 등의 사회해체를 경험했기 때문에 청소년비행률이 높다는 사실을 발견했다. 이와 같은 사회해체의 경향은 높은 실업률, 사생아 출생률, 편부모 가족비율, 마약복용률, 폭행률 등을 특징으로 하는 극빈계층을 남기게 되었으며, 그런 열악한 환경에 처한 청소년들은 자신들만의 독특한 비행하위문화를 형성하면서 주류문화에 대항했다. 이런 청소년비행하위문화를 좀 더 체계적으로 설명한 이론이 비행하위문화이론이다.

비행하위문화이론은 공통적으로 범죄행위를 특정한 하위문화의 소산으로 보는 이론이다. 즉, 범죄행위를 특정의 하위문화에 의해 사회화된 결과라고 인식하는 이론들을 말한다. 대표적인 하위문화이론에는 코헨(Cohen)의 지위박탈(status frustration)과 비행 하위문화(delinquent subculture), 클라워드(Cloward)와 올린(Ohlin)의 차별기회와 비행 하위문화(differential opportunity and the delinquent subculture), 밀러(Miller)의 하층계급문화이론, 울프강(Wolfgang)과 페라쿠티(Ferracuti)의 폭력하위문화이론 등이 있다. 먼저, 코헨의 주장에 따르면, 하류층 청소년은 자신이 지위위계구조의 밑바닥에 있다는 것을 자각하면서 사회에서 적응의 어려움을 겪게 되고 이런 지위위계구조를 해결하기 위해 비행적 방식을 채택하게 된다고 주장했다. 즉, 그들은 처음에는 중간계급의 가치에 애착을 가졌으나 그러한 루트를 통해서 지위를 획득하는 데 실패하여 좌절을 겪고 나면 그와는 반대되는 가치를 형성한 또래들과 비행하위문화를 형성하게 된다는 것이다. 클라워드와 올린의 차별기회와 비행하위문화이론은 중상층으로의 계급상승의 기회를 차단당한 청소년들은 불법적인 방법으로 그들의 지위상승을 시도하지만 그런 불법적 기회에 대한 접근조차도 불평등하게 분포되어 있다고 보는 관점이다. 즉, 비행의 형태와 청소년이 참여하는 하위문화의 형태는 그가 살고 있는 지역사회가 제공하는 기회구조에 의해서 주로 결정되는데 첫째, 범죄하위문화(criminal subculture), 둘째, 갈등하위문화(conflict subculture), 셋째, 도피하위문화 또는 이중실패하위문화(retreatist or double-failure subculture) 등으로 나뉜다고 보았다. 마지막으로 밀러(Miller)는 하류계층의 비행을 '중류층에 대한 반발에서 비롯된 것'이라는 코헨이나 클라워드와 올린의 주장에 반대하고 그들만의 독특한 하류계층 문화 자체가 집단비행을 발생시킨다고 주장했다. 밀러가 말하는 하류계층의 문화란, 성공하지 못한 이민자와 흑인들에게서 주로 나타나는 비행문화로 말썽부리기(trouble), 강인함(toughness), 영악함(smartness), 자극추구(excitement), 운명주의(fatalism), 자율성(autonomy) 등의 특징을 가진다고 보았다. 하류층의 청소년들이 공통적으로 가지는 이런 6가지 특징은 중류층의 관점에서 볼 때 비행이나 범죄로 보이게 된다는 것이다. 하지만, 이런 하류계층 청소년들의 특징은 적절한 남성적 역할을 유지하고, 예증하기 위한 노력에서 기인한 것으로 주류문화와는 상충되지만 하층민의 정상적인 활동이라고 주장했다.(이런 청소년비행하위문화이론들은 차후에 청소년비행이론을 설명하는 장에서 좀 더 구체적으로 살펴볼 것이다.)

미국에서 개발되고 꽃을 피운 비행하위문화이론으로 우리나라 청소년들의 비행하위문화를 설명할 수 있을까? 이 질문에 대답하기 위해 우선 청소년들의 비행집단의 유형과 성격을 살펴볼 필요가 있다. 청소년들의 친구집단은 주로 동료집단(clique)과 패거리집단(crowd)로 구분할 수 있다(배규한 외, 2007). 동료(짝패)집단은 2~12명 사이, 보통은 5~6명으로 구성되는 친구집단을 말한다. 이들은 같은 취미와 비슷한 활동에 관심을 나타내는 남자애들이나 여자들끼리만 유지되며, 구성원들끼리는 서로가 비밀이 없으며, 서로가 안식처가 되기도 하고 편안함을 주기도 한다. 한편, 패거리집단은 비슷한 성격과 특성을 지닌 청소년들이 비조직화되어 모인 집합이다. 패거리집단은 구성원들 서로간의 우정과 관심, 취미에 기초해서 유지되기보다는 사회적 평판이나 고정관념에 의해서 유지된다. 보통은 몇 개의 짝패집단문화가 함께 어울려져 일정한 패거리집단 문화를 만들기도 한다. 친구집단을 좀 더 구체적으로 세분하면, 가장 친한 2~3명의 단짝친구(chums), 여러 단짝친구로 구성된 동료집단(clique), 여러 개의 배타적 집단으로 형성된 동료집단(crowd), 배타적 집단에 끼지 못하고 배척된 청소년들끼리 모여 반사회적 행위에 참여하는 갱(gang) 집단으로 분류할 수도 있다(Hurlock, 1955). 허록의 친구집단의 분류에서 청소년비행과 밀접한 관련을 가지는 집단은 여러 개의 배타적 집단으로 형성된 동료집단과 반사회적 행위에 참여하는 갱집단이라 할 수 있다. 허록의 분류를 우리나라 청소년집단에 적용하면, 동료집단과 갱집단은 소위 학교에서의 '일진'이라는 집단과 비슷하다. 즉, 동료집단은 학교 내에서의 주로 활동하는 일진과 성격이 비슷하며, 갱집단은 학교 밖에서 각종 비행 및 범죄를 저지르는 일진의 활동이라 할 수 있다. 따라서 청소년비행과 관련된 친구집단은 동료집단과 갱집단이 주를 이루며 이는 우리 사회에서 '일진'으로 명명될 수 있다. 선행연구에 따르면, 위의 4가지 집단 중에서 단짝친구집단은 청소년비행의 가해집단이 아니라 주로 피해를 받는 집단으로 집단 내 구성원들의 응집력은 강하지만 친구가 적을수록 피해가 늘어나고 친구 수가 많을수록 가해가 늘어나는 결과를 초래했다(정지원, 2013) 그러나 친구 수가 11~20명 사이의 패거리 수준에서는 가해뿐 아니라 피해도 늘어나, 패거리 구성원이 되면 집합적 비행 가능성이 높은 것으로 드러났다(정지원, 2013).

결론적으로 우리나라 청소년의 친구집단은 청소년비행문화와 상당히 밀접한 관련을 가지고 있는데, 특히 친구의 수가 10~20명 사이인 동료집단에서 집합적 비행가능성이 가장 높다고 볼 수 있다. 일반적으로 청소년비행이 비행친구들과의 차별적 접촉에서 가장 많은 영향을 받는다는 것은 잘 알려진 사실이다(박정선·황성현, 2013; 이완희, 2014; 이완희·유완석, 2014; 이완희·황성현, 2014; 2016; 황성현, 2006; 2007; 2008; 2009; 2010; 2012; 2015; 2016, 황성현·박정선, 2010; 황성현·이강훈, 2013; Hwang & Akers, 2003; 2006). 비행친구들과의 차별적 접촉은 가장 친한 2~3명의 단짝친구(chums) 사이에서 발생하는 것이 아니라, 여러 단짝친구로 구성된 동료집단(clique), 여러 개의 배타적 집단으로 형성된 동료집단(crowd)과 갱집단 사이에서 주로 발생한다. 청소년비행과 깊은 관련이 있는 일명 일진회의 규모에 대해서 학교 현장이나 언론에서는 한 학교에 10명 이상 30

명 정도로 추정하고 있으며, 선행연구결과 또한 매우 친한 친구의 수가 11~20명이 넘으면 패거리 속성을 가지며, 이들의 비행가능성은 어느 다른 친구집단보다도 높은 것으로 나타났다(정지원, 2013).

제3절 이 책의 구성

우리는 좀 전에 청소년기의 특성과 청소년문화에 대하여 간단하게 살펴보았다. 청소년기는 사춘기, 과도기, 질풍노도의 시기, 심리적 유예기, 제2의 탄생기라 묘사될 만큼 불안정하고 불균형적인 발달특성을 보이고 있다. 따라서 이 책은 범죄학에서 다루는 범죄유형별(살인, 강도, 성범죄, 방화, 절도범죄, 스토킹 등) 범죄행위의 원인을 청소년기로 한정하여 미시적·거시적 수준에서 파악하고자 한다. 이를 위해 이 책의 전반부(제1장과 제2장)는 청소년기의 특성과 문화를 살펴보고 청소년비행을 어떻게 정의하고 우리 사회는 어떻게 비행현황을 파악하고 범죄통계를 활용하는지 살펴볼 것이다. 이 책의 중반부(제3장부터 제7장까지)는 청소년들의 비행의 원인을 이해하기 위해 오랫동안 관심을 기울여온 범죄학자들의 이론을 소개하고 이론을 검증하는 논문들을 살펴볼 것이다. 이 책의 후반부(제8장부터 14장까지)는 청소년비행의 유형별 특성을 살펴보고 그에 따른 청소년사법 시스템과 비행방지 대책을 살펴볼 것이다.

이 책은 총 14장으로 구성되어 있다. 제1장은 지금까지 살펴본 바와 같이 청소년기의 특성과 문화를 살펴보았다. 제2장은 현재 우리 사회가 청소년의 비행현황을 공식적인 데이터와 비공식적인 데이터 활용하여 어떻게 파악하고 있는지 살펴보았다. 제3장에서는 무엇이 청소년의 비행을 유발하는지 그 원인을 개인중심이론을 통해 설명하였다. 사회적인 요소가 아닌 생물학적 요인과 심리적인 요인 등 개인적인 요인을 중심으로 청소년비행의 원인을 살펴보았다. 제4장은 사회구조이론을 중심으로 청소년비행의 원인을 살펴보았다. 청소년비행 범죄율은 사회경제적 상황과 문화적인 가치와 매우 밀접한 연관이 있다고 보았고 이와 같은 관점에서 시역사회, 불평등한 사회구조, 빈곤, 주변 환경, 가족, 학교, 이웃 등 사회 구조적 요인과 비행률에 대하여 논의하였다.

제5장은 사회구조에서 강조하는 사회구조적인 특징이 아닌 개개인이 어떻게 범죄나 비행의 행위를 발전시켜 나가는가에 중점을 두어 살펴보았다. 이러한 접근은 사회과정이론에서 찾아볼 수 있다. 사회과정 이론가들은 사회 속에서 어떻게 개인의 비행이나 범죄행위가 나타나는가를 설명하는 데 중점을 두고 개인이 범죄자가 되어가는 과정을 설명하려 노력하였다. 이러한 관점은 사회구조에 초점을 맞춘 이론이 비행행위나 범죄를 설명하는 데 부적절하다고 비판하면서 1960년대부터 등장하기 시작했다. 이 장에서는 사회학습이론과 통제이론을 중심으로 범죄행위를 설명하는 이론들을 살펴보았다. 제6장은 사회반응이론을 살펴보았다. 이전에 설명하는 이론과는 다르게 사회 반응에 중심을 두었으며 개인의 행동은 어떠한 행동이 이루어진 후에 나타나는 사회의 반응 때문에 결정지어진다고 하였다. 상징적 상호작용이론에서 파생된 이론으로 개인이 가지고 있는 자신의 정체성, 자아개념, 인지과정, 가치와 태도 등이 사회 안에서 타인과의 상호작용에 의한 반응, 행동, 그리고 변화 안에서 존재한다고 주장한다. 이러한 사회의 반응을 낙인의 관점에서 비행과 범죄현상을 설명하려 하였다. 1960년도에 등장하여 1970년도에 많은 호응을 얻었고 이 장에서는 낙인이론을 중심으로 살펴보았다.

제7장은 시간의 흐름에 따라 나타나는 변화를 이해하기 어렵고, 한 시점의 상태만을 관찰한 횡단적 연구를 비판하면서 1980년대 말부터 발달범죄학(developmental criminology)이 새롭게 나타났다. 그리고 최근 범죄학자들은 지난 20여 년간 발달이론(developmental theory)을 눈부시게 발전시켜왔다. 청소년기는 비행행동에 영향을 받기 쉬운 시기로 개인적인 특성(traits)뿐만 아니라 주변 환경이나 사회경험이 비행행동에 영향을 주어 급격한 변화를 보이는 동적인 과정(dynamic process)으로 본다. 청소년비행의 발달이론은 왜 어떤 아이들은 어린 나이에 비행행위를 시작하며, 왜 어떤 아이들은 늦은 청소년기에 비행행위를 시작하는지, 왜 어떤 아이들은 청소년기에 비행에 가담하지만 성인기에 접어들면서 비행을 멈추는지, 왜 어떤 아이들은 성인이 되어서도 범죄를 멈추지 않는

지, 왜 어떤 청소년은 청소년기에 비행행동이 급격하게 증가하며, 왜 어떤 청소년들은 급격하게 줄어들고 완전히 비행행동이 멈추는지 등 많은 경험연구들이 시행되고 있으며, 비행행위를 개시(onset), 지속(persistence), 그리고 중지(desistance)로 크게 세 가지 관점에서 발달과정을 설명하고 있다.

제8장은 가정과 비행에 관하여 살펴보았다. 가정은 청소년의 비행을 억제하는 가장 기본적인 단위로 건전하지 못한 가정에서 자란 청소년은 비행친구를 사귈 가능성이 높고 그 결과 비행의 길로 접어들 수 있다. 청소년비행에서 가정의 중요성은 아무리 강조해도 지나치지 않다. 가정은 한 인간이 세상에 태어나서 가장 먼저 사회화과정을 겪게 되는 장이기 때문에 가정에서 구조적으로, 기능적으로 문제가 발생할 경우 청소년비행이 발생할 가능성이 높다. 청소년비행의 원인을 설명하는 양대 축으로 가정의 역할을 강조하는 사회유대이론과 자기통제이론이 있으며 비행친구의 역할을 강조하는 사회학습이론과 차별접촉이론을 손꼽을 정도로 가정은 청소년비행과 불과분의 관계에 있다. 따라서 청소년비행이론 중에서 가정의 역할을 비행의 원인으로 주장하는 이론들을 먼저 살펴본 후, 가족의 구조와 기능이 청소년비행에 미치는 영향에 대해 고찰하였다. 부모의 비일관적인 훈육방식이 청소년비행의 가장 중요하고 유일한 원인이라고 주장하는 자기통제이론에서 보듯이 가족의 기능은 비행에서 다루어야 할 중요 주제이다. 가족구조 또한 비행과 관련되어 있다. 가족의 구조 중 부모의 사회·경제적 지위가 자녀의 비행과 관련이 있다는 경험적 연구는 상당하다. 마지막으로 가출과 비행의 관계를 살펴보았다. 청소년가출은 청소년비행의 관문(gateway)이 될 정도로 청소년비행과 밀접한 관련이 있다. 우리나라 청소년들의 약 1/2 정도는 여러 가지 요인에 의해 가출충동을 느끼며, 그중 상당수가 실제 가출을 감행하는 것으로 알려져 있다. 청소년가출 그 자체는 청소년비행에 속하는 것이 아니지만 절도, 문란한 성관계, 금품갈취와 폭행 등과 같은 중비행으로 연결된다는 점에서 우리 사회에서 청소년가출은 가볍게 다룰 수 없는 사회적 문제다. 가출을 하는 원인에는 여러 가지가 있지만 가장 근본적인 이유는 가정의 불화나 불안정한 가정에서 출발하며 가출은 각종 청소년비행과 깊은 상관관계를 가진다.

제9장은 친구 및 학교와 비행에 관하여 살펴보았다. 청소년비행에서 친구와 학교의 영향은 지대하다. 일반적으로 가정은 청소년 초기와 중기에 중요한 역할을 하고, 친구와 학교는 청소년 중기와 후기에 중요한 역할을 한다고 알려져 있다. 전체 청소년기 동안 청소년들은 자신의 가장 중요한 타자인 부모와 친한 친구들과의 사회적 상호작용을 통해 성장해간다. 그중에서 친한 친구와의 차별적 접촉은 청소년의 인격발달과 사회화에 상당한 역할을 한다. 청소년비행 및 범죄를 연구한 선행연구에 따르면 청소년 중기와 후기에 비행친구와 차별적 접촉을 시도하는 청소년은 그렇지 않은 청소년에 비해 각종 비행을 더 많이 저지를 가능성이 높은 것으로 알려져 있다. 이런 비행친구와의 차별적 접촉은 학교와 학원이라는 환경 내에서 시작된다. 학교는 청소년들이 하루 일과 중에서 가장 많은 시간을 소비하는 장소이다. 학교는 자신과 마음이 맞는 친구들을 사귀는 장이기도 하고, 자신의 장래를 설계하는 중요한 장소이다. 따라서 친한 친구와의 차별적 접촉과 학교환경은 불가분의 관계이다. 이 장에서는 청소년비행에 영향을 미치는 비행이론들을 먼저 살펴보았으며, 청소년비행의 원인을 설명하는 비행이론 중에서 주로 미시이론을 중심으로 친구와 학교환경이 청소년비행에 미치는 영향에 대해 살펴보았다. 그다음으로 비행친선행론과 비행선행론을 중심으로 청소년비행에 영향을 미치는 친구의 역할을 파악하였다. 청소년비행에서 비행친구가 청소년비행에 영향을 미치는지 아니면 비행이 비행친구를 사귀는 데 결정적 영향을 미치는지에 대한 오랜 논쟁은 아직도 진행 중이다. 따라서 비행친구선행론이 더 타당한지, 아니면 비행선행론이 더 타당한지를 선행연구를 중심으로 살펴보았다. 마지막으로 학교환경이 청소년비행에 미치는 영향력을 살펴보았다. 학교에서 청소년들이 학습능력이 떨어지거나 학업성적이 좋지 않을 경우, 비행친구를 사귈 가능성이 높고, 이렇게 비행친구와 자주 어울리게 되면 비행가능성은 높아진다. 그와 반대로 교사나 학교에 대한 애착이 강할수록, 학업성적과 학습능력이 좋을수록 비행가능성은 줄어들 것이다. 또한 최근에 학업을 중단한 청소년들이 꾸준히 증가하고 있는데, 학업중단이 청소년비행에 어떤 영향을 미치는지도 함께 살펴보았다.

제10장은 학교폭력에 관하여 살펴보았다. 청소년들의 학교폭력은 우리 사

회에서 가장 먼저 근절되어야 하는 사회문제이다. 최근의 실태조사에 따르면, 전반적으로 학교폭력률은 줄어드는 데 비해 초등학생의 학교폭력 피해율은 늘고 있다. 다른 청소년비행과 마찬가지로 학교폭력을 근절하기 위해서는 학교폭력의 주된 요인을 파악할 필요가 있으며 학교폭력이 발생하는 원인은 다양하다. 학교폭력은 가해자 혹은 피해자의 단순한 행동으로 발생하는 것이 아니라 본다. 연구에 따르면 가해자 혹은 피해자의 개인적 특성, 가정, 학교 및 사회 등 복합적인 사회환경적 요소에 의해 발생한다. 학교폭력을 예방하기 위해서는 다양한 원인에 대한 이해가 필요하다. 이를 위해 먼저 학교폭력의 개념을 살펴본 후, 학교폭력의 실태를 살펴보았다. 학교폭력 실태는 한국청소년정책연구원이 조사한 한국아동·청소년 패널조사와 서울시가 초등4학년부터 고등3학년 재학생을 대상으로 한 학교폭력실태 조사를 통해 살펴보았다. 그다음으로 학교폭력의 특징을 일반적 특징과 가해자와 피해자의 특징으로 나누어 살펴보았다. 학교폭력은 다른 청소년비행과 달리 가해자와 피해자의 동일성이 두드러지는 폭력유형이다. 즉, 학교폭력을 당한 청소년이 다시 또 다른 친구들을 괴롭히는 가해자가 되는 경향이 강한 비행이다. 이외 학교폭력의 다른 특징들을 살펴본 후 학교폭력의 원인을 살펴보았다. 학교폭력의 원인을 규명하는 것은 결코 쉬운 일이 아니지만, 내부적 요인(개인적, 심리적 요인)과 외부적 요인(가정환경적, 학교환경적, 사회환경적 요인)으로 구분하여 상세하게 설명하였으며, 마지막으로 우리 사회에서 학교폭력을 줄이거나 근절하기 위한 대책과 예방책 등을 살펴보았다.

제11장은 성비행에 관하여 살펴보았다. 우리 사회의 성문화는 상당히 이중적이다. 성을 공적인 담론의 장으로 이끌어 내는 것을 천박하게 여기는 반면 외국에서 유입된 온갖 퇴폐적인 성문화가 만연해 있다. 이런 성문화의 이중적인 잣대는 청소년들의 성문화에도 그대로 적용되고 있다. 성의 이중적 잣대는 올바른 성정체성을 형성하지 못한 청소년들에게 불행하게도 각종 청소년 성비행에 좋지 않은 영향을 미친다. 청소년의 성비행은 음란매체 접촉, 성관계, 성매매, 성폭행 등으로 나타나며 점차 그 비율이 증가하고 있다. 특히, 스마트폰의 보급으로 인해 최근 청소년 사이에 기존에는 없었던 휴대폰 스토킹, 음란 동영상 촬영, 랜덤채팅을 통한 청소년 성매매 등 새로운 형태의 성비행이 나타나고 있다.

이 장에서는 먼저 청소년 성비행의 개념과 유형을 살펴보았다. 청소년 성범죄는 성인 성범죄와 마찬가지로 법에 위반되는 범죄행위를 의미하는 것으로 강간, 성추행, 성희롱, 성매매, 성도착증상 등을 들 수 있다. 성비행의 유형은 크게 상대방 없이 혼자서 행하는 일신적 성비행과 상대방과의 관계에서 발생하는 대인관계 성비행으로 나누어 살펴보았다. 그다음으로 청소년 성비행과 성매매의 실태를 파악하였다. 청소년 성비행 실태조사는 검찰청과 경찰청에서 파악한 공식통계자료와 관련학술단체에서 조사한 비공식통계 자료로 나누어 살펴보았다. 공식통계자료는 사법기관(경찰청과 검찰청)에서 실제 검거한 청소년 성범죄자들의 실태자료이고 비공식통계자료는 2012년 여성가족부에서 전국 초·중·고등학생 15,000명을 확률표본추출하여 설문조사한 통계자료 등을 사용하였다. 4절에서는 청소년 성비행의 특징을 파악하였다. 청소년 성매매는 일반 성인들의 성매매와 여러 가지 면에서 상이한 특징을 보인다. 청소년 성매매에서만 발생하는 일반적인 특징을 청소년 성매매의 동기면, 조건만남을 통한 성매매, 인터넷을 통한 성매매로 구분하여 살펴보았다. 5절에서는 청소년 성비행의 원인을 파악하였다. 청소년 성비행은 개인환경적 원인과 사회환경적 요인으로 구분할 수 있다. 개인환경적 요인은 개인이 속한 가정과 또래집단의 영향으로 인해 성비행이 발생한다고 보는 입장이고, 사회환경적 원인은 좀 더 거시적 차원의 성산업의 발달과 대중매체의 영향 등이 여기에 속한다. 마지막으로 우리 사회에서 청소년 성비행을 줄이기 위한 대처방안에 대해 논의할 것이다. 이를 위해 개인환경적 대처방안으로 자극추구성향과 개방적 성태도, 또래동조성을 중심으로 살펴보고, 사회환경적 대처방안으로 향략문화의 발달과 선정적인 대중문화 등을 중심으로 고찰하였다.

제12장은 사이버 비행이다. 청소년 사이버 비행은 최근 인터넷 이용률의 증가와 스마트폰의 보급으로 인해 급격하게 증가하고 있다. '2011년 인터넷 윤리문화실태조사'에 따르면 인터넷 이용자 중 전체 응답자 청소년의 49.2%가 사이버 비행 가해 경험이 있는 것으로 나타났으며, 사이버 비행 가해 경험자 중 12~19세가 76.0%로 가장 높고, 20대는 58.2%로 연령이 낮을수록 사이버 비행 가해 경험률이 높게 나타났다. 최근의 사이버 비행은 과거 컴퓨터를 기반으

로 한 사이버 비행과 다른 양상을 보이고 있다. 과거 컴퓨터를 기반으로 한 사이버 비행은 주로 컴퓨터 사용사기, 음란물유포, 해킹 및 바이러스 등으로 나타났다면, 최근에는 스마트폰을 통해 사이버 명예훼손, 사이버 스토킹, 신상정보유출, 사이버 불링, 사이버 폭력 등이 주를 이루고 있다. 특히 사이버 폭력 중에서 카카오톡 왕따(카따)는 심각한 사회문제로 대두되고 있다. 카카오톡 왕따를 당한 일부 청소년은 불안, 초조, 우울감 등의 정신적인 문제를 호소하고 있으며 심한 경우, 자살충동과 자살로 이어지기도 한다. 이 장에서는 사이버 비행의 개념에 대해 먼저 살펴보았다. 사이버 비행은 스마트폰의 영향으로 랜덤채팅을 통한 사이버성매매 등과 같은 새로운 형태의 비행으로 발전하고 있다. 그리고 청소년정책연구원에서 조사한 통계자료와 방송통신위원회와 한국인터넷진흥원에서 공동으로 연구한 자료를 통해 사이버 불링을 포함한 전반적인 사이버 비행의 실태를 살펴보았다. 그다음으로 사이버 비행의 원인을 개인환경적 요인과 사회환경적 요인으로 나누어서 고찰할 것이다. 개인환경적 요인은 다시 개인의 심리적 요인과 부모학대 및 방임과 같은 가정환경적 요인 그리고 친구집단의 영향 등으로 세분화하고, 사회환경적 요인은 청소년의 인터넷 과다 사용이 사이버 비행과 어떤 관련이 있는지를 알아보았다. 이런 원인을 중심으로 사이버 비행의 특징을 함께 살펴보았다. 사이버 비행의 특징은 다양하지만, 주로 익명성, 가해와 피해의 중첩성, 피해의 신속성과 광범위성, 죄의식의 결여 및 피해의 심각성을 중심으로 설명하였다. 마지막으로 우리 사회에서 청소년들의 사이버 비행의 줄이기 위한 대책을 개인환경적 측면과 사회환경적 측면을 중심으로 살펴보았다.

제13장은 소년사법시스템에 대하여 살펴보았다. 일반적으로 형사사법시스템은 경찰청의 수사에서 법무부의 교정에 이르는 공식적인 사법절차를 의미한다. 소년사법시스템은 형사사법시스템 내에서 성인과 다른 특성을 가진 소년범죄를 다루기 위해 설치된 소년사법기관의 조직과 그 구성, 소년범죄 사건의 처리절차, 처리에 따른 집행 및 처우 등에 관한 법규범을 의미한다. 이러한 소년사법시스템은 성인을 대상으로 하는 형사사법제도와는 차이를 보이고 있으며 소년사법시스템을 구체화한 것이 소년법이라 할 수 있다 소년법은 통상 대륙형, 영미형, 복구형으로 구분된다. 대륙형은 형사사법적 측면에 초점을 둔 반면, 영

미형은 형사사법적인 내용보다는 소년복지와 보호에 초점을 둔다. 그리고 복구형은 스칸디나비아제국에서의 소년법 형태로 행정기관 소속의 준사법적 행정기관이 소년보호 관련 업무를 담당하는 형태이다. 우리나라의 소년사법시스템은 1958년 제정된 소년법을 토대로 하며 광의의 의미로는 '아동복지법', '청소년보호법' 등 소년사법과 관련된 내용을 포함한다. 따라서 이 장에서는 소년사법시스템의 전반적인 내용을 소년법, 소년사법처리절차, 소년사법기관 등의 순으로 상세히 살펴보았다.

마지막으로 제14장에서는 소년비행대책에 관하여 살펴보았다. 소년비행대책이란 소년범죄자와 피해자를 과학적으로 분석하여 범죄의 원인을 규명하고, 밝혀진 원인을 통해 범죄의 진압, 범죄자의 처우, 범죄의 예방을 추진하는 모든 노력으로 형사정책의 핵심이다. 소년비행대책은 주로 비행예방과 소년범 처우라는 두 가지 축을 중심으로 논의되고 있다. 범죄원인론과 범죄대책론과의 관계는 의학에서 병의 원인을 밝혀 치료방법을 강구하는 것과 유사하다. 따라서 소년비행의 원인을 규명해야만 비로소 유효한 비행대책을 강구할 수 있게 되며, 원인론에 기초하지 않은 비행대책은 비과학적이게 된다. 그동안 청소년비행에 대한 대책은 형사사법기관이 그 중심이 되어 역할을 해왔고, 따라서 청소년비행에 대한 대책은 주로 사후대책에 그 초점을 두었다. 이를 통해 사건처리, 선도방법, 교정방법을 할 것인지에 많은 노력이 있어 왔다. 그렇지만 사법기관 중심의 사후대처는 오히려 청소년들에게 낙인의 오명을 부여할 뿐 큰 효과가 없다는 것이 지적되고 있다(김준호 외, 2013). 이는 비행청소년들의 재비행 방지를 위한 효과적인 프로그램의 실시가 필요함을 반증한다. 이러한 점에서 사법기관의 노력뿐만이 아니라 청소년비행의 문제를 해결하기 위하여 사법기관 이외에 학교, 가정뿐만 아니라 지역사회 등의 비공식적 예방의 부분 또한 매우 중요하다고 할 수 있다. 따라서 이 장에서는 청소년 범죄의 현황을 분석함과 동시에 비행의 원인을 가정요인, 친구·학교요인, 사회적 요인으로 나누어 설명하였다. 마지막으로 형사사법기관에서 시행하고 있는 비행대책을 경찰, 검찰, 교정기관별로 나누어서 살펴본 후 지역사회에서의 청소년비행대책을 설명하였다.

참고문헌

권이종·김천기·이상오. (2010).「청소년문화론」, 서울: 공동체.

김신일. (1993).「청소년문화의 의미와 성격: 청소년문화론」, 한국청소년개발원 편, 서울: 양서원.

박정선·황성현. (2013), "청소년의 긴장감, 사회유대감, 비행친구와의 차별적 접촉이 청소년 지위비행에 미치는 영향",「청소년학연구」, 20(10): 77-94.

배규한·김민·김영인·김진호·김호영·문성호·박진규·송병국·이춘화·조아미·조혜영·최창욱·한상철·황진구. (2008)「청소년학개론」, 한국청소년정책연구원 엮음, 서울: 교육과학사.

성열준·강병연·이채식·강세현·김정일·황주권·황수주. (2012).「청소년문화론」, 서울: 양서원.

이완희. (2014), "한국 청소년들의 중비행에 관한 범죄이론적 비교연구",「한국경찰학회보」, 16(1): 139-160.

이완희·유완석. (2014), "청소년 지위비행에 관한 분석적 연구: 청소년비행이론을 중심으로",「한국경호경비학회지」, 39: 217-239.

이완희·황성현. (2016), "잠재성장모형을 활용한 사회학습이론과 일반긴장이론의 비교연구",「한국경찰학회보」, 59: 91-111.

이완희·황성현. (2014), "청소년의 부정적 자극이 친구차별접촉과 긴장요인을 매개로 청소년비행에 미치는 영향",「한국경찰학회보」, 16(5): 197-218.

이상현 (2004).「소년비행학」, 서울: 박영사.

정지원. (2013). "학교폭력을 유발하는 메카니즘: 놀이 하위문화와 패거리 효과를 중심으로",「석사학위논문」, 연세대학교 대학원.

한상철. (2008).「청소년학: 청소년 이해와 지도, 제2판」, 서울: 학지사.

홍성봉·남미애. (2007).「청소년복지론」, 서울: 양서원.

황성현. (2006), "의미있는 타자와 청소년 약물남용간의 관계: 부모와 동료집단의 영향을 중심으로",「보건과 사회과학」, 19: 51-69.

황성현. (2007), "한국과 미국 청소년들의 약물남용에 관한 비교연구",「한국범죄학」, 1(1): 73-90.

황성현. (2008), "한국과 미국 청소년들의 음주행위에 관한 비교 연구: 사회학습이론을 중심으로",「보건과 사회과학」, 23: 5-29.

황성현. (2009), "청소년 음주·흡연행위에 관한 사회유대, 자아통제, 사회학습이론적 고찰",「한국청소년연구」, 20(1): 113-139.

황성현. (2010), "청소년 지위비행에 관한 비행이론 비교연구",「청소년학연구」, 17(5): 49-68.

황성현. (2012), "청소년 흡연, 음주행위의 원인에 대한 비행이론적 접근: 일반긴장이론과 사회학습이론을 중심으로",「보건과 사회과학」, 32: 23-42.

황성현. (2015). "청소년비행이론의 상대적인 영향력 검증: 아동·청소년 패널자료를 중심으로",「한국경호경비학회지」, 44: 225-250.

황성현. (2016). "청소년비행에서 비행친구가 선행하는가, 비행이 선행하는가?: 잠재성장모형의 적용", 「사회과학연구」, 23(2): 54-70.

황성현 · 박정선. (2010). "청소년 가출행위에 영향을 미치는 가출충동 변인의 매개효과 연구", 「청소년학연구」, 17(10): 1-21.

황성현 · 이강훈. (2013). "청소년비행의 원인에 대한 사회학습, 사회유대, 일반긴장이론적 접근", 「한국청소년연구」, 24(3): 127-145.

조재연. (2014). 청소년 사목이란 무엇인가? 가톨릭신문.
http://www.catholictimes.org/article/article_view.php?aid=259226

Hwang, S. H., & Akers, R. L. (2006). Parental and peer influences on adolescent drug use in Korea. *Asian Journal of Criminology*, 1: 51-69.

Hwang, S. H., & Akers, R. L. (2003). Substance use by Korean adolescents: A cross-cultural test of social learning, social bonding, and self-control theories in Ronald L. Akers and Gary F. Jensen. (eds.) Social Learning Theory and The Explanation of Crime: A Guide for the New Century, *Advances in Criminological Theory*, 11: 39-64. Piscataway, NY: Transaction Publisher.

Hurlock, E. B. (1955). *Adolescent Development*. New York: McGraw-Hill.

Chapter

02

청소년비행의 측정

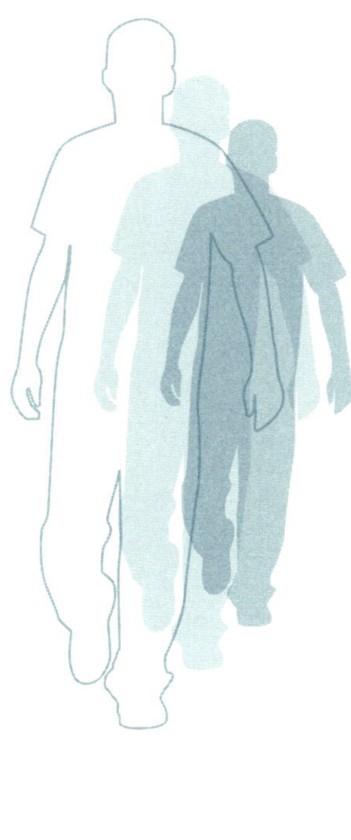

한 / 국 / 청 / 소 / 년 / 비 / 행 / 학

청소년의 비행현황을 파악하는 대표적인 방법은 범죄통계를 활용하는 것이다. 범죄통계는 지역사회의 치안수준을 보여주고 형사사법체계의 작용에 관한 정보를 제공하기 때문에 형사사법 실무자들에게 매우 중요한 자료이다(Vito & Maahs, 2015: 40). 소년사법 관련 실무자들 역시 청소년비행관련 정책을 수립할 때 범죄통계를 활용하고, 범죄학자들도 청소년비행 현상을 이해하기 위하여 범죄통계를 활용한다. 하지만, 형사사법기관에서 발행하는 공식범죄통계들은 소년법상 범죄소년과 촉법소년이 저지른 범죄행위들만을 포함할 뿐, 넓은 의미에서의 청소년비행을 모두 보여주지 못한다(김준호 등, 2013: 35). 따라서 청소년비행 현황을 보다 정확히 파악하기 위해서는 비공식통계를 함께 활용해야 한다. 공식통계와 비공식 통계 모두 장단점을 갖고 있다. 따라서 청소년비행 현황을 살펴볼 때 각 통계의 특성을 이해하며 활용하는 것이 중요하다. 실제로, 대부분의 청소년범죄에 관한 오해는 대중매체가 편이에 따라 편집한 통계자료들을 바탕으로 범죄현상을 무분별하게 받아들이며 발생한다(Lewis, 2013: 220-221). 따라서, 제2장에서는 청소년비행 현황을 파악할 수 있는 공식통계와 비공식통계의 종류와 각각의 장단점을 살펴보고 각 통계들에서 나온 결과를 확인해볼 것이다.

제1절 공식통계

1. 공식통계란?

형사사법기관에서 발행하는 공식통계는 청소년비행 현황을 모두 파악할 수는 없지만, 소년범죄 현황을 파악하기에는 용의하다. 국내의 대표적인 공식범죄통계는 검찰청의 범죄분석이 있으며, 범죄분석은 소년범죄를 전체범죄와 구분하여 발표한다. 공식통계는 범죄율과 범죄추세를 파악하는 데 용이하고, 범죄에 영향을 주는 개인과 사회의 영향력을 분석할 수 있다. 예를 들어, 경제소득 수준과 청소년범죄율의 관계를 살펴보고 싶다면, 전체총인구조사에서 가구 소득을 추출하고, 공식통계에서 범죄율을 추출하여 교차 비교할 수 있다(Siegel, 2011: 30). 그러나, 범죄통계 속 숫자는 실제 범죄량에 접근하는 하나의 지표일 뿐, 우리 사회에서 일어나는 정확한 실제 범죄현상을 나타내는 것이라 할 수 없다는 점을 유의해야 한다(이윤호, 2015: 30).

2. 공식통계 종류

(1) 범죄분석

대검찰청의 범죄분석은 전국 각급 수사기관(검찰, 경찰, 특별사법경찰)에서 범죄 사건을 수사하면서 작성·전산입력한 각 범죄통계원표(발생통계원표, 검거통계원표, 피의자통계원표)를 토대로 범죄현상을 분석한 자료이다(대검찰청, 2016: 3). 소년범죄의 경우, 범죄통계원표 중에서 사건 발생 즉시 작성되는 발생통계원표가 아닌 검거된 후 피의자 1인당 1매씩 작성되는 피의자통계원표에 의해서 집계된다. 따라서 범죄분석에서 소년범죄 현황을 해석하는 데 있어서 발생연도와 검거연도가 다를 수 있음을 유의해야 한다. 또한, 촉법소년은 소년범죄자 처리절차상 검찰에 송치하지 않고 법원 소년부에 송치하도록 되어 있어 원칙적으로 범죄통계원표를 작성하지 않으나, 이 원칙이 일관성 있게 적용되지 않아 촉법소년의 일부만 집계되어 있고, 특히 2015년, 2016년에는 14세 미만으로 입력되거나 연령 입력이 안 된 피의자에 대해서는 피의자별 검토를 통해서 입력상의 오류를 교정함으로써 예년에 비해 14세 미만 피의자와 미상의 수가 상당히 줄어들었으므로 연도별로 비교하여 분석할 때 주의해야 한다(대검찰청, 2016: 5-13).

(2) Uniform Crime Reporting

미국연방범죄수사국(FBI)의 Uniform Crime Reporting(UCR)은 17,000개 이상의 경찰서에서 수집한 범죄자료를 바탕으로 발표하는 미국 범죄 공식통계이다. 미국은 각 주별로 미성년자의 연령기준이 다른데, UCR에서는 소년범의 연령을 일괄적으로 18세 이하로 규정하고 자료를 수집한다. 또한, 체포를 기준으로 하는 일반범죄 수집방식과 달리, 소년범죄와 관련하여서는 보호 목적으로 구금된 사건이나, 무죄혐의로 판결된 사건은 포함하지 않는다. 따라서 UCR을 통해 소년범죄를 파악할 때 주의하여야 한다. 현재 UCR을 보완하기 위해 National Incident Based Reporting System(NIBRS)이 도입되고 있는 중이며, 현재 20개주 이상이 도입하였다(Siegel, 2011: 35). NIBRS는 범죄 지표를 보다 세분화하고, 범죄자와 피해자와의 관계 등 범죄사건발생 상황까지 상세하게 기록하며, 두 가지 범죄가 동일인에게 발생하였을 때 중한 범죄만을 기록하는 UCR과 달리 두 가지 범죄를 모두 기록함에 따라 보다 정확한 범죄통계가 이루어질 것으로 보인다.

3. 공식통계 장·단점

공식범죄통계의 가장 큰 장점은 경찰 및 검찰 등 국가 공식기관에서 수집하는 공식 데이터라는 것이다. 우리나라에서 범죄에 관한 공식적인 통계가 사용되기 시작한 것은 1963년부터로 중앙정보부에서 수집되기 시작하여, 1964년에 대검찰청에서 맡아서 통계를 냈으며 그 이후 안정된 지표를 활용한 수집이 시작되었다. 전문적인 수사관들과 통계기법을 통하여 기록된 정보이기 때문에 형법상 범죄개념을 보다 정확히 반영한다는 특징이 있다. 형사사법기관에서 발행하는 공식통계는 표본조사가 아닌, 형사사법기관에서 발생한 모든 사건이 기록된 통계자료라는 점이 장점이다. 공식기관 외에는 범죄와 관련된 전수조사가 불가능하기 때문에 표본을 통하여 전체 범죄를 추정할 수밖에 없는데, 공식기관은 각 경찰서로부터 모든 범죄정보가 취합되기 때문에 표본조사보다 정확한 통계가 이루어질 수 있다. 또한, 지역별, 범죄율 비교를 통하여 지역사회의 치안수준을 알 수 있게 한다. 공식통계의 또 다른 장점으로는 강력범죄발생 파악이 용의하다는 점이다. 살인, 강도 등의 강력범죄들은 비공식 통계에서 활용하는 설문조사로는 확인할 수 없으며, 공식통계에서 비교적 정확하게 파악된다.

이와 반대로, 공식통계의 가장 큰 문제는 암수범죄(hidden crimes)가 집계되지 않는다는 것이다. 범죄학자들은 많은 수의 범죄가 형사사법 기관에 미신고된다고 주장한다. 이는 소년범죄에 있어서도 예외가 아닌데, 그 이유는 여러 가지가 있다. 첫째, 피해자들은 형사사법기관에 신고하는 것이 비용·편익적인 관점에서 도움이 되지 않는다고 판단하여 신고를 하지 않을 수 있다. 둘째, 강간과 같은 범죄에서 특히 피해자가 미성년자일 경우 심한 수치심과 정신적 충격으로 인하여 사법기관에 신고를 주저할 수 있다. 셋째, 친족이 범죄 가해자인 경우, 오히려 가해자를 보호하기 위해 신고를 하지 않을 수있다. 마지막으로, 횡령과 같은 화이트칼라 범죄들처럼 범죄 장면이 목격되지 않는 경우 경찰에 신고가 안 되는 경우가 많다(Vito & Maahs, 2015: 28). 이러한 이유들로 범죄가 신고가 이루어지지 않았을 경우, 공식통계에 집계될 수 없기 때문에 이는 공식통계의 가장 대표적인 한계점으로 지적된다. 이 한계점을 보완하기 위해서는 다양한 출처를 활용할 필요가 있다. 예를 들어, 폭력범죄의 경우 병원기관을 통해, 인터넷 뱅킹 사기의 경우 은행기관을 통해, 허위신고의 경우 경찰보다 보험회사를 통해, 보다 포괄적인 통계조사를 실시할 수 있다(Lewis, 2013: 227).

또한 공식범죄통계는 수사기관의 영향을 많이 받는다. 먼저, 공식통계의 수집은 수사기관과 실무자들에 많은 영향을 받는다. 경찰관들은 본인들의 재량권을 통해서 보통 소년범죄자들에게 관대하고, 성인범죄자들에게 집중하기 때문에 많은 소년범죄가 누락될 수 있다(Berger & Gregory, 2009: 67). 둘째, 수집기관은 의도적으로 통계수집을 조작할 수 있다. 예를 들어, 경찰서의 실적이 필요한 경우나 예산확보가 필요한 경우 범죄율과 검거율을 실제보다 높게 보고할 수 있으며, 경찰서의 범죄예방활동 성과를 홍보하기 위하여, 범죄율을 실제보다 낮게 보고할 수 있다.

4. 청소년비행 공식통계 현황

(1) 전체 소년범죄자의 동향

〈표 2-1〉은 1980년대부터 2014년까지 전체 소년범죄자 인원과 소년인구 중에서 소년범죄자가 차지하는 비율을 분석한 것이다. 전체 소년범은 1980년 88,725명, 1985년 102,225명에서 2000년 143,643까지 지속적으로 증가하는 추세를 보이다가 2005년에 59,679명으로 감소하였으나 2010년 다시 101,596명으로 증가하였다. 소년범 인원은 감소하여 2011년 100,032명, 2012년 104,808명,

표 2-1 소년범죄자의 동향(1980~2014) (단위: 명)

연도	소년범죄자수			인구비*
	계	소년 형법범	소년 특별범	
1980	88,725	83,959	4,776	1,249
1985	102,225	88,298	13,927	1,422
1990	105,567	82,446	23,121	1,560
1995	124,244	85,461	38,783	1,938
2000	143,643	95,335	48,308	2,528
2005	59,679	45,866	13,813	989
2010	101,596	78,056	23,540	1,654
2011	100,032	78,456	21,576	1,660
2012	104,808	86,440	18,368	1,797
2013	88,762	73,075	15,687	1,581
2014	77,594	63,145	14,449	1,440

* 소년인구 10만 명당 범죄자 수

출처: 대검찰청 〈범죄백서〉, 1996, 2001, 2006, 2014. 재구성.

2013년 88,762명으로 감소하였고, 2014년에는 전년 대비12.6% 감소한 77,594명을 기록하였다. 그러나 대체적으로는 2007년 이후 소년범죄는 증가하는 경향을 보이고 있다고 할 수 있다.

특히 1980년에서 2000년 사이에는 그 숫자가 꾸준히 높아지는 현상을 보이는데, 이로 보아 이 시기에는 소년범죄자의 실질적 증가 혹은 통계에 영향을 미치는 여러 가지 사건이나 변화가 있었음을 알 수 있다.

(2) 소년 형법범의 동향

소년 형법범의 증가와 성인 형법범 비교 내용은 〈표 2-2〉와 같다. 이 표에서 소년형법범과 성인형법범의 단순 범죄자수를 비교하면 성인형법범의 수가 훨씬 더 높은 정도로 증가했음을 알 수 있다. 하지만 이러한 수치는 인구규모를 고려하지 않은 비교방법이므로 객관적인 비교를 하기 위해서는 범죄율을 통해 인구규모의 변화를 비교하는 것이 바람직하다. 소년범의 비율은 2005년을 기준

표 2-2 소년 형법범의 동향(1980~2014) (단위: 명, %)

연도	소년형법범		성인형법범		소년범 비율**
	인원	범죄율*	인원	범죄율	
1980	83,959	1,179	403,783	1,969	17.2
1985	88,298	1,228	438,016	1,818	16.8
1990	82,446	1,218	475,921	1,700	14.8
1995	85,461	1,333	731,259	2,404	10.5
2000	95,335	1,678	858,147	2,581	10.0
2005	45,866	760	765,577	2,029	5.7
2010	78,056	1,271	865,529	2,155	8.3
2011	78,456	1,302	922,393	2,265	6.9
2012	86,440	1,481	950,720	2,302	8.3
2013	73,075	1,301	963,629	2,350	6.9
2014	63,145	1,172	953,064	2,244	6.2

* 해당인구 10만명당 범죄자 수
** 소년범 ÷ (소년범+성인범) × 100

출처: 대검찰청 〈범죄백서〉, 1996, 2001, 2006, 2015. 재구성.

으로 급격히 감소하고 있음을 표를 통해 알 수 있다. 1980년대에는 전체 범죄자의 비율 중 소년범이 17.2%를 차지하고 있었지만 2014년에는 6.2%로 2005년 이후 매우 낮은 비율을 기록했다.

소년 형법형의 범죄유형을 재산범, 폭력범, 흉악범, 기타로 나누어 인원과 비율을 살펴보면 〈표 2-3〉과 같다. 1980년도에는 재산범이 29,206명으로 전체의 34.8%를 차지하고 있었는데 그 이후로 꾸준히 증가하여 2014년에는 36,271명으로 전체의 57.4%를 차지했다. 반면, 폭력범의 경우에는 1980년 42,014명으로 전체의 50.0%에서 2014년 19,352명으로 전체 30.6%의 비율을 차지하고 있다. 이를 통해 전반적으로 재산범은 증가했으며, 폭력범은 감소하는 것으로 나타났다.

범죄학자 허쉬와 갓프레드슨은 "나이는 언제 어디서나 범죄와 관계가 있다. 범죄에 있어 나이의 영향은 다른 인구학적 요인에 따라 달라지지 않는다"라

표 2-3 소년 형법범의 유형별 인원 및 구성비 (단위: 명)

연도	합계		재산범		폭력범		강력(흉악)범		기타 형법범죄	
	인원	%	인원	%	인원	%	인원	%	인원	%
1980	83,959	100	29,206	34.8	42,014	50.0	4,216	5.0	8,320	8.8
1985	88,298	100	34,160	38.7	46,309	52.4	5,689	6.4	2,140	2.4
1990	82,446	100	25,404	30.8	49,015	59.5	6,261	7.6	1,706	2.1
1995	85,461	100	32,396	37.9	47,494	55.6	4,349	5.1	1,222	1.4
2000	94,165	100	35,281	37.5	52,902	56.2	4,332	4.6	1,650	1.8
2005	45,866	100	24,743	53.9	18,532	40.4	1,460	3.2	1,131	2.5
2010	78,056	100	43,599	55.9	27,264	34.9	3,665	4.7	3,528	4.5
2011	78,456	100	42,851	54.6	28,193	35.9	4,049	5.2	3,363	4.3
2012	86,170	100	46,044	53.3	32,267	37.3	3,609	4.2	4,250	5.2
2013	73,075	100	43,707	59.8	21,843	29.9	3,489	4.8	4,036	5.5
2014	63,145	100	36,271	57.4	19,352	30.6	3,158	5.0	4,364	6.9

출처: 대검찰청 〈범죄백서〉, 1996, 2001, 2006, 2015. 재구성.

고 하였다. 그 정도로 연령과 범죄의 상관관계에 대한 관심은 과거부터 현재까지도 크다고 할 수 있다.

〈표 2-4〉는 청소년 형법범의 연령별 구성 동향을 보여준다. 이 표에서는 청소년 형법범의 연령별 동향을 연도별 전체 범죄자 가운데 각 연령대가 차지하는 비율과 각 연령별 청소년 전체 인구의 10만 명당 차지하는 비율을 나타내는 범죄율을 살펴본다. 연령층별 동향을 살펴보는 이유는 크게 두 가지이다. 첫 번째는 각 연령층별의 범죄율 비교를 위해서이고, 더 깊게 생각하면 사회의 범죄 저 연령화 현상을 살펴보고 대책을 세우기 위해서이다. 각 연령층별 범죄자 수를 나타내는 비율로는 정확한 저연령화 현상을 판단하기에는 무리가 있다. 이 비율은 다른 연령층의 범죄자의 비율에 따라 영향을 받는 상대적인 개념이기 때문이다. 그러므로 해당 연도의 소년 전체인구에서의 각 연령층의 범죄율을 보여주는 범죄율을 살피면서 비교하는 방법이 더 좋을 것이다.

우선, 단순하게 연령별 구성비를 살펴보자면 1980년에는 18~19세가 42,367명으로 소년 형법범의 비율에서 50.5%를 차지했다. 그다음으로는

표 2-4 소년 형법범의 연령별 동향 (단위: 명, %)

연도	계	12~13세		14~15세		16~17세		18~19세	
		인원	범죄율	인원	범죄율	인원	범죄율	인원	범죄율
1980	83,959 (100)	3,988 (4.7)	232	11,419 (13.6)	670	26,175 (31.2)	1,529	42,367 (50.5)	2,529
1985	88,298 (100)	1,435 (1.6)	78	15,306 (17.3)	819	31,254 (35.4)	1,766	40,303 (45.6)	2,372
1990	82,446 (100)	1,684 (2.0)	110	14,705 (17.8)	907	28,627 (34.7)	1,601	37,430 (45.4)	2,037
1995	85,461 (100)	1,617 (1.9)	100	25,650 (30.0)	1,513	30,890 (36.1)	1,983	27,304 (32.0)	1,772
2000	95,335 (100)	983 (1.0)	80	25,420 (26.7)	1,951	32,919 (34.5)	2,196	36,013 (37.8)	2,148
2005	50,652 (100)	198 (0.3)	14	24,420 (48.2)	1,881	17,098 (33.8)	1,391	16,586 (17.7)	1,303
2010	70,045 (100)	147 (0.2)	5.7	24,210 (34.6)	1,733	31,208 (44.6)	2,187	14,480 (20.7)	1,995
2011	66,240 (100)	98 (0.1)	4	19,417 (29.3)	1,428	32,627 (49.3)	2,291	14,098 (21.3)	1,983
2012	87,779 (100)	582 (0.7)	25.1	29,700 (33.8)	2,262	40,169 (45.8)	2,879	17,328 (19.7)	2,427
2013	74,509 (100)	241 (0.3)	11.0	24,735	1,961	33,014 (44.3)	2,430	16,519 (22.2)	2,332
2014	63,145 (100)	27 (0.0)	1.3	21,156 (33.5)	1,681	27,173 (43.1)	2,040	14,789 (23.4)	2,128

출처: 대검찰청 〈범죄백서〉, 1996, 2001, 2006, 2015. 재구성.

16~17세가 31.2%로 뒤를 이었다. 그 이후 해가 가면서 18~19세의 인원이 점차 감소하는 형태를 띠고 있다. 반면, 14~15세의 경우에는 1980년에 11,419명으로 13.6%의 비율을 차지하고 있었지만 2014년에는 21,156명으로 33.5%의 비율을 보이고 있다. 이와 같이 범죄자 인원의 구성비를 보면 상대적으로 저연령층의 비율이 고연령층에 비해 늘어나고 있어, 청소년범죄의 저연령화가 되고 있다고 판단 내릴 수도 있다. 하지만 각 연령층별 청소년 인구의 규모가 다르기 때문에 그 연령층별로 범죄율을 살펴봐야 한다.

표 2-5 소년 형법범의 연령과 범죄유형 현황(2014년) (단위: 명, %)

범죄유형 \ 연령	계	10세~13세	14세~15세	16세~17세	18세
계	63,145(100)	27(0.0)	21,156(33.5)	27,173(43.0)	14,789(23.4)
재산범죄	36,271(100)	6(0.0)	13,643(37.6)	15,966(44.0)	6,656(18.4)
강력범죄(폭력)	19,532(100)	9(0.0)	5,671(29.3)	7,653(38.5)	6,019(31.1)
강력범죄(흉악)	3,158(100)	1(0.0)	952(30.1)	1,393(44.1)	812(25.7)
풍속범죄	74(100)	-	17(23.0)	32(43.2)	25(33.8)
위조범죄	1,875(100)	-	228(12.3)	1,127(60.7)	502(27.0)
과실범죄	145(100)	1(0.7)	59(40.7)	50(34.5)	35(24.1)
기타범죄	2,281(100)	10(0.4)	579(25.4)	952(41.7)	740(32.4)

출처: 대검찰청 〈범죄백서〉, 2014.

14~15세 범죄율은 1980년 670명에서 2014년 1,681명으로 약 2.5배 증가했고, 16~17세는 1.3배 상승했으며, 18~19세는 2,529명에서 2,128명으로 0.8배 감소하는 것으로 나타났다. 12~13세의 연령을 제외하면 저연령일수록 큰 폭으로 증가하고 있다는 것을 표의 범죄율의 비교를 통해 알 수 있다.

〈표 2-5〉는 연령에 따른 범죄유형의 최근 현황을 나타내고 있다. 이 표를 통해 연령에 따라 저지르는 범죄 유형에도 차이가 있는지 비교할 수 있다. 이 표에 따르면 저연령층은 재산범죄의 비중이 높게 차지하고 있으며 고연령에 해당하는 18세는 폭력범죄를 많이 저지르는 걸로 볼 수 있다. 이는 신체적인 성숙도가 영향을 미치는 것이라고 판단된다.

(3) 강력범, 폭력범, 재산범의 동향

소년 강력범의 동향을 보면 〈표 2-6〉과 같다. 소년 강력범은 1980년에 4,216명으로 범죄율은 62명이었으며 1990년까지 계속해서 상승하는 추세를 보이다가 2000년 이후 감소하는 경향을 보인다. 1990년에 최고점을 보였는데 당시 노태우 대통령이 범죄와의 전쟁을 선포하며 강력범에 대한 강력한 검거를 정책적으로 실시하여 검거율이 높았을 가능성이 있다.

표 2-6 소년강력범(흉악)의 동향 (단위: 명)

연도	계		살인	강도	성폭력	방화
	인원	범죄율				
1980	4,216	62	88	1,822	2,287	28
1985	5,689	79	88	2,287	3,266	48
1990	6,261	88	160	3,334	2,675	92
1995	4,349	68	65	2,684	1,526	74
2000	3,762	66	39	2,295	1,366	62
2005	1,460	24	21	646	714	79
2010	3,665	60	26	908	2,565	166
2011	4,049	67	21	1,285	2,557	186
2012	3,609	62	23	851	2,542	193
2013	3,489	62	21	607	2,721	140
2014	3,158	59	33	405	2,564	156

출처: 대검찰청 〈범죄백서〉, 1996, 2001, 2006, 2015. 재구성.

범죄유형별로 살펴보면 소년살인은 1990년에 160건으로 가장 높았으며, 그 이후에는 점차 감소하는 추세로 변하였다. 소년강도범 역시 1990년까지 증가하는 추세를 보였다가 그 이후 계속 감소하였다.

성폭력의 경우에는 90년대 이후 급격히 감소하는 추세를 보이는데, 이는 1994년부터 시행했던 '성폭력특별법'으로 인해 영향을 받았을 가능성이 있다. 그 이후의 추세는 증감이 반복되고 있으며 2005년 급감 후에 다시 증가하는 수치를 보여준다. 방화의 경우에는 2005년 이후로 다소 증가하여 증감을 반복하는 경향을 보이고 있다. 1995년부터는 소년방화범이 살인범의 수보다 많아지는 현상을 볼 수 있다.

〈표 2-7〉은 소년폭력범의 동향이다. 소년폭력범은 1980년 42,014명이고 범죄율은 617명이었으나 지속적으로 증가하여 2000년에는 가장 높은 수치를 기록하였다. 그 이후 증감을 반복하고 있다. 앞서 보았던 소년강력범의 경우에는 1990년을 정점으로 하락하는 추세를 보이고 있었으나 소년폭력범죄의 경우에는 그 이후에도 비슷한 추세를 보이고 있다. 2000년에 급격히 증가한 이유 중 하나

표 2-7 소년폭력범의 동향 (단위: 명)

연도	계		상해	폭행	공갈	폭행행위 처벌법	기타*
	인원	범죄율					
1980	42,014	617	1,278	683	290	39,763	-
1985	46,309	644	1,454	503	311	44,041	-
1990	50,075	702	1,119	362	247	48,347	-
1995	47,494	741	1,173	410	798	45,113	-
2000	54,556	960	1,663	846	454	51,593	-
2005	18,534	410	10,187	3,714	3,757	814	60
2010	27,264	710	12,080	8,403	5,966	685	130
2011	28,193	711	11,582	10,004	5,391	1,111	105
2012	32,267	789	10,689	12,411	7,865	1,122	180
2013	21,843	778	8,000	9,672	3,247	817	107
2014	19,352	673	7,437	9,128	1,974	703	110

* 협박, 약취, 유인, 감금 등 해당

출처: 대검찰청 〈범죄백서〉, 1996, 2001, 2006, 2015. 재구성.

는 경찰에서 범죄통계원년으로 선포하여 누락되었던 피해에 대한 통계에 대해 정확한 측정을 시도했기 때문이다. 그 결과 많은 유형에서 소년범의 수가 증가하여 집계된 것으로 보인다.

소년상해범의 경우 2000년까지는 증감을 반복하다가 2005년부터 급격하게 증가하였다. 최근 2011년 이후에는 다시 감소하는 추세를 보이고 있다. 소년폭행범은 1980년부터 1990년까지 감소하는 추세를 보이다가 2000년, 2005년에 급격히 증가하여 최근 2012년에는 12,411명으로 정점을 찍은 후 다시 감소하고 있다. 공갈범도 2005년부터 급격히 증가하여 2012년에는 가장 많은 소년공갈범이 측정되었다.

특별법상의 「폭행행위처벌법」 위반 사범은 1980년부터 2000년까지 지속적으로 상승하는 추세를 보이다가 그 이후 급감하였다. 폭처법의 위반은 2인 이상 공동범행, 흉기소지, 야간범행, 상습범행을 의미하여 폭처법의 증가는 곧 청소년 범죄의 집단화, 상습화 등의 특성을 보여주는 지표로 해석할 수 있다.

소년재산범의 동향을 살펴보면 〈표 2-8〉과 같다. 전체 소년재산범은 증가 감소를 반복하며 과거와 비교하여 대체적으로 증가하는 추세를 보이고 있다. 재산범의 80%를 차지하는 절도의 경우 증감을 반복하는 것으로 보이고 있지만 과거에 비해 증가한다고 볼 수 있다. 전반적으로 경제수준의 변화가 있음에도 불구하고 절도범의 증가 경향은 단순한 생활고로 인한 동기라고는 볼 수 없다.

소년사기범죄의 경우 1980년 714명에서 지속적으로 증가하여 최근인 2014년에는 7,251건으로 가장 높은 수치를 기록하였다. 이렇게 급격하게 증가하게 된 이유는 청소년이 사이버 공간을 활용한 범죄가 증가하고 있으며 이를 통해 소년범죄의 지능화 경향을 추측할 수 있다.

표 2-8 소년재산범의 동향 (단위: 명)

연도	계		절도	사기	장물	기타
	인원	범죄율				
1980	29,206	429	26,929	714	842	721
1985	34,160	475	30,566	1,847	825	922
1990	25,404	356	22,663	1,292	653	796
1995	32,396	505	28,616	1,927	739	1,114
2000	35,196	619	30,125	3,474	520	804
2005	24,743	410	21,556	2,415	172	67
2010	43,599	710	36,011	4,950	837	586
2011	42,851	711	34,888	5,452	537	664
2012	46,044	789	36,655	5,854	1,189	790
2013	43,707	778	32,511	7,246	1,480	766
2014	36,271	673	26,047	7,251	830	707

출처: 대검찰청 〈범죄백서〉, 1996, 2001, 2006, 2015. 재구성.

제2절 비공식통계

1. 비공식통계란?

일반적으로 비공식범죄통계는 형사사법기관에 의해 수집되는 통계 외에 일반 시민들을 대상으로 범죄 또는 피해 경험을 설문하고 이를 통계로 수치화한 자료들을 말한다. 국내에서 청소년비행현황을 파악할 수 있는 대표적인 비공식범죄통계로는 형사정책연구원의 전국범죄피해조사·청소년 대상 범죄피해조사, 한국청소년정책연구원의 한국청소년패널조사·한국아동청소년패널조사가 있으며, 미국에는 National Crime Victim Survey(NCVS)가 있다. 비공식통계를 활용하는 가장 큰 목적은 공식통계작성기관에서 발견하지 못한 범죄와 이에 따른 피해까지 파악하기 위해서이다. 하지만, 비공식 범죄통계조사는 대부분 표본조사를 통해 전체 범죄율 또는 피해율을 추정하기 때문에, 실제 범죄율 또는 피해율과 차이가 발생할 수 있다.

2. 비공식통계종류

(1) 전국범죄피해조사 · 청소년범죄피해조사

형사정책연구원의 범죄피해조사는 공식범죄통계자료와는 달리 피해자 중심의 통계조사로서, 범죄피해의 실태와 범죄자의 특성, 범죄피해자의 특성, 범죄피해로 인한 결과뿐 아니라 범죄 관련 인식 및 범죄피해의 취약성 요인 등을 분석한 자료이다(최수형 등, 2015: 3-4). 2014년 범죄피해조사의 경우, 대한민국에 거주하는 일반가구 및 만 14세 이상 가구원을 모집단으로 설정하여, 총 6,960가구, 14,976명을 표본조사 했다. 범죄피해조사를 발간하는 형사정책연구원은 청소년들의 범죄피해 실태를 파악하기 위하여 청소년만을 대상으로 범죄피해조사도 수행하고 있는데, 2014년에는 전국의 청소년 중 중·고등학생 7,109명을 표본 추출하여 설문조사를 실시하였고, 조사대상자는 중·고등학생을 중심으로 하되, 중학생은 2, 3학년, 고등학생은 1, 2학년을 대상으로 실시하였다(홍용호·연성진, 2014: 21~23). 청소년 대상 범죄피해조사는 공식통계에서 발견되지 않는 청소년들의 암수범죄, 비행현황을 파악하기에 유용한 통계자료이다.

(2) 한국청소년패널조사·한국아동청소년패널조사

한국청소년연구원의 한국청소년패널조사(KYPS)는 횡단적 조사설계(cross-sectional survey design)가 갖고 있는 '사건들 간의 인과관계 설정에 있어서 시간적 순서(time order)의 조건 만족'의 한계를 극복하기 위해, 종단적 연구모형을 사용한 패널조사이다.(한국청소년연구원)[1] KYPS의 후속연구로서, 아동·청소년 성장과 발달의 다양한 양상을 종합적으로 파악하기 위해 2010년부터 한국아동·청소년패널조사(KCYPS)가 실시되었다. KCYPS는 2010년에 표집 된 3개 패널 총 7,071명의 청소년을 대상으로 2016년까지 7개년에 걸쳐 추적조사를 실시하여, 아동 청소년의 개인발달, 발달환경이 비행과 학교폭력 피해에 영향을 미치는 것을 확인하는 데 유용한 통계자료로 사용된다.

(3) National Crime Victim Survey

연방사법통계청(Bureau of Justice Statistics)의 National Crime Victim Survey(NCVS)는 피해자 중심의 조사로서, 약 60,000 가구를 대상으로 인터뷰가 진행되며, 조사 대상은 가구원 중 12세 이상인 사람들 모두 해당된다. 조사대상으로 선정되면, 3년 동안 일 년에 두 번씩 인터뷰를 받으며, 3년이 지나면 새로운 가구로 조대체하는 방법을 택한다(Siegel, 2011: 35). 따라서, NCVS를 통해 청소년범죄 현황을 연구할 때 횡단적, 종단적 연구가 모두 가능하다. 조사는 피해자의 특성(나이, 연령, 인종, 결혼상태, 교육수준 등), 범죄자의 특성(대략적인 나이, 성별, 인종, 피해자와의 관계), 범죄상황(시간, 장소, 피해상태 등)뿐만 아니라 피해자들의 형사사법기관에서 경험까지 포함하여 진행된다. NCVS의 가장 큰 장점은 미신고된 범죄를 파악할 수 있다는 점과 범죄피해자들의 특성을 파악하는 데 유용하다.

1) http://archive.nypi.re.kr/brdartcl/boardarticleList.do?brd_id=BDIDX_j1peYiuN6Lf430Q9fG7W2v&srch_ctgry_idx=CTIDX00042&menu_nix=V4Aer10k

3. 비공식통계 장·단점

비공식통계의 가장 큰 장점은 미신고되는 범죄를 확인할 수 있다는 것이다. 실제로, 2009년, UCR의 경우 88,000건으로 강간범죄를 보고한 데 반하여, NCVS는 126,000건으로 추정하였다(Siegel, 2011: 36). 물론, NCVS가 더 정확한 통계라고 단정지을 수는 없지만, 많은 수의 범죄가 형사사법기관에 미신고되고, 그것을 파악할 수 있는 것이 비공식통계라는 점을 공식통계와의 비교를 통해 확인할 수 있다. 또한, 피해자중심으로 이루어지는 비공식통계의 경우, 형사사법기관에서의 경험을 조사하기 때문에 형사사법기가관의 대응과 문제점을 확인할 수 있다.

하지만, 비공식통계 역시 여러 한계점을 갖고 있다. 먼저, 비공식통계는 모두 표본조사 방식을 택하기 때문에, 표집오차가 발생할 수 있다. 즉, 조사결과가 항상 모집단을 대표한다는 보장을 할 수없다. 응답자들의 신뢰성 역시 비공식통계가 갖고 있는 한계점이다. 피해자들은 본인이 당한 범죄피해사실에 대해 기억을 못하거나, 과장하여 보고할 수 있고 형법범죄에 대한 잘못된 해석으로 절도를 강도로 보고하는 등의 오류를 범할 수 있다. 또한, 공식통계에서와 마찬가지로 강간과 같은 범죄의 경우 피해자들은 수치심으로 인하여 조사자에게 범죄피해사실을 보고하지 않을 수 있다. 마지막으로 마약범죄와 같은 피해자 없는 범죄의 경우나 강력범죄의 경우 비공식통계에서 보고가 되지 않을 수 있다.

4. 청소년비행 비공식통계 현황

(1) 피해자 데이터에 나타난 추세

국내에서도 미국의 전국범죄피해조사(NCVS)의 방식을 수용한 전국범죄피해조사가 존재한다. 한국형사정책연구원에서 진행하는 범죄피해조사는 개인 및 가구의 범죄피해를 자기보고형식으로 측정하는 전국단위의 범죄피해조사와 청소년대상 범죄피해조사가 존재한다. 범죄피해조사의 목적은 한 해 동안 발생한 범죄유형별 피해율 및 피해 내용과 결과에 대해 살펴보고 지난해와 비교하여 범

그림 2-1 연도별 폭력피해 추세

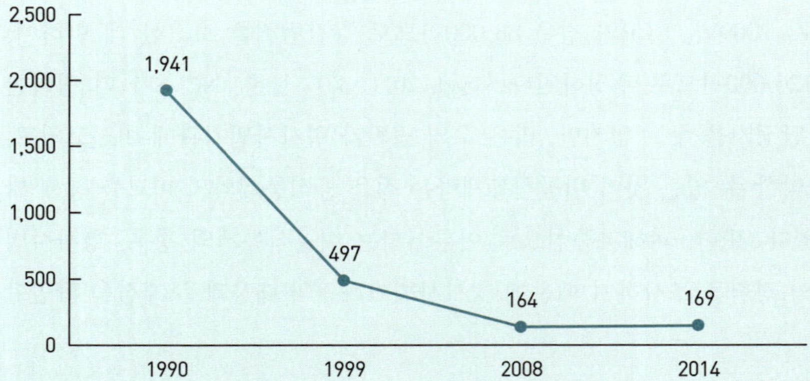

죄가 어떤 양상으로 변화하였는지 사회현상을 알아보는 데 있다. 또한 공식적인 통계에서 측정하기 어려운 암수범죄의 간과문제를 보완할 수 있다. 이 외에도 공식적인 범죄발생 유무뿐만 아니라, 범죄피해의 취약성과 인식 및 두려움의 정도를 파악할 수 있어 추세를 분석함에 있어 많이 이용되는 통계자료이다. 〈그림

그림 2-2 폭력범죄 유형별 피해율 추세

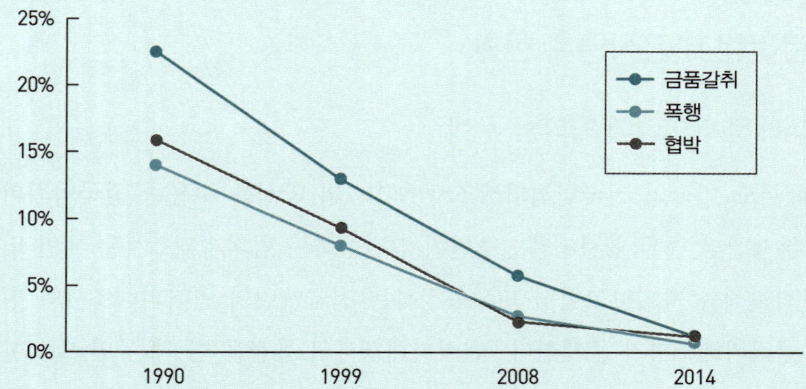

그림 2-3 연도별 재산범죄피해 추세

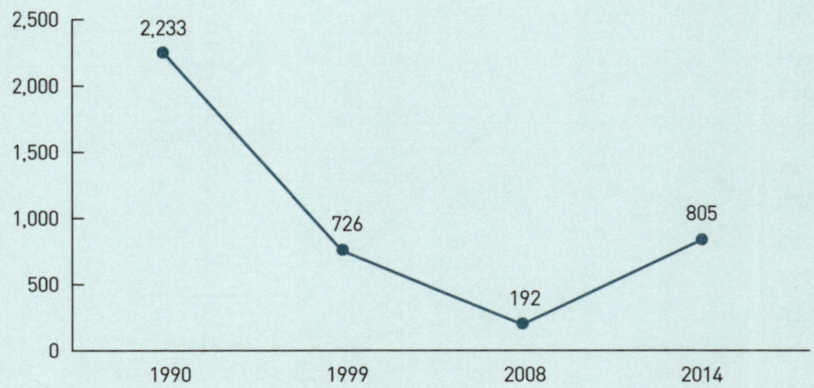

2-1〉은 연도별 폭력피해 추세를 보여주는 그래프이다. 폭력범죄피해율은 1990년에 1,941건에서 2014년 169건으로 꾸준히 감소하는 것으로 보인다.

폭력범죄피해 중에서는 금품갈취피해를 당한 청소년이 가장 많았는데, 금품갈취피해를 당한 청소년들은 1990년 1,249건으로 전체에서 22.6%의 비율을 차지하였고 점차 줄어들어 2014년 93건으로 1.3%의 비율을 차지하였다. 폭행의 경우 1990년 766건으로 전체에서 14.1%의 비율을 보였으며, 1999년 177건으로 8.0%로 급격히 감소하여 2014년에는 53건으로 0.7%의 비율을 차지하여 감소하고 있음을 알려준다. 협박피해도 1990년 854건인 15.8% 비율에서 2014년에는 86건으로 1.2%의 비율로 감소하였다.

다음은 재산범죄의 추세이다. 〈그림 2-3〉은 전체 재산범죄피해 추세를 보여준다. 1990년 2,233건으로 가장 높은 수치를 보인 후 2008년까지 큰 폭으로 감소하다가 2014년에는 다소 증가한 805건으로 기록되었다. 2014년 조사의 전체 재산범죄피해율은 11.3%로 나타났다. 이는 2008년 8.2%에 비교하여 3.1%p 증가한 수치이다. 조사의 재산범죄유형은 세 가지로 절도, 사기, 소매치기로 나눠진다.

〈그림 2-4〉를 보면, 절도의 경우 1990년 2,157건으로 전체 재산범죄에

그림 2-4 재산범죄 유형별 피해율 추세

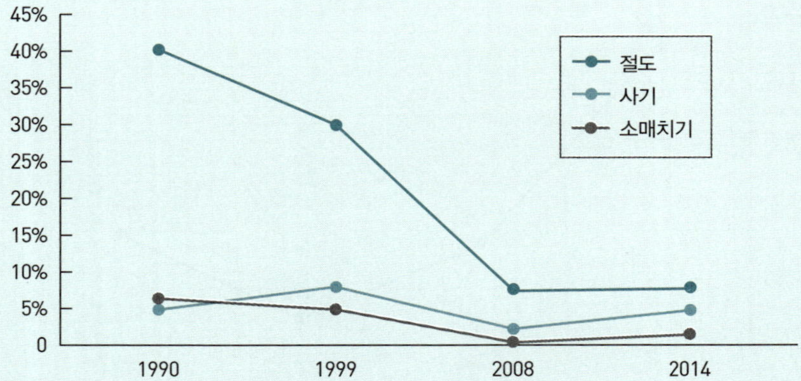

서 39.9%를 차지하였다. 그 이후 1999년 636건으로 29.6%, 2008년 170건으로 7.2%, 2014년 541건으로 7.6%를 차지하여 대체적으로 감소하는 추세이나 2008년 가장 낮은 수치를 보인 후 다소 증가하였다. 사기피해는 1990년 258건으로 4.8% 비율에서 1999년 156건인 7.3%로 상승 후 2008에 다시 35건으로 1.6%로 감소하였다가 2014년 321건으로 전체에서 4.5%를 보여 증감을 반복하는 추세를 보였다. 소매치기피해의 경우 1990년 6.1%에서 1999년 102건으로 4.8% 비율로 다소 감소하는 추세를 보이다가 2008년 7건으로 0.3%, 2014년 81건으로 1.1%를 차지하여 감소하는 추세이긴 하나, 증감을 반복하는 것으로 보인다.

〈그림 2-5〉는 연도별 성범죄피해 변화 추세를 보여준다. 1990년 922건으로 높은 수치를 보였으며, 그 이후 점차 감소하여 1999년 285건, 2008년 54건으로 나타났으나 2014년에는 다소 상승하여 150건이 발생했다.

다음은 연도에 따른 성범죄피해율의 변화다. 먼저 강간피해의 경우 1990년부터 2014년까지 성범죄피해의 추세를 살펴본 결과, 1990년 15건으로 전체의 0.6%의 비율을 보였으며, 1999년 13건으로 1.3%, 2008년 3건으로 0.3%, 2014년 3건으로 0.1%로 감소하는 등 지속적인 감소 추세를 보였다.

심한 추행은 90년 63건으로 2.5%비율을 차지하였고, 그 이후 1999년 31건

그림 2-5 연도별 성범죄피해 추세

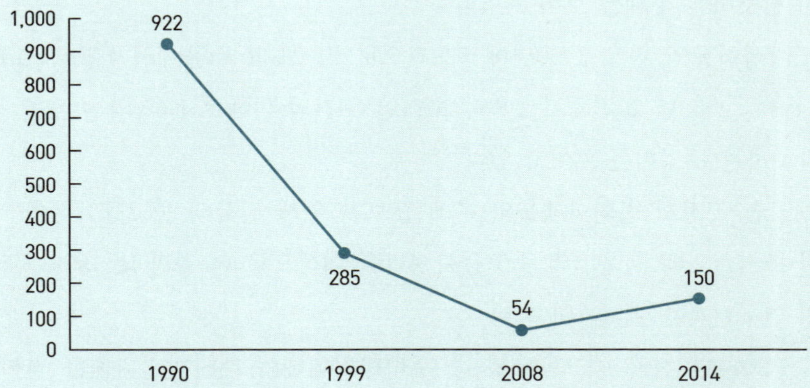

그림 2-6 성범죄 유형별 피해율 추세

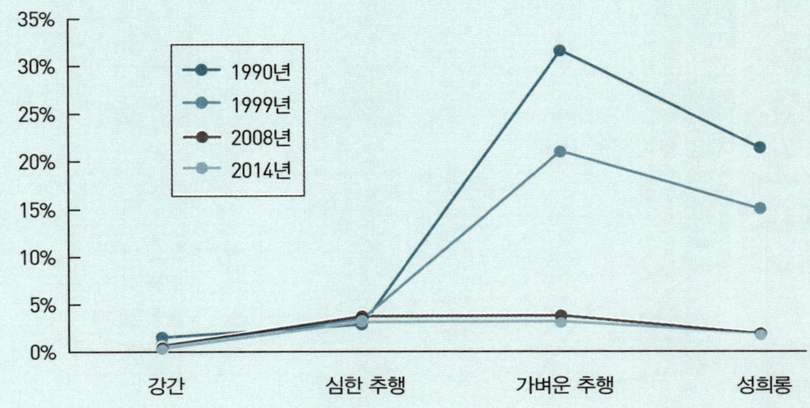

으로 3.1%, 2008년 3건인 0.3%의 비율로 떨어진 후 2014년 다시 상승하여 20건의 피해가 발생하여 0.5%의 비율을 보였다. 즉, 심한 추행피해는 감소하다가 2014년에 다소 상승하여 증감이 반복된다고 할 수 있다.

가벼운 추행의 경우 1990년 785건으로 31.5%에서 1999년 208건으로 성범죄에서 20.8%, 2008년에는 42건으로 3.7%의 비율을 나타내 대폭 감소하였고 2014년에는 105건으로 건수는 상승하였지만 비율에서는 2.8%를 차지하여 꾸준히 감소하는 추세를 보이고 있다.

성희롱의 경우 1990년에 528건으로 21.2%의 비율에서 1999년 147건으로 14.8%, 2008년 20건으로 1.8%, 2014년 60건의 피해로 1.6%의 비율을 차지하여 감소하는 구성비를 보이고 있다.

먼저 전체 범죄피해율의 추세를 보기 위해 전국의 중고등학생을 대상으로 한 조사결과와 서울지역 중고등학생만을 대상으로 한 결과 및 1999년과 1990년의 연구결과를 살펴봐야 한다.

2014년 전국 중고등학생 중 폭력범죄피해와 재산범죄피해를 적어도 한번 이상 경험한 청소년은 904명으로 전체 7,109명의 12.7%를 차지했다. 서울지역의 중고등학생은 전체 1,255명 중 161명이 피해를 경험하여 12.8%의 피해율을 보였다. 이는 2008년 서울지역 중고등학생 재학생만을 대상으로 한 조사 결과[2) 13.1%에 조금 감소된 수치로 1990년의 58.3%, 1999년의 48.7%에 비교하면 많이 감소한 수치를 보였다.

그림 2-7 전체범죄피해율 비교

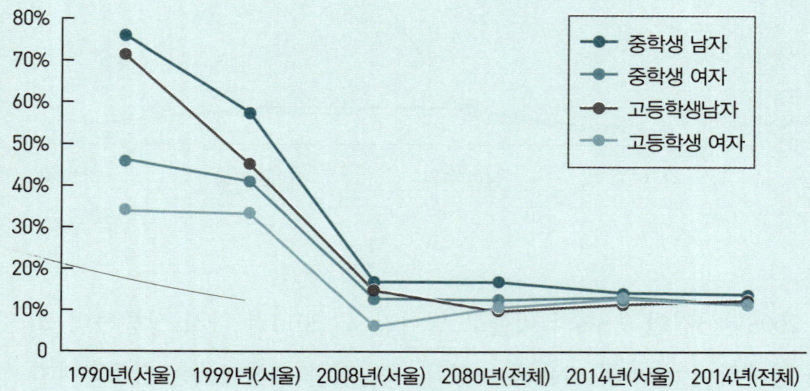

2) 2008년 서울과 전체 피해율은 재학중인 중고등학생만을 대상으로 한 수치임.

전체 범죄피해의 실태를 살펴보기 위하여 학교급과 성별에 따른 범죄피해율을 분석은 아래 그림과 같다. 남자 중학생의 피해율은 1990년 75.7%에서 1999년 56.9%. 2008년 16.8%로 급격히 감소하는 추세를 보이면서 2014년 12.4%로 지속적인 감소추세를 보인다. 남자 고등학생의 피해율 역시 마찬가지로 1990년 71.3%, 1999년 45.7%, 2008년 15.2%, 2014년 11.7%로 1990년 이후로 큰 폭으로 감소하는 수치를 보이고 2014년은 조금 상승하는 추세를 보이고 있다.

기타 범죄피해 실태는 1990년부터 계속 조사해온 주요 범죄인 폭력범죄와 재산범죄피해 그리고 성범죄피해 이외에 사이버 폭력, 가정폭력, 또래폭력 및 간접피해에 대한 실태를 살펴보았다. 최근 문제가 되고 있는 사이버 폭력은 사이버공간상에서 일어나는 범죄로, 사이버 언어폭력, 사이버 명예훼손, 사이버 스토킹, 사이버 성폭력, 사이버 개인정보유포, 사이버 집단따돌림 유형을 조사하였다.

먼저 사이버 폭력피해는 7,109명 중 413명이 6가지 유형 중 한 가지 이상의 피해경험이 있다고 응답하여 전체에서 5.8%의 피해율을 보였다.

가정폭력피해는 총 426명이 피해를 당한 것으로 나타나 피해율은 6.0%로 기록됐다. 또래폭력피해는 261명이 경험하여 3.7%의 피해율을 보였다.

그림 2-8 기타 피해유형별 피해율

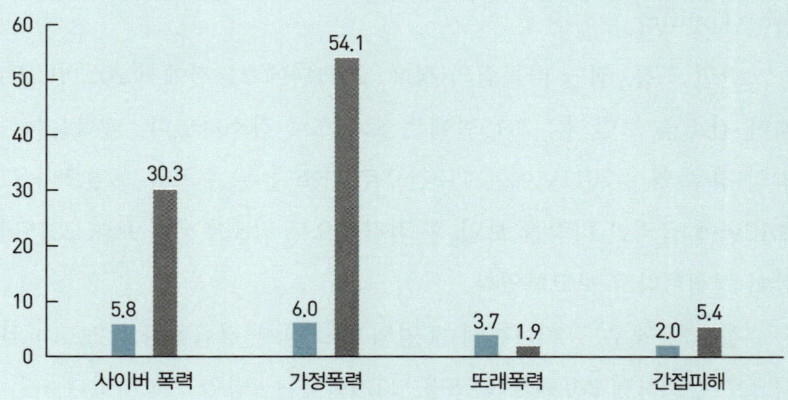

(2) 패널조사에 나타난 추세

패널이란 고정된 조사대상을 말한다. 즉 조사단위를 동일 대상을 시차를 두고 유지하여, 일정기간 동안 반복하여 추적하는 조사를 패널조사라고 한다. 패널조사의 특징은 동일 대상을 유지하기 때문에 다른 변수의 영향을 통제하여 정책이나 다양한 사회현상으로 인한 변화들을 측정할 수 있다는 점이다. 또한 패널 데이터는 인과관계의 설명이 용이하고 개인이나 집단의 변화의 동태적 분석이 가능하다는 장점이 있다. 하지만 중간에 표본의 이탈 등으로 동일 표본을 유지하기 어렵기 때문에 표본관리 노력이 요구된다.

현재 대표적인 청소년패널조사로는 한국청소년정책연구원에서 진행하는 아동청소년패널데이터가 있다. 이 조사의 표본은 2010년 기준 전국의 초등학교 1학년과 4학년, 중학교 1학년을 모집단으로 설정한 뒤 다단층화집락표집 방식으로 추출되었다. 이들을 대상으로 2010년부터 7개년에 거쳐 추적조사를 실시함으로써 아동청소년기의 성장 과정을 파악하게 된다.

다음은 패널 조사 결과에 나타난 중1 청소년패널 비행분석표이다. 2010년 기준 중학교 1학년에 재학중인 2,351명을 대상으로 비행경험 여부를 측정하였다.

청소년패널의 연도별 변화과정을 비교해보자면 술·담배 경험이 있다고 대답한 경우는 2011년에는 248명이었다가 2015년에는 793명으로 지속적으로 증가추세에 있었다. 즉, 연령이 높아짐에 따라 술·담배를 경험하는 청소년들이 늘어난 것이다.

반면 조롱·집단 따돌림의 경우, 2011년에 213건에서 2012년 104건으로 급격한 감소를 보인 후, 2015년에는 32명으로 감소하였다. 패싸움이나 폭행, 협박의 경우 역시 2011년에는 110건으로 다소 높은 수치를 보였으나 그다음 해인 2012년에 급격한 하락을 보인 후 점진적으로 감소추세를 보여 2015년에는 17명만이 경험했다고 보고하였다.

절도의 경우도 2011년에 50명의 청소년이 경험했다고 보고하였으나 지속적으로 감소하여 2014년에는 8명, 2015년에는 4명이 보고하였다.

표 2-9 청소년패널 비행 유형별 빈도

연도	술·담배	조롱·집단따돌림	패싸움·폭행·협박	절도	성폭행·성희롱	사이버 비행	계
2011	248	213	110	50	4	1,847	2,472
2012	307	104	31	26	4	1,335	1,807
2013	461	91	24	11	1	560	1,148
2014	671	45	22	8	0	487	1,233
2015	793	32	17	4	0	332	1,178

출처: KCYPS 중1 패널 제2~6차 조사(2011~2015년) (N=2,351).

성폭행·성희롱의 경우는 2011년,2012년에 4명의 청소년이 경험을 보고하였으나 그 이후 2013년 1명, 2014년, 2015년에는 비행경험이 있다고 보고한 학생이 없었다.

최근 사회문제로 이슈가 되고 있는 사이버 비행의 경우는 사이버 공간에서 발생하는 거짓정보게시, 불법다운로드, 개인정보도용, 해킹 등을 측정한 문항이다. 다른 비행과 마찬가지로 2011년에는 1,847의 빈도에서 급격히 감소하여 2015년에는 332로 기록되었다.

전체적으로 술·담배를 제외한 모든 비행에서는 연령이 높아질수록 감소하는 경향을 보였다.

연습문제

1. 우리나라의 공식통계인 대검찰청의 범죄분석이 지니고 있는 청소년범죄통계의 장단점을 구체적으로 설명하여라.

2. 우리나라의 비공식통계 중 하나를 선정해서 공식통계인 범죄분석과 비교분석하여라. 즉, 어떤 면에서 비공식통계가 공식통계보다 더 많은 청소년 범죄정보를 알려주는지, 어떤 면에서 공식통계가 더 뛰어난 점이 있는지를 구체적으로 설명하여라.

3. 우리나라 공식통계인 대검찰청의 범죄분석과 미국의 공식통계인 미국연방범죄수사국(FBI)의 Uniform Crime Reporting(UCR)의 유사점과 차이점을 설명하여라.

4. 대검찰청의 범죄백서를 사용하여 2010년 이후부터 지금까지의 소년형법범 동향을 유형별, 연령별, 범죄유형별로 구분해서 분석해 보아라.

5. 대표적인 비공식통계인 전국범죄피해조사 자료를 사용하여, 비공식통계가 가지는 장점을 범죄유형별로 설명해 보아라.

6. 대표적인 비공식통계인 한국아동·청소년패널조사를 사용하여, 이 자료가 가지고 있는 장점을 공식통계인 대검찰정의 범죄분석과 비교분석하고, 또 다른 비공식통계인 전국범죄피해 조사 자료와 어떤 점에서 유사하고, 어떤 점에서 상이한지를 설명하여라.

참고문헌

대검찰청. (2016). 「2016 범죄분석」.

김준호·노성호·이성식·곽대경·박정선·이동원·박철현. (2013). 「청소년비행론」. 청목출판사.

이윤호. (2015). 「범죄학」. 서울: 박영사.

최수형·김지영·황지태·박희정. (2015). 전국범죄피해조사 2014. 형사정책연구원 연구총서, 1-509.

한국아동청소년연구원 홈페이지. http://archive.nypi.re.kr/ 2017.

홍영호·연성진. (2014). 청소년 대상 범죄피해조사. 형사정책연구원 연구총서, 1-396.

Berger, Ronald J., & Gregory, Paul D. (2009). *Juvenile Delinquency and Justice Sociological Perspectives*. Lynne Rienner Publishers.

Buonanno, P., Drago, F., & Galbiati, R. (2014). How much should we trust crime statistics? A comparison between UE and US. LIEPP Working Paper, 19, 1-38.

Lewis, C. (2013). The Truth about Crime Statistics. *The Police Journal*, 86(3), 220-234.

Siegel, Larry J. (2011). *Criminology*. Cengage Learning.

Vito, Gennaro F., & Maahs, Jeffrey R. (2015). *Criminology: Theory, Research, and Policy*. Jones & Bartlett Publishers.

Chapter

03

개인중심이론

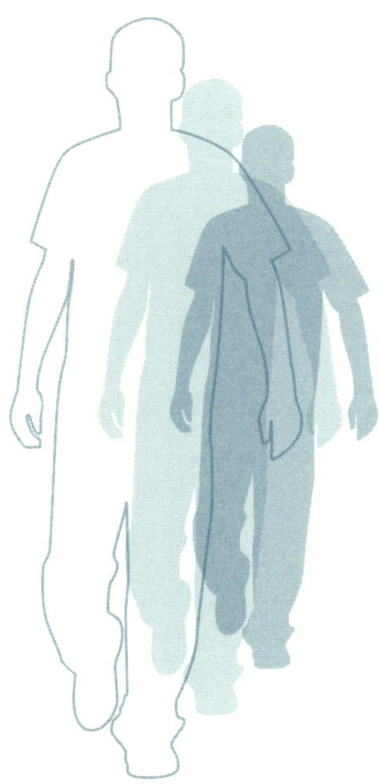

무엇이 청소년의 비행을 유발하는가? 왜 어떤 청소년들은 범죄를 시작하며 평생을 범죄자로서 살아가게 되는가? 인간은 그들의 주변 환경에 영향을 받는 산물인가 아니면 태어날 때부터 범죄자로 결정돼 있는가? 사회과학자들은 이러한 문제에 대하여 지난 200여 년간 깊이 있는 고민을 해 왔다. 그들은 비행 행동에 관한 사실을 관찰해 왔으며 그러한 사실을 바탕으로 다양한 이론을 구성해 왔다.

만약 사회적인 요소들이 청소년비행의 원인을 설명할 수 없다면, 무엇 때문에 청소년들은 비행을 저지르게 될까? 몇몇 비행이론들에 의하여 답을 찾아본다면, 이러한 행동의 원인은 어떻게 개인은 의사결정을 하는가, 소년과 소녀의 생물학적인 요소의 특징은 어떤 차이가 있는가, 그리고 개인의 인성과 심리적인 특징은 어떻게 나타나느냐는 질문 등과 같은 '개인적인 요소'들에 의해 설명될 수 있다.

CASE

초등학교 1학년 때부터 수업시간에 수업내용에 집중하지 못하고 교실을 돌아다니고 엉뚱한 질문으로 수업방해를 일삼던 김○○. "ADHD"의 진단은 아니지만 유사한 주의력결핍 증세로 상담과 약을 복용하였으나 중간에 치료를 멈추고 약을 복용하지 않았다. 초등학교 6학년 때부터는 부모의 감시도 소홀해졌고, 또래들보다 체격이 좋아 또래들을 괴롭히고 PC방, 노래방, 놀이터, 친구 집 등에서 시간을 보내다가 늦게 귀가하거나 또는 외박하는 등의 무절제한 생활을 반복하였다. 중학교에 진학해서도 이러한 생활양식은 바뀌지 않았고, 수업시간에 부적절한 태도로 인해 교사의 질책을 받으면 욱하는 태도로 지도에 불응하는 것을 반복하였다. 학업에 흥미를 느끼지 못하고 집중하지 못하는 과정에서 김○○은 반복적으로 무단결석을 하고 자신을 꾸짖는 사람들에게 화를 내서 지도에 어려움이 있었다. 주의력결핍 증세를 극복하지 못한 김○○은 이후 학교를 벗어나 다른 학생들을 폭행하고 비행을 반복적으로 저지르다가 결국은 오토바이를 훔치고 무면허운전까지 하게 되어 입건되었다.

제1절 선택이론과 고전주의 범죄학

역사적으로 인간의 행동은 선택에 기인한다고 보는 것이 인간의 범죄행위와 비행행위를 처음으로 설명하려는 시도였다. 이러한 주장은 18세기 유럽의 시대상을 반영하며 이탈리아의 베카리아(Cesare Beccaria, 1738~1794)와 영국 벤담(Jeremy Bentham, 1748~1832)의 저술서를 바탕으로 고전주의 범죄학(Classical Criminology)으로 탄생하게 된다. 범죄학의 초석을 마련한 이 두 학자는 공통적으로 범죄행위 자체를 설명하기보다는 주로 법과 형벌의 중요성을 강조하는 공리주의적인 입장을 취하였다.

이 시기의 유럽은 절대왕권과 귀족들이 중심이 되어왔던 기존의 지배체계가 무너지고 산업혁명으로 인구가 급격히 증가하며 사회의 주축이 되었던 중산계층이 등장하게 된다. 그 결과 급격한 산업화로 인해 도시로의 인구 유입이 증가하게 되어 인구의 도시집중현상이 나타나게 되었다. 당시의 사회 변화 속에서 기존에 존재하던 정형화되지 못하고 왜곡되었던 법과 법원, 그리고 아무렇지 않게 자행됐던 고문과 무자비한 처벌을 근절하고 합리적이고 공정한 형사사법 체계로 개혁하기 위하여 고전주의 범죄학자들이 등장하게 된다. 이러한 움직임은 유럽 사회뿐 아니라 새로운 국가가 태동하던 미국의 수정 헌법에도 영향을 미치게 되며, 국민의 인권과 공권력의 남용을 방지하고자 하는 헌법적인 노력에 스며들게 된다.

고전주의 학파의 관점에서 바라보는 범죄와 비행행위는 인간이 행동을 결정하는 데에 있어서 행위에 따르는 이익(benefits)과 손실(costs)을 계산한 후에 나타나는 결과물로 설명하고 있다.

1. 베카리아의 고전주의

앞서 언급하였듯이 18세기 유럽 사회는 급변하는 시대에 맞추어 다양한 사상가들이 등장하게 된다. 대표적인 학자들로는 데이비드 흄(David Hume,

1711~1776), 존 로크(John Locke, 1632~1704), 볼테르(Voltaire, 1694~1778), 몽테스키외(Montesquieu, 1689~1755), 루소(J. J. Rousseau, 1712~1778) 등을 꼽을 수 있다. 베카리아는 이러한 사상가들을 접하며 1763년 형벌제도와 교정제도의 개선에 관한 집필을 하게 되는데, 이는 오늘날에도 널리 읽히고 있는 '범죄와 형벌(*On Crimes and Punishments*)'이다. 이 서적은 당시 상황에 비추어 매우 혁명적인 내용을 담고 있기 때문에 베카리아는 처벌의 두려움을 느낀 나머지 익명으로 책을 출판하게 된다. 하지만 이 책은 서구 사회에서 격찬을 받으며 다양한 언어로 번역되었다. 당시 프랑스의 형벌체계 개혁의 초석이 되었고, 동유럽 국가에도 막대한 영향을 미쳤으며, 미국에서는 수정헌법 조항에도 영향을 미칠 정도로 파문을 일으키게 된다.

Cesare Beccaria (1738~1794)

베카리아는 이 책을 통하여 법은 사회계약을 유지하기 위하여 사용되어야 한다고 명시하였다. 다시 말하면, 사회의 질서유지를 위한 필요조건이기 때문에 구성원들이 위반하였을 경우에는 처벌이 분명히 따라야 한다고 명시하며 형벌의 중요성을 강조하였다.

베카리아는 형벌의 근거가 되는 법은 국민에게 위임받은 국회의원의 입법권으로 만들어져야 하며, 판사는 이러한 법률을 자의적으로 판단해서는 안 되며 법률에 따라 형벌을 부과해야 한다고 주장하였다. 이러한 처벌은 고전주의의 기본 바탕이 되는 쾌락(Pleasure/Benefits)과 고통(Pain/Costs)의 원리에 근거하여야 한다. 이는 형벌의 목적과 중요성을 강조하는 내용인데, 형벌은 그 목적을 달성하기 위하여 형벌로 인한 고통이 범죄를 통하여 범죄자가 얻을 수 있는 이익이나 쾌락을 약간 넘어서는 정도가 가장 적당하다고 설명하였다. 즉, 형벌은 범죄의 정도에 따라 적절한 비례관계를 가지고 가벼운 처벌에서부터 아주 중한 형벌까지 범죄행위에 근거한 처벌이 이루어져야 한다는 것이다.

베카리아는 처벌의 필요조건으로서 확실성(Certainty), 신속성(Swiftness), 가혹성(Severity)을 강조하고 있다. 처벌의 필요조건 중 첫 번째로 제시된 확실성은 범법행위가 행해지고 나서 분명히 처벌이 따라온다는 확실성이 증가할수록 사회의 규범이나 법칙을 위반할 가능성이 작아진다는 것이다. 다시 말하면, 특정 행위 이후에 처벌의 불확실성이 증가하게 되면 그 행위는 지속해서 행하여진다는 뜻으로, 법은 일관적으로 명백하게 집행되어야 한다고 주장하였다. 두 번째 필요조건은 처벌의 신속성이다. 이는 규범이나 법률의 위반 행위가 발생한 후에 신속하게 처벌될수록 규범 위반의 가능성은 작아진다는 것이다. 다시 말하면, 범법행위에 대한 형벌의 부여가 늦어질수록 범죄의 가능성은 더 늘어나게 된다. 즉, 형사사법기관에서 혐의자를 체포한 이후에 기소에서부터 형벌의 구형까지 범죄자 모두에게 처벌이 신속하게 집행되어야 한다. 세 번째로 제시된 처벌의 필요조건은 가혹성이다. 처벌의 가혹성은 앞서 제시된 확실성이나 신속성의 중요성에 비하면 덜 중요하다고 할 수 있다. 베카리아는 형벌의 가혹성은 바람직한 수준의 억제 효과를 기대할 경우에 정당하게 사용될 수 있다고 하였다. 즉, 형벌은 범죄로 인하여 얻은 이익과 비교하여 해악이 초과하는 정도로 집행해야 한다고 하였으며, 그로 인하여 과다하게 가혹한 처벌은 사용되어서는 안 된다고 하였다.

결론적으로 베카리아는 이러한 처벌의 중요성을 강조하면서도 사형제도에 대해서는 반대의 견해를 보이며 폐지되어야 한다고 주장하였다. 인간의 생명에 대한 존엄성을 주장하며, 누구도 사형을 시킬 수 있는 권리를 가지고 있지 않다는 것이다. 또한, 범행의 자백을 얻기 위한 고문도 금지하여야 한다고 주장하였다. 베카리아는 범죄 처벌의 중요성도 강조하였지만, 그보다는 범죄 예방의 중요성이 더 필요하다고 하였다. 범죄예방은 교육시스템을 완벽하게 함으로써 이루어질 수 있다고 주장하였다.

2. 벤담의 고전주의

'최대 다수의 최대 행복'을 추구하는 공리주의(Utilitarianism)의 창시자로 불리는 벤담(Jeremy Bentham, 1748~1832)은 법의 제정과 폐지에 있어서 과학적인 접근을 시도하고 있다. 벤담의 주장은 베카리아와 마찬가지로 인간은 행동을 통하

Jeremy Bentham (1748~1832)

여 얻을 수 있는 기쁨과 고통을 계산하여 행동하게 된다는 것이다. 범죄나 비행행위는 행위로 인한 기쁨이 고통보다 클 때 이루어지는 것이다. 이러한 원칙에 근거하여 베카리아와 마찬가지로 형벌의 중요성이 강조되었다. 벤담은 그 당시 형사사법 시스템의 임의성, 일관되지 않은 비일관성, 그리고 너무나도 가혹한 처벌의 잔혹성에 대하여 논하였다. 벤담의 견해에서 바라본 처벌은 응보보다는 예방을 목적으로 사용되어야 한다고 하였다. 범죄행위는 공리주의에 위반되는 행위로써 공동체에 반하는 행위이므로 반드시 예방되어야 할 사항이다. 공동체의 행복은 사회의 구성원들이 자신의 행위에 따른 이익과 손실을 고려할 수 있을 때 성취될 수 있다는 것이다. 즉, 행복과 고통 사이에서 형사사법 체계를 통한 처벌이 범죄행위를 억제할 수 있는 역할을 하게 된다. 처벌을 통한 고통의 강약에 따라 범죄로 인한 이익이나 즐거움은 감소할 수 있다.

그의 사상은 형사사법 시스템이나 형법의 운용 개혁에 기여하였다. 하지만, 범법자가 왜 법을 위반하게 되는가와 같은 계산 원칙은 이론적으로 가능한 것으로 보이나 현실적으로는 오늘날까지도 해결하지 못한 상태로 남아 있다.

3. 억제와 청소년비행

19세기까지는 범법행위를 저지른 청소년들에게도 성인범죄자와 마찬가지로 취급을 받았으며, 처벌 또한 동등하게 적용하였다. 그러나, 최근의 청소년 이론들에 따르면, 청소년들의 합리성은 성인과 다르고, 청소년들의 신체조건이나 뇌의 작용 또한 다르게 작용하기 때문에 그들의 행동에도 차별적인 적용이 필요하다고 하였다(Redding & Fuller, 2004). 이러한 주장은 기존의 고전주의 이론에서 주장하는 처벌을 통한 억제의 주장에 제한을 걸게 되었다. 초기 고전주의 범죄학자들은 청소년들도 성인과 마찬가지로 향락을 추구하는 계산을 통하여 행동한다고 기대하였다. 하지만 현실에서는 그렇지 않으며, 그러한 이유로 청소년들에게 미치는 억제의 효과와 청소년들이 느끼는 억제에 대한 방법은 형사사법기관의 종사자들에 의하여 분명하게 차별적으로 고려되어야 할 것이다.

레딩과 풀러(Redding & Fuller, 2004)는 소년사법 시스템에서 성인 형사사법 시스템으로 이송(waiver 또는 transfer[1]) 된 청소년 사범을 대상으로 한 자기기입식(self-report) 연구를 통하여, 그들의 연구에 참여한 청소년들로부터 밝혀낸 몇 가지 사실을 소개하였다. 첫째, 청소년들은 이러한 청소년의 권리를 포기할 수 있는 법(juvenile waiver law)이 존재하고 있다는 사실을 인지하지 못하고 있는 경우가 많다. 둘째, 청소년들은 법을 이해하거나 인지하고 난 후에는 그들의 범죄 행위를 억제할 수 있다고 믿고 있었다. 다시 말하면, 많은 청소년이 법을 이해할 수 있도록 하는 것이 비행을 억제하는 좋은 방법이라고 제안하였다. 셋째, 청소년들은 자신이 성인 범죄자와 같이 취급받는 것은 공평하지 못하다고 믿고 있다. 연구에 참여한 거의 절반에 가까운 청소년들은 그들이 왜 성인으로 대우를 받아 재판을 받는지를 이해하지 못하고 있다(대부분은 무장강도를 저지른 청소년들이었지만, 그들이 얼마나 심각한 범죄를 저질렀는지에 대해서는 인지하지 못하고 있었다. 강간이나 살인을 저지른 청소년들의 답변은 양분되어 있었다). 넷째, 청소년들은 자신들의 행위에 의한 결과가 범행을 저지르기 이전에 생각했던 것보다 훨씬 더 심각함을 인지하고 있었다. 많은 청소년은 이미 소년사법 시스템에 들어왔었던 경험이 있었음에도 그들이 받았던 처벌은 단순한 경고나 가벼운 꾸지람 정도에 그쳤다. 그러한 이유로 청소년권리포기법은 특별 억제(specific deterrence)를 약하게 하며, 이는 성인 법정에서 재판을 받는 청소년들의 재범률을 높이는 결과를 초래한다. 일반 억제(general deterrence)의 효과에 대해서도 의문이 남는다. 법을 알고 있는 많은 청소년도 그러한 법이 자신들에게 적용될 수 있는지에 대

1) 저자 주) 미국의 형사사법 시스템에서는 청소년범죄자들과 성인범죄자들을 다르게 취급하고 있다. 하지만 아직도 청소년 사법 시스템(juvenile justice system) 아래에서는 미국 수정헌법에 명시된 많은 인권적인 문제를 법적으로 보장하지 않고 있으므로, 형법을 위반한 중대한 범죄를 저지른 청소년의 경우, 자동으로 성인 형사사법 시스템(criminal justice system)으로 이송(transfer)되거나, 또는 인권적인 보장을 보장받기 위하여 청소년 자신이 소년사법 시스템에 머무르는 것을 포기(waiver)하고 성인 형사사법 시스템에서 취급되는 경우를 택하는 경우가 발생할 수 있다.

해서는 인지하지 못하고 있었다. 레딩과 풀러(Redding & Fuller, 2004)는 이에 대한 원인을 다음과 같은 두 가지로 제시하였다. 첫째로 청소년들은 일반적으로 충동적이거나 위험을 감수하고자 하는 자세 등 많은 부분이 미완성 상태이기 때문이며, 둘째로 청소년들이 이전에 경험해 본 소년사법 시스템이 그들에게 너무나도 유연하게 대응을 하였고, 이로 인하여 그러한 처벌이 주는 메시지는 거의 영향력을 미치지 못했기 때문이다(Redding & Fuller, 2004). 따라서 청소년들의 비행에 대한 처벌의 억제 효과를 기대하기 위해서는 형사사법기관에서 균형 있는 처벌과 교화의 정책을 제시해야 할 것이다.

4. 신고전주의 범죄학과 비행

20세기 초기까지만 하더라도 고전주의 이론에 대한 실망으로 수많은 학자가 다양한 접근방식을 통하여 범죄의 원인을 파악하고자 노력을 하였다. 고전주의 범죄학의 핵심적인 내용은 '처벌은 범죄를 감소시킨다'라는 관점이지만, 반대로 20세기에 등장한 이론 중 하나인 낙인이론에서는 '처벌은 개인에게 낙인을 부여하고, 낙인을 부여받은 개인은 이후에 범죄를 더 저지르게 된다'고 주장을 하며, 고전주의 억제 이론을 정면으로 반박하고 있다.

그럼에도 불구하고 억제(deterrence)와 합리적 선택(rational choice)이라는 개념은 1960년대 이후 급격한 사회의 변화와 여성의 사회진출 기회의 확대, 그리고 민주화와 자유화의 움직임과 함께 범죄학 분야에서 다시금 주목을 받게 된다. 합리적 선택을 기반으로 한 이론은 경제학의 '기대효용(expected utility)' 원리에 기반을 두고 있다(Akers & Sellers, 2009). 그리고 고전주의에서 중요하게 여겼던 처벌의 확실성, 신속성, 가혹성은 신고전주의에서의 핵심으로 남게 된다(Zimring & Hawkins, 1973; Gibbs, 1975; Wright, 1993).

합리적 선택이론(Rational Choice Theory)에 따르면, 인간은 자신의 경험이나 학습된 지식을 바탕으로 행동하게 되며 범죄자는 그러한 행동으로 인해 범죄를 저지르게 된다. 다시 말하면, 범죄자들은 자신의 행위를 선택하는 자유의지(free will)를 가지고 있다는 전제로 범죄행위를 합리적 사고의 결과로 이해하고 있다.

그렇다면, 범법자들은 범죄를 저지르는 데에 투자한 노력과 비용보다 그 범죄행위로 인하여 얻을 수 있는 보상이 더 크다고 판단했을 경우에 범죄를 저지르는가? 이 질문에 대한 해답은 개인이 가지고 있는 합리성에 의하여 달라진다고 할 수 있다. 하지만, 개인이 가지는 합리성은 완전한 합리성에 의한 것은 아니라는 것이 합리적 선택 이론가들의 주장이다(Piliavin, Thornton, Gartner, & Matsueda, 1986; Cornish & Clarke, 1986; Bennett, 1986; Carroll & Weaver, 1986; Harding, 1990; Piquero & Rengert, 1999).

합리적 선택이론을 기반으로 한 신고전주의 범죄학 이론 중에 가장 대표적이고 활발하게 응용되는 이론으로 코헨과 펠슨(Cohen & Felson, 1979)의 일상활동이론(Routine Activity Theory)이 있다. 이 이론이 등장한 배경에는 1960년대부터 1970년대까지 미국의 인권 운동, 히피족의 등장, 그리고 여성의 사회참여기회 확대 등 다양한 사회의 변화로 일반 시민의 일상 활동에 영향을 미침에 따라 범죄자의 합리적인 선택도 변화가 되었다는 가정에서 출발한다. 그들에 의하면 범죄가 발생하기 위해서는 동기화된 범죄자(motivated offender), 적당한 대상(suitable target), 그리고 보호의 부재(absence of guardianship)가 같은 시간과 공간에 있어야 한다.

상기 언급된 범죄의 세 가지 요인 중 어느 하나라도 공존하지 않는다면 범

그림 3-1 일상활동이론(Routine Activity Theory)

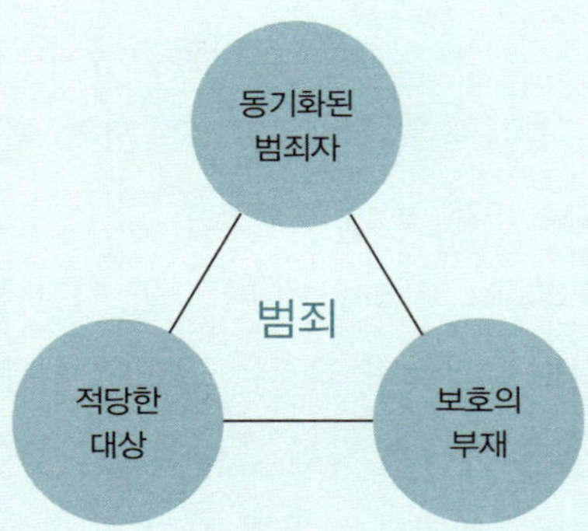

죄는 이루어지지 않게 된다. 하지만, 현대사회에서는 늘어나는 실업률, 경제적인 불평등, 인종 간의 갈등 등으로 다양한 범죄의 잠재적인 구조적 요건 또한 존재하고 있어서 범죄율은 지속해서 증가하고 있다.

범죄의 세 가지 요인 중, '적당한 대상'은 과학기술의 급속한 발전과 여성·장년층·청소년의 사회활동 증가 등에 기인한 일상활동의 변화에 따라 나타나게 된다. 예를 들면, 과학기술의 발전으로 인하여 아무렇지도 않게 우리의 일상생활 속에서 사용되고 있는 소형 전자기기들은 동기화된 범죄자에게는 매우 '적당한 대상'이 될 수 있을 것이다. 또한, 많은 여성은 고가의 보석을 몸에 지니고 일상 활동을 하는데 이 또한 동기화된 범죄자에게는 매우 '적당한 대상'이며 이 같은 대상은 너무나도 많이 지척에 존재한다는 것이다. '보호의 부재'는 맞벌이 등 부부의 사회생활이 일반화되어 가면서 주거 관계상에서 가족의 부재, 가정활동 이외에 벌이는 여가활동의 과다 등을 예로 들 수 있다. 또한, 최근 들어서는 혼자 사는 싱글족이나 독거노인의 증가로 인하여 보호 수단의 부재가 공공연하게 나타나고 있다. 즉, 외부에서 지내는 활동시간이나 수준이 높을수록 동기화된 범죄자에 의하여 손쉽게 범죄피해를 볼 수 있게 된다. 반대로, 자기보호나 방어 수단의 수준을 높이게 되면 상대적으로 범죄피해의 위험성은 줄어들게 된다.

제2절 실증주의 학파(Positivism)와 비행

비행이나 범죄행위의 요인 변수를 찾아보기 위한 많은 이론 중 실증주의적 관점에서는 이러한 행위를 저지르는 원인으로써 개인의 생물학적 또는 심리학적인 특성 때문이라는 전제를 두고 설명을 하였다. 다시 말하면, 범죄 또는 비행행위 또한 인간의 자연스러운 행위 중의 하나이며, 행위는 개개인이 이미 태어날 때부터 그러한 성향을 안고 태어난다는 전제를 두고 접근을 하였다. 이와 같은 접근 방법을 바탕으로 인간의 행동은 개인의 자유의지에 의해 합리적인 선택 때문에 행동을 결정한다는 고전주의 학파의 주장과는 다르게, 인간의 행동은 개인의 자유의지에 의해 통제될 수 없는 다른 요인들, 다시 말하면 개개인이 가지고 있는 생물학적·심리학적 특징적 요인들에 의하여 결정된다는 점을 기본 전제로 하고 있다.

실증주의 학파의 가장 큰 학문적 공헌은 범죄나 비행행위의 원인을 찾아내기 위하여서는 단순한 직관에 의존하기보다는 과학적인 연구방법(scientific methods)을 통하여 더욱 실증적으로 검증할 수 있어야 한다고 주장한 점이다. 즉 실증주의 학파에서는 범죄와 비행행위를 법학적인 관점이나 사회철학 또는 신학 등의 규범적인 접근에서 탈피하고 행동 과학적인 측면에서 살펴봄으로써 범죄의 원인을 과학적으로 증명하고자 노력하였다는 것이다. 이러한 노력을 바탕으로 범죄의 원인에 관심이 있는 많은 사람에게 범죄나 비행행위 또한 과학적인 방법으로 체계적이고 객관적인 접근을 통하여 연구할 수 있다는 점을 각인시키는 계기가 되었으며, 이러한 현상을 연구하는 분야를 사회과학(social science)의 한 부분으로 인식할 수 있도록 기여하였다. 이와 같은 노력으로 '범죄학'이라는 학문이 한 단계 발전할 수 있는 토대를 마련하였다.

제3절 생물학적 이론

1. 롬브로조(Cesare Lombroso)의 초기 생물학적 이론

19세기까지 범죄학 분야에서 주도적인 위치를 차지하였던 고전주의 범죄학파에 이어 1870년대에 실증주의가 등장하게 된다. 개인의 생물학적인 차이에 따라서 인간의 행동에 영향을 끼친다는 실증주의는 롬브로조(Cesare Lombroso)의 저서인「범죄자(*The Criminal Man*, 1876)」에 의하여 모든 생물학적 관점을 기반으로 한 범죄학 이론의 원천을 마련하였다.

롬브로조의 연구는 인간은 동물들로부터 진화하였다고 주장하였던 영국의 생물학자인 찰스 다윈(Charles Darwin, 1809~1882)의 저서「종의 기원(*Origin of*

Cesare Lombroso (1835~1909)

Charles Darwin (1809~1882)

Species, 1859)」에 나타나는 '진화론'을 기반으로 하게 된다. 롬브로조는 범죄행위를 생물학적인 관점에서 바라보았으며, 이러한 관심은 1859년부터 1863년 사이에 그가 군의관으로 여러 군사 기지에서 복무할 때 여러 질병을 통하여 발전되는 폭력과 살인 행위가 정신적·신체적 결함의 원인이 됨을 알게 되어 발전시켰다(Wolfgang, 1972). 그는 재소자들의 신체적인 특성(머리, 몸, 팔, 피부 등)을 관찰하고 이를 일반 군인들의 신체 특성과 비교하여 차이점을 발견하였으며, 이를 근거로 범죄의 원인은 인간의 생물학적인 특징에 기인한다고 주장하였다. 롬브로조는 연구 결과를 바탕으로 인간은 신체적 특성에 따라 '타고난 범죄자(born criminal)'를 구분할 수 있다고 하였다. 타고난 범죄자는 자신들의 타고난 신체적 특성에 기인하여 범법행위를 행하게 된다. 롬브로조는 타고난 범죄자들을 인간이 진화하는 데에 있어서 퇴행하게 되는 '격세유전(atavism)'으로 설명하였는데, 이러한 유형의 범죄자들은 인간 진화의 초기 상태인 원시인의 체격, 정신 능력, 본능 등을 지니고 있다고 주장하였다. 그러므로 이들은 사회생활을 하는 데에서도 예방활동을 펼치지 않으면 자신들의 의지와 상관없이 사회의 규범과 법을 위반하게 된다. 롬브로조의 연구 결과에 의한 범죄형 인간의 신체적 특징으로는 얼굴이나 머리의 비대칭, 큰 귀, 두꺼운 입술, 뒤틀린 코, 튀어나온 광대뼈, 긴 팔, 정상보다 많은 수의 손가락과 발가락, 많은 체모 등이 특징이다.

롬브로조의 이론은 이후 영국의 범죄학자인 고링(Charles Goring, 1913)에 의해 검증을 받았는데, 그의 실험은 약 10여 년에 걸쳐 영국의 교도소에 갇혀 있는 수형자 3,000명과 일반시민 3,000명을 대상으로 시행되었다. 연구 결과 양 집단에 신체적인 차이에 따른 행동의 차이는 보이지 않는다는 결론과 함께 롬브로조의 초기 주장을 비판하기에 이른다.

2. 셀던(William H. Sheldon)의 신체유형(체격)이론

William Sheldon (1898~1977)

미국의 심리학자이자 내과 의사였던 셸던은 보스턴(Boston)에 위치한 소년 재활원의 비행소년 200명을 대상으로 자세한 신체검사 및 성장 기록자료를 분석하였다. 그의 연구 결과에 따르면 인간은 3개의 층으로 이루어진 튜브 상태의 태아(embryo) 상태로부터 성장이 시작되는데, 이는 내배엽(endomorph, 소화기관, 간, 폐 등), 중배엽(mesomorph, 근육, 뼈, 조직체계 등), 외배엽(ectomorph, 신경체계, 손, 발, 피부 등)으로 나누어진다(Vold, Bernard, & Snipes, 1998). 내배엽형은 체형이 부드럽고 둥근 형태로서 느긋함, 유쾌함, 음식의 폭식, 인간관계의 중시, 애정, 사회활동과 같은 특징이 나타난다고 하였다(Sheldon, 1949). 3가지 유형 중에 근육형 인간인 중배엽형의 청소년들 사이에서 비행 성향이 높게 나타났으며, 마른 체형을 보이는 외배엽형의 경우에는 상대적으로 비행 성향이 낮음을 밝혀냈다(Sheldon, 1949). 하지만 셸던의 연구에 사용된 표본 수가 적어 일반화시키기에는 무리가 있었다.

이후 1950년에 셸던의 연구 설계를 바탕으로 글릭과 글릭(Glueck & Glueck, 1950)은 500명의 비행청소년과 일반 청소년의 비교연구를 시행하였다. 이들의

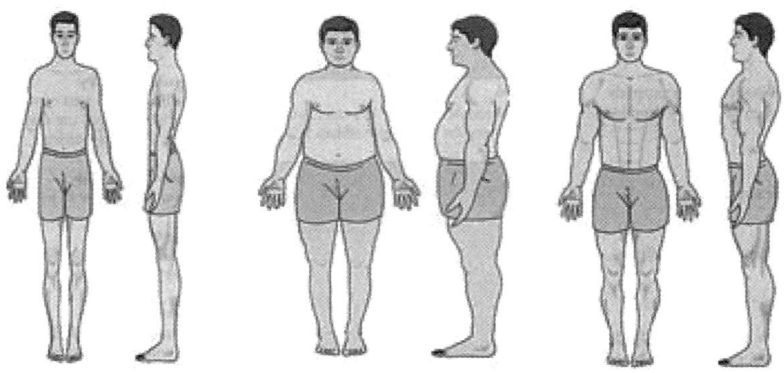
외배엽(Ectomorph)　　내배엽(Endomorph)　　중배엽(Mesomorph)

연구 결과를 살펴보면, 비행청소년의 경우 일반 청소년들보다 중배엽형 체형이 많이 나타났으며, 외배엽형 체형을 가진 청소년의 경우 상대적으로 비행의 행동 형태를 나타내는 경우가 상대적으로 낮게 나타났다(Glueck & Glueck, 1950).

셸던(1949)과 글릭과 글릭(1950)의 연구는 연구 설계에서의 미흡한 조작적 정의와 분석과정에서 통계 방법의 미흡함을 이유로 많은 전통 범죄학자들로부터 비판을 받았으나, 최근 들어 이러한 접근방법에 새로운 가치를 부여하며 이전에 비판하던 자들을 비판하게 되는 주장이 등장하게 된다(Brown, Esbensen, & Geis, 2015).

3. 유전자 이론

청소년들의 공격성과 폭력 행위를 설명하기 위하여 일부 학자들은 유전적인 요소에 관심을 두고 연구를 진행하였다(Fuller, 2013). 이들의 관점에 의하면 공격적이거나 폭력적인 행동은 유전적인 기질을 물려받아 가족 내에서 대를 이어 나타난다는 주장을 하였다. 다시 말하면, 인간의 행동은 자라나면서 겪을 수 있는 양육(Nurture)의 영향보다는 타고난 천성(Nature)에 의해 더 강한 영향을 받는다는 것이다(Fuller, 2013).

범죄성향은 천성에 의한다는 가설을 검증하기 위하여 시행된 연구로는 가계도 연구와 쌍생아 연구가 있다. 가계도 연구는 범죄자를 많이 배출한 가계를 조사하여 범죄와 유전자의 관계를 규명하려고 하였다. 유명한 가계도 연구(family tree history)로는 '주크家(The Jukes)'의 연구를 시행한 더그데일(Richard L. Dugdale)의 연구가 있다. 더그데일(1910)은 약 75년간의 Juke 가문의 7대에 걸친 가계도를 분석한 결과, 가계에서 조사대상이 되었던 709명 중에 중범죄자 76명, 노숙인 200명, 정신질환자 64명, 알코올 중독자 680명, 그리고 성매매 범죄 관련자 120명이 존재하고 있음을 발견하고, 범죄 성향은 유전자를 통하여 가계도 내에서 지속해서 유전되어 간다고 결론지었다.

범죄와 유전자와의 관계를 증명하기 위한 또 다른 연구로는 고다드(Henry Goddard)의 '칼리카크家(The Kallikaks)' 연구가 있다. 그의 연구에 의하면 칼리

카크는 전쟁 중에 창녀를 만나 아들을 두게 되었으며, 전쟁이 끝난 후에는 독실한 가톨릭 신자였던 여성과 정식으로 결혼하여 자녀를 두게 되었다. 창녀와의 사이에서 출생한 아들의 후손 중에는 정신박약자, 알코올 중독자, 간질병 환자, 범죄자 등이 다수 출생했지만, 정식 부인과의 사이에서 태어난 후손들은 대부분 의사, 변호사, 교수 등 사회적으로 인정받는 직업을 가진 자녀가 많다는 것을 알아내게 이른다. 고다드는 연구 결과를 토대로 좋지 않은 유전자를 갖고 태어난 후손들일수록 범죄나 비행에 연루될 가능성이 높다는 점을 지적하였다.

범죄와 비행행위를 설명하기 위하여 유전의 중요성을 강조한 학자들 가운데에 또 다른 관점은 쌍생아에 대한 연구로 이어졌다. 이러한 연구는 특정 행위를 설명하는 데에 있어서 타고난 유전적인 영향이 큰지 또는 자라온 환경이 더 큰지에 대한 관계를 밝히고자 하는 데에 연구의 목적을 두고 있다.

쌍생아 연구는 독일의 생리학자인 랑게(Johannes Lange)의 '운명으로서의 범죄(*Crime as Destiny*, 1931)'라는 저서를 통하여 발표되었다. 랑게는 수감 경력이 있는 13인의 남성 일란성쌍생아와 17인의 남성 이란성쌍생아를 대상으로 조사 연구를 시행하였는데, 연구 결과 일란성쌍생아의 약 80% 정도는 범죄경력이 있는 일란성쌍생아 형제가 존재하고 있는 반면에, 이란성쌍생아의 경우 약 12%만이 범죄 경력이 있는 쌍생아 형제가 있다는 연구 결과를 보고하였다. 그의 연구 결과를 토대로 살펴본다면 일란성쌍생아의 경우에 이란성쌍생아보다 유전적으로 행동의 일치가 나타날 수 있는 확률이 높다는 점을 강조하였다.

이후 보차드와 그의 동료들에 의하면 일란성쌍생아의 경우 이란성쌍생아와 비교해 볼 때 비행행위나 범죄행위에 있어서 더욱 높은 유사성을 보여주고 있다는 연구 결과를 발표하였다(Bouchard, Lykken, McGue, Segal, & Tellegen, 1990). 그들의 연구 결과에 따르면 일란성쌍생아 중에 태어나면서 바로 각기 다른 부모에게 입양이 되었음에도 생물학적 부모 밑에서 양육이 된 일란성쌍생아와 마찬가지로 형제들 간에 그들의 성격이나 지능, 태도, 심지어 행동에 있어서까지 유사성을 보여준다는 점을 강조하면서, 인간의 행위의 유사성은 유전적인 요인이 가장 크다고 결론지었다.

하지만 쌍생아 연구들은 연구 설계에서부터 문제가 제기되었는데, 이는 표본 자체가 어느 한쪽이 범죄나 비행 행동을 보여 준 쌍생아들만을 대상으로 하였다는 점에서 문제가 있다는 비판을 받게 된다.

4. 입양아 연구

쌍생아 연구에 이어 인간의 행동이 유전적으로 타고난 것인지(Nature) 양육에 의한 것인지(Nurture)를 더욱 명확히 하고자 하는 의도로 일란성쌍생아의 경우 어느 한쪽이 비행이나 범죄 행위를 보여줄 경우 다른 한쪽도 그러한 행동 패턴을 보여줄 것이라는 가정에 따라 연구가 시행되었다. 연구의 가정은 만약 어린 시절에 입양된 쌍생아 아이의 경우 아이를 길러 준 양부모의 행동에 영향을 받기보다 자라면서 한 번도 만나 본 적이 없는 생물학적인 부모의 행동과 더 유사성을 보여준다면 아이들의 행동이 유전에 의한 것이라는 가정을 증명해 주는 것이다(Siegel & Senna, 2000). 연구를 통하여 인간의 행동, 즉 입양아들의 행동은 자라오면서 겪은 각기 다른 환경적인 요인에도 불구하고 생물학적인 부모의 행동적인 특성이나 지능적인 특성의 많은 부분은 공유하고 있음이 밝혀졌다(Cadoret, Cain, & Crowe, 1983).

허칭스와 메드닉(Hutchings & Mednick, 1977)은 형사사법기관에 의하여 유죄 판결을 받은 비행청소년들을 대상으로 친아버지(생물학적인 아버지)와 양아버지와 청소년들과의 행동의 유사성을 비교 연구하였다. 이들의 연구에 의하면 유죄 판결을 받은 비행청소년들의 생물학적인 아버지 중 약 31%가 범죄기록을 가지고 있음이 밝혀졌으나, 양아버지의 경우에는 약 13%만이 전과를 가지고 있음이 밝혀졌다. 또한 통제집단의 경우에는 전체적으로 약 11%의 아버지가 범죄기록을 가지고 있다는 점을 강조하면서, 비행행위에 대하여 유전적인 요소가 어느 정도 영향을 미치고 있다고 결론지었다.

제4절 심리학적 이론

몇몇 학자들은 폭력, 절도, 성범죄 등 많은 범죄의 원인을 설명하는 데에 있어서 개인의 심리적인 요인이 가장 중요하다고 강조하였다. 하지만, 인간의 심리적인 요인을 파악하는 데에는 매우 다양한 접근방법이 존재하기 때문에 다양한 설명이 존재할 수밖에 없다. 따라서 심리학적인 접근을 사용하여 비행자나 범죄자의 행동 원인을 규명하고자 하는 정신분석학적 또는 정신의학적인 접근방법, 행동을 개인의 과거 학습경험에 의한 자연적인 발전으로 파악하는 학습 및 행동 이론적 접근방법, 개인의 인지적인 발달 수준에 따라 원인을 파악하고자 하는 인지적 접근방법, 그리고 개인이 가지고 있는 인격의 특성 차에서 비행 및 범죄의 성향을 파악하려고 하는 인성 이론 등이 사용되고 있다.

1. 정신분석학적(정신의학적) 접근

Sigmund Freud (1856~1939)

정신분석학은 오스트리아의 정신의학자인 프로이트(Sigmund Freud)에 의하여 발표된 정신분석 이론(Psychoanalytic Theory)을 기반으로 탄생이 되었다. 이론에 따르면 인간의 범죄행위는 인간이 태어난 이후 초기에 형성되어가는 성격 구조 중에서 행위의 선택을 하는 과정을 통제하는 성격 구조가 비정상적으로 형성되면서 나타난 결과로 설명하고 있다(Freud, 1963).

프로이트에 의하면 인간의 인격 구조는 원초아(id), 자아(ego), 초자아(superego)의 세 가지 단계로 이루어진다고 하였다. 원초아(id) 단계에서는 식욕 등 동물의 기본적인 생물학적 욕구와 충동을 포함하게 되는데, 이러한 본능은 태어날 때부터 존재하는 무의식적인 본능을 주로 의미한다. 원초아 단계에 있는 사람은 타인을 배려하지 않고, 자신의 즉흥적인 쾌락적 만족만을 추구하게 되는데, 이는 비도덕적이고 동물적인 쾌락을 추구하기도 한다. 자아(ego) 단계에서는 사회 속에 존재하는 관습의 범위 안에서 존재할 수 있도록 행동을 이끌어주는 역할을 하게 된다. 인간은 자아라는 인성을 통하여 사회 규범적 기준에 맞추어 살아가는 방법을 터득할 수 있게 된다. 즉, 사회적 기준에 따른 관습적·실질적 현실 원리에 충실하게 되는 것이다. 마지막으로 초자아(superego) 단계에서는 자신을 비판할 수 있는 능력을 갖추게 되며, 양심적인 행동이 무엇인지를 인지할 수 있는 상태가 되는데, 이는 사회적 경험을 통하여 형성된다. 다시 말하면, 인성의 도덕적인 관점을 바탕으로 행위에 대해 판단을 할 수 있게 된다.

프로이트가 주장한 인격의 세 가지 구조들은 서로 갈등적인 관계에 놓여 있는데, 비행행위는 원초아의 상태가 자아나 초자아보다 강하게 나타날 때 주로 나타나게 된다. 특히 초자아가 상대적으로 약하게 나타나는 개인의 경우 비행에 연루될 가능성이 더 높게 된다. 따라서 비행을 예방하기 위해서는 도덕성을 인지할 수 있는 초자아의 적절한 발달을 위하여 가정에서 부모의 역할이 중요하게 인식된다.

프로이트의 이론을 바탕으로 청소년비행에 대한 다양한 주장들이 나타났다. 에릭슨(1968)은 청소년들이 삶의 목표를 정하는 데에 있어서 매우 감정적이

그림 3-2 프로이트의 정신분석학적 접근

고 충동적이지만, 그에 따른 확실성을 갖지 못하여 청소년 개인의 내부에서 일어나는 갈등을 안게 되면서 자신의 정체성에 대한 의문을 갖고 위기감을 느끼게 되어 비행을 저지를 확률이 높아진다고 하였다.

아들러(Adler, 1975)는 인간이 가지고 있는 기본 욕구는 성에 대한 것이 아니라 자신이 느끼는 열등감을 극복하는 것이며, 극복을 통하여 개인의 자아 완성을 위한 내면적인 요구라고 하였다. 그러므로 우리가 생활하는 것은 열등감을 극복하기 위한 지속적인 내면적인 투쟁이며, 이는 개인의 신체적인 열등감, 지나친 사회적 성공에 대한 압박감 등에 따라 상대적인 열등감을 느끼게 되며, 이를 보완하기 위하여 개인은 비행을 저지를 확률이 높게 나타난다고 하였다. 특히, 이런 경우에는 청소년이 사회 속에서 받는 관심이 부족한 경우에 더 크게 나타나며, 비행청소년들은 이와 같은 상황에 직면하였을 때에 극복할 수 있는 준비가 되어 있지 않게 되어 더 큰 열등감과 소외감을 느끼게 된다. 이러한 상황은 가정에서의 양육과정이 제대로 이루어지지 않는 경우가 많다. 그 결과 모든 조건이 청소년 개인의 내면에 쌓이게 되고, 비행으로 표출될 수 있다. 개인적으로 자신이 '내가 최고가 될 거야'라고 하는 우월성의 욕구가 강한 청소년일수록 목표 성취에 대한 욕구 또한 강하게 나타나게 되고, 자신의 목표를 달성하기 위하여 모든 활동을 오로지 목표 달성을 위하여 행하다 보면 사회의 규범을 위반하여 비행을 저지르게 된다. 에이브라함슨(Abrahamsen, 1944)은 청소년들의 비행은 그들의 내면에 있는 분노와 내적 갈등의 결과라고 하였다. 가정이나 사회에서 학대와 부당한 대우를 받은 청소년들은 분노와 공포, 증오 등 많은 감정적 경험을 하게 되며, 감정들이 제대로 표출되지 않고 내면에 쌓이게 되면서 결과적으로는 비행을 통하여 외부로 표출하게 된다고 하였다(Abrahamsen, 1944).

2. 행동주의 심리학적 접근

행동주의 심리학에서는 개인의 성격은 타인들과의 상호작용을 통하여 학습하며 형성된다고 하였다. 행동주의적 관점은 왓슨(John W. Watson, 1878~1958)에 의하여 탄생하게 되었으며, 러시아의 심리학자인 파블로프(Ivan Pavlov)의 고전적 조건화(Classical conditioning)로 발전하게 된다. 고전적 조건화는 유명한 개 실험을 통하여 자극(stimulus)-반응(response) 이론을 구체화하였다. 이후 스키너(B. F. Skinner)는 조작적 조건화(Operant conditioning)라는 개념으로 발전시켰다.

Ivan Pavlov (1849~1936)

행동주의 심리학적인 관점에서 바라보는 인간의 행동은 개인이 속한 환경 속에서 어떠한 자극이나 변화 때문에 시작이 되며, 그러한 행동들은 주변의 다른 사람들의 반응에 따라 학습을 하여 형성된다는 것이다.

B. F. Skinner (1904~1990)

행동의 형성에 있어서 중요한 요소는 '강화(reinforcement)'인데, 개인의 행동결과 타인의 긍정적인 반응이 나오게 된다면 행동을 지속하며 유지하게 된다. 반대로, 개인의 특정 행동이 타인에 의하여 처벌을 받게 된다면, 그러한 행동은 지속하지 않고 소멸할 것이라는 주장을 하였다. 후에 이러한 행동주의 이론은 반두라(Albert Bandura)에 의하여 학습이론으로 발전하게 된다.

Albert Bandura (1925~)

행동주의 심리학적 관점에서 바라보는 비행을 보면, 개인이 자라온 가정 내에 폭력이 빈번하게 발생한다면 청소년들은 자연스럽게 폭력에 익숙하게 되며, 폭력적인 행동을 통하여 보상까지도 기대하게 된다는 것이다. 학습은 부모의 언어적인 훈육을 통한다기보다는 행동으로부터 학습이 되기 때문에, 가정 밖에서의 생활을 하는 데 있어서 청소년들은 타인을 향한 폭력이 자연스럽게 이루어질 가능성이 높다. 칼슨(Carlson, 1986)의 연구에 의하면 가정 내의 폭력은 청소년들이 타인과의 갈등관계에 있을 때 물리적인 폭력을 행사하는 행위를 자연스러운 규범적인 것으로 인식할 수 있도록 도와주는 역할을 하게 되는 폭력의 훈련장 역할을 한다고 하였다.

3. 인지이론(Cognitive Theory)

아주 어린 아기가 음식물을 가지고 노는 것을 본 적이 있는가? 대부분의 사람에게 있어서 음식은 특별한 목적을 가지고 있는데, 보통은 음식을 준비하는 목적이거나, 또는 음식물을 섭취하는 목적을 가진다. 하지만, 아기들에게는 음식은 더욱 다양한 목적을 가진 사물로 인지된다. 음식물이 하나의 놀이기구가 될 수도 있고, 애완동물의 머리에 던졌을 때는 어떤 반응이 나타날까 반응을 보는 데에도 사용되며, 때로는 음식물을 던져 벽에 붙는지를 살피는 목적으로 음식물을 취급하기도 한다.

인지이론은 비행과 범죄의 원인을 찾아내는 데에 있어서 개인의 도덕적인 판단력이 개인의 인지발달에 따라 내재화하는 과정을 살피는 이론이다(김준호 외, 2007). '내재화(internalize)'는 개인이 어떠한 사건이나 신념을 받아들인 후에, 이를 바탕으로 개인의 사고 속의 일부로 만든다는 의미이다(이윤호, 2015). 어떤 사람은 더욱 쉽게 내재화를 하지만 어떤 사람들은 그렇지 않게 나타나는데, 이는 모든 사람들이 동일한 내재화 과정을 거치는 것이 아님을 알 수 있다. 내재화를 하는 데에 어려움을 느끼는 사람일수록 범죄를 저지를 가능성이 더 높다고 할 수 있는데(Bartol, 2016), 심리학자들은 개인의 사고 조직화를 하는 과정을 '도덕적 추론(moral reasoning)'이라고 하였으며, 이러한 현상이 법과 연결이 될 때는 '법적 추론(legal reasoning)'이라고 한다(Reid, 2011).

인지심리학의 대표적인 학자로는 피아제(Jean Piaget)이다. 그는 사람의 도덕성은 단계별로 발전하게 되는데, 그 발전과정은 개인의 사회적인 경험이나 지적, 인지적 정도에 따라서 단계별로 진행된다고 주장하였다(Piaget, 1948). 콜버그(Lawrence Kohlberg)는 피아제의 이론을 기반으로 도덕성의 발달을 인습 이전(preconventional), 인습(conventional), 인습 이후(postconventional)의 세 단계로 나누고, 수준마다 2단계씩 총 6단계로 나누었다(Kohlberg, 1969).

첫 번째 단계인 인습 이전(preconventional) 단계는 사람들의 행위 결과로 나타나는 보상이나 처벌에 따라 옳고 그름을 판단하거나, 규칙을 정하는 사람들의 물리적인 권위에 의하여 도덕성을 고려하고 판단하게 되는데, 여기서 다시 초기 인습 이전 단계와 후기 인습 이전 단계로 나뉘게 된다. 초기 인습 이전 단계는 권력에 복종하여 보상을 얻고 처벌을 피하는 행동을 하게 된다. 이와 같은 행동은 개인의 옳고 그름에 대한 사고를 기반으로 행동하는 것이 아니므로 도덕적이라고 볼 수 없으며, 보통 7세 이전의 아동 또는 극히 일부 성인에게서도 나타나게 된다. 후기 인습 이전 단계는 개인의 행동이 자신의 욕구를 충족시키기 위한 것으로 나타난다. 다시 말하면, 공정성을 통한 공정한 교환과 그 결과로 돌아오는 이익을 먼저 생각하고 상대방을 돕는 행위가 나타난다. 즉, 사람은 어떠한 보상을 얻기 위하여 타인과 협력하게 되는 것이다.

두 번째 단계인 인습(conventional) 단계는 가족, 사회, 국가의 기대를 유지하는 것 자체가 그것들의 결과와 무관하게 가치가 있다고 판단하는 수준을 말한다. 이 단계를 접한 개인은 자신의 행동이 단순한 개인적 기대나 사회 질서에 동조하는 데에 그치지 않고, 사회질서를 유지하기 위하여 적극적으로 행동하며 집단이나 그 구성원들에게 충성하는 마음을 포함하게 되는데 여기서 다시 초기 인습적 단계와 후기 인습적 단계로 나뉘게 된다. 초기 인습적 단계는 '착한 소년/소녀 지향성 단계'인데, 이 단계에서의 개인적인 행동은 상대방으로부터 인정과 승인을 받기 위함이다. 그러므로 이 단계에서는 양심이나 도덕적인 죄의식을 느끼는 능력이 생기게 된다. 후기 인습적 단계에서는 개인은 자신의 의무를 다하게 되며, 타인의 권위를 존중하고, 사회 질서를 유지하는 것을 옳다고 여기게 된다.

마지막 단계인 인습 이후(postconventional) 단계는 가장 높은 수준의 단계로서 집단의 권위나 권리를 행사하는 사람들과 무관하게 합리적으로 이상적이 되며, 도덕적 가치와 원리를 규정하는 노력을 보이게 된다. 이 중 초기 인습 이후 단계에서는 사회적인 계약단계로써 사회의 규칙을 따르게 되고 전체 사회를 위하여 봉사할 수 있게 되며, 개개인의 권리를 존중하고 사회 전체의 기준을 준수하는 것이 올바른 행동임을 확신하며 살게 된다. 사회적인 기준은 사회 구성원의 이익을 위하여서는 언제든지 변화될 수 있으므로 도덕적인 융통성이 적용된다. 후기 인습 이후 단계에서는 보편적인 윤리 단계로서 사회 구성원들의 대다수에 의하여 합의된 규칙인 사회적 계약에 따라 행동하며 의무를 다하는 단계이다. 여기에서 옳은 행동은 인간의 존엄성, 정의, 사랑, 공정성 등에 근거를 두게 되는 윤리적 원칙과 부합하는 양심에 의하여 결정된다.

콜버그(1969)는 인지 단계를 기반으로 범죄자는 비(非)범죄자와 다른 도덕 발달 단계를 거치게 된다고 하였다. 도덕적 발달의 단계가 높은 사람은 범죄자가 될 가능성이 상대적으로 낮게 되며, 반대로 도덕적인 인지 단계의 발달이 낮거나 멈춘 사람은 범죄자로서 살아가게 될 가능성이 높다고 주장하였다. 이후 콜버그의 이론을 바탕으로 비행에 대한 상관성 분석이 이루어졌는데, 트라베치오와 그의 동료들은 네덜란드의 청소년들을 대상으로 한 연구에서, 비행청소년들의 도덕적 인지 발달 단계는 2단계에 그쳤지만 일반 청소년들은 3단계에 속한다고 하였다(Travecchio, Stams, Brugman, & Thomeer-Bouwens, 1999). 국내에서도 고등학생을 대상으로 콜버그의 이론을 설명하고자 한 연구가 진행되었는데, 김상균(2005)은 학교생활에 문제를 일으키는 청소년들은 주로 2단계 또는 3단계에 머물러 있으나, 그렇지 않은 학생들은 3단계 또는 4단계에 이른다고 결론지었다. 또한, 일반 청소년과 비행청소년들의 도덕적 인지발달의 차이를 살펴보면 비행청소년들은 1단계 또는 2단계에 머무르는 경향을 보인 반면 일반 청소년들은 비교적 높은 단계에 이른다는 연구결과가 나타났다(김상균, 2005).

연습문제

1. 고전주의 학자들이 주장하는 범죄의 원인으로 보상이 처벌보다 더 많을 때 청소년비행이 발생한다는 주장에 동의하는가? 만약 동의한다면 우리 사회에서 발생한 구체적인 청소년비행이나 범죄 사례를 예로 들어 설명하여라.

2. 실증주의 범죄학파는 고전주의 학파들이 주장하는 범죄발생의 원인에 대한 접근방법과 설명이 어떻게 다른가? 즉, 고전주의와 실증주의 학파들 간의 범죄발생 원인의 차이점을 비교 설명하여라. 단, 최근 언론에 보도 된 청소년비행의 한 가지 예를 들어 구체적으로 비교 설명하여라.

3. 고전주의와 실증주의 범죄학자들의 초창기 주장으로 현대 청소년비행의 원인을 설명할 때 잘 설명되는 않는 부분은 무엇인가? 즉, 고전주의와 실증주의 이론의 단점은 무엇인가?

4. 청소년비행의 원인을 심리적으로 설명하는 이론가들의 단점은 무엇인가? 즉, 우리 사회에서 발행하는 청소년비행을 심리학적 이론으로 분석할 때 발생할 수 있는 단점에는 어떤 것들이 있는가?

5. 고전주의 범죄이론과 실증주의 범죄이론은 많은 단점을 가진 이론임에도 불구하고 현재 청소년비행의 원인을 설명하는 유익한 이론으로 다시 조명받고 있다. 고전주의와 실증주의 이론의 어떤 주장들이 현재 청소년비행의 원인을 잘 설명한다고 생각하는가? 구체적인 예를 들어 설명하여라.

6. 청소년비행의 원인은 선천적인가? 아니면 후천적인가? 아니면, 선천성과 후천성을 다 포함하는가? 4장에서 논의된 개인중심 이론을 적용하여 설명해 보아라.

참고문헌

김상균. (2005). 비행청소년과 일반청소년의 도덕발달 차이연구. 한국공안행정학회보, 20, 97-122.

이윤호. (2015). 범죄학. 박영사.

Abrahamsen, D. (1944). *Crime and Human Mind*. New York: Columbia University Press.

Adler, F. (1975). *Sisters in Crime: The Rise of the New Female Criminal*. New York, NY: McGraw-Hill.

Akers, R. L., & Sellers, C. S. (2009). *Criminological Theories: Introduction, Evaluation, and Application* (5th Ed.). Oxford University Press, Inc.

Bartol, C. R., & Bartol, A. M. (2016). *Criminal Behavior: A Psychological Approach* (11th ed.). Boston, MA: Pearson.

Bennett, T. (1986). A decision making approach to opioid addiction, pp. 84-182. In Derek B. Cornish and Ronald V. Clarke, (eds.). *The Reasoning Criminal*. New York, NY: Springer.

Bouchard, T., Lykken, D., McGue, D., Segal, N., & Tellegen, A. (1990). Sources of human psychological differences: The Minnesota study of twins reared apart. *Science*, 250, 223-228.

Brown, S. E., Esbensen, F., & Geis, G. (2015). *Criminology: Explaining Crime and Its Context* (9th ed.). New York, NY: Routledge.

Cadoret, R., Cain, C., & Crowe, R. (1983). Evidence for a Gene-Environment interaction in the develionent of adolescent antisocial behavior, *Behavior Genetics*, 13, 301-310.

Carlson, B. (1986). Children's beliefs about punishment. *American Journal of Orthopsychiatry*, 56, 308-312.

Carroll, J., & Weaver, F. (1986). Shoplifters' perceptions of crime opportunities: A process tracing study. pp. 20-38 In Derek B. Cornish and Ronald V. Clarke, (eds.). *The Reasoning Criminal*. New York, NY: Springer.

Cornish, D. B., & Clarke, R. V. (eds.) (1986). *The Reasoning Criminal: Rational Choice Perspectives on Offending*. New York, NY: Springer.

Darwin, C. (1859). *On The Origin Of Species*. London; John Murray.

Dugdale, R. L. (2910). *The Jukes: A Study in Crime, Pauperism, Disease and Heredity* (4th ed.). New York, NY: Putnam.

Freud, S. (1963). *An Outline of Psychoanalysis* (translated by James Strachey). New York, NY: Norton.

Fuller, J. R. (2013). *Juvenile Delinquency: Mainstream and Crosscurrent*(2nd ed.). New York, NY: Oxford University Press.

Gibbs, J. P. (1975). *Crime, Punishment, and Deterrence*. New York, NY: Elsevier.

Goring, C. (1913). *The English Convict: A Statistical Study*. London: Darling and Son.

Glueck, S., & Glueck, E. (1950). *Unraveling Juvenile Delinquency*. Cambridge, MA: Harvard University Press.

Harding, R. W. (1990). Rational choice gun use in armed robbery: The likely deterrent effect on gun use of mandatory additional punishment. *Criminal Law Forum*, 1, 427-450.

Hutchings, B., & Mednick, S. (1977). Criminality in adoptees and their adoptive and biological parents. In *Biological Bases of Original Behavior* (edited by S. Mednick & K. Christiansen. New York, NY: Gardener Press.

Kohlberg, L. (1969). *Stages in the Development of Moral Thought and Action*. New York, NY: Holt, Rinehart & Winston.

Lange, J. (1931). *Crime as Destiny: A Study of Criminal Twins*. New York, NY: MW Books Ltd.

Piaget, J. (1948). *The Moral Judgement of the Child*. New York, NY: Free Press.

Piliavin, I., Thornton, G., Gartner, R., & Matsueda, R. L. (1986). Crime, deterrence, and rational choice. *American Sociological Review*, 51, 101-119.

Piquero, A., & Rengert, G. (1999). Studying deterrence with active residential burglars. *Justice Quarterly*, 16, 451-471.

Redding, R. E., & Fuller, E. J. (2004). What do juvenile offenders know about being tried as adults? Implications for deterrence. *Juvenile and Family Court Journal*, 55, 35-44.

Reid, S. T. (2011). *Crime and Criminology*. (13th ed.). Oxford University Press.

Sheldon, W. (1949). *Varieties of Delinquent Youth*. New York, NY: Harper & Row.

Siegel, L. J., & Senna, J. J. (2000). *Juvenile Delinquency: Theory, Practice and Law*. Belmont: Wadsworth/Thomson Learning.

Travecchio, L. W., Stams, G. J. G. M., Brugman, D., & Thomeer-Bouwens, M. A. E. (1999). Moral judgment and delinquency in homeless youth. *Journal of Moral Education*, 28, 63-79.

Vold, B. G., Benard, T. J., & Snipes, J. B. (1998). *Theoretical Criminology* (4th ed.). New York: Oxford University Press.

Wolfgang, M. E. (1972). Cesare Lombroso (1835-1909), pp.232-291 in Hermann Mannheim (ed.,), *Pioneers in Criminology* (2nd Ed.). Monclair, NJ: Patterson Smith.

Wright, R. A. (1993). *In Defense of Prisons*. Westport, CT: Greenwood Press.

Zimring, F., & Hawkins, G. (1973). *Deterrence*. Chicago, IL: University of Chicago Press.

Chapter

04

사회구조이론

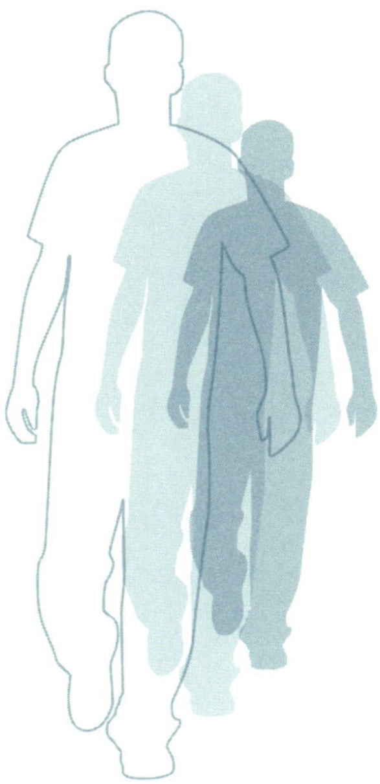

한 / 국 / 청 / 소 / 년 / 비 / 행 / 학

청소년비행을 연구해 온 전문가들은 비행 범죄율은 사회경제적 상황과 문화적인 가치와 매우 밀접한 연관이 있다고 주장하고 있다. 이와 같은 관점에서 바라본다면, 심각한 빈곤을 겪고 있는 이웃에서 자라 온 청소년들은 다른 집단에 비해 매우 높은 비행률을 보여주고 있다. 오랫동안 끊임없이 빈곤에 지속해서 노출된 지역사회와 그 안의 주거환경 속에서 자라고 있는 청소년들은 미래에 대한 절망이 팽배하게 되며, 그 결과 반사회적 행동을 통하여 자신들의 매력을 노출하려고 노력한다는 것이다.

사회구조이론에 의하면 청소년비행은 사회구조 속에서 형성된 불평등의 결과물이라고 볼 수 있다. 혜택을 받지 못하는 지역에서 자라나는 어린이들은 비행에 노출될 가능성이 더 높다고 볼 수 있는데, 이는 정상적인 직업사회에 대한 희망이 거의 존재하지 않는다고 볼 수 있기 때문이다. 빈곤이 아주 높은 지역에서는 사회를 튼튼하게 지지해 주는 가족, 학교, 이웃이라는 요소들이 상대적으로 매우 취약하게 되며, 상대적으로 높은 비행률을 보여주고 있다. 미국으로 이주한 구성원들은 '아메리칸 드림(American Dream)'을 성취할 수 없는 데에 따르는 좌절감과 상실감을 느끼게 되며, 이러한 현상은 몇몇 사회구조이론으로 설명하게 된다. 이 장에서는 이러한 사회구조적 요소와 비행률에 대하여 논의하도록 하겠다.

CASE

어려서 아버지가 죽고 어머니마저 이혼하여 별거하는 상황에서 송○○은 금전적인 어려움을 가지고 누나와 생활해왔다. 비록 고모가 후견인으로써 신경을 써주는 상황이지만 부족함이 많았고 영구임대아파트에서 기초생활보호대상자로써 수급비를 받으며 생활할 정도로 어려움이 많았다. 수급비마저도 고모가 모두 쓰는 경우가 있었고, 이러한 상황에서 영구임대아파트 단지에서 만난 친구들과 어울리게 된다. 중학교 3학년 때부터 친구들과 비행을 저지르기 시작했고 상습적으로 절도행위를 하게 된다. 절도를 하여 절취한 돈으로 흡연과 음주 등의 무절제한 생활을 반복하였고 주의력결핍과잉행동장애(ADHD)의 진단도 받게 된다. 이후 충동조절 문제와 우울증으로 인해 공격성이 증대되었고 어린 시절 어려운 환경에서 자랐을 때 느꼈던 억압된 분노가 표출된다. 결국 금전적인 목적을 위해 주차되어 있던 승용차를 파손한 뒤 손가방과 재물을 절취하다가 경찰에 붙잡혀 입건된다.

제1절 사회해체이론

20세기 초반에 들어서면서 미국 사회는 급변하는 산업화·도시화를 맞이하게 되며, 사회의 범죄율도 급증하게 된다. 이러한 현상을 설명하는 데에 있어서 시카고학파의 사회학자인 쇼우와 맥케이(Shaw & McKay, 1942)는 '사회해체이론(Social Disorganization Theory)'을 통하여 사회의 범죄율을 처음으로 설명하게 된다. 이 이론은 파크(Park, 1936)와 버게스(Burgess, 1967)가 주장한 인간생태학(human ecology)적인 관점에 기반을 두었으며, 동심원이론(Concentric Zone Theory)을 기반으로 지역사회와 범죄의 연관성에 초점을 맞추었다. 이전의 범죄 이론은 주로 범죄의 원인을 개인의 특성에 두었다고 한다면, 이들은 비행이나 범죄의 공간적인 실태를 살펴보았다. 그 결과 비행과 범죄 등 사회의 병리 현상들은 특정 지역에서, 더욱더 많이, 그리고 지속해서 발견되고 있음이 나타났으며, 이는 도시공동체 속에서의 지역적 특성과 관련이 있다는 것을 발견할 수 있었다.

사회해체이론의 기반이 된 동심원이론에 의하면 시카고 지역은 특성에 따라 5개의 지역으로 구성되었음을 밝히고 있다. I 지역(중심 상업지역: Zone I–Central Business District)은 도시의 중심부에 위치하는 중심 업무지역을 포함하며,

그림 4-1 동심원 구조론

다섯개 동심원 형태로 지역 분화

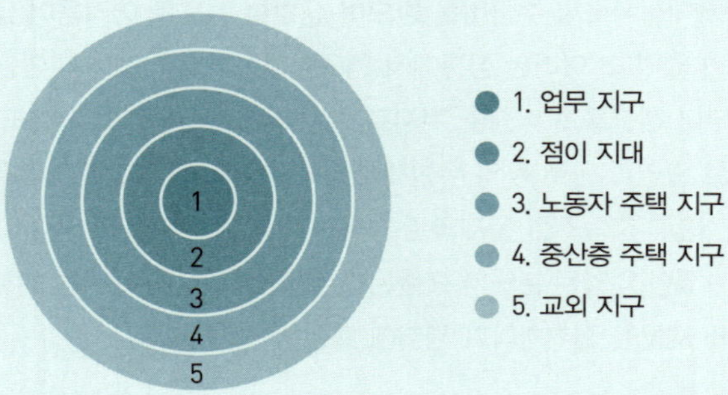

주로 상·공업 등 각종 직업 업무를 포함하는 지역이다. II 지역(전이지역: Zone II-Transitional Zone)은 급속한 도시발전의 결과물로서 중심 상업지역에 거주하던 사람들이 교외지역으로 옮겨감에 따라 서서히 퇴화 과정을 거치게 되는 지역이다. 이 지역의 특징으로는 오래된 건물이 그대로 방치되어 있으며, 이에 따른 무질서와 불결한 환경으로 인해 여러 가지 불량한 조건들이 넓게 퍼지게 되어 슬럼화 지역(slum area)을 형성하게 된다. 보편적으로 급속히 발전한 도시의 중심 상업지역의 외곽에서 띠 모양으로 산재하게 되며, 범죄와 비행이 많이 발생하는 지역이다. III 지역(Zone III)은 노동자 계층 거주 지역(Working Class Zone)으로 구분이 되며, 일반적으로 저소득 노동자 여러 세대가 한 건물에 공동 거주하는 유형으로 나타나고 있다. IV 지역(Zone IV)은 중산층 이상의 고소득 계층 사람들이 거주하는 주거 형태를 보여주고 있으며, 주로 주택단지를 형성하게 된다. 마지막으로 V 지역(Zone V)은 도시의 주변 지대로서 도심으로 출퇴근하는 정기 통근권 지역으로 형성되어 있다.

인간생태학을 바탕으로 한 연구를 통하여 비행청소년들은 시카고의 전 지역에 골고루 분포된 것이 아니고, 전이지역에 주로 집중되는 경향이 있음을 밝히고 있다. 이러한 현상은 시카고 지역의 중심부로부터 거리가 멀어짐에 따라 청소년의 비행률도 점차 줄어들고 있음이 증명되었다. 연구결과는 버게스의 동심원 이론을 지지하게 되며, II 지역인 전이지역이 청소년비행이 가장 많이 발생하고 있는 지역임을 입증하였다. 이 지역은 공식 통계에서도 높은 비행률 이외에도 성인범죄, 특히 약물과 알코올 중독, 매춘 또한 높게 나타나고 있다.

연구 결과는 당시 초기 이민자들이 밀집하고 있었던 전이지역에서의 높은 비행 발생률이 사람에 의해서 발생했다기보다는 그들이 사는 거주지역의 생태적 환경에 기인한다는 것을 입증하였으며, 결론적으로는 지역사회의 사회경제적인 지위에 따라 비행률과 범죄율은 영향을 크게 받는다고 볼 수 있다.

다양한 인종이 모여 사는 지역에 인구이동이 빈번하며 결손가정의 비율이 높게 나타나는 도심의 빈곤지역은 문화적으로 갈등을 겪을 확률이 높으며, 그로 인하여 사회가 통합되지 못하게 되어 지역사회에서의 결속력과 유대가 약해짐으로써 청소년들이 비행을 저지를 확률이 높게 나타난다고 주장하고 있다.

제2절 아노미(Amonie)와 긴장(Strain)이론

1. 아노미(Anomie)와 긴장(Strain)이론의 개요

아노미이론을 기반으로 하는 긴장이론은 '누가, 왜 청소년비행을 저지르게 되는가'라고 하는 청소년비행의 원인과 동기를 찾아보고자 하는 동기이론이라고 볼 수 있다(이성식, 2011). 아노미(Anomie)는 개인적인 걱정(anxiety)이나 소외감(isolation) 또는 무규범(normless)으로 설명될 수 있는데, 이는 급변하는 도덕적 가치의 변화 때문에 나타날 수 있다. 비록 아노미 또는 긴장이론(Strain theory)이 상호 교환적으로 사용될 수 있는 것은 아니지만, 이 두 이론 모두 유사한 사회적인 변화에 따른다고 할 수 있다.

긴장이론은 경제적인 이득으로부터 소외되는 것 때문에 발생할 수 있는 개인적인 긴장과 분노를 바탕으로 구성이 되어 있는데, 이는 청소년들이 비행행위를 저지르는 데에 영향을 미칠 수 있다고 설명하고 있다. 이러한 설명은 긴장이론은 아노미이론을 더욱 넓게 확장한 이론이라고 할 수 있겠다. 아노미와 긴장이론은 비행을 설명하는 데에 있어서 매우 중요한 공헌을 한 두 명의 사회학자들, 에밀 뒤르켐(Emile Durkheim)과 로버트 머튼(Robert Merton)에 의해 상호 연관이 지어져 있으며, 근래에 와서는 로버트 애그뉴(Robert Agnew)에 의해 일반긴장이론으로 발전되어 왔다.

2. 중심내용

(1) 뒤르켐(Durkheim)과 아노미(Anomie)이론

뒤르켐(Emile Durkheim)은 아노미라는 용어를 사회의 구성원들이 급변하는 사회의 변화 속에서 개인화에서 오는 혼돈, 급격한 산업화에 따른 노동의 분화, 그리고 도덕 질서의 파괴에 따라 느끼고 있는 무규범(normlessness) 상태라고 정의하고 있다. 비행과 범죄를 설명하는 데에 있어서 아노미의 가장 핵심적인 가

Emile Durkheim (1858~1917)

정은 합법적인 경제활동을 하는 데에 있어서 상대적으로 자신이 불리한 위치에 있다고 생각하는 사람의 상당수가 비합법적이고 일탈적인 활동에 참여하고자 하는 동기를 갖게 된다는 것이다. 즉, 이러한 자들은 경제활동을 하고 싶어 하지만, 자신이 참여할 수 있는 능력을 배양할 기회가 주어지지 않거나, 또는 일자리가 없어서 취업의 기회를 잡을 수 없을 때 좌절감을 느끼게 되고 이것이 자살 또는 비행을 저지를 동기를 안게 된다는 것이다.

즉, 비행행위는 타인과의 관계에 있어서 전통적인 방법이 더는 사용될 수 없음을 느낄 때 발생한다고 정의한다. 사람들은 기존에 적용되던 사회적 규칙이 사라지거나 다시는 적용이 되지 않는다고 느끼게 되면 불만족스러움을 표출하거나 혼돈에 빠지게 되고, 이러한 현상에 이르면 명확하게 정의되고 있는 새로운 규칙이 필요하게 된다. 뒤르켐은 아노미를 사회적인 상태로 보았으며 개인에게 필요로 하는 것은 아니라고 정의하였다. 뒤르켐의 가장 유명한 저서인 '자살론(*La Suicide*, 1897)'에서 급격한 사회변화에 따른 사회규범의 파괴는 높은 자살률로 나타난다는 주장은 이를 뒷받침하고 있다(Durkheim, 1951). 그는 또한 그의 저서에서 경제 주기와 자살률의 관계를 설명하였다. 사회 속에서의 자살률은 호경기와 불경기에 가장 높게 나타나고 있다고 설명한다. 불경기 시기의 높은 자살률은 많은 구성원이 가지고 있었던 경제적인 수단이 해고나 임금 인하 등으로 상실되며, 이로 인하여 그들이 가지고 있는 목표(goals)와 수단(means) 간의 괴리를 경험하고, 이는 극도의 스트레스로 발전하게 되어 결국에는 자살로 이어진다는 것이다. 호경기에는 사람들이 목표를 달성할 기회가 더 많아지게 된다. 하지만, 사람들은 더 큰 목표를 열망하게 되며, 기대가 상승하게 되고, 그로 인하여 사람들은 더 높이 잡은 목표와 자신의 수단에 괴리감을 느끼게 되며 이 또한 스트레스로 이어져서 자살률이 높아진다는 아노미적 자살을 언급하였다. 뒤르켐의 아노미적 자살에 대한 이론적인 설명은 이후 범죄학에 크게 기여하게 되는 머튼(Merton)의 긴장이론으로 발전하게 된다.

(2) 머튼(Merton)과 긴장(Strain)이론

Robert Merton (1910~2003)

머튼의 긴장이론은 아노미이론과 매우 유사하다고 할 수 있으나, 머튼이 생각하는 비행은 조금 다르게 설명될 수 있으며, 더욱 폭넓은 관점으로 바라보고 있다. 머튼은 뒤르켐의 아노미이론을 기반으로 미국 사회의 사회적 상황을 설명하고자 하였다. 머튼은 사회적 규범을 두 가지 종류로 나누었는데, 첫째, 사회는 개인에게 궁극적으로 추구해야 할 목표를 제시하고 가르치고 있는데 이러한 것을 '문화적으로 규정된 목표(culturally defined goals)'로 규정한다. 미국 사회에서는 문화적으로 규정되어 있는 목표를 경제적인 성공과 가능한 최대의 부를 축적하는 것으로 규정된다. 일반적으로 개개인은 어린 시절부터 사회적인 성공을 달성하기 위하여 경제적인 독립을 이루고자 노력하며 살아가고 있다. 하지만, 다른 사회는 다른 목표를 가지고 있다. 예를 들면, 몇몇 전통적인 아시아 국가에서는 사회적인 지위와 가정의 안위가 경제적인 성공보다 더 먼저 고려되는 목표일 수 있다고 볼 수 있다.

머튼의 두 번째 규범은 문화적으로 규정된 목표를 추구하는 데 사용되는 '사회적으로 수용된 수단(institutionally accepted means)'을 의미한다. 만약 누군가가 부를 축적하는 데에 있어서 강요나 강압적인 방법을 사용하였거나 사기, 폭력, 위조 등의 부정적인 수단을 썼다면 합법적인 문화적 목표에 부합하지 않는다. 미국 사회에서 부를 축적하는 데 있어서 수용될 수 있는 수단으로는 학업의 성취, 창조, 성실한 사회활동을 포함한다. 비록 부를 축적하기 위해 문화적으로 받아들여지는 목표는 열심히 일하는 방법을 통한 수단을 써서 추구해야 하지만, 이러한 수단이 모든 이들에게 동등하게 부여되지 않는 것은 우리가 모두 잘 알고 있다. 인종주의, 성차별주의, 사회 계층을 기반으로 한 여러 문제 등 때문에 젊은이들은 사회적으로 인정되는 수단은 막히게 되고, 부의 축적이라는 문화적인 목표를 달성하는 데에는 한계를 느끼게 된다. 하지만 그렇다고 해서 젊은 계

표 4-1 머튼의 아노미이론

유 형	문화적 목표	제도적 수단	범죄 유형
동조형(conformity)	+	+	대부분의 일반인, 비범죄자
혁신형(innovation)	+	−	대부분의 범죄(특히 절도, 재산범죄)
의례형(ritualism)	−	+	하위직 공무원들의 행태
도피형(retreatism)	−	−	부랑아, 마약중독자
혁명형(rebellion)	±	±	혁명가, 체제비판 선동가들의 행위

(+) 수용 / (−) 거부 / (±) 대치

출처: 황성현 외(2015). 한국범죄심리학, p.49.

층이 그들의 목표를 포기하는 것을 의미하지는 않는다. 대신에 그들은 불법적인 수단을 써 사회에서 무엇이 요구되는가에 따르는 것들을 달성하기 위하여 다양한 시도를 하게 되는 것이다. 머튼은 사회의 구성원들이 가지고 있는 문화적으로 받아들여지는 목표와 그들이 목표를 달성하기 위하여 사용할 수 있는 사회적으로 수용될 수 있는 수단의 수용(+)과 거부(-) 여부에 따라 적응하는 방식을 다음과 같이 다섯 가지로 구분하여 설명하고 있다(〈표 4-1〉 참조).

첫 번째 적응 유형으로는 '순응 또는 동조(Conformity)'로서 목표와 이를 달성하기 위한 수단 모두를 동시에 수용하는 유형을 말한다. 이 유형은 우리 사회를 살아가는 대부분의 사람에 적용할 수 있으며, 이 유형에 속하는 사람들은 자신들이 처한 상황을 받아들이고 사회적으로 허용되는 범위 내에서 자신들에게 주어진 합법적인 수단만을 통하여 성공을 추구하며 살아간다. 이는 무질서하지만, 안정적인 사회에서 가장 보편적인 반응이라고 할 수 있다. 주로 사회의 기능을 유지하는 데 있어서 대부분은 이런 순응형 사람들로 구성되고 있다.

두 번째 적응 유형으로는 '혁신 또는 개혁(Innovation)'이다. 이 유형의 사람들은 합법적인 수단과 방법으로는 부의 축적이라는 사회의 문화적 목표를 달성할 수 없으므로 사회에 대한 불만을 느끼거나 좌절감을 느끼기도 하며, 또는 구조적인 긴장과 아노미를 느끼며, 그로 인하여 불법적인 수단을 통하여 목표를 적극적으로 달성하려고 하는 유형이다. 다시 말하면, 사회적인 목표는 수용하지만 제도화된 수단은 거부하는 유형을 말한다. 그러한 이유로 인하여 혁신형(Innovator) 사람들이 바로 범죄학자들의 관심을 받게 된다고 볼 수 있다. 대부분의 범죄자가 혁신형에 속하며, 특히 불법적인 수단을 써 경제적인 이득을 취하기 위하여 절도를 저지르는 행위 등이 예라고 볼 수 있겠다. 즉, 목표를 달성하려는 사회·구조적 압박을 느끼면서도 목표를 달성을 위한 합법적인 수단은 사회·구조적으로 제한이 되어 있으므로 어쩔 수 없이 일탈적인 행위에 눈을 돌리게 된다는 것이다. 많은 비행청소년들의 경우 범행의 동기를 '유흥비 조달을 위하여'라고 진술하는 것은 유흥이라는 목표를 달성하기 위한 수단이 제한적임을 잘 표현해 주고 있다.

아노미에 대한 세 번째 반응 유형은 '의례(Ritualism)'이다. 이 유형에 속한 사람들은 사회 속에서의 문화적 성공의 목표는 포기하면서도 제도화된 수단은 철저히 지키려는 자들이다. 다시 말하면, 경제적인 부의 축적이라는 사회적인 목표를 달성하는 것을 거부하지만, 법을 묵묵히 준수하면서 생활해 나가는, 즉 제도화된 수단을 지켜나가며 살아가는 유형으로서, 자신들이 일하고 있는 곳에서의 동기와 이유는 잊어버리고 다만 사회적으로 인정되는 방법은 수용하고 있는 사람들이다. 의례형에 대하여 머튼은 중하류 계층에 속한 사람들의 특성이라고 분류하였다. 진급이나 경제적인 부를 포기하면서도 공무원의 도리를 철저히 지키며 살아가는 말단 하급 공무원을 예로 들 수 있다.

네 번째 유형은 '은둔(Retreatism)'으로 사회의 문화적 성공 목표와 제도적인 수단을 모두 거부하는 사람들이 여기에 속한다. 다시 말하면 이들은 사회의 구성원임에도 불구하고 사회 안에 동화되지 못하면서 사회적으로 소외된 계층을 말한다. 대부분의 은둔형 인간들은 사회 안에서 이중 실패자가 되는 마약중독자나 알코올 중독자들 사이에서 많이 나타나고 있다.

마지막으로 나타나는 유형은 '혁명(Rebellion)'이다. 이 유형의 사람들은 기존에 존재하고 있는 사회가치를 새로운 가치로 대체하여 자신들이 겪고 있는 좌절에 대응하는 유형이다. 이러한 가치는 정치적일 수도 있으며, 경제적일 수도 있다. 다시 말하면, 성공 목표와 이를 달성하는 데에서 수단을 자신들 나름대로 재정비하여 살아가는 유형이다. 주로 하류 계층의 사람들이 가장 많이 선택하고 있으며 현실에 순응하지 않는 방법이다. 다시 말하면, 하류 계층 사람들에게 나타나는 높은 범죄율은 아노미적인 긴장 상태를 낳게 되는 그들의 사회적 지위 때문이다(Akers & Sellers, 2009). 예를 들면, 혁명가들은 혁신적인 변화를 통하여 정치적인 목적을 달성하고 있으며, 이를 위하여서 자신들이 만들어 놓은 자신들만의 규칙에 따르며 생활하고 있는 것을 보면 알 수 있다.

머튼이 제시한 사회의 문화적인 목표와 이를 달성하기 위해 사용되는 제도화된 수단 간의 괴리라는 구조적인 현상을 경험적인 조사를 통하여 개개인이 바라는 사회 속에서의 열망과 현실적으로 달성을 위한 수단 간의 격차가 비행이나 범죄의 가장 중요한 원인 변수라는 것을 설명하려고 노력하였다. 다시 말하면, 목표를 달성하고자 하는 열망은 매우 높은 데 반하여, 현실적으로 사용 가능한 수단이 제한적인 청소년일수록 경험하는 좌절과 긴장이 커지게 되고, 그로 인하여 비행이나 범죄를 저지를 가능성이 높을 것이라고 설명하였다.

(3) 일반긴장이론(General Strain Theory)

뒤르켐(1951)은 거시적 관점에서의 사회학적 이론으로 사회와 경제의 변화가 비행을 이해하는 데에 가장 중요한 요소 중 하나라고 주장하였다. 비행은 사회의 통합이 약화하면 비행할 가능성이 더욱더 높아지는데 이를 아노미(무규범상태)라고 주장하였다(Bernburg, 2002). 반면에 머튼은 아노미를 미국의 문화와 사회구조에서 물질적인 성공과 제한적이지만 규범적인(교육, 합법적인) 수단을 통하여 목표를 달성하려고 노력한다고 개념화하였다(Bernburg, 2002). 사회화 과정을 거쳐서 미국인들은 비록 물질적인 목표를 달성하는 데에 매우 제한적인 합법적 수단을 가지고 있음에도 불구하고, 물질적인 목표를 내면화해온 것이다(Baumer, 2007).

Robert F. Agnew (1953~현재)

로버트 애그뉴(Robert Agnew, 1992)는 머튼의 긴장이론을 미시적인 접근으로 바라보며 보다 구체적으로 설명하고자 노력하였다. 애그뉴의 일반긴장이론(General Strain Theory: GST)은 개인이 겪을 수 있는 타인과의 부정적인 관계가 인생을 살아가는 데에 있어서 긴장이나 스트레스의 가장 주된 원인이 된다는 가정으로 시작한다(Agnew, 1992). 애그뉴는 머튼의 긴장이론에서 개인이 긍정적인 가치를 부여한 사회적 목적에의 차단에 너무나도 큰 비중을 두고 긴장과 비행과 범죄의 관계를 설명하려 하였다고 비판하였다. 따라서 애그뉴의 일반긴장이론은 범죄발생의 원인으로 첫째, 목표달성의 실패, 둘째, 다른 사람이 가지고 있는 긍정적인 가치가 부여된 자극이 나로부터 제거되거나 위협을 받았을 경우, 셋째, 다른 사람이 내가 생각했을 때 부정적이라고 여겨지는 자극을 가지고 있거나 그것으로 위협을 가했을 경우를 제시했다(Agnew, 1992: 50).

첫 번째 유형으로 구분되는 긴장으로는 긍정적으로 평가된 목표 달성에 실패했을 상황에 해당하는데, 이는 개인이 추구하던 목표나 기대에 자신이 미치지 못함을 인지하거나, 사회관계를 해 나감에 있어서 불평등 또는 적절하지 못한 결과를 겪었을 경우에 나타나게 된다. 예를 들면, 청소년이 학교에서 좋은 성적을 얻는 데에 실패했을 경우, 또는 일을 하고 있지만, 금전적인 어려움이 지속하는 경우, 또는 학교나 가정에서 교사나 부모, 또는 동료집단으로부터 불평등한 처우를 겪은 경우에는 긴장을 경험하게 된다는 것이다.

두 번째로 나타나는 긴장의 유형으로는 긍정적 자극의 소멸이다. 이러한 긴장은 주로 중요한 사물이나 사람의 상실과 같이 청소년 시기에 일어날 수 있는 불행한 사건의 경험 때문에 나타날 수 있다. 여자 친구와의 헤어짐, 가족이나 친구의 죽음이나 심각한 질병, 학교에서의 정학, 퇴학, 전학 등은 청소년 시기에 청소년들이 아노미적인 느낌이 들 수 있는 긍정적 자극의 소멸 예라고 할 수 있다.

세 번째 유형의 긴장으로는 부정적 또는 해로운 자극이 실질적 또는 예측할 수 있는 결과로 나타나는 상황에 해당한다(Agnew, 1992: 58). 부정적 또는 해로운 자극은 성적이나 물리적인 학대에 노출되었거나, 갈등이 심화한 가정환경, 또는 직장생활에 있어서도 상사의 지속적인 괴롭힘이나 불공평한 대우 등이 다 포함될 수 있다. 애그뉴에 의하면 사람들은 부정적인 환경에서 탈출하기 위하여 청소년의 경우에는 가출을 감행하기도 하고, 성인의 경우에는 부정적인 자극을 제거하기 위하여 살인 등의 비행이나 범죄의 행위로 나타날 수 있다고 하였다.

혹은 약물 등에 의존하여 본인이 느끼는 정신적인 고통에서 벗어나고자 하는 경우도 있다.

애그뉴의 일반긴장이론은 기존의 전통적인 긴장이론을 뛰어넘는 가장 큰 발전이라고 할 수 있는데, 이는 기존의 긴장이론에서 밝히려고 노력하였던 범죄와 비행을 설명하는 데에 있어서 보다 단순하면서 명확하게 접근할 수 있는 노력을 하였다(Akers & Seller, 2000). 애그뉴에 의하면 긴장은 수단과 목표 사이의 괴리에만 존재하는 것이 아니고, 다양한 사회적 계층이나 인종에 있어서도 개인이 겪는 긴장은 매우 다양하게 나타날 수 있으므로 다양한 접근을 시도해야 한다고 하였다.

이후 많은 학자는 경험적인 연구에서 애그뉴의 이론을 긴장과 비행 또는 범죄와의 관계를 측정해 직접적인 관련성을 증명하였다(Agnew & White, 1992; Paternoster & Mazerolle, 1994; Hoffman & Miller, 1998; Hoffman & Cerbone, 1999; Mazerolle et al., 2000; Piquero & Sealock, 2000).

(4) 제도적 아노미 이론(Institutional Anomie Theory)

메스너(Steven Messner)와 로젠펠드(Richard Rosenfeld)(1994)는 미국 사회의 범죄율을 산업화된 국가들의 범죄율과 비교를 하며 미국 사회의 높은 범죄율, 그중에서도 강력범죄율을 가지고 있는 것에 관심을 두게 되었다. 이들은 높은 범죄율을 설명하기 위하여, 머튼의 긴장이론은 경제라고 하는 사회의 하나의 제도에만 초점을 맞추었기 때문에 많은 사회제도가 어떻게 연관을 가지게 되었는지에 대한 설명이 이루어지지 않는다는 점에서 비판하였다. 그리고 문화가 사회 속에서 하나의 제도적인 영역, 특히 경제라는 영역만이 과도하게 강조되었기 때문에 다른 사회제도들이 범죄에 미치는 영향에 관해서는 설명의 한계가 있다고 주장하였다. 이러한 약점을 극복하기 위하여 사회에 존재하는 다양한 제도 간의 관계를 아노미(또는 긴장)이론 속에 포함함으로써, 제도적 아노미 이론이라고 불리게 되었다.

아메리칸 드림이라는 사회적인 목표를 이용하여 범죄율을 설명하려고 하였던 머튼의 긴장이론을 통하여 아메리칸 드림은 범죄행위의 원인이 될 수 있다는 것이 충분히 증명되었다(Messner & Rosenfeld, 1994). 머튼의 주장을 바탕으로 하여 메스너와 로젠펠드(1994)는 '물질적 성공에 대한 집중, 개방화된 사회에서 모든 이들에 의하여 추구되는 것, 개인 간의 경쟁'을 아메리칸 드림으로 정의하였으며, 이는 아노미, 즉 규범적 통제의 붕괴인 무규범 상태를 촉진한다고 하였다. 아메리칸 드림이라는 사회적인 현상은 긍정적인 측면과 부정적인 측면을 모두 포함하게 된다. 긍정적인 측면은 사회에 지배적으로 존재하는 규범에서 유연성이 적용됨으로써 변화를 꾀할 수 있는 혁신을 기대할 수 있으며, 그로 인하여 구식인 방식에서 벗어나 새로운 일 처리 방법을 도입할 수 있는 분위기가 조성될 수 있다. 반면, 부정적인 측면으로는 아메리칸 드림이 만들어 낸 사회적인 목표가 결국은 금전적인 성공을 의미하므로, 목표를 달성하기 위하여 사용할 수 있는 가장 쉬운 방법으로는 위법행위를 통하여 부를 취득할 수 있는 수단을 쓴다는 점이다. 총을 사용하여 강도 행위를 행하거나, 주가 조작이나 내부거래 등을 통하여 부당이득을 꾀하는 행위 등은 좋은 예라고 할 수 있다. 그러므로 아노미적 사회 분위기는 범죄를 유발하게 되고, 특히 아메리칸 드림이라고 하는 경제적인 성공을 목표로 삼는 미국 사회에서는 특히 폭넓은 불법행위가 조장될 수 있다.

앞서 언급한대로, 메스너와 로젠펠드는 아노미를 기반으로 한 머튼의 미국 사회에 대한 분석에는 공감하면서도 제도적인 분석이 빠졌다는 점에서는 비판하였다. 즉, 경제적인 관점에 너무 치우친 권력의 제도적인 불균형에서 나타난 미국 사회만의 구조적인 경제적 계층제도의 역할이 더욱 강조되어야 하지만, 머튼의 이론에서는 이러한 점을 간과했다는 것이다. 메스너와 로젠펠드(1994)는 미국의 높은 강력범죄율을 설명하기에는 미국 사회가 가지고 있는 문화와 제도적인 구조에 기인한다고 결론지었는데, 이는 '아메리칸 드림'이라는 금전 만능주의 사회 속의 문화적인 목표를 성취하기 위하여 개인이 쓸 수 있는 모든 수단을 이용하여 경제적인 성공을 이루는 데에 있어서 파생되는 아노미를 통해 범죄를 설명하고 있다.

제3절 하위문화이론(Subcultural Theory)

대부분 비행행위가 집단 내에서 발생한다는 전제로 하는 하위문화이론(Subcultural Theory)은 아노미이론을 기반으로 하여 등장하였다. 다시 말하면, 비행이나 범죄를 저지르는 청소년들은 대부분 행동에서 유사성이 보이며, 때로는 개인의 행동에서도 그들이 속한 집단의 영향을 받게 된다는 것을 전제로 하고 있다. 이 이론은 주로 하류계층 청소년들의 생활에 초점을 맞추었는데, 이들은 사회 성공을 위해 쓸 수 있는 수단으로부터는 소외되고 있다. 그러므로 소외감을 극복하기 위하여 그들은 그들 나름대로 성공이라는 목표를 설정하고 이를 이루기 위한 자신들만의 수단을 설정할 수 있는 자신들만의 하위문화를 만들어 나간다고 보고 있다. 하위문화이론에 속하는 이론들은 중류계층의 척도와 그에 따른 신분의 좌절을 다룬 코헨(Albert Cohen, 1955)의 비행하위문화이론, 범죄행위를 독특한 하위계층 하위문화의 가치와 규범에 대한 정상적인 반응으로 보는 밀러(Walter B. Miller, 1958)의 하위계층문화이론, 서덜랜드의 차별접촉이론과 머튼의 긴장이론을 하나로 통합하여 청소년의 비행을 설명하고자 한 크로워드(R. Cloward)와 오린(L. Ohlin)(1960)의 차별적 기회이론이 있다.

1. 코헨의 비행하위문화이론

Albert Cohen (1918~2014)

코헨은 개개인의 행위의 다양성이나 오랫동안 지속하고 있는 비행하위문화에 관심을 기울이지 않았다. 그의 저서인 ‘비행소년들(Delinquent Boys)’을 통하여 상대적으로 많은 수의 하류계층의 청소년들이 학교에서의 성공척도라고 여길 수 있는 학업성적이 매우 저조하여 실패를 경험하게 되면서 중류계층에 기준을 두고 만들어진 학교체제에 반발하게 되고, 지배적인 중류계층과의 갈등 속에서 신분의 좌절을 겪게 되면서, 그에 대한 반발로 비행집단의 또래 계층과 함께 형성하는 그들만의 하위문화에 관심을 두었다. 다시 말하면, 하류계층의 청소년들이 저지르는 비행행위들은 그들이 따라잡을 수 없는 중류계층의 가치와 규범에 대한 저항이라고 본 것이다.

2. 밀러의 하위계층문화이론

Walter Miller (1923~1996)

밀러는 하위계층의 문화에 관심을 두었으며 하위계층에는 그들만의 특징을 담은 가치, 생활양식, 행동양식이 존재한다는 것을 인정하면서, 자신들만의 문화적 규범이 형성되어 있으며 그 안에서 그러한 문화적 규범을 따르며 생활하고 있다고 전제하였다. 하지만 규범을 따르며 살아가는 행위는 넓은 사회의 법규범에 위반하는 것이 된다고 주장하였다. 그러므로 사회에 존재하는 범죄나 비행은 하위계층에서 주로 나타나는 현상이며, 개인의 행동에 영향을 미치는 직접적인 요소는 하위계층의 구성원이 속해 있는 그들의 공동사회 그 자체이며, 그 안에서 유지되어 온 그들만의 고유한 전통적 가치가 된다고 주장하였다.

다시 말하면, 하위계층에 형성되어 있는 그들만의 고유하고 전통적인 문화 규범과 가치는 현실적으로는 중류계층의 기준에 맞추어져 생성되고 유지되어 온 사회의 법규범에 위반이 됨으로써 범죄나 비행이 발생을 하는 것이지, 하류계층의 구성원들이 중류계층 문화에 악의적으로 반하는 행위를 하는 것은 아니라는 것이다. 즉, 비행행위는 중류층에 대한 반발 때문에 나타난다는 주장에 동의하지 않고 그들만의 독특한 하위계층 문화 속에서 자체적으로 집단적인 비행이 유발된다고 주장하였다. 이러한 관점에서 살펴본다면 하위계층에 편중된 비행이나 범죄행위는 사회적으로는 위법행위가 되지만, 그렇다고 해서 그들의 행위가 특정 계층을 향한 반감의 표시는 아니라는 점에 대해서는 코헨이 주장한 비행하위문화이론과의 차이점이라고 볼 수 있다.

밀러의 이론에 의하면 하위계층에 속하는 청소년들은 하위계층의 문화에서 생활하면서 좌절을 경험하고 의기소침한 생활을 영위하기 때문에, 자신들의 고유한 가치와 규범을 형성하며 다음의 6가지 관심의 초점(focal concerns)에 맞추어 살아간다고 하였다. 첫 번째로 사용하는 관심의 초점은 '말썽부리기(trouble)'이다. 이는 비행청소년들은 지속해서 싸움, 폭력, 음주, 흡연 등과 같은 사건이나 사고, 즉 말썽을 유발하고 행위에 의한 나쁜 결과를 회피하는 일에 더 많은 초점을 맞추고 있다는 것을 의미한다. 두 번째로 사용하는 관심의 초점으로는 '강인함(toughness)'으로 자신들의 힘을 과시함으로써 부드러움을 거부하고 강인함과 대담함, 그리고 육체적인 싸움이나 남자다움을 중시하면서 두려움을 밖으로 표출하지 않는 것을 의미한다. 세 번째로 사용하는 관심의 초점은 '영악함(smartness)'으로 남을 속이는 것이 똑똑함의 기준이 되기에 도박, 사기 등으로 다른 이들을 속임으로써 자신이 영리하다고 믿는 것을 의미한다. 네 번째 관심의 초점으로는 '자극추구(excitement)'로 자신들의 행위가 신나는 일과 모험을 추구하는 자극에 초점을 맞추는 약물복용, 음주, 성적 쾌락을 추구하는 모험 등을 사용한다. 다섯 번째의 관심으로는 '운명주의(fatalism)'로 모든 일은 운명에 달려있다고 믿고 있으며, 운명으로 인하여 자신은 아무리 노력을 하여도 사회적으로 지위 상승을 할 기회가 없으므로 범죄를 저지르고 체포가 된 것은 운이 없어서라고 여기게 된다. 마지막으로 '자율성(autonomy)'을 관심의 초점으로 규정하였는데, 이는 부모, 교사, 경찰 등 타인, 즉 어른들의 간섭을 받기 싫어하여 자신들만의 규율을 만들고 그것을 따라가며 살아가는 것을 의미한다.

하지만 이 이론은 하위계층에 속한 청소년 중 비행에 가담하지 않고 준법시민으로 살아가는 많은 청소년의 행동에 대한 설명을 제시하지 못하였기에 많은 비판을 함께 받고 있다.

3. 크로워드와 오린의 차별적 기회이론

크로워드(Richard A. Cloward)와 오린(Lloyd E. Ohlin)은 그들의 저서인 '비행과 기회(*Delinquency and Opportunity*, 1960)'를 통하여 머튼의 긴장이론, 서덜랜드의 차별접촉이론, 그리고 쇼와 맥케이의 사회해체이론을 융합한 '차별적 기회이론(Differential Opportunity Theory)'을 소개하였다.

이 이론의 전제는 사회 속에서 성공을 추구하는 사회적 목표를 추구하며 살아가려 노력하지만, 합법적인 수단과 기회를 받지 못한 사람들이 범죄 또는 비행을 저지르게 된다는 머튼의 긴장이론을 지지하고 있다. 하지만, 머튼의 긴장이론에서는 단 하나의 기회구조만을 설명할 수 있다는 점에 초점을 두고, 단점을 보충하기 위하여 제2의 기회구조를 통하여 비행과 범죄를 설명하려고 노력하였다.

다시 말하면, 하류계층에 속한 비행청소년들은 자신들의 사회적 목표를 달성하는 데에 있어서 합법적인 기회가 차단되어 있으므로 대신 불법적인 수단을 쓰게 되어 비행이나 범죄를 저지르게 된다는 것이다. 하류계층 청소년들의 행동은 본래 관습적으로 존재하는 사회의 제도 속에서 합법적인 수단이 차단되어 기회가 박탈되면서 야기되는 것이지만, 이와 함께 비행이나 불법행위에 영향을 미치는 요소로는 지역사회의 특성을 간과할 수 없다는 것이다. 따라서 합법적인 행위뿐만 아니라 불법적인 행위 또한 사회의 배경에 따라 다양하게 존재할 수 있다는 점을 강조하였다. 예를 들어, 특정 지역에 청소년들의 갱 조직이나 불법조직이 발달한 지역에 거주하는 청소년들은 상대적으로 다른 지역에 거주하는 청소년에 비하여 불법행위에 가담하거나 범죄기술을 배울 기회가 많다고 하였다. 반대로 하류계층의 지역이라도 범죄와 관련된 조직이 존재하지 않는다면 범죄기술을 배우거나 범죄조직에 가담할 기회가 매우 제한적인 것이다. 결론적으로는 자신이 속한 주변의 지역사회에 따라서 비행하위문화의 종류와 성격도 다를 수밖에 없다.

크로워드와 오린의 차별적 기회이론에서 비행하위문화는 범죄하위문화(criminal subculture), 갈등하위문화(conflict subculture), 도피하위문화(retreatist subculture)로 구분하고 있다. 하위문화의 유형은 〈표 4-2〉와 같다.

표 4-2 비행하위문화 유형

하위문화의 유형	합법적 수단	제도적 수단	폭력의 허용	적응유형
범죄하위문화	+	+	+	범죄
갈등하위문화	+	−	+	폭력
도피하위문화	−	+	−	도피

(+) 수용 / (−) 거부

4. 폭력하위문화이론

볼프강과 페라쿠티(Wolfgang & Ferracuti, 1967)는 필라델피아 지역의 살인범죄율을 연구하던 중에 살인범들이 속한 집단에는 특정한 문화가 존재하고 있음은 인지하고 '폭력하위문화이론(Violent Subculture Theory)'을 도출하였다. 연구 대상이 되었던 살인범들은 폭력이 일상화된 문화 속에서 생활하고 있었으며, 자신들의 범행 대상이 되었던 피살자들을 구분하는 데에 있어서 도매가격(wholesale price), 소매가격(retail price)이라는 용어를 사용하며 등급을 매겨왔다고 규정하고 있다.

그들의 주장으로는 폭력이 일상화되어 있는 문화가 팽배해 있는 환경 속에서 생활하고 있는 청소년들일수록 폭력범죄에 연루될 가능성이 높다고 보았다. 그러한 문화 속에서는 자신들만의 규범과 문화를 만들어 왔으며, 그 안에서 폭력을 행하는 것은 자신들의 규범과 문화를 지켜나가는 동조 행위로 여겨지고 있고, 행위는 학습을 통해 이루어지고 강화되고 있다. 이러한 사회 속에서의 구성원들은 폭력 행위를 용인하며 살아가고, 폭력 행위는 상호 간의 갈등을 유발하기보다는 해결하는 역할을 하는 정상적인 방법이라고 학습하며 살아가기 때문에 결과적으로는 그러한 지역에서 폭력 발생률이 높게 나타난다.

다인종 국가인 미국 사회에서 다양한 인종들 사이에도 흑인들이 특히 폭력을 용인하는 하위문화에서 살아가고 있으며, 흑인 인구의 분포가 높고 넓게 나타나고 있는 미국의 남부지방에서 특히 폭력범죄의 발생이 높게 나타나고 있는 것은 이러한 이유 때문이다.

볼프강과 페라쿠티(1967)의 이론은 하위계층 지역에서 왜 더 높은 폭력범죄율을 보여주는가에 대한 의문에서 시작되었다. 하지만, 같은 행위를 행한다고 하여도 하위계층 지역에서의 행위가 중류계층 지역이나 상류계층 지역에서의 같은 행위에 비교하여 경찰에 의한 단속이 더 많이 이루어지고 있는 현상을 고려하지 않은 접근방법이며, 현재 미국 형사사법 시스템의 편견을 고려하지 않은 설명이라는 비판을 받았다. 이는 폭력적 하위문화에 의하여 발생한 문제가 아닌 고려되지 않은 많은 변수(예, 빈곤, 저학력 등)에 의해 설명될 수 있다는 것이다.

제4절 사회구조와 비행에 관한 연구

쇼우와 맥케이(1942)가 처음으로 지역사회에서 급속한 사회변화의 결과로 사회해체가 나타나고 이는 사회의 비공식적인 규범과 통제에 영향을 미친다는 개념을 소개한 이후에 많은 연구가 사회해체이론을 사용하여 청소년의 비행을 설명하는 데 사용돼왔다. 최근에는, 많은 학자에 의하여 사회해체를 사회구성원들의 공통된 가치를 결정하는 것이 지역사회 내에서 불가능해지고, 사회통제가 효과적으로 유지되지 않는 상태라고 정의하고 있다(Bellair, 1997; Kawachi & Kennedy, & Wilkinson, 1999; Moriarty & Williams, 1996; Petee, Kowalski, & Duffield, 1994; Rountree, Land, & Miethe, 1994; Sampson & Groves, 1989; Skogan, 1977, 1989; Taylor, 1996; Taylor & Covington, 1993; Veysey & Messner, 1991).

청소년비행을 설명하고자 하는 이론들은 매우 다양하지만, 그중에서도 아노미와 긴장이론을 활용하여 청소년비행을 설명하고자 하는 노력은 이론이 발표된 이후에 꾸준히 진행됐다. 대부분의 긴장이론 연구들은 머튼의 주장에서 나타난 것처럼 하류계층의 청소년들이 겪고 있는 경제적인 어려움과 사회 구조상에서 겪을 수밖에 없는 환경 속에서 발생하는 긴장에 주로 관심이 있었다. 하지만 이러한 관심을 바탕으로 실행한 많은 경험적인 연구에서 크나큰 지지를 받지 못하게 되자, 사회계층을 기반으로 한 거시적인 관점에서 벗어나 청소년 개개인이 누구나 겪을 수 있는 미시적인 환경, 즉 가정, 학교, 교우관계 등 일상생활 속에서 겪을 수 있는 일반적이고 일상적인 긴장을 비행의 원인으로 보고자 노력하였다(Agnew, 1984). 이를 바탕으로 Hay(2003)는 일상생활 속에서 발생하는 긴장의 비행에 대한 영향력은 통계적으로 유의미하며, 부모와의 갈등에 의한 긴장은 비행의 중요한 원인변수임을 밝혔다. 또한, 가정이나 학교 등 청소년들이 가장 많은 시간을 보내고 있는 곳에서 나타나고 있는 일상의 긴장은 청소년비행행위에 주요 원인변수가 됨을 알 수 있으며(Agnew, 2001; 이순례·이경상, 2010), 특히 학교에서의 학습적 부적응뿐만 아니라 교우 관계에 있어서 발생하는 긴장도 비행행위에 영향을 준다고 하였다(Agnew & Brezina, 1997; 이성식, 2006; 황성현,

2012). 또한, 학교생활 속에서 교사로부터 받는 체벌이나 폭언, 교우로부터 받는 왕따와 같은 괴롭힘이나 범죄피해 경험, 그리고 가정에서 부모로부터 받는 학대와 같은 상황들은 청소년들에게 심한 긴장을 유발하게 되고, 이는 분노와 불안감, 우울과 같은 부정적인 감정을 끌어내어 궁극적으로는 비행을 저지르게 된다(문병욱·신동준, 2008).

최근 우리나라의 연구에서도 한국청소년패널조사 자료를 활용하여 아노미·긴장 이론과 비행과의 관계를 살펴보고자 하는 연구들이 활발히 이루어지고 있다. 송아영·박경나·정세정(2009)은 청소년들의 지위비행(status offense)과 긴장과의 상관성을 조사한 연구에서, 학교에서 발생하는 긴장 요인이 청소년의 지위 비행 발생과 통계적으로 유의미한 관계가 있음을 증명하였다. 이순례와 이경상(2010)은 청소년들이 겪는 부모와의 관계 속에서 발생하는 긴장(부모 긴장), 학교에서 발생하는 긴장(학교 긴장), 외모로부터 오는 긴장(외모 긴장), 그리고 긴장의 결과로 발전하는 분노감정이 높은 청소년일수록 비행을 저지르는 경향이 높게 나타나며, 이는 통계적으로 유의미함을 증명하였다. 연구결과는 미국의 전국청소년 종단연구조사 자료를 분석한 패터노스터와 마제롤레의 연구 결과와 유사하게 나타나, 한국과 미국 청소년의 비행행위를 설명하는 데에 있어서 청소년들이 경험하는 긴장은 비행행위에 직·간접적으로 영향을 미치고 있음을 할 수 있다(Paternoster & Mazerolle, 1994).

하지만, 긴장의 영향력이 청소년비행에 있어서 중요한 조건이라고 주장하는 많은 경험적 연구와는 반대로, 조건적 가설을 지지하지 못하는 연구도 많았다(Mazerolle & Piquero, 1997; Hoffman & Miller, 1998). 이완희와 황성현(2016)은 한국아동·청소년 패널 자료의 중등패널 자료 2차 연도부터 5차 연도까지의 자료를 사용하여 청소년비행에 많이 적용되고 있는 다양한 사회학적 범죄학 이론들의 변수들과 한국 청소년의 비행과의 상관관계를 분석하였다. 그들의 연구결과에 의하면 일반긴장이론에서 추출한 청소년의 우울감, 공격성, 부모 학대 모형의 모형적합도는 적합하지만, 비행을 설명하는 데에서는 통계적으로 유의미한 영향력을 증명하지는 못하였다.

연습문제

1. 사회구조이론들이 청소년비행의 원인을 설명할 때 개인중심이론들과 어떻게 다른가? 대표적인 사회구조이론과 개인중심이론을 하나씩 선정해서 구체적으로 비교 설명하여라.

2. 아노미이론에는 뒤르켐의 아노미이론, 머튼의 아노미이론, 에그뉴의 일반긴장이론, 메스너와 로젠펠드의 제도적 아노미이론 등이 있다. 이 네 가지 이론의 유사점과 차이점을 설명하여라.

3. 하위문화이론에는 코헨의 비행하위문화이론, 밀러의 하위계층문화이론, 클로워드와 오린의 차별적 기회이론, 울프강과 페라쿠티의 폭력하위문화이론 등이 있다. 이 네 가지 이론의 유사점과 차이점을 설명하여라.

4. 최근 언론에 보도된 청소년비행이나 범죄를 예로 들어 메스너와 로젠펠드의 제도적 아노미이론으로 설명하여라.

5. 최근 언론에 보도된 청소년비행이나 범죄의 구체적인 예를 클로워드와 오린의 차별적 기회이론으로 설명하여라.

6. 청소년비행의 원인을 설명할 때 사회구조이론이 가지는 가장 큰 장점은 무엇인가? 대표적인 사회구조이론을 하나 설정해서 이 이론이 다른 청소년비행 이론보다 더 설득력이 있는 이유 등을 구체적으로 설명하여라.

참고문헌

문병욱·신동준. (2008). 일반긴장이론을 통한 인문계와 실업계 고등학생의 비행연구. 한국청소년연구, 19(1), 33-60.

송아영·박경나·정세정. (2009). 청소년지위비행에 대한 일반긴장이론의 부분적 검증: Ping의 2단계 방법을 중심으로. 한국청소년연구, 20(1), 309-337.

이성식. (2006). 청소년비행의 원인에 관한 주요 이론들의 검증에 관한 연구: 종단적 패널연구자료의 분석. 형사정책연구, 17(3), 5-33.

이성식. (2011). 청소년비행과 범죄연구: 이론들간의 논쟁과 통합. 청목출판사.

이순례·이경상. (2010). 생활긴장이 소년비행에 미치는 영향에 관한 연구. 형사정책연구, 21(4), 5-32.

이완희·황성현. (2016). 잠재성장모형을 활용한 사회학습이론과 일반긴장이론의 비교 연구. 한국경찰학회보, 18(4), 91-111.

황성현. (2012). 청소년 흡연 음주행위의 원인에 대한 비행이론적 접근: 일반긴장이론과 사회학습이론을 중심으로. 보건과 사회과학, 32, 23-42.

황성현·이창한·이강훈·이완희·한우재. (2015). 한국범죄심리학. 피앤씨미디어.

Agnew, R. (1984). Goal achievement and delinquency. *Sociology and Social Research*, 68, 437-451.

Agnew, R. (1992). Foundation for a general strain theory of crime and delinquency. *Criminology*, 30, 47-87.

Agnew, R. (2001). Building on the foundation of general strain theory. *Journal of Research in Crime and Delinquency*, 38, 319-361.

Agnew, R., & Brezina, T. (1997). Relational problems with peers, gender, and delinquency. *Youth and Society*, 29, 84-111.

Akers, R. L., & Sellers, C. S. (2009). *Criminological Theories: Introduction, Evaluation, and Application* (5th Ed.). Oxford University Press, Inc.

Baumer, E. P. (2007). Untangling research puzzles in Merton's multilevel anomie theory. *Theoretical Criminology*, 11, 63-93.

Bellair, P. E. (1997). Social interaction and community crime: Examining the importance of neighbor networks. *Criminology*, 35, 677-703.

Burnburg, J. G. (2002). Anomie, social change and crime: A theoretical examination of institutional-anomie theory. *British Journal of Criminology*, 42, 729-742.

Burgess, E. (1967). The growth of the city: An introduction to a research project. In Robert E. Park and Roderick D. McKenzie (eds.), *The City*. Chicago, IL: University of Chicago Press.

Cloward, R., & Ohlin, L. (1960). *Delinquency and Opportunity*. Glencoe, IL: Free Press.

Cohen, A. K. (1955). *Delinquent Boys*. Glencoe, IL: Free Press.

Durkheim, E. (1897, reprint 1951). *Suicide: A Study in Sociology*. New York: Free Press.

Hoffman, J., & Miller, A. (1998). A latent variable analysis of general strain theory. *Journal of Quantitative Criminology*, 14, 83-111.

Hay, C. (2003). Family strain, gender, and delinquency. *Sociological Perspectives*, 46, 107-135.

Kawachi, I., Kennedy, B. P., & Wilkinson, R. G. (1999). Crime: Social disorganization and relative deprivation. *Social Science and Medicine*, 48, 719-731.

Mazerolle, P., & Piquero, A. (1997). Violent responses to strain: An examination of conditioning influences. *Violence and Victims*, 12, 323-343.

Messner, S. F., & Rosenfeld, R. (1994). *Crime and the American Dream*. Belmont, CA: Wadsworth.

Miller, W. B. (1958). Lower class culture as a generating milieu of gang delinquency. *Journal of Social Issues*, 14, 5-19.

Moriarty, I. J., & Williams, J. E. (1996). Examining the relationship between routine activities theory and social disorganization: An analysis of property crime victimization. *American Journal of Criminal Justice*, 21, 43-59.

Park, R. E. (1936). Human ecology. *American Journal of Sociology*, 42, 1-15.

Paternoster, R., & Mazerolle, P. (1994). General strain theory and delinquency: A replication and extension. *Journal of Research in Crime and Delinquency*, 31, 235-263.

Petee, T. A., Kowalski, G. S., & Duffield, D. W. (1994). Crime, social disorganization, and social structure: A research note on the use of interurban ecological models. *American Journal of Criminal Justice*, 19, 117-132.

Reiss, A. J. (1951). Delinquency as the failure of personal and social controls. *American Sociological Review*, 16, 196-207.

Rountree, P., Land, C., & Miethe, T. D. (1994). Macro-micro integration in the study of victimization: A hierarchal logistic model analysis across Seattle neighborhoods. *Criminology*, 32, 387-414.

Sampson, R. J., & Groves, B. W. (1989). Community structure and crime: Testing social disorganization theory. *American Journal of Sociology*, 94, 774-782.

Shaw, C, R., & McKay, H. D. (1969) (Original 1942). *Juvenile Delinquency and Urban Areas*. Chicago, IL: University of Chicago Press.

Skogan, W. G. (1977). The changing distribution of big-city crime: A multi-city time-series analysis. *Urban Affairs Quarterly*, 13, 33-47.

Skogan, W. G. (1989). Communities, crime, and neighborhood organization. *Crime and Delinquency*, 35, 337-357,

Taylor, R. B. (1996). Neighborhood response to disorder and local attachments: The systemic model of attachment, social disorganization, and neighborhood use value. *Sociaological Forum*, 11, 41-74.

Taylor, R. B., & Covington, J. (1993). Community structural change and fear of crime. *Social Problems*, 40, 374-395.

Veysey, B. M., & Messner, S. F. (1991). Further testing of social disorganization theory: An elaboration of Sampson and Groves' community structure and crime. *Journal of Research in Crime and Delinquency*, 36, 156-174.

Wolfgang, M. E., & Ferracuti. F. (1967). *The Subculture of Violence: Towards an Integrated Theory in Criminology*. London, Tavistock Publications.

Chapter

05

사회과정이론

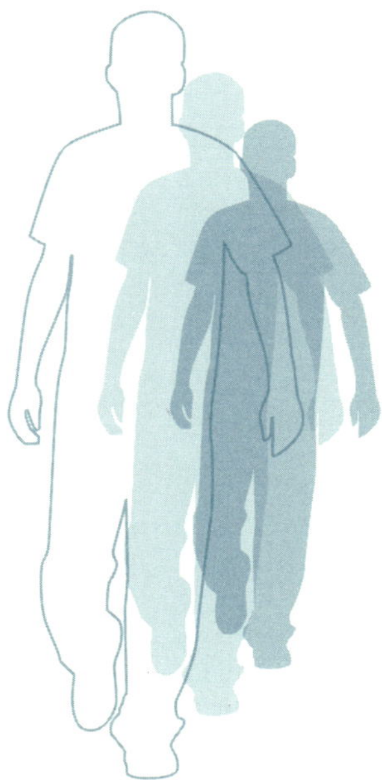

한 / 국 / 청 / 소 / 년 / 비 / 행 / 학

제1절 사회와 과정과 비행

전장에서 살펴보았던 사회구조이론에서는 개인보다는 사회구조를 강조하여, 범죄와 비행의 원인을 사회의 조직 및 사회 구조적 특징에 초점을 맞추었다. 사회구조이론은 사회구조와 비행의 인과관계를 설명할 수는 있었지만, 그 구성원인 개개인이 어떻게 범죄나 비행의 행위를 발전시켜 나가는가에 관해서는 설명을 하지 못하였다. 그러므로 사회과정 이론가들은 사회 속에서 어떻게 개인의 비행이나 범죄행위가 나타나는가를 설명하는 데에 중점을 두고 개인이 범죄자나 비행범이 되어가는 과정을 설명하려고 노력하였다. 개인의 사회과정에 초점을 둔 사회과정이론은 1960년대부터 나타나기 시작하였으며, 이는 이전의 사회구조에 초점을 맞춘 이론이 비행행위나 범죄를 설명하는 데에 부적절하다고 하여 등장을 하게 되었다.

사회구조이론에 의하면 사회구조 속에서 상대적으로 소외된 하류계층에 속한 청소년들이 비행을 저지를 확률이 높다고 설명하였으나, 많은 연구결과에 의하면 중상류계층의 청소년들도 심각한 비행 및 범죄를 빈번하게 저지르고 있다고 보고되고 있다는 점에서 사회구조이론의 한계를 보여주고 있다. 또한, 하류계층에 속한 상당수의 청소년은 그들이 성인이 되어가면서 비행이나 범죄 행위를 더 이상 저지르지 않는 점을 적절하게 설명하지 못하고 있다. 이러한 점에 비추어 본다면, 사회구조가 원인이 되어 발생한 비행이나 범죄행위도 사회구조의 변화 없이 개인의 성장 효과(maturation effect)를 설명하는 데에는 한계가 있다고 볼 수 있다.

사회과정이론은 같은 조건의 사회구조 속에서 일부는 법을 지키며 살아가는 반면, 일부는 범죄자가 된다는 현상을 설명하려고 하였다. 사회과정이론 중 하나인 사회학습이론에 의하면, 인간의 행위는 사회화 과정을 통하여 학습되는 것이며, 이는 범죄 또는 비행행위와 법을 지키는 준법행위에서 같이 적용된다고 가정하고 있다.

범죄학적 관점에서의 사회학습이론은 에이커스(Ronald L. Akers)에 의하여

Ronald L. Akers (1939~)

발전되었으며, 이 이론은 범죄 및 비행을 설명하는 데 노력하였다. 사회학습이론은 1930년대 서덜랜드(Edwin H. Sutherland)에 의해 주장된 차별접촉이론(Differential Association Theory)을 기반으로 에이커스와 버게스(Robert L. Burgess)가 함께 행태주의적인 관점에서 변형을 시켜 주장한 이론이다(Burgess & Akers, 1966). 오늘날 사회학습이론은 범죄학자들 사이에서 비행과 범죄를 설명하는 데에 가장 비중 있게 연구되고 있는 이론 중의 하나이다.

이러한 학습의 근간에는 '교제(association)'를 통하여 이루어진다는 명제를 들 수 있다(Anderson & Bower, 1973). 다양한 실험과 연구를 통하여 개인은 교제를 통하여 학습하게 되는데, 학습의 방법에는 세 가지가 있음을 알 수 있다. 첫 번째 학습의 방법으로는 가장 기초적인 학습으로 '고전적 조건화(Classical conditioning)'를 들 수 있다. 파블로프(Ivan Pavlov, 1849~1936)의 개 실험을 통하여 나타난 조건화의 한 종류로서, 일정한 자극을 통하여 동물은 사전적인 훈련이 없이도 주어진 반응이 나타나게 된다는 가정으로 시작하였다. 다시 말하면, 실험에 사용된 개는 음식을 보면 지속해서 침을 흘리게 된다. 파블로프는 이러한 동물의 본능적인 반응에 착안하여 음식을 제공하기 전에 종을 울리고 음식을 주는 행동을 반복적으로 하였으며, 동일한 경험이 지속되면, 개는 이후에 음식이 제공되지 않아도 종소리만 듣고 난 후에도 침이 흐른다는 사실을 실험을 통하여 증명하였다.

두 번째 학습방법으로는 스키너(B. F. Skinner)가 제시한 '조작적 조건화(operant conditioning)'로서, 이는 수동적인 환경이 아닌 능동적인 환경으로부터 자신이 원하는 것을 취득하게 하는 방법을 통하여 학습이 이루어진다는 것을 의미한다. 스키너는 이러한 현상을 설명하기 위하여 스키너 상자(Skinner's box)를 만들고, 쥐를 이용한 실험을 시행하였다. 스키너가 설명한 조작적 조건화는 일정한 행위를 강화하기 위하여 보상 또는 처벌을 활용하는 방법이다. 쥐가 특정한 단추를 누르게 되면 그 보상으로써 먹이를 제공하고, 반대로 행위가 실패했을 경우에는 처벌로써 전기충격을 가하게 되면 쥐는 전기충격이 오는 행위는 피하게 되고, 먹이를 얻기 위하여 특정한 행동을 학습하여 환경을 조작할 수 있는 능력을 키워나가는 것이다. 결론적으로, 조작적 조건화는 자신의 접촉을 통하여서 특정한 행동을 학습하게 되는 하나의 학습방법이라고 볼 수 있다.

마지막으로 제시될 학습방법으로는 '사회적 학습이론(Social Learning Theory)'이다. 학습방법은 개인의 행동을 통하여 습득할 수 있는 고전적 조건화와 조작적 조건화 이외에도 사람들과의 접촉 때문에 학습되는 행위 또한 포함된다. 이는 모델링(modeling)을 통하여 상대방의 행위를 통해 나타나는 보상과 처벌을 지켜보고 학습된 행위에 따라 자신의 행위를 강화할 수 있다는 점에 초점을 두고 있다. 학습이론은 반두라(Albert Bandura, 1969)에 의하여 제시되었다. 그에 의하면 학습은 직접적인 경험에서 이루어진 학습을 기반으로 하여 자신의 행위를 행함에 있어서 타인의 행위 결과가 어떻게 나타나는지를 관찰하고, 이를 통하여 학습이 이루어진 후에 자신의 행동이 나타난다고 하였다. 다시 말하면, 고전적 조건화와 조작적 조건화는 모두 동물 중심의 실험 때문에 나타났지만, 사회학습이론은 인간의 학습을 통한 행동적 결론에 더 초점을 맞추었다고 볼 수 있겠다(Bernard, Snipes, Gerould, & Vold, 2015).

CASE

고등학교를 자퇴한 16세의 우○○은 자신이 거주하는 곳 주변의 마트에 몰래 침입하여 금고를 열고 현금과 상품권을 절취하여 입건된다. 사실 우○○은 이 사건 이전에도 공사 중인 슈퍼마켓에 몰래 들어가 재물을 절취한 경험이 있고, 직원들이 퇴근한 장난감가게에 들어가 금고를 열고 16만원을 훔친 경험이 있다. 노상에 자물쇠로 채워져 있던 자전거를 훔친 경험도 있다. 이처럼 상습적으로 건물에 침입하여 재물을 절취하는 우○○의 행동은 그의 심리적인 상태와 관련이 있다. 부모의 불화로 성장하는데 있어 긍정적인 자아상을 가지지 못한 우○○은 초등학교 때 학급 인터넷 카페에서 따돌림을 당하는 등 부정적인 사건들을 겪었다. 그러던 중에 교회의 교사의 지갑에서 몰래 천원, 이천원씩 돈을 훔치게 되었는데 이 과정에서 일종의 쾌락을 느끼게 되어 재물을 훔치는 것이 잘못된 것임을 인지하고도 상습적으로 절도를 하게 된다. 이후 고등학교에 입학해서도 절도 행각을 멈추지 못했고, 비행을 일삼는 친구들과 어울리게 되면서 학교생활을 도외시하게 된다. 이후 출석일수가 부족해 학교를 자퇴하게 된다. PC방을 전전하는 생활을 하면서 우○○은 상습적으로 절도를 하게 되었고 자신이 잘못된 행동을 하고 있다는 것을 인지하면서도 절도를 멈출 수가 없는 상태에 이르게 된 것이다.

1. 차별접촉이론(Differential Association Theory)

Edwin Sutherland (1883~1950)

20세기에 들어서면서 가장 영향력을 갖는 범죄학자를 꼽으라고 하면 서덜랜드(Edwin Sutherland)를 빼놓을 수 없다. 서덜랜드의 차별접촉이론은 범죄와 비행은 사회 속에 존재하는 규범의 갈등에 의해 설명될 수 있다는 관점에서 접근하고 있다(Sutherland, 1947). 청소년들은 갈등을 바탕으로 자신이 접촉하고 있는 주위 사람들로부터 위법행위에 대해 호의적인 가치관이나 태도를 학습하게 되면 자신도 비행의 가능성이 커진다고 주장을 하였다. 다시 말하면, 비행행위는 자신과 친밀한 관계에 있는 주위 사람들과의 상호작용과 의사소통을 통하여 학습되어 발전해 나간다는 것이다.

사회 속에는 위법행위에 대하여 호의적인 가치를 가지고 있는 사람들과 호의적이지 않은 가치를 가진 사람들이 함께 공존하고 있다. 청소년들은 주변 사람들로부터 사회 속에서의 가치와 태도를 학습하고 그러한 가치관과 태도를 기반으로 자신의 행동도 발전해 나간다고 주장한다. 예를 들면, 청소년의 주위에 있는 비행청소년과 정상적인 청소년이 함께 공존하고 있는 사회 환경 속에서, 정상적인 청소년보다 비행청소년과의 접촉 시간이 더 많아지게 되면 자연스럽게 비행과 위법행위를 대하는 태도는 상호작용 속에서의 학습되기 때문에 더욱 호의적이 될 것이다. 이는 자신의 친구뿐 아니라 가족의 구성원, 즉 부모나 형제에 의해서도 형성될 수 있다.

서덜랜드의 차별접촉이론에서는 청소년이 비행을 저지르는 친구들과 얼마나 자주 어울리는지(빈도), 얼마나 오래 관계를 유지해 왔는지(기간), 처음으로 사귀게 되었던 친구는 누구였는지(우선성), 또 얼마나 가깝게 지내왔는지(강도)에 따라 학습을 하는 정도의 차이가 나타난다고 하였다(Sutherland, 1947). 서덜랜드는 인간의 비행 또는 범죄가 형성되는 과정을 그의 저서에서 다음과 같이 설명하였다(Sutherland, 1947: 6~7).

표 5-1 차별접촉이론의 9가지 명제

① 범죄행위는 학습된다(Criminal behavior is learned).

② 범죄행위는 의사소통을 통한 상호작용으로 학습된다(Criminal behavior is learned in interaction with other persons in a process of communication).

③ 범죄행위의 학습에서 중요한 사항은 친밀한 인격적 집단에서 이루어진다(The principal part of the learning of criminal behavior occurs within intermate personal groups).

④ 범죄행위가 학습될 때, 학습내용은 범죄기술, 구체적인 동기나 욕구, 합리화와 태도 등이다(When criminal behavior is learned, the learning includes (a) techniques of committing the crime, which are sometimes complicated, sometimes simple; (b) the specific direction of motives, drives, rationalizations, and attitudes).

⑤ 구체적인 동기나 욕구의 방향은 법을 우호적이거나 비우호적으로 정의하는 것으로부터 학습된다(The specific direction of motives and drives is learned from definitions of the legal codes as favorable or unfavorable).

⑥ 법위반에 호의적인 정의가 법위반에 비호의적인 정의보다 클 때, 개인은 비행을 저지르게 된다(A person becomes delinquent because of an excess of definitions favorable to violation of law over definitions unfavorable to violation of law).

⑦ 차별적 접촉양상은 빈도, 지속성, 우선성, 강도의 측면에서 다양하다(Differential associations may vary in frequency, duration, priority, and intensity).

⑧ 범죄적 또는 반범죄적 유형과의 접촉에 의한 범죄행위의 학습과정은 다른 학습과정에 포함된 모든 기제를 포함한다(The process of learning criminal behavior by association with criminal and anticriminal patterns involves all of the mechanisms tha are involved in any other learning).

⑨ 비록 범죄행위가 일반적 욕구와 가치의 표출이라 하더라도, 범죄행위는 일반적 욕구와 가치에 의하여 설명되지는 않는다(While criminal behavior is an expression of general needs and values, it's not explained by those general needs and values, since noncriminal behavior is an expression of the same needs and values).

출처: 황성현 외(2015). 한국범죄심리학, p.135.

차별접촉이론은 서덜랜드에 의해 소개된 이후 많은 경험적 연구를 통하여 상당한 지지를 받아 왔다. 특히 서덜랜드의 이론은 성인범죄자들을 대상으로 한 연구보다는 비행청소년을 대상으로 하는 연구에서 많이 검증됐는데, 전반적으로 비행청소년들의 경우 행동의 발전은 동료들과의 접촉을 통하여 집단으로 발견됨을 알 수 있다(Reiss, 1986). 예를 들면, 청소년들의 지위비행행위(음주, 흡연, 가출, 무단결석 등)는 그들과 친하게 지내는 친구들이 주로 지위비행행위를 한다면 그 가능성은 더 높아진다(첫 번째 정의인 '범죄행위는 학습된다'를 기반으로 한 친구와의 차별접촉).

1930년대 주류 범죄학자들의 관점은 비행과 범죄의 원인을 거시적인 차원에서의 사회 해체나 구조의 문제에서 기인한 사회의 부정적인 부산물로 파악하였으나, 서덜랜드의 차별접촉이론은 구성원 개개인의 차별적인 상징적 상호작용의 결과로서 미시적 관점에서 비행과 범죄를 설명하고자 시도하였다. 이는 개인적인 측면에서 범죄와 비행을 설명하려는 많은 이론에 영향을 미치게 된다.

차별접촉이론을 검증한 많은 국내외의 경험적 연구들은 비행행위를 자주 저지르는 비행 친구와의 차별적 접촉과 범법행위에 대한 긍정적인 정의를 가질수록 비행을 저지를 가능성이 높은 것으로 나타나고 있다(Hartjen & Priyadarsini, 2003; Hochestetler, Copes, & Delisi, 2002; 박정선·황성현, 2013; 최규련, 2010; 홍태경·류준혁, 2011). 호체스테틀러와 그의 동료들(Hochestetler et al., 2002)의 연구에 의하면 비행을 저지르는 친구들과의 접촉은 집단적인 행위에서나 개인 행위에 있어서 범법행위를 지지하는 일탈 또는 비행 태도를 유지하게 하는 것으로 나타났다. 우리나라의 청소년을 대상으로 한 홍태경과 류준혁(2011)의 연구에서도 비행 친구와의 차별적 접촉이 비행요인의 가장 중요한 요인으로 나타났다. 유사한 연구결과는 박정선과 황성현(2013)의 연구에서도 나타났다. 박정선과 황성현(2013)은 한국아동·청소년 패널조사자료 중 중학교 1학년과 중학교 2학년 학생들의 자료를 사용하여 다양한 이론의 변인과 지위비행행위와의 상관관계를 분석한 결과, 차별접촉 변인들은 다른 이론과 관련된 변인들보다 높게 청소년의 지위 비행 변량을 설명함으로써 가장 설명력이 뛰어나다고 결론지었다.

2. 사회학습이론(Social Learning Theory)

사회학습이론은 반두라(Bandura, 1977)와 많은 심리학자가 인간의 행동을 사회행태적인 시각으로 설명하려는 사회과학적 접근에서 시작하였다. 이러한 관점은 개인의 인지적·행동적·환경적 요인들 간의 상호작용을 강조하고 있으며, 이를 바탕으로 사회학과 심리학에서 많은 실험연구를 통해 발전해 왔다(White, Bates, & Johnson, 1991).

에이커스(Akers, 1985)는 서덜랜드의 차별접촉이론을 기반으로 고전적 조건화와 조작적 조건화의 요소를 더하여 확대하였다. 서덜랜드의 명제를 기반으로 에이커스는 범죄 및 비행행위는 규범에 순응하는 행위와 크게 차이가 없음을 주장하였으며, 범법행위와 준법행위에는 크게 차이가 없음을 나타내고 학습이론으로 설명할 수 있음을 강조하였다. 에이커스의 이론은 버게스와 에이커스(Burgess & Akers, 1966)와 같은 행동주의 심리학자들이 주장한 조건화를 구체화시킨 '차별접촉-강화이론(Differential Association-reinforcement Theory)'으로부터 발전하게 되며, 이를 범죄, 비행, 일탈행위 등에 적용하였다.

에이커스의 사회학습이론은 서덜랜드의 차별접촉이론에서 제시된 상징적 상호작용의 여러 중요 요소들을 그대로 반영시키고 있다(Akers, 1985). 이 이론은 차별적 접촉(differential association), 정의(definition), 차별적 강화(differential reinforcement), 모방(imitation) 이라는 네 가지 중요한 변수를 통하여 비행행위를 설명한다(Akers & Sellers, 2009; 이완희·황성현, 2016). 네 가지 중요한 변수의 개념에 대한 조작적 정의는 다음과 같다(〈표 5-2〉 참조).

첫 번째 중요한 변수로서 '차별적 접촉'이란, 개인은 비행청소년이나 범죄자들과 개인적인 접촉을 통하여 '일탈의 정의(deviance definition)'를 배우게 되고, 일탈적 정의를 습득한 개인은 범법행위를 저지를 가능성이 높아지게 된다.

그림 5-1 에이커스의 사회학습이론의 구성요소

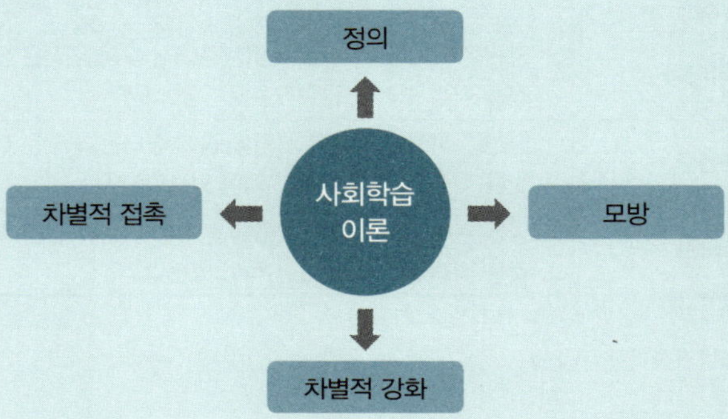

출처: 황성현 외(2015). 한국범죄심리학, p.138.

표 5-2 사회학습이론의 중심개념 및 조작적 정의

<table>
<tr><th>4가지 개념</th><th>구성요소</th><th>조작적 정의</th></tr>
<tr><td rowspan="3">차별적 접촉</td><td>친구와의 차별적 접촉</td><td>① 당신의 가장 친한 친구들 중에서 다음과 같은 범죄를 저지른 경험이 있는 친구는 얼마나 됩니까?
② 당신의 가장 친한 친구들은 다음과 같은 범죄를 얼마나 자주 저지릅니까?</td></tr>
<tr><td>부모의 규범적 태도</td><td>당신의 부모는 다음과 같은 범죄를 하는 것에 대해 어떤 태도를 가지고 있습니까?</td></tr>
<tr><td>친구의 규범적 태도</td><td>당신의 가장 친한 친구들은 다음과 같은 범죄를 저지르는 것에 대해 어떤 태도를 가지고 있습니까?</td></tr>
<tr><td rowspan="3">정의</td><td>중화적 정의</td><td>① 특정 범죄행위를 스스로 통제할 수 있는 사람이라면 그런 범죄를 저질러도 괜찮다.
② 특정 범죄행위에 대한 주위의 유혹이 너무 강하기 때문에 그런 범죄를 저지르는 청소년 또는 성인을 비난해서는 안 된다.
③ 일반적으로 특정 범죄행위는 나쁜 것이지만 특별한 상황에 있는 사람은 그런 범죄를 저질러도 괜찮다.</td></tr>
<tr><td>법 순응/위반 정의</td><td>우리 모두는 법을 지켜야 할 도덕적 의무가 있다.</td></tr>
<tr><td>긍정적/부정적 정의</td><td>일반사람이 다음과 같은 범죄를 저지르는 것에 대해 당신은 어떻게 생각하십니까?</td></tr>
<tr><td rowspan="5">차별적 강화</td><td>부모의 반응</td><td>당신은 다음과 같은 범죄를 저지르는 것을 부모님이 알았을 때 부모님의 반응은 어떠했습니까?</td></tr>
<tr><td>친구들의 반응</td><td>당신은 다음과 같은 범죄를 저지르는 것을 친구들이 알았을 때 친구들의 반응은 어떠했습니까?</td></tr>
<tr><td>공식적 저지</td><td>당신 또는 당신 친구들이 다음과 같은 범죄를 저질렀을 때 경찰이나 사법기관에 발각될 가능성이 얼마나 있다고 봅니까?</td></tr>
<tr><td>보상-처벌</td><td>특정범죄를 저질렀을 때 발생하는 좋은 점(보상)에서 나쁜 점(처벌)을 마이너스(−)한 점수 차이 값</td></tr>
<tr><td>강화균형</td><td>당신이 다음과 같은 범죄를 한 후에 당신에게 어떤 일이 일어났습니까?</td></tr>
<tr><td rowspan="3">모방</td><td>미디어</td><td>당신은 아래에 나열된 사람들 중에서 다음과 같은 특정 범죄를 저지르는 것을 직접 보거나 관찰한 적이 있습니까?</td></tr>
<tr><td>친구</td><td>당신은 아래에 나열된 사람들 중에서 다음과 같은 특정 범죄를 저지르는 것을 직접 보거나 관찰한 적이 있습니까?</td></tr>
<tr><td>부모</td><td>당신은 아래에 나열된 사람들 중에서 다음과 같은 특정 범죄를 저지르는 것을 직접 보거나 관찰한 적이 있습니까?</td></tr>
</table>

출처: 황성현 외(2015). 한국범죄심리학, p.139.

개인적인 차별적 접촉의 가장 중요한 집단들은 가족의 구성원이나 친구와 같은 원초 집단이다(황성현 외, 2015). 개인과 원초 집단 구성원들과의 접촉에 있어서 우선성(priority), 지속성(duration), 빈도(frequency), 강도(intensity)가 높을수록 개인에게 미치는 영향력은 더 커지게 된다. 즉, 비행 친구집단과의 만남이 어린 시절에 이루어지고(우선성), 오랫동안 그 관계가 유지되고(지속성), 자주 만나고(빈도), 아주 가까운 관계를 유지하면(강도) 그러한 개인은 비행에 연루될 가능성이 높아진다(황성현 외, 2015). 결론적으로, 차별적 접촉은 범죄 및 비행 친구 집단이나 가족구성원과의 상호작용이나 접촉에 있어서 얼마만큼 노출되어 있는지를 파악하는 개념이 된다(황성현, 2007). 차별적 접촉은 다시 '친구와의 차별적 접촉(differential peer association)', '부모의 규범적인 태도(parents' norm qualities)', '친구들의 규범적 태도(peer norm qualities)'로 구분된다(황성현 외, 2015).

두 번째 중요한 변수로서 '정의(definition)'는 주어진 행위에 대하여 개인이 부여하는 의미와 그에 따른 태도를 말한다. 다시 말하면, 어떠한 행위에 대하여 옳거나 그름, 선과 악, 정당함과 부당함 등에 대한 자기 자신의 평가를 의미한다. 개인이 비행행위에 대한 평가가 부당하다고 정의 내려지는 경우 비행을 저지를 가능성은 낮아진다. 반대로 비행행위에 대하여 우호적인 정의를 갖게 된다는 것은 그 행위가 도덕적으로 바람직하거나 허용될 수 있다고 정의하는 의미의 적극적(positive) 정의를 내리거나, 비행행위나 범죄행위를 정당화하거나 변명을 통하여 범법행위에 대하여 우호적인 태도를 보이게 되는 중화적(neutralizing) 정의를 갖게 될 때 가능한 것이다. 정의를 구성하는 세 가지 지표로서 중화적 정의(neutralizing definitions), 법 순응/위반 정의(law abiding/violation definition), 긍정적/부정적 정의(positive/negative definition)를 들 수 있다. 중화적 정의는 비행이나 범죄를 정당화하거나 변명을 통하여 범법행위에 대하여 우호적인 태도를 보이게 되는 개념을 말하는데, 이 개념을 측정하기 위해서는 '특정 범죄행위를 스스로 통제할 수 있는 사람이라면 그런 범죄를 저질러도 괜찮다'라는 질문으로 측정할 수 있다. 다음으로 법 순응/위반 정의를 측정하는 데에는 '우리는 모두 법을 지켜야 할 도덕적 의무가 있다'가 사용되며, 긍정적/부정적 정의는 '일단 사람들이 다음과 같은 범죄를 저지르는 것에 대하여 당신은 어떻게 생각하십니까?'로 측정될 수 있다(황성현 외, 2015).

세 번째 중요변수로서 '차별적 강화(differential reinforcement)'는 측정 행위의 결과에 따른 예상되거나 실제적인 보상과 처벌 사이에서의 균형이라고 설명할 수 있다. 청소년의 비행행위가 반복되기 위해서는 금전적인 보상이나 즐거운 감정 등 행위에 대한 긍정적인 보상이 체포, 범죄자로서의 낙인 등과 같이 부정적인 처벌보다 더 크게 나타나야 한다. 차별적 강화는 '부모의 반응(parents' reaction)', '친구들의 반응(peer reaction)', '공식적 억제(formal deterrence)', '보상-처벌(rewards-costs)', '강화 균형(reinforcement balance)' 등 5가지 지표로 측정될 수 있다. 예를 들면, 특정 비행행위에 대하여 부모의 반응이 비판적이고(부모의 반응), 친구의 반응 또한 부정적이며(친구들의 반응), 경찰에게 발각될 가능성이 높다고 판단되며(공식적 억제), 보상보다는 처벌이 크다고 판단하고(보상-처벌), 친구들과의 관계가 소원해지거나 경제적이거나 정신적인 피해가 나타날수록(강화균형), 개인은 비행행위나 범죄행위를 저지를 가능성이 작아진다는 것이다.

마지막 중요변수로서의 '모방(imitation)'은 타인의 행동을 관찰하고 그 행동을 따라서 행동하는 것을 말한다. 주로 가족이나 친구와 같은 원초 집단이 주로 모방의 대상이 되고 있으나, 최근에는 미디어를 통한 모방 또한 심각하게 이루어지고 있다. 청소년들의 모방행위는 기존의 행위를 유지하는 경우보다는 새로운 행위를 시도하는 데에서 더 중요한 역할을 하게 된다.

사회학습이론은 이전의 차별접촉이론이 명확하게 제시하지 못하였던 개념들에 대한 조작적 정의를 제시함으로써 변인들을 경험적인 연구를 통하여 검증할 수 있는 계기를 마련하였다. 이러한 개념적 정의를 바탕으로 이론에서 제시된 차별적 접촉, 정의, 차별적 강화, 모방 등 사회학습과 연관이 있는 변수들을 기반으로 타인과의 교류를 통하여 비행과 범죄는 학습된다는 이론적인 가설은 큰 지지를 받게 된다(Brezina & Piquero, 2003; Chappell & Piquero, 2004; Hwang & Akers, 2003, 2006; Matsueda, Kreager, & Huizinga, 2006; Osgood & Anderson, 2004; Sellers, Cochran, & Winfree, 2003).

에이커스가 사회학습이론을 발표한 이후 미국의 많은 학자들(Akers & Cochran, 1985; Jennings, Higgins, Akers, Khey, & Dobrow, 2013)은 경험적 연구를 통

하여 사회학습이론의 중요 변수들이 비행 및 범죄와 강한 상관관계를 나타내고 있음을 밝혔다. 유럽국가나 우리나라(Hwang & Akers, 2003; 2006; Lee, Moak, & Walker, 2016; 박정선·황성현, 2010; 2013; 유순화·정규석, 2003; 이완희, 2014, 이완희·유완석, 2014; 이완희·황성현, 2014; 전신현·김원경·황성현, 2010; 황성현, 2006a; 2006b; 2007; 2008; 2009; 2010a; 2010b; 2012; 황성현·이강훈, 2013)를 포함한 많은 아시아권 국가(Bao, Haas, & Xie, 2016)에서도 경험적 연구를 통하여 사회학습이론의 중요 변수들의 비행 및 범죄에 대한 설명력이 매우 뛰어난 것으로 나타났다.

제2절 통제이론

1. 개인 심리적 차원의 통제이론

기본적으로 많은 범죄이론에서 바라보는 인간의 범죄행위는 본래 사람은 법에 복종하도록 태어난다는 가정에 근거한 관점을 갖거나, 어떤 특정한 힘(예를 들면 생물학적, 심리학적, 사회학적 변수 등)에 의하여 범죄행위가 발전된다는 가정을 하고 있다. 즉, 인간은 왜 범죄를 저지르게 되는가에 관해 설명하고자 노력하였다. 하지만 통제이론에서는 전혀 다른 관점에서 범죄행위를 설명하고자 하였다.

통제이론은 모든 인간은 본래 범죄를 저지르게 되어있으며, 그들 중 왜 일부는 범죄를 저지르지 않게 되는 이유가 무엇인지에 대한 요인을 찾고자 하였다. 그러므로 통제이론에서는 개인이 가지고 있는 범죄 억제력, 즉 자신의 행위를 "통제"하게 만드는 원인을 찾아보고자 노력하였다. 즉, 개인이 범죄를 저지르게 되는 이유는 범죄를 저지르고자 하는 충동이 강해서가 아니라, 범죄에 대한 충동을 억누르고자 하는 힘이 약하기 때문이라고 설명한다.

(1) 라이스(Albert J. Reiss)의 통제이론(Control theory)

Albert J. Reiss, Jr. (1922~2006)

초기의 통제이론학자였던 라이스(Albert J. Reiss, 1951)는 11세에서 17세 사이의 백인 소년 보호관찰 대상자 1,100명을 대상으로 보호관찰의 허용과 취소에 대한 여부를 예측해 보고자 통제적인 관점과 관련한 여러 가지 요인변수들을 검증하는 연구를 진행하였다. 그의 연구 결과에 의하면, 보호관찰이 취소되는 청소년의 경우 심리적으로 자아(ego)나 초자아적(superego)적인 통제가 약하게 나타났으며, 정신과적인 진단에서도 사회 내 또는 시설 내 치료가 처방된 경우에 보호관찰이 취소되는 것으로 관찰되었다. 이러한 심리적이나 정신과적인 처방이 내려지는 경우는 주로 청소년 개인이 사회의 규범이나 규칙을 위반하려는 욕구를 '통제'하고자 하는 능력이 약한 경우에 내려지는 경우가 대부분이라고 결론지었다(Reiss, 1951). 학교에 자주 빠지거나 학교 내에서도 행동에 문제가 있다고 지적받은 청소년의 경우에도 보호관찰의 취소가 많이 나타나고 있음을 알 수 있었다. 라이스(1951)는 비행의 원인을 내면화된 개인적인 통제나 외적으로 적용되는 공식적(법적) 또는 비공식적인 사회적인 통제가 실패한 데에 기인한다고 주장하였다.

(2) 나이(F. Ivan Nye)의 통제이론

나이(Nye, 1958)는 라이스의 통제이론에서 사용한 개념을 확대하여, 비행의 예방은 사회적인 통제를 통하여 가능하다고 하였다. 첫 번째 제시된 사회적 통제는 직접통제(Direct control)이다. 이는 부모가 자녀의 잘못된 행동은 직접 체벌하고, 잘한 행동은 칭찬 등을 통한 보상을 통하는 방법이다. 두 번째로 제시된 사회적 통제는 간접통제(indirect control)로 비행을 저지를 가능성이 있는 청소년들이 가깝게 여기고 의지하고 있는 부모, 교우 등에게 실망을 끼치기 싫어서 비행을 저지르는 것을 삼가는 경우를 말한다. 청소년 자신이 의지하며 살아가고 있는 친밀한 관계 속의 사람들에게 실망을 안겨주는 것은 그들에게는 더 큰 고통으로 남기에 비행행위를 자제하게 된다. 마지막으로 제시된 통제는 내적통제(internal control)이다. 이는 비행청소년이 내면에 느끼는 양심의 가책이나 죄의식이 자신의 비행행위를 저지한다는 것이다.

나이는 이러한 3가지의 통제를 제시하면서, 형사사법 시스템이나 법적인 제재를 통하여 공식적인 통제를 사용하는 것도 중요하지만, 가정에서 사용될 수 있는 비공식적인 통제방법인 간접통제의 중요성을 더욱 강조하였다. 청소년은 질풍노도의 시기로서, 자신들이 느끼는 애정이나 새로운 경험을 추구하고자 하는 욕구가 가정 안에서 충족된다면, 가정 밖의 사회에서 비행행위로서 충족시키려고 시도하지 않을 것이라고 주장하였다. 대부분의 비행청소년의 경우, 가정 내에서의 욕구 충족이 미흡한 경우가 많으며, 그들은 불량청소년들과의 교제를 통하여 가정 밖에서 욕구충족을 위한 수단으로써 비행행위를 통하여 충족시키기 위한 동기화가 이루어진다고 설명하였다. 따라서 비행행위를 억제하거나 예방을 하기 위해서는 사회에서 사용할 수 있는 직접통제뿐만 아니라 가정이나 교우들을 활용한 간접통제 또한 매우 중요하다고 할 수 있겠다.

(3) 레클리스(Walter Reckless)의 억제(Containment)이론

나이(Nye)가 활동하던 시기와 비슷한 시기에 레클리스는 '왜 사람은 범죄나 비행행위를 억제(containment)하게 될까'라는 점에 관심을 두기 시작하였다(Akers & Sellers, 2009; Reckless, Dinitz, & Key, 1957; Reckless, 1961, 1967). 레클리스(1967)는 범죄의 억제요인으로써 내적(internal)통제와 외적(external)통제의 중요성을 강조하면서, 이를 내적(inner)통제와 외적(outer)통제로 불렀다. 내적·외적 통제요인을 설명하면서, 청소년들이 비행행위나 범죄행위의 동기화를 이끄는 요인들은 비행에 대한 압력(pushes)과 유인(pulls)에 의한다고 설명하였다. 레클리스의 억제이론에 의하면, 내적·외적 압력과 유인이 내적·외적 통제에 억제(containment) 때문에 통제할 수 없게 되면 비행이나 범죄가 발행한다는 견해이다.

많은 청소년은 심리적으로 수많은 충동과 욕구 때문에 비행의 유혹을 받게 된다. 수많은 유혹 중에 비행을 저지르도록 유도하는(밀어내는) 조건으로서의 압력들(pushes)과 비행하도록 유혹하는(당기는) 조건으로서의 유인들(pulls)이 존재하게 된다. 청소년들이 처한 사회 속에서 느끼는 빈곤이나 박탈감, 그리고 느끼게 되는 기회의 차단과 같은 요소들은 '압력'을 행사하는 요인들이다. 반면에, 청소년들 주변에 존재하는 많은 유혹적인 요소들, 다시 말하면 불량 친구, 갱단의 소속, 또는 비행 하위문화 등은 비행은 '유인'하는 요소라고 볼 수 있겠다. 외적 억제요인으로는 부모 또는 학교에서의 감시와 감독, 집단 속에서 찾아내는 강한 응집력, 변하지 않고 일관성 있는 도덕적인 가치관과 태도 등을 예로 들 수 있겠다. 반면에 청소년 개인의 내면에 존재하는 사회의 규범과 법칙을 준수하려고 노력하는 강한 양심과 성숙한 자아의 개념 등은 내적 억제요소가 될 수 있다.

자아개념의 형성과정은 주로 청소년기에 접어드는 12세 전후 시기에 형성되는데, 개인의 자아 환경은 가정의 환경을 통하여 이루어지는 것이 일반적이다. 자아가 잘 발달하여 형성된 청소년들은 비행을 저지를 가능성이 상대적으로 낮게 되며, 다른 친구들을 비행으로 이끄는 데에도 저항하게 된다.

(4) 사이크스(Gresham Sykes)와 맛짜(David Matza)의 중화이론

사이크스와 맛짜(Sykes & Matza, 1957)는 '중화기술(*Techniques of Neutralization*): 청소년비행이론(*A Theory of Delinquency*)'이라는 논문을 발표하면서, 이전의 소년비행을 하위계층의 문화적인 관점에서 바라보았던 주장에서 벗어나, 비행청소년들도 일반적인 청소년들과는 근본적인 차이가 없음을 전제로 하고 있다. 비행청소년들도 다른 사람들과 마찬가지로 법을 지키며 일반적인 생활을 하고 있으며, 단지 특별한 때에만 비행이나 범죄와 같은 위법행위에 빠져든다고 주장하였다. 그들의 주장으로는 비행을 저지르는 청소년들도 하위문화에 완전히 몰입하는 것은 아니며, 또한 전통적인 문화에도 몰입하지 않고 두 문화 사이에서 표류(Drift)하는 생활을 한다는 것이다. 이러한 과정에서 비행청소년들은 자신의 비행행위를 변명을 통하여 합리화하는 과정에서 자신들의 죄의식이나 자책감들을 약화하기 위해 중화(Neutralization)라는 방법을 사용하게 된다고 주장하였다. 이러한 행위가 반복됨에 따라 자신들의 행동에 대한 내적 통제가 약해지고, 그 결과 범죄나 비행이 발생한다는 것이다.

비행을 저지르는 데에 있어서 대부분의 비행청소년들은 비행을 저지르는 행위에 대한 가치가 옳다고 생각하며 저지르는 것이 아니고 그들 또한 비행이라는 행위는 나쁜 행위라는 것을 알면서도 저지른다고 주장하였다. 비행청소년들은 가정, 학교 등에 존재하는 여러 가치를 받아들이고 생활하고 있으며, 그들이 비행행위나 범죄행위로 인하여 체포, 검거 시에도 충분한 죄책감과 수치심을 느끼고 있다는 점을 보면 그들도 충분히 자신들의 행위가 도덕적으로 옳지 않음을 인지하고 있음을 알 수 있다고 하였다. 그러므로 그들의 비행이나 범죄의 대상은 자신의 가족이나 친구가 아닌 제3자들을 주로 범행 대상으로 선택한다는 점에서도 비행이나 범죄에 대한 부정적인 태도를 보이는 것이라고 주장하였다(Sykes & Matza, 1957).

중화이론에서는 이렇게 법을 준수해야 한다고 생각하는 청소년비행자들은 비행함에 있어서 자신의 행동을 정당화하고 합리화할 필요성을 느끼게 된다고 하였는데, 이는 자신들의 행위로 인하여 자신의 이미지가 타인으로부터 부정적으로 여겨지는 것을 원치 않기 때문이다. 그러므로 자신의 이미지를 위해서라도 자신의 행위를 합리화하기 위해 5가지 중화 기술(Techniques of Neutralization)을 사용한다고 하였다(Sykes & Matza, 1957).

첫 번째로 제시된 중화기술은 '책임의 부인(Denial of Responsibility)'이다. 이는 자신의 비행행위가 어쩔 수 없는 환경이나 상황에서 일어난 일이기에 자신의 책임을 전가하는 기술이다. 예를 들면, 자신이 비행이나 범행을 저지른 상황이 술에 만취가 되어 제정신이 아닌 상태에서 저지른 상황이라고 주장을 하기도 한다.

두 번째로 제시된 중화 기술은 '가해의 부인(Denial of injury)'이다. 이는 자신의 행위로 인하여 피해를 본 상대가 없다고 생각하는 기술이다. 예를 들면, 금전적인 갈취를 하였음에도 그것은 그냥 장난이라고 주장을 한다든지, 또는 그냥 돈을 잠시 빌렸다고 주장을 하기도 한다. 다시 말하면, '나는 정말 누구도 해치지 않았다'라고 자신의 행위를 중화시키는 것이다.

세 번째로 제시된 중화 기술은 '피해자의 부인(Denial of Victims)'이다. 이는 자신이 비행행위를 저질렀다고 하여도 누구를 해친 적은 없다고 주장하는 기술이다. 이는 자신의 행위가 누구에게도 피해를 주지 않았다고 주장을 하는 것을 말하고 있는데, 자신의 비행이나 범죄행위는 마땅히 사회적으로 제재를 받아야 할 사람들에게 행하여진 행위이기 때문에 정당하다고 주장하는 것이다.

네 번째로 제시된 중화 기술은 '비난자에 대한 비난(Condemnation of condemners)'이다. 이는 자신의 행위를 비난하는 자들은 더 추악하고 타락한 사람들이라고 주장하는 것이다.

마지막으로 제시된 중화기술은 '충성심의 표출(Appeal to higher loyalties)'이다. 이는 자신의 동료들 간, 가족, 직장 등에 대한 충성심 때문에 비행행위를 저질렀을 뿐이라고 주장하는 것인데, 그러므로 비록 범죄행위를 저질렀지만 정당하다고 주장하는 것이다.

비행이나 범죄를 저지르는 청소년들은 이러한 중화기술을 이용하여 자기 자신의 행위에 대한 정당성을 주장하고 있다. 하지만 이 이론은 중화기술을 익혀서 범죄나 비행을 저지른 사람과 그렇지 않은 사람들 간의 차이점을 명확히 규명하지 못하고 있다는 비판을 함께 받고 있다(장석헌, 2015).

2. 개인 환경적 차원의 통제이론

긴장이론과 사회학습이론학자들은 '왜 청소년들은 비행에 연루되는가?'에 대한 의문점을 안고 있다. 즉, 그들은 그렇다면 어떤 요소가 청소년들이 비행행위를 저지르도록 유인하거나 밀어넣는가에 초점을 맞추고 있다. 반면에, 통제이론학자들은 '왜 청소년들은 규율이나 관습에 순응하는가?'에 대한 의심을 가지고 있다. 긴장이론이나 사회학습이론학자들과는 달리 통제이론학자들은 비행의 존재는 피할 수 없는 것이라고 하였다. 그들의 주장에 따르면 모든 사람은 욕구와 욕망을 가지고 있으며, 이러한 것을 충족시키기 위해서는 비행이 합법적인 행위에 의한 것보다는 훨씬 쉽게 만족할 수 있다고 주장한다. 예를 들면, 돈을 훔치는 행위가 열심히 일하여 돈을 버는 행위보다 훨씬 쉬운 일일 것이다. 그러므로 통제이론학자들의 관점에서는 비행행위에는 특별한 설명이 필요 없다고 주장하고 있으며, 이러한 행위는 사람들이 원하는 무언가를 취득하는 데에 있어서 가장 유리한 행위라고 보고 있다. 이러한 이론가들은 왜 사람은 비행행위에 연루되고 있는가에 대한 설명보다는 왜 사람은 순응하고 있는가를 설명하고 있다.

(1) 허쉬(Travis Hirschi)의 사회유대이론(Social Bonding Theory)

허쉬(Travis Hirschi)는 그의 저서인 '비행의 원인(*Cause of Delinquency*, 1969)'에서 '왜 청소년들이 비행을 저지르게 되는가'라는 비행의 원인에 대한 명제를 규명하려고 하기보다는 '왜 청소년들이 비행행위를 저지르지 않는가'라는 명제에 대한 해답을 찾으려고 노력하였다(Hirschi, 1969). 많은 청소년이 비행을 저지르는 것은 사회적인 결속력이 약화되었거나 단절되었기 때문이라고 설명을 하였으며, 반대로 청소년들이 범죄를 저지르지 않는 것은 사회적인 결속력이 강화되었기 때문이라고 설명하였다. 허쉬의 이론에 의하면 비행행위를 통제하는 네 가지의 사회적 끈이 존재한다고 하였는데, 이는 애착(Attachment), 몰입(Commitment), 참여(Involvement), 신념(Belief)이다.

Travis Hirschi (1935~현재)

그림 5-2 허쉬의 사회유대이론의 구성요소

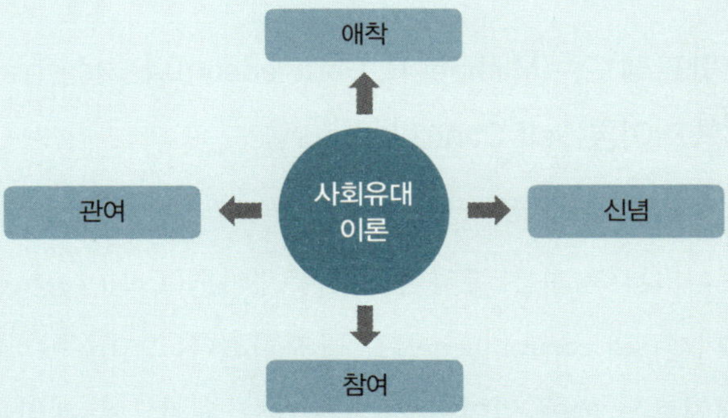

출처: 황성현 외(2015). 한국범죄심리학, p.146.

첫 번째로 제시된 통제요소는 애착(Attachment)으로서, 이는 청소년들 자신의 부모나 선생님에 대한 애정이나 존경 등을 의미한다. 다시 말하면, 자신들이 애정을 가지고 존경심이 있는 부모나 교사에게 폐를 끼치고 싶지 않아서 비행을 저지르지 않게 된다는 것이다. 강한 애착은 비행을 저지하는 힘이 된다. 두 번째로 제시된 통제요소는 몰입(Commitment)이다. 이는 자신이 원하는 바를 합법적으로 얻기 위하여 무엇인가에 몰입하게 된다면, 반대로 비행이나 범죄를 저지할 힘이 생긴다는 것이다. 예를 들어 진학을 목표로 하여 학업에 몰입한다든지, 또는 취직을 하기 위하여 어떠한 방법에 몰입하게 되면 비행을 하고자 하는 행위가 저지될 수 있다는 것이다. 세 번째로 제시된 통제요소는 참여(Involvement)이다. 이는 합법적인 활동에 연관이 있는 생활에 열심히 한다면 비행을 저지를 시간이 없다고 하였는데, 시험공부나 동아리 활동 등에 열심히 한다면 비행을 하는 행동이 억제된다는 것이다. 마지막으로, 신뢰(Belief)이다. 즉, 사회적인 규칙에 따르지 않으면 안 된다는 굳은 신념을 의미한다. 사회의 법규범이 어느 정도 내면화되어 있는가에 대한 사항이며, 형사사법기관이 행하는 많은 법의 집행이 사회 속에서 공정하다고 믿고 있으면 사회의 결속력이 강화되면서 비행행위가 통제될 수 있다는 것이다.

사회의 결속에 대한 4가지 사항들은 개인에 따라 다양하게 나타나고 있으며, 사회적 결속(social bond)이 강하면 범죄나 비행행위에 대한 저항력이 크게 되고, 범죄에 대한 저항력은 강해져서 비행이나 범죄를 저지를 확률은 상대적으로 감소하게 된다.

(2) 갓프레드슨(Michael R. Gottfredson)과 허쉬(Travis Hirschi)의 자기통제이론(Self Control Theory)

허쉬는 갓프레드슨과 함께 그들의 공저인 '범죄의 일반 이론(*General Theory of Crime*)'이라는 저서를 통하여 사회통제이론(social control theory)을 기반으로 자기통제이론(self control theory)을 발전시켰다(1990). 이 저서를 통하여 그들은 범죄를 저지르는 데에 있어서 가장 중요한 요인으로 개인이 가지고 있는 '자기통제력(self-control)의 결여 · 약화'라고 결론지었다.

그들이 주장한 자기통제이론의 요지는 〈표 5-3〉의 9가지로 요약할 수 있다.

이러한 요지를 바탕으로 갓프레드슨과 허쉬는 자기통제이론을 통하여 모든 범죄에 적용하여 설명할 수 있는 일반이론으로써, 이전의 이론과는 달리 지역, 성별, 인종 간의 범죄율의 차이는 범죄나 비행을 저지르는 개개인의 자기통제 차이에 기인한다고 주장하였다. 이론의 기본 전제는 범죄행위와 범죄의 성향을 구별하여 적용하여야 한다는 주장도 함께하였다.

Michael R. Gottfredson (1951~)

이론적 주장에도 불구하고, 이 이론을 통하여 모든 범죄행위를 설명하는 데에는 무리가 있다는 반론도 제기되었다. 예를 들어, 화이트칼라범죄와 같은 종류의 범죄행위를 설명하는 데에 있어서 고위관료층이나 기업의 최고경영자들이 자기통제가 약하여 범죄를 저질렀다고 주장하기에는 무리가 따르기 때문이다.

표 5-3 자기통제이론의 9가지 핵심 내용

① 범죄는 개인이 순간의 욕망을 만족하게 하기 위한 행위이다(이러한 행위는 자기통제력이 약할 자일수록 순간적인 욕망을 만족하게 하려고 하는 성향이 높다).
② 범죄는 단순한 욕망을 채우는 하나의 행위이다(자기통제력이 약한 자는 상대적으로 근면성이나 인내심이 부족하기 마련이다).
③ 범죄행위는 자극을 즐기려는 행위이다(자기통제력이 약한 자는 모험을 즐긴다).
④ 범죄는 총체적으로 볼 때 이익이 적다(자기통제력이 약한 자는 결혼, 대인관계 및 업무적인 측면에서 불안정하다).
⑤ 범죄는 기술이 필요하거나 계획성을 필요로 하지 않는다(자기통제력이 약한 자는 기술을 습득하거나 계획을 세우는 것을 쉽게 포기한다).
⑥ 범죄행위는 피해자에게 고통을 수반한다(자기통제력이 약한 자는 자기중심적이며 피해자의 고통을 생각하지 않는다).
⑦ 범죄는 즉각적인 쾌락을 추구한다(자기통제력이 약한 자는 범법행위 이외에도 흡연, 음주, 도박, 매춘 등에 대한 중독이나 상습성을 가지고 있다).
⑧ 범죄는 범죄자와 경제적 취득(재물 등) 간의 상호작용의 결과이다(자기 통제력이 약한 자는 사회성이 약하게 나타난다).
⑨ 범죄는 개인이 느끼는 초조함과 불안감으로부터 해방하기 위함이다(자기통제력이 약한 자는 인내력이 부족하며 갈등을 일으키고 폭력을 사용하는 성향이 높다).

출처: 황성현 외(2015). 한국범죄심리학, p.135.

제3절 사회과정이론의 실증적 연구

사회과정이론들은 청소년비행의 원인을 밝혀내기 위한 연구에 많이 사용됐다. 사회학습이론의 경우, 황성현과 에이커스(Hwang & Akers, 2006)는 부산 지역의 고등학생들을 대상으로 사회학습이론, 사회유대이론, 그리고 자기통제이론을 적용해 청소년의 약물남용 행위를 설명하고자 하였다. 그들의 연구 결과에 의하면, 사회유대이론이나 자기통제이론의 변수들보다 사회학습을 통한 설명력이 훨씬 뛰어남을 밝혀냈다. 사회학습이론은 비행을 설명하는 데에 있어서 다른 이론들보다 설명력이 가장 뛰어나다는 연구결과들이 존재하고 있다(박정선·황성현, 2013; 이완희, 2014; 이완희·유완석, 2014; 이완희·황성현, 2014; 황성현 2015; 2016; 황성현, 이강훈, 2013).

연습문제

1. 사회과정이론들이 청소년비행의 원인을 설명할 때 개인중심이론들과 어떻게 다른가? 대표적인 사회과정이론과 개인중심이론을 하나씩 선정해서 구체적으로 비교 설명하여라.
2. 사회과정이론과 사회구조이론의 유사점과 차이점을 설명하여라. 대표적인 이론을 각각 하나씩 선정해서 이 두 이론이 청소년비행의 원인을 설명할 때 어떤 점에서 유사하고 어떤 점에서 차이가 나는지를 설명하여라.
3. 에이커스의 사회학습이론은 서덜랜드의 차별접촉이론을 계승·발전시켰다. 에이커스의 사회학습이론은 서덜랜드의 차별접촉이론의 어떤 부분을 보완·발전시켰는가? 보완·발전시킨 부분을 구체적인 예를 들어 설명하여라.
4. 에이커스의 사회학습이론과 허쉬의 사회유대이론을 비교분석하여라. 최근에 발생한 청소년비행이나 범죄의 구체적인 예를 중심으로 두 이론을 비교분석하여라.
5. 사회통제이론에는 라이스의 통제이론, 나이의 통제이론, 레클리스의 억제이론, 사이크스와 맛짜의 중화이론 등이 있다. 이 네 가지 이론의 유사점과 차이점을 설명하여라.

6. 최근에 언론에 보도된 청소년범죄의 구체적인 예를 한 가지 선정해서 갓프레드슨과 허쉬의 자기통제이론으로 분석하여라.

참고문헌

박정선·황성현. (2010). 청소년 가출행위에 영향을 미치는 가출충동 변인의 매개효과 연구. 청소년학연구, 17(10), 1-21.

박정선·황성현. (2013). 청소년의 긴장감, 사회유대감, 비행친구와의 차별적 접촉이 청소년 지위비행에 미치는 영향. 청소년학연구, 20(10), 77-94.

유순화·정규석. (2003). 청소년 음주·흡연에 관한 사회학습이론적 분석. 청소년학연구, 10(2), 195-214.

이완희. (2014). 한국 청소년들의 중비행에 관한 범죄이론적 비교연구. 한국경찰학회보, 16(1), 139-160.

이완희·유완석. (2014). 청소년 지위비행에 관한 분석적 연구: 청소년비행이론을 중심으로. 한국경호경비학회지, 39, 217-239.

이완희·황성현. (2014). 청소년의 부정적 자극이 친구차별접촉과 긴장요인을 매개로 청소년비행에 미치는 영향. 한국경찰학회보, 16(5), 197-218.

이완희·황성현. (2016). 잠재성장모형을 활용한 사회학습이론과 일반긴장이론의 비교연구. 한국경찰학회보, 18(4), 91-111.

장석헌. (2015). 청소년비행대책론. 박영사.

전신현·김원경·황성현. (2010). 청소년 가출에 관한 상호작용론적 접근: 숀베리 이론의 부분 검증. 한국청소년연구, 21(4), 31-50.

최규련. (2010). 가족구조, 부모와의 의사소통, 학업문제와 친구관계가 청소년비행에 미치는 영향. 대한가정학회지, 48(7), 33-48.

홍태경·유준혁. (2011). 성별과 연령에 따른 청소년비행요인의 비교분석. 한국치안행정논집, 8(3), 113-138.

황성현. (2006a). 의미있는 타자와 청소년 약물남용간의 관계: 부모와 동료집단의 영향을 중심으로. 보건과 사회과학, 19, 51-69.

황성현. (2006b). 낮은 자아통제감, 친구집단요인, 부모요인이 청소년 약물사용에 미치는 영향. 청소년학연구, 13(5-1), 129-154.

황성현. (2007). 한국과 미국 청소년들의 약물남용에 관한 비교연구. 한국범죄학, 1(1), 73-90.

황성현. (2008). 한국과 미국 청소년들의 음주행위에 관한 비교 연구: 사회학습이론을 중심으로. 보건과 사회과학, 23, 5-29.

황성현. (2009). 청소년 음주·흡연행위에 관한 사회유대, 자아통제, 사회학습이론적 고찰. 한국청소년연구, 20(1), 113-139.

황성현. (2010a). 청소년 지위비행에 관한 비행이론 비교연구. 청소년학연구, 17(5), 49-68.

황성현. (2010b). 부모와 친구요인이 청소년 음주·흡연행위에 미치는 영향. 보건과 사회과학, 27, 81-103.

황성현. (2012). 청소년 흡연, 음주행위의 원인에 대한 비행이론적 접근: 일반긴장이론과 사회학습이론을 중심으로. 보건과 사회과학, 32, 23-42.

황성현. (2015). 청소년비행이론의 상대적인 영향력 검증: 아동·청소년 패널 자료를 중심으로. 한국경호경비학회, 44, 225-250.

황성현. (2016). 청소년비행에서 비행친구가 선행하는가, 비행이 선행하는가?: 잠재성장모형의 적용. 사회과학연구, 23(2), 54-70.

황성현·이강훈. (2013). 청소년비행의 원인에 관한 사회학습, 사회유대, 일반긴장이론적 접근. 한국청소년연구, 24(3), 127-145.

황성현·이창한·이강훈·이완희·한우재. (2015). 한국범죄심리학. 피앤씨미디어.

Akers, R. L. (1985). *Deviant Behavior: A Social Learning Approach*. (3rd ed.). New York, NY: Wadsworth.

Akers, R. L., & Cochran, J. K. (1985). Adolescent marijuana use: A test of three theories of deviant behavior. *Deviant Behavior*, 6, 323-346.

Akers, R. L., & La Greca, A. J. (1991). Alcohol use among the elderly: Social learning, community context, and life events (pp. 242-262). In David J. Pittman and Helene Raskin White (eds.), *Society, Culture, and Drinking Patterns Re-examined*. New Brunswick, NJ: Rudgers Center of Alcohol Studies.

Akers, R. L., & Sellers, C. S. (2009). *Criminological Theories: Introduction, Evaluation, and Application* (5th ed.). Oxford University Press, Inc.

Anderson, J. R., & Bower, G. H. (1973). *Human Associative Memory*. Washington, D.C.: Winston and Sons.

Bandura, A. (1967). *Principles of Behavior Modification*. New York, NY: Hold Ricehart & Winston.

Bandura, A. (1977). *Social Learning Theory*. Englewood Cliffs, NJ: Prentice Hall.

Bao, W., Hass, A., & Xie, Y. (2016). Life strain, social control, social learning, and delinquency:

The effects of gender, age, and family SES among Chinese adolescents. *International Journal of Offender Therapy and Comparative Criminology*, 60, 1446-1469.

Bernard, T. J., Snipes, J. B., Gerould, A. L., & Vold, G. B. (2015). *Vold's Theoretical Criminology* (7th ed.). Oxford University Press.

Brezina, T., & Piquero, A. R. (2003). Exploring the relationship between social and non-social reinforcement in the context of social learning theory. (pp.265-288), in Ronald L. Akers and Gary F. Jensen (eds.), Social Learning Theory and the Explanation of Crime: A Guide for the New Century. *Advances in Criminological Theory*. New Brunswick, NJ: Transaction.

Burgess, R. L., & Akers, R. L. (1966). Are operant principles tautological? *Psychological Record*, 16, 305-312.

Chappell, A. T., & Piquero, A. R. (2004). Applying social learning theory to police misconduct. *Deviant Behavior*, 25, 89-108.

Gottfredson, M. R., & Hirschi, T. (1990). *A General Theory of Crime*. Standford, CA: Stanford University Press.

Hartjen, A. C., & Priyadarsini, S. (2003). Gender, peers, and delinquency. *Youth and Society*, 34, 387-414.

Hirschi, T. (1969). *Causes of Delinquency*. Somerset, NJ: Transaction Publisher.

Hochestetler, A., Copes, H., & Delisi, M. (2002). Differential association in group and solo offending. *Journal of Quantitative Criminology*, 14, 83-110.

Hwang, S. H., & Akers, R. L. (2003). Substance use by Korean adolescents: A cross-cultural test of social learning, social bonding, and self-control theories in Ronald L. Akers and Gary F. Jensen (eds.). Social Learning Theory and The Explanation of Crime: A Guide for the New Century. *Advances in Criminological Theory*, 11, 39-64. Piscataway, NY: Transaction Publisher.

Hwang, S. H., & Akers, R. L. (2006). Parental and peer influences on adolescent drug use in Korea. *Asian Journal of Criminology*, 1, 51-69.

Jennings, W. G., Higgins, G. E., Akers, R. L., Khey, D. N., & Dobrow, J. (2013). Examining the influence of delinquent peer association on the stability of self-control in late childhood and early adolescence: Toward an integrated theoretical model. *Deviant Behavior*, 34, 407-422.

Lee, C., Moak, S., & Walker, J. T. (2016). Effects of self-control, social control and social learning on sexting behavior among South Korean youths. *Youth & Society*, 48, 242-264.

Matsueda, R. L., Kreager D. A., & Huizinga, D. (2006). Deterring delinquents: A rational choice model of theft and violence. *American Sociological Review*, 71, 95-122.

Nye, F. I. (1958). *Family Relationships and Delinquent Behaviors*. New York, NY: Wiley.

Osgood, W. D., & Anderson, A. L. (2004). Unstructured socializing and rates of delinquency. *Criminology*, 42, 519-549.

Reckless, W. (1961). A new theory of delinquency and crime. *Federal Probation*, 25, 42-46.

Reckless, W. (1967). *The Crime Problem*. New York, NY: Appleton Century Crofts.

Reckless, W., Dinitz, S., & Kay, B. (1957). The self component in potential delinquency and potential nondelinquency. *American Sociological Review*, 25, 566-570.

Reiss, A. J. Jr. (1986). Co-offender influences on criminal careers. in Alfred Blumstein, Jacqueline Cohen, Jeffrey Roth, and Christy Visher (eds.), *Criminal Careers and "Career Criminal"*, pp. 145 - 152. Washington D.C.: National Academy Press.

Sellers, C. S., Cochran, J. K., & Winfree, T. (2003). Social learning theory and courtship violence: An empirical test, pp109-129, in Ronald L. Akers and Gary F. Jensen. (eds.) Social Learning Theory and the Explanation of Crime: A Guide for the New Century. *Advances in Criminological Theory*, 11. Piscataway, NY: Transaction Publisher.

Sutherland, E. H. (1947). *Principles of Criminology* (4th ed.). Philadelphia, PA: Lippincott.

Sykes, G., & Matza, D. (1957). Techniques of neutralization: A theory of delinquency. *American Sociological Review*, 22, 664-670.

White, H. R., Bates, M. E., & Johnson, V. (1991). Learning to drink: Familial, peer, and media influences. (p.177-197) In D. J. Pittman and H. R. White (eds.), *Society, Culture, and Drinking Patterns Reconsidered*. New Brunswick, NJ: Rutgers Center of Alcohol Studies.

Chapter

06

사회반응이론

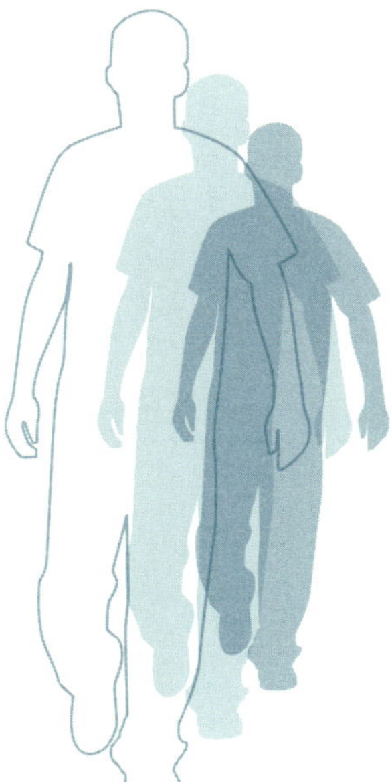

이전 장에서 언급된 수많은 범죄학 이론들은 개개인의 행동에 중점을 두어 비행이나 범죄의 설명이 이루어졌다. 고전적 이론에서의 합리적인 선택은 개인의 자유의지라는 개념을 통하여 자신들의 기준에 따라 비행행위를 하거나 준법행위를 하는 선택을 하면서 살아가는 합리적인 존재라고 하였다. 실증주의 학자들은 개인의 생물학적인 요인이나 심리학적인 요인은 개인의 유전적인 원인이나 개개인의 여러 신체적 특성에 기인하여 비행을 저지를 확률이 높게 나타난다고 주장하였다. 사회 구조와 사회 과정에 기반을 둔 학자들은 개개인이 살아가는 주변 환경의 특징 안에서 개인의 행동을 결정짓게 된다는 전제를 두고 설명을 한다.

이러한 이론들과는 다르게 사회 반응에 중심을 둔 이론가들은 개인의 행동은 어떠한 행동이 이루어진 후에 나타나는 사회의 반응 때문에 결정지어진다고 주장한다. 비행과 범죄행위를 설명하는 데 있어 사회반응이론은 사회학이론 중 상징적 상호작용이론에서 파생된 이론이다(Akers & Sellers, 2009). 상징적 상호작용이론은 개인이 가지고 있는 자신의 정체성, 자아개념, 인지 과정, 가치와 태도 등이 사회 안에서 타인과의 상호작용에 의한 반응, 행동, 그리고 변화 안에서 존재하는 것으로 여겨진다(Sandstrom et al., 2003). 그러한 반응은 개인에게 공식적이든 비공식적이든 '일탈자'라는 '낙인(label)'을 붙이게 되며, 이러한 사회의 반응을 기반으로 낙인이론이 나타나게 되었다.

즉, 비행의 원인은 청소년 개개인에게도 분명히 존재하지만, 그들이 속해 있는 사회 속에서도 그 주된 이유를 찾을 수 있다. 그러므로 어떤 개인이 비행을 저질러도 사회 속에서의 반응이 없다면 비행은 발생하지 않는다(황성현 외, 2015). 이러한 사회 반응에 근거한 낙인이론은 '낙인'을 비행과의 관계에 있어서 종속변수(결과변수)로 보기도 하고 독립변수(원인변수)로 간주하기도 한다(Akers & Sellers, 2009). 낙인의 관점에서 비행과 범죄 현상을 설명하려고 한 시각은 1960년대부터 등장하기 시작하였으며, 1970년대부터는 많은 호응을 얻기 시작하였다(Gove, 1980; Dotter & Roebuck, 1988; Matsueda, 1992; Huizinga & Henry, 2007).

CASE

17세 조○○은 자신의 선배로부터 빌린 돈 약 500만원을 갚기 위해 다른 학생들의 약점을 잡아 돈을 모을 것을 요구하다가 공갈미수로 경찰에 입건됐다. 사실 조○○은 이전에도 전과가 있는데 절도와 무면허운전의 경험이 있고, 이후 보호관찰 기간 중에도 특수절도를 저질러 수차례 서면경고를 받은 적이 있다. 조○○가 상습비행을 저지르게 된 것에는 조○○이 초등학교 1학년 때 겪은 사고와 관련이 깊다. 초등학교 1학년 때 사고를 당한 조○○은 이후 오른손 새끼손가락이 오그라들어 펴지지 않는 장애를 가지게 된 뒤 피해의식과 부정적인 태도로 지내게 된다. "왜 나에게만 이런 일이 생길까?"라는 절망적인 태도를 지닌 채 살게 된 것이다. 중학교에 입학해서는 교사에게 말대꾸를 하고 학교 내에서 또래들과 마찰을 빚기도 하였다. 중학교 3학년 때 노상에 세워진 오토바이를 절취하며 무면허로 운전하는 최초의 비행을 시작으로 심리치료상담을 받는 와중에도 일탈을 멈추지 않았다. 고등학교에 입학한 뒤로는 상습비행을 막고자 조○○의 부모는 조○○이 원하는 대로 환경을 조성해줬으나 불량교우와 교류하고 온 몸에 문신을 하는 등의 일탈행위를 하며 무단결석을 자주 하였다. 학업에 흥미를 잃은 채 인터넷 도박 등의 무절제한 행동을 반복하다 결국 공갈미수로 입건된 것이다.

제1절 낙인이론(Labeling Theory)

낙인이론의 근원은 미드(George Herbert Mead)와 쿨리(Charles Horton Cooley)에 의하여 제기되었다. 그들의 주장으로는 기존의 사회학자들이 사회구조를 바탕으로 집단 수준의 관점에서 범죄를 바라보았던 것과는 상반되게 개인 수준의 행동에 바탕을 두고 상징적 상호작용(symbolic interactionism)의 시각에서 바라본 것으로 시작한다. 쿨리(Cooley, 1902)는 '거울을 바라보는 자아(looking-glass self)'의 개념을 통하여 개인이 자신의 행동을 이해하는 것은 타인의 반응을 통하여 형성된다고 하였다. 미드(Mead, 1934)는 개인이 자아를 형성하는 과정과 그 과정에서 타인이 바라보는 반응에 관하여 느끼는 인식과의 상호작용에 초점을 두어, 개인과 타인들 간의 역동적인 상호작용이 개인의 자아 개념의 발달을 끌어내며, 이렇게 형성된 자아의 개념은 이후 개인의 행동에 영향을 미친다고 하였다.

이러한 주장을 토대로 형성된 낙인이론은 여러 학자에 의하여 다음과 같은 중요한 문제점들을 기반으로 강조되어왔다. 첫째, 낙인 이론가들이 가장 중요하게 생각하는 것은 특정 행위의 원인 변수나 촉진 변수가 중요한 것이 아니라, 특정 행위(예를 들면, 비행이나 범죄)가 행하여진 이후에 발생하는 결과이다. 둘째, 비행이나 범죄와 같은 일탈행위들은 그 자체가 가지고 있는 특징이 존재하며, 이러한 행위들은 내재한 어떤 것을 포함하고 있는 것이 아니다. 어떠한 범죄도 형사사법기관에 의하여 체포되거나 처벌을 받게 되어 공식적인 '낙인(label)'이 찍히기 전까지는 범법행위가 되지 않는다는 것이다(Erikson, 1962). 셋째, 낙인을 부여받는 과정은 누가 낙인을 찍는가와 그러한 낙인을 받게 되는 사람이 자신이 받은 낙인에 대하여 어떻게 반응을 하는가에 따라 이후의 행동들이 영향을 받게 된다. 넷째, 개인에게 부여받은 낙인은 '일탈자(deviant)'와 연관이 있는 타인들과의 상징적 상호작용(symbolic interaction)이라고 정의하였으며, 레머트(Lemert, 1951)는 이차적 일탈(secondary deviance)이라고 규정지었다. 다섯째, 낙인에 의한 행위는 개인의 과거 행동에 대한 회고적인 해석(retrospective interpretation)을 끌어내기도 한다. 특정 행위가 범법행위나 일탈행위로 낙인되기 이전에 이루어진 경우에, 그러한 행위 또한 범법행위나 일탈행위와 연관지어져 하나의 연관행위로 간주하는 것이다. 여섯째, '범죄자'와 같은 특정 행위에 대한 낙인을 받게 될 경우, 개인의 모든 특성은 무시되고, 범죄자라는 낙인만으로 특정인을 평가하게 된다.

1. 탄넨바움(Frank Tannenbaum)의 낙인이론 — 악의 극화(Dramatization of Evil)

탄넨바움(Tannenbaum, 1938)은 '범죄와 지역사회(Crime and the Community)'를 통하여, 범행을 저지른 개인이 체포되어 기소가 된 이후에 어떠한 행동의 변화가 일어나는가에 관심을 두고 관찰을 하였다. 탄넨바움은 이 저서를 통하여, 범죄자의 행동은 일반인과 다르지 않지만, 개인의 특정 행동에 대하여 체포와 같은 공공의 주목을 받게 되면 행동의 변화가 나타나게 되는데, 이를 '악의 극화

(Dramatization of Evil)'라고 명하였다. 비행의 원인은 사회적으로 지워진 낙인의 결과라는 것이다.

악의 극화는 탄넨바움이 제시한 또 다른 개념인 '법률적 상대주의(legal relativism)'와 관련이 있다고 하였는데, 인간은 본래 선하거나 악한 존재가 아니라고 주장하였다. 선과 악은 변화할 수 있는 개념이며, 사회의 구성원에 의하여 특정 행동에 관하여 선과 악이 정해진다는 것이다. 같은 행동도 누가 행한 것인지, 어떠한 환경에서 행하여졌는지에 따라서 다른 기준이 적용될 수 있다.

Frank Tannenbaum
(1893~1969)

"범죄자를 만드는 과정은 낙인 지우고, 정의하고, 동일시하고, 그것을 의식하고, 자기의식화하는 단계를 거친다. 그리고 그렇게 규정된 대로 특성이 자극되고, 제시되고, 나타나게 된다. 관계에서 자극과 반응의 이론대로라면 어떤 비행청소년을 그렇게 규정하고 그 아이가 환경에 비행자로 반응하는 한 그런 전 과정은 해로운 것이 된다. 인간은 그렇게 기술된 대로의 사람이 된다"(Tannenbaum, 1938)

2. 레머트(Edwin M. Lemert)의 낙인이론

Edwin M. Lemert(1912~1996)

낙인이론에 관한 관점에서 1951년 레머트는 '사회병리학(*Social Pathology*)'이라는 저서를 통하여 일차적 일탈(Primary deviation)과 이차적 일탈(Secondary deviation)이라는 개념을 구분하여 제시하였다. 일차적 일탈은 특정 행동을 하게 되는 행위자와 그 행위를 바라보는 일반 대중에 의하여 용인됨을 결정지어지는 상황에 따른 행위를 의미한다. 예를 들면, 제한속도가 시속 100km인 고속도로에서 120km로 운전한 행위는 그 도로를 이용하는 대부분 운전자가 그 속도로 운

그림 6-1 이차적 일탈에 이르는 상호작용의 순서

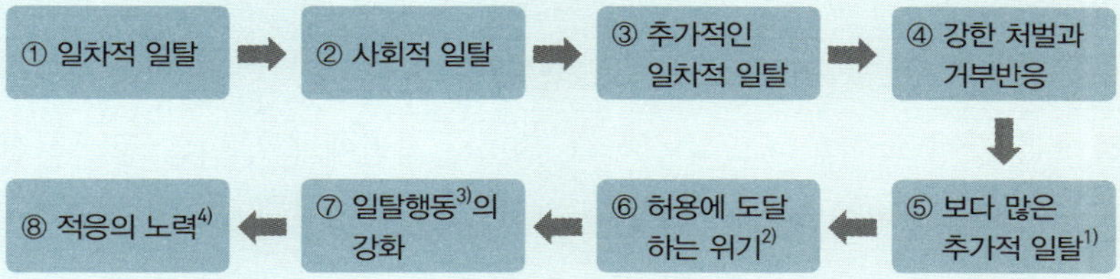

1) 형벌을 가하는 사람에 대한 적대감과 원한을 표시한 일탈행위
2) 일탈행위를 저지를 사람에 대한 낙인이 공식적인 행위로 표현되면서 허용되는 수준
3) 행위자에 대한 낙인과 처벌에 대한 반응으로써 나타나는 행동
4) 일탈행위에 기인하여 얻은 사회적인 지위의 수용과 일탈과 관련한 역할에 기반을 둔 적응의 노력

전한다는 진술을 확보함으로써 범법행위임에도 불구하고 합리화될 수 있는 행위로 인정된다. 레머트는 일차적 일탈과 달리 이차적 일탈을 규정하는 데에 있어서 '특정인이 자신의 행동에 따른 사회적인 반응 때문에 나타나거나 감추어진 문제에 관하여 방어를 하려고 하거나 공격을 하거나, 또는 적응의 수단으로 또 다른 일탈행위를 행하게 되면, 그 행위는 이차적인 일탈이다'라고 정의하였다(1951: 76). 다시 말하면, 이차적인 일탈은 개인이 행한 일탈행위와 그 행위에 대한 사회적인 반응 간의 상호작용의 결과라는 것이다.

그림 6-2 일차적 일탈과 이차적 일탈

일차적 일탈(primary deviation)	이차적 일탈(secondary deviation)
낙인론자들은 일차적 일탈의 원인에 대해서는 별로 관심을 가지지 않는다. 일차적 일탈은 사회적, 문화적, 심리학적 원인에 의해 발생하므로, 개인의 심리구조에 별 중요한 의미를 가지지 못한다.	이차적 일탈은 주로 공식적 통제기관과 비공식적 사회청중에 의해 형성되는데, 범죄자, 마약중독자, 미친 놈, 나쁜 놈 등의 오명적 낙인이 범죄를 강화하는 수단이 되는 것이다. 따라서 이차적 일탈은 일탈자가 타인으로부터 낙인 찍히지 않았다면 범하지 않았을 일탈이다.

출처: 황성현 외(2015). 한국범죄심리학, p.154.

개인이 한 번 이차적 일탈로 인한 낙인을 받게 되면, 그러한 일탈에서 벗어나는 일은 쉽지 않다. 이러한 이유로 레머트는 경찰, 검찰, 법원 교정시설 등의 형사사법기관이나 공공 복지기관으로부터의 조사과정을 통한 공식적인 반응에 의한 낙인(일차적 낙인)은 개인의 행동이 치유되기보다는 이차적인 일탈로 발전하여 상황이 악화한다고 주장한다. 또한, 개인에게 부여된 공식적인 낙인은 이후 또 다른 범죄의 원인이 될 가능성이 높다고 경고하였다(Lemert, 1951).

3. 베커(Howard S. Becker)의 낙인이론

Howard S. Becker(1928~현재)

베커(Howard S. Becker)는 1963년에 발간된 그의 저서인 '아웃사이더: 일탈 사회학 속의 연구들(*Outsiders: Studies in the Sociology of Deviance*)'을 통하여 오늘날 사용되는 낙인이론의 많은 주요 요소들을 제시하였다. 그의 저서에서 일탈자들(deviant)과 범죄자들(criminal)은 이질적인 집단이라고 규정지었다. 범죄의 유형에 따라 범죄자들은 다름을 인지해야 하는 것은 물론이거니와, 특정인들은 비행이나 범죄를 전혀 저지른 적이 없음에도 불구하고 '일탈자'라는 낙인을 받고 살아간다는 것이다. 특히, 어떤 사람들은 죄를 짓지 않았음에도 불구하고 억울하게 기소(falsely accused)가 되고 난 후에는 무죄가 입증되었음에도 형사사법기관에 의하여 체포 또는 기소되었다는 사실만으로 대중들에게 범죄자로서 낙인을 받고 생활을 하게 된다는 것이다. 이렇게 일탈자로서 낙인이 찍힌 개인은 자기 자신에 대한 정체성에 혼란을 가져오게 되며, 그로 인하여 낙인이 찍히기 전보다 더 일탈자로서 행동하게 될 가능성이 높다고 하였다.

베커는 범죄행동과 일탈행위가 사회에서 만들어낸 하나의 가공물임을 강조하였으며, 그에 따른 일탈행위와 일탈행위가 아닌 것을 구분하기 위하여 4가지의 다른 유형을 제시하였는데, 그 유형은 ① 순응자(conformist), ② 진정한 일탈

표 6-1 일탈행동의 유형

	순응적 행동 (Obedient behavior)	규칙위반행동 (Rule-breaking behavior)
일탈자로 인지 (Perceived as deviant)	억울하게 기소된 자 (Falsely accused)	진정한 일탈자 (Pure deviant)
일탈자로 인지 안됨 (Not perceived as deviant)	순응자 (Conformist)	숨은 일탈자 (Secret deviant)

자(pure deviant), ③ 억울하게 기소된 자(falsely accused), 그리고 마지막으로 ④ 숨은 일탈자(secret deviant)로 구분 지었다.

순응자와 진정한 일탈자의 경우에는 그들이 실제로 행한 행동에 대하여 사회가 정확히 인식한 유형을 말한다. 범법행위나 준법행위 때문에 진정한 일탈자로 인지되거나 순응자로 인지된다는 것이다. 하지만 나머지 두 유형은 사회에서 잘못된 판단 때문에 순응적 행동을 하였지만, 일탈자로 인지되거나(억울하게 기소된 자) 또는 규칙위반 행동을 행하였지만, 일탈자로 인지되지 않은 경우(숨은 일탈자)로 분류된다.

여러 유형 중 개인의 성별, 연령, 인종, 사회적 지위, 외모 등으로 인하여 억울하게 일탈자나 범죄자로 판단되고 있는데, 이러한 현상은 사형수들 사이에 억울하게 기소된 자들이 빈번하게 나타나고 있는 점을 보면 알 수 있다(Bedau & Radelet, 1987; Huff, 2002). 반면 숨은 일탈자들은 개인이 범법행위를 저질렀음에도 불구하고, 행위가 발각되지 않아 경찰이나 형사사법기관에 의하여 포착되지 않게 되어 범죄자나 일탈자로서의 낙인을 받지 않는 경우를 말한다.

제2절 재통합적 수치심(reintegrative shaming)과 회복적 사법(restorative justice)

John Braithwaite (1951~현재)

호주의 범죄학자인 브레이스웨이트(John Braithwaite)는 낙인이론, 하위문화이론, 기회이론, 통제이론, 차별적 교제이론, 그리고 사회학습이론에 기초하여 재통합적 수치심을 설명하는 이론을 발표하였다(Braithwaite, 1989). 브레이스웨이트는 이전에 발표된 많은 이론들을 단순히 개념적으로 결합하는 것에서 탈피하고, 재통합적 수치심(reintegrative shaming)이라는 새로운 이론적인 개념을 소개하였다. 그의 주장에 따르면, 이전의 이론들은 '상당 부분 낙인이론을 제대로 검증하는 데에 실패하였다'라고 하였다(Paternoster & Iovanni, 1989: 384).

브레이스웨이트가 주장한 이론의 핵심개념인 재통합적 수치심은 어느 시점에서 범죄자라는 낙인이 범죄자로서의 자아개념을 형성하고 미래의 범죄에 영향을 미치는 효과를 가져오는지, 그리고 어느 시점에서 범죄를 예방할 수 있는 효과를 기대할 수 있는가에 대한 답을 찾으려고 노력하였다(Braithwaite, 1989). 그는 수치(shaming)의 정의를 '수치를 당하는 사람이 양심의 가책을 느끼도록 하는 효과를 기대하는 사회적인 불승인이나 다른 사람들의 비난'으로 하였다(Braithwaite, 1989: 100). 이는 이전의 낙인이론에서 사용하였던 사회적인 '낙인'과는 다른 개념으로써, 브레이스웨이트는 '낙인'의 개념을 범죄를 저지른 후에 수치심을 느낀 범죄자와 사회의 공동체가 서로 통합을 하려 하지 않는 의미의 '해체적 수치심(disintegrative shaming)'이라는 용어로서 표현하였다.

반면, 브레이스웨이트가 제시한 '재통합적 수치심'은 사회 공동체 안에서 다수의 공동체 구성원들이 '용서를 하고자 하는 단어적인 표현이나 행동을 통하여 일탈자라는 낙인을 벗게끔 해주는 여러 방법을 통하여 법을 위반한 사람에게 법을 준수하고 존중할 수 있는 시민으로서 사회 공동체로 다시 돌아올 수 있도록 재통합시키려는 노력'이라고 할 수 있다(Braithwaite, 1989: 100~101). 사회 공동체의 구성원들이 이러한 노력을 범법자들에게 보여준다면, 범법자들은 자신들의 행위에 대한 낙인을 강화하려 하지 않고, 사회 구성원으로서 사회에 재통합을 하려고 노력할 것이다. 재통합적 수치심을 이용한다면 범법자들이 재범을 저지를 확률이 낮아지게 되며, 궁극적으로는 사회 속에서 범죄율이 감소할 수 있는 기대를 할 수 있다.

브레이스웨이트의 재통합적 수치심은 지역사회, 이웃공동체, 국가적 차원의 공동체주의적인 정책들을 통하여 가능하다고 하였는데(Braithwaite, 1995), 이러한 노력의 궁극적인 목표는 범법자가 자신의 잘못을 진심으로 뉘우치고 사회로 돌아오게끔 자극할 수 있도록 그들이 수치심을 느끼게 할 방법을 찾아내는 것이다. 특히, 비행청소년의 경우에는 공식적인 형사사법 시스템을 통하여 처벌을 받게 하는 것보다는, 가족, 교사, 사회 지도자, 피해자, 피해자의 가족들을 통하여 사례별로 준수사항을 결정할 수 있는 정책을 펼치는 것을 권장하였다. 브레이스웨이트는 이러한 정책을 '회복적 사법(restorative justice)'의 핵심적인 정책이라고 하였다(Van Ness & Strong, 1997; Bazemore & Day, 1996; Bazemore & Umbreit, 1998; Schiff, 1998; Bazemore & Schiff, 2001; Braithwaite, 2002).

호주에서 소개된 회복적 사법의 개념은 이웃나라 뉴질랜드에서 더욱 강력하게 받아들여지게 되었고, 이후 미국 등 서구 선진국에서 활발하게 수용되기에 이른다(Braithwaite, 2002; Bazemore & Schiff, 2001). 성인범과 청소년사범 모두에게 적용하는 시설 내 또는 사회 내 프로그램들이 회복적 사법으로 인지되기 시작하였으며, 범법자들의 피해자에 대한 직접적 사과, 손해배상, 갈등관리·해결 프로그램의 참여, 가족과 친인척과의 연대, 범법자들의 사회봉사, 피해자와 지역사회에 대한 금전적인 회복(restitution)이나 배상(reimbursement) 프로그램 등을 예로 들 수 있다.

미국의 버몬트 주에서는 1995년부터 배상적인 보호관찰 프로그램을 운영하고 있는데, 이는 미국에서 시행되는 많은 회복적 사법활동 중 가장 큰 프로그램으로 알려져 있다(Karp & Walther, 2001). 이 프로그램은 판사가 경범죄로 유죄를 판결 받은 범죄자에게 구금형이나 이전의 보호관찰 제도와 같은 처벌을 선고하지 않고, 90일간의 배상적 보호관찰 판결을 내릴 수 있도록 하고 있다. 판결을 받은 범죄자는 배상적 보호관찰 기간 동안 시작, 중간, 종료 3차례의 시점에 지역사회의 구성원으로 구성되는 '지역사회 배상위원회(Community Reparative Board)'에 출두하여, 범죄자 스스로 지역사회에 끼친 해에 대하여 구체적으로 느낄 수 있도록 하는 것이 목적이며, 또한 피해자에게 할 수 있는 사죄의 방법을 위원회에서 찾아 결정을 내리게 된다. 이러한 과정을 통하여 범죄자는 이후 재범을 저지르지 않을 방법을 배우게 되는 것이다(Karp & Walther, 2001).

회복적 사법의 다른 방법에는 종교단체들이 자신들의 종교를 기반으로 신앙에 기반을 둔 사설교도소를 운영하거나 기존의 교도소를 방문하여 범법자들을 교화하는 것이 있다. 회복적 사법의 방법들은 새로운 접근방식이라고 볼 수 있으나, 브레이스웨이트(2002)는 이와 같은 정책들은 역사적으로 꾸준히 사용했던 정책이었다고 주장하였다. 다만, 정책들이 20세기 후반에 더욱더 활발하게 부활하게 됨에 따라 상대적으로 새롭게 등장하였다는 느낌을 받을 수 있다는 것이다. 회복적 사법 정책의 적용은 초창기에 청소년들이나 경범죄자들에게만 한정적으로 적용되었던 것이, 점차 확대되어 심각한 성인범죄, 조직범죄, 기업범죄, 경치범죄, 전쟁범죄에도 잘 적용하여 효과를 볼 수 있다는 주장도 나오고 있다(Akers & Sellers, 2009).

연습문제

1. 사회반응이론과 사회과정이론의 유사점과 차이점을 설명하여라. 대표적인 이론을 각각 하나씩 선정해서 이 두 이론이 청소년비행의 원인을 설명할 때 어떤 점에서 유사하고 어떤 점에서 차이가 나는지를 설명하여라.

2. 여러 가지 청소년비행 이론들 중에서 어떤 이론이 우리 사회에서 발생되는 각종 청소년비행을 가장 잘 설명한다고 생각하는가? 구체적인 사례에 그 이론을 적용하여 설명하여라.

3. 최근에 발생한 청소년비행의 구체적인 예를 들어 낙인이론으로 설명하여라.

4. 브레이스웨이트의 재통합적 수치심이론은 낙인이론의 어떤 점을 계승·발전시켰는가? 재통합적 수치심이론과 낙인이론의 유사점과 차이점을 중심으로 설명하여라.

5. 브레이스웨이트의 재통합적 수치심이론은 최근 유행하는 회복적 사법제도에 지대한 영향을 미쳤다. 재통합적 수치심이론이 회복적 사법제도의 이론적 기반이 된 배경을 설명하여라.

6. 최근 언론에 보도된 청소년비행이나 범죄의 예를 한 가지 들어 재통합적 수치심이론으로 설명하고, 이 이론을 중심으로 청소년비행의 대책에 대해 설명하여라.

참고문헌

황성현·이창한·이강훈·이완희·한우재. (2015). 한국 범죄심리학. 서울: 피앤씨미디어.

Akers, R. L., & Sellers, C. S. (2009). *Criminological Theories: Introduction, Evaluation, and Application* (5th ed.). Oxford University Press, Inc.

Bazemore, G., & Day, S. E. (1996). Restoring the balance: Juvenile and community justice. *Juvenile Justice*, 3 3-14.

Bazemore, G., & Umbereit, M. (1998). *Guide for Implementing the Balanced and Restorative Justice Model*. Washington, D.C.: U.S. Department of Justice, Office of Juvenile Justice and Delinquency Prevention.

Brazemore, G., & Schiff, M. (eds.) (2001). "Restorative Community Justice" *Repairing Harm and Transforming Communities*. Cincinnati, OH: Anderson Pub.

Becker, H. S. (1963). *Outsiders: Studies in the Sociology of Deviance*. New York, NY: The Free Press.

Bedau, H. A., & Radelet, M. L. (1987). Miscarriages of justice in potentially capital cases. *Stanford Law Review*, 40, 21-179.

Braithwaite, J. (1989). *Crime, Shame and Reintegration*. Cambridge, U.K.: Cambridge University Press.

Braithwaite, J. (1995). Reintegrative shaming, republicanism, and policy, (191~204), In Huge Barlow (ed.), *Crime and Public Policy: Putting Theory to Work*. Boulder, CO: Westview Press.

Braithwaite, J. (2002). *Restorative Justice and Responsive Regulation*. New York, NY: Oxford University Press.

Cooley, C. H. (1902). *Human Nature and the Social Order*. New York, NY: Charles Scribner's Sons.

Dotter, D. L., & Roebuck, J. B. (1988). The labeling approach re-examined: Interactionism and the components of deviance. *Deviant Behavior*, 9, 19-32.

Erikson, K. T. (1962). Notes on the sociology of deviance. *Social Problems*, 9, 307-314.

Gove, W. R. (1980). *The Labeling of Deviance*. Beverly Hills, CA: SAGE Publications.

Huff, C. R. (2002). Wrongful conviction and public policy: The American Society of Criminology 2001 Presidential address. *Criminology*, 40, 1-18.

Huizinga, D., & Henry, K. L. (2007). The effect of arrest and justice system sanctions on subsequent behavior: Findings from longitudinal and other studies. In A. M. Liberman(ed.) *The Long View of Crime: A Synthesis of Longitudinal Research*. New York, NY: Springer.

Lemert, E. M. (1951). *Social Pathology*. New York, NY: McGraw-Hill.

Matsueda, R. L. (1992). Reflected appraisals, parental labeling, and delinquency: Specifying a Symbolic Interactionist Theory. *American Journal of Sociology*, 97. 1577-1611.

Mead, G. H. (1934). *Mind Self and Society from the Standpoint of a Social Behaviorist* (Edited by Charles W. Morris). Chicago, IL: University of Chicago Press.

Paternoster, R., & Iovanni, L. A. (1989). The labeling perspective and delinquency: An elaboration of the theory and an assessment of the evidence. *Justice Quarterly*, 6, 379-394.

Sandstron, K. L., Martin, D. D., & Fine, G. A. (2003). *Symbols, Selves, and Social Reality: A Symbolic Interactionist Approach to Social Psychology and Sociology*. Los Angeles, CA: Roxbury.

Schiff, M. F. (1998). Restorative justice interventions for juvenile offenders: A research agenda for the next decade. *Western Criminological Review*, 1(1). [Online]. Available http://www.westerncriminology.org/documents/WCR/v01n1/Schiff/Schiff.html (Retrieved on Dec. 30. 2016)

Tannenbaum, F. (1938). *Crime and the Community*. Boston, MA: Ginn.

Van Ness, D., & Strong, K. H. (1997). *Restoring Justice*. Cincinnati, OH: Anderson.

Chapter

07

발달이론 (Developmental Theories)

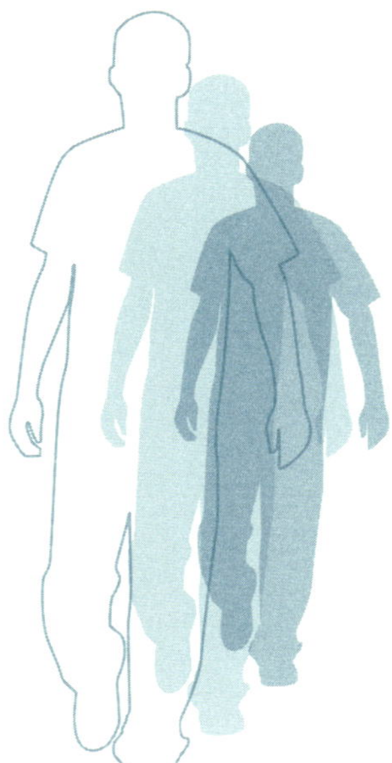

범죄학자들은 청소년들의 비행의 원인을 이해하기 위해 오랫동안 관심을 기울여왔다. 예를 들어 쇼와 맥케이(Shaw & Mckay, 1942)의 Juvenile delinquency and Urban Area, 코헨(Cohen, 1955)의 Delinquent boys, 레클레스와 그의 동료들(Reckless, Dinitz, & Murray, 1956)의 Self-concept as insulator against delinquency, 사이크스와 맛짜(Sykes & Martza, 1957)의 Techniques of Neutralization, 클라워드와 올린(Cloward & Ohlin, 1960)의 Delinquency and Opportunity, 허쉬(Hirschi, 1969)의 Causes of Delinquency, 앤더슨(Anderson, 1994)의 The code of the street 등 청소년의 비행을 이해하기 위해 데이터를 활용한 수많은 경험적 연구결과들이 발표되었다. 청소년비행의 원인을 정신적 요인으로 설명하려는 범죄학이론들은 선천적, 유전적 결함 때문에 비행 및 범죄가 발생한다고 보는가 하면, 또 다른 범죄학이론들은 후천적, 환경적으로 어릴 때의 좋지 못한 환경, 가정학대, 부모의 비일관적인 양육방식, 범죄성향의 또래친구들과의 차별적 접촉 등을 그 주된 이유라고 설명한다. 하지만 대부분의 경험적 연구결과는 횡단적 연구로 시간의 흐름에 따라 나타나는 변화를 이해하기 어렵고, 한 시점의 상태만을 관찰한 결과라 볼 수 있다.

반면 심리학자들은 오랫동안 인간의 성격적 특성과 행동패턴 등 발달과정의 중요성을 인지하고 많은 관심을 기울여왔다. 그들은 어린 시절 부모와의 상호작용에 관심을 가졌으며 인생초기의 삶이 나중에 어떻게 연결되고 변화되어 가는지를 연구하였다. 물론 범죄학자들도 한 개인이 어떻게 변해 가는지 관심은 있었으나 초창기 범죄학자들은 사회학적관점에서 한 개인이 특별한 사회환경에 놓였을 때 어떤 변화가 발생하는지를 알아보는 정도에 그쳤다. 하지만 1980년대 말부터 발달범죄학(developmental criminology)이 새롭게 나타났으며, 최근 범죄학자들은 지난 20여 년간 발달이론(developmental theory)을 눈부시게 발전시켜 왔다. 그동안 종단연구에 필요한 패널데이터(penal data) 수집의 어려움으로 인해 발달이론의 경험적 연구가 소극적으로 이루어졌던 것은 사실이나 최근 종단연구 자료의 접근 기회가 높아지면서 발달이론 범죄학자들은 어떠한 요인들이 범죄를 일으키고 지속시키며 또는 중지하게 만드는지 발달궤적(developmental trajectory)을 추적하고 그 이유를 설명하려 많은 관심을 기울여 왔다.

특히 청소년기는 비행행동에 영향을 받기 쉬운 시기로 개인적인 특성(traits)뿐만 아니라 주변 환경이나 사회경험이 비행행동에 영향을 주어 급격한 변화를 보이는 동적인 과정(dynamic process)으로 본다. 청소년비행의 발달이론은 왜 어떤 아이들은 어린 나이에 비행행위를 시작하며, 왜 어떤 아이들은 늦은 청소년기에 비행행위를 시작하는지, 왜 어떤 아이들은 청소년기에 비행에 가담하지만 성인기에 접어들면서 비행을 멈추는지, 왜 어떤 아이들은 성인이 되어서도 범죄를 멈추지 않는지, 왜 어떤 청소년은 청소년기에 비행행동이 급격하게 증가하며, 왜 어떤 청소년들은 급격하게 줄어들고 완전히 비행행동이 멈추는지 등 많은 경험연구들이 시행되고 있으며, 비행행위를 개시(onset), 지속(persistence), 그리고 중지(desistance)로 크게 세 가지 관점에서 발달과정을 설명하고 있다.

숀베리(Thornberry)는 1987년에 발달범죄학을 가장 먼저 이론화한 범죄학자로서 비행의 상호작용이론(interactional theory of delinquency)을 소개하였다. 그는 허쉬(Hirschi)의 통제이론과 에이커스(Akers)의 사회학습이론을 바탕으로 비행을 상호작용의 발전과정을 통해 설명하였다. 숀베리의 상호작용이론과 엘리엇(Elliott)의 통합이론(integrate theory)은 공통된 부분이 많다. 하지만 엘리엇은 낮은 사회통제력은 비행을 유발하고 비행친구와의 교제가 증가한다고 하였고 이것은 엘리엇이 주장하는 주된 비행의 경로이다. 엘리엇과 다르게 숀베리는 경로가 아닌 상호효과(reciprocal effect)와 발달과정이라고 설명한다. 예를 들어, 비행친구와의 교제가 비행을 야기하기도 하며 반대로 비행이 증가하면서 비행친구와의 교제가 늘어난다는 해석이다. 이런 상호작용 효과는 대부분의 청소년들이 더욱더 많은 비행에 관여할 수 있는 인과구조에 놓여 있다는 것이다. 이러한 상호작용적 인과구조는 개인의 생애주기를 통해 발전하며 초기(11세~13세), 중기(15세~16세), 후기(18세~20세) 청소년기로 나뉘며 초기에는 가정, 중기에는 친구나 학교, 후기에는 대학, 직장, 결혼과 같은 것이 중요한 요소로 작용한다. 이렇게 발달이론은 한 개인의 범죄경력이 나이가 들어감에 따라 변화하는 과정을 이론화한 것이며 개시, 지속, 중지 과정이 하나의 동일한 요인으로 설명할 수 없으며 주변 환경과 끊임없이 상호작용하며 서로 다른 영향을 받는다고 주장한다. 이 장에서는 전반적인 청소년기의 발달이론들을 먼저 살펴볼 것이며 발달이론을 (1) 지속이론(theories of continuity), (2) 지속 또는 변화이론(theories of continuity or change), (3) 지속 그리고 변화이론(theories of continuity and change)으로 분류하여 청소년들이 왜 비행행위를 시작하고 멈추는지 알아볼 것이다(Cullen & Agnew, 2010).

CASE

범죄학 이론들은 어린 시절 부모에게 적절한 훈육을 받지 못하면 청소년기에 비행을 저지를 확률이 높다고 한다. 이러한 내용은 남녀를 불문하고 해당하는데 백○○ 양의 사례를 보면 알 수 있다.

백○○이 태어난 지 1년이 되기 전에 부의 폭력을 견디지 못한 모는 집을 나갔고 이후 백○○는 부와 조모에 의해 양육된다. 부는 술을 먹으면 폭력적으로 변해 백○○의 뺨을 때리는 행동을 하였다. 백○○는 가정에서의 미약한 보호 속에 초등학교 4학년 때부터 불량교우들과 어울리기 시작했고, 정상적인 학교생활을 하지 못했다. 초등학교 6학년 때 ADHD진단을 받았고, 중학교에 진학해서도 가출과 무단결석을 반복하며 또래들과 어울리며 절도행위를 하기도 하였다. 절도 이후 보호처분을 받게 되었지만, 보호관찰 지시에 불응하고 나태하게 생활하여 보호시설에 입소된 적도 있다. 고등학교 진학해서도 또래들과 어울려 흡연, 음주를 하며 학교생활을 소홀히 했고 이후 고등학교를 자퇴한 뒤 뚜렷한 목적의식 없이 상습적으로 친구들과 어울려 일탈을 하였다. 유흥비를 벌기 위해 술집에서 다른 사람의 지갑을 훔쳐 체크카드를 유흥비로 사용하고 담배를 사는 등의 대범함을 보이기도 하였다. 결국 분실을 신고한 피해자에 의해 백○○는 입건되었다.

제1절 지속이론(theories of continuity)

전통적 범죄학자들은 일반적으로 인간의 성향은 변하지 않고 안정적으로 지속된다고 믿었다. 예를 들어 생물학적 또는 심리학적 관점에서의 개인의 특성(individual trait)이론이 지속이론에 속한다. 일반적으로 한번 형성된 개인적인 특성은 쉽게 변하지 않는다는 입장이다. 범죄행동에 영향을 주는 개인적인 특성은 시간 또는 주변환경의 변화와 상관없이 오랫동안 지속된다는 것이다. 사회학적인 관점도 한번 빠져든 범죄는 벗어나기 힘들다고 보기 때문에 지속이론에 속한다. 예를 들어, 일반긴장이론(general strain theory)의 부정적 자극의 발생이 원인이거나, 사회학습이론(social learning theory)에서의 비행친구와의 교제, 사회유대이론(social bonding theory)이 설명하는 약한 부모애착 등 어떠한 원인이건 상관없이 한번 범죄에 빠져들면 지속적으로 일생동안 범죄자로 남아 있을 확률이 높다는 것이다(Agnew, 1992; Akers & Sellers, 2011; Hirschi, 1969).

갓프레드슨과 허쉬의 일반범죄이론(general theory of crime)은 지속이론의 가장 대표적인 이론이라 할 수 있다. 이 이론은 자기통제력이 모든 범죄에 유일하고 중요한 원인이라고 설명하기 때문에 자기통제이론으로 사용되기도 한다. 허쉬(Hirschi)의 사회유대이론(social bonding theory)에서 설명하지 못하는 내적통제(internalized control)를 갓프레드슨(Gottfredson)과 함께 통제의 한 유형인 자기통제에 근거한 이론을 제안하였다(Gottfredson & Hirschi, 1990). 그들은 자기통제이론을 설명하며 두 가지 명제를 제시하였다. 첫째, 자기통제력은 생물학적 또는 심리학적 요소에 의해 형성되는 것이 아니고 부모의 양육방식에 따라 형성되며 이것은 모든 범죄의 원인이 된다(Gottfredson & Hirschi, 1990). 둘째, 자기통제력은 어린 시기(약 8세~10세)에 형성되며 그 이후 일생 동안 비교적 안정적으로 변함없이 지속된다(Gottfredson & Hirschi, 1990). 다시 말해 어린 시절 부적절한 부모의 양육태도로 인해 낮게 형성된 자기통제력은 비행행동에 영향을 주며, 한번 형성된 통제력은 어떤 주변 환경의 변화와 상관없이 일생 동안 변함없이 지속된다. 따라서 어린 시절에 부모와의 애착이 낮고 부모의 감독이 소홀하거나 아이들의 잘못된 행동, 즉 비행행동을 인지하지 못하거나, 적절한 처벌을 통해 잘못된 행동을 바로 잡지 못하면 낮은 자기통제력(low self-control)이 형성되고, 이것은 충동적(impulsive)이고, 둔감(insensitive)하고, 육체적인 활동을 선호하고(physical), 위험을 추구하는(risk-taking) 경향을 보이며, 근시안적이고(short-sighted), 비언어적(nonverbal)인 성향을 보이게 된다. 그들의 주장에 의하면, 한 개인의 자기통제력 형성에 가장 중요한 역할을 하는 것은 가정에서의 부모의 양육방식이다. 이러한 성향은 범죄행동으로 연결되며 일생 동안 변함없이 지속된다. 갓프레드슨과 허쉬는 이러한 낮은 자기통제력은 좋은 직장을 갖게 되는 생활에 큰 변화가 와도 한번 형성된 개인적인 성향은 변하지 않는다고 설명한다. 갓프레드슨과 허쉬(1990)에 의하면 일생 동안 다양한 범죄에 가담하지만 범죄성향은 변함없이 지속된다고 말한다. 예를 들어, 초등학교시절에 선생님과 문제가 있었던 학생들은 청년기(15~16세) 에 문제가 지속되며, 그러한 행동은 소년사법시스템에 의해서 통제가 되고, 성년기(20세)에는 교도소에서 시간을 보낼 가능성이 높다. 그 이후에는 가정에서 그리고 직장에서도 문제가 생겨 거의 모든 나이에 문제가 생긴다고 주장한다(Gottfredson & Hirschi, 1990: 87).

일반범죄이론은 1990년에 발표된 이후 전 세계적으로 가장 많은 경험적 연구가 이루어질 정도로 엄청난 관심을 받아왔지만 반대로 가장 많이 비판을 받은 이론 중에 하나다. 프렛(Pratt)과 클런(Cullen)은 서로 다른 다양한 측정도구/척도가 사용된 21개의 자기통제이론의 경험연구를 메타분석(Meta analysis)을 통해 기존의 연구들의 결과를 체계적으로 종합하였다. 프렛과 클런에 의하면 낮은 자기통제력은 태도나 행동에 대한 측정도구가 사용되었으며 거의 대부분이 횡단연구방법에 의한 결과들이었다(Pratt & Cullen, 2000). 서도 다른 측정방법이 적용되었음에도 불구하고 결과는 일관성 있게 낮은 자기통제력이 범죄행동에 영향을 주는 중요한 요인으로 나타났다(Pratt & Cullen, 2000). 갓프레드슨과 허쉬의 주장과 같이 불법적인 비행 및 범죄행위뿐만 아니라 유사범죄행위와 부적절한 행동 등 광범위하게 적용이 되었다(Arneklev et al., 1993). 이런 낮은 자기통제력은 부모 및 친한 친구와의 사회적 유대를 약화시키고, 청소년기를 거쳐 성인이 된 후에도 범죄행동이 지속될 수 있는 가능성이 높은 것으로 드러났다(Pratt & Cullen, 2000). 이러한 결과들은 국내연구에서도 비슷하게 나타났다. 민수홍은 219명의 범죄자 집단을 조사하였고, 낮은 자기통제력을 가진 집단일수록 배우자에게 심한 욕설이나 폭행을 많이 하는 것으로 나타났다(민수홍, 2014). 교도소 수용자의 자기통제력과 규율위반을 조사한 결과, 낮은 자기통제력을 가진 수용자일수록 손쉽고 즉각적인 욕구충족과 해소를 위해 교도관에게 대항하거나 교도소가 부과하는 규정을 어길 가능성이 높을 뿐만 아니라 고통과 좌절을 참지 못해 자신을 훼손하거나 동료 수형자들에게 속임수와 완력을 사용할 가능성이 높은 것으로 나타났다(민수홍, 2011).

자기통제이론에서 주장하는 두 번째 명제는 지속성(stability)이다. 어린 시절 한번 형성된 자기통제력은 변함없이 지속된다는 것이다. 첫 번째 명제와 비교했을 때 비교적 관심을 받지 못한 부분이며 아직까지 경험적 연구가 많이 이루어지지 않았다. 이렇게 많은 관심과 경험적 연구가 이루어졌음에도 불구하고 첫 번째 명제에만 집중된 이유는 다음과 같다. 첫째, 낮은 자기통제력이 모든 범죄의 원인이라는 단순하고 간결한 명제를 제시했다는 것이다. 둘째, 상대적으로 데이터수집이 쉬운 횡단연구 방법을 사용하였다. 셋째, 두 번째 명제를 검증하기 위해서는 종단패널 데이터가 필요하지만 시간의 흐름에 따른 변화를 측정해야 하므로 데이터를 수집하는 것은 어렵기 때문에 경험적 연구가 제한적으로 이루어졌다. 마지막으로 시간이 지남에 따라 개인의 고유한 특성은 변하지 않고 안정적으로 지속된다는 범죄학자들의 생각이 지배적이었기 때문이다. 물론 데이터를 수집하는 데 비용적인 문제가 가장 크다고 볼 수 있지만, 첫 번째 명제와 같이 대부분의 범죄학자들은 자기통제력은 변함없이 지속된다고 믿었기 때문에 횡단연구만으로 충분하고 오랜 기간에 걸쳐 반복적으로 데이터를 수집하는 것은 불필요한 작업이라 생각했기 때문이다. 따라서 낮은 통제이론에서 제시한 두 개의 명제 중 첫 번째 명제인 낮은 자기통제력과 비행과의 관계를 설명하는 연구에 집중될 수밖에 없었다.

최근 종단 패널 데이터의 활용도가 높아지면서 종단연구가 활발히 진행되었고 따라서 자기통제력의 지속성에 대한 경험적 연구에도 관심이 높아졌다. 갓프레드슨과 허쉬는 그들의 저서에서 자기통제력의 지속성에 대하여 '상대적 안정적'(relatively stable)이란 표현을 사용했다(Gottfredson & Hirschi, 1990). '상대적 안정적'이란 개개인이 서로 다르다는 점을 강조한 것인데, 어린 시절 한번 형성된 서로 다른 통제력은 개개인들끼리 상대적으로 변함없이 지속된다는 말이다(Gottfredson & Hirschi, 1990). 다시 말해, 낮게 자기통제력이 형성된 한 아이와 자기통제력이 높게 형성된 같은 또래 아이는 일생 동안 어떠한 주변 환경의 변화가 와도 상대적으로 변함없이 지속 된다는 것이다(Burt et al., 2006; Sampson & Laub, 1993).

발달이론에 관심이 높아지면서 자기통제력의 '상대적인 안정적'이라는 갓프레드슨과 허쉬의 주장을 검증하는 경험적 연구도 조금씩 관심을 받기 시작했다. 현재 '상대적 안정성'은 크게 두 가지 개념으로 경험연구가 진행되고 있으며 절대적 안정성(absolute stability)과 상대적 안정성(relative stability)이다. 자기통제력의 절대적 안정성은 개인의 자기통제력을 시간 간격을 두고 여러 차례 측정하여 변함없이 안정적인가를 검증하는 방법이며, 상대적 안정성은 개개인의 차이가 상대적으로 변함없이 안정적인가를 검증하는 방법이다(Gottfredson & Hirschi, 1990; Hay & Forrest, 2006). 갓프레드슨 허쉬에 의하면 사람들은 나이가 들어가면서 자기통제력의 절대적 수준은 시간이 지남에 따라 아주 미세하게 상승하지만 줄어들지는 않는다고 했다. 같은 시점에 서로 다르게 형성된 자기통제력은 상대적으로 안정적으로 변함이 없다는 것이다(Gottfredson & Hirschi, 1990; Hay & Forrest, 2006). 버트(Burt)와 시몬(Simons)은 자기통제력의 지속성에 대한 연구를 Family and Community Health Study(FACHS)의 데이터를 활용해 검증하였다. 그들은 미국계 흑인 아이들(10세~14세)을 대상으로 비행과 낮은 자기통제력을 두 번에 걸쳐 상관관계를 분석하였으며 약간의 지속성(α=.48)을 보인다고 결론을 내렸다. 그들은 아이들의 자기통제력을 4분위로 분류한 뒤 변화를 관찰하였고 거의 반 정도의 아이들이 시간이 흐름에 따라 다른 분위로 옮겨 갔다고 설명했다(Burt, Simons, & Simons, 2006). 또 다른 연구에서는 자기통제력이 상대적으로 안정적이라는 결론을 내렸으나, 대학생을 상대로 4개월을 간격으로 자기통제력을 측정해서 도출해낸 결과라 일반화시키는 데 문제가 있다고 말했다(Arneklev, Cochran, & Gainey, 1998). 하지만, 터너(Turner)와 피쿼로(Piquero)는 이러한 비판적인 부분을 보완한 경험적 연구를 발표하였다. 그들은 범죄자와 비범죄자의 어린시절부터 성년기까지의 자기통제력의 지속성을 연구하였으며 절대적 지속성과 상대적 지속성을 모두 검증하였다. 그들은 비범죄자들보다 범죄자들의 자기통제력이 낮은 것으로 드러났으며, 두 그룹 모두 나이가 들어가면서 태도와 행동측정 도구 모두에서 자기통제력은 높아지는 것으로 나타났지만, 상대적 지속성에서는 서로 다른 결론이 나타나 갓프레드슨과 허쉬가 제시한 두 번째 명제를 지지하지도 거부하지도 않는다고 결론을 내렸다(Turner & Piquero, 2002). 미첼(Mitchell)과 매켄지(MacKenzie)는 미국계 흑인 재소자들을 표본대상으로 자기통제력의 지속성에 대하여 검증하였다. 그 들은 6개월간의 자기통제력 측정을 통해 절대적 지속성과 상대적 지속성 모두 갓프레드슨과 허쉬의 주장과는 다른 결과가 나타났다고 보고하였다(Mitchell & MacKenzie, 2006). 그들은 연구에서 자기통제력이 구금기간 동안 낮아졌다고 하였다(Mitchell & MacKenzie, 2006). 헤이(Hay)와 포레스트(Forrest)의 연구의 결과에서는 갓프레드슨과 허쉬의 주장을 어느 정도 지지하는 것으로 드러났다. 그들은 아이들의 5년차 종단자료(National Longitudinal Study of Youth/NLSY)를 활용하여 준모수적 집단 중심 접근 방법(semi-parametric group based models)을 적용하여 서로 다른 패턴(자기통제력의 궤적)을 분류하였다. 약 84퍼센트의 아이들이 7세에서 15세 사이에 상대적 지속성을 보였으며 약 1.2%만이 급격하게 낮아지고 약 9.1%는 미세하게 낮아지는 것으로 나타났다(Hay & Forrest, 2006). 비버(Beaver)와 그의 동료들은 종단자료(National Longitudinal Study of Adolescent Health/NLSAH)를 활용하여 쌍둥이들의 자기통제력에 대한 유전적, 환경적인 영향력을 알아보았다. 그들은 연구에서는 낮은 자기통제력은 보통의 지속성을 보이는 것으로 나타났으며 유전적인 것은 자기통제력에 영향을 미치나 환경적인 것은 통계적으로 유의미하지 않다고 보고하였다(Beaver, Wright, DeLisi & Vaughn, 2008).

제2절 지속 또는 변화이론(theories of continuity or change)

Terrie Moffitt (1955~현재)

일반적으로 연령과 범죄는 반비례한다고 한다. 갓프레드슨과 허쉬는 나이와 범죄는 서로 상호관계에 있다고 주장하였고, 성별, 인종, 경제적 지위나 결혼 여부와는 무관하며 젊은 사람들이 나이 많은 사람들보다 범죄를 더 많이 일으킨다고 주장했다(Gottfredson & Hirschi, 1990). 연령범죄곡선(age-crime curve)을 보면 범죄발생률은 10대 초반에 급증하기 시작하며 10대 후반에 최고치에 달하고 성년기에 접어들면서 급격하게 감소한다. 이러한 연령범죄곡선은 전 세계적으로 서로 다른 문화를 가진 국가에서도 비슷하게 나타난다(Moffitt, 1993; Loeber et al., 1991; Patterson, Deborah & Lew, 1991; Sampson & Laub, 2003). 연령범죄곡선에 나타나듯이 비행청소년들은 동질적인 집단이 아니라 서로 다른 유형으로 비행에 가담하는 것을 알 수 있으며 발달범죄학자들은 왜 동일한 시기에 다양한 형태로 범죄행동이 다이내믹하게 나타나는지 설명하려 하였다. 테리 모핏(Terrie Moffitt)은 이렇게 서로 다른 발달유형을 범죄자 분류(offender taxonomy)를 통해 청소년비행을 설명하였으며 반사회적 행동 발달에 가장 큰 영향력을 행사한 범죄학자이다. 그녀는 임상심리학자(clinical psychologist)로 그녀의 동료인 아브샬롬 카스피(Avshalom Caspi)와 반사회적행동연구에 많은 업적을 쌓았다. 그녀의 연구 중 가장 널리 알려진 것은 반사회적 범죄자를 두 가지 발달경로로 분류하여 설명한 범죄자 분류(offender taxonomy)이다. 그녀는 청소년기 범죄자를 청소년기한정형(adolescence-limited/AL)과 생애지속형(life-course-persistent/LCP)으로 구분하였다(Moffitt, 1993). 생애지속형 범죄자는 범죄행위가 지속되는 것을 의미하며 또 다른 그룹인 청소년한정형 범죄자는 변화한다는 의미를 담고 있어 지속 또는 변화이론(theory of continuity or change)으로 분류되는 대표적인 이론이라 할 수 있다. 청소년한정형은 늦게 비행을 시작해서 청소년기에 비행이 한정되는 유형이라고 하였고 생애지속형은 일찍 비행을 시작해 청소년기를 지나 평생 지속적으로 범죄행위가 이루어지는 유형이라고 설명하였다(Moffitt, 1993). 이러한 분류는 과거 패터슨(Patterson)의 종단연구에서도 언급하고 있으며, 후기개시 중단자 "late-onset desisters"는 모핏의 청소년한정형 범죄자와 비슷하며 초기개시 지속자 "early-onset persisters"는 생애지속형 범죄자와 유사한 패턴을 보인다. 초기개시 지속자는 어린 시절 부적절한 양육에 의해 학업의 실패 또는 또래아이들과 문제가 발생하여 이중적 실패를 경험하게 되고 또래비행친구들과 어울릴 가능성이 높고 지속적으로 범죄행위에 가담할 가능성이 매우 높다(Patterson et al., 1991). 이것은 그들이 가지고 있는 공격성을 보이는 기질이 주된 원인이며 낮은 언어능력과 학업실패로 연결된다. 반면 후기개시 중단자는 청소년기 중반 또는 후반기에 비행을 시작하고

그림 7-1 모핏(Moffitt)의 성숙의 차이(maturity gap)

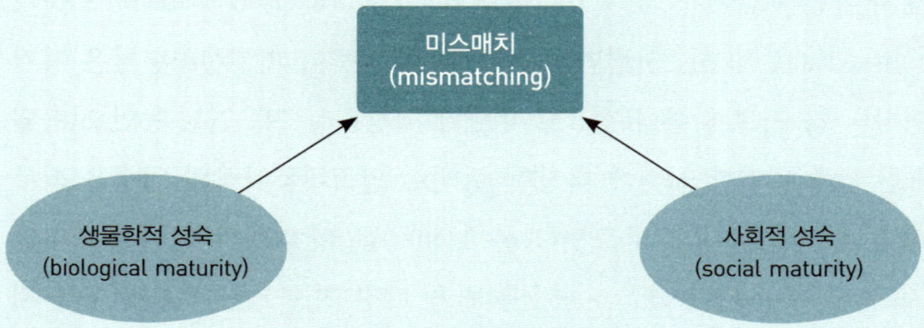

이중적인 실패를 경험하지 않아 쉽게 범죄로부터 벗어날 수 있다(Patterson et al., 1991).

모핏이 주장하는 청소년기 한정형(adolescence-limited/AL)은 발달특성상 대부분이 청소년기에 비행을 시작해서 성년기로 넘어가기 전에 중단한다. 대부분의 청소년들이 발달과정에서 한두 번씩은 비행행동을 하기 때문에 연령범죄곡선에서 보이는 것처럼 청소년기에 급격히 증가하고 청년기를 벗어나고 성년기에 들어서면서 범죄행위가 급격히 줄어든다는 것이다. 모핏은 〈그림 7-1〉에서 보여주듯이 청소년기 한정형 청소년들의 일탈/범죄행위는 "성숙의 차이(maturity gap)" 때문에 발생한다고 주장하며 생물학적 성숙과 사회적 기대 사이에서의 불균형에 의한 일시적인 행동으로 보고 있다.

아이들이 청소년기에 접어들면서 주된 발달단계에 직면하게 되는데 바로 성인과 같이 잘 발달된 생물학적 성숙/성장과 우리 사회가 청소년들에게 바라는 기대 사이에 발생하는 "성숙의 차이(maturity gap)"를 경험하게 된다(Moffitt, 1993). 그들은 신체적으로 성인들과 같이 성장하였음에도 불구하고 성인들의 행동인 성행위, 술, 담배, 가출, 무단결석 등 나이 때문에 제한이 되는 행동(지위비행)을 자제해야 하는 시기를 보내게 된다(Moffitt, 1993). 다시 말해, 신체적으로 성인들의 행동을 할 수 있을 만큼 성숙하였으나, 우리 사회 또는 가족구성원들은 사회적으로 성숙할 때까지 기다려야 한다고 주장한다. 모핏은 이러한 현상이 "성숙의 차이(maturity gap)"로부터 나타난다고 주장한다. 청소년들은 12세부터 신체적 성장에 따라 성숙의 차이를 느끼며 이는 불만족의 근본적인 원인이 된다. 따라서 성숙의 차이는 비행행동을 하게 되는 동기가 된고 이러한 동기를 "사회 모방(social mimicry)"을 통해 해소하려 한다. 일반적으로 모방의 대상은 또래의 생애지속형 범죄자들이라고 주장한다.

모핏은 모방(mimicry)의 개념을 행동학(ethology)으로부터 가져왔다. 행동학에서 말하는 사회 모방은 어떠한 행동을 배우는 과정에서 나보다 더 우월한 방법으로 가치 있는 리소스를 얻는 개체의 행동을 모방한다는 것이다. 예를 들어, 얼룩말은 임펠라와 가젤의 신호에 민감하게 반응하는데 이유는 그들이 포식자를 감지하는 더 뛰어난 감각을 가졌기 때문이다. 비슷하게도 남미의 타미린 원숭이는 타이런트과의 딱새의 위치를 파악해 잘 익은 과일을 찾는다. 새들은 날아다니고 먼 곳을 보는 뛰어난 시력을 갖고 있기 때문이다(Moffitt, 1993). 모핏은 청소년기 한정형 범죄자들이 생애지속형 범죄자들의 비행행위를 흉내 내는 이유를 사회 모방(social mimicry)에서 그 원인을 찾으려 했고 그들은 반사회적 행동으로부터 가치 있는 리소스(범죄로부터 얻을 수 있는 보상)를 얻을 수 있기 때문이라 믿었다. 하지만 성인기에 접어들면서 성숙의 차이(maturity gap)는 없어지고 결혼 또는 직업을 통해 전통적인 사회역할이 주어지면서 반사회적 행동은 중지된다(Moffitt, 1993). 물론 불행하게도 마약남용이나 교도소 생활이나 너무 이르게 부모가 되는 경험이 발목을 잡아 청소년기 한정형 범죄자들 중 일부가 성년기에 지속적으로 범죄자로 남아 있는 경우가 있지만 대부분의 청소년기 한정형 범죄자들은 친사회적인 행동으로부터 얻는 리소스가 크다면 쉽게 비행행위로부터 벗어나게 된다. 예를 들어, 청소년기 한정형 비행소년들은 청소년기를 지나 성인이 되면서 대학에 진학하고 직업을 갖게 되면서 친사회적인 사람들과 사회생활을 하게 되고 청소년기에 누릴 수 없는 새로운 기회들을 갖게 된다. 청소년기의 비행이 성인기에도 지속되면 손해가 된다는 것을 깨닫게 되는데 이것은 생애지속형 청소년범죄자들과 다르게 친사회적 인간관계를 통해 대인관계 기술을 잘 습득했기 때문이라고 한다. 그들은 청소년기에 다양한 비행행동에 가담하여도 여전히 학교 규율을 따르며 교사를 존경하는 태도를 보이고 주변사람들과 긍정적인 관계를 형성한다.

모핏은 청소년기의 생애지속형(life-course-persistent/LCP) 범죄자들의 비행 행위가 유치원 때부터 시작돼서 성인기까지 지속된다고 주장한다(Moffitt, 1993). 예를 들어, 생애지속형 범죄자들은 4세가 되면 다른 사람들을 물고 때리고, 10세가 되면 무단결석을 하고 물건을 훔치는 행동을 하며, 16세가 되면 마약을 판매하고 자동차 절도를 하고, 20세가 되면 강도와 강간을 하고, 30세가 되면 사기치고 아동학대를 하는 등 생애에 걸쳐 다양하게 지속적인 범죄행동을 한다(Moffitt, 1993: 679). 이렇게 생애지속형 범죄자들은 근본적인 기질/성격(trait)은 그대로 남아있지만 나이가 들면서 변화되는 주변 환경과 사회적 기회에 따라 범죄의 형태가 달라지는 것이라고 말한다(Moffitt, 1993). 모핏은 이러한 기질/성격의 생성원인을 두 가지로 설명하고 있다. 첫째, 갓프레드슨과 허쉬의(Gottfredson & Hirschi)의 일반범죄이론에서 주장하는 부적절학 부모의 양육으로부터 발생하는 낮은 자기통제력이다. 그녀는 갓프레드슨와 허쉬의 주장을 부정하지 않고 낮은 자기통제력을 범죄적 성향(criminal propensity)과 연결시키며 설명하지만 좀 더 복잡한 발달과정을 제시하였다. 한 개인의 성향/기질은 사회 환경과 상호작용을 하고 지속적인 반사회적 행동과 연관이 있다고 하였다. 둘째, 생애지속형 범죄자들은 신경심리적 결함(neuropsychological deficit)이 주된 원인이라고 주장하였다(Moffitt, 1993). 일반적으로 신경심리적 결함이란 과도한 마약복용, 임신주기에 임산부의 영양부족, 초기 머리에 부상으로 나타나 뇌손상, 독소에 노출, 호르몬 불균형 등을 말하며 이런 결함은 뇌 발달에 영향을 준다고 주장한다(Moffitt, 1993: 683).

이러한 결함이 발생한 아이는 기질적으로 다루기가 어려우며 정상적으로 뇌가 발달한 아이들에 비해 언어, 지능, 운동, 사회적 인지적 발달이 낮다. 또한 자기통제가 어렵고, 욕구를 지연시키는 능력이 부족하며, 문제가 생겼을 때 말보단 물리적으로 해결하려는 성향을 보인다(Moffitt, 1993). 이러한 성향 때문에 부모와 적절한 애착을 형성하는 데에도 문제가 생기며 사회성도 떨어지고 학교에서의 또래아이들과 문제가 생긴다(Moffitt, 1993). 신경심리학적 결함은 전두엽피질(prefrontal cortex)의 기능 결함을 이야기하며 인간의 행동기능을 맡고 있는 부분으로 높은 활동성(high activity level), 성급함(irritability), 약한 자기 통제력(poor self-control)과 낮은 인지능력(low cognitive ability)을 포함하며 이것은 직접적으로 잘못된 행동이나 사회적 실패로 연결된다(Moffitt, 1993). 이러한 주장은 갓프레드슨과 허쉬가 주장한 낮은 자기통제력과 비슷하지만 신경심리학적 결함이 있는 아이가 가정적으로 문제가 있는 집안 즉 환경적인 요인과 겹치면 문제는 더욱 심각해져 반사회적인 삶에 꼼짝없이 빠져들게 된다고 모핏은 주장한다(Moffitt, 1993). 예를 들어, 어린 시절 신경심리학적 결함이 있는 사람들은 종종 가혹하고 불규칙한 부모양육을 받아 반사회적 행동을 가중시킨다. 그들은 학업을 실패하는 경우가 많고 청소년기에 임신으로 인해 일반적인 사회구성원으로서 역할을 못하게 되어 범죄자로 남을 가능성이 높다.

이렇게 범죄를 서로 다른 패턴을 가지고 그 원인을 알아보려 관련변인들을 살펴본 연구들은 모핏의 범죄자 분류 이외에도 많이 있으며, 모핏의 두 가지 패턴보다 더 많은 패턴이 존재한다고 경험적 연구를 통해 주장하고 있다(Loeber et al., 1991; Fergusson et al., 2000; Nagin, 1999; Sampson & Laub, 2003; Chung et al., 2002; Blokland et al., 2005; Fergusson, Howood, & Nagin, 2000). 로버(Loeber)와

그림 7-2 범죄자 분류(offender taxonomy)

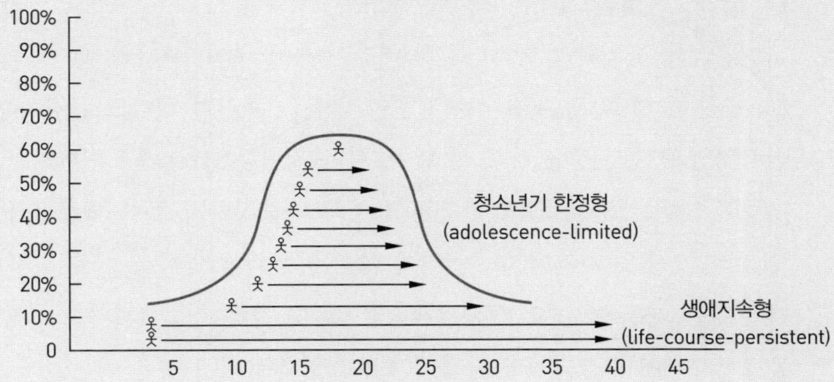

출처: Moffitt, T. (1993). Adolescence-Limited and life-course-persistent antisocial behavior: a developmental taxonomy, *Psychological Review*, 100(4): 674-701.

그들의 동료의 종단연구에서는 850명의 소년들을 세 개의 그룹으로 나눠서 6개월 간격으로 2년을 추적 조사한 결과 7개의 서로 다른 패턴이 존재함을 확인하였으며 비범죄자(stable nondelinquents), 중수준지속(stable moderates), 고수준지속(stable highs), 개시(starters), 가속(escalators), 비가속(de-escalators)과 중지(de-sistors)로 다양한 패턴이 존재한다고 하였다(Loeber et al., 1991). 에이어스(Ayers)의 종단연구에서도 로버와 비슷하게 13세에서 15세까지 2년간 추적조사에서 여덟 개의 서로 다른 패턴을 확인하였다(Ayers et al., 1999). 정(Chung et al., 2002)과 그의 동료들의 종단연구에서 SSDP(Settle Social Development Project) 데이터를 활용하였으며 1,053명의 18개 시애틀 퍼블릭 스쿨 학생을 상대로 13세에서 21세까지 추적 조사하였다. 그들은 준모수적 집단 중심 접근 방법(semi-parametric group based models)을 적용하여 다섯 개의 서로 다른 패턴(비행 궤적)이 존재함을 확인하였다.

〈그림 7-3〉에서 보여주듯이 중단자(desister)는 35.3%로 가장 두드러지게 나타났고 그다음으로 비범죄자(nonoffender)는 24%, 가속자(escalator)는 19%, 후기 개시자(late onsetter)는 14.4%, 만성자(chronic)은 7% 순으로 나타났다. 쇼

그림 7-3 범죄행동의 발달궤적(13세~21세)

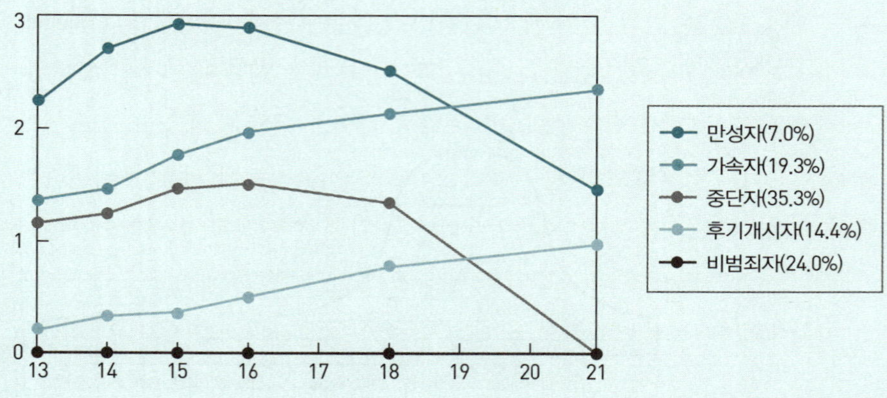

출처: Chung, I. J., Hawkins, J. D., Gilchrist, L. D., Hill, K. G. & Nagin, D. S. (2002). Identifying and predicting offending trajectories among poor children. *Social Service Review*, 663-685.

우(Shaw)와 그 동료들의 종단연구에서는 저소득층 남자아이 284명을 2세에서 8세 사이에 문제행동에 네 가지 경로가 존재함을 확인하였다. 문제지속(persistent problem), 고수준중단(high-level desister), 중수준중단(moderate-level desister), 경미지속(persistent low) 등으로 나타났으며 약 6년간의 종단연구에서 문제행동을 나타내는 것은 전체 표본의 약 6% 미만으로 경미하게 나타났으며 시간이 흐름에 따라 점점 줄어들었다(Shaw et al., 2003). 그 외에 많은 연구에서 표본에 따라 여러 가지 유형의 비행 패턴이 존재함을 확인하였다(Nagin & Land, 1993: Wiesner & Windle, 2004: Shaw et al., 2003).

제3절 지속 그리고 변화이론(theories of continuity and change)

1950년 셜던 글릭(Sheldon Glueck)과 엘리너 글릭(Eleanor Glueck) 부부는 그들의 저서 "청소년비행문제 해결(*Unraveling Juvenile Delinquency*)"을 통해 하나의 이론으로 비행의 원인을 설명하기에 충분하지 않고 생물학적(체형), 심리학적(기질) 그리고 사회학적(가정) 요소들을 다원적으로 적용해야 한다고 주장하였다(Glueck & Glueck, 1950). 그들은 1930년대 하버드 대학에서 범죄경력과 생애발달 연구에 관심을 갖고 지속적인 범죄행위를 예측할 수 있는 변인을 확인하기 위해 범죄자들의 경력을 추적하였다. 이러한 접근 방법은 왜 사람들이 같은 환경에서 다르게 반응을 하는지를 설명할 수 있다고 주장했다. 글릭은 보호시설(소년원)에 구금된 500명의 비행소년과 비행경력이 없는 소년 500명을 선정하여 표본을 만들었다(Glueck & Glueck, 1950). 먼저 비행소년을 선정한 후 매칭방법을 적용하여 비행소년들의 나이, 인종, 이웃특성, 지능 등 비슷한 특성을 가진 비범죄자를 선정하여 연구의 타당성을 높였다(Glueck & Glueck, 1950). 이들의 연구가 발달이론에서 토대가 되는 이유는 1939년에 시작된 연구가 연장이 되면서 범죄학분야의 가장 긴 종단연구로 활용이 되었기 때문이다. 하지만 그 당시에는 오랫동안 수집한 방대한 자료를 분석할 방법이 개발되지 않아 자료 분

John Laub (1953~현재)

석에 한계가 있었다는 관점에서 많은 비판을 받았다. 하지만 1993년 샘손(Sampson)과 라웁(Laub)은 글릭의 가공되지 않은 데이터를 새로 코딩하여 재분석하였으며 이러한 노력에 의해 부분적으로나마 비판을 극복하는 계기가 되었다.

1987년 존 라웁(John Laub)은 하버드대학 로스쿨 도서관 지하2층에서 글릭(Glueck)이 과거에 수집한 데이터가 10개의 박스에 나뉘어 먼지가 수북이 쌓여 보관돼 있는 것을 우연히 발견하였다. 그 자료는 아직 손이 대지 않은 채 보스턴 지역의 청소년들의 아주 디테일한 정보들이 담겨 있었다. 글릭의 데이터는 500명의 범죄자와 500명의 비범죄자들로 10세에서 17세 사이의 모두 백인 청소년들의 정보가 담겨 있었다. 범죄자는 매사추세츠지역에 2개의 소년원 보호시설(소년원)에 구금된 청소년들이었고, 비범죄자는 보스턴지역의 퍼블릭 스쿨에 다니는 청소년들이었다. 글릭 부부의 연구는 1949년 10세에서 17세였던 청소년들을 1963년 25세에서 32세까지 추적조사가 되었다. 이후 샘손(Sampson)과 라웁(Laub)은 글릭이 수집한 데이터의 가치를 높게 판단하고 또 한 번의 연장 추적조사를 하였다. 그들은 1949년부터 수집된 글릭의 데이터와 추가적으로 추적조사한 방대한 데이터를 바탕으로 두 개의 저서를 발간하면서 발달이론의 발전에 큰 기여를 하였다. 그들의 첫 번째 저서는 1993년에 발간한 "*Crime in the Making*"이며 저서를 통해 연령등급이론(age-graded theory)을 소개하였고, 두 번째 저서는 연령등급이론을 보완하여 2003년에 "*Shared Beginnings, Divergent Lives: Delinquent Boys to Age 70*"를 통해 노년기(70세)까지 시야를 넓혀 인생경로에 대한 좀 더 광범위하고 체계적인 이론적 모델(theoretical model)을 제시하였다. 이 두 권의 책은 갓프레드슨과 허쉬 그리고 모핏의 주장과는 달리 생애주기를 통해 범죄행위가 지속되기도 하지만 변할 수도 있다는 것을 설명하기 때문에 지속 그리고 변화이론(theories of continuity and change)에 대표적인 모델이라 할 수 있다(Cullen & Agnew, 2010; Sampson & Laub, 1993). 샘손과 라웁의 주장은 생애주기에 있어 시기에 따라 서로 다른 비공식적 사회통제가 존재하며 인생의 전환점

(turning point)에 의해 언제든지 변할 수 있다고 하였다(Sampson & Laub, 1993)

먼저, 1993년에 발간된 샘손과 라웁(Sampson & Laub)의 저서 "*Crime in the Making*"을 통해 공식적 사회통제 연령등급이론(age-graded theory of informal social control)을 소개하였다. 연령등급이론의 주된 논지는 사회유대(social bonds)의 정도에 따라 범죄행위의 시작, 지속, 또는 중지의 설명이 가능하다는 것이다(Sampson & Laub, 1993). 샘손과 라웁은 약화된 사회유대가 범죄나 비행의 원인이라는 허쉬의 주장과 어린 시절 부모의 양육태도에 의해서 형성된 성향은 변함없이 지속된다는 갓프레드슨과 허쉬의 주장을 일부 받아들였다. 하지만 성인기에 발생하는 비공식적 사회통제의 역할을 강조하였다. 범죄 행동은 어린 시절의 경험과 성향에 따라 변하기도 하지만 성인기에 발생하는 사회유대관계도 변화에 영향을 주는 중요한 요인이라고 하였다. 사회구성원 개개인 간의 사회유대(대인관계)뿐만 아니라 직장, 가족, 그리고 학교와 같이 사회제도(social institutions)와의 상호작용까지 확장시켰다(Sampson & Laub, 1993). 비공식적 사회통제는 생애에 걸쳐 연령등급(age-graded)에 따라 다르게 발생하며 어린 시절, 청소년 그리고 성인기에 서로 다르게 존재한다고 하였다. 예를 들어, 유아기의 사회유대는 부모, 학교, 또래친구들이 중요하지만 성년기에 들어서는 배우자와 직장과의 관계가 중요하다는 것이다.

그들은 사회자본(social capital)이라는 또 하나의 중요한 개념을 제시하였다. 사회자본은 사회와의 원만한 유대관계를 만드는 데 매우 중요한 요소로 작용하며 이것을 발전시켜야 범죄를 중단할 수 있다고 설명하였다. 사회과학자들이 이야기하는 사회자본이란 사람들이 만들어낸 사회구조나 사회적 인간관계를 말하여 이것을 긍정적인 관계로 만들었을 때 그들이 추구하는 목적을 달성할 수 있다고 한다(Sampson & Laub, 1993). 예를 들어, 금전적 자본을 개선시키는 것은 개인적인 성공의 기회를 높여주며, 같은 맥락에서 사회자본을 형성시키는 것은 관습적 행위를 지지하고 비행행위를 억제시킨다(Sampson & Laub, 1993). 샘손과 라웁은 결혼과 직장은 사회자본을 형성하는 대표적인 것으로 개인의 위상은 높아지고 자아존중감이 생기며 주변사람들로부터 신뢰도가 높아진다고 하였다. 이러한 사회자본은 일생 동안 범죄행동의 발달 궤적(developmental trajectory)에 영향을 주고 대부분이 후기 청소기나 성년기에 발생하며 행동에 변화를 주는 주된 원인이라고 설명하였다. 여기서 이야기하는 궤적은 시간이 지남에 따라 변화하는 행동과정을 말한다. 비행을 저지르던 사람이 성인이 되어 그 시기와 연관된 비공식적 사회통제(informal social control)가 강화되면 범죄행위를 중단(desistance)하게 된다고 주장했다. 이것은 낮은 자기통제력을 지닌 사람이 일생동안 지속적으로 상습범죄자로 살아간다는 자기통제이론과 반대되는 것이다.

샘슨과 라웁은 비행청소년이 범죄를 중단하는 결정적인 요인은 우연한 마주치는 사건(fortuitous events), 즉 군대, 결혼과 직업경력이라고 하며 이것을 통해 인생의 전환점(turning point)을 맞게 된다고 하였다(Sampson & Laub, 1993). 하지만 생애에 거쳐 우연한 사건이 발생한다고 해서 자동적으로 인생의 전환점을 갖게 되는 것은 아니고 범죄를 중지할 수도 있고 지속할 수도 있다는 것이다. 다시 말해, 우연히 발생하는 사건들을 통해 높은 유대관계가 형성되어야 한다는 것이다.

그림 7-4 연령등급이론(Age-graded Theory)

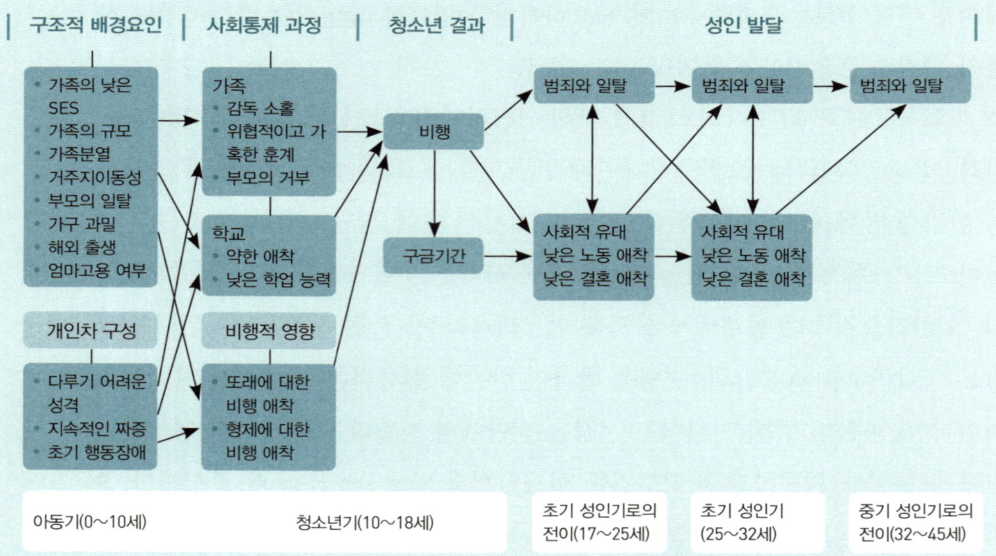

출처: Sampson, R. J., & Laub, J. H. (1993). *Crime in the making: Pathways and turning points through life*, Cambridge, MA: Harvard University Press.

〈그림 7-4〉에서 보여주듯이, 샘손과 라웁은 그들의 연령등급이론은 비공식적 사회통제의 중요성을 강조하며 크게 세 가지 주제로 설명하였다. 첫째, 구조적인 맥락에서 보았을 때 어린 시절과 청소년기의 비행행동은 비공식적 사회통제인 가족과 학교에 의해 중재된다. 둘째, 어린 시절의 반사회적 행동은 성년기까지 매우 강한 연속성을 보인다. 셋째, 성인기의 사회 자본(social capital)은 어린 시절에 나타난 범죄 성향(criminal propensity)과 상관없이 반사회적 행동에 변화를 준다. 따라서 낮은 비공식적 사회유대는 범죄행위에 가담할 수 있는 가능성을 높이지만, 결혼, 군대, 직장과 같은 친사회적 비공식적 사회유대관계가 높게 형성되면 범죄행위를 중단할 수 있게 만든다는 것이다. 중요한 것은 샘손과 라웁은 그들의 연구를 통해 범죄행위의 지속성보다는 변화 가능성에 무게를 두었으며 생애지속 범죄자들도 인생의 전환점을 계기로 범죄행위를 그만둘 수 있다는 것이다.

앞서 언급한 것과 같이 샘손과 라웁은 연령등급이론(age-graded theory)을 10년 후 재정비하고 보완하였다. 그들은 글릭의 데이터에서 500명의 범죄자들 중 범죄행위를 중단한 52명을 추가적으로 추적조사 하였으며 그들과의 심층적인 면접과 인생 내러티브(life history narrative)분석을 통해 질적인 자료를 추가하여 두 번째 저서인 "*Shared Beginnings, Divergent Lives: Delinquent Boys to Age 70*"를 발표하였다. 그들은 연구를 통해 범죄가 중단되는 이유를 좀 더 심층적으로 이해하려 노력하였다.

한 남자 대학생은 일주일에 여러 차례 바에서 기회만 있으면 담배를 피우고 폭음을 하며 날을 지새우고, 운동은 안하고 수업도 자주 빼먹는다. 어느 날 학교 캠퍼스에서 그를 잘 이해해주는 매력적이고 재치 있는 한 여학생을 만났다. 그들은 사귀기 시작했고 많은 시간을 보내기 시작했다. 그의 여자 친구는 가끔 그와 같이 파티를 즐기며 놀기도 했지만 학업에 충실하며 그를 수업에 참여하도록 하였다. 대부분의 시간을 그녀와 함께하면서 도서관에서 저녁을 보냈다. 건강에 관심이 많았던 그녀는 그를 학교 캠퍼스에 있는 헬스클럽에 데리고 가서 러닝 프로그램을 시작하도록 하였고, 시간이 지남에 따라 그의 일상은 그녀와 수업을 같이 가고 도서관에서 공부도 하고 그녀와 저녁식사도 함께하면서 새로운 일상들로 채워져 갔다. 그는 과거의 술친구들과의 관계가 끊기고 그녀의 친구들이 그의 친구가 되었다. 그는 가끔씩 예전에 파티를 즐겼던 날들이 생각나 생각이 복잡해지기도 했지만 그에게 새롭게 다가온 친사회적 생활은 특별한 보상이 따랐다. 그리고 그는 "달라진 사람"이 되었다(Cullen & Agnew, 2010: 497).

앞에 소개한 가공된 이야기는 지속적인 범죄자가 어떻게 범죄로부터 벗어나는지 중지과정(desistance process)을 이해하는 데 도움이 되며 크게 네 단계로 설명하였다(Cullen & Agnew, 2010). 첫째, 범죄자는 먼저 인생의 전환점(turning point)을 경험하게 되며 이것은 새로운 관계를 이루는 결혼이거나, 좋은 직장은 갖거나, 아마도 군 입대가 될 수도 있다. 둘째, 인생의 전환점을 계기로 범죄자의 비공식적 사회통제력은 높아지고 주변에 의해 그들의 잘못된 행동들이 감지되기 시작한다. 따라서 간접적으로 유대관계도 높아지고 직접적으로는 범죄행위가 줄어든다. 셋째, 범죄자의 일상생활은 규칙적으로 바뀌고 친사회적 책임감으로 채워지면서 비행친구의 영향력 밖으로 벗어나게 된다. 마지막으로, 그들의 일상생활은 희생과 노력에 의해 새로운 라이프 스타일로 바뀌며 다시 범죄에 가담하기에 큰 대가가 따르게 된다(Cullen & Agnew, 2010). 하지만 이런 중지과정은 연령등급이론(age-graded theory)에서 언급한 것과 같이 우연치 않게 찾아오는 사건들을 통해 전환점(turning point), 비공식적 사회통제(informal social control), 사회유대(social bond), 사회자본(social capital)이 형성되어 범죄행위가 중단된다는 주장과 크게 다르지 않다. 하지만 샘손과 라웁은 두 번째 저서를 통해 중요한 개념을 소개하였으며 그것은 "Human agency"라고 하였다. 범죄행위에 대한 지속과 중지는 합리적인 선택이 아닌 휴먼 에이전시(human agency)에 의해 결정이 된다고 하였다(Sampson & Laub, 2005). 휴먼 에이전시는 개인적인 선택(personal choice)으로 복잡하고 모호한 개념을 가지고 있지만 핵심적인 논지는 포켓볼처럼 아무렇게나 튕겨나가는 당구공처럼 범죄에 가담 여부를 아무 생각 없이 결정하는 것은 아니라는 것이다(Cullen & Agnew, 2010; Sampson & Laub, 2005). 사람들은 그들에게 주어진 주변 환경에 따라 가능한 옵션을 선택한다. 많은 도심지역 슬럼가에 아이들은 하버드대학에 갈지 갱단에 입단할지를 선택하지 않지만 적어도 낮은 임금의 직장이나 물건을 훔치거나 길거리를 배외하거나 그들에게 주어진 주변 환경에 따라 가능한 것을 선택한다는 것이다(Cullen & Agnew, 2010). 샘손과 라웁은 심층적인 인터뷰에 참여한 대부분이 범죄행위를 멈추면서 정체성의 변화(identity shift) 또는 인식의 변화(cognitive transformations)를 경험했다고 하였다(Sampson & Laub, 2005). 하지만 성인기에서는 모핏이 주장한 것처럼 청소년기의 두 개의 서로 다른 경로처럼 명확하게 구분하기는 어렵다. 클론과 애그뉴가 제시한 가공된 시나리오의 대학생은 여자 친구와 헤어질 수도 있고, 변화된 친사회적 라이프 스타일이 지겹다고 느끼며 기존의 반사회적 라이프 스타일로 돌아갈 수도 있다는 것이다(Cullen & Agnew, 2010). 다시 말해, 인생에 전환점을 통해 기회를 잡을 수도 있으나 아닐 수도 있어 예측하기 어렵다는 것이다.

샘손과 라웁은 휴먼에이전시의 개념을 설명하면서 왜 사람들이 범죄를 시작(onset)하고, 지속(persistance)시키며 또는 중지(desistance)하는지 설명하기 위해 많은 노력을 하였다. 이후 다른 범죄학자들에 의해 관심이 집중되었으며 좀 더 구체적인 중지과정을 통해 범죄행위가 중단되는 이유를 이해하려 노력하였다(Sampson & Laub, 1993; Giordano, Cernkovich, & Rudolph, 2002; Maruna, 2001). 지오다노(Giodano)와 그의 동료들은 경험연구를 통해 범죄행위를 중지하는 것에 대한 이론적 틀을 구체적으로 제시하였다. 먼저 범죄자는 사회와의 유대관계를 향상시킬 수 있는 기회를 잡아야 하며 그것은 친사회적인 친한 인맥을 만들거나 좋은 직장을 갖는 것이라고 주장했다(Giordano, Cernkovich, & Rudolph, 2002). 그들은 이것을 “Hook”이라는 표현을 사용했으며 이것은 샘손과 라웁이 언급한 인생의 전환점(turning point) 또는 우연한 사건(fortuitous events)과 비슷한 개념으로 범죄로부터 벗어날 수 있는 기회이며 친사회적 관계를 맺을 수 있는 누구에게나 발생할 기회라고 했다. 지오다노와 그의 동료들은 범죄로부터 벗어나기 위해서는 인식의 변화(cognitive transformations)가 필요하며 친사회적인 정체성(prosocial identity)을 형성해야 한다고 주장한다(Giordano et al., 2002). 마루나(Maruna)는 영국 리버플의 범죄행위를 중단한 65명의 전과들에 대한 연구에서 샘손과 라웁 그리고 지오다노의 주장과 비슷한 인식의 변화가 범죄로부터 벗어나게 하는 중요한 요인이라는 것을 발견했으며 지오다노가 주장한 인식의 변화(cognitive transformation)과 비슷한 개념인 “redemption script”을 소개했다. 비공식적 통제인 사회유대는 간단하게 마술처럼 높아지거나 본이 아니게 생기는 것이 아니다(Cullen & Agnew, 2010). 샘손과 라웁의 주장과 같이 “human agency”, 지오다노의 “cognitive transformation” 그리고 마루나의 “redemption script”와 같이 범죄자는 범죄행위를 멈추기 위해 기회를 꼭 잡아야 한다.

연습문제

1. 1980년대 말부터 발달범죄학이 새롭게 소개되었다. 발달범죄학에서 설명하는 청소년비행의 원인이 이전에 개발된 이론들과 어떤 차이점이 있고, 어떤 공통점이 있는가? 발달이론과 발달이론 이전의 이론 중 각각 한 가지씩을 선택해서 구체적으로 설명하여라.

2. 갓프레드슨과 허쉬의 범죄일반인론은 지속이론에 속한다. 지속이론의 중심적인 내용을 설명하고, 청소년 성비행을 이론을 중심으로 설명하여라.

3. 모핏의 지속 또는 변화이론과 샘슨과 라웁의 지속 그리고 변화이론의 공통점과 차이점을 청소년 폭력비행을 중심으로 설명해 보아라.

4. 모핏은 지속 또는 변화이론에서 청소년 한정형 범죄자와 생애지속형 범죄자로 구분하였다. 우리 사회에서 이 두 가지 유형의 청소년범죄자 중 어느 부류가 더 많다고 생각하는가? 만약 한 가지 부류를 선택했다면, 왜 그 부류가 비행을 저지르는 대부분의 청소년범죄유형이라 생각하는가? 청소년 집단따돌림(왕따)을 중심으로 설명해 보아라.

5. 샘슨과 라웁은 청소년들이 성인이 되면서 비행을 중단할 수 있는 중요한 전환점으로 '사회자본'이라고 주장한다. 청소년기에 약물중독에 빠진 가상 청소년을 설정한 후 사회자본을 통해 비행이 중단되는 과정을 설명해 보아라.

6. 한 범죄형 인간의 긴 인생 여정에서 발달이론 중 어떤 이론이 가장 설득력이 있다고 생각하는가? 즉, 지속이론, 지속 또는 변화이론, 지속 그리고 변화이론 중에서 어떤 이론이 한 범죄형 인간의 인생 여정을 가장 잘 설명한다고 생각하는가? 구체적인 한 범죄형 인간을 설정해서 설명해 보아라.

참고문헌

민수홍. (2014), "통제이론의 관점에서 본 범죄자의 배우자학대 가해경험", 「한국범죄학」, 8(1): 195-223.

민수홍. (2011), "수형자의 교도소 내 규율위반: 교도소화의 적용과 자기통제이론에 근거한 재해석", 「형사정책연구」, 22(2): 67-87.

Agnew, R. (1992). Foundation for a general strain theory of crime and delinquency. *Criminology*, 30(4): 47-88.

Akers, R. L., & Sellers, C. S. (2011). *Criminological Theories: Introduction and Evaluation*. Second Edition. Oxford University Press, Inc. (민수홍·박기석·박강우·기광도·전영실·최병각 역 (2011). 「범죄학이론」, 서울: 나남출판사).

Arneklev, B. J., Grasmick, H. G., Tittle, C. R., & Bursik, R. J. (1993). Low self-control and imprudent behavior. *Journal of Quantitative Criminology*, 9: 225-247.

Arneklev, B. J., Cochran, J. K., & Gainey. R. R. (1998). Testing Gottfredson and Hirschi's 'low self-control' stability hypothesis: an exploratory study. *American Journal of Criminal Justice*, 23, 107-127.

Blokland, Arjan A. J., Daniel S. Nagin, & Paul Nieuwbeerta. (2005). Life span offending trajectories of a Dutch conviction cohort. *Criminology* 43: 919-954.

Beaver. K. M., Wright, J. P., DeLisi, M., Vaughn, M. G. (2008). Genetic influences on the stability of low self-control: results from a longitudinal sample of twins. *Journal of Criminal Justice*, 36, 478-485.

Burt, C. H., Simons, R. L., & Simons, L. G. (2006). A longitudinal test of the effects of parenting and the stability of self-control: Negative evidence for the general theory of crime. *Criminology*, 44(2), 353-396.

Chung, I. J., Hawkins, J. D., Gilchrist, L. D., Hill, K. G., & Nagin, D. S. (2002). Identifying and predicting offending trajectories among poor children. *Social Service Review*, 663-685.

Cullen, F. T., & Agnew, R. (2010). *Criminological Theories: Past to Present*. Los Angles, CA: Roxbury

Fergusson, D. M., Horwood, L. J., & Nagin, D. S. (2000). Offending trajectories in a New Zealand birth cohort. *Criminology*, 38(2), 525-550.

Giordano, P. C., Cernkovich, S. A., & Rudolph, J. L. (2002). Cognitive transformation and desistance from crime. In Cullen, F. T., & Agnew, R., (Eds). *Criminological theory: Past to present* (504-509). Los Angeles: Roxbury Publishing Company.

Gottfredson, M., & Hirschi, T. (1990). *A general theory of crime*. Stanford, California: Stanford University Press.

Glueck, S., & Glueck, E. (1950). *Unraveling Juvenile Delinquency*. New York: Commonwealth Fund.

Hay, C., & Forrest, W. (2006). The development of self-control: examine self-control theory's stability thesis. *Criminology*, 44(4), 739-774.

Hirschi, T. (1969). *Causes of Delinquency*. Berkeley, CA: University of California Press.

Laub, J. H., & Sampson, R. J. (2003). *Shared Beginnings, Divergent lives: Delinquent Boys to Age 70*. Cambridge, MA, Harvard University Press.

Loeber, R., Stouthamer-Loeber, M. S., Von Kammen, W., & Farrington, D. P. (1991). Initiation, escalation, and desistance in juvenile offending and their correlates. *Journal of criminal Law and Criminology*, 82, 36-82.

Maruna, S. (2001). Making good: how ex-convicts reform and rebuild their lives.

In Lilly, J. R., Cullen, F. T., & Bell, R. A. (Eds.). *Criminological Theory: context and consequences* (332-333). London: SAGE publications.

Moffitt, T. (1993). Adolescence-Limited and life-course-persistent antisocial behavior: a developmental taxonomy, *Psychological Review*, 100(4): 674-701.

Mitchell, O., & MacKenzie, D. L. (2006). The stability and resiliency of self-control in a sample of incarcerated offenders. *Crime & Delinquency*, 52(3), 432-449.

Nagin, D. S. (1999). Analyzing developmental trajectories: a semiparametirc group-based approach. *Psychological Methods*, 4, 139-157.

Nagin, D. S., & Land, K. C. (1993). Age, Criminal career, and population heterogeneity: specification and estimation of a nonparametric mixed poisson model. *Criminology*, 32, 163-189.

Patterson, G. R., Deborah, C., & Lew, B. (1991). An early starter model for predicting delinquency. In Pepler, D. J., & Rubin K. D. (eds.), *Development and treatment of Childhood aggression*. New Jersey: Erlbaum.

Sampson, R. J., & Laub, J. H. (1993). *Crime in the making: Pathways and turning points through life*, Cambridge, MA: Harvard University Press.

Sampson, R. J., & Laub, J. H. (2003). Life-course desisters? Trajectories of crime among delinquent boys followed to age 70. *Criminology*, 41(3), 301-340.

Sampson, R. J., & Laub, J. H. (2005). A life-course view of the development of crime. *Annals of the American Academy of Political and Social Science* 602, 12-45

Shaw, D. S., Gilliom, M., Ingoldsby, E. M., & Nagin, D. S. (2003). Trajectories leading to school-age conduct problems. *Developmental Psychology*. 39, 189-200.

Wiesner, M., & Windle, M. (2004). Assessing covariates of adolescent delinquency trajectories: a latent growth mixture modeling approach. *Journal of Youth and Adolescence*, 33, 431-432.

Chapter

08

가정과 비행

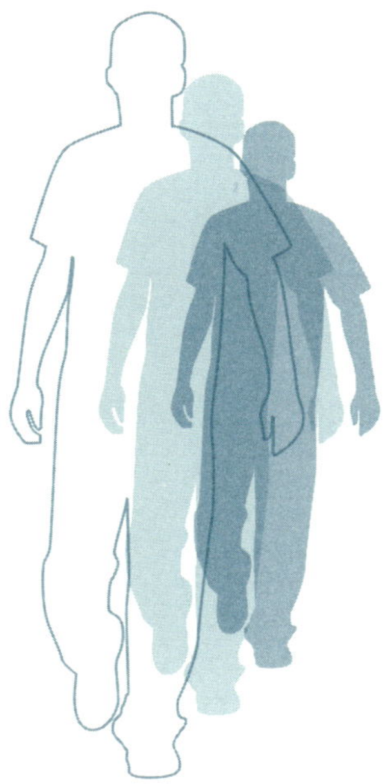

가정은 청소년의 비행을 억제하는 가장 기본적인 단위이다. 건전하지 못한 가정에서 자란 청소년은 비행친구를 사귈 가능성이 높고 그 결과 비행의 길로 접어들 수 있다. 청소년비행에서 가정의 중요성은 아무리 강조해도 지나치지 않다. 가정은 한 인간이 세상에 태어나서 가장 먼저 사회화과정을 겪게 되는 장이기 때문에 가정에서 구조적으로, 기능적으로 문제가 발생할 경우 청소년비행이 발생할 가능성이 높다. 청소년비행의 원인을 설명하는 양대 축으로 가정의 역할을 강조하는 사회유대이론과 자기통제이론이 있으며 비행친구의 역할을 강조하는 사회학습이론과 차별접촉이론을 손꼽을 정도로 가정은 청소년비행과 불과분의 관계에 있다. 이 장에서는 청소년비행이론 중에서 가정의 역할을 비행의 원인으로 주장하는 이론들을 먼저 살펴본 후, 가족의 구조와 기능이 청소년비행에 미치는 영향에 대해 고찰할 것이다. 부모의 비일관적인 훈육방식이 청소년비행의 가장 중요하고 유일한 원인이라고 주장하는 자기통제이론에서 보듯이 가족의 기능은 비행에서 다루어야 할 중요 주제이다. 가족구조 또한 비행과 관련되어 있다. 가족의 구조 중 부모의 사회·경제적 지위가 자녀의 비행과 관련이 있다는 경험적 연구는 상당하다. 마지막으로 가출과 비행의 관계를 살펴볼 예정이다. 청소년가출은 청소년비행의 관문(gateway)이 될 정도로 청소년비행과 밀접한 관련이 있다. 우리나라 청소년들의 약 1/2 정도는 여러 가지 요인에 의해

CASE

정○○ 양은 3세 경에 부모가 이혼하여 편모슬하에서 자랐다. 그녀의 모는 호프집에서 종업원으로 일하며 잦은 음주를 하였고, 음주 후에 비일관적인 태도로 정○○을 훈육하여 이에 대한 반감을 가지고 있다. 초등학교 때에는 무단결석 1회를 제외하고는 출결상황이 양호하며 학업에 어려움은 없었으나 고학년 때부터 불량한 또래들과 어울리게 되었고, 바쁜 모의 방임으로 가정 내 적절한 제재와 훈육을 받지 못했다. 중학교에 진학해서는 친구들과 비행을 반복하였고, 흡연과 장기 무단결석 등의 일탈을 반복하였다. 중학교 2학년 때 가출하고 만난 남성에게 성폭행을 당했고 이때부터 부정적인 감정으로 사람들을 대하게 되었다. 가정 내외에서의 보호력 미약과 잦은 비행으로 인한 자기통제력 부족, 공격적인 행동을 보였다. 고등학교 진학하지 않고 미용학원을 다녔지만 열심히 수강하지 않고 무절제한 생활을 지속하였고 밤늦게까지 또래들과 어울리며 비행을 하였다. 그러던 중 음주 중에 친구와의 다툼이 생겼고 빈 맥주병으로 친구의 머리를 내리치는 등의 폭력성을 보이며 입건되었다.

가출충동을 느끼며, 그중 상당수가 실제 가출을 감행하는 것으로 알려져 있다. 청소년 가출 그 자체는 청소년비행에 속하는 것이 아니지만 절도, 문란한 성관계, 금품갈취와 폭행 등과 같은 중비행으로 연결된다는 점에서 우리 사회에서 청소년가출은 가볍게 다룰 수 없는 사회적 문제다. 가출을 하는 원인에는 여러 가지가 있지만 가장 근본적인 이유는 가정의 불화나 불안정한 가정에서 출발하며 가출은 각종 청소년비행과 깊은 상관관계를 가진다.

제1절 가정과 비행을 설명하는 비행이론

청소년비행이론 중에서 가정의 역할을 강조하는 이론은 주로 미시이론들이며, 대표적으로 허쉬의 사회유대이론, 애그뉴의 일반긴장이론, 에이커스의 사회학습이론, 갓프레드슨과 허쉬의 자기통제이론 등이다. 그 외 가정의 역할을 강조하는 비행이론이 다수 있으나 이 절에서는 대표적으로 이 4가지 이론에 대해 살펴보고자 한다.

(1) 사회유대이론

허쉬(Hirschi)의 사회유대이론(social bonding theory)에 따르면, 부모와의 유대가 약하거나 깨어졌을 때 비행이 발생한다고 본다(Hirschi, 1969). 청소년비행의 원인을 가정에서 찾는 사회유대이론은 부모애착(parental attachment), 부모감독(parental supervision), 관여(commitment), 신념(belief) 등이 자녀의 비행을 결정하는 중요한 요인이 된다고 보았다. 부모애착은 부모에 대해 어느 정도 애정을 가지는가, 부모를 얼마나 존경하는가, 부모를 어느 정도 존경하여 그들의 기대에 어긋나지 않으려고 노력하는가 등으로 측정되는 개념이다. 부모애착은 "나는 내 부모와 매우 친하다고 생각한다"로 측정되며, 부모감독은 "내가 외박을 했을 때 내 부모는 내가 누구와 어디서 무엇을 하는지를 알고 계신다"로 측정된다. 관여에는 여러 가지 하부질문이 있지만, 가정과 연관된 질문으로는 "지난 1

년 동안 가족과 함께한 1박 이상의 여행은 몇 회나 됩니까?"와 "지난 1년 동안 가족과 함께 문화활동(음악회, 전시회, 영화, 연극, 뮤지컬 관람 등)을 몇 회나 했습니까"로 측정된다. 신념은 "내 부모님 세대가 지켜온 규칙이나 도덕적 신념들은 나에게도 역시 좋은 것이다"로 측정된다. 따라서 부모와의 애착이 강할수록, 부모의 감독이 적절할수록, 가족과 함께하는 여가활동이나 문화활동이 많을수록, 부모님 세대의 규칙이나 도덕적 신념을 중요시할수록 청소년 자신이 비행을 저지를 가능성은 줄어들 것이다. 사회유대이론에서 청소년비행에 결정적 영향을 미치는 요소는 부모와의 애착이다. 부모와의 애착이 강한 청소년은 부모의 감독을 적절하게 받을 것이며 부모와의 문화활동 또한 활발하게 참여할 가능성이 높다. 부모와의 애착이 강한 청소년은 부모의 가치관이나 신념을 내재화하여 부모세대에서 중요하다고 생각하는 규칙이나 도덕적 신념을 지키려고 노력할 것이다. 사회유대이론에서 부모애착과 감독 등이 비행의 원인으로 지목되는 이유는 가족이 제대로 기능을 하지 못할 경우, 또는 부모의 감독이 적절하지 못할 경우, 자녀들은 가정 내에서 정상적인 사회화과정을 밟지 못하며, 그로 인해 가정 밖에서 비행친구와의 애착을 강화하여 비행의 길로 접어들 가능성이 높다고 보기 때문이다.

부모애착이 청소년비행과 깊은 상관관계를 가진다는 가설은 여러 가지 경험적 연구결과에서 잘 나타난다. 먼저 워(Warr, 1993)의 연구에서는 부모와의 애착이 강한 청소년은 비행을 저지를 가능성이 낮으며, 기광도와 이희길(2002)의 연구에서는 부모-자녀 간의 애착과 대화는 청소년비행을 낮추는 역할을 하는 것으로 드러났다. 또 다른 선행연구결과에 따르면, 고등학생들은 부모와의 애착 정도가 낮고 비행친구와의 유대관계가 강할수록 더 많은 비행을 저지르는 것으로 나타났다(김경, 2010). 부모감독 또한 청소년비행에 상당한 영향력을 미치며, 비행과 반사회적 행동을 조절하는 역할을 하는 것으로 나타났다(정익중 외, 2005; Galambos et al., 2003; Provini, 2003). 부모감독은 특히 청소년의 문제행동, 약물사용 및 성행동에 직접적인 영향을 미치는 것으로 나타났다(Pettit et al., 2001).

(2) 일반긴장이론

애그뉴(Agnew)의 일반긴장이론(general strain theory)에 따르면, 청소년들은 일상생활에서 여러 가지 긴장을 경험하게 되고 이런 긴장을 해소하기 위해 비행을 저지른다고 주장한다(Agnew, 1992). 구체적으로 비행발생의 원인으로 첫째, 목표달성의 실패(failure to achieve positively valued goals), 둘째, 긍정적 자극의 소멸(removal of positively valued stimuli), 셋째, 부정적 자극의 발생(presentation of negative stimuli)을 지목했다. 즉, 스트레스 및 긴장의 유형은 모두 다르지만 비행은 일상생활에서 발생하는 긴장의 결과로 파악한다. 청소년들에게 일상생활 긴장이 발생하면 이를 해소하기 위해 비행행위를 하게 되는데, 청소년들은 여러 가지 긴장요인으로 화, 우울감, 절망감 등의 부정적 감정이 발생하고 이를 해소하기 위해 비행을 저지르게 된다는 것이다.

일상생활의 긴장에서 가정요인과 관련된 것으로는 긍정적 자극의 소멸과 부정적 자극의 발생을 들 수 있다. 긍정적 자극의 소멸은 청소년에게 희망을 주거나, 삶의 목표에 긍정적으로 작용하는 중요한 타자(significant others)나 자신의 지위에 맞는 사회적 지위를 잃게 되는 것을 의미하는데(황성현 외, 2015), 가정에서 발생할 수 있는 대표적인 긍정적 자극의 소멸은 가족의 사망이나 부모의 이혼을 들 수 있다. 자신의 긍정적 자아발달과 가치관 형성에 중요한 역할을 하는 가족이나 부모가 사망하거나, 미성년자인 나이대에 부모가 이혼을 할 경우, 청소년은 엄청난 생활 긴장을 겪게 되고 이런 긴장을 해소하는 한 방법으로 비행을 택하게 된다.

한편, 부정적 자극의 발생은 일상생활에서 자신이 통제할 수 없는 부정적인 사건이 발생하는 것을 의미한다. 가정에서 발생할 수 있는 부정적 자극의 대표적인 예는 부모로부터의 학대나 부모와의 불화 또는 부모 사이의 불화를 들 수 있다. 가정 내에서 부정적인 감정이 발생하면 청소년은 불편한 집안분위기로 인해 상당한 긴장감을 겪게 되고, 이런 긴장을 회피하기 위해 가출이나 무단결석 등의 일탈행위를 할 가능성이 높아진다. 결론적으로 일반긴장이론에서 범죄의 원인으로 지목하는 하부요인들 중에서 가정과 관련된 요인은 긍정적 자극의 소멸과 동시에 발생할 수 있는 부정적 자극의 발생으로 부모나 가정의 불화 등을 들 수 있다. 이런 불편한 가정 분위기는 청소년에게 긴장감을 발생시키고 긴장감이 증폭되면 비행으로 이어질 가능성이 높아진다.

가정에서 발생하는 긴장이 비행의 원인으로 지목되는 경험적 연구 또한 제법 존재한다. 럭커스의 건강과 인간발달(Ruters Health and Human Development) 자료를 사용한 애그뉴와 화이트(Agnew & White)의 연구에서 다섯 종류의 긴장 요인들이 비행과 약물사용에 중요한 역할을 하는 것으로 나타났다(Agnew & White, 1992). 이 연구에서 사회통제나 친구와의 차별접촉 등과 같은 독립변인들과 다른 종류의 긴장요인들을 통제한 후에도, 삶의 부정적 사건과 삶의 혼란은 청소년비행과 일탈행위에 가장 중요한 영향을 미치는 것으로 나타났다. 또한 부모 사이의 불화, 성인과의 부정적 관계 등은 청소년 자신의 불법약물 사용과 비행의 원인이 되는 것으로 밝혀졌다. 하지만 가정에서의 긴장요인을 국내의 경험적 연구들에 접목시킨 경우, 외국사례와는 상이한 결과를 도출했다. 한국·아동청소년패널 중2학년 2년차 자료를 사용한 황성현과 이강훈의 연구(2013)에서 가정에서 부모로부터 육체적, 언어적 학대를 당하는 청소년들의 비행가능성은 그렇지 않는 청소년의 비행률과 별 다른 차이점이 발견되지 않았다. 즉, 비록 가정에서 부모의 학대가 있다 할지라도 이런 긴장요인을 해소하기 위해 청소년들이 여러 가지 종류의 청소년비행을 저지르지 않는 것으로 드러났다. 하지만, 이 연구에서 주목할 것은 한부모가정에서 생활하는 청소년의 경우, 양부모가정에서 생활하는 청소년보다 각종 청소년비행을 더 많이 저지르는 것으로 나타났다.

일반긴장이론을 적용하여 한국청소년의 음주 및 흡연행위를 연구한 황성현의 연구에서도 동일한 결과를 초래했다(황성현, 2012a). 가정에서 부모로부터 정신적, 육체적 학대를 당한 청소년은 그렇지 않은 청소년의 음주 및 흡연행위와 비교할 때 유의미한 차이가 나타나지 않았다. 그러나 한부모가정에서 생활하는 청소년은 양부모가정의 청소년보다는 음주 및 흡연행위를 더 많이 하는 것으로 나타남에 따라 부모의 이혼이나 가족해체의 결과로 나타날 수 있는 한부모가정이라는 가족구조의 결함은 청소년 음주 및 흡연행위와 상관관계가 높은 것으로 드러났다. 결론적으로 가정에서 부정적인 양육형태인 부모학대보다는 가족구조의 결함으로 나타나는 한부모가정의 청소년비행률은 양부모가정의 비행률보다 더 높은 것으로 나타남에 따라 애그뉴의 일반긴장이론이 한국 청소년비행의 원인을 어느 정도 설명한다고 볼 수 있다.

(3) 사회학습이론

에이커스(Akers)의 사회학습이론(social learning theory)에 따르면, 비행은 사회적으로 학습된다는 가설에서 출발한다(Akers & Sellers, 2011). 가정과 관련된 사회학습이론의 구성요소는 부모의 규범적 태도(perception of parents' norms), 부모의 반응(parents' rewarding or punishing reactions), 부모모방(parents' imitation) 등이다. 부모의 규범적 태도는 "당신은 다음과 같은 비행을 저지르는 것에 대해 어떤 태도를 가지고 있습니까?"로 측정되며, 부모의 반응은 "당신은 다음과 같은 비행을 저지르는 것을 부모님이 알았을 때 부모님의 반응은 어떠했습니까?"로 측정된다. 부모모방은 "당신은 부모님이 다음과 같은 범죄를 저지르는 것을 직접보거나 관찰한 적이 있습니까?"로 측정된다. 따라서 부모의 규범적 태도나 부모의 반응이 부정적이지 않을수록, 부모의 범죄를 직접 보거나 관찰한 적이 많을수록 자녀들은 각종 비행을 저지를 가능성이 높다. 그러나 사회학습이론은 가정에서 부모나 가족의 통제나 역할보다는 비행친구와의 차별적 접촉이 청소년비행에 더 많은 영향을 미친다고 본다. 물론 사회학습이론에서 비행친구와의 차별적 접촉이 중요한 것은 사실이지만 부모의 역할이 중요하지 않은 것은 아니다. 자녀의 비행을 부모가 인지하고 적당한 처벌을 할 경우 자녀들의 비행은 줄어들 것이다. 사회학습이론에서 무엇보다 자녀의 비행에 영향을 미치는 부모의 역할은 부모모방이다. 예를 들면, 부모가 음주나 흡연행위를 할 경우, 자녀가 부모를 모방하여 술이나 담배를 사용할 가능성은 높아진다.

부모의 규범적 태도, 부모의 반응, 부모모방 등의 변인이 청소년비행을 어느 정도 설명하는 선행연구는 제법 존재한다. 황성현은 미국의 중서부지역(Nebraska, Iowa, Wisconsin)과 한국의 부산지역 고등학생을 대상으로 약물남용의 원인에 관한 미국과 한국의 비교연구에서 일부 사회학습이론의 구성요소들이 미국과 한국 청소년의 약물남용을 잘 설명하는 것으로 드러났다(황성현, 2007).

즉, 미국과 한국의 부모들이 자녀들의 음주행위에 대한 반응이 부정적일수록 미국과 한국청소년들은 음주를 할 가능성이 줄어들었으며, 한국부모들이 술을 남용하는 것을 직접 관찰하거나 본 적이 많은 청소년들일수록 청소년 자신이 음주를 할 가능성이 높은 것으로 드러났다. 그러나 부모의 규범적 태도는 청소년 자신의 음주와 흡연행위에 별 영향을 미치지 못하는 것으로 나타났다(황성현, 2007). 황성현의 또 다른 연구에서 부모변인이 청소년의 약물남용에 중요한 역할을 하였다(황성현, 2006). 청소년의 음주남용의 28%, 흡연의 37%, 진정제남용의 26%, 흥분제남용의 8%가 부모변인에 의해 설명되어졌다. 물론 이 연구에서 부모는 자녀의 약물남용에 직접적으로 영향을 미치기보다는 자녀가 약물을 사용하는 친구들과 어울리는 것을 통제하거나 간섭함으로써 자녀의 약물남용을 간접적으로 억제하거나 금지시키는 역할을 하는 것으로 드러났다. 즉, 청소년 약물남용을 막기 위한 부모의 역할이 친구집단의 역할보다 덜 효과적인 것으로 드러났지만, 여전히 부모의 역할은 중요했다. 부모는 약물을 사용하는 자녀를 직접 감독하거나, 약물을 사용하는 친구집단과의 어울림을 간접적으로 차단함으로써 자녀의 약물남용을 줄이거나 금지시키는 역할을 했다.

(4) 자기통제이론

허쉬는 1969년에 청소년비행의 원인을 부모와의 약한 애착이나 유대관계로 설명한 사회유대이론을 발표한 이후, 다시 1990년에 갓프레드슨과 함께 청소년비행의 또 다른 중요하고 유일한 요인으로 낮은 자기통제감(low self-control)을 주장했다(Gottfredson & Hirschi, 1990). 갓프레드슨과 허쉬는 이 이론을 범죄일반이론(general theory of crime)으로 지칭하면서 낮은 자기통제감은 세상의 모든 범죄의 원인을 다 설명할 수 있는 유일한 요인이라고 주장했다. 그들의 주장에 따르면, 낮은 자기통제력은 어릴 때 가정에서의 부적절한 사회화의 결과로 나타난다고 보았다. 즉, 어린 시절 가정에서 부모가 자녀의 비행행위를 알지 못하거나, 알더라도 적절한 처벌을 하지 않을 때 자녀는 가치관의 혼돈을 겪으며, 그 결과 낮은 자기통제감이 발생한다고 보았다. 예를 들면, 어린 시절 가정에서 자녀의 잘못된 일탈행위를 본 부모가 어떤 경우에는 호되게 꾸짖거나 그에 상응하는 처벌을 한다. 그러나 부모 자신이 집안일로 바쁘거나 또 다른 이유로 동일한 일탈행위를 처벌없이 넘어갈 경우, 자녀는 어떤 행위가 옳은 행위인지, 나쁜 행위인지를 사회화하지 못할 가능성이 높으며 이로 인해 가치관의 혼돈을 겪으며, 이런 현상이 반복되면 자녀의 자기통제감에 부정적인 영향을 미친다는 것이다. 따라서 가정과 관련하여 청소년비행을 가장 직접적이고, 잘 설명할 수 있는 이론으로 자기통제이론을 꼽을 수 있다. 어린 시절 가정에서 형성된 낮은 자기통제감은 한 인간의 긴 인생여정을 통해 꾸준하게 부정적인 영향을 미치며, 다른 기관이나 사회적 자본(social capital)의 변화에 의해서도 상대적으로 영향을 받지 않는다고 보았다. 오히려 이렇게 형성된 낮은 자기통제력은 나중에 학교생활이나 직장생활 또는 이성관계나 결혼 등에 부정적인 영향을 미쳐 비행이나 범죄의 굴레에서 벗어나지 못하는 상습범죄자로 살아갈 가능성이 높다.

자기통제이론은 서구 사회에서 1990년 이후부터 가장 짧은 시간 동안 가장 많은 경험적인 검증과정을 거쳤다. 에반스(Evans)와 그의 동료들의 연구결과, 범죄자들의 일생에서 낮은 자기통제력이 그들의 삶의 질에 영향을 미치는 어떤 다른 요인보다도 더 많이 그들 삶에 부정적인 역할을 초래한다는 사실을 밝혀냈다(Evans et al., 1997). 폴라크위스키(Polakowski)는 자기통제이론을 검증한 결과, 낮은 자기통제력은 심각한 성격결함과 깊은 관련이 있으며, 특히 어린 시절의 공격, 분노, 폭력을 일으키는 원인이라고 주장했다(Polakowski, 1994). 이런 낮은 자기통제력은 부모 및 친한 친구와의 사회적 유대를 약화시켰으며, 청소년기 동안 꾸준하게 진행되어 성인이 된 후에도 각종 범죄를 저지를 가능성이 높은 것으로 드러났다.

한국에서 자기통제이론의 경험적 연구는 주로 2000년 이후에 본격적으로 진행되었다. 민수홍은 219명의 범죄자 집단을 조사한 결과, 낮은 자기통제력을 지닌 사람은 배우자에게 심한 욕설이나 폭행을 많이 하는 것으로 드러났으며(민수홍, 2014), 그의 또 다른 연구인 교도소 내 수형자들의 규율위반을 자기통제이론으로 조사한 결과, 자기통제력 수준이 낮을수록 손쉽고 즉각적인 욕구충족과 해소를 위해 교도관에게 대항하거나 교도소가 부과하는 규정을 위반할 가능성이 높을 뿐만 아니라 고통과 좌절을 참지 못해 자기 자신을 훼손하거나 동료

수형자들에게 속임수와 완력을 사용할 가능성이 높은 것으로 드러났다(민수홍, 2011). 한국 형사정책연구원이 2008년 조사한 청소년 학대와 비행의 자료를 사용하여 자기통제이론을 검증한 또 다른 연구결과, 부모의 자기통제력 중에서 모의 자기통제력이 자녀의 비행에 영향을 미치는 것으로 드러났다(신송연·장현석, 2013). 하지만 우리 사회에서 자기통제이론을 경험적으로 검증한 연구결과는 항상 동일하게 청소년비행을 잘 설명하는 것으로 나타나지는 않았다. 브라운필드와 소렌슨(Brownfield & Sorenson)의 연구에서 낮은 자기통제력은 청소년비행을 잘 설명하지 못했다(Brownfield & Sorenson, 1993). 즉, 친한 친구와의 차별적 접촉, 부모와의 유대, 신념과 같은 독립변인을 통제했을 때, 낮은 자기통제력은 청소년비행과 관련이 없는 것으로 드러났다. 1,035명의 고등학생을 표본대상으로 한 청소년 불법 약물남용에 관한 황성현과 에이커스의 연구에서도 자기통제이론이 사회학습이론과 동일한 회귀방정식에 투입되었을 때, 자기통제이론의 6가지 변인들의 설명력은 대부분 사라지고, 오히려 사회학습변인들의 설명력이 더 부각되는 것으로 나타났다(Hwang & Akers, 2003; 2006).

한국청소년패널자료를 사용한 5년간의 종단연구에서도 비슷한 결과가 나타났다. 황성현은 사회학습이론, 사회유대이론, 자기통제이론을 사용하여 청소년 음주 및 흡연행위를 연구한 결과, 5년 동안 지속적으로 음주와 흡연행위를 한 청소년들의 비행행위를 가장 잘 설명한 변인은 사회학습이론의 차별적 접촉요인이었으며, 자아통제이론 중에서는 육체적 활동선호 요인만 청소년 음주 및 흡연행위를 잘 설명하는 것으로 드러났다(황성현, 2009). 동일한 청소년 패널 종단자료를 사용한 황성현의 또 다른 연구에서도 지위비행을 가장 잘 설명하는 이론은 사회학습이론이었으며, 자기통제이론은 어느 정도의 청소년 지위비행을, 사회유대이론은 청소년 지위비행을 거의 설명하지 못하는 것으로 드러났다(황성현, 2010a).

제2절 가족구조와 청소년비행

가정이 청소년비행에 미치는 영향은 크게 가족구조와 가족기능으로 나눌 수 있다. 가족구조는 다시 한부모가정, 조부모가정, 재혼가정, 양부모가정에 따라 그 속에서 생활하는 청소년들의 비행률에 상이한 영향력을 미친다. 하지만 최근 선행연구에 의하면, 가족구조보다는 가족기능이 청소년비행에 더 많은 영향을 미친다는 결과물이 더 많이 발표되고 있다. 왜냐하면 한부모가정이나 조부모 가정이라 하더라도 가정 내에서 자녀에게 충분한 애정이나 사랑을 쏟을 경우, 비행률은 줄어들며, 오히려 양부모가정에서 가족기능이 약화되거나 파괴되어 있을 때 한부모가정보다 더 높은 비행률을 보이는 경향이 더 강하게 나타났기 때문이다. 즉, 한부모가정이나 조부모가정에서 청소년비행에 영향을 미치는 다른 요인을 통제했을 때 가족구조의 영향력은 사라지거나 현저하게 약화되는 선행연구들이 많이 발표되고 있는 실정이다. 따라서 이 절에서는 가족구조와 가족기능이 청소년비행에 구체적으로 얼마만큼, 어떤 형태로 영향을 미치는지를 살펴볼 필요가 있다.

(1) 사회경제적 지위(SES)

부모의 사회경제적 지위(socio-economic status)는 부모의 교육수준(학력), 직업, 소득을 계량적으로 측정하는 개념이다. 학력은 고졸, 대졸, 대학원졸 등으로 계층화되며, 직업은 생산직, 사무직, 전문직 등 직업에 수치를 부여하여 사용하고 있다. 소득은 각 가정의 월수입이나 연수입으로 측정된다. 부모의 사회경제적 지위가 자녀의 비행에 어떤 영향을 미치는지에 대한 연구는 오랫동안 진행되어 왔다. 일반적으로 부모의 사회경제적 지위는 청소년비행에 직접적으로 영향을 미치는 것이 아니라 부모의 양육형태를 매개하여 간접적으로 영향을 미친다는 연구결과들이 일관되게 나타나고 있다. 즉, 〈그림 8-1〉의 점선 화살표에서처럼 부모의 사회경제적 지위가 매개변인을 경유하지 않고 직접적인 영향을 미치기보다는 실선 화살표에서처럼 부모의 사회경제적 지위는 부모의 양육

그림 8-1 부모의 사회경제적 지위와 청소년비행과의 관계

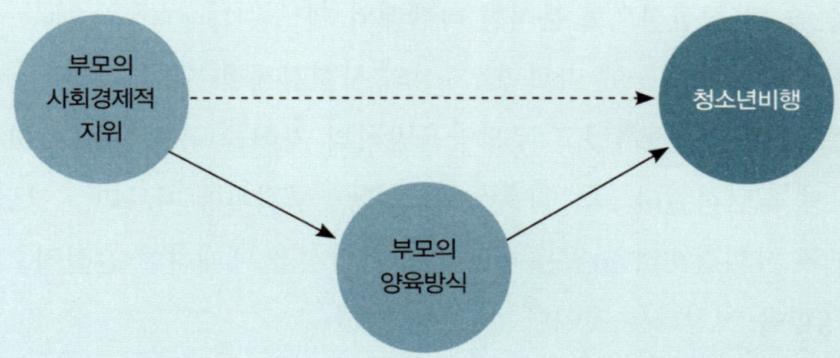

방식에 영향을 미치고 이 양육방식 매개변인이 청소년비행에 영향을 미치는 것으로 나타난다.

부모의 사회경제적 지위가 낮은 가정에서 자란 청소년은 그렇지 않은 청소년에 비해 가족갈등, 부적절한 부모양육방식, 사회적 차별경험 등과 같은 다양한 위험요인에 노출될 가능성이 높은 것은 사실이나 사회경제적 지위가 직접적으로 청소년비행을 증가시키는 요인은 아니다. 즉, 부모의 낮은 사회경제적 지위는 가족구성원 간의 부정적 상호작용, 비일관된 양육태도 등 부정적인 가족관계를 발생시키며, 이러한 가족관계는 결과적으로 청소년비행을 유발한다는 것이다.

부모의 사회경제적 지위와 부모양육방식의 관계를 잘 설명하는 연구로 콘(Kohn, 1963)의 연구가 대표적이다. 그는 중산층 부모들의 직업과 하층 부모들의 직업에서 중요시되는 가치의 차이가 존재한다고 주장하며 중산층의 부모들은 추상적이고 정신적인 업무를 주로 다루고 자기주도적이며 자기결정적인 업무를 주로 하는 반면, 하위계층 부모들의 직업은 물체를 다루는 등 직접적이고 표준화된 형태를 가지므로 집단의 역할에 의존하는 정형화된 산업에 종사하는 경우가 많기 때문에 자녀양육방식에 차이가 존재하게 된다는 것이다(Kohn, 1963). 따라서 하층계층의 부모들은 자녀들에게 좀 더 육체적이고 직접적인 양육방식을 취할 가능성이 높다. 이에 따라 자녀의 잘못된 행동이나 비행에 대한

태도 또한 달라지는데, 하층계층의 부모들은 물리적 처벌 등과 같은 강압적 방식을 취하는 경향이 높다. 부모의 사회경제적 지위가 청소년비행에 미치는 영향력을 좀 더 직접적으로 분석한 라젤레와 페트슨(Larzelere & Patterson, 1990)의 연구도 있다. 이 연구에 따르면, 가정의 사회경제적 지위가 비행에 직접적으로 미치는 영향은 미약하였고 부모양육방식의 차이를 유발하여 비행과 관련된다는 결론에 도달하였다. 즉, 위 두 가지 선행연구결과에 따르면, 〈그림 8-1〉와 같이 부모의 사회경제적 지위는 부모의 양육방식을 매개하여 간접적으로 청소년비행에 영향을 미친다는 것이다.

부모의 사회경제적 지위와 비행과의 관계를 밝힌 국내연구로 박정선과 황성현(2013)의 연구, 이완희와 유완석의 연구(2014), 황성현의 연구(2012b) 등이 있다. 한국아동청소년패널 중등패널 2차년도 자료를 사용한 박정선과 황성현의 연구에서 부모의 경제적 수준은 자녀의 지위비행을 잘 설명하지 못했을 뿐만 아니라, 이완희와 유완석의 중등패널 3차년도 자료에서도 부모의 경제적 수준은 청소년의 지위비행과는 상관이 없는 것으로 드러났다. 그러나 2010년 청소년 건강 실태조사 초, 중, 고등학생 총 9,844명의 청소년 음주 및 흡연행위 자료를 분석한 황성현의 연구에서는 청소년 음주와 흡연행위는 부모의 경제적 수준과 유의미한 상관관계가 있는 것으로 나타났다. 즉, 부모의 경제적 수준이 낮은 가정의 자녀들은 높은 경제적 수준을 유지하는 가정의 자녀보다 음주 및 흡연행위를 더 많이 하는 것으로 나타났다(황성현, 2012b). 가족의 사회경제적 지위와 청소년비행과의 관계를 밝힌 윤우석의 연구에서도 가정의 사회경제적 지위는 부모양육행동과 비행행위에 가장 일관된 관련성을 나타내는 변인이었다(윤우석, 2011). 사회경제적 지위가 높은 가정의 자녀들은 부모로부터 따뜻한 애정과 관심, 적절한 훈육과 감독을 받는 것으로 나타난 반면 하위계층의 자녀들은 부정적인 부모양육행동의 대상이 되는 것으로 나타났으며 청소년의 지위비행에도 부정적으로 작용하는 것으로 나타났다.

이처럼 부모의 경제적 수준과 자녀의 비행과의 국내 연구결과는 일관적이지 않다. 일반적으로 부모의 경제적 수준은 직접적으로 자녀의 비행에 영향을 미치기보다는 양육형태나 부부갈등 등과 같은 매개변인을 통해 간접적으로 청소년비행에 영향을 미친다고 결론내리는 것이 타당할 것이다. 예를 들면, 기광도의 연구(2003)에서 부모의 학력, 부의 직업, 가구소득, 그리고 주관적 지위인식을 가족의 사회경제적 지위를 설명하는 변인으로 사용하여 자녀양육(애착, 감독, 처벌)과 비행에 미치는 영향을 살펴보았으나 비행에 직접적인 영향력은 존재하지 않았고 자녀양육에 일부 매개되어 영향을 미치는 것으로 나타났다. 결론적으로 부모의 사회경제적 지위와 청소년비행과의 관계는 직접적으로 부모의 낮은 사회경제적 지위 그 자체가 자녀의 비행으로 연결되는 것이 아니라 이런 낮은 사회경제적 지위 가정에서 자란 청소년은 그렇지 않은 청소년가정에 비해 부모의 비일관적인 양육형태로 인해 간접적으로 청소년비행을 더 많이 저지른다고 볼 수 있다.

(2) 가족의 결손

현재 대표적인 가족의 결손으로 한부모가정을 들 수 있다. 한부모가정은 최근까지 결손가정으로 지칭되었다. 하지만 우리 사회에서 결손이라는 단어의 의미가 부정적으로 인식됨에 따라 부모의 이혼 또는 재혼이나 사별로 인해 발생되는 결손가정이란 용어 대신에 한부모가정이라는 용어로 가족구조의 명칭을 변경하자는 사회적 합의가 이루어져 있다. 그럼에도 불구하고 한부모가정보다는 결손가정이 좀 더 광범위한 가족구조의 형태를 지칭하는 용어로 아직까지 사용되고 있다. 왜냐하면, 한부모가정은 부모의 이혼, 별거, 사망, 재혼 등으로 친부모 두 사람 중 한 명이 없는 가정을 의미하는데, 만약 친부모가 모두 사망했을 경우에는 한부모가정으로 규정할 수 없기 때문이다. 따라서 결손가정이란 이혼, 별거, 사망, 재혼 등으로 친부모가 모두 없거나 어느 한쪽이 없는 가정을 의미한다. 청소년비행에 관한 초창기 선행연구에서는 가족의 결손이 직접적으로 비행에 영향을 미친다는 연구결과가 상당히 많았다(Browning, 1960; Chilton & Markle, 1972; Thomas et al., 1996). 그러나 우리 사회에서 가족의 구조가 점차 핵가족화와 개인주의 영향으로 이혼이나 재혼가정이 증가함에 따라 가족의 결손이 일탈행위가 아닌 보편적인 가족구조의 한 형태로 자리매김하게 되었다. 이에 따라 가족의 결손이 현재 청소년비행에 미치는 영향력은 과거에 비해 다소 약화되었다.

이런 사회구조적 변화에도 불구하고 일반적으로 결손이 있는 가족에서 자란 청소년의 비행률이 양부모가정보다 더 높을 것이라는 막연한 오해나 선입견이 우리 사회에 만연해 있다. 이런 선입견의 바탕에는 이와 유사한 연구결과물들이 존재하기 때문이다. 예를 들면, 구조적 결손가정 아동이 정상가정 아동보다 대인관계가 우호적이지 못하고 신뢰성이 부족하며, 애정이 결핍돼 있다는 연구결과가 있다(박혜경, 2001). 더 나아가 구조적 결손가정의 학생이 정상가정의 학생보다 학교에 부적응하고 학교생활 중 수업에 대한 적응도가 낮으며(윤형숙, 2000), 특히 초등학생인 경우는 정서적 불안, 학업 성적의 부진, 원만치 못한 인간 관계, 이상한 버릇 및 문제 행동 등을 보이는 것으로 나타났다(권영미, 1999). 또한 가족구조의 결손은 청소년의 심리사회적 문제와 관련이 있다는 연구도 다수 존재한다. 이혼가정의 청소년은 일반가정의 청소년보다 우울수준이 높으며, 특히 연령이 높은 집단의 우울수준이 이혼가정에서 더 많았다(이혜승, 2004). 가족구조의 결손은 청소년의 공격성에도 영향을 미치는데 한부모가정의 청소년이 양부모가정의 청소년에 비해 공격성이 높고(이선애, 2007; 윤은경·신성희, 2013), 부모를 사별한 자녀가 아닌 자녀에 비해 공격성이 높은 것으로 나타났다(이순형 외, 2005).

이처럼 가족의 결손이 청소년의 정서발달이나 일탈행동에 영향을 미칠 수는 있지만, 청소년비행에 직접적인 영향력을 미친다는 확실한 증거는 없다. 오히려 부모의 부재가 직접적으로 청소년비행에 영향을 미치는 것이 아니라 부모-자녀 간의 관계의 질에 더 많은 영향을 미칠 수 있다. 즉, 가족구조가 중요한 것이 아니라 가족 간의 상호작용 관계의 질이 더 중요할 수 있다. 한부모가정 청소년이 가족 구조의 결함으로 인해 위험요인이나 일탈의 유혹에 쉽게 노출될 가능성은 있지만, 모든 한부모가정의 자녀들이 비행을 저지르는 것은 아니다. 반대로 양부모가정의 청소년이 한부모가정의 청소년보다 청소년비행을 더 많이 저지를 수 있다. 왜냐하면, 비록 양부모가정이라 하더라도 가족관계나 가족의 기능적 측면에서 한부모가정보다 약하거나 원만하지 못할 경우 그 자녀의 비행률은 높아질 수 있기 때문이다.

가족구조가 청소년비행에 미치는 영향력에 관한 최근 연구를 살펴보면, 가족구조의 결손은 비행에 직접적인 영향을 미칠 뿐만 아니라 부모의 양육태도 중 특히 감독기능에 영향을 미치는 것으로 나타났다(이충권 외, 2015). 즉, 한부모가정은 양부모가정에 비해 감독기능이 떨어지므로 한부모가정의 청소년이 집밖 외부장소에서 여가시간을 보내면서 여러 유해환경에 쉽게 노출될 수 있고 이는 비행경험의 가능성을 높이는 것으로 나타났다(이충권 외, 2015).

그러나 한국·아동청소년패널 중1학년 3차년도 자료를 분석한 이완희와 유완석의 연구(2014)에서 가족구조의 결손은 청소년 지위비행과는 상관관계가 없는 것으로 드러났다. 즉, 한부모가정의 청소년이 양부모가정의 청소년보다 청소년 지위비행을 더 많이 저지르지 않는 것으로 나타났다. 그러나 이완희의 또 다른 연구에서는 가족 구조의 결손이 청소년 중비행(조롱하기, 집단따돌림, 패싸움, 심한 구타, 삥뜯기, 훔치기, 성관계, 성폭력이나 성희롱)과 관련이 있는 것으로 나타났다(이완희, 2014). 즉, 한부모가정의 청소년은 양부모가정의 청소년보다 중비행을 저지를 가능성이 높은 것으로 나타났다. 이처럼 가족의 결손이 청소년비행에 어떤 영향을 미치는지에 대한 최근 연구결과는 일정하지 않다. 동일한 자료를 사용한 이완희의 연구에서도 종속변인이 비교적 가벼운 지위비행일 경우에는 가족의 결손이 영향력이 없는 것으로 나타났지만, 비교적 무거운 중비행일 경우에는 상관관계가 있는 것으로 드러남에 따라 가족구조의 결함이 명확하게 청소년비행에 직접적으로 영향을 미친다고 확신할 수 없다.

지금까지의 선행연구를 바탕으로 추측하건대, 가족의 결손은 청소년비행에 직접적인 영향을 미친다기보다는 결손가정이라는 구조적인 특성이 부모의 양육행위 등과 같은 가족의 기능적 측면에 차별적으로 영향을 미쳐서 청소년비행을 야기하는 것으로 이해하는 것이 바람직하다. 즉, 결손가정의 자녀는 일반가정의 자녀에 비해 부모의 양육행위에서 경제적, 시간적으로 불이익을 당하며 이는 부모의 양육행동에 부정적인 영향을 초래하고 이런 부정적인 영향력은 비행행위와 연결될 수 있다는 것이다. 따라서 가족구조가 청소년비행에 미치는 영향에 대한 정확한 진단은 일률적이지 않지만, 가족의 기능에 영향을 미칠 수 있으며, 가족의 기능은 다시 청소년비행에 영향을 미칠 수 있다고 판단할 수 있다. 지금까지의 논의를 그림으로 요약하면 〈그림 8-2〉와 같다.

그림 8-2 가족구조와 청소년비행과의 직접적, 간접적 관계

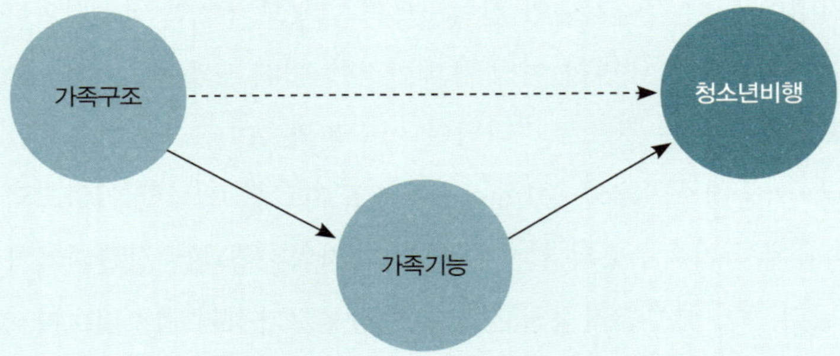

가족구조와 청소년비행과의 관계를 다시 한번 더 설명하면, 가족구조가 청소년비행에 직접적인 영향을 미친다는 일관된 선행연구결과는 존재하지 않는다. 따라서 〈그림 8-2〉의 점선 화살표처럼 직접적인 영향력이 있을 수도 있으며 그렇지 않을 수도 있다. 오히려 가족구조는 〈그림 8-2〉의 실선 화살표처럼 청소년비행에 직접적으로 영향을 미치기보다는 가족기능에 영향을 미치며, 가족기능이 청소년비행에 더 많은 영향력을 미친다고 판단하는 것이 바람직하다. 즉, 한부모가정의 비행률이 일반가정의 비행률보다 높다고 확증할 수 없지만, 한부모가정의 청소년은 일반가정의 청소년에 비해 가족의 기능이 다소 떨어질 수 있으며, 가족기능의 약화로 인해 간접적으로 청소년비행에 영향을 미칠 수 있다. 이제 가족의 기능이 청소년비행에 어떤 영향력을 미치는지에 대해 좀 더 상세하게 살펴볼 필요가 있다.

제3절 가족기능과 청소년비행

앞 절에서 살펴본 것처럼 가족구조는 청소년비행에 직접적으로 영향을 미치기 보다는 부적절한 가족기능을 통해 간접적으로 청소년비행에 영향을 미칠

가능성이 더 높았다. 따라서 이 절에서는 가족기능 중에서 가장 많이 거론되고 연구되는 부모-자녀관계, 부모의 양육방식, 부모감독, 부모학대 등을 중심으로 가족기능이 약하거나 파괴되었을 때 자녀의 비행에 어떤 영향을 미치는지를 살펴볼 것이다.

(1) 부모-자녀관계

일반적으로 부모-자녀관계는 청소년비행과 밀접한 관련을 가지는 것으로 알려져 있다. 원만한 부모-자녀관계는 주로 자녀의 정서적 자율성과 부모와의 의소소통 형태로 나타난다. 청소년기는 부모의 의존에서 벗어나 부모로부터 독립하려는 자녀의 욕구와 부모 욕구 사이에 많은 갈등이 발생하는 시기이므로 정서적 자율성과 부모와의 의사소통이 부모-자녀관계를 결정하는 중요한 요인이 된다. 첫째, 정서적 자율성은 청소년의 정서발달을 촉진하지만, 지나치게 높은 자율성은 오히려 청소년의 사회적응에 부정적인 영향을 미칠 수 있다. 예를 들면, 정서적 자율성을 지나치게 많이 가진 청소년은 그렇지 않은 청소년에 비해 비행가능성이 높으며, 학업성취가 낮고, 심리적, 사회적으로 부적응적인 현상을 보일 수 있다. 또한 정서적 자율성이 높은 일부 청소년은 진정한 심리적, 사회적 성숙과는 다른 유사 성숙을 나타남에 따라 흡연, 음주, 늦은 귀가 등과 같은 비행행동을 할 가능성이 높아진다(박희숙·하정희, 2007).

둘째, 자녀의 정서적 자율성은 부모-자녀 간의 의사소통 관계에 영향을 미친다. 일반적으로 사회학적인 입장을 취하는 사회통제 이론가들은 부모-자녀관계 중, 애착, 존경, 롤모델(role model) 등 내적인 측면을 위주로 하는 내적 통제를 강조하는 반면, 행동주의 심리학의 관점을 취하는 사회통제 이론가들은 양육방식, 훈육방식, 상벌 등 직접적인 통제가 자녀의 비행과 더 밀접한 관계가 있다고 주장한다(김준호 외, 2002). 셋째, 부모의 과잉통제나 허용 정도는 부모와 자녀 간의 의사소통 정도와 밀접한 관련이 있다(변보기·강석기, 2002). 즉, 부모와 자녀 간의 의사소통은 그들 간에 사실, 생각, 의견, 감정의 표현을 통해 공통의 이해를 이루고자 하는 일련의 행동이다. 따라서 이러한 의사소통이 효율적일 때 청소년들의 심리적응에 긍정적인 영향을 미칠 수 있으며(김인향, 1997), 자녀에 대한 적절수준의 통제 또한 가능하다. 반면에, 부모가 자녀와 효율적이고 개방적인 의사소통을 하지 못할 때 자녀들의 욕구불만 및 불만족이 증가하여 일탈행위나 비행으로 발전할 수 있다. 따라서 부모와의 의사소통이 긍정적이고 개방적일수록 비행과의 연관성은 적으며, 의사소통이 부정적이고 역기능적일수록 비행 가능성은 증가한다. 또한 부모와의 의사소통이 원만한 청소년은 또래친구와의 의사소통에서도 유연성을 발휘하여, 적대감을 덜 표현하므로 비행이나 범죄의 유혹에 빠질 가능성이 낮다. 구체적으로, 부모와의 의사소통에서 청소년은 부모에게 자신을 표현하고 이해시킴으로써 부정적인 정서를 억압하지 않으며 부모 또한 자녀의 언행에 수용적 태도를 보여 그렇지 않은 부모-자녀 관계를 경험한 청소년보다 덜 공격적이다.

부모-자녀 간의 의사소통이 청소년비행에 미치는 연구결과를 살펴보면, 부모-자녀 의사소통은 청소년의 사이버 비행에 의미있는 영향을 미쳤다. 청소년과 부모의 관계가 원만할수록 사이버 비행의 하위유형인 사이버 섹스중독이 약화되는 것으로 나타났다(남영욱·이상준, 2002). 김경호(2014)의 연구에서도, 부모와 자녀의 원만한 의사소통이 자녀의 사이버 비행을 낮추는 결과를 초래했다. 즉, 부모-자녀의 의사소통과 부모의 양육태도가 청소년 사이버 비행에 대한 보호요인과 위험요인으로 동시에 작용하여 원만한 의사소통은 보호요인으로 사이버 비행을 낮추는 반면, 권위적이고 통제적인 의사소통은 위험요인으로 자녀의 사이버 비행을 증가시켰다.

부모-자녀 간의 원만한 의사소통은 부모와의 유대(bonding), 지지(support)로 표출된다. 호킨스와 그의 동료들은(Hawkins et al., 1992) 부모와의 낮은 유대는 자녀의 비행을 증가시키는 중요 요인으로 파악했으며, 브룩과 그의 동료들도(Brook et al., 1983) 청소년 약물남용의 각 진행단계에서 부모와 친구의 관계가 어떤 영향을 미치는지를 연구한 결과, 부모의 따뜻한 온정은 자녀의 약물남용을 억제하는 반면 자녀에 대한 부모의 냉담함과 거절은 친구집단이 자녀에게 미치는 영향과 무관하게 자녀의 약물남용을 증가시키는 역할을 했다. 부모지지(parental support) 또한 부모의 사회경제적 지위, 나이, 성별, 인종, 부모의 범죄경력 등과 같은 요인과는 무관하게 자녀의 비행에 상당한 영향을 미치는 것으로 드러났다. 152명의 약물남용 청소년과 부모를 대상으로 한 연구결과, 부모와 좀 더 긴밀하고 온정적인 관계를 유지하는 청소년은 강성약물을 사용할 가능성이 현격하게 떨어지는 것으로 드러났다(Lewis et al., 1990). 앤드류스와 그의 동료들의(Andrews et al., 1991) 연구결과 또한 강성약물을 남용하는 여자청소년은 약한(가벼운) 약물을 사용하는 여자청소년보다 더 부모와의 관계가 냉담했으며 더 갈등적이거나 무관심한 관계를 보였다. 요약하면, 부모-자녀 간의 관계는 청소년비행에 상당한 영향력을 미치는데, 주로 자녀의 정서적 자율성, 의사소통 관계, 자녀에 대한 부모의 통제 등으로 측정되고 평가된다. 즉, 부모-자녀 간의 관계가 원만하지 못할 경우, 자녀의 정서적 자율성은 지나치게 허용되거나 반대로 지나치게 억압받을 수 있으며, 부모-자녀 간의 의사소통은 부정적이거나 역기능적으로 나타나며, 부모의 과잉통제나 방임 등은 자녀의 일탈행동과 비행을 부추기는 역할을 한다.

(2) 양육방식

부모의 양육방식은 자녀양육과정에서 보편적으로 나타나는 부모의 행동을 말한다. 이런 부모의 양육방식은 자녀의 성격적, 언어적, 정서적, 사회적 발달과 함께 부모-자녀 관계의 질을 결정하기도 한다. 예를 들면, 부모의 양육방식이 적대적이고 통제적일수록 자녀는 사회적으로 위축되거나 공격적이며, 내면적 갈등과 충동을 잘 조절하지 못하여 사회적응에 어려움을 겪게 된다. 부모의 양육방식은 크게 애정과 지배로 양분할 수 있다. 첫째, 부모의 애정 정도에 따라 애정적 양육방식과 거부적 양육방식으로 나눌 수 있는데 애정적 양육방식은 부모가 자녀를 애정적으로 대하며 정서적인 유대관계가 강하게 형성된 방식을 의미한다. 거부적 양육방식은 애정적 방식의 반대개념으로 부모-자녀 간에 정서적인 유대관계가 형성되지 못했거나 형성하기 어려운 상태를 의미한다. 둘째, 부모-자녀 간의 양육방식에서 지배의 정도에 따라 통제적 양육방식과 허용적 양육방식으로 나눌 수 있다. 통제적 양육방식은 부모가 자녀의 일거수일투족을 통제하고 지배하려는 욕구가 강한 방식을 의미하며, 반대로 허용적 양육방식은 부모가 자녀에게 지나치게 허용적이며 거의 간섭하지 않는 방임에 가까운 양육방식을 말한다.

이 네 가지 양육방식을 비행과 관련하여 구체적으로 살펴보면, 첫째, 애정적 양육방식은 부모-자녀 간에 정서적으로 애정적 관계가 형성되어 있기 때문에 부모는 자녀를 그대로 수용하고 자녀는 부모의 권면에 순응한다. 애정적 관계에서 부모는 주로 칭찬, 배려 등의 긍정적인 방법을 사용한다. 자녀는 일탈이나 비행행동 시에도 책임감의 수용, 죄의식 등을 느끼므로 가벼운 일탈은 할지언정, 무거운(중) 비행이나 범죄로 이어지는 심각한 일탈은 저지르지 않는다. 선행연구에 따르면, 부모의 양육태도가 자율적, 애정적일 때 자녀의 비행가능성은 낮았으며, 반대로 부모의 양육태도가 거부적, 권위적, 독재적일 때 비행의 경향성이 높게 나타났다(서미경, 2004; 신동숙, 2007).

둘째, 거부적 양육방식은 부모-자녀 간에 정서적인 거리감이 크다. 자녀에게 냉담한 부모의 태도는 피상적이고, 무관심하고, 부정적이고, 거부적이고, 비판적이고, 심지어 어떤 경우에는 적대적이기도 하다(김준호 외, 2013). 이런 거부적 환경에서 자란 청소년은 가정에서 부모로부터 받아야 할 충분한 사랑과 애정이 부족하여 자신의 존재가치를 평가절하하며, 자존감이 낮게 형성된다. 낮은 자존감은 다시 자신을 스스로 통제하는 자기통제감에도 부정적인 영향을 미치게 되어 가정 밖에서 그와 성향이 비슷한 비행친구와의 차별적 접촉을 통해 비행 및 범죄의 길로 접어들 가능성이 높다. 선행연구에 따르면, 부모의 거부적 양육방식은 자녀의 공격성에 영향을 미치며, 청소년의 자기통제력이 발달하지 못하기 때문에 즉흥적이고 충동적인 성향이 강하게 나타나 공격성을 증폭시키는 결과를 초래했다(이숙·최정미, 2006; 박희경·김은정, 2012).

셋째, 통제적 양육방식은 부모가 자녀의 행동을 지나치게 통제하므로 자녀의 공격성 및 반사회적 행동을 유발할 가능성이 높다. 부모는 자녀의 사소한 일탈까지 통제하려 하므로 자녀에게 언어적 위협을, 다른 한편으로는 감언으로 구슬리는 경향이 있다. 통제적 양육방식에서 자라난 자녀는 그들의 자율성 발달이 저해되고, 매사에 주눅 드는 경향이 강하다(김귀연·김경연, 2005). 또한 지나친 체벌이나 일관성 없는 양육은 청소년들을 우울하고 불안하게 만들며, 정서적으로 불안정하게 되는 경향이 있다(정동숙, 2014). 선행연구에 따르면, 부모의 양육방식이 독재적, 권위적, 통제적일 때 자녀의 비행가능성은 높게 나타났다.

정상청소년과 비행청소년 부모의 양육방식에서 대한 연구에서(김유자·백용매, 2000), 비행청소년이 정상청소년에 비해 그들의 어머니가 자신을 더 통제한 것으로 나타났고, 자녀를 지나치게 통제하는 양육방식을 취한 어머니의 양육방식은 자녀비행과 깊은 상관관계가 있는 것으로 드러났다(최정수, 2002). 또한 청소년의 비행행동에서도 아버지의 거부 및 통제는 청소년비행과 상관관계가 높은 것으로 나타났다. 즉, 아버지의 거부와 통제가 높을수록 자녀의 비행 경향성이 높은 것으로 드러났다(황규숙, 1999).

넷째, 허용적 양육방식은 부모가 자녀의 일탈행동에 지나치게 허용적이거나 방임하는 형태를 의미하는데 부모가 자녀의 절도나 폭행행위를 인지하더라도 그것을 증명할 수 없다고 판단하기 때문에 부모로써 어떻게 할 수 없다고 느끼는 경우도 있다. 특히 자녀양육에 대한 이해부족이나 가정의 경제적 어려움 등으로 자녀를 제멋대로 자라도록 내버려 두는 경향이 있었다. 이런 허용적 가정환경에서 자란 청소년은 자신의 욕구를 억제하는 방법을 배우지 못하기 때문에 욕구의 충동에 따라 행동하는 경향이 높았다. 또한 그들은 일탈이나 비행행동을 부모로부터 통제받지 못하므로 공격성 및 반사회적 행동이 증가하는 경향이 강했다. 멕코드(McCord, 1979)의 연구에 따르면, 비행청소년의 어머니는 자녀를 통제하거나 행동의 제한을 요구하지 않으며, 비행청소년의 아버지는 훈육에 있어서 방임적인 태도를 취하며, 가끔은 아버지가 엄격한 통제를 하는 경우에도 어머니는 반대로 방임적인 태도를 취하는 경향이 있다고 주장했다. 특히 방임적, 허용적 양육방식을 받고 자란 청소년은 대개 자신감이 없고, 또래 관계에 잘 적응하지 못해 비행의 피해자가 될 가능성이 높은 것으로 드러났다(박은주·최말옥, 2014; 정하은·전종설, 2012).

정리하면, 부모의 양육방식은 한 부모 가정이나 조부모가정 등 가족의 구조적 결함과 상관없이 청소년의 비행과 직접적인 관련이 있다. 양육방식에는 부모의 애정 정도에 따라 애정적 양육방식과 거부적 양육방식으로 나눌 수 있고, 지배의 정도에 따라 통제적 양육방식과 허용적 양육방식으로 나눌 수 있다. 이 네 가지 방식 중에서 애정적 양육방식이 자녀의 비행가능성을 줄일 수 있는 가장 좋은 방법이다. 그 외 거부적, 통제적, 허용적 양육방식 등과 같은 부모의 그릇된 양육태도는 청소년비행에 직접적인 악영향을 미친다. 이런 양육방식은 청소년의 정서적, 심리적 요인인 우울감, 낮은 자존감, 낮은 자기통제감, 공격성 등과 같은 부정적 감정 형성에도 간접적으로 영향을 미치고 이런 부정적 감정을 해소하기 위해 청소년들은 각종 비행 및 범죄를 저지를 가능성이 높아진다.

(3) 부모감독

부모감독은 사회유대이론에서 청소년비행과 관련된 중요 개념이다. 사회유대이론에서 부모는 그들의 자녀가 밖에서 누구와 어디서 무엇을 하는지 인지하고 있을 경우, 자녀의 비행가능성은 줄어든다고 주장한다. 사회통제이론의 한 분야인 사회유대이론에서 청소년의 비행과 관계있는 변수는 부모감독과 부모애착이다. 부모애착은 간접통제에 속하고 부모감독은 직접통제에 속한다. 간접통제인 부모애착은 부모와 어느 정도 애착관계를 가지느냐에 따라 부모와의 애착이 강할수록 비행은 줄어든다. 왜냐하면, 청소년비행이 부모 또는 그 밖의 친밀한 관계에 있는 사람들에게 고통, 실망 등을 가져다주기 때문에 비행을 억제하는 역할을 한다고 주장한다. 따라서 부모와의 강한 애착관계를 유지하는 청소년은 부모에게 실망감을 주지 않기 위해 비행친구와의 접촉을 꺼리고 그 결과 비행가능성이 줄어든다. 이에 반해 직접통제인 부모감독은 비행친구와의 접촉을 부모가 직접적으로 통제하는 것을 말한다. 부모감독이 잘 이루어지는 가정에서는 부모가 자녀의 활동이나 문제를 잘 파악할 수 있고, 효과적인 훈육이 이루러지는 반면에 부모감독이 소홀한 가정에서는 자녀가 어디에서 누구와 무엇을 하는지 잘 모를 경우가 많다. 특히 부모감독이 소홀할 경우, 자녀가 집 밖에서 친구를 선택하는 데 적절한 조절역할을 수행하지 못해 그들의 자녀는 비행친구와의 차별적 접촉을 통해 각종 비행 및 범죄를 저지를 가능성이 높아진다.

1) 부모애착

부모애착은 자녀가 부모에 대해 느끼는 깊고 강한 정서적 유대감을 의미한다. 부모애착이 청소년비행 가능성을 줄이는 중요한 역할을 한다는 선행연구 결과물들은 상당히 많다(김준경, 2008; 이주리, 2011; 김선주·김영희, 2012). 예를 들면, 부모와의 애착이 약한 청소년은 친구와의 애착관계 형성에도 서툴러 불안과 갈등이 증가하게 되고, 이로 인하여 폭력비행을 저지를 가능성이 높아진다(김선주·김영희, 2012). 이런 선행연구들은 청소년들의 부모애착이 높은 경우 비행 발생 가능성이 낮아지고, 역으로 부모애착이 낮은 경우 비행 가능성이 높아진다는 사실을 공통적으로 발견했다. 대표적인 예로, 황성현은 '2010년 청소년 건강 실태조사' 데이터를 사용하여 전국의 초등학교 4학년부터 고등학교 3학년까지의 학교 재학 청소년 중 총 9,844명의 응답자들을 대상으로 음주와 흡연행위를 분석하였다(황성현, 2010b). 분석결과, 한국 초등4~고등3학년까지의 음주행위에 부모애착이 상당히 중요한 역할을 했다. 즉, 부모애착이 강한 청소년들은 비록 친한 친구들이 술을 마신다 하더라도 부모에게 실망을 주지 않기 위해 술을 마시지 않는 것으로 나타났다. 이처럼 부모애착이 청소년비행을 줄이는 데 중요한 역할을 하지만 청소년기 전체 기간 동안 비행을 줄이는지는 기간별로 좀 더 세밀하게 살펴볼 필요가 있다. 즉, 청소년 초기, 중기, 후기별로 나누어서 부모애착이 청소년비행에 어떤 영향을 미치는지를 살펴볼 필요가 있다.

이를 위해 황성현은 한국청소년정책연구원에서 전국의 초등학교 4학년과 중학교 2학년을 대상으로 2003년부터 2008년까지 추적 조사한 종단자료를 분석한 결과, 청소년 초기와 중기까지는 부모애착변인이 자녀의 음주행위를 억제하는 데 중요한 역할을 했다. 그러나 청소년 중기를 넘어서 후기에 접어들수록 부모애착의 영향력은 점차 줄어들고 친한 친구의 영향력이 점차 확대되었다(황성현, 2012b). 즉, 초등학교 때는 부모의 애착이 자녀의 음주행위를 억제하는 역할을 했지만 중학교로 접어들면서 부모의 영향력은 점차 줄어들다가 청소년 후기인 고등학교 때 부모애착 변인은 청소년 음주행위에 영향력을 미치지 못하는 것으로 드러났다.

결론적으로 부모와의 강한 애착을 가지는 청소년은 각종 비행이나 일탈행위를 할 가능성이 애착이 약한 청소년보다 낮은 것은 사실이지만, 부모애착이 항상 자녀의 비행가능성을 줄이는 것은 아니다. 자녀의 학년이 점차 높아짐에 따라 자녀들은 부모의 애착과 감독에서 점차 벗어나 친구와의 유대를 더 중요하게 생각한다. 따라서 자녀가 고등학교 시절 즈음에는 부모와의 애착이 강하더라도 친구와의 애착을 더 중요하게 생각하기 때문에 친구의 영향을 더 많이 받게 된다. 친한 친구가 각종 비행을 저지른다면, 친구와의 유대를 유지하기 위해 자녀들 또한 각종 비행을 저지를 가능성이 높아지는 것이다.

2) 부모감독

부모애착은 청소년비행을 억제하는데 간접적이고 은유적인 역할을 하는데 반해 부모감독은 청소년들이 각종 비행을 저지르는 데 좀 더 직접적이고 강력한 역할을 한다. 왜냐하면 자신의 자녀들이 밖에 있을 때 누구와 어디에서 무엇을 하는지 아는 부모는 자녀를 직접적으로 통제할 수 있기 때문이다. 부모감독이 중요한 또 다른 이유는 부모감독이 직접적으로 자녀의 비행가능성을 줄이는 역할도 하지만 그보다 더 중요한 것은 비행친구와 차별적 접촉을 간접적으로 통제할 수 있기 때문이다. 예를 들면, 비행친구 접촉과 청소년 일탈행동의 관계를 부모감독 변인으로 설명한 연구결과에 따르면, 부모감독은 종단적으로 비행친구 접촉과 일탈행위에 유의미한 억제효과를 보였을 뿐만 아니라 매개효과도 상당히 의미있게 나타났다(정병삼, 2010). 부모감독이 자녀의 비행에 미치는 영향력을 〈그림 8-3〉과 같이 나타낼 수 있다.

〈그림 8-3〉에서 부모감독은 직접적으로 청소년비행을 억제하는 역할도 하지만 간접적으로 각종 비행을 저지르는 비행친구와의 사귐을 통제함으로써 자녀의 비행을 줄이거나 차단할 수 있다. 예를 들면, 고등학생들의 약물남용 실태

그림 8-3 부모감독이 청소년비행에 직접적, 간접적으로 미치는 영향

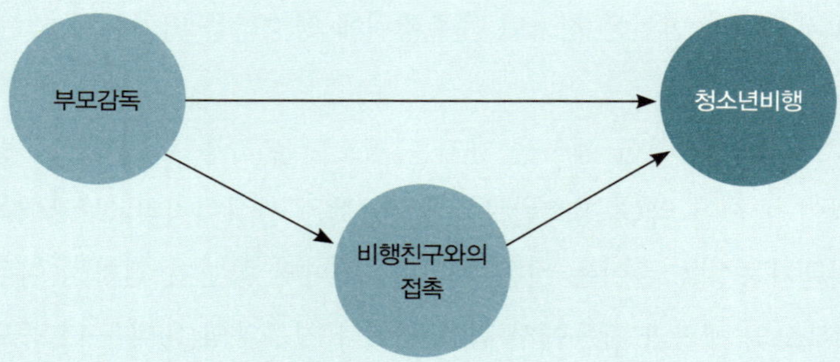

를 조사한 황성현과 에이커스의 연구(Hwang & Akers, 2006)를 통해 부모감독이 청소년비행에 어떤 영향을 미치는지 살펴볼 수 있었다. 연구결과, 부모감독변인이 청소년의 음주 및 흡연행위를 직접적으로 억제하는 역할을 했지만, 흥분제와 진정제 사용에서는 그런 약물을 남용하는 친구와의 접촉을 간접적으로 차단시켜 자녀의 강성약물 남용을 억제한다는 사실을 발견했다. 즉, 자녀가 음주 및 흡연행위를 할 경우, 부모는 자신의 자녀들을 직접적으로 통제함으로써 음주 및 흡연행위를 억제할 수 있었다. 그러나 흥분제와 진정제를 사용하는 자녀를 둔 부모는 직접적으로 자녀의 불법약물 남용을 통제하는 것이 아니라 그런 약물을 사용하는 친한 친구와의 사귐을 통제하거나 차단함으로써 자녀의 강성약물사용을 억제하거나 차단하는 역할을 했다.

요약하면, 부모감독이 청소년비행을 줄이거나 억제하는 역할을 한다는 사실은 부인할 수 없다. 그러나 어떤 경우에는 부모가 직접적으로 자녀의 비행을 통제함으로써 자녀의 비행을 차단하지만, 또 다른 경우에는 그들의 자녀가 비행친구를 사귀는 것을 간접적으로 통제함으로써 비행을 억제하는 역할을 했다. 결국 자녀의 비행이 비교적 약한 지위비행일 경우나 자녀의 나이가 어릴 경우에 부모는 자녀를 직접적으로 간섭하거나 통제함으로써 그런 비행가능성을 차단할 수 있지만, 자녀가 폭력비행 또는 진정제와 흥분제 같은 중비행을 저지를 경우에는 그런 비행을 저지르는 친구와의 접촉을 간접적으로 통제함으로써 자녀의 비행가능성을 줄일 수 있었다.

(4) 부모학대

부모학대는 애그뉴의 일반긴장이론에서 청소년비행을 유발하는 중요한 개념이다. 부모학대는 가정 내에서 청소년의 부정적 자극이 발생되는 대표적 요인이다. 즉, 가정내에서 부모로부터 신체적, 언어적, 정신적 학대 및 방임을 경험한 청소년은 우울감, 공격성 등이 증가하고 그런 부정적 감정을 해소하기 위해 비행을 저지르게 된다. 부모학대는 가정 내에서 이루어지는 부모의 자녀에 대한 신체적 폭력과 비난, 욕설 등과 같은 언어적 폭력을 하는 정서적 폭력, 그리고 자녀에게 충분한 정도의 신체적, 정서적, 의료 및 교육적 지원을 제공하지 않는 방임 등을 모두 포함한다. 보건복지부와 중앙아동보호전문기관에서 발간한 '2014 전국 아동학대 현황보고서'에 따르면, 아동보호전문기관에 아동학대로 신고된 접수가 2001년(4,133건)부터 2014년도(17,782건)까지 꾸준히 증가하였다. 특히 2014년도에는 전년 대비 36.0%로 대폭 상승하여 아동학대의 문제가 최근에 더 심각해지고 있음을 알 수 있다. 가정 내에서 부모학대의 유형을 살펴보면, 정서학대가 가장 많았고(40.0%), 신체학대(36.9%)와 방임(20.3%), 성학대(2.9%) 순으로 나타났다(중앙아동보호전문기관, 2015). 성학대를 제외한 모든 유형의 학대에서 부모에 의해 발생한 사례가 80.0% 이상으로 가장 많이 나타났다. 그럼 이런 부모학대는 청소년들에게 어떤 부정적인 영향을 미칠까? 일반긴장이론에서 주장한 것처럼 청소년비행 발생의 중요한 요인일까?

선행연구에 따르면, 부모학대를 경험한 청소년은 자아존중감이 낮고(한국청소년정책연구원, 2012), 만성적으로 폭력에 노출될수록 또래 관계에서 거절을 당하고, 공격적인 행동을 하며(Kim & Cicchetti, 2010; 정익중 외, 2006) 정서적인 폭력에 노출된 청소년은 그렇지 않은 청소년에 비해 더 우울하고(박은주·최말옥, 2014), 이런 우울감을 경험한 청소년의 비행가능성은 증가하는 것으로 나타났다. 이런 선행연구 결과로 유추하건데, 부모학대요인이 청소년비행을 증가시키는 것은 사실이지만, 직접적인 비행발생의 원인이 되기도 하며 간접적으로 우울감과 공격성 등에 부정적인 영향을 미쳐 이런 부정적 감정이 청소년비행과 직

그림 8-4 부모학대가 청소년비행에 미치는 영향

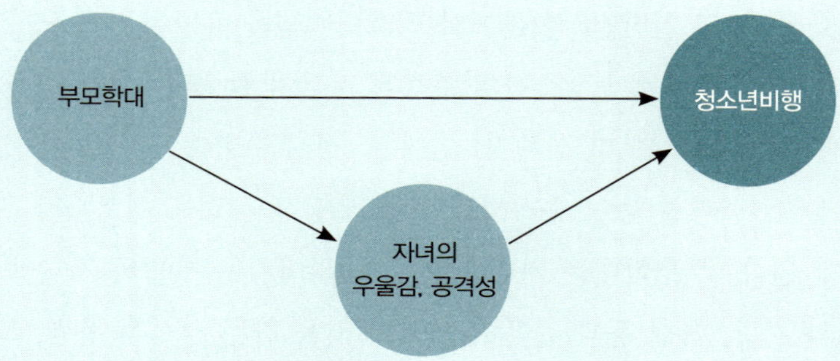

결되는 것으로 파악할 수 있다. 따라서 부모학대가 청소년비행에 미치는 영향은 〈그림 8-4〉와 같이 추정할 수 있다.

아래 그림에서처럼 부모학대는 청소년비행에 직접적으로 부정적인 영향을 미칠 수도 있고, 우울감과 공격성을 통한 간접적인 영향을 미칠 수도 있다. 최근의 선행연구에 따르면, 부모학대는 청소년의 우울감과 공격성을 증가시키고 이렇게 증가된 우울감과 공격성은 청소년비행을 증가시키는 중요한 역할을 했다(박은주·최말옥, 2014). 청소년 사이버 비행의 원인을 연구한 조사에서도 부모학대를 경험한 청소년은 부모학대가 직접적으로 비행에 영향을 미치기보다는 공격성을 매개로 하여 간접적으로 비행에 영향을 미치는 것으로 드러났다(정규형·이상훈, 2015). 즉, 부모학대를 경험한 청소년은 일반가정의 청소년에 비해 공격성이 증가하였고, 이런 공격성 증가는 사이버 비행의 직접적인 원인이 되었다.

한국아동·청소년패널조사 중등패널 3차년도 데이터를 사용한 고은희와 황성현의 연구에서도 부모학대와 같은 부정적인 자극을 경험한 청소년은 그렇지 않은 청소년에 비해 공격성이 증가하였으며, 이런 공격성을 해소하기 위해 청소년들은 사이버 비행을 저지르는 것으로 드러났다(고은희·황성현, 2015). 그러나 고은희와 황성현의 연구는 다른 연구결과와 달리 부모학대가 직접적으로 청소년 사이버 비행을 설명하기도 했다. 즉, 부모로부터 학대를 당한 청소년은 간접적으로 공격성이 증가하였으며, 이런 공격성을 표출하는 한 방식으로 각종 사이버 비행을 저지를 뿐만 아니라 부모학대가 직접적으로 청소년의 사이버 비행을 증가시키는 중요한 요인이 되었다(고은희·황성현, 2015).

그럼 부모학대가 청소년비행에 장기적으로 어떤 영향을 미칠까? 선행연구결과를 통해 부모학대가 청소년비행에 부정적인 영향을 미친다는 사실을 발견할 수 있었지만, 이런 결과들은 단지 특정기간 동안을 대상으로 한 연구결과이므로 청소년기 전체 기간 동안 어떤 영향을 미치는지를 살펴볼 필요가 있다. 이를 위해 이완희와 황성현은 한국아동·청소년패널 자료의 중등패널을 사용하여 2012년부터 2015년까지 조사된 청소년비행의 총량을 종단적으로 분석하였다(이완희·황성현, 2016). 분석결과, 부모학대의 초기값은 청소년비행의 초기값과 변화율에 상당한 영향력을 미쳤다. 즉, 초기에 부모학대를 많이 경험한 청소년은 중학교 2학년 때의 비행률이 높게 나타났을 뿐만 아니라 학년이 증가함에 따라 비행률이 증가하여 고등학교 2학년까지 꾸준하게 청소년 경비행뿐만 아니라 중비행에 상당한 영향을 미쳤다. 따라서 부모학대는 어떤 특정한 청소년 시기(청소년초기, 중기, 후기)에 한정적으로 의미있는 영향을 미칠 뿐만 아니라 청소년기 전반에 악영향을 미쳐 음주, 흡연행위, 무단결석, 가출 같은 경비행과 폭력, 성비행 같은 중비행에도 상당히 부정적인 영향을 미치는 것으로 드러났다(이완희·황성현, 2016).

제4절 가출과 청소년비행

청소년가출은 현재 청소년비행의 관문(gateway)이 될 정도로 청소년비행과 밀접한 관련이 있다. 물론 청소년 가출 그 자체는 심각한 비행에 속하는 것이 아니지만 절도, 문란한 성관계, 금품갈취와 폭행 등과 같은 중비행과 직결된다는 점에서 우리 사회에서 청소년가출은 가볍게 다룰 수 없는 사회적 문제다. 예컨대, 민가영(2009)의 청소년 성매매 연구에 의하면, 질적 연구대상이 된 성매매 여자청소년 전부 다 성매매 전에 이미 가출한 경력이 있으며, 가출횟수가 빈번해지고 가출기간이 길어짐에 따라 생활고를 극복하기 위해 성매매를 하는 것으로 드러났다. 청소년가출은 청소년 자신의 자살, 폭력, 약물남용, 성매매뿐만 아니라 가정과 학교, 지역사회에 심각한 부작용을 양산하고 있는 것은 부인할 수 없는 사실이다. 따라서 이 절에서는 가출의 실태와 원인을 간략하게 알아보고 가출과 비행과의 관계를 논의할 것이다.

(1) 가출실태

가출청소년의 정확한 규모를 파악할 수 있는 정부의 공식통계는 없다. 단지 경찰에 신고, 접수되는 실종아동 통계(그림 8-5)와 여성가족부의 청소년유해환경 접촉종합실태조사(그림 8-6)에서 생애가출 경험률을 근거로 어느 정도 추정

그림 8-5 실종아동 귀가 현황 (단위: 명, %)

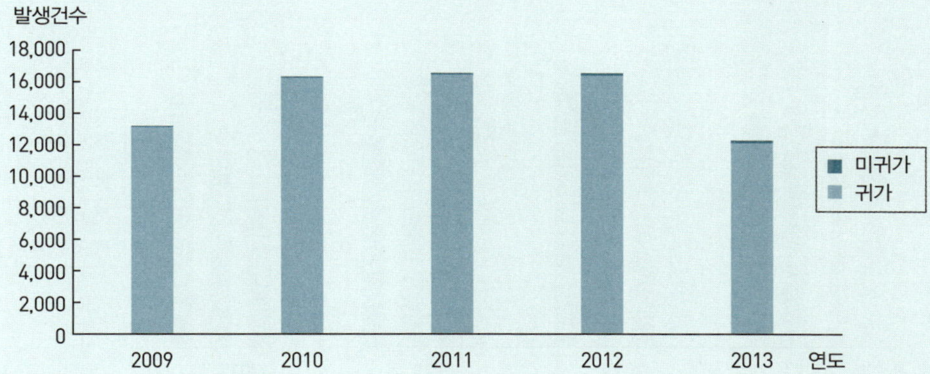

연도	실종아동(14~18세 미만)		
	발생	귀가	미귀가
2009년	13,210	13,143	67 (0.50)
2010년	16,386	16,300	86 (0.52)
2011년	16,678	16,570	108 (0.64)
2012년	16,647	16,457	190 (1.14)
2013년	11,279	11,153	126 (1.11)

출처: 경찰청, 2014 (내부자료), 김지연·정소연, 2014 재인용.

은 가능하다.

〈그림 8-5〉는 매년 경찰에 신고된 실종아동 발생현황을 나타낸 표이다. 2009년 이후 18세 미만 실종아동 신고 사례 수는 증가하고 있으며 최근 5년 간 매년 1만 명 선을 유지하고 있다. 주목할 점은 최근 5년 간 실종아동의 귀가 현황을 보면 미귀가 사례의 비율이 꾸준히 증가하고 있다는 것이다. 이는 약취(略取), 유인(誘引), 유기(遺棄) 혹은 불의의 사고를 당한 이후 발견, 복귀가 되지 않는 사례가 증가하고, 자발적인 가출 등 발견 이후에도 귀가가 이루어지지 않는 사례가 증가했기 때문으로 추정된다(김지연·정소연, 2014).

〈그림 8-6〉은 청소년들의 생애 가출경험률 현황을 나타낸 것이다. 가출 경험 청소년의 비율은 2009년 11.6%에서 2012년 12.2%로 0.6% 증가하였다. 그

그림 8-6 생애 가출경험률

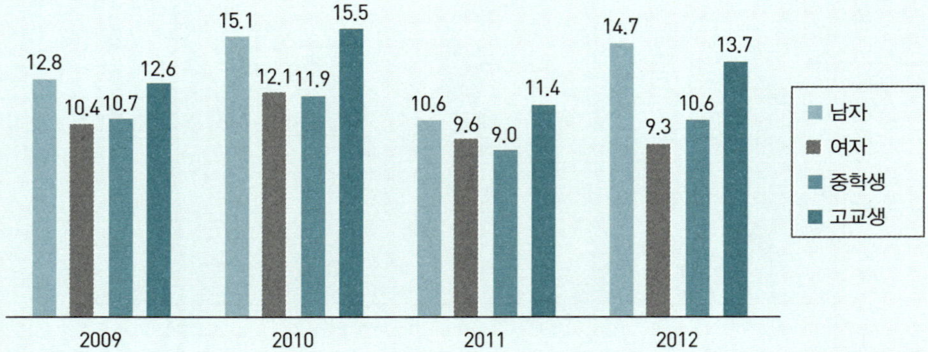

	표본사례수 (명)	가출경험(%)				
		전체	성별		교급	
			남자	여자	중학생	고교생
2009	15,225	11.6	12.8	10.4	10.7	12.6
2010	16,572	13.7	15.1	12.1	11.9	15.5
2011	15,954	10.2	10.6	9.6	9.0	11.4
2012	15,350	12.2	14.7	9.3	10.6	13.7

출처: 여성가족부, 청소년유해환경 접촉 종합실태조사, 2012.

러나 2010년(13.7%)과 비교하면 감소한 것으로 나타나 청소년 가출이 증가추세에 있는 것으로 단정할 수는 없다. 또한 2009년과 비교하여 남자의 가출경험률은 1.9% 증가한 반면, 여자는 1.1% 감소하였다. 교급별로는 중학생은 거의 변화가 없었고, 고교생은 1.1% 증가한 것으로 나타났다(여성가족부, 2012). 한편 가출청소년의 보호를 목적으로 하는 청소년쉼터 입소 청소년 현황과 '청소년유해환경 접촉 종합실태조사' 등을 통해 규모를 추정할 경우 열 배 이상에 달할 것으로 예측된다. 2009년 이후 우리나라 중·고교생의 생애 가출경험률은 10% 이상을 유지하고 있어 한 번이라도 가출을 경험한 적이 있는 청소년이 중·고교생 10명 중 1명에 달한다. 예를 들면, 2012년 우리나라 중·고교생의 가출 경험률은 12.2%에 달하는데 이를 전체 모집단 중고교생에 적용할 경우, 가출 경험이 있는 중·고교생은 약 45만 명에 달하는 것으로 추정된다. 위의 〈그림 8-5〉와 〈그림 8-6〉을 종합하면, 우리나라 청소년들의 가출경험이 전체 모집단에서 약 10% 정도를 차지하고 있으므로 상당히 높은 수치라 할 수 있다. 물론 가출한 청소년들은 거의 대부분 가정으로 복귀하지만 청소년 10명 중 1명이 여러 가지 요인으로 인해 가출을 경험한다는 것은 부인할 수 없는 사실이다. 그럼 왜 청소년들은 가출을 감행하는가? 그들이 가출을 하는 이유를 살펴볼 필요가 있다.

(2) 가출의 원인

청소년 가출의 원인은 크게 개인, 가정, 친구, 학교요인으로 구분할 수 있다. 그러나 가출은 개인이나 가정, 친구 등과 같은 한 가지 요인이 작용하기보다는 다양한 요인이 복합적으로 작용하여 발생하는 경우가 일반적이다.

1) 개인적 요인

개인적 요인의 청소년 가출은 청소년 자신의 정서적, 감정적, 정신적 문제에서 그 원인을 찾는다. 청소년기에는 부모로부터 독립하려는 욕구가 강하게 발생하고, 이를 잘 해결하지 못할 경우 가출을 하게 된다. 가출청소년은 일반청소년에 비해 낮은 자아존중감, 낮은 자기통제감, 충동성, 공격성, 우울성 등이 더 강하여 친구관계가 원만하지 못하며, 자기 의심이 많고, 방어적인 특징을 가지고 있다. 또한 가출청소년은 독립성이 결여되어 있고, 순간적 흥미에 마음을 잘 빼앗기며, 배회하는 것을 좋아하고, 인내심이 부족하며 충동적으로 행동하는 경향이 있다(임계령, 2009). 예를 들면, 한국청소년 생활태도 및 가출실태조사를 활용한 연구에 따르면(오승환, 2010), 남학생보다 여학생이, 연령이 높을수록, 자아존중감이 낮을수록, 우울 및 자살점수가 높을수록, 비행경험이 많을수록 가출충동을 더 많이 경험하는 것으로 분석되었다.

또한 아웃리치 활동을 통해 만난 390명의 청소년들을 대상으로 한 연구에서도(양승희·이혜영, 2015) 가출한 청소년들은 일반청소년들에 비해 자아존중감이 현저하게 낮았고, 반사회성과 충동성은 상당히 높게 나타났다. 가출청소년들이 개인적으로 정서적, 감정적인 문제를 가지고 있는 것은 사실이지만, 이런 문제들로 인해서 가출을 하게 되는지, 아니면 가출 후에 거리에서 생활하면서 이런 정신적 문제를 가지게 되었는지는 판단하기 어렵다. 즉, 청소년 자신의 정서적, 감정적인 문제가 원인이 되어 가출이라는 결과를 초래했는지, 아니면 가출 후에 경제적인 궁핍, 각종 비행 및 범죄에 노출, 불안정한 숙식문제 등으로 정서적인 문제를 가지게 되었는지는 파악하기 힘들다. 따라서 청소년 가출의 문제를 단지 개인적 차원으로 돌리거나 정서적인 결함 등으로 진단한다면 우리 사회에서 청소년 가출 문제를 해결하기 힘들다. 개인이 아닌 개인을 둘러싼 좀 더 거시적인 차원에서 그 원인을 찾을 필요가 있다.

2) 가정적 요인

청소년 가출에서 가장 중요한 요인은 가정이다. 즉, 가출을 청소년의 일탈, 부적응 행동 등과 같은 개인적 문제라기보다는 가족의 갈등, 역기능, 가정불화,

그림 8-7 청소년 가출의 원인 (단위: %)

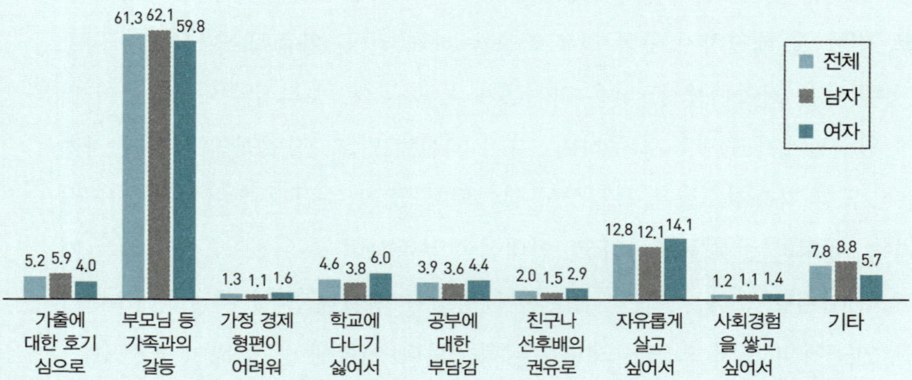

	가출에 대한 호기심으로	부모님 등 가족과의 갈등	가정 경제 형편이 어려워	학교에 다니기 싫어서	공부에 대한 부담감	친구나 선후배의 권유로	자유롭게 살고 싶어서	사회경험을 쌓고 싶어서	기타
전체	5.2	61.3	1.3	4.6	3.9	2.0	12.8	1.2	7.8
남자	5.9	62.1	1.1	3.8	3.6	1.5	12.1	1.1	8.8
여자	4.0	59.8	1.6	6.0	4.4	2.9	14.1	1.4	5.7

출처: 여성가족부, 청소년유해환경 접촉 종합실태조사, 2012.

가정폭력, 부모학대 및 방임 등과 같은 가정의 문제로 파악하는 것이 더 타당하다. 아래 〈그림 8-7〉은 2012년 한국청소년정책연구원이 전국의 가출청소년을 대상으로 한 조사에서 청소년 가출의 주된 이유를 살펴본 결과이다.

〈그림 8-7〉에서 청소년들이 가출을 하는 이유 중 압도적 1위는 가정(부모님 등 가족과의 갈등)에 있었다. 이어서 자유롭게 살고 싶어서(12.8%), 가출에 대한 호기심으로(5.2%), 학교에 다니기 싫어서(4.6%), 공부에 대한 부담감(3.9%), 친구나 선후배의 권유(2.0%)의 순이었고 가정형편 때문(1.3%)에 또는 사회경험을 쌓기 위해(1.2%) 가출했다고 응답한 청소년은 극소수다. 위 그림에서처럼 청소년 가출의 주된 이유는 가정에 있지만 가정의 어떤 측면이 청소년들을 거리로 내 모는 방출요인이 되는지는 좀 더 구체적으로 살펴볼 필요가 있다. 청소년 비행을 유발하는 가정의 문제를 가정의 구조적 측면과 기능적 측면으로 나눌 수 있듯이 가출 또한 구조적 요인과 기능적 요인으로 나눌 수 있다.

구조적 측면은 가족구성원의 물리적 결원이나 결함 때문에 발생하는 것이고, 기능적 요인은 가족 내의 성원 간의 갈등, 불화 등으로 발생한다. 먼저, 가족의 구조적 측면에서 결손가정, 빈곤가정, 재혼가정 등이 가출과 관련이 있다는 연구결과들이 있다. 로버츠(Roberts, 1992)는 가출청소년의 반수 정도가 결손가정 출신임을 지적했으며, 쉘로우(Shellow, 1967)도 가출청소년의 48%가 결손가정 출신인 데 비해 비교집단인 비가출아동의 경우에는 단지 18%만이 결손가정 출신임을 지적해 가출이 가족의 구조적 결함에 영향을 받는다고 주장했다. 빈곤가정 또한 가출에 어느 정도 영향을 미칠 수 있다. 가정의 경제적 어려움이 심각하거나 부모가 자녀에게 재정적인 지원을 하기 힘들 경우 자녀는 가출을 결심할 수 있다. 즉, 빈곤가정의 청소년은 성장과정에서 부모로부터 지적 자극이나 문화적 혜택을 적절히 받지 못해 문화적으로 빈곤한 상태를 경험하게 되고, 이러한 문화적 빈곤은 자녀에게 지적으로 정서적으로 부정적인 역할을 하게 되어 자녀의 공격성, 사회적 부적응, 정신적 불안감 등을 발생시킬 수 있다.

물론 이런 가족의 구조적 결함이 있다고 그 자녀들의 대부분이 가출을 하는 것은 아니다. 최근의 연구에 따르면, 가족의 구조적 결함보다는 가족의 기능적 결함이 청소년 가출에 더 많은 영향을 미치는 것으로 알려져 있다. 한 연구에 따르면, 가출 아동의 74.9%가 맞았고, 매 맞은 아동 중 58.3%가 신체적 상처를 입었으며, 가출의 가장 큰 이유가 부모학대 및 부모와의 관계 때문이며, 23.8%가 매 맞기 싫어서 귀가를 거부한 것으로 나타났다. 이처럼 실제로 가출한 대부분의 청소년들은 가족의 구조적 결함보다는 부모-자녀의 관계, 부모학대 등과 같은 가정의 기능적 결함을 더 큰 가출요인으로 지적한다. 가족의 기능적 결함이 가출에 영향을 미치는 선행연구에 따르면, 학대와 방임(김향초, 2001; 문재우, 2012; Slensnick, 2004), 가족 구성원 간의 갈등(방은령, 2007; Hammer et al., 2002), 가족의 경제상황(김진숙·김현아, 2008; 문재우, 2012) 등에 주목한다. 가정에서 이러한 문제를 경험한 청소년은 높은 수준의 스트레스를 경험하고 이는 가출충동의 직접적 원인으로 작용하는 경우가 많다(김진숙, 김현아, 2008). 또한 그들은 정서적으로 불안정하거나, 자신을 열등한 존재로 인식하여 자존감이 낮아 약물남용이나 자살시도와 같이 자기파괴적 행동을 보이기도 한다(김향초, 2001).

가정의 기능적 결함이 청소년 가출에 영향을 미친 최근의 연구를 구체적으로 살펴보면, 전신현·김원경·황성현은 청소년 가출의 원인을 청소년기 초기, 중기, 후기로 구분해서 연구하였다(전신현 외, 2010). 연구결과, 청소년 초기, 중기, 후기 모두 가족유대, 부모학대, 부모방임 등의 요인이 청소년 가출에 의미있는 영향을 미쳤다. 즉, 가족의 유대가 약한 가정일수록, 가정 내에서 부모학대나 부모방임을 더 많이 경험한 청소년일수록 가출률이 높게 나타났다. 요약하면, 청소년가출에 가장 많은 영향을 미치는 요인은 가정이며, 가족의 구조적 문제보다는 기능적 결함이 더 많은 영향을 미친다. 가출 청소년의 개인적, 정서적 문제(낮은 자존감, 정서적 불안, 반사회성, 충동성) 등도 선천적으로 형성되는 것이 아니라 가정의 기능적 결함 때문에 발생하는 경우가 많다. 따라서 가출에서 개인적 문제 또한 가정의 기능적 결함 때문에 발생할 가능성이 높다.

3) 친구요인

청소년 가출에 가장 많은 영향을 미치는 것은 가정의 기능적 결함을 지목하지만 가정적 문제 못지않게 친구의 영향도 상당하다. 왜냐하면, 가출하는 청소년의 상당수는 이미 가출한 친구들과 차별적 접촉을 통해 가출을 감행한 후 거

그림 8-8 청소년 가출에 영향을 미치는 가족과 친구요인

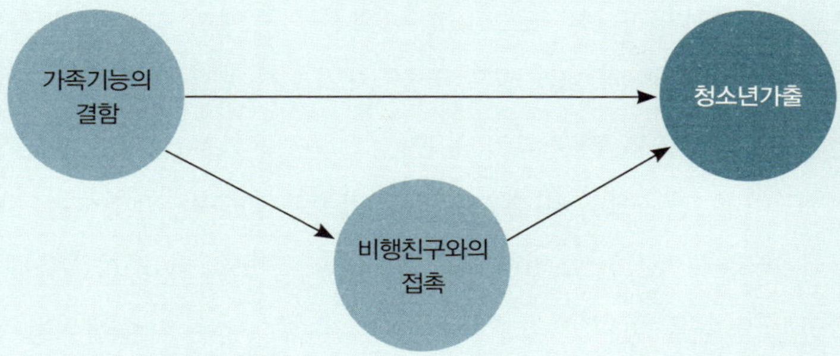

리를 방황하는 경우가 많기 때문이다. 청소년가출에 영향을 미치는 가족의 기능적 결함과 비행친구와 접촉 등을 〈그림 8-8〉처럼 표현할 수 있다. 즉, 부모학대, 방임, 부부갈등, 권위적 부모-자녀관계 같은 가족의 기능적 결함이 청소년 가출에 직접적으로 영향을 미칠 뿐만 아니라 이런 기능적 결함을 경험한 청소년은 비행을 자주 저지르는 친구나 이미 가출한 친한 친구와의 접촉을 통해 가출을 감행하기도 한다.

청소년기로 접어들면서 대부분의 청소년들은 가족과 보내는 시간보다 친구들과 어울리는 시간을 더 많이 가진다. 즉 가정에서 생활하는 시간보다 친구나 학교에서 생활하는 시간이 더 많아지면서 친구들과 어울리는 시간이 길어지게 된다. 이 시기에 친구는 부모나 형제보다 더 의미있는 중요한 타자(significant others)가 되며, 또래집단이 청소년 자신에게 가장 중요한 원초집단(primary group)이 된다. 특히 청소년 후기에 가정에서 벗어나 보다 자유로운 상태에서 타인과의 유대를 맺고자 하는 욕구가 왕성할 때 친구는 청소년 자신에게 가장 중요한 타자로 자리매김하게 된다. 이 시기에 만약 친한 친구가 가출하거나 가출한 상태에서 비행을 자주 저지르게 된다면, 청소년 자신 또한 친구들과의 유대감과 소속감을 위해 가출을 할 가능성이 높아진다. 청소년 가출의 원인을 초기, 중기, 후기로 나누어 살펴본 전신현·김원경·황성현의 연구결과에 따르면, 가족과 부모요인은 초기 청소년들의 가출행위를 잘 설명하지만, 중기와 후기로

넘어오면서 특히 후기로 넘어오면서 그 영향력은 상대적으로 약해지는 반면 비행친구와의 차별적 접촉이 점차 강해져 청소년 가출에 가장 큰 영향을 미치는 것으로 드러났다(전신현 외, 2010). 비행친구 중에서 중비행을 자주 저지르는 친구들과의 접촉보다는 경비행을 주로 저지르는 친구들과의 접촉이 높을수록 청소년 자신이 가출할 가능성이 높은 것으로 드러났다. 가출의 원인에 대한 황성현의 또 다른 연구에서 비행친구와의 접촉은 가출을 감행하는 직접적인 원인이 되었다(박정선·황성현, 2010). 이 연구에서 부모학대나 가족유대는 가출충동에 의미있는 영향을 미치고 가출충동을 느낀 청소년은 가출행위를 하는 것으로 드러났다. 즉, 가정 내에서 가족유대가 약하거나, 부모학대를 많이 당한 청소년들일수록 가출충동을 많이 느껴 가출을 감행하지만, 가정 밖에서 비행친구들을 많이 사귀는 청소년들은 가족유대나 부모학대 등의 변인에 상관없이 직접적으로 가출을 감행하는 것으로 드러났다(박정선·황성현, 2010).

4) 학교요인

학교 특성 역시 청소년 가출에 영향을 미친다. 부정적인 교사-학생관계, 낮은 학업성취도, 체벌 등이 청소년 가출에 영향을 미친다. 쉼터청소년을 대상으로 한 연구(남미애 외, 2012)에서 학교요인을 가출의 제1요인으로 보고한 청소년이 전체의 7.6% 정도였는데, 학교생활에 흥미가 없다(3.9%), 교사의 차별대우 및 체벌(1.9%), 성적이나 학업 부담감(0.8%) 순이었다. 이 연구에서 위기청소년은 학교요인 중 학교생활에 권태를 느낄 때 가출충동을 느끼는 데 반해 일반 청소년은 학업에 대한 부담이 가출충동에 영향을 미친다는 연구(류종훈, 2005)와 같은 맥락이다. 학교요인이 청소년 가출에 영향을 미치는 요인 중에서 대표적인 요소가 교사-학생 간의 관계이다. 가출청소년들은 비가출청소년들에 비해 교사들이 권위적이고 학생들을 많이 통제를 한다고 지각한다. 특히 일부 교사에 의해 행해지고 있는 학생에 대한 비인간적인 처벌과 차별대우 등은 한창 예민한 청소년들로 하여금 자신감을 상실하게 하고 심지어 우울과 가출의 원인이 되기도 한다. 또한 가출 후 학교에 복귀했을 때 교사나 학교로부터 가출 또는 비행청소년으로 낙인찍히고 처벌 위주의 징계가 가해질 때 학교생활에 적응하지 못하고 다시 가출하는 악순환을 반복한다(김미란, 2008).

요약하면, 청소년 가출에 중요한 영향을 미치는 요인은 개인적, 가정적, 친구 및 학교요인으로 요약할 수 있다. 이 중에서 가장 중요한 영향을 미치는 것은 가정적 요인이며, 친구요인 또한 가정적 요인 못지않게 중요한 역할을 한다. 가출의 개인적 요인조차도 개인의 성격 결함 때문에 발생하는 것이 아니라 부모로부터 학대나 방임을 당하거나 부모-자녀 간의 부정적인 관계 때문에 우울감, 충동성, 반사회성 등과 같은 개인 성격의 결함이 형성되고 이런 개인적 요인이 가출의 주된 요인이 되기도 한다. 학교요인은 학교에서 교사와의 관계가 부정적일 때 가출이 발생할 가능성이 높지만, 부정적인 교사관계를 가진다고 가출을 감행하는 것은 아니다. 오히려 그런 부정적인 교사와의 관계를 가진 친구들과의 차별적 접촉이 발생하여 학교생활에 흥미를 가지지 못한 청소년들이 원초집단을 형성하여 가출을 감행할 가능성이 높기 때문에 비행친구와의 차별적 접촉이 더 근본적인 원인이 될 수 있다.

(3) 가출과 비행

청소년들은 가출을 한 후 숙식을 스스로 해결해야 하기 때문에 각종 비행 및 범죄의 유혹에서 벗어나기 힘들다. 가출청소년들의 비행률은 일반청소년에 비해 월등하게 높다. 그 이유는 자신들을 보호해 줄 의무가 있는 가족의 울타리를 벗어나 생활하기 때문에 범죄에 무방비로 노출될 수밖에 없다. 2012년 한국청소년정책연구원이 전국의 가출청소년을 대상으로 한 조사에서 청소년들이 가출 후 겪는 문제행동은 〈그림 8-9〉와 같다.

가출 후 청소년이 경험한 비행행위로는 흡연이 34.6%로서 가장 많았고, 이어서 음주(27.4%) > 절도(9.2%) > 갈취(9.0%) > 폭행(6.4%) > 성관계(5.6%) > 성희롱/성추행(4.8%) > 환각성 물질 이용(2.8%) 등의 순이었다. 성별로는 남자청소년의 비행행위가 여자청소년에 비해 약 2배 정도 높은 것으로 드러났다. 가출청소년의 각종 비행 및 범죄를 경험하는 비율은 일반청소년에 비해 월등하게 높은 편이다. 이처럼 가출청소년의 비행률이 높은 이유는 다음과 같다(김지연·정소연, 2014). 첫째, 가출청소년은 거리에서 생존권을 위협받고 있기 때문이다. 기

그림 8-9 청소년 가출 후 문제행동 경험률 (단위: %)

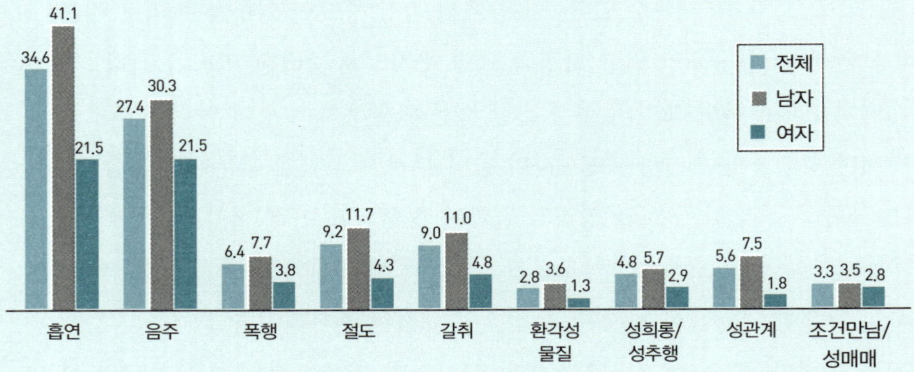

문제행동	전체	남자	여자
흡연	34.6	41.1	21.5
음주	27.4	30.3	21.5
폭행	6.4	7.7	3.8
절도	9.2	11.7	4.3
갈취	9.0	11.0	4.8
환각성 물질	2.8	3.6	1.3
성희롱/성추행	4.8	5.7	2.9
성관계	5.6	7.5	1.8
조건만남/성매매	3.3	3.5	2.8

출처: 여성가족부, 청소년유해환경 접촉 종합실태조사, 2012.

본적인 의식주가 해결되지 않은 상황에서 배고픔, 추위, 외로움, 두려움에 고통받고 몸과 마음이 상해가는 과정에서 자살을 시도하는 등 최악의 상황으로 내몰리고 있다. 그들은 저학력, 비숙련 상태에서 20대 초반에 이미 채무로 인해 신용불량자가 되어 통장도 만들 수 없어 현금만 받는 일용직 근로를 전전하며 희망이 보이지 않는 위험한 생활을 하며 생존권을 보장받지 못하고 있어 이런 열악한 상황을 극복하기 위한 수단이 거의 없어 보인다. 그들은 생존권을 보장받을 수 있는 최소한의 수단이 없기 때문에 각종 범죄의 유혹에 쉽게 넘어갈 수밖에 없다. 둘째, 주거 취약성이 생활 전반에 부정적인 영향을 미치고 있기 때문이다. 주거가 안정되지 않은 상황은 청소년의 학업, 구직, 근로, 위생 등 생활 전반에 부정적인 영향을 미치고 인권 침해의 요소로 작용한다. 제한적이나마 경제활동을 하는 경우에도 주거비 부담이 크기 때문에 저축, 자립은 생각할 수도 없고 근로유인이 되지 않아 탈빈곤 의지를 떨어뜨리는 직접적인 요인이 되고 있다. 특히 여자 가출 청소년의 경우, 성매매나 원조교제 등과 같은 성관련 범죄를 저지를 가능성이 높다. 〈그림 8-9〉에서 보듯이 가출 청소년들의 성관련 비행은 3.35%~5.6%로 일반청소년을 대상으로 한 조사에 비해 월등하게 높은 편이다.

한편, 다른 청소년비행과 달리 가출을 한 청소년은 비행의 가해자임과 동시에 피해자가 될 가능성이 높다. 선행연구에 따르면, 여자청소년의 경우 성폭력 피해자가 되기도 하였고 남자청소년은 당장 현금을 준다는 말에 속아 서명을 하였다가 휴대폰 명의도용 범죄의 피해자가 되기도 하였다(김지연·정소연, 2014). 또한 돈 없이 PC방에서 자다가 경찰에 의해 끌려 나오거나 편의점 물건을 훔치고 학생들의 돈을 뺏는 적극적인 범죄행동으로 이어지기도 했다(김지연·정소연, 2014). 따라서 가출청소년들은 생존을 위협받는 상황에서 외부의 도움이 없다면 누구라도 범죄의 가·피해자로 전락할 수밖에 없는 상황에 직면하게 된다. 결론적으로 가출청소년은 일반청소년에 비해 각종 비행 및 범죄의 유혹에 쉽게 빠질 수밖에 없는 사회, 경제적 구조에 놓여 있다. 이런 열악한 개인적, 사회적 환경에서 벗어나기 위해 가출청소년들이 취할 수 있는 제도적 수단이 별로 없어 보인다. 따라서 이들을 위한 사회, 제도적 지원이 필요하다. 청소년 쉼터를 비롯한 여러 가지 정책적 수단이 시행되고 있지만 그 효과성에 대한 검증은 차후에 논의하기로 하자.

연습문제

1. 가정과 청소년비행과의 관계를 설명하는 청소년비행이론들을 소개하고 그 이론들에서 가정과 부모는 청소년비행에 어떤 영향을 미치는지 구체적으로 설명하여라.

2. 청소년 가정의 사회경제적 지위(계층)와 결손가정 여부는 청소년비행에 직접적인 영향이 없는 것으로 알려져 있다. 그럼에도 불구하고 청소년비행을 예측하는 요인으로 사회경제적 지위와 결손가정 여부를 지금까지 계속 거론하는 이유가 무엇인지 구체적으로 설명하여라.

3. 가정의 구조적 문제보다 기능적 문제가 청소년비행에 더 많은 영향력을 미치는가? 그렇게 생각한다면 왜 그런지, 그렇지 않다면 왜 그렇지 않은지를 최근 언론에 보도된 청소년비행 관련 일화를 중심으로 구체적으로 설명하여라.

4. 부모의 양육방식은 청소년비행과 어떤 관련성을 가지는가? 4가지 양육방식이 청소년비행에 각각 어떤 영향을 미치는지를 설명하여라.

5. 가출의 원인을 개인, 가정, 친구, 학교요인 등으로 나누어 설명하고, 이 중에서 어떤 요인이 청소년 가출을 가장 잘 설명하는지 한 가지 일례를 들어 구체적으로 설명하여라.

6. 가출과 청소년비행은 어떤 관계를 가지는가? 가출 후 발생할 수 있는 경제적, 정서적, 심리적, 신체적 문제가 청소년비행과 어떤 관계를 가지는지를 각각 예를 들어 설명하여라.

참고문헌

경찰청. (2014). 내부자료 (2014년 3월 6일 정보공개 청구), 재인용.

고은희·황성현. (2015), "청소년의 부정적인 심리요인이 사이버 비행에 미치는 영향", 「한국경찰학회보」, 17(3): 3-26.

권영미. (1999), "부모의 이혼이 자녀의 자아존중감과 사회성에 미치는 영향", 「석사학위논문」, 중앙대학교 대학원.

기광도. (2003), "사회계층과 자녀양육 및 비행 간의 관계분석", 「형사정책연구」, 12(3): 139-176.

기광도·이희길. (2002), "부모의 양육방식이 자녀비행에 미치는 효과분석", 「교정연구」, 16: 7-27.

김경. (2010), "청소년비행행동에 있어서 부모요인과 친구요인의 상호작용 효과에 관한 연구", 「청소년복지연구」, 12(4): 1-21.

김경호. (2014), “초기 청소년의 부모-자녀 의사소통과 부모의 양육태도가 학업스트레스 및 사이버 비행에 미치는 영향”, 「미래청소년학회지」, 11(2): 1-22.

김귀연·김경연. (2005), “아동의 위축 및 공격성에 대한 관련변인들의 관계: 거부적 양육행동, 또래 괴롭힘, 부정적 부모표상 및 부정적 또래 표상의 인과효과”, 「아동학회지」, 26(6): 247-266.

김미란. (2008), “청소년의 재가출 행동에 영향을 미치는 요인에 관한 연구”, 「석사학위논문」, 상주 대학교 대학원.

김선주·김영희. (2012), “부모와 또래애착, 신체상이 청소년의 폭력비행에 미치는 영향”, 「소년보호 연구」, 20: 37-58.

김유자·백용매. (2000), “정상청소년과 비행청소년의 부모양육태도와 자아개념 및 우울과의 관계”, 「한국동서정신과학회지」, 3(1): 139-160.

김인향. (1997), “아동의 스트레스 대처 양식과 어머니와의 의사소통이 우울에 미치는 영향”, 「석사 학위논문」, 연세대학교 대학원.

김준경. (2008), “부모와 또래에 대한 애착이 교정시설 보호청소년의 위험행위와 비행에 미치는 영향”, 「한국가족복지학」, 13(3): 241-255.

김준호·노성호·이성식·곽대경·박정선. (2013), 「청소년비행론 (제3판)」, 서울: 청목출판사.

김준호·안호용·김선애·김선업. (2002), “가족의 구조·기능과 청소년비행”, 「한국청소년연구」, 13(1): 225-267.

김지연·정소연. (2014), 「가출청소년 보호지원 실태 및 정책과제 연구」, 한국청소년정책연구원 연구 보고서.

김진숙·김현아. (2008), “청소년의 가출경험과 가출충동에 영향을 미치는 요인 연구”, 「인간발달연 구」, 15(1): 73-94.

김향초. (2001), 「가출청소년의 이해와 개입방법」, 서울: 나눔의 집.

남미애·홍봉선·육혜련·김은경. (2012), 「청소년쉼터 설치 및 운영내실화 방안 연구」, 서울: 여성가 족부.

남영옥·이상준. (2002), “청소년의 사이버섹스 중독과 사이버음란물 접촉 및 성행동과의 관계”, 「청 소년학연구」, 9(3): 185-212.

류종훈. (2005), “가출청소년의 정신건강에 관한 연구”, 「교정복지연구」, 2: 1-19.

문재우. (2012), “우리나라 청소년의 가출충동과 가출경험에 영향을 미치는 요인”, 「대한보건연구」, 38(1): 19-34.

민가영. (2009), “청소년 성매매 행위의 자발성과 그 맥락에 대한 질적 연구를 통한 성매매 청소년의 자발성 논쟁에 대한 비판적 검토”, 「한국청소년연구」, 20(1): 173-202.

민수홍. (2014), “통제이론의 관점에서 본 범죄자의 배우자학대 가해경험”, 「한국범죄학」, 8(1): 195-223.

민수홍. (2011), “수형자의 교도소 내 규율위반: 교도소화의 적용과 자기통제이론에 근거한 재해석”, 「형사정책연구」, 22(2): 67-87.

박은주·최말옥. (2014), “부모의 학대적 양육태도와 청소년비행경험 및 피해경험에 관한 연구: 우울 및 공격성의 매개효과를 중심으로”, 「한국가족관계학회지」, 18(4): 219-238.

박정선·황성현. (2013), “청소년의 긴장감, 사회유대감, 비행친구와의 차별적 접촉이 청소년 지위비행에 미치는 영향”, 「청소년학연구」, 20(10): 77-94.

박혜경. (2001). “초등학교 일반가정 아동과 결손가정 아동의 학교생활적응에 대한 비교 연구”, 「석사학위논문」, 광주대학교 교육대학원.

박희경·김은정. (2012), “지각된 어머니와의 애착과 아동 공격성의 관계: 정서 변인의 매개효과를 중심으로”, 「한국청소년연구」, 65: 73-100.

박희숙·하정희. (2007), “부모-자녀 간 의사소통 수준과 정서적 자율성이 청소년의 분노표현 방식과 비행행동에 미치는 영향”, 「한국청소년연구」, 18(2): 89-110.

방은령. (2007), “청소년가출과 가족”「학회발표논문」, 한국청소년시설환경학회.

변보기·강석기. (2002), “청소년의 자아존중감과 적대감에 관한 연구”, 「청소년학연구」, 9(3): 268-291.

서미경. (2004). “비행청소년과 일반청소년이 지각한 부모의 양육태도 및 자아존중감 비교연구”, 「석사학위논문」, 전북대학교 대학원.

양승희·이혜영. (2015), “청소년의 거리가출경험에 영향을 미치는 요인에 관한 연구”, 「교정복지연구」, 36: 91-115.

신동숙. (2007), “부모가 지각하는 청소년비행특성에 영향을 미치는 부모요인에 관한 연구”, 「석사학위논문」, 신라대학교 대학원.

신송연·장현석. (2013), “부모의 자기통제력과 양육방식이 청소년비행에 미치는 영향에 대하여: 아버지와 어머니의 자기통제력 비교를 중심으로”, 「한국범죄학」, 7(2): 3-33.

여성가족부. (2012), 「청소년유해환경 접촉 종합실태조사」, 여성가족부.

오승환. (2010), “청소년 가출에 대한 생태체계적 영향 요인-가출충동과 가출경험을 중심으로-”, 「청소년복지연구」, 12(4): 301-324.

윤우석. (2011), “가족의 구조적 특성과 사회경제적 지위가 부모의 양육과 청소년비행에 미치는 영향검증”, 「형사정책연구」, 22(1): 137-172.

윤은경·신성희. (2013), “가족구조에 따른 초기 청손ㄴ의 공격성에 영향을 미치는 요인 비교”, 「대한간호학회지」, 43(3): 321-330.

윤형숙. (2000), “결손가정 학생집단과 정상가정 학생집단의 학교생활 적응도 및 자아개념 비교분석”, 「석사학위논문」, 목포대학교 교육대학원.

이선애. (2007), "가족구조와 사회경제적 배경에 따른 청소년 자아 및 심리적 변인", 「한국가족복지학」, 12(1): 83-103.

이숙·최정미. (2006), "어머니의 과보호 양육행동과 아동의 공격성, 위축 및 자기유능감", 「한국지역사회생활과학회지」, 17: 69-79.

이순형·이옥경·김지현. (2005), "가족구조와 아동의 우울 및 공격성, 학교적응의 관계", 「아동과 권리」, 9(1): 1-31.

이완희. (2014), "한국 청소년들의 중비행에 관한 범죄이론적 비교연구", 「한국경찰학회보」, 16(1): 139-160.

이완희·유완석. (2014), "청소년 지위비행에 관한 분석적 연구: 청소년비행이론을 중심으로", 「한국경호경비학회지」, 39: 217-239.

이완희·황성현. (2016), "잠재성장모형을 활용한 사회학습이론과 일반긴장이론의 비교연구", 「한국경찰학회보」, 59: 91-111.

이주리. (2011), "부모 및 친구애착과 비행 간 관계: 종단연구", 「놀이치료연구」, 15(2): 2130.

이충권·양혜를·윤연지. (2015), "가족구조 결손과 경제적 수준이 청소년비행에 영향을 미치는 경로-부모의 양육태도 및 청소년의 심리정서상태의 매개효과", 「청소년시설환경」, 13(4): 23-35

이혜승. (2004), "부모의 이혼과 양육형태에 따른 초기 청소년의 우울증상과 학교적응", 「청소년학연구」, 11(1): 421-441.

임계영. (2009), "가출 청소년의 비행원인과 대처방안", 「국제법무」, 1(1): 141-170.

전신현·김원경·황성현. (2010), "청소년 가출에 관한 상호작용론적 접근: 숀베리 이론의 부분 검증", 「한국청소년연구」, 21(4): 31-50.

정규형·이상훈. (2015), "청소년이 인식한 부모의 학대가 사이버 비행에 미치는 영향: 공격성의 매개효과를 중심으로", 「청소년복지연구」, 17(4): 171-190.

정동숙. (2014), "자녀가 지각하는 어머니 양육태도가 학교폭력 가해경험에 미치는 영향", 「석사학위논문」, 가천대학교 행정대학원.

정병삼. (2010), "부모지도감독이 청소년의 비행친구 접촉과 일탈행동에 미치는 종단적 억제효과", 『청소년상담연구』, 18(2): 149-165.

정익중·김혜란·홍순혜·박은미·허남순·오정수. (2005), "사회복지서비스 이용이 빈곤아동의 심리사회적 적응에 미치는 영향", 「한국사회복지학」, 57(3): 105-131.

정익중·박현선·구인회. (2006), "피학대 아동이 비행에 이르는 경로", 「한국사회복지학」, 58(3), 223-244.

정정숙. (2013), "가출청소년의 가정 복귀 및 가출 관련요인 분석", 「박사학위논문」, 목포대학교. 대학원.

정하은·전종설. (2012), "청소년 학교폭력 피해의 위험요인", 「청소년복지연구」, 14(1): 195-212.

중앙아동보호전문기관. (2015), 「2014 전국 아동학대 현황보고서」, 서울: 보건복지부, 중앙아동보호전문기관.

한국청소년정책연구원. (2012), "범죄유발적 지식구조와 청소년비행에 관한 연구: 한국아동청소년패널조사 2010 III 데이터분석보고서 1 (연구보고 12-R14-1)", 서울: 한국청소년정책연구원.

최정수. (2002), "자녀가 지각하는 부모의 양육태도와 자녀 비행간의 관계", 「석사학위논문」, 울산대학교 대학원.

황규숙. (1999), "부모양육 태도와 중요한 타인이 청소년의 비행행동에 미치는 영향", 「석사학위논문」, 연세대학교 대학원.

황성현. (2012a), "청소년 흡연, 음주행위의 원인에 대한 비행이론적 접근: 일반긴장이론과 사회학습이론을 중심으로", 「보건과 사회과학」, 32: 23-42.

황성현. (2012b), "초, 중, 고등학교 청소년의 지위비행에 대한 상호작용론적 연구: 로지스틱 회귀분석을 이용하여", 「청소년학연구」, 19(10): 23-43.

황성현. (2010a), "청소년 지위비행에 관한 비행이론 비교연구", 「청소년학연구」, 17(5): 49-68.

황성현. (2010b), "부모와 친구요인이 청소년 음주, 흡연행위에 미치는 영향", 「보건과 사회과학」, 27: 81-104.

황성현. (2009), "청소년 음주·흡연행위에 관한 사회유대, 자아통제, 사회학습이론적 고찰", 「한국청소년연구」, 20(1): 113-139.

황성현. (2007), "한국과 미국 청소년들의 약물남용에 관한 비교연구", 「한국범죄학」, 1(1): 73-90.

황성현. (2006), "의미있는 타자와 청소년 약물남용간의 관계: 부모와 동료집단의 영향을 중심으로", 「보건과 사회과학」, 19: 51-69.

황성현·이강훈. (2013). "청소년비행의 원인에 대한 사회학습, 사회유대, 일반긴장이론적 접근", 「한국청소년연구」, 24(3): 127-145.

황성현·이창한·이강훈·이완희·한우재. (2015), 「한국 범죄심리학」, 서울: 피앤씨미디어.

Agnew, R. (1992). Foundation for a general strain theory of crime and delinquency. *Criminology*, 30(4): 47-88.

Agnew, R., & White, H. R. (1992). An empirical test of general strain theory. *Criminology*, 30: 475-500.

Akers, R. L., & Sellers, C. S. (2011). *Criminological Theories: Introduction and Evaluation*. Second Edition. Oxford University Press, Inc. (민수홍·박기석·박강우·기광도·전영실·최병각 역 (2011). 「범죄학이론」, 서울: 나남출판사).

Andrews, J. A., Hops, H., Ary, D., Lichtenstein, E., & Tildesley, E. (1991). The construction, validation and use of Guttman scale of adolescent substance use: an investigation of family relationships, *Journal of Drug Issues*, 21: 557-572.

Brook, J. S., Whiteman, M., & Gordon, A. S. (1983). Stages of drug use in adolescence: personality, peer, and family correlates. *Developmental Psychology*, 19: 269-277.

Brownfield, D., & Sorenson, A. M. (1993), Self-control and juvenile delinquency: Theoretical issues and an empirical assessment of selected elements of a general theory of crime, *Deviant Behavior*, 14: 243-264.

Browning, J. C. (1960). Differential impact of family disorganization on male adolescents, *Social Problems*, 8(1): 37-44.

Chilton, J. R., & Markle, E. G. (1972). Family disruption, delinquency conduct and the effects of subclassification, *American Sociological Review*, 37: 93-99.

Evans, T. D., Cullen, F. T., Burton, V. S., Dunaway, R. G., & Benson, M. L. (1997). The social consequences of self-control: Testing the general theory of crime. *Criminology*, 35: 475-504.

Galambos, N. L, Baker, E. T, & Aimeida, D. M. (2003). Parents do matter: Trajectories of change in externalizing and internalizing problems in early adolescence. *Child development*, 74(2): 578-594.

Gottfredson, M., & Hirschi, T. (1990). *A General Theory of Crime*. Palo Alto, CA: Stanford University Press.

Hammer, H., Finkelhor, D., & Sedlak, A. J. (2002). Runaway/ thrown away children: National estimates and characteristics NISMART Bulletin Series (Vol. NCJ 196469, pp. 1-11). Washington, DC: Office of Juvenile Justice and Delinquency Prevention.

Hawkins, J. D., Catalano, R. F., & Miller, J. Y. (1992). Risk and protective factors for alcohol and other drug problems in adolescence and early adulthood: Implications for substance abuse prevention. *Psychological Bulletin*, 112: 64-105.

Hirschi, T. (1969). *Causes of Delinquency*. Berkeley, CA: University of California Press.

Hwang, S. H., & Akers, R. L. (2006). Parental and peer influences on adolescent drug use in Korea. *Asian Journal of Criminology*, 1: 51-69.

Hwang, S. H., & Akers, R. L. (2003). Substance use by Korean adolescents: A cross-cultural test of social learning, social bonding, and self-control theories in Ronald L. Akers and Gary F. Jensen. (eds.) Social Learning Theory and The Explanation of Crime: A Guide for the New Century. *Advances in Criminological Theory*, 11: 39-64. Piscataway, NY: Transaction Publisher.

Kim, J., & Cicchetti, D. (2010). Longitudinal pathways linking child maltreatment, emotion regulation, peer relations, and psychopathology. *Journal of Child Psychology and Psychiatry*, 51: 706-716.

Kohn, L. M. (1963) Social class and parent-child relationship, *American Journal of Sociology*, 68(4): 471-480.

Larzelere, E. R., & Patterson, R. G. (1990). Parental management: mediator of the effect of socio-economic status on early delinquency, *Criminology*, 28(2): 301-324.

Lewis, R. A., Piercy, P. F., Sprenkle, H. D., & Trepper, S. T. (1990). Family-based interventions for helping drug abusing adolescent, *Journal of Adolescent Research*, 5: 82-95.

McCord, J. (1979). Some child-rearing antecedents of criminal behavior in adult men. *Journal of Personality and Social Psychology*, 37: 1477-1486.

Pettit, G. S. Laird, R. D. Dodge, K. A. Bates, J. E., & Criss, M. M. (2001). Antecedents and behavior-problem outcomes of parental monitoring and psychological control in early adolescence. *Child Development*, 72: 583-598.

Polakowski, M. (1994). Linking self- and social control with deviance: illuminating the structure underlying a general theory of crime and its relation to deviant activity. *Journal of Quantitative Criminology*, 10: 41-78.

Provini, C. F. (2003). Moderators affecting outcome in a preventive, family-based intervention for at risk young adolescents. Ph. d. Dissertation of Fordham University.

Robertson, J. M. (1992). Homeless and Runaway Youths: A Review of the Literature. In Robertson, M. J., & Greenblatt, M.(eds.), *Homelessness: A National Perspective*, New York: Plenum.

Shellow et al., (1967), Suburban run-away of the 1960's. *Monographs of the Society for Research in Child Development*, 32(3): 1-51.

Slensnick, N. (2004). *Our runaway and homeless youth: A guide to understanding*, Westport, CT: Praeger.

Thomas, G., Farrell, P. M., & Barnes, M. G. (1996). The effects of single-mother families and nonresident fathers on delinquency and substance abuse in black and white adolescents, *Journal of Marriage and Family*, 58(4): 884-894.

Warr, M. (1993). Parents, peers, and delinquency. *Social Forces*, 72: 247-264.

Chapter

09

친구 및 학교와 비행

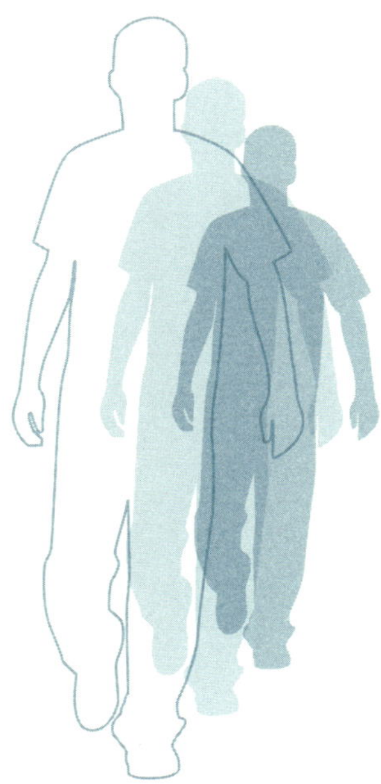

한 / 국 / 청 / 소 / 년 / 비 / 행 / 학

청소년비행에서 친구와 학교의 영향은 지대하다. 앞 장에서 가정이 청소년 비행에 미치는 영향력을 살펴보았는데, 친구와 학교의 영향은 가정 못지 않게 중요하다. 일반적으로 가정은 청소년 초기와 중기에 중요한 역할을 하고, 친구와 학교는 청소년 중기와 후기에 중요한 역할을 한다고 알려져 있다. 전체 청소년기 동안 청소년들은 자신의 가장 중요한 타자인 부모와 친한 친구들과의 사회적 상호작용을 통해 성장해간다. 그중에서 친한 친구와의 차별적 접촉은 청소년의 인격발달과 사회화에 상당한 역할을 한다. 청소년비행 및 범죄를 연구한 선행연구에 따르면 청소년 중기와 후기에 비행친구와 차별적 접촉을 시도하는 청소년은 그렇지 않은 청소년에 비해 각종 비행을 더 많이 저지를 가능성이 높은 것으로 알려져 있다. 이런 비행친구와의 차별적 접촉은 학교와 학원이라는 환경 내에서 시작된다.

학교는 청소년들이 하루 일과 중에서 가장 많은 시간을 소비하는 장소이다. 학교는 자신과 마음이 맞는 친구들을 사귀는 장이기도 하고, 자신의 장래를 설계하는 중요한 장소이다. 따라서 친한 친구와의 차별적 접촉과 학교환경은 불가분의 관계이다. 이 장에서는 청소년비행에 영향을 미치는 비행이론들을 먼저 살펴볼 것이다. 청소년비행의 원인을 설명하는 비행이론은 상당히 많다. 그중에서 주로 미시이론을 중심으로 친구와 학교환경이 청소년비행에 미치는 영향에 대해 살펴볼 것이다. 그다음으로 비행친선행론과 비행선행론을 중심으로 청소년비행에 영향을 미치는 친구의 역할을 파악할 것이다. 청소년비행에서 비행친구가 청소년비행에 영향을 미치는지 아니면 비행이 비행친구를 사귀는 데 결정적 영향을 미치는지에 대한 오랜 논쟁은 아직도 진행 중이다. 따라서 비행친구선행론이 더 타당한지, 아니면 비행선행론이 더 타당한지를 선행연구를 중심으로 살펴볼 것이다.

마지막으로 학교환경이 청소년비행에 미치는 영향력을 살펴볼 것이다. 학교에서 청소년들이 학습능력이 떨어지거나 학업성적이 좋지 않을 경우, 비행친구를 사귈 가능성이 높고, 이렇게 비행친구와 자주 어울리게 되면 비행가능성은 높아진다. 그와 반대로 교사나 학교에 대한 애착이 강할수록, 학업성적과 학습능력이 좋을수록 비행가능성은 줄어들 것이다. 또한 최근에 학업을 중단한 청소년들이 꾸준히 증가하고 있는데, 학업중단이 청소년비행에 어떤 영향을 미치는지도 함께 살펴볼 것이다.

CASE

중학교 3학년인 정○○은 가출한 중학교 2학년 여학생에게 성매매를 강요하고 그 대가를 자신이 챙기는 수법의 위계등 간음, 강요행위를 저질렀다. 어떻게 중학교 3학년 학생이 이렇게 죄질이 나쁜 행위를 하게 된 것일까?

정○○은 어렸을 때 부가 집을 나가고 편모슬하에서 가정이 경제적으로 힘든 상황에서 성장했다. 초등학교 3학년부터 야구선수의 꿈을 가지고 운동부 활동을 하지만 중학교 2학년 때 부상으로 운동을 그만두게 되고 목표의식을 상실한 채 또래 불량교우들과 일탈하며 비행문화를 접하게 된다. 늦은 시간까지 함께 어울리며 음주 및 흡연, 폭행과 특수절도를 반복하였고 그러한 과정에서 보호관찰처분을 받지만 보호관찰관의 지시를 제대로 이행하지 않고 또래들과 유흥 위주의 생활을 지속한다. 불량교우들과 어울려 다니며 무단외박을 하는 생활을 지속하던 중 또래 중 한 명이 가출한 여학생에게 조건만남을 하도록 하여 쉽게 돈 버는 것을 보고 자신도 우연히 채팅을 통해 알게 된 가출여학생에게 조건만남을 강요하고, 해당 여학생이 더 이상은 못하겠다며 조건만남을 그만하겠다는 의사를 밝히자 분을 참지 못하고 폭행하게 된 것이다.

제1절 친구 및 학교와 비행을 설명하는 비행이론

친구 및 학교를 청소년비행의 주된 원인으로 설명하는 이론은 크게 미시이론과 거시이론으로 구분해서 살펴볼 필요가 있다. 미시이론에는 에이커스의 사회학습이론, 허쉬의 사회유대이론, 애그뉴의 일반긴장이론 등이 있으며 거시이론에는 낙인이론이 있다. 이 절에서는 이 이론을 중심으로 청소년비행의 주된 원인을 비행친구와 그 친구들을 둘러싼 학교환경을 중심으로 살펴보고자 한다.

(1) 사회학습이론

이전 장에서 사회학습이론을 간략하게 살펴보았듯이, 사회학습이론에서 비행은 중요한 타자와의 사회적 상호작용을 통해 학습된다고 본다(Akers & Sellers, 2011). 상호작용 중에서 청소년에게 중요한 역할을 하는 타자는 친구와 부모 및 가족이다. 청소년들은 친한 친구와의 상호작용을 통해 그들의 가치에 따라 범죄에 우호적인 태도나 가치관을 가지게 되고 비행을 합리화하는 과정을 거쳐 비행을 저지르게 된다. 친구 및 학교와 관련된 사회학습이론의 구성요소는 차별적 접촉, 차별적 강화, 모방 등이다. 차별적 접촉은 '친한 친구와의 차별적 접촉(differential peer association)'과 '친구의 규범적 태도(peer norm qualities)' 변인을 포함한다. 친한 친구와의 차별적 접촉은 "당신의 가장 친한 친구들 중에서 다음과 같은 비행을 저지른 경험이 있는 친구는 얼마나 됩니까?"와 "당신의 가장 친한 친구들은 다음과 같은 비행을 얼마나 자주 저지릅니까?"로 측정된다. 친구의 규범적 태도는 "당신의 가장 친한 친구들은 다음과 같은 비행을 저지르는 것에 대해 어떤 태도를 가지고 있습니까?"로 측정된다. 차별적 강화에서 친구 및 학교와 관련된 변인은 '친구들의 반응(peer reaction)'과 공식적 저지(formal deterrence)이다. 친구들의 반응은 "당신은 다음과 같은 비행을 저지르는 것을 친구들이 알았을 때 친구들의 반응은 어떠했습니까?"로 측정되며, 공식적 저지는 "당신 또는 당신 친구들의 비행행위를 학교선생님에게 발각될 가능성이 얼마나 있다고 봅니까? 로 측정된다.

마지막으로 모방은 "당신은 친한 친구들 중에서 다음과 같은 비행을 저지르는 것을 직접 보거나 관찰한 적이 있습니까?로 측정된다. 따라서 사회학습이론에서는 비행친구와의 차별적 접촉이 많을수록(친구와의 차별적 접촉), 특정 비행에 대해 친구들의 태도가 긍정적일수록(친구의 규범적 태도), 친구들이 자신의 비행행위를 비난하지 않을수록(친구들의 반응), 특정비행을 저지르는 것을 학교선생님에게 발각될 가능성이 낮다고 인지할수록(공식적 저지), 친구들이 특정 비행을 저지르는 것을 직접 보거나 관찰한 횟수가 많을수록(친구모방), 청소년 자신이 비행을 저지를 가능성이 높아진다.

청소년비행의 원인을 사회학습이론으로 설명하는 선행연구결과들은 상당하다. 국내에서는 주로 황성현과 그의 동료들이 청소년비행의 원인을 사회학습이론으로 설명하는 연구들을 진행했다. 대표적인 예로, 황성현은 미국의 중서부지역(Nebraska, Iowa, Wisconsin)과 한국의 부산지역 고등학생을 대상으로 약물남용의 원인에 관한 미국과 한국의 비교연구에서 사회학습이론의 구성요소들이 미국과 한국 청소년의 약물남용을 잘 설명하는 것으로 드러났다(황성현, 2007). 이 연구에서 한국과 미국청소년들 모두 다 음주를 남용하는 친한 친구들과 자주 어울릴수록, 친구들이 음주행위에 대해 긍정적으로 생각하거나 부추길수록, 친구들의 음주행위를 자주 목격할수록 청소년 자신의 음주가능성은 높은 것으로 드러났다. 그러나 공식적 저지는 청소년의 음주행위와 상관이 없는 것으로 나타났다. 즉, 한국과 미국청소년들은 자신들의 음주행위를 학교선생님에게 발각되는 것을 두려워하지 않은 것으로 나타났다. 일반적으로 사회학습이론의 구성요소들 중 비행친구와의 차별적 접촉 변인이 청소년비행을 가장 잘 설명하는 것으로 알려져 있다. 황성현과 그의 동료들의 선행연구들 중 거의 대부분의 연구에서 친한 친구와의 차별적 접촉은 청소년 약물남용뿐만 아니라 경비행, 중비행, 지위비행, 사이버 비행 등 모든 청소년비행을 가장 잘 설명하는 것으로 나타났다(박정선·황성현, 2013; 이완희·황성현, 2014; 2016; 전신현·김원경·황성현, 2010; Hwang & Akers, 2003; 2006; 황성현, 2006; 2007; 2008; 2009; 2010a; 2010b; 2012a; 2012b; 2015; 2016; 황성현·박정선, 2010; 황성현·이강훈, 2013).

예를 들면, 부모와 비행친구들의 영향을 비교분석한 황성현과 에이커스의 연구에서 비록 흥분제나 진정제 사용에 대한 부모의 태도나 반응이 부정적이라 하더라도 친한 친구들이 그런 강성약물을 사용할 경우, 부모의 통제와 상관없이 청소년 자신은 그런 강성약물을 더 많이 사용하는 것으로 드러났다(Hwang & Akers, 2006). 즉, 흥분제나 진정제에 대한 부모의 부정적 태도는 직접적으로 자녀의 강성약물 남용을 차단하는 것이 아니라 그런 약물을 사용하는 친구와의 차별적 접촉을 매개하여 영향을 미치는 것으로 드러남에 따라 강성약물남용에서 친한 친구와의 차별적 접촉은 청소년자신의 약물남용에 절대적인 영향력을 미쳤다.

(2) 사회유대이론

사회유대이론에서는 친한 친구와의 유대가 청소년비행을 약화시키는 역할을 한다. 반대로 친한 친구와의 유대가 약화되거나 깨어졌을 때 청소년비행은 증가한다고 주장한다(Hirschi, 1969). 친구 및 학교와 관련된 사회유대이론의 구성요소는 친구애착, 관여, 참여 변인이다. 친구애착(peer attachment)은 '나는 친구들과 친하다고 생각한다'로 측정되며, 관여(committment)는 청소년들이 사회에서 요구하는 전통적인 교육이나 직업에 얼마나 깊은 관심을 가지고 투자하는지를 파악하는 개념이다. 예를 들면, 학생들은 학생의 신분에 맞게 학교에서의 성적(GPA) 등이 관여를 측정하는 중요한 잣대가 된다. 학생의 신분에서 관여의 정도가 강하면 강할수록 불법행위를 저지를 가능성이 줄어들게 되는데 관여가 불법행위를 통제하는 중요한 수단이 되기 때문이다. 관여는 주로 3가지 지표로 구성되는데, 첫째, 교육에 대한 열망(educational aspirations), 둘째, 직업에 대한 열망(occupational aspirations), 셋째, 학교 평균성적(GPA)으로 측정된다. 경험적 연구에서 관여의 3가지 지표는 다음과 같은 조작적 정의로 규정된다. 교육에 대한 열망은 '공부를 열심히 해서 원하는 대학이나 직장에 가는 것은 나에게 중요한 일이다. 직업에 대한 열망은 '졸업 후에 안정적이고 월급도 괜찮은 직장을 가지는 것은 나에게 중요한 일이다', GPA는 학교에서의 평균 성적으로 측정된다.

마지막으로 참여(involvement)는 청소년이 학교 안과 밖에서 문화활동, 동아리활동 등과 같은 과외활동에 열중하는 정도를 의미한다. 청소년이 인습적인 활동에 참여할수록 비행친구들과 만나 비행 및 범죄를 저지를 시간이 줄어들기 때문에 인습적인 활동에 참여하는 것 자체가 비행을 억제하거나 차단하는 효과를 지닌다. 참여는 상당히 많은 지표로 구성될 수 있다. 예를 들면, 청소년의 과외활동은 교내외 동아리활동, 체험활동, 수련활동 등을 위해 일주일에 몇 시간 정도를 투자하는지로 측정될 수 있다. 따라서 사회유대이론에서 친한 친구와의 애착이 강할수록(친구애착), 자신이 공부를 열심히 해서 원하는 대학이나 직장에 가는 것이 중요하다고 생각할수록(교육에 대한 열망), 안정적이고 월급이 괜찮은 직장을 가지는 것이 중요하다고 생각할수록(직업에 대한 열망), 학교의 평균성적이 좋을수록(GPA), 학교 안과 밖에서 동아리활동, 체험활동, 수련활동 등에 자주 참여할수록(참여), 청소년들은 비행이나 범죄를 저지를 가능성이 낮아진다.

서구 사회의 경험적 연구에서 사회유대이론은 상당한 타당성을 획득했다. 특히 이 이론은 비교적 가벼운 비행 또는 경비행에 속하는 청소년 음주나 흡연행위, 가벼운 일탈행동 등을 잘 설명하는 것으로 드러났다(Krohn & Massey, 1980). 크론과 그의 동료들은 종단자료를 사용하여 청소년 흡연행위를 경험적으로 검증한 결과, 관여변인이 청소년의 흡연행위를 중단시키는 결정적 요인이라고 주장했다(Krohn et al., 1983). 우리나라 초·중등학생의 사이버 비행의 원인을 경험적으로 연구한 선행연구에서도 사회유대변인 중에서 관여변인은 사이버 비행에 영향을 미치는 중요한 변수로 나타났다(이웅혁·김미숙, 2013). 인문계 고등학생과 전국 쉼터에 머무르고 있는 청소년들을 대상으로 한 비교연구는 친구 및 학교와 관련된 사회유대이론의 구성요소 중, 학교성적이 청소년비행경험을 잘 설명하는 것으로 드러났다(유순화, 2003).

(3) 일반긴장이론

애그뉴의 일반긴장이론에서 비행의 원인은 일상생활에서 긴장이 발생하고 이 긴장을 해소하기 위해 비행을 저지른다고 본다(Agnew, 1992). 이런 긴장을 발생시키는 요인은 3가지로 요약할 수 있는데, 그것은 목표달성의 실패, 긍정적 자극의 소멸, 부정적 자극의 발생이다. 이 3가지 요소 중에서 친구 및 학교와 관련된 변인은 목표달성의 실패와 부정적 자극의 발생이다. 목표달성의 실패는 긍정적 가치를 지니는 목표를 달성하지 못했을 때 생기는 긴장을 의미한다. 목표달성의 실패는 3가지 단계로 진행되는데 첫째, 열망과 기대 간의 괴리가 발생하고 둘째, 기대와 실제 성취 사이의 격차가 그다음 단계로 발생하며, 마지막으로 공정치 못한 결과로 인해 긴장이 생긴다.

예를 들면, 어떤 청소년이 좋은 대학에 가기를 바라나 그렇게 되지 못할 것 같을 때 첫 번째 단계인 열망과 기대 간의 괴리가 발생한다. 둘째, 자신이 목표했던 대학에 갈 수 있을 것 같았으나 실제로 못 가게 되었을 때, 두 번째 단계인 기대와 실제 성취 사이의 격차가 발생한다. 마지막으로 나보다 공부를 못한 또래친구들이 원하는 대학에 갔으나 본인은 못간 경우, 일종의 긴장이 발생한다는 것이다. 즉, 본인은 공부를 열심히 했으나 그런 노력에 비해 좋은 결과를 가지지 못했을 때, 다른 사람을 비난하거나 제도적 불공정함을 탓하면서 긴장이 발생한다는 것이다. 긴장이 발생하면 어떠한 형태로든 해소해야 하는데 이런 긴장을 해소하기 위해 비행 및 범죄를 저지른다는 것이다. 부정적 자극의 발생은 일상생활에서 자신이 통제할 수 없는 부정적 사건이 발생하는 현상을 말한다. 예를 들면, 친구들의 괴롭힘과 집단따돌림, 교사의 폭언이나 체벌 등이 대표적인 부정적 자극의 발생 현상이다.

국내에서 일반긴장이론을 사용한 연구는 주로 2000년대 이후에 이루어졌다(문병욱·황혜원, 2006; 심현진 외, 2014; 이순래·이경상, 2010; 이완희, 2014; 이완희·유완석, 2014; 황성현, 2015; 2012a; 2012b; 황성현·이강훈, 2013). 385명의 인문계와 실업계 고등학생을 대상으로 청소년비행을 연구한 결과, 교사로부터 폭언과 체벌 같은 부정적 자극을 경험한 학생은 폭력비행이나 재물비행을 할 가능성이 그렇지 않은 청소년들보다 더 높은 것으로 나타났다(문병욱·황혜원, 2006). 황성현은 '2010년 청소년 건강 실태조사' 데이터를 사용하여 초등4학년~고등3학년까지의 음주 및 흡연행위를 분석한 결과, 친구 및 학교와 관련된 일반긴장이론의 구성요소 중 목표달성의 실패, 친구학대, 학업 및 진로긴장이 청소년 음주 및 흡연행위를 증가시키는 것으로 드러났다. 즉, 자신이 설정한 목표를 달성하지 못할 것 같거나(목표달성의 실패), 친구와의 관계, 이성과의 관계, 선후배와의 관계에서 심한 스트레스를 느낄수록(친구긴장), 장래 또는 미래, 시험, 성적 문제 등에서 심한 스트레스를 느낄수록(학업 및 진로긴장) 그렇지 않은 청소년들에 비해 음주 및 흡연행위를 더 많이 하는 것으로 드러났다(황성현, 2012a).

황성현의 또 다른 연구에서도 친구긴장과 청소년비행과는 깊은 상관관계를 가지고 있었다. 아동·청소년패널자료를 사용한 황성현의 연구에서 친구긴장은 청소년 지위비행(황성현, 2012b) 및 경비행, 중비행을 포함한 청소년비행 전체(황성현, 2015)를 잘 설명하는 것으로 드러났다. 즉, 청소년들은 학교 안팎에서 친구나 선배로부터 언어적, 물리적 폭력이나 집단따돌림 등을 당할수록 음주 및 흡연행위나 무단가출 결석 같은 지위비행을 더 많이 할 가능성이 높을 뿐만 아니라 언어적, 물리적 폭력뿐만 아니라 성비행, 삥뜯기 등과 같은 심한 비행을 할 가능성이 높은 것으로 나타났다. 아동·청소년패널 중1학년 2차년도 자료를 활용한 이완희의 연구(이완희, 2014)에서도 일반긴장이론의 목표달성의 실패와 부정적 자극의 발생인 친구학대 변인은 청소년 중비행을 잘 설명하는 것으로 나타났다(이완희, 2014). 이 연구에서 청소년들은 자신이 설정한 인생 목표를 달성하기 힘들 것이라 생각할수록, 친구들로부터 언어적, 물리적 폭력을 많이 당할수록, 청소년 자신은 왕따, 패싸움, 심한 구타, 협박, 삥뜯기, 훔치기, 성관계나 성폭행 등과 같은 중비행을 더 많이 하는 것으로 나타났다(이완희, 2014).

(4) 낙인이론

낙인이론은 비행의 원인을 청소년의 개인적 환경이 아닌 사회구조적 측면에서 파악하는 거시이론에 속한다. 즉 비행은 청소년 개인에게도 그 원인이 있지만, 청소년이 속해 있는 사회구조나 환경에서 그 주된 이유를 찾는다. 따라서 낙인이론에서 청소년비행은 사회적 낙인의 산물로 낙인이 없다면 비행이 발생하지 않는다고 주장한다(황성현 외, 2015). 예를 들면, 비행을 자주 저지르는 비행집단의 청소년들에게 학교 친구들이나 선생님들 또는 사법기관에서 범죄자 또는 비행집단의 청소년이라는 낙인을 찍었기 때문에 그 낙인에 부응하여 그들은 각종 범죄를 저지르게 된다는 것이다. 낙인이론은 탄넨바움(Tannenbaum)이 최초로 주장했는데, 그는 '악의 극화(dramatization of evil)'라는 개념을 사용하여 비행의 원인은 사회적으로 지워진 낙인의 결과라고 주장하였다(Tannenbaum, 1938). 예를 들면, 청소년들이 지역사회에서 사소한 비행을 저지르게 될 때 비행청소년이라는 꼬리표가 붙게 된다. 이렇게 된 청소년은 스스로 부정적 자아관을 형성하게 되고, 다른 비행친구들과의 접촉을 통해 본격적으로 비행활동에 가담하게 된다. 즉, 주위 사람들이(친구, 동료, 학교선생님, 사법기관의 법집행자들 등) 비행청소년에게 '범죄자', '비행자', '질이 나쁜 아이' 등과 같은 사회적 낙인을 찍게 되고 그들은 주위 사람의 낙인에 반응하여 자신의 정체성을 형성해 간다는 것이다.

일단 사회적 일탈자, 불량청소년, 비행청소년 등의 낙인이 찍히면 그들은 사회적으로 고립되고, 정상적인 친구관계 형성이 불가능하게 되어 주로 그의 처지와 비슷한, 즉 비행청소년으로 낙인찍힌 친구들을 찾아 그들과 주로 어울리게 되면서 상습비행자의 길을 걷게 된다. 만약, 어떤 청소년이 가벼운 비행과 같은 일차적 일탈을 저질렀다 하더라도 친구들, 담임선생님, 지역사회, 사법기관의 사회적 낙인이 없었다면 이차적 일탈은 발생하지 않았을 것이다. 우리 사회에 존재하는 비행 및 범죄의 원인은 그들을 우리 사회에서 고립시킬 수 있는 사회적 오명인 낙인 때문으로 파악하는 것이 낙인이론가들의 주된 주장이다(황성현 외, 2015).

낙인이론은 거시이론에 속하지만, 거시이론이 경험적으로 검증하기 힘들다는 단점에도 불구하고 국내외에서 낙인이론에 대한 상당한 경험적 연구결과들이 축적되어 있다. 근래의 낙인이론의 경험적 연구는 주로 비공식적 낙인이 비행 및 범죄행위에 어떤 영향을 미치는지를 주된 관심사로 삼고 있는데, 부모와 또래친구, 교사 등의 비공식적 낙인이 비행을 증대시킨다는 연구결과가 제법 존재한다(Paternoster & Iovanni, 1989; Triplett & Jarjoura, 1994). 한국청소년 패널자료를 사용하여 비공식적 낙인이 청소년비행에 미치는 영향력을 파악한 연구에서, 첫째, 낙인이 비행에 미치는 영향력보다는 비행이 낙인에 미치는 영향력이 상대적으로 크게 나타났으며, 둘째, 부모의 사회경제적 지위가 낮은 청소년일수록 비공식적 낙인의 경험가능성이 더 크고, 비공식적 낙인이 일단 형성된 이후에는 쉽게 사라지지 않는다는 사실을 발견했다(박현수 외, 2009). 이성식의 연구에서도 비슷한 결과가 나타났다. 청소년패널자료 중학교 2학년을 대상으로 한 연구에서, 비공식적 낙인이 청소년비행을 매개하는 것으로 드러났다(이성식, 2007). 즉, 부모유대, 학업성적, 비행친구와의 접촉이 비공식적 낙인의 원인이 되며, 이 비공식적 낙인은 청소년비행을 잘 설명하는 것으로 드러났다.

제2절 비행친구선행론과 비행선행론

청소년비행에서 비행친구의 영향력은 절대적이다. (사회학습이론의 설명에서 살펴본 것처럼) 비행친구와의 차별적 접촉이 청소년비행에 가장 지대한 영향을 미친다는 선행연구는 꾸준하게 발표되고 있다. 그러나 비행친구가 청소년비행에 영향을 미치는지 아니면 비행이 비행친구를 사귀는 데 결정적 영향을 미치는지에 대한 오랜 논쟁은 아직도 진행 중이다. 이 논쟁은 마치 닭이 먼저인지, 계란이 먼저인지와 같은 인과관계를 밝히기 힘든 주제이긴 하지만 청소년비행의 원인을 밝히는 데 중요한 주제이다. 왜냐하면 비행친구와 비행 중에서 어떤 변수가 독립변수가 되느냐에 따라 우리 사회에서 청소년비행을 줄이기 위한 대책이 달라지기 때문이다. 예를 들면, 비행친구를 잘못 사귀어 청소년비행의 길로 접어들었다면, 비행친구와의 차별적 접촉을 줄이는 사회적 예방책이 필요하다. 반대로 청소년이 여러 가지 미시적, 거시적 비행요인으로 인해 먼저 비행을 저지르고 그 후에 그와 유사한 성향을 보이는 비행친구와의 차별적 접촉이 진행되었다면 비행의 미시적, 환경적 요인을 제거하는 정책이 필요할 것이다. 그러나 비행과 비행친구와의 인과관계를 밝히기 힘든 이유는 이 두 변수가 상호밀접하게 연관되어 있으며 인과관계의 선행조건인 시간적 우선성에서도 두 변수의 우선순위를 설정하기가 쉽지 않기 때문이다.

사회과학연구에서 인과관계를 밝히기 위한 중요한 잣대로 독립변인은 종속변인에 시간적으로 우선해야 한다는 원칙이 있다. 즉, 독립변인의 원인이 종속변인의 결과를 초래해야 한다. 일반적으로 자연과학에서 두 변인의 인과성은 쉽게 규명할 수 있다. 예를 들면 "폭우가 내려서 강물이 범람했다"는 명제는 쉽게 인과성을 밝힐 수 있다. 폭우 때문에 강물이 범람했지, 강물이 범람했기 때문에 비가 온 것이 아니라는 것은 누구나 다 아는 사실이다. 위의 명제에서 폭우는 독립변인이 되며, 강물이 범람했다는 사실은 종속변인이 된다. 그러나 비행친구와 비행과의 관계는 위의 명제처럼 시간적으로 인과관계를 밝히기 힘든 어려운 주제이다. 청소년들이 비행친구와의 차별적 접촉을 통해 비행의 길로 접어들었다면 비행친구가 그 청소년의 비행에 영향을 미쳤으므로 비행친구선행론(김준호 외, 2013)이라 칭할 수 있다. 반대로 청소년들이 다른 미시적, 사회환경적 요인으로 먼저 비행을 저지르고 그와 성향이 비슷한 비행친구들과 잘 어울려 다시 비행의 길로 접어든다면 비행선행론(김준호 외, 2013)이라 할 수 있다. 이 절에서는 비행친구선행론과 비행선행론을 중심으로 비행친구가 청소년비행에 미치는 영향력을 살펴볼 것이다.

(1) 비행친구선행론

청소년비행의 원인을 밝히는 연구에서 비행친구선행론을 주장하는 대표적

그림 9-1 비행친구선행론

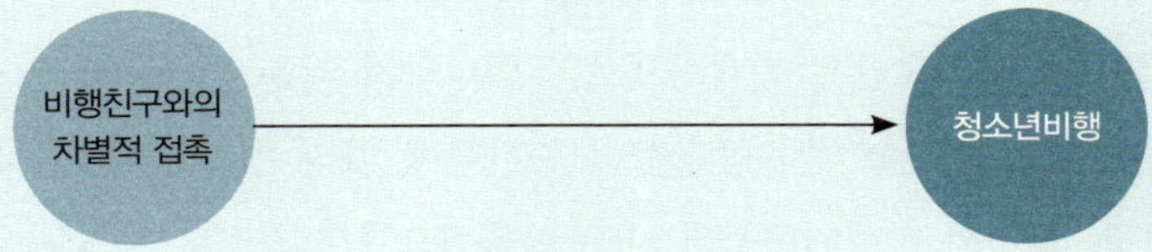

인 이론에는 에이커스의 사회학습이론이 있다. 사회학습이론에서는 비행에 우호적인 비행친구와의 차별적 접촉을 통해 비행이 발생하기 때문에 명확하게 비행친구가 비행의 원인이지 결과가 아니라고 주장한다(Akers & Sellers, 2011). 이 관계를 그림으로 설명하면 다음과 같다.

〈그림 9-1〉에서 비행친구는 청소년비행의 원인이므로 청소년들은 비행친구를 먼저 사귀고 그들과 어울려 다니면서 각종 비행을 저지른다. 사회학습이론에 따르면, 비행친구와의 차별적 접촉을 통해 비행과 범죄를 학습한다(Akers & Sellers, 2011). 학습의 과정으로 비행친구들은 비행의 방법과 기술뿐만 아니라 왜 비행을 해야 하고 이를 어떻게 합리화할 수 있는지를 알려 준다. 학습을 통해 비행에 대한 긍정적인 태도가 형성되면 청소년들은 실제로 비행을 저지르게 되는 것이다. 청소년비행에서 비행친구의 영향력을 분석한 연구들은 다양하다(박정선·황성현, 2013; 이완희·황성현, 2014; 2016; 전신현·김원경·황성현, 2010; Hwang & Akers, 2003; 2006; 황성현, 2006; 2007; 2008; 2009; 2010a; 2010b; 2012a; 2012b; 2015; 2016; 황성현·박정선, 2010; 황성현·이강훈, 2013).

황성현과 에이커스는 부산지역 고등학생을 대상으로 한 청소년 약물남용을 경험적으로 연구한 결과, 사회학습 변인들은 비교대상이 되었던 사회유대이론이나 자기통제이론의 변수들보다 설명력이 훨씬 뛰어난 것으로 드러났다(Hwang & Akers, 2003). 이 연구에서 사회학습변수는 전체 고등학생 음주행위의 58%, 흡연행위의 67%, 진정제 사용의 47%, 흥분제 사용의 42%를 설명했지만, 사회유대이론과 자기통제이론은 청소년 불법약물 사용의 10% 정도만 설명했다. 이완희와 황성현(2014)은 애그뉴(Agnew)의 일반긴장이론(general strain theory)과 에이커스의 사회학습이론을 비교분석한 연구에서 친구차별접촉을 통한 매개효과는 통계적으로 유의미한 결과를 초래했지만 일반긴장이론에서 추출된 부정적 자극요인은 통계적으로 유의미하지 않은 것으로 드러났다. 즉, 청소년들이 우울감, 불안감, 공격성이 증가함에 따라 청소년비행을 저지르는 것이 아니라, 오히려 비행친구들과 자주 어울림으로써 청소년 자신도 일반비행 및 사이버 비행을 더 많이 저지르는 것으로 나타났다. 황성현은 최근에 청소년비행에서 비행친구가 선행하는지 아니면 비행이 먼저 발생하고 그 이후에 비행친구와 차별적 접촉이 일어나는지를 연구한 결과를 발표했다(황성현, 2016). 한국아동·청소년패널조사 중 중2학년~고등2학년까지 4년간의 종단자료를 연도별로 분석한 연구결과에 따르면, 비행친구가 비행에 미치는 모형(비행친구선행론)이, 비행이 비행친구에 영향을 미치는 모형(비행선행론)보다 모형적합도 지수에서 더 우수한 것으로 나타남에 따라 비행친구선행론을 더 지지하는 것으로 드러났다(황성현, 2016).

구체적으로 비행친구의 초기치와 변화율은 비행초기치와 변화율 모두에 통계적 유의미성을 가지는 것으로 나타났다. 즉, 비행친구와 차별적 접촉을 많이 시도한 청소년은 비행초기부터 그렇지 않은 청소년보다 더 많은 비행을 저질렀다. 또한 학년이 증가함에 따라 비행친구와의 차별적 접촉을 더 많이 시도한 청소년은 비행초기에서부터 그렇지 않은 청소년에 비행 더 많은 비행을 저지르며 이런 현상은 고등학교 2학년까지 지속되는 것으로 드러났다. 따라서 한국청소년들은 먼저 청소년 초기나 중기에 비행친구와의 차별적 접촉을 통해 비행에 우호적인 태도, 가치, 비행기법, 비행을 합리화하는 논리 등을 비행친구를 통해 배워 그들과 함께 비행을 저지르게 된다. 이런 비행친구와의 차별적 접촉은 청소년 후기까지 지속되며 그들과 자주, 오랫동안 사귈수록 청소년 자신이 비행을 저지를 가능성은 높은 것으로 나타났다.

(2) 비행선행론

비행선행론을 주장하는 대표적인 이론에는 허쉬의 사회유대이론과 자기통제이론(self-control theory)이 있다. 이 이론에서 청소년비행은 비행친구와의 차별적 접촉의 결과가 아니라 부모와의 약한 유대나 어린 시절 가정에서의 잘못된 사회화의 결과라고 주장한다(Hirschi, 1969; Gottfredson & Hirschi, 1990). 즉, 어린 시절 가정에서의 부적절한 사회화의 결과로 부모와의 약한 유대나 낮은 자기통제력이 형성되며, 이렇게 형성된 약한 유대나 자기통제력은 일생 동안 지속되며, 어떤 다른 환경이나 제도에 의해 영향을 받지 않고 한 사람의 일생을 좌우하는데 부모와의 약한 유대나 낮은 자기통제력이 청소년비행의 원인으로 파악한다. 그러므로 약한 유대나 낮은 자기통제력을 가진 청소년은 각종 비행을 저지를 가능성이 많으며 그 이후에 그와 성향이 비슷한 비행에 우호적인 비행친구와의 차별적 접촉을 시도한다는 것이다. 이 관계를 그림으로 표현하면 〈그림 9-2〉와 같다.

〈그림 9-2〉에서 청소년비행은 비행친구와의 관계에서 비행친구와의 차별적 접촉 이전에 발생한다. 따라서 비행친구와의 사귐은 이 두 관계에서 결과(종속)변인이지 원인(독립)변인이 아니라는 것이다. 오히려 청소년비행은 부모와의 약한 유대나 낮은 자기통제력 때문에 발생하며, 이처럼 비행을 자주 저지르는 청소년은 그들과 성향이 비슷한 비행친구를 비행 이후에 사귄다는 것이다. 따라서 사회통제이론가들은 에이커스의 사회학습이론을 동의어반복(tautology)의 모순을 범했다고 비판한다. 즉, 사회학습이론은 원인과 결과가 반대로 설정되어 있는 이론적 모순이 있다는 것이다. 결론적으로 사회통제이론가들은 청소년비행에서 사회학습이론은 비행이 발생하기 전에 비행친구와의 접촉이 먼저 발생

그림 9-2 비행선행론

했다는 사실을 경험적으로 명확하게 밝힐 수 없기 때문에 원인과 결과가 반대로 설정된 동의어반복의 모순을 범하고 있다는 것이다.

비행선행론을 주장하는 경험적 연구결과는 주로 1990년 갓프레드슨(Gottfredson)과 허쉬의 범죄일반이론(general theory of crime)이 발표된 이후로 짧은 시기에 폭발적으로 이루어졌다. 자기통제이론을 검증한 상당수의 선행연구들에 따르면, 자기통제력이 낮은 청소년들은 비행이나 범죄를 저지를 가능성이 높은 데 비해, 자기통제력이 높은 청소년은 평생을 살면서 범죄를 저지를 가능성이 낮다고 주장했다. 따라서 그들은 허쉬를 중심으로 한 사회통제이론가들의 주장에 동조했다. 즉, 비행의 원인은 비행친구와의 차별적 접촉이 아니라 어릴 때 가정에서 형성된 낮은 자기통제력 때문이라고 주장했다(Giordano, 1995; Sampson & Laub, 1993; Warr, 2002). 국내에서 비행친구와 비행과의 관계를 연구한 결과에 따르면, 비행친구와의 교제가 이후의 청소년비행에 영향을 미치기보다는 비행이 비행친구와 어울리는 데 영향을 미치는 것으로 나타나 비행선행론을 지지했다(이은주, 2009).

비행친구가 선행하는지 아니면 비행이 선행하는지에 대한 논쟁에서 또 다른 접근을 시도한 일련의 노력들이 있었다. 즉, 청소년들이 어떤 종류의 비행을 저지르느냐에 따라 비행친구와 비행의 인과관계가 다르게 나타난다는 것이다. 대표적인 선행연구로 박현수와 김준호(2008)의 연구가 있다. 청소년패널데이터를 분석한 결과, 청소년 경비행의 경우, 경비행친구와의 친밀감이나 차별적 접촉이 청소년비행의 가장 중요한 요인이 되는 비행친구선행론과 일치하였지만, 중비행의 경우, 비행친구선행론과 관련이 없는 것으로 나타났다. 또 다른 연구로 청소년기 전체 시기 동안 각 시기별로 두 변인의 영향력이 다르게 나타난다는 주장도 있다. 약 10여 년에 걸친 전체 청소년기 동안 청소년 초기, 중기, 후기별로 비행친구의 영향력이 다르게 나타난다는 주장이다. 전신현·김원경·황성현은 청소년가출의 원인에 대한 분석에서 청소년 초기와 중기까지는 비행선행론에 속하는 가족과 부모의 요인이 청소년 가출을 더 잘 설명했으며, 청소년들이 후기에 접어들면서 비행친구선행론에 속하는 비행친구와의 차별적 접촉이 청소년가출을 더 잘 설명하는 것으로 나타났다(전신현 외, 2010). 이와 비슷하게 청소년 음주 및 흡연행위의 원인을 밝힌 황성현의 연구에서 청소년 초기에 청소년들의 지위비행은 부모나 가족의 영향력이 통계적으로 의미있는 결과를 초래했으며, 청소년 후기에는 지위비행을 자주 하는 친한 친구와의 접촉이 청소년 자신의 지위비행 가능성을 높이는 결과를 나타냈다(황성현, 2012b).

결론적으로 청소년비행에서 비행이 선행하는지, 비행친구가 선행하는지에 대한 일관된 연구결과는 없다. 일반적으로 비행이 선행한다는 사회유대이론과 자기통제이론의 연구결과도 어느 정도 청소년비행의 원인을 설명하고 있으며, 비행친구가 선행한다는 사회학습이론의 연구결과도 상당수 존재한다. 이 두 변인의 관계를 구체적으로 살펴본 결과, 경비행에서는 비행친구선행론, 중비행의 경우에는 비행친구보다는 경비행 경험 자체가 더 중요한 역할을 한다는 연구결과가 있다. 청소년 시기별로는 청소년 초기와 중기에는 비행선행론이 더 설득력이 있고, 청소년이 중기를 거쳐 후기에 접어들면 부모와 가족의 영향력은 상대적으로 약화되거나 사라지고 비행친구의 영향력이 더 크게 작용한다는 비행친구선행론이 더 큰 역할을 한다는 선행연구결과도 상당히 많았다. 따라서 비행친구선행론과 비행선행론에 대해서는 좀 더 많은 연구가 필요하며, 각 시기별로 또는 비행의 유형별로 세분화해서 그 인과관계를 밝히는 좀 더 정교한 분석이 필요하다.

제3절 학교와 청소년비행

학교는 청소년들에게 있어서 중심적인 사회 환경이다. 청소년들은 학교에서 하루 일과 중의 상당한 시간을 보내게 되며, 학교는 그 속에서 이루어지는 사회화과정을 통해 청소년의 자아개념, 사회관 및 청소년으로서의 지위를 형성하는 데 중요한 역할을 한다. 또한 학교에서의 광범위한 경쟁은 청소년의 정체성에 영향을 미치게 된다. 학교는 교육을 통하여 관습적인 태도와 행위를 내면화시키고 있지만, 반면에 청소년들이 공부와 관련해서 받게 되는 여러 가지 스트레스, 학교에 대한 반항심, 학교생활을 통해서 경험하는 좌절감 등은 청소년들을 비행으로 유도하는 역할을 한다. 청소년비행과 관련된 학교요인은 주로 학습능력, 학업성적, 교사애착 또는 학교애착 등으로 나눌 수 있다. 학습능력이나 학업성적이 떨어지고, 교사나 학교에 대한 애착을 잃은 청소년은 공부에 열의를 보이지 않으며, 공부 외 남는 시간을 비행친구와 어울려 각종 비행을 저지를 가능성이 많아진다.

(1) 학습능력

학습능력은 후천적으로 일정한 지식, 기술, 인식, 행동 등을 배워 익힐 수 있는 능력을 의미한다. 일반적으로 학습능력이 뛰어난 청소년은 학업성적이 좋을 뿐만 아니라 학교생활만족도도 높다. 그러나 학습능력이 떨어지는 청소년은 학교의 교육과정을 따라가지 못함으로써 좌절감을 느끼게 되고 이로 인해서 비행을 저지를 가능성이 높아진다. 학교 공부를 잘하지 못하는 청소년은 학교생활만족도가 떨어질 뿐만 아니라 수업시간을 지루하게 생각함에 따라 수업에 소홀해질 수 있으며 심한 경우 무단결석을 하기도 된다. 또한 학습능력이 일부 떨어지는 청소년은 학교에서 또래친구나 교사로부터 공부 못하는 학생이나 문제학생으로 낙인찍힘으로써 어려움을 겪게 된다. 이렇게 낙인찍힌 청소년은 학교생활에서 그들과 비슷하게 학습능력이 떨어지는 친구들과의 차별적 접촉을 통해 학교 내외에서 일탈이나 비행 같은 문제를 일으킬 가능성 또한 높아진다.

학습능력의 저하는 일반적으로 학교부적응으로 나타나고 이런 학교부적응은 비행으로 나아갈 가능성이 높다. 학습능력이 떨어지는 청소년은 학교 부적응에서 느끼는 긴장과 좌절감, 압박감 등을 해소하기 위해서 자연스럽게 음주나 흡연을 시작하게 되고 미성년자들이 출입할 수 없는 장소에 드나들게 되며 심지어는 무단결석이나 가출을 경험하게 된다. 학교부적응은 학창시절뿐만 아니라 성인이 되어서도 지속적으로 청소년의 장래에 부정적인 영향을 미칠 수 있다. 학습능력저하와 학교부적응 현상은 학교졸업 후 고등교육과 직업훈련을 받는 데 필요한 사회적, 학문적 지식과 기술을 습득하지 못하게 하여, 결과적으로 성인이 되었을 때 직장과 가정에서의 역할을 성공적으로 수행할 수 있는 기회에 위협이 된다(Richman et al., 2004). 따라서 학습능력부족과 학교부적응은 청소년비행의 중요한 원인으로 작용할 수 있으며 성인범죄나 반사회적 행동에 연루될 가능성이 있다.

그럼 학습능력은 주로 어떻게 측정되는가? 학습능력은 여러 가지로 측정될 수 있지만 일반적으로 지능지수(IQ)로 측정된다. 지능은 추리하고, 타인의 생각을 파악하고, 문제를 풀고, 추상적으로 생각하고, 복잡한 생각을 이해하고, 경험을 통해 배우고, 복잡한 문제에 대한 해결책을 발견하는 능력을 의미한다(Siegel, 2012). 지능과 범죄는 마이너스적(-) 관계가 일반적이다. 즉, 지능이 낮을수록 범죄를 저지를 가능성이 높아진다. 범죄자의 지능은 비범죄자보다 평균적으로 낮다는 연구결과는 지속적으로 발표되고 있다.

지능과 범죄와의 관성을 밝히려는 연구는 고다드(Goddard)의 연구가 대표적인데, 그는 범죄인의 70%가 저지능인으로 범죄와 비행의 최대 단일 원인은 낮은 지능에서 찾을 수 있다고 주장하였다(Goddard, 1920). 힐리와 브로너(Healy & Bronner) 또한 1926년에 시카고와 보스턴의 남자 비행청소년 집단을 검사한 결과, 37%가 지능이 정상 수준 이하임을 발견했다(Healy & Bronner, 1926). 그들은 비행청소년이 정상청소년에 비해 정신적으로 결함이 있을 확률이 5~10배 더 높다는 결론을 내렸다. 이 두 연구결과, 일반적으로 서구 사회에서는 지능지수 검사는 타고난 유전성과 관련이 있으며 많은 범죄학자들은 표준 이하의 지능지수는 범죄 및 비행과 관련이 있다는 사실을 받아들였다(Siegel, 2012). 그러나 1931년 서덜랜드(Sutherland)는 범죄자와 비행청소년에 대한 여러 지능지수 연구를 평가한 후, 결과에 상당한 차이가 난다는 사실에 주목했다(Sutherland, 1931). 서덜랜드의 연구 이후 범죄가 낮은 지능에 의해 초래된다는 믿음에 거의 종지부를 찍었고, 지능지수와 범죄와의 관련성은 범죄학연구에서 거의 사라지는 것처럼 보였다. 그러나 그 이후 허쉬와 힌델랑(Hirschi & Hindelang)의 연구에서 지능과 범죄와의 관계는 약하지만 상관관계가 있다는 사실을 한 번 더 확인함으로써 범죄학계에서 지능의 역할에 다시 주목하기 시작했다(Hirschi & Hindelang, 1977). 허쉬와 힌델랑이 주장한 지능과 비행의 관계는 〈그림 9-3〉과 같다.

그림 9-3 지능과 청소년비행과의 관계

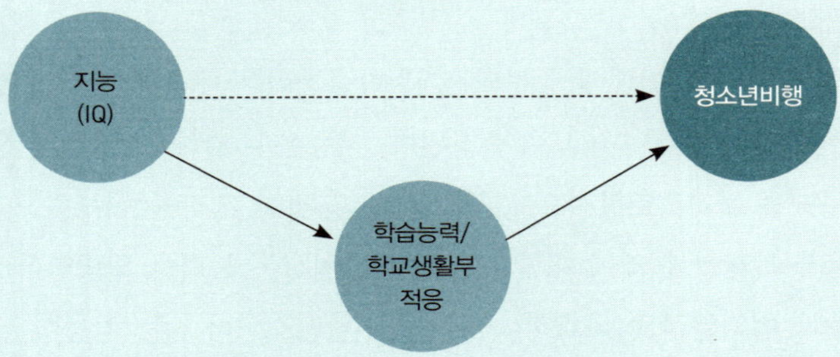

〈그림 9-3〉의 점선에서처럼 지능은 청소년비행에 직접적으로 영향을 미치는 것이 아니라 학업능력과 학교생활부적응을 통해 간접적으로 영향을 미친다고 주장했다. 허쉬와 힌델랑은 지금까지 지능과 범죄와의 관계 연구에서 가설이 잘못되었다고 주장했다. 즉, 이전까지의 연구는 지능과 범죄와의 직접적인 연관관계를 따졌지만, 실제 청소년의 지능이 범죄에 미치는 영향력은 직접적이기 보다는 학습능력과 학교생활 부적응을 통해 간접적으로 영향을 미친다고 주장했다. 즉 낮은 지능은 학습능력에 부정적인 영향을 미칠 뿐만 아니라 학교생활에 잘 적응하지 못하게 되어 무료한 학교를 마친 후 그와 비슷한 성향을 가진 친구들과 각종 비행을 저지른다는 것이다.

근래에 들어와서 헌스타인과 머레이(Herrnstein & Murray)는 종곡선(The Bell Curve)을 통해 IQ로 대변되는 지능이 범죄와 관련이 있다고 주장하면서 지능과 범죄와의 오랜 논쟁에 다시 한 번 더 불을 지폈다(Herrnstein & Murray, 1994). 즉, 지능이 낮은 사람은 범죄나 다른 유형의 바람직하지 못한 행동을 하게끔 하는 '인지적 약점'을 가지며, 이 인지적 약점은 범죄에 영향을 미치는 사회계층이나 가족 같은 다른 어떤 요소들보다 직접적이고 강하며 중요하다고 주장했다. 물론 동료학자들이 헌스타인과 머레이의 주장을 수용하는 것은 아니었다. 예를 들면, 피쳐(Fischer)와 그의 동료들은 종곡선을 다시 분석한 후, 사람들의 궁극적인 행운은 가족 배경이나 성장기의 지역적 특색 등 그들의 사회적 배경에 의존하며,

지능지수 역시 유의미한 상관관계를 보여주지만 그 효과는 크지 않다고 지적하였다(Fischer et al., 1996). 그럼에도 불구하고 지능이 비행과 관련성이 있다는 주장은 지금까지 계속되고 있다. 피케로(Piquero)는 필라델피아에 사는 아이들의 폭력 행동을 연구한 결과, 지능 점수가 폭력행동에 대한 가장 강력한 예측 변인이므로 폭력범죄를 주로 저지르는 범죄자들과 그렇지 않은 범죄자들을 구분할 때도 사용될 수 있다고 주장했다(Piquero, 2000).

(2) 학업성적

일반적으로 학업성적은 비행에 부정적인 영향을 미친다. 학업성적이 비행에 부정적인 영향을 미치는 요인을 몇 가지 비행이론으로 살펴볼 수 있다. 첫째, 애그뉴의 일반긴장이론에서처럼 청소년이 자신이 설정한 목표(예를 들면, 좋은 대학 진학 등)를 달성하지 못할 것 같을 때 긴장 및 스트레스가 발생하고 이런 긴장을 해소하기 위해 비행을 저지른다. 즉, 학벌이 강조되는 한국사회에서 학업성적이 부진하다는 것은 자신이 달성하고자 하는 목표 달성이 어렵기 때문에 긴장을 발생시킬 가능성이 높다. 이런 심리적 스트레스 및 긴장은 청소년비행을 야기하는 원인이 될 수도 있을 것이다. 또한 학업성적이 부진하면 부모의 공부압력이 커질 것이고 이에 따른 성적 스트레스를 강화시켜 비행으로 이어질 수도 있을 것이다. 예를 들면, 김준호와 노성호(1989)는 청소년비행 원인의 특수성을 포착하기 위하여 공부압력을 중요한 원인으로 제시했다. 또한 김준호와 이성식(1996)도 학업성적이 부진하면 자신이 추구하는 일이나 목표달성이 어려울 것이라고 판단하여 학업성적에 따른 심리적 긴장을 하류계층 청소년비행의 중요한 원인이 될 수 있다고 주장하고 있다. 학업성적을 애그뉴의 일반긴장이론에 적용한 논의를 종합하면, 학업성적은 공부압력이나 성적 스트레스라는 심리적 긴장을 야기하고 이러한 심리적 긴장이 청소년의 비행을 유발하는 원인이 될 것이라고 추론해 볼 수 있다.

둘째, 허쉬의 사회유대이론에서처럼 학교에서의 애착이 약하거나 깨어질 때 청소년비행이 발생할 수 있다. 학교애착은 교사애착이나 학업성적으로 나타나는데 학업성적이 높거나 교사애착이 강할수록 비행을 억제하는 반면 교사애착이 약하거나 학업성적이 부진할수록 청소년비행이 증가할 가능성이 높다. 사회유대이론에서 학업성적은 그 자체가 미래의 사회적 지위 획득의 중요한 수단이기 때문에 학업성적이 낮은 학생들은 좌절하여 비행으로 나아간다든지, 학업성적이 높은 학생일수록 교사애착이 강하고, 좋은 학업성적을 유지하여 장래에 좀 더 나은 삶을 유지하는 데 중요한 수단으로 여긴다든지, 공부나 방과 후 과외활동을 하는데 시간을 많이 보낼수록 비행을 저지를 가능성이 낮아진다는 것이다. 이에 반해 학업성적이 낮은 청소년은 학교나 교사애착이 약하여 학교에서의 생활을 지루하게 느끼고, 공부나 과외활동을 하는 데 대부분의 시간을 보내기보다는 비행친구들과 어울려 각종 일탈행위를 하는데 시간을 허비하므로 비행으로 나아갈 가능성이 커진다는 것이다. 예를 들면, 한국아동·청소년 중1자료를 활용한 황성현과 이강훈의 연구에서 사회유대이론의 관여변인은 청소년비행을 잘 설명하는 것으로 나타났다(황성현·이강훈, 2013). 이 연구에서 관여는 지난 1년 동안 학생들이 총 10과목에서 취득한 성적으로 측정되었는데, 총 10과목에서 학업성적이 뛰어난 학생은 비행을 저지를 가능성이 낮았으며, 반대로 학업성적이 떨어지는 학생들은 각종 청소년비행을 저지를 가능성이 높은 것으로 드러났다. 한국청소년패널의 중1자료를 사용한 이종원의 연구에서도 비슷한 결과가 나타났다(이종원, 2013). 이종원의 연구결과에 따르면, 학업성적은 비행에 부정적인 영향을 나타냈다. 즉, 학업성적이 낮은 청소년들은 성적이 좋은 청소년에 비해 비행을 저지를 가능성이 높았는데, 그 원인은 비행 때문에 학업성적이 낮아지는 것이 아니라, 낮은 학업성적으로 인해 비행을 저지르게 된다는 사실을 발견했다(이종원, 2013).

셋째, 낙인이론가들의 주장에 따르면, 청소년들이 학교에서 학업성적이 좋으면, 부모나 교사가 그들을 긍정적으로 평가하여 자아정체감을 긍정적으로 형성하게 해주지만, 학업성적이 좋지 않으면 부모나 교사가 부정적으로 평가하고 문제 학생 또는 학습부진아라는 오명을 부여하기 때문에 이러한 낙인의 결과로 부정적인 자아정체감이 형성될 가능성이 커진다. 학업성적과 비행과의 관련성을 이성식과 전신현은 학교에서의 비공식적 낙인으로 설명한다(이성식·전신현, 2009). 그들은 학교에서 학업능력이 부족한 아이들이 공부에 관심이 없는 아이들 혹은 문제아로 낙인을 찍히게 된다는 것이다. 비행을 저지른 아이가 학교성적도 낮은 경우 더 낙인이 찍히겠지만, 비행을 저지르지 않았어도 학업성적이 낮은 것만으로도 낙인이 찍힐 수가 있게 되고, 낙인이 찍힌 아이들은 사회의 부적응으로 비행을 더 저지른다고 볼 수 있다고 주장한다(이성식·전신현, 2009). 청소년패널자료를 활용한 이성식과 전신현의 연구결과, 낮은 학업성적은 청소년비행에 직·간접적인 영향을 주었는데 특히 비행친구와의 차별적 접촉과 부정적 낙인을 통해 영향력을 갖는 것으로 나타났다. 즉 학업성적이 낮은 청소년은 비행친구와 사귀거나 부정적 낙인을 경험함으로 해서 비행을 저지른다고 보았다.

(3) 교사애착

학교환경에서 교사의 역할은 수업을 포함한 학교생활 뿐 아니라 청소년들의 사회적 상호작용을 이끄는 데 상당한 영향을 미친다. 교사와 학생의 관계에서 교사는 학생들에게 안전감을 제공하고 학생의 요구에 수용적이고 민감하게 반응해야 한다. 교사와 학생의 애착은 높은 친밀감, 사회적 지원, 낮은 의존성과 관련이 있는데, 학생의 교사에 대한 애착에서 가장 근저를 이루는 것은 신뢰성이다(주소영·이양희, 2012). 신뢰성은 학생이 교사에게 지속적이고 일관된 방식으로 지지와 도움을 받을 수 있다고 지각하고 믿음을 갖는 것을 뜻한다. 또 학생이 지각하는 교사애착에서 교사의 민감성은 중요하다. 민감성은 교사가 학생의 학업이나 요구를 지각하고 그에 대해 세심하게 반응하는 정서적 관심을 의미한다. 학교생활에서 중요한 보호요인이 될 수 있는 교사애착은 학생이 지각하는 교사에 대한 애착으로 측정된다. 학생이 교사에 대해 친밀감을 갖고 접근할 수 있다고 여기며 소통할 수 있는 대상으로 인식하는 것이 교사애착의 핵심개념이다. 일반적으로 비행연구에서 교사애착은 다음과 같은 질문으로 구성된다(한국청소년정책연구원, 2015). "선생님을 만나면 반갑게 인사한다", "선생님과 이야기하는 것이 편하다", "학교 밖에서 선생님을 만나면 반갑다", "우리 선생님께서는 나에게 친절하시다", "내년에도 지금 선생님께서 담임선생님을 해 주셨으면 좋겠다". 이처럼 교사애착은 학생들이 교사나 담임선생님을 어떻게 생각하고 어떤 방식으로 접근가능한지에 대한 학생의 인식이나 느낌을 측정하는 개념이다.

청소년비행에서 교사애착은 비행가능성을 줄이는 역할을 한다. 즉, 교사와의 애착이 강할수록 청소년의 일탈 및 비행행동은 감소하고, 학교적응, 학업성취 등은 증가하는 경향이 있다. 교사애착이 청소년비행에 미치는 영향에 관한 선행연구는 부모애착이나 친구애착보다는 상대적으로 덜 이루어졌으나 몇몇 연구들에서 의미있는 관련성이 있는 것으로 드러났다. 한국청소년패널자료를 활용한 선행연구에서 교사애착이 청소년비행에 통계적으로 유의미한 영향을 미치는 것으로 나타났다(정기원·권량희, 2006). 즉, 평균 이하의 교사애착을 보이는 집단에서는 애착이 증가함에 따라 비행경험 수준이 급격하게 감소함에 따라 교사애착은 청소년비행을 감소시키는 중요한 역할을 했다. 또 다른 연구에서도, 중학교 2학년 시기에 교사애착이 높은 학생은 학교부적응 정도가 낮았으며, 시간이 지날수록 교사애착 증가속도가 빠를수록 학교부적응 감소속도가 빠르게 진행되는 것으로 드러났다(박정주, 2011). 교사애착을 포함한 애착요인이 청소년 사이버 비행에 미치는 영향에 관한 최근 연구로 고은희와 황성현의 연구가 있다(고은희·황성현, 2015). 고은희와 황성현의 연구결과, 애착요인은 청소년의 부정적인 심리요인인 공격성, 우울감, 불안감 등과 관련이 있고, 이런 심리요인은 직접적, 간접적으로 청소년 사이버 비행을 증가시키는 역할을 했다. 즉, 교사애착을 포함한 애착수준이 낮을수록 청소년의 공격성, 우울감, 불안감은 증가하고 이렇게 증가된 부정적인 심리요인은 청소년 사이버 비행을 증가시키는 데 결정적인 역할을 했다. 이 연구에서 교사애착을 포함한 애착요인은 매개요인인 부정적인 심리요인을 경유하여 종속변인인 사이버 비행에 영향을 미칠 뿐만 아니라 부정적인 심리요인을 경유하지 않고서도 직접적으로 사이버 비행을 증가시키는 역할을 했다.

(4) 친구애착

사회유대이론에서 친구애착은 청소년비행을 감소시키는 역할을 한다. 허쉬의 주장에 따르면, 비록 친하게 지내는 친구가 비행친구라 할지라도 그 친구와의 애착관계가 강하면 강할수록 청소년 자신의 비행가능성은 줄어든다고 주장한다. 그러나 선행연구결과에 따르면, 친구애착이 청소년비행 증가와 밀접한 관련이 있다는 주장도 상당하다. 왜냐하면, 비행을 저지르지 않는 친구와의 애착은 비행가능성을 줄일 수 있지만, 비행친구와의 애착은 비행을 증가시키는 결정적 역할을 하기 때문이다. 사회학습이론을 지지하는 이론가들은 친한 친구와의 차별적 접촉이 청소년비행을 설명하는 가장 강력한 요인이라고 주장한다. 친구애착이 비행을 감소시키는 요인이 아니라 증가시키는 요인이라고 주장하는 이유는 비행친구와의 애착을 비행친구와의 차별적 접촉과 동일한 개념으로 파악하기 때문이다. 이처럼 사회유대이론에서는 친구관계를 친구애착으로 파악하고, 사회학습이론에서는 친한 친구와의 차별적 접촉으로 이해한다. 그럼 이 두 변인의 차별성을 파악하기 위해 실제 경험적 연구에서 이 두 변인이 어떻게 측정되는지를 먼저 살펴볼 필요가 있다. 사회유대이론에서 친구애착 개념은 "나는 내 친구들과 오랫동안 친구로 지내고 싶다", "나는 그 친구들과 함께 있으면 즐겁다", "나는 그 친구들과 함께 생각과 감정을 가지려고 노력하는 편이다", "나는 그 친구들과 서로의 고민을 솔직하게 이야기하는 편이다" 등으로 측정된다(한국청소년정책연구원, 2010). 한편, 사회학습이론에서 비행친구와의 차별적 접촉 변인은 "당신의 가장 친한 친구들 중에 다음과 같은 비행을 한 경험이 있는 친구들은 얼마나 됩니까?"와 "당신의 가장 친한 친구들은 다음과 같은 비행을 얼마나 자주 저지릅니까?"로 측정된다(Hwang & Akers, 2003; 2006). 친구관계에 대한 위 두 이론의 측정도구에서 사회유대이론은 주로 친구관계를 정서적, 심정적인 측면을 측정하는 경향이 있고, 사회학습이론은 감정적 측면보다는 행위적 측면을 측정하고 있다.

친구애착이 청소년비행을 줄이는 데 중요한 역할을 한다는 사회유대이론의 주장에 따르면, 일반적으로 친구와 조화로운 관계를 형성할 경우, 친구관계의 질이 높아지고 또래친구들로부터 수용성이 강할 경우, 비록 그 친구들이 비행을 자주 저지를지라도 친구들과의 유대 및 애착관계로 인해 청소년 자신은 심리적, 감정적 안정감을 유지할 수 있기 때문에 비행을 저지를 가능성이 줄어든다는 것이다. 경험적 연구에서 친구애착이 청소년비행을 줄인다는 결론을 도출한 연구들이 있으며(양점도·박영구, 2009; McElhaney et al., 2006), 반대로 친구애착이 약하거나, 친구들로부터 배척받은 청소년들은 결석, 수업태만, 가출, 훔치기, 협박하기, 폭력행동 등의 비행을 많이 저지르는 것으로 연구결과도 있다(Higgins et al., 2010; Miller-Johnson et al., 1999). 이런 연구결과들은 친구애착이 강하면 청소년비행 가능성이 줄어들고, 반대로 약하면 비행 가능성은 증가한다고 주장한다.

그러나 친구애착이 비행을 증가시킨다는 경험적 연구결과들도 상당수 존재한다. 이주리(2011)는 친구애착이 오히려 비행의 증가를 부추긴다고 주장한다. 한국청소년패널자료를 활용한 연구에서 부모애착은 청소년비행을 낮춘 반면, 친구애착은 오히려 청소년비행의 위험을 증가시킨다고 주장했다(이주리, 2011). 청소년기는 친구집단에 대한 동조성이 높은 시기이기 때문에 청소년들은 또래 규범의 영향을 받아 문제행동이나 물질남용 등의 모습을 보이기도 한다(김희화, 2009; 이상균, 2005). 사회유대이론의 친구애착변인과 사회학습이론의 친구와의 차별적 접촉변인을 함께 분석한 황성현의 연구에서도 친구애착변인은 청소년비행을 증가시키거나 아무런 영향을 미치지 못하는 것으로 나타났다(황성현, 2010a; 2010b; 2015). 한국청소년패널 종단자료를 활용한 황성현의 연구결과에 따르면, 친구애착은 초등학생들의 3차년도(초등 6학년)부터 5차년도(중 2학년)까지 청소년의 음주 및 흡연행위를 증가시키는 것으로 나타났다(황성현, 2010b). 즉, 친구와의 애착이 강하면 강할수록 청소년들은 음주 및 흡연행위를 더 많이 하는 것으로 드러났다. 한국청소년 중1패널자료를 활용한 종단연구에서도 중학교 1학년부터 고등학교 3학년까지 한국청소년들의 지위비행에 영향을 미치는 친구애착 변인은 청소년비행을 증가시키는 결과를 초래했다(황성현, 2010a). 즉, 중학교 1학년부터 고등학교 3학년까지 친구와의 애착이 강한 청소년들은 음주 및 흡연행위를 할 가능성이 높으며, 무단결석 및 가출을 할 가능성과는 상관없는 것으로 드러났다. 이 연구에서 친구애착은 청소년 자신의 음주 및 흡연행위를 증가시키는 중요한 역할을 했으며, 무단결석과 가출에는 별 다른 영향력을 미치지 못하는 것으로 드러났다(황성현, 2010a). 한국아동·청소년패널자료를 활용한 황성현의 최근 연구에서도 친구애착은 청소년 지위비행, 경비행, 중비행을 포함한 모든 비행에 부정적인 영향력을 미쳤다. 즉, 중1패널 4차년도 자료를 활용한 연구에서 친구와의 애착이 강한 청소년들은 그렇지 않은 청소년들에 비해 청소년 자신이 흡연, 음주, 무단결석, 가출, 심하게 조롱하기, 집단따돌림, 패싸움, 심한 구타, 협박, 삥뜯기, 훔치기, 성관련 범죄, 도박게임하기 등을 포함한 모든 유형의 청소년비행을 더 많이 저지르는 것으로 드러났다(황성현, 2015). 종합하면, 친구와의 강한 애착이 청소년 자신의 범죄를 감소시키기 보다는 증가시키는 역할을 한다는 연구결과가 더 많이 보고되고 있다. 즉, 사회유대이론의 친구애착은 일부 선행연구에서 청소년비행을 감소시키는 역할을 하지만, 대부분의 선행연구결과, 청소년비행을 증가시키는 역할을 했다. 이는 친구와의 애착이 강한 청소년들이 또래집단에 대한 심리적 동조감을 느끼고 또래집단에서의 소속감과 분리되지 않으려는 욕구 때문에 친구들과 함께 각종 청소년비행을 저지를 가능성이 증가하는 것으로 풀이된다.

(5) 학업중단

청소년들이 정규학교수업에 참여 하지 않고 학교를 떠나는 현상을 이전에는 중퇴, 중도탈락 등과 같은 용어를 사용하였다. 그러나 이런 용어는 탈선이나 낙오의 의미를 가진 부정적 용어라는 지적 때문에 교육부는 2002년에 공식적으로 '학업중단청소년'이라는 가치중립적인 용어를 사용하기 시작했다. 교육부는 학업중단의 의미를 청소년 자신, 가정, 학교 및 전체 사회에 존재하는 다변적인 요인들이 복합적으로 작용하여 학교 공부를 중단하게 되는 현상으로 정의하고 있다. 학업중단은 엄밀히 말하면 학생이 일정한 과정을 끝내지 않고 학교를 그만두는 것을 말하며, 일반적으로 졸업 또는 수료를 하지 않은 채 학교를 그만두는 학생으로 입학, 전학, 재입학, 복학 등의 재학상태에서 자퇴 또는 재적된 학생 및 휴학기간 만료 이후 미복학으로 제적된 학생을 포괄하여 지칭한다(오승근 외, 2011). 한국교육개발원(2013)의 교육통계서비스 자료의 최근 3년간 학업중단률을 분석해 보면 2010년에는 0.86%, 2011년엔 1.10%, 2012년엔 1.06%를 나타냈다. 이는 최근 3년간 매년 7만 명 이상의 학생이 정규학교를 떠나고 있음을 나타내고, 학업중단을 경험한 청소년이 매년 그만큼씩 축적되고 있음을 의미한다. 청소년들이 학업을 중단하는 이유는 다양하다. 그 주된 이유와 비율을 고등학교 학업중단 사례를 중심으로 살펴보면 〈그림 9-4〉와 같다.

〈그림 9-4〉에서 살펴보듯이, 학년별로는 고등학교 1학년 때가 2.8%로 가장 높으며 고2 때가 1.6%, 고3 때가 0.4%로 학년이 낮아질수록 높았다. 학업중

그림 9-4 2013년도 한국고등학생 학업중단율

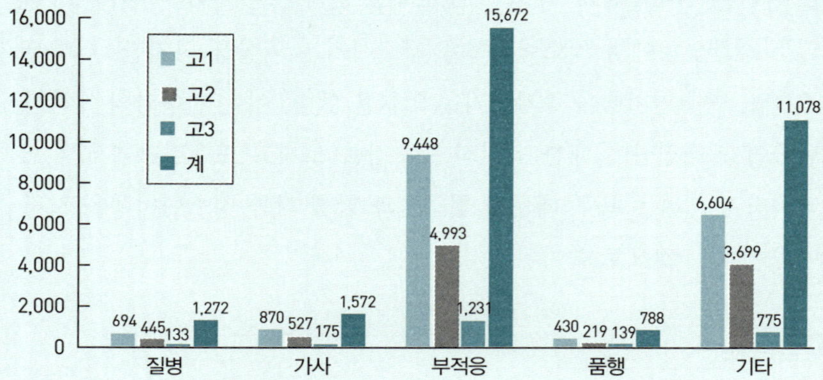

	질병	가사	부적응	품행	기타	비율
고1	694	870	9,448	430	6,604	2.8
고2	445	527	4,993	219	3,699	1.6
고3	133	175	1,231	139	775	0.4
계	1,272	1,572	15,672	788	11,078	1.6

출처: 한국교육개발원, 2014.

단 사유로는 부적응이 다른 사유에 비해 압도적으로 높았다. 부적응은 질병, 가사, 품행 등과 같은 사유에 비해 약 10배 이상 높았다. 구체적으로 부적응은 고등학교 1학년이 1.5%로 나타나, 2학년, 3학년보다 2~7배 높은 비율을 차지했다. 이처럼 학업중단의 가장 큰 이유는 부적응으로 나타났는데, 매년 7만 명 이상의 학생들이 학업을 중단한다고 가정했을 때 거의 대부분의 청소년들이 학교 부적응 때문에 학업을 중단하는 것으로 파악된다. 〈그림 9-4〉에 나타나지 않는 학업중단의 원인을 포괄적으로 파악한 연구에 따르면, 학업중단의 주된 원인으로 가정에 대한 불만, 경제적 빈곤, 학교 인간관계의 불만족, 교과공부에 대한 어려움, 교칙위반, 건강상의 문제, 조기유학 및 이민 등이다(윤여각 외, 2002).

한국청소년들이 이처럼 다양한 이유로 학업을 중단하고 있지만, 어떤 이유이든 간에 학업을 중단한 청소년은 비행 및 범죄의 유혹에 쉽게 노출될 가능성이 높다. 선행연구에 따르면, 학업을 중단한 이후 1년 동안 청소년은 급격히 비행화되는 것으로 나타났다(금명자 외, 2004). 중학생의 경우 처음 1개월에서 6개월 사이는 일없이 친구들과 방황하는 학생들이 많았고, 고등학생은 주유소나 PC방에서의 아르바이트를 하는 비율이 높았다. 그러나 1년이 지난 이후, 중학생들은 초기 5.5%에 지나지 않던 보호관찰 청소년이 1년 후에는 10.8%로 급격히 증가하였고, 유흥업소 아르바이트 생활은 초기 2.6%에서 1년 후에는 5.0%로 증가하였다. 고등학생의 경우에는 초기에 5.4%였던 보호관찰이 13.4%로, 유흥업소 아르바이트가 2.6%에서 10.7%로 증가하였다. 이처럼 문제를 안은 채 학교를 나간 청소년들은 학교 밖에서 더욱 심각한 상황에 처하게 되는 것이다.

학업중단 청소년에 관한 최근의 연구로는 한국청소년정책연구원에서 2013년부터 2015년까지 3년 동안 보호관찰 학업중단 청소년을 추적 조사한 연구가 대표적이다(전영실 외, 2015). 이 연구에서 가족, 친구, 지역사회, 보호관찰 등 보호관찰대상 청소년을 둘러싼 사회 환경을 중심으로 보호요인과 위험요인으로 나누어 비행의 지속이나 중단에 미치는 영향을 살펴본 결과, 전반적으로 보호요인에 의한 비행의 억제보다는 위험요인을 통한 비행의 관여가 보다 유의미한 것으로 나타났다(전영실 외, 2015). 가족요인 중에서는 부모와의 정서적 애착이 높은 청소년일수록 시작시점에서 중비행의 정도도 낮을 뿐만 아니라 이후 중비행의 감소에도 긍정적인 영향을 미치는 것으로 나타났다. 위험요인 중에서는 가족의 이사 횟수, 친한 친구의 비행성향, 보호관찰관의 변경 여부가 중비행에 영향을 미치는 요인으로 나타났다. 즉, 가족의 이사 횟수가 잦을수록, 친구의 비행성향이 높을수록 중비행의 시작은 물론 이후 중비행의 증가에도 영향이 있는 것으로 나타났다.

학업중단 청소년을 종합하면, 한 해 약 7만 명 이상의 청소년들이 학업을 중단하고 있으며 그중에서 가장 많은 청소년들이 학교부적응을 이유로 학업을 중단하고 있다. 특히 학업을 중단한 청소년은 일반청소년에 비해 비행 및 범죄에 취약한 것으로 드러났다. 즉, 학업을 중단한 후 빠른 시간 안에 비행 및 범죄를 저지를 환경에 쉽게 노출되며, 각종 범죄를 저질러 보호관찰을 받는 비율이 약 2배로 증가하는 것으로 나타났다. 학업을 중단한 청소년이 비행이나 범죄를 저지르는 데 가장 큰 영향을 미치는 요인은 부모와의 애착과 친한 친구의 비행 성향으로 드러났다. 따라서 학업중단 청소년들은 일반 청소년들에게 비해 비행을 저지를 가능성이 상당히 높게 드러났는데, 그들이 비행을 저지르는 데 결정적 영향을 미치는 요인은(일반청소년들의 주된 비행원인과 마찬가지로), 부모애착과 비행친구와의 차별적 접촉 변인이었다.

연습문제

1. 비행친구선행론을 가장 잘 설명하는 비행이론은 무엇이라 생각하는가? 그 이론이 비행친구선행론을 가장 잘 설명한다고 생각하는 이유를 구체적으로 설명하여라.
2. 비행선행론을 가장 잘 설명하는 이론은 무엇인가? 이론이 비행친구선행론을 가장 잘 설명한다고 생각하는 이유를 구체적으로 설명하여라.
3. 최근에 발생한 청소년비행의 일례를 들어 비행선행론과 비행친구선행론 중 어느 이론에 더 적합하다고 생각하는지 구체적으로 설명하여라.
4. 학습능력과 학업성적이 청소년비행에 미치는 영향력을 구체적으로 설명하여라. 학습능력과 학업성적이 청소년비행에 직접적으로 영향을 미치는지 아니면 간접적으로 영향을 미치는지를 설명하여라.
5. 사회유대이론의 친구애착과 사회학습이론의 친한 친구와의 차별적 접촉은 청소년비행에 어떤 영향력을 미치는가? 선행연구를 바탕으로 친구애착과 친한 친구와의 차별적 접촉 중 어떤 변인이 청소년비행을 더 잘 설명한다고 생각하는가? 왜 그렇게 생각하는지를 선행연구를 바탕으로 설명하여라.
6. 청소년들이 학업을 중단하는 가장 큰 이유는 무엇인가? 우리 사회에서 청소년 학업중단을 줄이기 위한 근본적인 방법과 대책에 대해 설명하여라.

참고문헌

고은희·황성현. (2015), "청소년의 부정적인 심리요인이 사이버 비행에 미치는 영향", 「한국경찰학회보」, 17(3): 3-26.

교육부, 한국교육개발원. (2013). 「2012년 교육통계연보」, 한국교육개발원 교육통계서비스 http://kess.kedi.re.kr.

교육부, 한국교육개발원. (2014), 「2013년 교육통계연보」, 한국교육개발원 교육통계서비스 http://kess.kedi.re.kr.

금명자·권혜수·이자영·이수림·김상수. (2004), 「학교 밖 청소년 종합지원체제 구축 운영연구」, 서울: 한국청소년상담원.

김준호·노성호. (1989), 「청소년비행의 원인에 관한 연구: 공부압력을 중심으로」, 서울: 한국형사정책연구원.

김준호·노성호·이성식·곽대경·박정선. (2013), 「청소년비행론. (제3판)」, 서울: 청목출판사.

김준호·이성식. (1996), "계층에 따른 학업성적과 비행과의 관계", 「형사정책연구」, 7(4): 97-120.

김희화. (2009). "청소년 초기의 또래 동조성과 비행 간의 관계에서 어머니 감독 및 친한 친구 비행의 중재효과", 「청소년학연구」, 16(7): 127-147.

문병욱·황혜원. (2006), "Agnew의 일반긴장이론을 통한 한국 청소년의 비행 이해", 「아동권리연구」, 10(2): 127-150.

박정선·황성현. (2013), "청소년의 긴장감, 사회유대감, 비행친구와의 차별적 접촉이 청소년 지위비행에 미치는 영향", 「청소년학연구」, 20(10): 77-94.

박정주. (2011). "교사애착이 학생의 학교부적응에 미치는 영향에 관한 종단 연구", 「한국교원교육연구」, 28(3): 333-352.

박현수·김준호. (2008). "비행청소년집단의 특성이 비행에 미치는 영향", 「한국청소년연구」, 19(1): 327-356.

박현수·박성훈·정혜원. (2009), "청소년비행에 있어 낙인의 효과에 대한 경험적 연구: 비공식 낙인을 중심으로", 「한국청소년연구」, 20(1): 227-251.

심현진·이일현·이현실. (2014), "일반긴장이론(GST)을 이용한 중학생의 휴대폰 의존에 미치는 영향", 「한국콘텐츠학회논문지」, 14(2): 355-363.

양점도·박영구. (2009). "가족요인과 또래 지지가 자기효능감과 청소년비행에 미치는 영향", 「한국가족복지학」, 14(4): 211-235.

오승근·황인국·김지선·정재민·박성종·이분애. (2011). 「노원구 학업중단예방을 위한 종합실태조사 보고서」, 노원구.

유순화. (2003), "사회유대이론과 사회학습이론의 통합에 의한 청소년비행 예측", 「청소년학연구」, 10(4): 289-315.

윤여각·박창남·전병유·진미석. (2002), 「학업중단 청소년 및 대안교육 실태조사」, 한국교육개발원.

이상균. (2005). "청소년의 또래 폭력 가해 경험에 대한 생태체계적 영향 요인", 「한국아동복지학」, 19: 141-170.

이순래·이경상. (2010), "생활긴장이 소년비행에 미치는 영향에 관한 연구", 「형사정책연구」, 21(4): 5-32.

이성식. (2007), "청소년비행과 비공식 낙인의 영향: 청소년패널자료의 분석", 「형사정책연구」, 18(3): 1005-1127.

이성식·전신현. (2009). "학업성적과 청소년비행: 청소년패널자료를 통한 비행이론들의 검증", 「한국청소년연구」, 20(2): 91-111.

이완희. (2014), "한국 청소년들의 중비행에 관한 범죄이론적 비교연구", 「한국경찰학회보」, 16(1): 139-160.

이완희·유완석. (2014), "청소년 지위비행에 관한 분석적 연구: 청소년비행이론을 중심으로", 「한국경호경비학회지」, 39: 217-239.

이완희·황성현. (2016), "잠재성장모형을 활용한 사회학습이론과 일반긴장이론의 비교연구", 「한국경찰학회보」, 59: 91-111.

이완희·황성현. (2014), "청소년의 부정적 자극이 친구차별접촉과 긴장요인을 매개로 청소년비행에 미치는 영향", 「한국경찰학회보」, 16(5): 197-218.

이웅혁·김미숙. (2013), "초·중등생의 사회유대요인이 사이버 비행에 미치는 영향-PC방 이용여부의 조절효과를 중심으로", 「경찰법연구」, 11(2): 289-310.

이은주. (2009). "청소년비행과 비행친구의 인과관계에 대한 자기회귀 교차지연 모델의 검증", 「한국청소년연구」, 20(1): 141-171.

이종원. (2013). "청소년의 학업성적과 비행, 비행친구의 관계에 대한 종단연구", 「한국청소년개발원 연구보고서」, 서울: 한국청소년정책연구원.

이주리. (2011). "부모 및 친구애착과 비행 간 관계: 종단연구", 「놀이치료연구」, 15(2): 21-30.

전신현·김원경·황성현. (2010), "청소년 가출에 관한 상호작용론적 접근: 숀베리 이론의 부분 검증", 「한국청소년연구」, 21(4): 31-50.

전영실·김지영·박성훈. (2015), 「비행 학업중단 청소년 패널조사 및 지원방안 연구 III」, 한국청소년정책연구원 연구보고서.

정기원·권량희. (2006), "부모 및 교사 애착과 청소년비행의 관계", 「청소년학연구」, 13(5-2): 81-102.

주소영·이양희. (2012), "청소년 잠재비행, 부정적 자동적 사고, 탄력성(resilience)의 관계에서 교사애착의 역할", 「청소년학연구」, 19(8): 103-142.

한국청소년정책연구원. (2015). 「한국아동·청소년패널조사(KCYPS), 제1-6차 조사표」, 서울: 한국청소년정책연구원.

한국청소년정책연구원. (2010). 「한국청소년패널조사(KYPS), 제1-6차 조사표」, 서울: 한국청소년정책연구원.

황성현. (2016). "청소년비행에서 비행친구가 선행하는가, 비행이 선행하는가?: 잠재성장모형의 적용", 「사회과학연구」, 23(2): 54-70.

황성현. (2015). "청소년비행이론의 상대적인 영향력 검증: 아동·청소년 패널자료를 중심으로", 「한국경호경비학회지」, 44: 225-250.

황성현. (2012a), "청소년 흡연, 음주행위의 원인에 대한 비행이론적 접근: 일반긴장이론과 사회학습이론을 중심으로", 「보건과 사회과학」, 32: 23-42.

황성현. (2012b), "초, 중, 고등학교 청소년의 지위비행에 대한 상호작용론적 연구: 로지스틱 회귀분석을 이용하여", 「청소년학연구」, 19(10): 23-43.

황성현. (2010a), "청소년 지위비행에 관한 비행이론 비교연구", 「청소년학연구」, 17(5): 49-68.

황성현. (2010b), "부모와 친구요인이 청소년 음주, 흡연행위에 미치는 영향", 「보건과 사회과학」, 27: 81-104.

황성현. (2009), "청소년 음주·흡연행위에 관한 사회유대, 자아통제, 사회학습이론적 고찰", 「한국청소년연구」, 20(1): 113-139.

황성현. (2008), "한국과 미국 청소년들의 음주행위에 관한 비교 연구: 사회학습이론을 중심으로", 「보건과 사회과학」, 23: 5-29.

황성현. (2007), "한국과 미국 청소년들의 약물남용에 관한 비교연구", 「한국범죄학」, 1(1): 73-90.

황성현. (2006), "의미있는 타자와 청소년 약물남용간의 관계: 부모와 동료집단의 영향을 중심으로", 「보건과 사회과학」, 19: 51-69.

황성현·박정선. (2010). "청소년 가출행위에 영향을 미치는 가출충동 변인의 매개효과 연구", 「청소년학연구」, 17(10): 1-21.

황성현·이강훈. (2013). "청소년비행의 원인에 대한 사회학습, 사회유대, 일반긴장이론적 접근", 「한국청소년연구」, 24(3): 127-145.

황성현·이창한·이강훈·이완희·한우재. (2015), 「한국 범죄심리학」, 서울: 피앤씨미디어.

Agnew, R. (1992). Foundation for a general strain theory of crime and delinquency. *Criminology*, 30(4): 47-88.

Akers, R. L., & Sellers, C. S. (2011). *Criminological Theories: Introduction and Evaluation*. Second Edition. Oxford University Press, Inc. (민수홍·박기석·박강우·기광도·전영실·최병각 역 (2011). 「범죄학이론」, 서울: 나남출판사).

Fischer, C. S., Hout, M., Jankowski, M. S., Lucas, S. R., Swidler, A., & Voss, K. (1996). *Inequality by Design: Cracking the Bell Curve Myth*. Princeton University Press.

Giordano, P. C. (1995). The wider circle of friends in adolescence. *American Journal of Sociology*, 101: 661-697.

Goddard, H. H. (1920). *Human Efficiency and Levels of Intelligence*. Princeton University Press.

Gottfredson, M., & Hirschi, T. (1990). *A General Theory of Crime*. Palo Alto, CA: Stanford University Press.

Healy, W., & Bronner, A. (1926). *Delinquency and Criminals: Their Making and Unmaking*. New York: Macmillan.

Herrnstein, R. J., & Murray, C. (1994). *The Bell Curve: Intelligence and Class Structure in American Life*. New York: Free Press.

Higgins, G. E., Piquero, N. L., & Piquero, A. R. (2010). General strain theory, peer rejection, and delinquency/crime. *Youth & Society*, XX(X), 1-26. DOI: 10.1177/0044118X10382032.

Hirschi, T. (1969). *Causes of Delinquency*. Berkeley, CA: University of California Press.

Hirschi, T., & Hindelang, M. J. (1977). Intelligence and delinquency: A revisionist review. *American Sociological Review*, 42: 571-587.

Hwang, S. H., & Akers, R. L. (2006). Parental and peer influences on adolescent drug use in Korea. *Asian Journal of Criminology*, 1: 51-69.

Hwang, S. H., & Akers, R. L. (2003). Substance use by Korean adolescents: A cross-cultural test of social learning, social bonding, and self-control theories in Ronald L. Akers and Gary F. Jensen. (eds.) Social Learning Theory and The Explanation of Crime: A Guide for the New Century, *Advances in Criminological Theory*, 11: 39-64. Piscataway, NY: Transaction Publisher.

Krohn, M. D., & Massey, J. L.(1980). Social control and delinquent behavior: An examination of elements of the social bond, *Sociological Quarterly*, 21: 529-543.

Krohn, M. D., Massey, J. L., Skinner, W. F. and Lauer, R. M. (1983). Social bonding theory and adolescent cigarette smoking: a longitudinal analysis. *Journal of Health and Social Behavior*, 24: 337-349.

McElhaney, K. B., Immele, A., Smith, F. D., & Allen, J. P. (2006). Attachment organization as a moderator of the link between friendship quality and adolescent delinquency. *Attachment &*

Human Development, 8(1): 33-46.

Miller-Johnson S., Coie, J. D, Maumary-Gremaud, A., Lochman, J., & Terry, R. (1999). Relationship between childhood peer rejection and aggression and adolescent delinquency severity and type among African American youth. *Journal of Emotional and Behavioral Disorders*, 7(3): 137-146.

Paternoster, R., & Iovanni, L. (1989). The labeling perspective and delinquency: An elaboration of the theory and assessment of the evidence. *Justice Quarterly*, 6: 359-394.

Piquero. A. (2000). Frequency, specialization, and violence in offending careers. *Journal of Research in Crime and Delinquency*, 37: 392-418.

Richman, J. M., Bowen, G. L., & Woolley, M. E.(2004). School failure: An ecological-interactional-developmental perspective. In M. W. Fraser(Ed.), *Risk and resilience in childhood: An ecological perspective* (2nd ed.). Washington, DC: National Association of Social Workers Press.

Sampson, R. J., & Laub, J. H. (1993). *Crime in the making: Pathways and turning points through life*, Cambridge, MA: Harvard University Press.

Siegel, Larry J. (2012). *Criminology: Theories, Patterns, and Typologies* (Tenth Edition). Belmont, CA: Wadsworth. (이민식·김상원·박미랑·박정선·신동준·윤옥경·이성식·황성현 옮김. (2012).「범죄학: 이론과 유형 제10판」, 서울: CENGAGE Learning.)

Sutherland, E. H. (1931). *Mental deficiency and crime. in Social Attitudes*, ed. Kimball Young. New York: Henry Holt.

Tannenbaum, F. (1938). *Crime and the Community*. Boston: Ginn.

Triplett, R., & Jarjoura, R. (1994). Theoretical and empirical specification of a model of informal labeling. *Journal of Quantitative Criminology*, 10: 241-276.

Warr. M. (2002). *Companions in crime: The social aspects of criminal conduct*. New York: Cambridge University Press.

Chapter

10

학교폭력

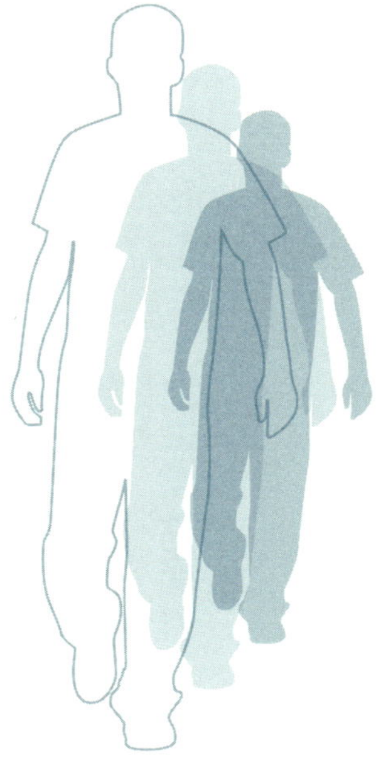

한 / 국 / 청 / 소 / 년 / 비 / 행 / 학

청소년들의 학교폭력은 우리 사회에서 가장 먼저 근절되어야 하는 사회문제이다. 최근의 실태조사에 따르면, 전반적으로 학교폭력피해율은 줄어드는데 비해 초등학생의 학교폭력 피해율은 늘고 있다. 다른 청소년비행과 마찬가지로 학교폭력을 근절하기 위해서는 학교폭력의 주된 요인을 파악할 필요가 있다. 학교폭력이 발생하는 원인은 다양하다. 학교폭력은 가해자 혹은 피해자의 단순한 행동으로 발생하는 것이 아니다. 연구에 따르면 가해자 혹은 피해자의 개인적 특성, 가정, 학교 및 사회 등 복합적인 사회환경적 요소에 의해 발생한다. 학교폭력을 예방하기 위해서는 다양한 원인에 대한 이해가 필요하다. 이를 위해 먼저 학교폭력의 개념을 살펴본 후, 학교폭력의 실태를 파악할 것이다. 학교폭력 실태는 한국청소년정책연구원이 조사한 한국아동·청소년 패널조사와 서울시가 초등4학년부터 고등3학년 재학생을 대상으로 한 학교폭력실태 조사를 통해 살펴볼 것이다. 그다음으로 학교폭력의 특징을 일반적 특징과 가해자와 피해자의 특징으로 나누어 살펴볼 것이다. 학교폭력은 다른 청소년비행과 달리 가해자와 피해자의 동일성이 두드러지는 폭력유형이다. 즉, 학교폭력을 당한 청소년이 다시 또 다른 친구들을 괴롭히는 가해자가 되는 경향이 강한 비행이다. 이외 학교폭력의 다른 특징들을 살펴본 후 학교폭력의 원인을 살펴볼 것이다. 학교폭력의 원인을 내부적 요인(개인적, 심리적 요인)과 외부적 요인(가정환경적, 학

CASE

이○○은 무역업에 종사하는 부모님과 운동선수였던 형의 사정으로 어려서부터 홀로 지내는 시간이 많았다. 중국의 외가에서 이모의 돌봄을 받았으며, 한국에 와서는 집에서 형이 없으면 혼자 놀고, 혼자 끼니를 때우며 보내는 시간이 많았다. 초등학교에서 한국말이 서툴고 혼혈이라고 놀림을 받았으나 학업성적 우수하고 또래들과 긍정적인 관계를 유지한다. 하지만 중학교에 입학하면서 불량교우들과 어울리며 방화 후에 PC방, 노래방, 동네 공원 등에서 시간을 보내다가 늦게 귀가하는 경우가 많았고 또래집단과 놀이문화에 매몰된다. 중학교 3학년 때는 또래 친구와 놀기 위해 반복적으로 가출하고 학교에 무단결석했으며 수업시간에 엎드려 자고 교사에게 대드는 일탈행동을 보이기 시작했다. 고등학교에 진학해서도 또래 친구들과 어울리며 반복적으로 비행행동을 하였고 동급생에게 돈을 갈취하고 폭행하는 등의 행동을 하였다. 이후 학교생활을 도외시하고 치킨집에서 배달 아르바이트를 한 뒤 귀가하는 중에 또래 친구들이 싸움에 휘말리는 걸 보고 개입하여 폭행죄로 입건된다.

교환경적, 사회환경적 요인)으로 구분하여 상세하게 학습할 예정이다. 마지막으로 우리 사회에서 학교폭력을 줄이거나 근절하기 위한 대책과 예방책 등을 살펴볼 것이다.

제1절 학교폭력의 개념

학교폭력은 학교 내외에서 발생하는 다양한 형태의 언어적, 물리적, 정서적 폭력을 포함하는 개념으로 학자들마다 개념규정이 상이하다. 대표적인 개념정의로 올베우스(Olweus, 1993)는 학교폭력을 또래폭력이라 칭하며 지속적이고 반복적으로 한 명 또는 여러 명의 학생들이 위해행동을 하는 것으로, 가해와 피해 학생 사이의 힘의 불균형에서 약한 학생을 고의적으로 괴롭히거나 해치는 부정적인 행동으로 정의하였다. 그러나 올베우스의 개념정의는 학교폭력이 발생하는 장소, 가해와 피해의 대상, 폭력행위의 종류에 따른 명확한 구분점이 없다는 한계점을 가지고 있다. 구체적으로 첫째, 폭력이 일어나는 장소와 관련된 한계점으로 학교폭력을 학교 안에서 경험하는 폭력으로만 한정 지을 것인지 아니면 학생을 대상으로 가정이나 학교 밖에서 일어나는 폭력도 포함시킬 것인지에 관한 한계점이 있다. 둘째, 학교폭력의 주체가 되는 가해자와 피해자와 관련된 문제로, 학교폭력의 정의를 가해학생 중심으로 볼 것인지 아니면 피해학생의 관점에서 볼 것인지 그리고 학교폭력을 학생 간의 폭력 이외에도 교사나 학교 행정가와 학생 간 폭력도 포함시킬 것인지에 관한 것이다. 셋째, 학교폭력의 정의에 관련된 문제로, 어떠한 행위까지 학교폭력에 포함시킬 것인지, 즉 따돌림, 욕설, 심리적이고 언어적인 폭력행위 또는 성폭력도 포함시킬 것인지에 관한 문제점이 있다. 우리나라 교육부는 이런 기준에 맞춰 지난 1995년부터 2014년까지 학교폭력에 대한 개념정립을 〈표 10-1〉과 같이 시도해 왔다(이병일, 2016).

학교폭력의 개념변천사는 첫째, 장소적인 측면에서 2003년 전까지는 학교 내에서 발생하는 폭력행위로 한정했지만, 2003년~2011년까지는 학교 내뿐

표 10-1 시기별 학교폭력의 개념 변천과정

	법률 제정 이전 시기 (1995~2003년)	1,2차 기본계획 시기 (2004~2011년)	종합대책 추진 시기 (2012~2014년 이후)
근거	올베우스(Olweus)의 개념 / 형법, 아동폭력·성폭력관련 특별법	특별법인 학교폭력대책법률 제정 및 개정	학교폭력대책법률 개정
가해와 피해	가해 : 학생, 교사 등 피해 : 학생	가해 : 학생 피해 : 학생	가해 : 모든 학생 피해 : 학생
장소	학교 내	학교 내외	학교내외, 사이버 공간
학교폭력 행위	(특징) 반복적, 지속적인 폭력 (행위) 위협, 조롱, 때림, 발로차기, 들볶음, 꼬집음, 따돌림 등 물리적이거나 비물리적 행위 (특이사항) 의도적으로 다른 사람에게 상처를 주거나 불안을 끼치거나 또는 그렇게 하려고 시도하는 행위	(법률) 폭행·협박·따돌림 등에 의하여 신체·정신 또는 재산상의 피해를 수반하는 행위 (시행령) 상해, 폭행, 감금, 협박, 약취, 추행, 명예훼손, 공갈, 재물손괴, 집단따돌림 등 그 밖에 피해자의 의사에 반하는 행위 (특이사항) 2008년 '성폭력' 포함	(법률) 상해, 폭행, 감금, 협박, 약취, 유인, 명예훼손·모욕, 공갈, 강요·강제적인 심부름, 성폭력, 따돌림, 사이버 따돌림, 정보통신망을 이용한 음란·폭력 정보 등에 의하여 신체·정신 또는 재산상의 피해를 수반하는 행위 (특이사항) 따돌림 및 사이버 따돌림의 의미규정

출처: 이병일의 박사학위논문, 2016.

만 아니라 학교 밖도 포함시켰으며, 2012년부터는 학교 내외뿐만 아니라 사이버 공간에서 발생하는 폭력행위도 포함시켰다. 둘째, 가해와 피해의 측면에서 2003년 전까지는 학생과 교사가 가해자로 피해자는 학생으로 규정했지만, 2004년 이후부터는 가해와 피해자 모두 학생으로 한정하고 교사는 학교폭력 개념 규정에서 제외했다. 셋째, 학교폭력에 포함될 유형 측면에서 2003년 전까지는 주로 오프라인에 발생하는 물리적, 정신적 폭력행위를 대상으로 삼은 반면, 2003년~2011년까지는 성폭력을 학교폭력에 포함시켰으며, 2012년 이후부터는 오프라인뿐만 아니라 온라인상에서 발생하는 유·무형의 폭력행위를 모두 포함시켰다. 이에 따라 사이버 폭력과 사이버 불링(사이버 따돌림)도 학교폭력의 유형으로 포함되었다.

2012년 5월 시행된 학교폭력예방 및 대책에 관한 법률의 정의를 살펴보면, 학교폭력은 학교 내외에서 학생을 대상으로 발생한 협박, 약취·유인, 상해, 폭행, 감금, 명예훼손·모욕, 공갈, 강제적인 심부름 강요 및 따돌림, 사이버 따돌림, 성폭력, 정보통신망을 이용한 음란·폭력 정보 등에 의해 신체, 정신, 재산상 피해를 수반하는 행위로 규정했다. '따돌림'이란 2명 이상의 학생들이 학교 내외에서 특정인이나 특정집단의 학생들을 대상으로 지속적, 반복적으로 신체적, 심리적 공격을 가하여 상대방이 고통을 느끼게 하는 일체의 행위이며(법률 제2조 제1의2). '가해학생'이란 가해자 중 학교폭력을 행사하거나 그 폭력행위에 가담한 학생을 말하며(법률 제2조 2항) '피해학생'이란 학교폭력으로 인해 피해를 입은 학생을 말한다(법률 제2조 3항). 위에서 살펴본 여러 가지 학교폭력의 정의를 종합하면, 학교폭력이란 학교 내외에서 학생을 대상으로 발생하는 모든 유형의 폭력을 의미한다. 여기서 모든 유형이란 학생 대 학생 간에 발생하는 신체적, 정신적, 재산상 피해를 수반하는 오프라인과 온라인 폭력을 모두 포함한다. 또한 최근에는 사이버 폭력뿐만 아니라 사이버 불링(사이버 따돌림)도 학교폭력에 포함된다.

제2절 학교폭력 실태

학교폭력 실태를 정확하게 파악하기 위해서는 청소년을 대상으로 한 전국 조사 자료가 필요하다. 이를 위해 청소년정책연구원에서 지난 2011년도부터 2015년도까지 수집한 중등패널 표본자료를 사용하여 분석하고자 한다. 청소년정책연구원의 한국아동·청소년패널 자료는 전국 청소년을 대상으로 확률표본 추출방식을 통해 표본을 선정하였기 때문에 이 조사의 결과를 전체 청소년 모집단에 일반화할 수 있어 학교폭력의 실태를 가장 정확하게 파악할 수 있는 자료로 평가된다. 중등패널의 조사대상은 2011년 제주도를 제외한 전국의 중1 학생들을 모집단으로 층화다단계표집 방법을 통해 추출된 총 2,351명의 연구대상자를 수집하였고, 이후 최종 표본으로 선정된 대상자를 매년 추적 조사하였다(한국청소년정책연구원, 2015). 중등패널은 2차년도부터 5차년도까지의 조사 자료를 통해 한국 청소년들의 학교폭력 실태를 파악하고자 한다. 1차년도 자료에는 청소년 폭력실태 변인이 포함되어 있지 않아 2차년도부터 5차년도 자료를 중심으로 살펴볼 것이다. 중등패널 중에서 소재파악이 불가능하거나 질병 등으로 조사가 불가능한 사례를 제외한 2차년도 자료는 2,280명(97.0%)이었으며 3차년도의 유효표본은 2,259명(96.1%), 4차년도는 2,108명(89.7%), 5차년도는 2,091명(88.9%)으로 표본유지율이 상당히 높게 나타났다(한국청소년정책연구원, 2015).

학교폭력 실태를 파악할 수 있는 또 다른 조사 자료로 서울시가 지난 2016년에 초등4학년부터 고등3학년 재학생을 대상으로 한 학교폭력 실태조사를 살펴볼 필요가 있다(서울교육청, 2016). 이 조사는 2016년 3월~4월까지 온라인을 통해 조사된 자료로 서울시 전체 재학생(77만 명) 중 약 71만 명(응답비율 93.1%)이 참여한 자료로 거의 전수조사에 가깝다. 이 조사는 비록 서울에 거주하는 청소년만을 대상으로 했다는 지역적 한계를 가지고 있지만, 한국청소년정책연구원의 표본조사와 달리 응답률이 93.1%에 달하는 거의 전 청소년들이 조사에 응답했다는 점에서 의미가 있는 자료이다.

(1) 학교폭력 가해실태

1) 한국청소년정책연구원의 조사결과

그림 10-1 청소년 폭행비행 연도별 비율

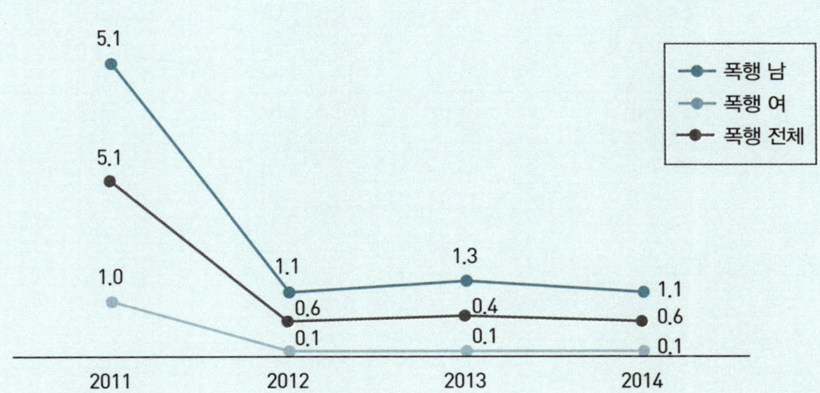

그림 10-2 청소년 패싸움 연도별 비율

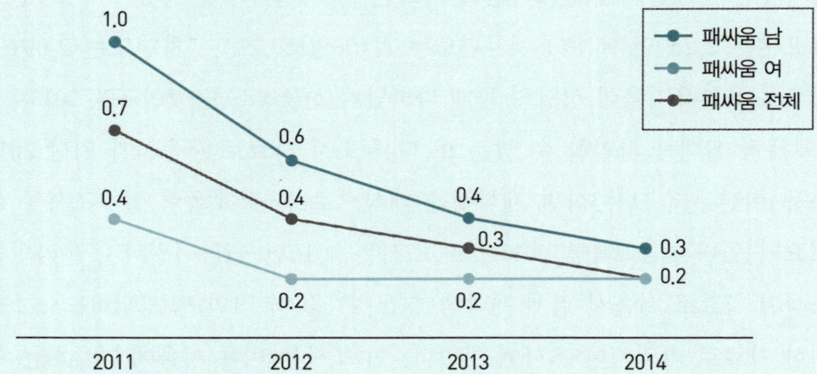

그림 10-3 청소년 협박비행 연도별 비율

그림 10-4 청소년 성관계비행 연도별 비율

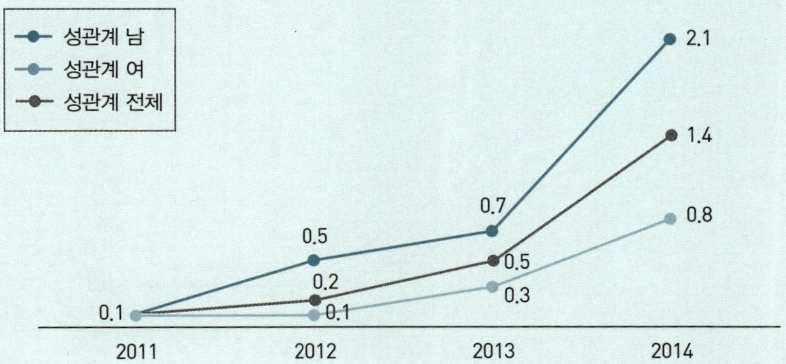

그림 10-5 청소년 조롱비행 연도별 비율

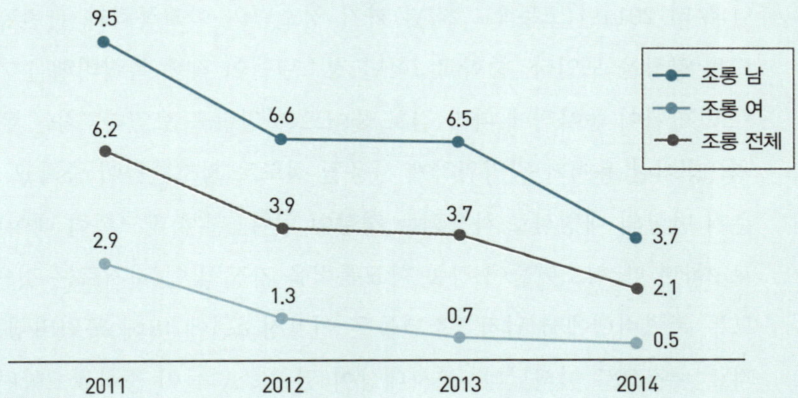

그림 10-6 소년 삥뜯기(금품갈취)비행 연도별 비율

〈그림 10-1〉에서 〈그림 10-6〉까지는 청소년들이 학교 내외에서 주로 저지르는 폭력비행의 가해실태를 나타낸 것이다. 전반적으로 2011년(중학교 2학년)부터 2014년(고등학교 2학년)까지 청소년의 학교폭력과 관련된 비행은 줄어드는 양상을 보인다. 중학교 2학년 청소년들이 각종 폭력비행을 가장 많이 저지르고 학년이 높아짐에 따라 점차 줄어드는 경향을 보였다. 최근 우리나라에서는 '중2병'이란 용어가 광범위하게 사용될 정도로 청소년들이 중학교 2학년 때가 사춘기 반항의 대명사로 사용되는 경향이 있다. 실제 학교폭력 데이터에서도 중학교 2학년 때 청소년들이 각종 학교폭력을 가장 많이 저지르는 것으로 드러났다. 모든 폭력비행에서 남자청소년들은 여자청소년에 비해 폭력비행을 더 많이 저지르는 것으로 나타났다. 조사대상이 된 청소년들이 중학교 2학년 때인 2011년에 비해 중학교 3학년 때인 2012년에 성관련비행을 제외한 모든 비행에서 급격한 감소를 보이고 있다.

구체적으로 폭행과 조롱비행을 제외하면 학교폭력관련 비행은 약 1% 대에 머물고 있다. 폭력비행 유형별로 보면, 한국청소년들은 친구들을 언어적으로 비난하거나 조롱하는 조롱비행을 가장 많이 저질렀으며, 그다음으로 폭행비행>삥뜯기(금품갈취)>협박비행>패싸움>성관련비행 순으로 나타났다. 조롱비행이 가장 높은 비율로 나타난 이유는 청소년들이 스마트폰을 중심으로 한 SNS의 급격한 발달로 친구들을 온라인상에서 언어적으로 비난하는 행위를 큰 죄의식 없이 하고 있기 때문으로 추정된다. 그 외 삥뜯기(금품갈취)와 협박비행이 그다음으로 높게 나타난 것 또한 학교환경 내에서 빵셔틀, 와이파이셔틀 등과 같은 강요에 의한 협박이나 금품갈취가 자주 발생하기 때문으로 추정된다. 그 외 지난 4년간의 학교관련 비행에서 두드러지게 나타난 특성 중 하나로 성관련 비행은 학년이 높아짐에 따라 증가하는 추세를 보였다는 점이다. 이는 이성에 대한 호기심과 관심이 주로 사춘기가 시작되는 중학교 2학년 때부터 시작해서 점차 학년이 높아짐에 따라 그 정도와 비율이 높아지기 때문으로 추정된다.

〈그림 10-1〉~〈그림 10-6〉을 요약하면, 우리나라 청소년들의 학교폭력 실태는 첫째, 거의 대부분의 비행에서 중학교 2학년 때 가장 비율이 높고 학년이 증가함에 따라 점차 줄어드는 현상을 보이며, 둘째, 성별로는 모든 비행에서 남자청소년의 비행 비율이 여자청소년들보다 월등하게 높으며, 셋째, 우리나라 청소년들이 주로 저지르는 비행은 조롱, 폭행, 금품갈취 협박 등으로 나타났으며, 넷째, 성관련 비행은 학년이 높아짐에 따라 점차 증가하는 것으로 나타났다.

2) 서울시의 조사결과

〈그림 10-7〉의 서울시 청소년의 학교폭력 가해실태는 한국청소년정책연구원의 한국아동·청소년 패널조사와 거의 유사한 결과를 보였다. 즉, 〈그림 10-1〉에서 〈그림 10-6〉에서처럼 2014년 학교폭력 가해비율이 대부분의 폭력유형에서 0%~1%대에 머문 것처럼 서울시의 조사에서도 0%대에 머물렀으며 연도별로도 0.7%~0.5%로 점차 낮아지는 현상을 보였다. 그러나 〈그림 10-8〉에서처럼 청소년들의 학교폭력 목격응답률은 가해비율과 달리 상당히 높게 나타났다. 즉, 2014년도에 각종 학교폭력을 저지르는 것을 목격했다고 응답한 비율이 9.9%로 실제로 폭력을 행사했다고 응답한 0.7%에 비해 약 10배 정도 높은 것으로 나타났다. 그럼에도 불구하고 친구들이나 또래 청소년들이 각종 학교폭력을 저지르는 것을 목격했다고 응답한 비율이 연도별로 상당히 급격하게 감소하고 있었다. 즉, 2015년도에는 4.3%로 전년도 9.9% 대비 약 2배 이상 감소했

으며, 2016년도에는 전년 대비 0.5% 감소한 3.8%를 나타냈다. 이처럼 가해응답률과 목격응답률 간의 큰 차이를 좀 더 면밀하게 분석하기 위해서는 학교폭력 피해자들에게 어느 정도의 피해를 당했는지를 직접 물어보는 것이 한국 청소년 학교폭력의 실태를 파악하는 데 중요한 기준이 된다.

그림 10-7 서울시 학교폭력 연도별 가해비율 (단위: %)

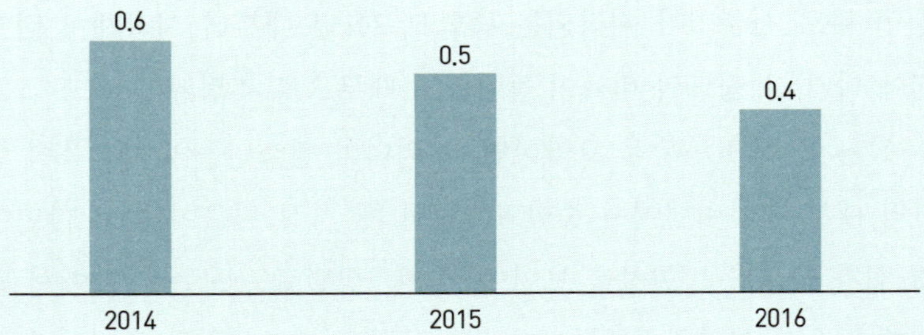

연도	2014년	2015년	2016년
가해 비율	0.7	0.6	0.5

그림 10-8 서울시 학교폭력 연도별 목격응답률 (단위: %)

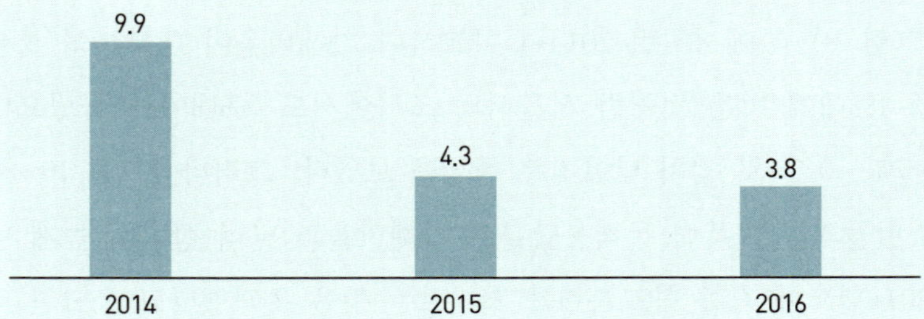

연도	2014년	2015년	2016년
목격응답률	9.9	4.3	3.8

(2) 학교폭력 피해실태

1) 한국청소년정책연구원의 조사결과

그림 10-9 청소년 폭행비행 피해 연도별 비율

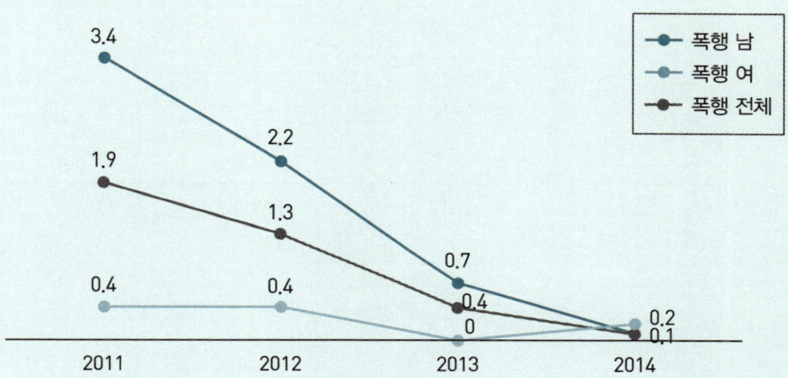

그림 10-10 청소년 협박비행 피해 연도별 비율

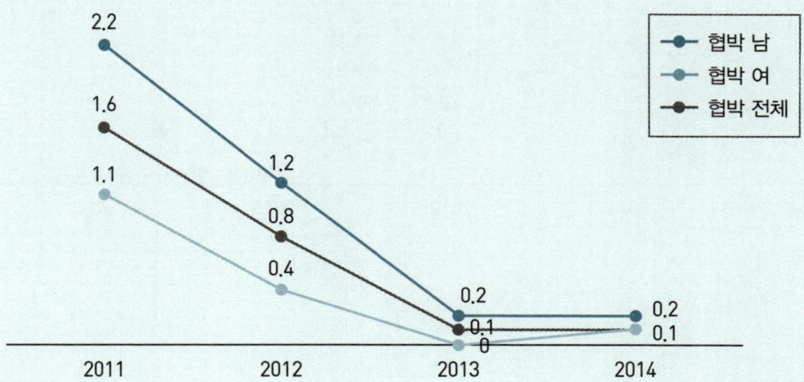

그림 10-11 청소년 조롱비행 피해 연도별 비율

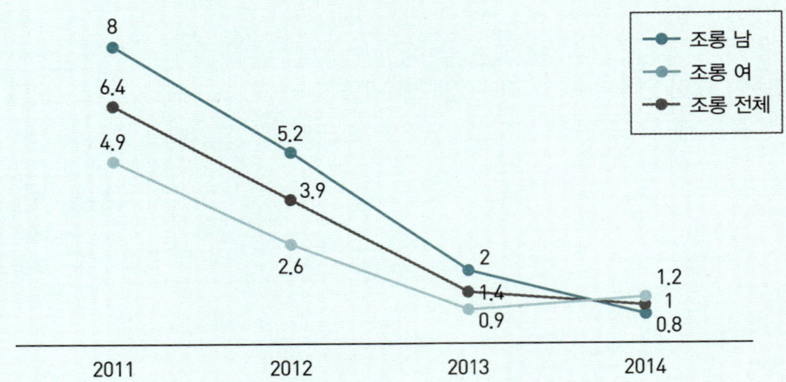

그림 10-12 청소년 삥뜯기비행 피해 연도별 비율

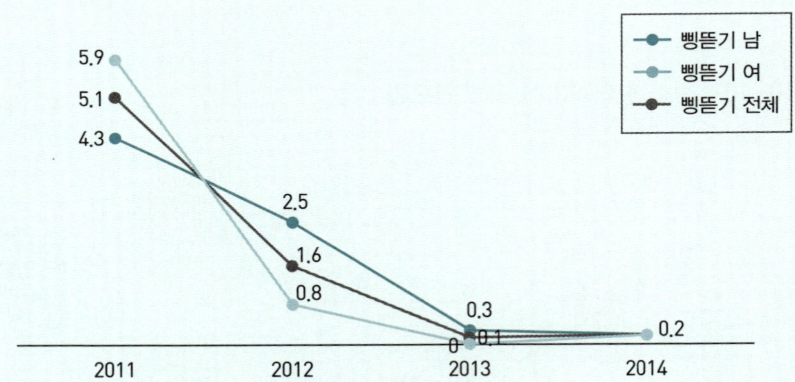

그림 10-13 청소년 욕설비행 피해 연도별 비율

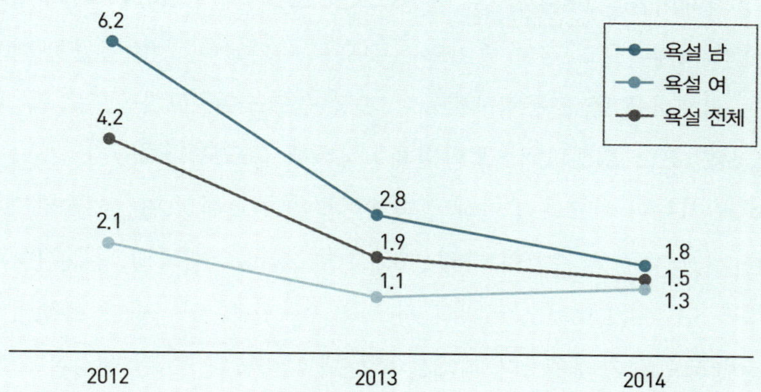

그림 10-14 청소년 성폭행비행 피해 연도별 비율

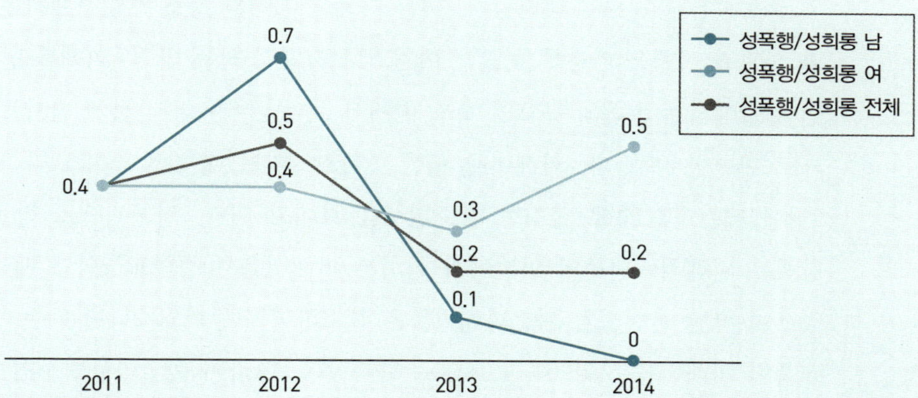

〈그림 10-9〉에서 〈그림 10-14〉까지는 청소년들의 학교폭력 피해경험율을 연도별로 나타낸 그림이다. 〈그림 10-1〉부터 〈그림 10-6〉의 연도별 학교폭력 가해비율과 마찬가지로 전반적으로 2011년부터 2014년까지 청소년들의 학교폭력 피해비율도 점차 줄어드는 것으로 나타났다. 청소년들이 학교폭력을 당하는 피해비율 중 조롱피해비율이 가장 높았으며, 그다음으로 욕설피해>삥뜯기(금품갈취)>폭행피해>협박피해>성폭행 순으로 나타났다. 2011년을 기준으로 비교 가능한 학교폭력 가해와 피해비율을 비교해 보면, 조롱의 경우, 가해 : 피해(6.2% : 6.4%), 삥뜯기의 가해 : 피해(1.5% : 5.1%), 협박의 경우, 1% : 1.6%, 폭행의 경우, 3.1% : 1.9%, 성폭행의 경우, 0.1% : 1.4%로 나타나 폭행비행을 제외하면 전반적으로 가해율보다 피해율이 높게 나타났다. 이런 현상은 가해청소년 입장에서는 자신들의 가해경험을 가능한 숨기거나 낮추려 할 것이고 피해청소년 입장에서는 자신들의 피해경험을 비교적 솔직하게 답변할 가능성이 높다. 예를 들면, 삥뜯기(금품갈취)의 경우 가해와 피해의 인식차이는 약 3배 정도이고, 성폭행의 경우 약 14배 정도로 가해를 한 청소년보다 피해를 당한 청소년의 비율이 월등하게 높은 것으로 나타났다. 이는 가해를 저지른 청소년 입장에서는 삥뜯기와 성관련 비행을 대수롭지 않게 여기거나 숨기려 하는 반면, 피해를 당한 청소년 입장에서는 피해의 규모와 정도 면에서 그런 비행을 심각하게 받아들이는 것으로 판단할 수 있다. 피해비율 또한 중학교 2학년 때 가장 높았으며 고등학교 2학년 때는 약 1%로 급격한 감소현상을 보이고 있다. 결론적으로 학교폭력을 당하는 피해청소년들의 입장에서 살펴본 피해비율은 중학교 2학년 때 가장 높았으며 학년이 진행될수록 피해비율은 감소하여 고등학교 2학년 때는 각 종 학교폭력 피해비율은 약 0%~1%대로 나타났다. 따라서 한국아동청소년 패널 데이터에 나타난 가해율과 피해율을 종합하면, 전반적으로 우리나라 학교폭력율은 약 0%~1%대 사이이며, 학년이 높아짐에 따라 감소하는 것으로 나타났다. 학교폭력 유형 중에서는 조롱이나 욕설 같은 비교적 가벼운 비행을 저지르는 경향이 강하며, 성관련비행이나 패싸움 같은 직접적인 물리력을 행사하는 중비행(무거운 비행) 비율이 가장 낮은 것으로 나타났다.

2) 서울시의 조사결과

〈그림 10-15〉와 〈그림 10-16〉은 서울시 청소년의 학교폭력 피해실태를 나타낸 표이다. 서울시 청소년의 학교폭력 피해실태는 한국청소년정책연구원의 한국아동·청소년 패널 조사의 피해실태와 거의 유사한 결과를 보였다. 예를 들면, 서울시 청소년의 학교폭력 피해율은 약 1%대에 머물고 있으며, 학교폭력 피해유형에서도 조롱과 욕설 같은 언어폭력이 가장 높게 나타났다. 그다음으로 집단따돌림 및 괴롭힘>신체폭행 순으로 나타났는데, 이는 아동·청소년 패널의 삥뜯기(금품갈취)>폭행피해와 비슷한 순이다. 성관련비행인 강제추행 및 성폭력의 비율은 강제적인 심부름과 함께 가장 낮은 피해비율을 나타냈는데, 이 또한 아동·청소년패널 자료의 성관련비행이 가장 낮은 것과 동일하다. 그러나 〈그림 10-16〉의 학교폭력 피해응답률이 〈그림 10-9〉부터 〈그림 10-14〉까지의 피해비율보다 월등하게 높은 이유는 서울시 조사의 경우, 중복응답률을 포함했기 때문이다. 따라서 〈그림 10-16〉의 표는 학교폭력 중 어떤 유형의 폭력이 가장 빈번하게 발생하는지를 살펴보는 데 유익하며, 서울시의 평균적인 학교폭력 비율은 〈그림 10-7〉의 가해비율과 〈그림 10-15〉의 피해비율을 살펴보건대, 약

그림 10-15 서울시 학교폭력 연도별 피해비율 (단위: %)

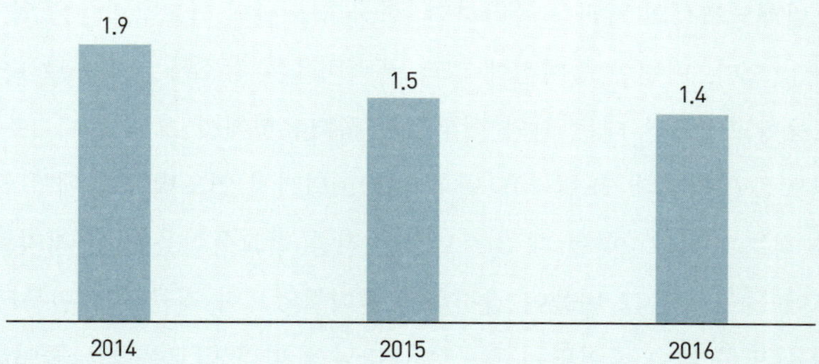

연도	2014년	2015년	2016년
피해비율	1.9	1.5	1.4

그림 10-16 서울시 학교폭력 연도별 피해유형 비율 (단위: %)

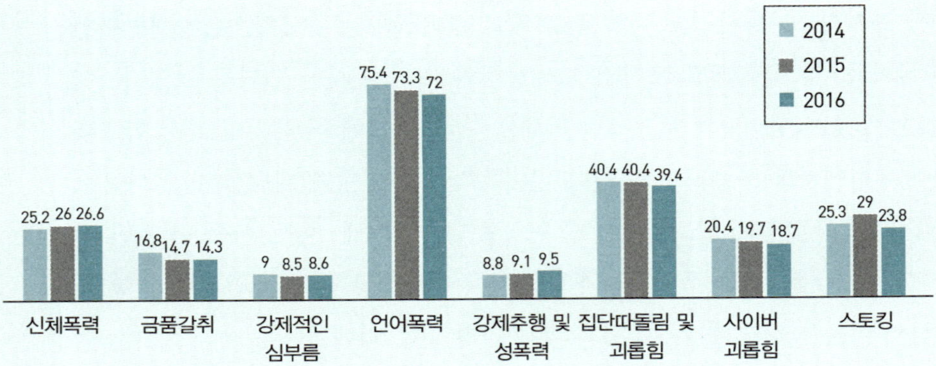

	신체폭행	금품갈취	강제적인 심부름	언어폭력	강제추행 및 성폭력	집단따돌림 및 괴롭힘	사이버 괴롭힘	스토킹
2014년	25.2	16.8	9.0	75.4	8.8	40.4	20.4	25.3
2015년	26.0	14.7	8.5	73.3	9.1	40.4	19.7	29.0
2016년	26.6	14.3	8.6	72.0	9.5	39.4	18.7	23.8

0%~1%대로 나타났다. 이는 전국조사인 한국아동·청소년패널조사의 학교폭력 비율과 비슷하다. 지역자료인 서울시 학교폭력 자료와 전국조사인 한국아동·청소년패널조사의 결과를 종합하면, 한국 청소년의 학교폭력률은 약 1%대로 상당히 낮으며, 학년이 높아짐에 따라 폭력비율은 감소하는 것으로 나타났다. 특히 고등학교 2학년 때는 거의 대부분의 폭력유형에서 그 비율이 1%를 넘지 않는 것으로 드러났다. 또한 2011년부터 2016년까지 연도별 증감에서 급격한 사춘기를 겪는 중학교 2학년 때 청소년들은 각종 학교폭력을 많이 저지르지만 고등학교에 들어서면 그 비율이 급격하게 줄어들었으며 최근 2014년부터 2016년까지 비율 또한 계속 줄어드는 것으로 나타남에 따라 학교폭력을 줄이려는 가정, 학교, 사회, 교육기관의 노력과 정책이 상당한 효과를 거두고 있는 것으로 판단할 수 있다.

제3절 학교폭력의 유형

학교폭력의 유형은 연구자의 관점에 따라 다양하게 구분할 수 있지만 2014년 교육과학기술부가 규정하는 원칙에 따라 신체폭력, 언어폭력, 금품갈취, 따돌림, 성폭력, 사이버 폭력, 강요 등의 7가지로 구분할 수 있다(교육과학기술부, 2014). 학교폭력의 종류와 간단한 설명은 〈표 10-2〉와 같다.

표 10-2 학교폭력의 유형과 설명

유형	유형 설명
신체폭력	신체폭력은 신체적 고통이나 상해를 가할 의도나 그러한 의도가 있다고 인식되어지는 물리적인 폭력행위
언어폭력	언어폭력은 신체에 직접적인 폭력행위를 가하지 않고, 상대방의 자아개념을 손상시키고 모욕감을 주는 등 언어나 상징의 사용을 위주로 하는 폭력행위
금품갈취	금품갈취는 돈이나 옷, 학용품을 빌려서 돌려주지 않는 행위, 물건을 망가뜨리는 행위, 돈을 걷어오라고 하는 행위들을 말하며 피해대상자의 의사에 반하여 금전을 빼앗거나 옷이나 문구류 등을 위협하여 빼앗는 행위
따돌림	따돌림은 학교 내, 외에서 2명 이상의 학생들이 특정인이나 특정 집단의 학생을 대상으로 지속적, 반복적으로 신체적 또는 심리적 공격을 가하여, 상대방이 고통을 느끼도록 하는 일체의 행위
성폭력	성폭력은 성을 매개로 하여 가해지는 모든 신체적, 언어적, 심리적 폭력을 의미하는데, 행위의 유형이나 수준 및 일반의 인식에 따라 성희롱, 성추행, 성폭행 등이 일반적으로 많이 사용되지만 그 가운데 성폭력은 이들을 포함하는 가장 넓은 개념
사이버 폭력	사이버 폭력은 상대방의 의사와 관계없이 이루어지는 인터넷상의 게시판, 댓글 등을 통한 비방과 욕설, 허위사실 유포, 개인정보와 사생활 유출 등의 행위로 특정 대상에게 불쾌감과 정신적 피해를 주는 행동
강요	강요는 상대에 대한 위협적인 언어와 폭행, 협박으로 상대방의 권리를 침해하거나 아무런 이유없이 하기 싫은 일을 강요하는 행위를 말하며, 과제나 게임 대행, 속칭 빵셔틀, 와이파이셔틀 등의 강제적인 심부름과 폭행 또는 협박으로 권리행사를 방해하거나 의무가 아닌 일을 하게 하는 행위

출처: 교육과학기술부, 2014.

(1) 신체폭력

청소년들에게 신체폭력은 신체적 고통이나 상해를 가할 의도나 그러한 의도가 있다고 인식되어지는 물리적인 폭력행위를 말한다. 이러한 신체폭력은 일정한 장소에서 나오지 못하도록 하는 감금, 신체를 때리는 등의 고통을 가하는 상해와 폭행, 강제로 일정장소에 데리고 가는 약취, 상대방을 속이거나 유혹하여 일정장소에 데리고 가는 유인, 장난을 빙자한 때리기, 꼬집기, 힘껏 밀치기 등 상대방이 폭력으로 인식하는 행위 등을 포함한다(교육과학기술부, 2014). 또한 발을 걸거나 밀치기, 가혹행위, 옷이나 물건 망가뜨리기 등부터 선·후배 사이에서 일방적인 구타, 타교 학생과의 집단 패싸움 등도 신체폭력에 속한다(김진한 외, 2015).

(2) 언어폭력

언어폭력은 신체에 직접적인 폭력행위를 가하지 않고, 상대방의 자아개념을 손상시키고 모욕감을 주는 등 언어나 상징의 사용을 위주로 하는 폭력행위이다. 언어폭력은 여러 사람 앞에서 성격, 능력, 배경 등 명예를 훼손하는 말(명예훼손), 비하하는 모욕적인 말(모욕), 겁을 주는 말(협박)을 하거나 그와 관련된 글을 인터넷, SNS 등으로 퍼뜨리는 행위 등을 포함한다(교육과학기술부, 2014). 또한 욕설, 은어로 놀리기, 비웃기, 겁주기, 위협, 협박, 신체의 일부분을 장난삼아 놀리기, 별명 부르기 등도 언어폭력에 속한다(김진한 외, 2015). 언어폭력은 신체폭력과 함께 가장 빈번하게 발생하는 학교폭력 유형이다. 일반적으로 언어폭력을 당하는 청소년은 자존감에 심한 상처를 입을 뿐만 아니라 모멸감, 자괴감 등을 느끼므로 신체폭력보다 언어폭력을 더 두려워 한다. 언어폭력에 자주 노출된 청소년은 오랜 기간 동안 정신적인 고통을 겪기도 하고, 심한 경우 대인기피증에 시달리기도 한다.

(3) 금품갈취

금품갈취는 돈이나 옷, 학용품을 빌려서 돌려주지 않는 행위, 물건을 망가뜨리는 행위, 돈을 걷어오라고 하는 행위들을 말하며 피해대상자의 의사에 반하여 금전을 빼앗거나 옷이나 문구류 등을 위협하여 빼앗는 행위를 말한다(교육과학기술부, 2014). 이 외에도 상대방의 물건을 일부러 망가뜨리기, 물건이나 돈을 억지로 빌리고 갚지 않는 행위, 기타 정기적으로 일정한 명목으로 물건이나 돈을 요구하는 행위 등이 이에 속한다(김진한 외, 2015). 금품갈취는 학교폭력의 일반적 형태 중 하나로서, 보통 구타와 동반되어 발생하는 경우가 많으며, 이러한 비행이 한 학생에게 지속적으로 이루어지는 경향이 강하다.

(4) 따돌림

따돌림은 학교 내·외에서 2명 이상의 학생들이 특정인이나 특정 집단의 학생을 대상으로 지속적·반복적으로 신체적 또는 심리적 공격을 가하여, 상대방이 고통을 느끼도록 하는 일체의 행위를 말한다(교육과학기술부, 2014). 이런 따돌림은 주로 학교 내·외에서 집단적으로 이루어지는 경향이 강한데 이런 집단 따돌림을 일명 '왕따'로 불리기도 한다. 따돌림은 집단적으로 다른 학생들과 어울리지 못하게 막기, 의도적이고 반복적으로 피하기, 싫어하는 말로 놀리기, 겁주기, 비웃기, 빈정거리기, 골탕 먹이기 등의 행위를 포함한다(교육과학기술부, 2014). 따돌림은 직접적 따돌림과 간접적 따돌림으로 구분할 수 있다. 직접적 따돌림은 신체적인 공격뿐만 아니라 언어적인 공격 등이 이에 속하고 간접적인 따돌림은 심리적, 관계적 따돌림으로 불리기도 하는데 그 예로 루머 퍼뜨리기, 성적 제스처, 악담 등이 이에 해당된다. 그런데 간접적 형태의 따돌림은 직접적 따돌림에 비해 쉽게 관찰되지 않는다는 점에서 부모 및 교사의 관리가 쉽지 않다. 따돌림은 학교폭력 유형 중 청소년들이 가장 두려워하는 유형이다. 따돌림을 당하는 피해학생은 스스로의 생존을 위해 비행집단에의 가입, 공격적인 태도, 정신장애, 극단적인 자살을 선택하기도 한다(청소년폭력예방재단, 2012).

특히 최근 스마트폰을 통한 SNS의 발달로 간접적인 따돌림에 속하는 사이버 불링(cyberbullying)의 문제가 심각하다. 사이버 불링이 오프라인 집단따돌림보다 청소년들에게 더 심각한 피해를 주는 이유는 첫째, 사이버 불링은 시·공간을 초월한다는 점이다. 최근 청소년들은 인스타그램, 트위트, 페이스북, 카카오톡, 텔레그램 등과 같은 소셜네트워크 프로그램을 통해 전 세계 청소년들과 연결되어 있다. 따라서 사이버 불링을 당할 경우, 그 피해규모는 오프라인의 특정장소(예를 들면, 학교나 학원)에서 당하는 따돌림과는 비교가 되지 않을 정도로 심각하다. 오프라인상에서 따돌림을 당할 경우, 그 특정장소를 피하기만 하면 따돌림을 벗어날 수 있지만 온라인상에서 사이버 불링을 당할 경우, 피할 장소도 마땅찮다. 둘째, 사이버 불링이 발생할 경우, 그 피해규모가 오프라인 따돌림과는 비교대상이 되지 않을 정도로 엄청나다. 왜냐하면, 사이버상의 친구관계망의 범위는 사이버 불링을 당하는 피해당사자도 잘 알지 못하는 익명의 친구들에게 까지 알려질 정도로 사이버상에서 촘촘히 연결되어 있기 때문이다. 셋째, 익명성이 보장되기 때문에 따돌림으로 야기되는 결과를 예측하기 힘들다는 점에서 오프라인 따돌림보다 훨씬 더 심각한 피해를 입힐 수 있다. 이처럼 최근 SNS상에서 발생하는 따돌림(사이버 불링)은 오프라인상에서 발생하는 따돌림보다 훨씬 더 심각한 사회문제로 부각되고 있다.

(5) 성폭력

성폭력은 성을 매개로 하여 가해지는 모든 신체적·언어적·심리적 폭력을 의미하는데, 행위의 유형이나 수준 및 일반의 인식에 따라 성희롱, 성추행, 성폭행 등이 일반적으로 많이 사용되지만 그 가운데 성폭력은 이들을 포함하는 가장 넓은 개념이다(교육과학기술부, 2014). 성폭력은 일반적으로 형법에 규정된 성폭력과 성에 관련된 범죄행위로 크게 폭행과 협박을 하여 강제로 성행위를 하는 강간과 집단 성폭행, 폭행과 협박으로 성적 행위를 강요하고 성적 접촉을 하는 성추행, 성적인 말과 행동으로 성적 수치감과 굴욕감을 느끼도록 하는 성희롱, 유사성행위에 속하는 음란전화를 통한 성행위, 성기노출 등을 통한 성폭력 등으로 구분할 수 있다(김진한 외, 2015). 또한 성폭력은 폭행·협박으로 인한 강제 성행위, 성기의 이물질 삽입, 성적 모멸감과 수치감을 느끼도록 하는 말, 신체적 접촉 등을 포함한다(교육과학기술부, 2014). 그동안 성폭력은 연구자에 따라 임상적 관점, 법적 관점, 페미니즘적 관점 등 여러 관점에서 정의되어 왔으며, 성폭력에 대한 개념도 점차 확대되어 과거 강간 중심적 개념정의에서 다양한 유형의 성적 공격행위를 포함하는 개념으로 발전해 왔다.

(6) 사이버 폭력

사이버 폭력은 상대방의 의사와 관계없이 이루어지는 인터넷상의 게시판, 댓글 등을 통한 비방과 욕설, 허위사실 유포, 개인정보와 사생활 유출 등의 행위로 특정 대상에게 불쾌감과 정신적 피해를 주는 행동을 의미한다. 사이버 폭력은 전자통신 수단을 통해 의도적이고 반복적으로 가해지는 위해(Patchin & Hinduja, 2006)이고 사이버공간에서 전자통신기술을 이용하여 유언비어, 따돌림, 괴롭힘, 욕설, 위협, 비난 등의 언어적 공격행위들로 정신적, 심리적 피해를 주는 행동이며(김경은·윤혜미, 2012) 특정인에 대한 성적 수치심을 유발하는 문자, 허위 글, 사생활유포, 모욕, 명예훼손, 위협, 공포심, 불안감, 음향, 영상 등을 인터넷, SNS, 카카오톡, 정보통신망을 통해 유포하는 행위 등을 포함한다(교육과학기술부, 2014). 가상준 외(2013)는 사이버 폭력을 학문적 사이버 폭력과 법적 사이버 폭력으로 구분하고 학문적 사이버 폭력이란 정보통신망 등 사이버 공간에서 이메일, 게시판 형태의 전달수단을 통하여 게시물, 사진합성물, 동영상, 댓글 등의 형태로 타인에게 모욕 또는 명예를 훼손하는 결과를 초래하는 행위이며 법적 사이버 폭력이란 정보통신망을 통하여 문언, 음향, 화상, 부호 등을 이용하여 타인의 명예와 권익을 침해하거나 모욕하는 행위라고 하였다. 사이버 폭력 중에서 최근에 청소년들에게 심각한 피해를 주는 폭력형태는 사이버 불링 또는 사이버 따돌림이다. 사이버 따돌림이란 인터넷, 휴대전화 등 정보통신기기를 이용하여 특정 학생들을 대상으로 반복적이고 지속적으로 심리적 공격을 가하거나 특정 학생과 관련한 개인정보, 허위사실을 유포하여 고통을 느끼도록 하는 행위를 의미한다.

(7) 강요

강요는 상대에 대한 위협적인 언어와 폭행, 협박으로 상대방의 권리를 침해하거나 아무런 이유 없이 하기 싫은 일을 강요하는 행위(강요죄)를 말하며(김진한 외, 2015) 과제나 게임 대행, 속칭 빵셔틀, 와이파이셔틀 등의 강제적인 심부름과 폭행 또는 협박으로 권리행사를 방해하거나 의무가 아닌 일을 하게 하는 행위를 말한다(교육과학기술부, 2014). 이런 강요는 주로 가해자의 괴롭힘으로 나타나는데, 괴롭힘은 언어적 폭력이나 신체적 폭력과는 구분된다. 물론, 욕설이나 신체적 폭력 등도 괴롭힘의 한 유형이지만, 특별히 심리적인 억압이나 강제적인 심부름과 다양한 형태의 셔틀로 나타난다.

제4절 학교폭력의 특징

학교폭력은 주로 학교환경 내에서 발생하는 폭력이 주를 이루기 때문에 일반폭력과는 다른 특징을 지니고 있다. 예를 들면, 과거 학교폭력은 '일진회'를 비롯한 폭력서클이 같은 학급 내 약한 친구들을 조직적으로, 집단적으로 폭행, 금품갈취 등과 같은 폭력이 주를 이루었으나, 최근의 학교폭력은 조직적·집단적으로 이루어지기도 하지만, 일반청소년 또는 소그룹이 집단으로 행하는 폭력으로 협박, 집단따돌림, 놀림, 삥뜯기, 와이파이셔틀 등과 같이 그 형태가 변화하고 있다. 따라서 학교폭력이 외부로 잘 노출되지 않으며 지속기간도 상당히 길다. 이런 학교폭력의 특징을 일반적 특징과 가해자와 피해자의 특징 등을 중심으로 살펴보고자 한다.

(1) 일반적 특징

① 저연령화

과거의 학교폭력은 연령이 상대적으로 많은 10대 후반 학생들에 의해 저질러졌으나 최근의 학교폭력은 주로 중학생에 의해 저질러지고 있으며 초등학교에서도 그 피해규모가 점차 확대되고 있다. 2015년 전국학교폭력 실태조사연구보고서에 따르면, 전국 초3~고2 6,489명 중 14.9%가 학교폭력 피해를 처음 겪은 시기로 초등학교 4학년을 꼽았으며 뒤이어 초등학교 3학년이 12.8%, 6학년이 12.4%로 집계됐다(머니투데이, 2016). 2013년, 2014년 같은 조사에서 초등학교 6학년, 초등학교 5학년이 가장 높게 나타났던 것과 비교하면 학교폭력의 저연령화 현상이 점차 심화되고 있는 것으로 분석된다.

② 폭력의 장기성 및 집요성

과거의 폭력은 주로 금품갈취 및 폭행이 주를 이루었기 때문에 일회성의 단기적 성격을 띤 경우가 많았으나, 최근의 학교폭력은 특정 상대방을 대상으로 집중적·장기적으로 행사하는 경우가 많아지고 있다. 즉, 학교폭력이 일시적이거나 감정적인 것이 아닌 일부학생이 특정 학생을 지목하여 집중적이고 지속적으로 괴롭히고 소외시킨다는 강한 집요성을 갖고 있을 뿐만 아니라, 초·중·고등학교로 이어지는 연속적, 지속적인 측면이 강하게 드러나고 있다.

③ 폭력의 심각성 및 잔인성

최근의 학교폭력은 단순한 탈선이나 장난이 아닌 심각한 범죄수준에 이르고 있다. 예를 들면, 가출한 여중퇴생들이 후배를 모텔에 감금한 후 3개월 간 60여 회의 성매매를 시키고 화대 700여만원을 갈취하기도 하고, 중고생 18명이 500여 회에 걸쳐 7,000여만원의 금품을 후배로부터 갈취한다거나, 초등 6학년 여학생이 같은 반 친구를 화장실로 끌고 가 카터 칼을 목에 대고 욕설과 협박을 한 행위 등은 청소년 학교폭력의 잔인성을 그대로 보여준다(양태규, 2012).

④ 폭력의 무동기성 및 죄책감 결여

최근의 학교폭력은 확실한 동기나 이유 없이 잠재적인 불만과 스트레스를 해소하거나 혹은 그저 마음에 들지 않는다는 이유만으로 무차별적이고 충동적으로 폭력을 행사하는 경우가 많다. 그래서 폭력가해 청소년들은 피해자에 대한 죄책감이 결여되어있다. 심지어 폭력가해 청소년에게 일부 학생들은 실제로, 또는 심정적으로 동조하는 경향이 있어 이런 행동을 정당화하거나 장난으로 치부하므로 죄의식을 갖지 못하는 경향이 있다. 폭력행위에 대해 죄책감을 갖지 못하는 이유는 특별한 동기 없이 자아의 욕구나 충동을 억제하지 못해 스트레스 해소 차원에서 휘두르는 폭력이 많기 때문으로 추정된다.

⑤ 폭력의 비밀성

학교폭력은 대체로 성인들에게 목격되지 않고 일어나는 특징을 가지고 있다. 교사들은 학교폭력이 알려지더라도 간접적으로 듣게 되고 학부모는 항상 가장 나중에 알게 되는 경향이 있다. 즉, 학교폭력이 발생하더라도 사회적으로 고자질이나 일러주는 일에 대해 부정적인 시각이 존재하기 때문에 폭력의 가해자와 피해자 모두 침묵을 지키는 경우가 많다. 또한 학교나 지역사회의 입장에서도 학교폭력 사실이 알려지는 것이 도움이 되지 않기 때문에 가급적 숨기거나 축소하려는 경향이 있다. 예를 들면, 청소년폭력예방재단이 초등학교 5학년부터 고등학교 2학년까지 재학생 3,500명을 조사한 결과, 학교폭력 피해를 당한 청소년들 중 자살을 생각해 봤다는 학생이 30.9%, 등교 거부 충동을 느낀다는 학생이 52.1%에 달했다. 그럼에도 불구하고 누구에게도 도움을 청하지 못한 채 혼자 견디고 있다고 응답했다(양태규, 2012). 결국 남의 일에 간섭하지 않으려는 사회풍조와 자칫 고자질쟁이로 낙인찍힐 것이 두려워 폭력피해 신고를 하지 않을 뿐만 아니라 신고를 해도 즉시 그리고 확실하게 해결되지 않을 것에 대한 두려움, 신고자에 대한 보복 때문에 신고를 기피할 개연성이 있는 것이다(양태규, 2012).

⑥ 가해자와 피해자의 동시성

학교폭력의 가해학생이나 피해학생이 같은 학교공간에서 생활하고 있고, 일부 청소년은 학교폭력의 피해자이면서 동시에 가해자가 되기도 한다. 즉 신체적으로 학대받은 청소년들이 후에 폭력적 범법자가 될 가능성이 매우 높으며, 학교폭력이나 괴롭힘의 피해자가 후에 가해자가 되는 경향이 있다는 것이다.

⑦ 신종 학교폭력에 대한 인식 저조

최근 이슈화된 졸업빵, 빵셔틀, 와이파이셔틀 등에 대한 심각성 증가와 스마트폰을 중심으로 진행되는 사이버 폭력이 일상화되고 있음에도 불구하고 청소년들 사이에서는 이런 사이버상에서 발생하는 각종 언어적, 심리적 폭력의 심각성을 인식하지 못하고 있다. 예를 들면, 청소년폭력예방재단에서 조사한 2013년 전국학교폭력 실태조사의 결과에 따르면, 학교폭력에 대한 인식도가 낮은 항목별로 살펴보면, 빵셔틀(46%), 졸업빵(35.7%), 홈피 욕설과 악성 댓글을 다는 것(34.9%), 성적인 모욕감을 주는 것(20.7%), 원하지 않는 행동을 강요하는 것(30.9%) 등에 대해 학교폭력인지 아닌지를 인식하지 못하는 것으로 나타났다(청소년폭력예방재단, 2013). 이는 청소년들이 자신의 행동이 학교폭력인지 아닌지조차 모르는 상태로 학교폭력을 가하고 있음을 보여준다.

(2) 가해자와 피해자의 특징

1) 가해자의 특징

① 높은 공격성

학교폭력을 휘두르는 청소년은 일반청소년에 비해 높은 공격성을 가지고 있다. 올베우스(Olweus, 1991)의 주장에 따르면, 공격성향이 강한 청소년은 일반적으로 폭력에 대한 긍정적인 태도를 가지며, 충동성이 강하고 타인을 지배하려는 강한 욕구를 가진다. 또한 피해자에 대한 죄책감이나 공감능력이 떨어지므로 폭력을 행사하면서 즐거움을 느끼고, 다른 청소년들에게 학교폭력을 강요하거나 조장하기도 한다. 공격성은 낮은 자아존중감, 자기통제감과 직접적인 상관관계를 맺고 있다. 즉, 낮은 자아존중감과 자기통제감 때문에 자신을 잘 통제하지 못할 경우 타인에 대한 때로는 자신에 대한 공격행위(자살)로 나타난다. 결국 공격성은 폭력범죄의 기본 요인이며, 가해청소년에게 공통적으로 나타나는 심리적 성향이다.

② 심리적인 부적응 성향

학교폭력의 가해청소년들은 일반청소년에 비해 분노, 우울, 불안, 열등감, 피해의식, 충동성 등과 같은 심리적 부적응 성향을 보이는 경우가 많다. 우울감은 가해청소년들에게 공통적으로 나타나는 현상이다. 이런 우울감을 해소하는 일환으로 공격성과 충동성이 증가하게 된다. 또한 가해청소년의 충동성은 집단따돌림현상으로 나타나기도 한다. 청소년의 무계획적 충동성은 집단따돌림 가해 집단이 피해 집단보다 더 높게 나타난다. 집단따돌림 가해 청소년은 자신의 행동에 대한 인식도가 낮고, 무계획적 충동성이 높아 자제력이 부족하고 반항적이어서 폭력과 같은 가해행위를 통해 쾌감과 우월감을 경험하기 때문에 집단따돌림을 하는 경향이 있다(이혜순, 2014). 분노감정도 가해청소년의 심성과 깊은 관련이 있다. 한국판 상태-특성분노표현 척도(STAXI-K)를 분석도구로 사용하여 일반청소년과 학교폭력 청소년들을 비교 분석한 연구결과에 따르면, 학교폭력 가해청소년의 불안이 분노억제와 분노표출을 매개로 하여 폭력행동에 이르는 것으로 나타났다(오종은·이재연, 2014). 즉, 청소년은 불안이 높아지면 분노를 억제하게 되고, 억제된 분노가 과도하게 되면 분노표출이 증가하면서 폭력행동을 하게 될 가능성이 높아진다.

③ 강한 합리화 성향

학교폭력 가해청소년은 일반청소년에 비해 자신의 비행이나 범죄를 정당화하거나 합리화하는 경향이 더 강하다. 사이크스(Sykes)와 맛짜(Matza)에 따르면, 비행청소년들은 합리화기술이 능하다고 주장했다(Sykes & Matza, 1957). 이런 합리화기술을 중화기술(techniques of neutralization)로 표현했는데, 중화기술은 비행에 대한 정당화와 변명을 의미한다. 예를 들면, 가해청소년은 자신이 저지른 폭력에 대해 상대방이 폭력의 원인을 제공했다는 식으로 정당화한다. 즉, 자신의 폭력에 대해 상대방이 먼저 시빗거리를 제공하였음에도 불구하고 교사나 부모와 같은 권위자가 이들을 처벌하지 않았기 때문에 자신이 직접 폭력을 행사함으로써 이들을 처벌하는 것이 정당하다고 주장한다. 가해청소년들에게 주로 나타나는 합리화성향은 첫째, "네가 좋아서 장난삼아 때린 거야, 아프지 않잖아"(책임의 부인: denial of responsibility), 둘째, "별로 다치지도 않았는데 엄살 피우지마"(가해의 부인: denial of injury), 셋째, "어른들도 화나면 다들 폭력을 행사해"(비난자에 대한 비난: condemning the condemners), 넷째, "네가 나를 화나가 만들었기 때문에 때린 거야" 또는 "네가 맞을 짓을 먼저 했잖아"(피해자의 부인: denial of victim), 다섯째, "집에서 아빠한테 맞아 너무 화났는데, 재수 없게 네가 분풀이 대상이 된 거야, 너에게 안 좋은 감정은 없어"(상위의 충성심에 호소: appealing to higher loyalties)로 나타난다.

④ 폭력에 대한 수용적 태도

가해청소년은 일반청소년에 비해 폭력에 대해 관대하거나 수용성이 강하다. 토블린(Toblin)의 연구에 따르면, 가해 아동들은 다른 집단의 아동들에 비해 공격행동이 긍정적인 결과를 가져올 수 있으며 자신이 그러한 공격행동을 잘 수행할 것이라고 판단하는 경향이 높은 것으로 나타났다(Toblin et al,, 2005). 폭력에 대해 수용적인 태도를 보이는 청소년은 일반청소년에 비해 가정이나 학교에서 폭력에 대한 피해경험이 더 많다. 즉, 부모나 교사로부터의 언어적·신체적 폭력을 통한 훈육을 경험한 청소년의 경우 일찍부터 신체적, 물리적 공격과 강압을 통해 자신의 요구를 관철하는 것을 학습함으로써 폭력문화에 보다 수용적인 태도를 형성하게 된다(이상균, 2005).

2) 피해자의 특징

올베우스(Olweus, 1993)는 피해학생을 수동적 피해학생과 도발적 피해학생으로 구분하였는데, 수동적 피해학생은 부모의 지나친 보호 아래 자기표현을 하기 보다는 어른들의 생각을 내사하는 특성을 가진다. 또한 또래관계 속에서 자기표현을 하는 데 어려움을 겪고 소외를 당하거나 공격의 대상이 되는 학생이다. 반면 도발적 피해학생은 잘난 척하며 타인을 무시하는 특성을 보이고, 타인에 대한 배려심이 부족하고 이기적이며, 일방적인 태도로 인해 주위와 어울리지 못하고 갈등을 빚음으로써 다수에게서 외면당하는 학생이다. 이들은 흔히 불안감과 공격적인 반응을 함께 보이며 피해를 당함과 동시에 피해 집단에서 빠져나오기 위해 다른 학생에게 가해를 하는 경우가 많다. 그러므로 최근 학교폭력의 추세를 살펴보면 가해자와 피해자 구분의 모호성이 증대하여 가해자(피해자)인 동시에 피해자(가해자)인 학교폭력 중복경험자들이 늘어나고 있다.

학교폭력의 피해학생은 가행학생의 지속적이고 반복적이며 의도적으로 계획된 가해행위로 많은 심리적 고통을 호소한다(최인재·백혜정, 2008). 특히 수동적 피해학생들은 자아존중감이 낮으며, 타인에 대해 지나치게 민감한 지각을 하며 사회적으로 위축되어 있고, 다른 학생들에 비해 높은 불안수준과 우울수준을 보인다(이규미, 1998). 이들의 높은 불안과 우울수준은 학교폭력에 노출된 이후에 더욱 증가하는 경향이 있다. 즉, 불안수준이 높은 것은 자신이 통제할 수 없는 폭력상황을 많이 경험했기 때문이며, 높은 우울수준 역시 지속적이고 반복적인 신체적·정신적 고통, 그리고 자신을 지킬 수 없다는 무력감과 낮은 자존감 등에 기인한 것으로 볼 수 있다(한종철 외, 1999). 수동적 피해학생들은 높은 수준의 불안과 분노로 인해 공격적 반응을 보이고, 목적달성 수단으로 공격행동을 사용하는 가해자들과는 달리 공격행동에 대한 효능감이 낮고 공격행동의 긍정적인 결과를 기대하는 인지적 신념도 약한 특성을 보인다(Toblin et al., 2005).

수동적 피해학생들이 학교폭력을 당한 후 느끼는 신체적, 정신적, 감정적 특징은 다음과 같다(청소년폭력예방재단, 2012). 첫째, 신체 증상으로 머리나 배가 아프다는 호소와 만성적인 고통, 소화체계 문제, 전환증상을 보인다. 둘째, 의미체계변화는 그동안 살아오면서 가졌던 자신의 신념에 대한 의문으로 인해 사람의 긍정적인 변화를 위한 노력을 하지 않게 되고 타인과 자신에 대한 역기능적 신념과 편집증적인 신념을 갖는 것이다. 셋째, 자기인식변화는 자신을 무기력하고 무능한 존재로 인식하는 등 부정적인 자아개념을 가지게 되는 것이다. 넷째, 정서적 각성 조절기능의 변화는 정서와 분노조절의 어려움과 자기파괴 행동, 자살, 극단적인 위험감수행동을 보이는 것으로 정서문제는 걱정, 두려움, 긴장, 슬픔 등의 내면화증상과 분노, 충동성의 외재화증상이 있다. 다섯째, 타인과의 관계변화는 타인을 신뢰하지 못하고 경계하고 의심하는 등 타인에 대해 왜곡된 지각을 하며 부정적인 대인관계로 변화한다. 여섯째, 주의력과 의식기능의 변화는 폭력발생에 대한 불안감으로 인해 주의집중이 어려워지고 복수와 관련한 백일몽에 몰두하는 등 현실감과 상황 판단력이 떨어지는 성향을 보인다.

제5절 학교폭력의 원인

학교폭력의 원인을 규명하는 것은 결코 쉬운 일이 아니지만, 일반적으로 내부적 요인(개인적, 심리적 요인)과 외부적 요인(가정환경적, 학교환경적, 사회환경적 요인)으로 구분할 수 있다. 이런 내부적, 외부적 요인에 의해 공격성에 영향을 미치고, 공격성은 바로 학교폭력을 유발하는 직접적인 원인이 된다. 청소년의 공격성을 매개로 한 학교폭력의 원인을 그림으로 표현하면 〈그림 10-17〉과 같다.

그림 10-17 학교폭력의 원인

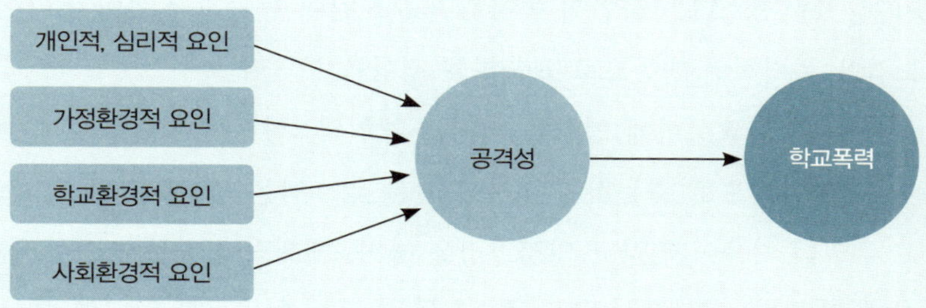

(1) 개인적, 심리적 요인

학교폭력을 저지르는 청소년들의 개인적, 심리적 요인으로 대표되는 것은 공격성과 충동성 및 분노감정의 발현 등을 들 수 있다. 즉, 학교폭력을 저지르는 청소년은 다른 일반청소년에 비해 분노감정이 많고, 충동성과 공격성 또한 높다. 첫째, 분노는 학교폭력의 원인이며, 공격성과 밀접한 관련을 맺고 있다. 즉, 분노를 적절하게 조절하지 못하면 공격성으로 표출되어 학교폭력으로 이어질 가능성이 높다. 원래 인간의 기본 정서인 분노는 인간이 가지고 있는 여러 가지 감정 중에서 빈번히 경험되는 원초적이고 보편적인 정서로서 생존에 필요한 적응적 정서이다. 그래서 인간의 적절한 분노표현은 사회적 관계를 유지하거나 변화시키는 데 긍정적인 역할을 하지만, 분노표현의 강도나 빈도, 지속 기간이 적절하지 못하면 신체적, 정신적, 사회적 문제를 초래할 뿐만 아니라 공격성으로 연결되어 범죄로 발전할 가능성이 높아진다. 일반청소년과 학교폭력 청소년들을 비교 분석한 연구결과에 따르면, 일반청소년과 학교폭력 청소년 모두 불안이 분노억제와 분노표출을 매개로 하여 폭력행동에 이르는 것으로 나타났다(오종은·이재연, 2014). 즉, 청소년은 불안이 높아지면 분노를 억제하게 되고, 억제된 분노가 과도하게 되면 분노표출이 증가하면서 폭력행동을 하게 될 가능성이 높아진다는 것이다. 반면에 분노와 공격성 및 폭력성에 관한 폭력청소년과 일반청소년의 차이점으로 일반청소년의 불안은 폭력행동에 직접적인 영향을 주지 않는 것과 달리 폭력청소년의 불안은 폭력행동에 직접적인 영향을 미친 것으로 나타났다. 즉, 일반청소년은 불안이 높아진다고 해서 폭력행동을 하는 것은 아니지만, 폭력청소년은 불안이 높아지면 분노감이 동등하게 높아지고 이 높아진 분노감을 폭력적인 행동으로 표출하는 경향을 보였다.

둘째, 학교폭력에 영향을 미치는 개인적, 심리적 요인으로 충동성을 들 수 있다. 일반적으로 충동적인 성향이 높은 청소년은 조급하고 즉각적으로 행동하고 주의를 기울이지 않고 의사결정을 하며, 체계적이지 못하고 무계획적으로 문제에 접근하는 경향이 있다. 즉, 그들은 친한 친구들과 말하고 행동할 때 깊이 생각하지 않고 어떤 일에 착수하기 전에 깊이 생각하는 일이 없으며 얼떨결에 일을 처리하는 경향이 있다. 또한 그들은 무계획적인 야간외출을 즐기고, 일의 결과는 생각하지 않고 신속하게 처리하는 경향이 있다. 충동성향이 강한 청소년은 주로 학교폭력과 밀접한 관련성을 가지고 있다. 왜냐하면 충동성은 공격성의 원인이 되며 공격성은 학교폭력과 같은 폭력범죄로 나타나기 때문이다.

인터넷 중독현상을 연구한 결과에 따르면, 인터넷 중독 수준이 높을수록 우울과 충동성이 높은 것으로 나타났다(최은미 외, 2014). 충동성이 인터넷 중독에 영향을 미치며, 인터넷 중독은 공격성을 촉진시킨다. 즉, 충동성이 강한 청소년은 인터넷을 통해 사이버 비행이나 각종 대인관계 학교폭력 등을 저지를 가능성이 높다는 것이다. 또 다른 연구인 휴대폰중독과 충동성과의 관계를 밝힌 연구결과, 충동성은 휴대폰중독을 설명하는 중요한 예측요인이었다(이혜순, 2014). 충동성이 높은 청소년은 충동성을 억제하는 데 어려움을 겪으며, 이러한 충동적 성향이 휴대폰중독의 위험을 가중시켰다. 충동성의 하위요인들 중 특히 무계획적 충동성은 휴대폰중독과 깊은 상관관계를 가지고 있었다. 따라서 충동성향이 높은 청소년은 권태감 해소를 위해 충분한 계획이나 생각 없이 충동적으로 새롭고 신나는 일을 찾아 하게 될 가능성이 높은 것으로 나타났으며, 이런 과정에서 휴대폰이 주는 자극과 흥미에 끌려 점차 휴대폰중독에 빠질 가능성이 높다는 것이다. 특히 충동성의 하위개념인 어떤 것에 병적으로 몰입하는 것, 강박 증상, 생활 장애, 통제 상실 등이 인터넷중독이나 휴대폰중독의 중요한 요인이 된다. 위의 연구 결과처럼, 충동성이 인터넷중독, 휴대폰중독, 스마트폰중독의 한 원인으로 보는 연구자들은 인터넷중독을 일종의 충동조절장애로 취급하는 경향이 있으며(Holliday, 2000; Mitchell, 2000), 충동성은 인터넷중독의 가장 중요한 예측 변인으로 제시하고 있다.

마지막으로 공격성 또한 청소년 학교폭력의 직접적 원인으로 지목된다. 공격성은 낮은 자아존중감, 자기통제감과 직접적인 상관관계를 맺고 있다. 낮은 자아존중감과 자기통제감 때문에 자신을 잘 통제하지 못할 경우, 타인에 대한 때로는 자신에 대한 공격행위(자살)로 나타난다. 청소년을 포함한 대부분의 사람들은 어느 정도의 폭력성향을 가지고 있으나, 정상적인 사람은 양심과 도덕 같은 내부적인 통제력 때문에 학교폭력을 쉽게 휘두르지 않는다. 그러나 폭력성향을 가진 청소년은 내부적 통제력이 없고, 반사회적 행동을 하고도 반성하거나 고민하지 않기 때문에 죄책감이나 수치심 등을 느끼지 못하는 경향이 있다. 한국청소년패널자료를 활용한 선행연구에서 분노수준과 공격성이 학교폭력 집단유형의 발달에 상당한 영향을 미쳤다(신희경, 2006). 예를 들면, 공격행동에 대한 긍정적 태도를 가진 청소년은 그렇지 않은 청소년에 비해 학교폭력 무경험 집단보다는 학교폭력 가해피해 집단에 속할 확률이 높았다. 공격성은 학교폭력을 당한 청소년들에게도 상당히 부정적인 영향을 미쳤다. 예를 들면, 학교폭력을 당한 청소년들은 분노표현 방식, 공격성, 폭력행동의 필요성에 대한 학습을 바탕으로 공격성에 대해서 긍정적인 태도를 가짐으로써 이후에 학교폭력 가해자가 될 가능성이 높은 것으로 나타났다(성지희 · 정문자, 2007). 학교폭력에 영향을 미치는 개인적, 심리적 요인을 종합하면, 학교폭력을 자주 저지르는 청소년들은 일반청소년에 비해 분노감정, 충동성, 공격성이 높은 것으로 나타났다. 즉, 이렇게 개인적인 분노감정, 충동성, 공격성이 높은 청소년은 학교폭력을 저지를 가능성이 높다는 것이다.

(2) 가정환경적 요인

학교폭력 가해학생의 가정은 대체로 부모-자녀 간의 약한 애착, 약한 부모감독, 방임, 가정 내 일상적인 부부갈등 등이 공통적으로 나타난다. 가정환경은 청소년의 인격형성이나 행동특성에 중요한 영향을 미치는 원초집단이다. 특히 청소년의 인격형성은 가정으로부터 결정적 영향을 받는다고 할 수 있다. 자기통제이론에 따르면, 어린 시절 가정에서의 부적절한 사회화과정을 통해 각종 비행을 스스로 통제할 수 있는 자기통제력이 낮게 형성되고 이렇게 형성된 낮은 자기통제력은 청소년기에 학교폭력을 휘두르는 근본적인 원인이 될 수 있다. 학교폭력에 부정적인 영향을 미치는 가정환경으로 첫째, 부모-자녀 간의 약한 애착관계를 꼽을 수 있다. 가정 내에서 청소년이 부모와의 애착관계가 약하거나 부모감독이 느슨할 때 학교폭력은 증가한다. 부모와의 애착이 약화되면 자녀의 공격성은 증가되어 각종 학교폭력을 저지르는 원인이 된다. 반면에 청소년기에 보다 안정되고 밀착된 부모와의 애착은 가정 내에서 규범적인 사회화과정을 증진시키며, 부정적인 행동을 감소시킨다. 중·고등학생을 대상으로 한 레이블(Laible)과 그의 동료들의 연구에 따르면, 부모와의 긍정적인 애착관계가 청소년의 공격성을 감소시키는 결정적 영향을 하였다(Laible et al., 2000). 국내연구에서 초등학교 5학년과 6학년을 대상으로 부와 모의 애착이 공격성에 미치는 영향을 검증한 결과에 따르면, 부모와 자녀 간의 애착관계가 약화되면 자녀의 공격성이 증가하는 것으로 나타났다(유혜경·남현우, 2010). 또한 한국청소년패널자료의 종단자료를 사용하여 부모와의 애착과 공격성을 밝힌 연구에서도 부모와의 애착이 강하다고 응답한 응답자의 공격성은 낮게 나타났는데, 이는 5년 동안의 추적조사에서 연속적으로 나타난 결과였다(최정아, 2014).

둘째, 부모감독 또한 학교폭력의 원인이 될 수 있다. 즉, 가정에서 부모로부터 적절한 감독을 받는 청소년은 학교에서 각종 폭력을 저지를 가능성이 낮다. 청소년기에 부모감독은 청소년 자신의 행동을 적절한 수준에서 통제할 뿐만 아니라 비행또래집단과의 사귐을 억제하는 역할을 한다. 즉, 부모는 자녀가 밖에 있을 때 누구와 함께 있으며, 무엇을 하며, 언제 돌아올지를 잘 알고 있을 경우, 자녀의 공격성과 학교폭력에 부정적인 영향을 미친다. 예를 들면, 사회유대이론에서 부모감독은 부모애착과 함께 자녀의 범죄행위를 감소시키는 중요한 역할을 한다고 주장한다. 즉, 자녀가 외박했을 때 내 부모는 내가 어디에서 누구와 무엇을 하는지를 잘 알고 있다고 응답하는 경우, 자녀의 학교폭력을 포함한 각종 비행성향은 줄어든다(황성현, 2007). 12~18세 청소년과 부모를 대상으로 한 케브레라(Cabrera)와 그의 동료들의 연구결과, 부모감독이 자녀의 공격성을 감소시키는 중요한 역할을 하는 것으로 드러났다(Cabrera et al., 2012).

셋째, 부모학대는 청소년 자신의 공격성과 학교폭력을 증가시키는 역할을 한다. 가정 내에서 부모에게 신체적·정신적 학대를 받고 자라난 청소년은 그렇지 않은 청소년과 비교하여 자신의 공격성이 현저하게 증가하여 학교폭력을 저지를 가능성이 높아진다. 특히 어릴 때부터 폭력적 환경에 노출되면 될수록 자녀의 공격성향은 두드러지게 증가하는 경향이 있다. 올베우스(Olweus, 1980)는 부모가 거부적인 양육행동과 체벌을 많이 사용하는 경우 자녀는 더 많은 공격성을 보인다고 주장하였다. 일반적으로 부모-자녀 간의 관계에서 자녀에 대한 거부적인 태도, 엄격하고 폭력적인 훈육방법 등은 자녀의 공격성과 각종 학교폭력을 증가시키는 중요한 요인이 된다. 즉, 부모의 육체적, 정신적 학대는 자녀의 공격성을 증가시켜 학교 내외에서 친구들을 대상으로 폭력을 행사할 가능성을 높인다.

넷째, 방임은 또 다른 형태의 부모학대이며 이 또한 학교폭력의 원인이 될 수 있다. 특히 어린 시절의 방임은 한 인간의 사회 심리적 적응에 심각한 문제를 초래할 수 있다. 부모와의 적절한 애착관계 형성이 어렵고 타인에 대한 불신과 소원함으로 인해 공격성이 증가할 수 있다. 예를 들면, 어릴 때 부모로부터 적절한 돌봄과 수용을 받지 못한 아동은 일생 동안 배척받는 느낌을 가지게 되며(윤미원, 1999), 인성발달에 심각한 손상을 미쳐 행동장애, 충동문제, 불안, 우울, 타인과의 관계형성의 애로사항을 겪을 뿐만 아니라 장차 성인이 된 후에도 이런 부정적 감정은 지속적으로 영향을 미쳐 공격성, 범죄 등의 원인이 된다(오미경·이수희, 2010). 코취(Kotch)와 그의 동료들의 연구에 따르면, 초기 아동학대와 공격성 간의 관계에서 여아보다 남아의 공격성이 높았으며, 나이든 아동보다 어린 아동의 공격성이 더 높게 나타났다(Kotch et al., 2008). 즉, 나이가 어릴수록 부모의 학대 및 방임이 자녀에게 미치는 부정적인 영향력은 더 높게 나타난다고 볼 수 있다. 한국아동·청소년패널의 3차년도 자료를 바탕으로 한 연구결과에 따르면, 공격성에 통계적으로 유의미한 영향력을 미친 변수로 빈곤, 가족구조, 방임 등을 지적하면서 특히 빈곤, 가족구조는 방임을 매개한 공격성에 영향을 미치는 것으로 드러났다(장신재, 2014). 한국복지패널자료를 사용한 종단연구에서도 지속적인 학대와 방임을 경험한 아동의 공격성이 그렇지 않은 아동보다 더 한 것으로 드러났다(김수정·정익중, 2013).

마지막으로 가정에서 청소년들이 부부갈등에 일상적으로 노출되면, 그들의 내적인 갈등과 공격성은 증가하고 이런 갈등을 해소하기 위해 가정 밖에서 폭력을 휘두를 가능성이 높아진다. 미드(Mead)와 쿨리(Cooley)로 대표되는 상징적 상호작용론자들은 자아형성에 가장 중요한 역할을 하는 중요한 타자는 부모이며 어린 시절 부모는 자녀의 중요한 역할모델이 된다고 주장했다. 즉, 부모는 자녀의 성격형성과 대인관계의 질을 결정할 뿐만 아니라 자녀의 사회화과정에 핵심적인 역할을 한다. 그러나 자녀가 부부갈등과 같은 부정적인 가족환경에 지속적으로 노출되면 스트레스, 긴장, 공격성 등과 같은 부정적인 감정을 일으킬 가능성이 높아진다. 부부갈등이 자녀에게 미치는 영향은 직접적으로 자녀의 공격성에 영향력을 미칠 수도 있고, 부모-자녀 간의 어려움을 초래하여 자녀의 심리적 적응에 간접적으로 영향을 미칠 수도 있다. 부부갈등과 자녀의 공격성을 밝힌 연구에서 청소년 자녀가 부부갈등을 높게 자각하고, 자주 목격할수록 자녀의 공격성은 높게 나타났다(이혜수·정옥분, 2004). 즉, 자녀가 인지한 전체적인 부부갈등은 청소년의 흥분성, 전체 공격성, 간접적 공격성과 높은 상관관계를 가지고 있었다. 또 다른 연구에 따르면, 가족의 관심과 사랑을 받지 못하고 부모와의 갈등관계에 놓인 청소년이나 가정에서 부모의 폭력을 많이 목격한 청소년일수록 학교폭력의 가해자가 될 가능성이 높은 반면, 부모와의 관계가 원만하고 부모가 학교 선생님과 잘 소통하고 긴밀한 관계를 유지하는 청소년일수록 학교폭력을 행사할 가능성이 낮은 것으로 나타났다(김문호, 2014).

(3) 학교환경적 요인

현재의 학교환경은 입시 위주의 교육풍토, 교과 지식 중심 교육, 갈등적 인간관계의 구축 등으로 인해 학교폭력의 원인을 제공하고 있다. 예를 들면, 입시 위주 교육풍토는 진학중심의 수업과 진로지도에 매진하게 되고 이는 다수의 학생들에게 불만과 열등감을 갖도록 만들어 가출, 장기결석, 폭력 행위를 초래한다. 결국 교실 및 학교 환경은 다수 학생들의 분노, 열등감, 좌절감 등 부정적 감정을 불러일으키고 이런 부정적 감정은 공격성과 학교폭력으로 분출될 수 있다. 학교폭력의 원인이 되는 학교환경 중 가장 부정적인 현상은 입시위주의 교육환경이다. 이런 교육환경은 학생들의 지적, 신체적, 정서적 발달을 위한 다양한 경험과 지식을 쌓아야 할 기회를 놓치게 만든다. 이에 따라 청소년들의 스트레스 증가는 정신질환·자살 등을 유발하며, 소수의 성적 우수자 위주의 교과과정 운영으로 성적 불량자의 소외감이 증대하며 이의 보상을 위해 학교폭력으로 발전하게 되는 것이다.

청소년들의 학교폭력을 유발하는 학교환경적 요인 중 교사와의 관계나 교사체벌도 중요한 매개체로 작용한다. 한국형사정책연구원(1999)의 연구에 따르면, 체벌은 폭력의 정당화 기제로 작용하여 교사의 경우 체벌을 받은 경험이 많을수록 체벌을 많이 사용하며 훈육의 수단으로서 정당화시키는 경우가 많고, 학생의 경우는 폭력선호도와 공격성이 더 높다는 사실을 밝히고 있다. 또한, 교사의 강압적이며 폭력적인 훈육이 청소년기 높은 수준의 폭력행동과 관련된 변인으로 드러났다(김은경, 1997). 교사로부터의 폭력적 훈육을 경험한 학생은 폭력에 대해 우호적인 정의를 발전시키는데, 이는 폭력문화에 대한 허용도를 높이게 만든다. 폭력문화의 허용은 폭력 행사를 긍정적으로 받아들이게 하고, 법규의 준수를 하찮게 여기는 것을 하나의 생활양식으로 자리 잡게 한다. 법규범의 위반에 대해 긍정적인 사람은 비행이나 폭력적 행위를 하게 될 가능성이 높다고 보고되고 있고(김준호, 1997), 최지은(1998)의 연구에서도 학교생활에서 교사로부터의 폭력적인 훈육을 통해 폭력에 대해 긍정적인 태도를 가지며 폭력행동이 더 강화됨을 밝히고 있다.

한편 특정학교에서 학교폭력이 발생했을 경우, 이에 대처하는 교육당국의 대응정책 또한 학교폭력을 방조하는 결과를 초래한다. 학교폭력이 발생한 학교에서는 관계 법령에 의거 학교폭력대책자치위원회를 개최하여 대책을 강구하게 되는데, 해당 교육청에서는 이러한 위원회가 개최된 횟수에 따라 성과급 지급이나 각종 학교평가에 현저한 불이익을 가하는 등 규제 위주로 학교폭력 문제를 처리하고 있다. 그 결과 학교폭력이 특정 학교에서 발생하더라도 은폐 내지 축소되는 현상이 발생한다(김문호, 2014). 결론적으로 학생과 교사 간의 갈등이나 학생 간의 갈등수준을 증폭시키는 입시 위주의 학교환경, 억압적이고 비일관적인 학교운영원칙, 비참여적이고 과도한 규제 등은 학생들에게 관리될 수 없는 스트레스를 유발시킴으로써 학교폭력이 증가하는 한 요인이 된다. 또한 학교폭력이 발생했을 때 이를 신속하고 공정하게 처리하지 못하는 교육당국의 대응정책도 간접적으로 학교폭력에 부정적인 역할을 하는 것이라 평가할 수 있다.

(4) 사회환경적 요인

학교폭력을 유발하는 사회환경적 요인으로는 우리 사회에 만연된 폭력문화, 퇴폐적이고 향락적인 유해업소 등이 대중매체의 폭력성과 인터넷 게임으로 나타난다. 학교 주변에 산재해 있는 유흥업소 및 숙박업소, 게임장, 노래연습장, 비디오 감상실 등 각종 유해업소가 청소년비행과 학교주변 폭력의 중요한 배경으로 작용하고 있다. 이러한 환경에서 자란 청소년은 폭력성과 공격성에 무감각해질 가능성이 높다. 특히 향락문화의 발전은 청소년들에게 유혹과 허영심을 충족시키기 위해 폭력이란 방법을 사용하도록 하며, 유흥비 마련을 위해 동료 학생들에게 금품갈취와 폭력을 행사한다. 또한 대중매체의 폭력성에 노출된 청소년들은 그런 폭력을 모방하여 학교폭력을 저지를 가능성이 높다. 즉, 대중매체(TV, 영화, 비디오, 동영상 등)에서 방영하는 폭력물이 청소년의 폭력적, 공격적 행동에 나쁜 영향을 미친다는 연구는 보편적으로 받아들여지고 있다. 특히 공격적인 아동은 미디어 폭력물을 많이 보고, 폭력적인 캐릭터를 자기화하며, 그들이 본 폭력이 현실을 반영한 것이라고 강하게 믿는 경향이 있다. 폭력적인 사건은 모방범죄로 나타나기도 한다. 은행 강도나 조직폭력배를 다룬 드라마나 영화를 모방하거나 새로운 신종기법으로 강도짓을 행한 뉴스보도를 접한 후 그대로 모방하는 모방범죄가 늘어나는 경우가 여기에 해당된다. 이렇게 폭력적인 대중매체가 청소년들의 폭력성을 증가시키는 이유는 에이커스(Akers)의 사회학습이론으로 설명할 수 있다. 에이커스의 학습이론에 따르면, 비행이나 일탈은 사회구성원들 간의 상호작용을 통해 학습되는데, 대중매체에 나타난 폭력적인 행위를 본 사회구성원은 그런 행위를 현실세계에서 그대로 모방하거나, 범죄를 합리화하는 태도나 언행 등을 모방함으로써 그들의 공격성을 증가시킨다

(Akers & Sellers, 2011). 구체적으로 청소년들이 대중매체의 폭력적인 장면을 많이 시청하면 할수록, 폭력적인 행동이나 공격성을 정당화시키며(긍정적 정의; positive definitions), 폭력적인 친구들과 자주 어울릴 가능성이 높으며(차별적 접촉; differential association), 실제 현실세계에서 폭력적인 행동의 결과로 얻을 수 있는 정신적, 물질적 보상을 많이 받을 수 있다고 착각함으로써(차별적 강화; differential reinforcement) 그들의 공격성이 증가된다는 것이다. 특히 폭력적인 에로물에 무차별적으로 노출된 사람의 공격성은 일반적인 폭력물에 노출된 사람들보다 더 심각한 공격적인 성향을 보인다. 즉, 가학·피학적인 에로물을 자주 시청하는 사람은 여성에 대한 적대적인 감정이나 냉담한 태도를 보임으로써 현실세계에서 공격성이 가미된 강제추행이나 강간을 저지를 확률이 높아진다. 심지어 상대 여성이 강간당하는 것을 더 즐긴다는 잘못된 신념을 불러일으킴으로써 연쇄강간범으로 발전해 나갈 위험성도 배재할 수 없다.

경험적 연구에서 스타인과 프리드리히(Stein & Friedrich)는 단기간의 폭력영상 매체에 대한 노출 후의 아동이나 청소년에 대한 행동평가에서 그렇지 않은 대조군에 비해 보다 공격적, 폭력적으로 행동하였다고 보고함으로써 폭력매체가 아동이나 청소년의 공격성을 증폭시킬 수 있음을 시인하고 있다(Stein & Friedrich, 1975). 국내 연구결과에 따르면, 폭력매체는 청소년의 비행행동에 대한 직접효과가 높은 변수로 나타났다(김현실, 1996). 즉, 가정환경이 불안정하면 할수록 청소년들은 가정에서 파생된 욕구좌절이나 우울정서 등을 TV, 만화, 영화, 비디오, 동영상과 같은 매체에 의존하여 해결하는 경향이 강하며, 청소년의 폭력매체에 대한 관심도, 노출도, 모방도가 높을수록 공격성향이 증가하여 비행 및 범죄행동을 하게 된다는 것이다.

청소년들이 학교폭력에 무감각해지는 데 상당한 영향력을 발휘하는 매체는 대중매체 중에서도 인터넷게임을 최우선 순위에 놓을 수 있다. 최근 청소년들에게 인터넷게임의 영향력은 인류가 개발한 그 어떤 오락 매체물보다 더 강력하다. 예를 들면, 여성가족부가 2011년에 11세~24세 청소년을 대상으로 조사한 결과, 청소년 인터넷 게임 이용이 2008년 60.5%에서 2011년 79.8%로 증가한 것으로 나타났으며(여성가족부, 2012), 또한 여성가족부 보도 자료에 따르면, 청소년 170만 명 중 인터넷 과다사용 문제로 위험상태에 있거나 주의가 필요한 인터넷중독 위험군 청소년은 10만 5천여 명, 스마트폰중독 위험군은 24만여 명으로 나타났다. 이처럼 현재 우리나라 청소년의 약 3/4은 인터넷게임을 즐기고 있으며 그중에서 일부는 인터넷중독으로 여러 가지 심리적, 정신적, 육체적 문제를 일으키고 있는 실정이다. 인터넷게임은 청소년에게 스트레스와 여가 선용이라는 긍정적인 면도 있지만, 심한 경우 인터넷중독으로 발전될 가능성이 높다. 특히, 폭력적인 인터넷게임에 노출되면 될수록 청소년의 공격성향이 증가하여 학교폭력을 유발하는 원인이 된다. 인터넷게임의 지나친 몰두는 청소년의 심리적 발달에 부정적인 영향을 미치고 자기조절 능력이 약화되어 충동적, 공격적 성향이 증가하게 된다. 예를 들면, 인터넷게임 정도가 높은 청소년은 그렇지 않은 청소년에 비해 적대감, 공격성, 흥분성, 충동성 등이 높은 것으로 나타났다(서민영·임은미, 2012; 엄미경, 2002). 이런 현상은 폭력적인 대중매체에 많이 노출된 사람이 모방을 통해 현실세계에서 공격성을 증가시키는 경향이 높은 것과 마찬가지로 가상의 폭력적인 인터넷 게임에 몰입할수록 현실세계에서 공격성을 증가시켜 학교폭력을 일으킬 가능성이 높은 것이다. 뿐만 아니라, 인터넷 게임이 제공하는 가상현실과 현실세계를 구분하지 못해 인터넷 게임에서 한 것처럼 현실에서 해보고 싶은 욕구를 느끼기도 한다.

앤드슨과 딜(Anderson & Dill, 2000)은 실생활에서 폭력적인 게임을 한 경우에 공격성과 폭력행동을 증가시켰으며, 콜웰과 페인(Colwell & Payne, 2000)은 컴퓨터게임을 자주, 오랫동안 할수록 그리고 게임이 더 폭력적일수록 공격성이 증가한다고 주장했다. 국내연구에서도 고등학생들의 인터넷게임 중독과 공격성간의 관계에서 인터넷게임 중독의 정도가 강할수록 공격성은 더 강해지는 반면, 자기통제력과 자아존중감은 더 낮은 것으로 나타났다(서민영·임은미, 2012). 박은리(2001)는 폭력적인 게임 자체가 공격성을 증가시키기보다는 개인의 공격적 특성이 높은 경우에 폭력적인 게임에 노출됨으로써 더 더욱 현실세계에서 공격적인 성향을 증가시킨다고 주장하였으며, 김미경(2002)은 공격성, 충동성, 대인불안과 게임중독과의 관계성 연구에서 모든 요인들이 게임중독에 영향을 미치지만 가장 큰 영향을 미치는 요인은 공격성이라고 주장했다.

제6절 학교폭력 대처방안

우리 사회에서 학교폭력 문제를 해결하기 위한 다양한 시도가 이루어져왔다. 1990년대 중반부터 그 심각성이 드러나기 시작함에 따라 정부에서 1997년에는 "청소년 보호법"을, 2004년에는 "학교폭력 예방 및 대책에 관한 법률"을 제정하였다. 2005년에는 "학교폭력 예방 및 대책 5개년 기본계획" 수립, 2007년에는 "학교폭력 SOS 지원단 설립", 2009년에는 "청소년 보호법 개정", 2010년 제2차 "학교폭력예방 및 대책 5개년 기본계획" 수립, 2012년 인성교육 실천의 강화 및 117신고전화 설치 등을 담은 학교폭력 근절 종합대책 발표 및 「학교폭력 예방 및 대책에 관한 법률」 개정, 2013년에는 현장중심 학교폭력 대책 발표, 2014년에는 제3차 "학교폭력 예방 및 대책 5개년 기본계획"을 수립하여 2015년부터 2019년까지 이 계획을 적용하는 방향으로 정책을 수립했다. 이런 다양한 노력의 결과 최근 학교폭력률은 점차 줄어드는 추세에 있지만 초등학생의 학교폭력률은 오히려 증가하는 기현상을 보이고 있다. 이에 따라 우리 사회에서 학교폭력을 근절하거나 줄이기 위한 여러 가지 정책실현과 대처방안을 모색할 필요가 있다. 이 절에서는 학교폭력의 대처방안을 학교폭력의 원인에서 언급한 4가지 측면(개인심리적, 가정환경적, 학교환경적, 사회환경적 측면)을 중심으로 살펴볼 것이다.

(1) 개인심리적 대처방안

학교폭력의 개인심리적 원인으로 학교폭력청소년들은 분노감정, 충동성, 공격성 등이 높은 것으로 지목했다. 이에 따라 개인심리적 측면에서는 이들의 심리적 문제점을 해결하고 도와주는 대책이 필요하며, 그 구체적 내용은 〈표 10-3〉과 같다(홍종관, 2012).

표 10-3 학교폭력 근절을 위한 개인심리적 대처방안

종류	대 책
자존감 및 자기통제감 증진	학교폭력 청소년은 주로 어린 시절 가정에서의 비일관적인 사회화과정의 결과 낮은 자존감과 자기통제감이 형성되어 있을 가능성이 높다. 이를 교정하기 위해서는 사랑증진 집단상담 등과 같은 프로그램을 통해 자존감과 공감능력을 높일 필요가 있다.
공감능력 증진	학교폭력 청소년은 친구들에 대한 공감능력이 떨어진다. 폭력을 '재미삼아' 또는 '별일 아닌 것' 등으로 합리화하는 이유는 그들의 공감능력이 부족하기 때문이다. 따라서 감수성훈련이나 타인중심태도 등을 배양할 수 있는 프로그램이 필요하다.
분노조절 능력 증진	학교폭력 청소년은 일반청소년에 비해 쉽게 화를 내고, 공격적인 성향을 보이는 경우가 많으므로 그들의 분노 감정이나 충동성을 조절할 수 있는 인지 행동적 상담이나 치료 프로그램이 필요하다.
불안 및 스트레스관리 필요	학교폭력 청소년은 폭력문제로 인해 친한 원초집단으로부터 배척을 당할 가능성이 높아 그들과의 친밀한 인간관계 형성에 대한 불안 및 스트레스가 높다. 이런 스트레스와 불안을 효과적으로 관리할 수 있는 방법과 기술을 교육하고 훈련할 필요가 있다.
사회성 및 인간관계 증진	효과적인 인간관계를 위한 기본 요건으로는 인간에 대한 올바른 이해, 자기성장, 타인중심적 태도 등이 있고, 방법으로는 효과적인 의사소통, 갈등해결, 스트레스 관리 등이 있다. 이러한 기본태도와 방법을 훈련할 프로그램이 필요하다.
올바른 가치관 정립	학교폭력 청소년은 여러 가지 개인적, 가정환경적 요인에 의해 그들의 가치관이나 세계관이 폭력수용적인 형태로 왜곡되어 있을 가능성이 높다. 폭력이 현안문제를 해결할 수 없다는 올바른 가치관 형성을 위한 기술이나 태도를 훈련할 필요가 있다.
학습습관의 향상	허쉬와 힌델랑의 주장에 따르면, 지능이 학교폭력의 원인이 아니라 지능이 학습능력부진을 유발하며, 학습에 흥미를 느끼지 못하면 품행장애나 학교폭력으로 발전한다는 보았다. 따라서 이들에게 학습기술이나 학습습관을 길러 줄 수 있는 방과 후 특별 프로그램이 필요하다.
상처치유를 위한 상담	학교폭력 청소년들은 일반청소년에 비해 가정이나 학교 및 사회에서 육체적, 정신적 폭력을 당한 경험이 더 많다. 따라서 이들의 잠재의식 속에 남아 있는 마음의 상처를 치유할 수 있는 심리 상담이 필요하다.
자아실현을 위한 노력	애그뉴의 주장에 따르면, 자신이 설정한 목표를 달성하지 못할 것으로 예상되거나 실제로 달성하지 못했을 때 긴장이 발생하고 이런 긴장을 해소하기 위해 폭력을 행사한다. 따라서 그들이 설정한 인생의 목표를 달성할 수 있는 자신감 고취와 실질적인 물리적, 교육적 도움이 필요하다.

출처: 홍종관, 2012 논문을 재구성.

(2) 가정환경적 대처방안

가정은 청소년들의 가장 중요한 원초집단 중 하나이다. 갓프레드슨과 허쉬의 자기통제이론에서 어린 시절 가정에서의 잘못된 사회화과정이나 비일관적인 훈육은 청소년비행의 가장 중요하고 유일한 원인이라고 주장한다. 이처럼 가정에서의 일관적인 훈육은 청소년비행을 근절할 수 있는 중요한 요인이다. 일관된 훈육이란 부모의 기분이나 상황에 따라 자녀들에 대한 훈육방식을 다르게 적용하는 것이 아니라 어떤 상황에서도 부모는 자녀에게 일관되게 훈육하는 방법을 의미한다. 예를 들면, 자녀가 잘못을 저지른 경우, 어떤 상황에서는 부모가 그에 상응하는 처벌을 내리고, 또 다른 상황에서는 방관하거나 제재 없이 넘어갈 경우, 자녀들은 어떤 행동이 옳은 것이고, 어떤 행동이 그릇된 행동인지에 대한 가치판단에 혼란을 겪게 된다. 이런 과정이 반복되면, 자녀들은 자신의 잘못된 행위나 비행을 합리화하거나 거짓말로 위기상황을 넘기려는 성향을 갖게 되기 때문에 부모의 일관된 훈육방식은 청소년비행을 예방할 수 있는 중요한 요인이 되는 것이다.

둘째, 가능한 부부 사이의 갈등을 자녀에게 노출시키지 않도록 해야 한다. 에이커스의 사회학습이론에 따르면, 비행은 원초집단의 구성원들 간에 사회적 상호작용을 통해 학습된다고 주장한다. 따라서 가정 내에서 부부 사이의 갈등을 많이 목격하거나 경험한 청소년은 갈등이나 폭력을 정당화하는 태도를 학습하고 모방할 가능성이 높다. 따라서 부부 사이에 갈등이 발생할 때 가능한 자녀가 보지 않는 곳에서 해결해야 한다. 그것이 불가능하다면, 가능한 상대방에게 상처를 주는 심한 언어적 폭력이나 물리적 폭력을 행사해서는 안 된다. 왜냐하면 가치관 정립이 제대로 성립되지 않은 자녀에게 물리적·언어적 폭력을 부부가 행사함으로써 자녀들은 그런 폭력을 정당화하는 태도나 가치관을 형성할 수 있기 때문이다.

셋째, 허쉬의 사회유대이론에 따르면, 부모감독이 소홀할 경우 청소년비행은 증가한다. 즉, 자녀가 외출 시, 누구와 어디서 무엇을 하는지 또는 언제 집으로 돌아올지 알지 못하거나 관심을 가지지 않을 경우, 자녀들의 비행은 증가한다. 청소년들은 자신의 행동을 감독하거나 통제하는 수단이 없다고 판단할 때 일탈행동을 할 가능성이 증가하는 반면, 부모로부터 적절한 감독이나 통제를 받는다고 판단할 때 가정 밖에서의 각종 비행이나 범죄가능성은 줄어든다. 선행연구결과에 따르면, 자녀가 외박했을 때 내 부모는 내가 어디에서 누구와 무엇을 하는지를 잘 알고 있다고 응답한 경우, 자녀의 학교폭력을 포함한 각종 비행성향은 줄어드는 것으로 일관되게 보고되고 있다(황성현, 2007). 따라서 자녀가 부모의 감독을 인지하고 있느냐 아니냐에 따라 자녀의 행동방향이 달라지기 때문에 부모의 감독 여부가 자녀가 인지하는 것만으로도 청소년비행을 줄이는 상당한 역할을 한다.

결론적으로 학교폭력에 대한 가정환경적 대처방안으로 부모가 자녀에게 그리고 부부 사이에서 물리적·언어적 폭력을 삼가야 하며, 부모와 자녀가 인격적이고 친밀한 관계를 가지도록 노력해야 한다. 또한 부모는 자녀가 학교폭력의 가해자 또는 피해자 징후가 있는지를 민감하게 알아차릴 수 있는 부모감독을 소홀히 하지 않아야 된다. 무엇보다도 부모교육을 통하여 자녀를 올바르게 양육하는 방법, 자녀와의 의사소통방법, 좋은 관계 맺기 방법 등에 관한 교육이나 전문성을 길러야 한다.

(3) 학교환경적 대처방안

학교는 청소년들이 하루 일과 중 가장 많은 시간을 보내는 장소이므로 거의 대부분의 학교폭력은 학교환경 내외에서 발생한다. 학교환경에서 학교폭력을 예방할 수 있는 선결과제는 교사와 학생간의 상호신뢰구축이다. 교사에 대한 학생의 존경심이나 학생에 대한 교사의 애착은 학교폭력을 줄이는 요인이 된다. 선행연구에 따르면, 학교환경 내에서 교사의 폭력을 경험한 학생은 폭력에 대해 우호적인 정의를 발전시키는데, 이는 폭력문화에 대한 허용도를 높이게 만든다. 즉, 학생들은 학교생활에서 교사로부터의 폭력적인 훈육을 통해 폭력에 대해 긍정적인 태도를 가지며 폭력행동이 더 강화된다.

둘째, 학교는 학교폭력이 발생했을 때 이를 규율하는 세부적인 가이드라인을 구축하는 것이 필요하다. 예를 들면, 학교폭력 피해학생은 폭력발생 이후 교사로부터 따뜻한 보살핌을 받거나 친밀한 관계를 유지할 때 피해후유증으로부터 빨리 벗어날 수 있다. 즉, 피해를 당한 학생입장에서 학교에 대한 우호적이고 자신을 지켜줄 수 있다는 신뢰감과 교사와 학생 간의 긍정적인 유대관계 형성되어 있을 때 폭력피해에 대한 우울증이나 불안감을 없앨 수 있다. 또한 가해자에 대한 교사의 용서와 지지가 학교폭력 발생률을 감소시킨다(김재엽 외, 2008). 교사들은 폭력 가해자를 비행청소년이나 문제 있는 학생으로 낙인찍기보다는 용서와 사랑으로 포용해야 한다. 만약 교사가 폭력가해자를 비행청소년으로 낙인찍을 경우, 가해학생은 학교 교우관계에서 집단따돌림을 당할 가능성이 높아지며, 학교생활에 부적응현상을 보여 또 다른 친구들에게 폭력을 저지르는 악순환을 반복하게 된다.

셋째, 학교정책의 일관성도 학교폭력을 낮추는 데 큰 역할을 한다. 학교폭력 발생 이후 사후조치가 강할수록 학교폭력 가해경험이 낮아지는 것으로 나타났다(김진숙 외, 2014). 즉, 학교폭력이 발생했을 때 학교당국이 은폐하거나, 가해학생에 대한 적절하고 신속한 처벌이 없을 경우, 가해학생이 다시 폭력을 행사할 가능성이 높아지며, 학교규칙의 일관성이 부족하고 무질서 정도가 심할수록 가해학생의 폭력재발률은 높아지는 것으로 나타났다(박성훈·정혜원, 2013). 학교폭력의 일관성과 공정성을 높이기 위해 2016년 8월에 교육부에서는 학교폭력 가해학생 처벌기준을 발표했다. 기준안에 따르면, 학교자치위는 폭력의 심각성과 지속성, 고의성, 가해학생의 반성정도, 가해학생·보호자와 피해학생·보호자의 화해 정도 등 5가지 요소를 평가한다. 각 요소별로 '매우 높음'부터 '없음'까지 5단계로 평가해 0~4점씩 매기고 이를 합산한다. 총점이 1~3점이면 피해학생에 대한 서면사과를, 4~6점이면 학교봉사, 7~9점이면 사회봉사, 10~12점이면 출석정지, 13~15점이면 학급교체, 16점 이상이면 전학 또는 퇴학처분이 내려진다(중앙일보, 2016). 따라서 학교당국은 이 처벌 규정에 따라 객관적이고 일관성이 있는 학교폭력 사후대책을 실행할 경우, 학교폭력률이 상당수 줄어들 것이라 생각한다.

넷째, 학생의 정책참여도 또한 학교폭력을 예방하는 데 중요한 역할을 한다(김진숙·문현주, 2016). 학교폭력 대응체계 구축과정에서 피해학생 보호와 가해학생의 선도가 학교현장에서 구체적으로 실현되지 못할 경우, 학교폭력 피해, 가해자들이 문제해결과정에서 주체적인 역할을 하지 못하고 수동적 역할에 머물러 자신의 상황을 스스로 성찰할 기회를 갖지 못하게 된다(서정기, 2011). 실제로 학교정책 결정과정에 학생들의 참여기회가 많을수록 학교폭력이 적게 발생하는 것으로 나타났다(김은영, 2008). 따라서 학교폭력이 발생했을 때, 가해·피해학생이 학교정책 결정과정에서 용서를 빌고, 상처를 치유할 수 있는 프로그램에 적극적으로 참여할 때 궁극적으로 학교폭력 재발을 방지하거나 줄일 수 있는 것이다.

(4) 사회환경적 대처방안

앞 절에서 학교폭력의 사회환경적 요인으로 우리 사회에 만연한 폭력문화, 퇴폐적 향락문화 및 유해업소, 그리고 대중매체의 폭력성 및 선정성, 인터넷게임의 폭력성 등을 지적한 바 있다. 따라서 학교폭력을 근절하기 위해서는 이런 유해환경의 정화가 필요하다. 각종 유해업소, 대중매체의 폭력성과 선정성, 인터넷게임의 폭력성을 등에 대한 규제가 필요하다. 이런 규제와 더불어 학생들이 긍정적으로 스트레스를 해소할 수 있는 건전한 놀이문화의 보급과 전용 문화공간의 확보가 필요하다. 또한, 경찰·학교와의 긴밀한 협조체제를 구축하고 단속활동을 강화하며, 유해환경 정화를 위하여 시민단체와 연계한 시민감시운동을 확산시키는 것도 필요하다. 공공기관이 담당해야 할 대처방안으로 '경찰의 학교폭력에 대한 방안'(사랑의 교실 운영, 명예경찰 소년단의 운영, 청소년 선도·보호활동, 범죄예방교실의 운영, 배움터지킴이 전국 확대), '법무부 소년보호국에서의 학교폭력 예방대책'(학교폭력 프로그램의 운영, 학교폭력 프로그램의 개발, 청소년비행예방센터를 활용한 학교폭력 프로그램 운영) 등을 적극적으로 실현할 필요가 있다(홍종관, 2012).

결론적으로 사회환경적 측면의 학교폭력 예방책에서 가장 중요한 것은 학교 주변의 유해환경을 없애고, 대중매체와 인터넷게임의 폭력성을 근절할 필요가 있다. 이런 부분은 한 개인이나 기관이 주도적으로 할 수 있는 부분이 아니므로 시민사회의 적극적인 홍보와 인식의 변화가 필요하다. 선행연구에서 학교폭력의 중요 요인으로 대중매체와 유해환경, 인터넷게임의 폭력성 등이 지목된 바 있으므로 이런 선행연구결과를 바탕으로 위에서 지적한 몇 가지 유해요인을 우리 사회에서 제거하거나 줄일 필요가 있다. 유해환경(대중매체와 인터넷게임의 폭력성, 유해업소 등)을 없애는 것이 현실적으로 불가능하다면 빛이 어둠을 자연스럽게 몰아내듯이 우리 사회에서 청소년들에게 건전한 놀이문화와 입시 위주 교육정책에서 인간중심의 창의성 교육정책으로의 근본적인 변화도 학교폭력을 줄일 수 있는 좋은 방법이 될 것이다.

연습문제

1. 학교폭력의 유형 중에서 어떤 유형의 학교폭력이 청소년들에게 가장 심각한 피해를 준다고 생각하는가? 그렇게 생각하는 이유는 무엇인가? 이 두 가지 질문을 최근에 언론에 보도된 학교폭력의 예를 들어 구체적으로 설명하여라.
2. 최근 우리나라의 학교폭력 발생 비율은 증가하는가 아니면 감소하는 추세에 있는가? 증가한다면 증가하는 이유를, 감소하고 있다면 감소하는 이유를 구체적으로 설명하여라.
3. 최근 언론에 보도된 학교폭력의 예를 중심으로 학교폭력의 특징에 대해 그 예를 중심으로 설명하여라.
4. 최근 언론에 보도된 학교폭력의 예를 중심으로 학교폭력 가해자와 피해자의 특징을 그 예를 중심으로 설명하여라.
5. 학교폭력의 원인은 청소년 개인의 내부적 요인과 외부 환경적 요인으로 나눌 수 있다. 이런 요인 중에서 어떤 요인이 학교폭력을 더 잘 설명한다고 생각하는가? 그 이유는 무엇이라 생각하는가? 이 두 가지 질문을 최근에 언론에 보도된 학교폭력의 예를 중심으로 설명하여라.
6. 학교폭력을 줄이기 위한 대처방안을 개인심리적 측면, 가정환경적 측면, 학교환경적 측면, 사회환경적 측면으로 나누어서 설명하여라.

참고문헌

가상준·김강민·임재형. (2013), "SNS사용문화가 청소년의 학교폭력 및 사이버 폭력에 미치는 영향", 「분쟁해결연구」, 11(1): 159-208.

교육부·한국교육개발원. (2014), 「학교폭력 사안처리 가이드북」, 서울: 교육과학기술부.

김경은·윤혜미. (2012), "청소년의 사이버 폭력에 관련된 생태체계변인의 영향", 「청소년복지연구」, 14(1): 213-238.

김문호. (2014). "학교폭력의 실태분석 및 예방대책에 관한 연구", 「석사학위논문」, 동국대학교 대학원.

김미경. (2002), "초등학교 고학년의 공격성, 충동성, 대인불안과 컴퓨터 게임중독과의 관계", 「석사학위논문」, 경남대학교 교육대학원.

김수정·정익중. (2013), "아동학대가 우울·불안과 공격성에 미치는 지속효과에 대한 종단연구", 「한국아동복지학」, 43: 1-28.

김은경. (1997), "학교폭력과 폭력의 사회화", 「교육개발」, 105: 42-45.

김은영. (2008), "학교 분위기가 중학생의 학교폭력과 등교공포에 미치는 영향", 「박사학위논문」, 서울여자대학교 대학원.

김재엽·정윤경·이진석. (2008), "부모 간 폭력 목격경험이 학교폭력 가해에 미치는 영향과 지지적 사회관계방의 조절효과", 「청소년학연구」, 15(4): 89-115.

김준호. (1997), "한국의 학교폭력에 관한 연구", 「청소년개발원 국제학술회의 자료집」.

김진숙·문현주. (2016), "학업 스트레스, 학교분위기, 가족의사소통과 학교폭력 피·가해와의 관계에서 학교폭력불안의 매개효과", 「청소년시설환경」, 14(2): 95-108.

김진숙·문현주·신혜숙. (2014), "학교환경요인이 청소년의 학교폭력가해에 미치는 영향에서 가정폭력 경험의 조절효과", 「인간발달연구」, 21(1): 221-241.

김진한·박선환·박숙희·우지향. (2015), 「학교폭력의 예방 및 대책」, 서울 ; 공동체.

김현실. (1996), "폭력매체에 의한 비행 행동의 구조모형 개발", 「박사학위논문」, 이화여자대학교 대학원.

머니투데이. (2016), "초등 4학년이 위험하다...학교폭력 연령 갈수록 어려져", 「머니투데이」, 2016년 7월 27일 사회면.

박성훈·정혜원. (2013), "학교특성이 학교폭력 가해 및 피해에 미치는 영향: 다수준 분석의 적용", 「피해자학연구」, 21(2): 253-278.

박은리. (2001), "PC게임과 공격특성이 공격의도에 미치는 영향", 「석사학위논문」, 충남대학교 대학원.

서민영·임은미. (2012), "남자 고등학생의 인터넷 활용특성, 자기통제력, 자아존중감, 공격성과 인터넷 게임중독과의 관계",「가족과 상담」, 2(2): 31-47.

서울교육청. (2016), "2016년 1차 학교폭력 실태조사 결과",「서울교육청 언론보도 자료」.

서정기. (2011), "학교폭력에 따른 갈등경험과 해결과정에 대한 질적 연구",「박사학위논문」, 연세대학교 대학원.

성지희·정문자. (2007), "학교폭력 피해아동의 학교적응과 보호요인",「아동학회보」, 28(5): 1-18.

신희경. (2006), "가해 청소년, 피해 청소년, 가해/피해 청소년 집단유형의 발달에 영향을 미치는 변인",「한국청소년연구」, 17(1): 297-323.

양태규. (2012). "학교폭력의 실태와 효율적 대응방안에 관한 연구-언론보도를 중심으로-",「경찰학논총」, 7(2): 461-492.

엄미경. (2002), "초등학생의 컴퓨터게임 이용실태 및 게임중독정도와 정신건강과의 관계",「한국학교보건학회지」, 15(1): 21-30.

여성가족부. (2012),「2011 청소년종합실태조사 결과 보고서」, 여성가족부.

오미경·이수희. (2010), "집단놀이치료 활동을 통한 한 부모가족 방임아동의 자아존중감 및 문제행동에 대한 사례연구",「특수아동교육연구」, 12(4): 237-257.

오종은·이재연. (2014), "일반청소년과 학교폭력 가해청소년의 불안이 폭력행동에 미치는 영향에 대한 분노표현양식의 매개효과",「한국가정관리학회지」, 32(5): 163-178.

유혜경·남현우. (2010), "초등학교 고학년의 부, 모 애착, 또래애착, 성역할정체감과 공격성의 관계",「청소년학연구」, 17(6): 215-238.

윤미원. (1999), "치료적 놀이가 유아의 사회적 능력에 미치는 영향",「석사학위논문」, 숙명여자대학교 교육대학원.

이규미. (1998), "청소년의 분노와 분노처리과정에서의 공경행동에 관한 체험분석",「박사학위논문」, 이화여자대학교 대학원.

이병일. (2016), "학교폭력 종합대책(2012-2016)의 정책결정과 정책집행 간 연계성 분석 연구",「박사학위논문」, 중부대학교 대학원.

이상균. (2005), "청소년의 또래 폭력 가해경험에 대한 생태 체계적 영향 요인",「한국아동복지학」, 19: 141-170.

이혜수·정옥분. (2004), "청소년 자녀가 지각한 부부갈등과 청소년의 공격성과의 관계",「한국가정과교육학회지」, 16(1): 47-62.

이혜순. (2014), "청소년의 자아존중감, 충동성 및 정신건강이 휴대전화 중독에 미치는 영향",「한국콘텐츠학회논문지」, 14(6): 200-210.

장신재. (2014), "빈곤과 가족구조가 아동의 공격성에 미치는 영향: 방임의 매개효과",「사회과학연구」, 30(2): 81-100.

중앙일보. (2016). “학교폭력 가해학생 처벌기준 나왔다”, 「중앙일보」, 2016년 8월 7일 사회면.

청소년폭력예방재단. (2013), “2012년 전국 실태조사보고서 요약본”, www.edujikim.com.

청소년폭력예방재단. (2012), “2011년 전국 학교폭력 실태조사 보고서”, 「청소년폭력예방재단」.

최은미 · 신점란 · 배재홍 · 김명식. (2014), “대학생의 우울, 불안, 충동성, 공격성과 인터넷 중독과의 관계 – 자아탄력성의 조절효과”, 「한국콘텐츠학회논문지」, 14(8): 329-341.

최인재 · 백혜정. (2008), “초등학생용 학교폭력 가해 및 피해학생 교육 · 상담 프로그램개발연구”, 「한국교육개발원」.

최정아. (2014), “초기 청소년기 공격성의 발달적 변화와 가족 영향 요인에 대한 다층모형분석”, 「한국콘텐츠학회논문집」, 14(2): 294-307.

최지은. (1998), “청소년의 폭력에 대한 태도와 행동에 영향을 미치는 요인에 관한 연구”, 「석사학위논문」, 이화여자대학교 대학원.

한국청소년정책연구원. (2015), 「한국아동 · 청소년패널조사(KCYPS), 제1-6차 유저가이드」, 서울: 한국청소년정책연구원.

한국형사정책연구원. (1999), 「체벌의 실태와 영향에 관한 연구: 학교체벌을 중심으로」, 서울: 한국형사정책연구원.

한종철 · 이민아 · 이기학. (1999), “초등학생의 집단 괴롭힘 개입 유형과 심리적 특성과의 관계”, 「한국심리학회지: 상담 및 심리치료」, 11(1): 95-108.

홍종관. (2012), “학교폭력의 실태, 원인 그리고 대처에 관한 연구”, 「초등상담연구」, 11(2): 237-259.

황성현. (2007), “한국과 미국 청소년들의 약물남용에 관한 비교연구”, 「한국범죄학」, 1(1): 73-90.

Akers, R. L., & Sellers, C. S. (2011). *Criminological Theories: Introduction and Evaluation*. Second Edition. Oxford University Press, Inc. (민수홍 · 박기석 · 박강우 · 기광도 · 전영실 · 최병각 역 (2011). 「범죄학이론」, 서울: 나남출판사).

Anderson, C. A., & Dill, K. E. (2000). Video games and aggressive thoughts, feelings, and behavior in the laboratory and in life. *Journal of Personality and Social Psychology*, 78(4): 772-790.

Cabrera, V. E., Gonzales, M. R., & Guevara, I. P. (2012). Parental stress, harsh treatment and parental monitoring as factors associated with aggressive behavior. *Universitas Psychologica*, 11(1): 241-254.

Colwell, J., & Payne, J. (2000). Negative correlates of computer game play in adolescents. British *Journal of Psychology*, 91: 295-310.

Holliday, H. (2000). *Hooked on the net. Psychology Today*, 33: 10-20.

Kotch, J. B., Lewisk T., Hussey, J. M., English, D., Thomson R., Litrownik, A. J. Runyan, D.

K. Bangdiwals, S. I., Margolis, B., & Dubowitz, H. (2008). *Importance of early neglect for childhood aggression*. Pediatrics, 12(4): 725-731.

Laible, D., Carlo, G. and Raffaelli, M. (2000). The differential relations of parent and peer attachment to adolescent adjustment. *Journal of Youth and Adolescence*, 29: 45-59.

Mitchell, P. L. (2000). Internet addiction: Genuine diagnosis or not? *Lancet*, 355: 632-641.

Olweus, D. (1993), *Bullying at School*, Oxford, UK: Blackwel

Olweus, D. (1991), Bully/Victim problems among schoolchildren: Basic facts and effects of a school based intervention Program. In D. J. Pepler and K. H Rubin (Eds), *the development and treatment of childhood aggression*, Hillsdale, NJ: Erlbaunm.

Olweus, D. (1980). Familial and temperamental determinants of aggressive behavior in adolescent boys: A causal analysis. *Developmental Psychology*, 16: 644-660.

Patchin, Justin W. and Sameer Hinduja (2006). Bullies Move Beyond the Schoolyard: A Preliminary Look at Cyberbullying." *Youth Violence and Juvenile Justice*. 4: 148-169.

Stein A. H., & Friedrich, L. K. (1975). *Impact of television on children and youth, In: Review of child development research*. Hetherington EM, ed, Vol. 5, Chicago: University of Chicago Press.

Sykes, G. M., & Matza, D. (1957). Techniques of neutralization: A theory of delinquency, *American Sociological Review*, 22(6): 664-670.

Toblin, R. L., Schwartz, D., Gorman, A. H., & Abou-Ezzeddine, T. (2005). Social-cognitive and behavioral attributes of aggressive victims of bullying. *Journal of Applied Developmental Psychology*, 26: 329-346.

Chapter

11

성비행

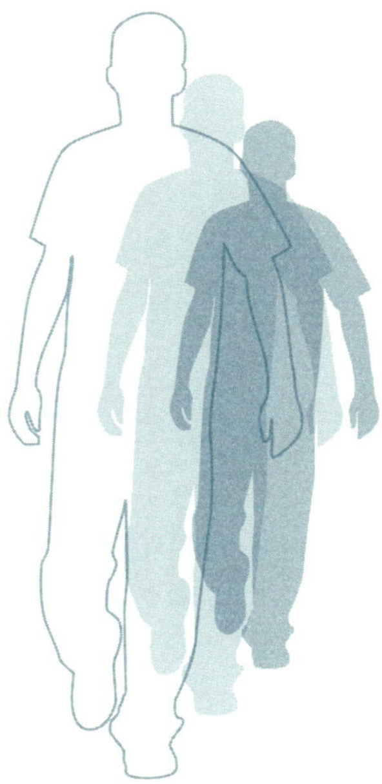

우리 사회의 성문화는 상당히 이중적이다. 성을 공적인 담론의 장으로 이끌어 내는 것을 천박하게 여기는 반면 외국에서 유입된 온갖 퇴폐적인 성문화가 만연해 있다. 이런 성문화의 이중적인 잣대는 청소년들의 성문화에도 그대로 적용되고 있다. 성의 이중적 잣대는 올바른 성정체성을 형성하지 못한 청소년들에게 불행하게도 각종 청소년 성비행에 좋지 않은 영향을 미친다. 청소년의 성비행은 음란매체 접촉, 성관계, 성매매, 성폭행 등으로 나타나며 점차 그 비율이 증가하고 있다. 특히, 스마트폰의 보급으로 인해 최근 청소년 사이에 기존에는 없었던 휴대폰 스토킹, 음란 동영상 촬영, 랜덤채팅을 통한 청소년 성매매 등 새로운 형태의 성비행이 나타나고 있다.

이 장에서는 먼저 청소년 성비행의 개념과 유형을 살펴볼 것이다. 청소년 성범죄는 성인 성범죄와 마찬가지로 법에 위반되는 범죄행위를 의미하는 것으로 강간, 성추행, 성희롱, 성매매, 성도착증상 등을 들 수 있다. 성비행의 유형은 크게 상대방 없이 혼자서 행하는 일신적 성비행과 상대방과의 관계에서 발생하는 대인관계 성비행으로 나누어 살펴볼 것이다. 그다음으로 청소년 성비행과 성매매의 실태를 파악할 것이다. 청소년 성비행 실태조사는 검찰청과 경찰청에서 파악한 공식통계자료와 관련학술단체에서 조사한 비공식통계 자료로 나누어 살펴볼 것이다. 공식통계자료는 사법기관(경찰청과 검찰청)에서 실제 검거한 청소년 성범죄자들의 실태자료이고 비공식통계자료는 2012년 여성가족부에서 전국 초·중·고등학생 15,000명을 확률표본추출하여 설문조사한 통계자료 등을 사용하였다. 4절에서는 청소년 성비행의 특징을 파악할 예정이다. 청소년 성매매는 일반 성인들의 성매매와 여러 가지 면에서 상이한 특징을 보인다. 청소년 성매매에서만 발생하는 일반적인 특징을 청소년 성매매의 동기, 조건만남을 통한 성매매, 인터넷을 통한 성매매로 구분하여 살펴보고자 한다.

5절에서는 청소년 성비행의 원인을 파악할 것이다. 청소년 성비행은 개인환경적 원인과 사회환경적 요인으로 구분할 수 있다. 개인환경적 요인은 개인이 속한 가정과 또래집단의 영향으로 인해 성비행이 발생한다고 보는 입장이고, 사회환경적 원인은 좀 더 거시적 차원의 성산업의 발달과 대중매체의 영향 등이 여기에 속한다. 마지막으로 우리 사회에서 청소년 성비행을 줄이기 위한 대처방안에 대해 논의할 것이다. 이를 위해 개인환경적 대처방안으로 자극추구성향과 개방적 성태도, 또래동조성을 중심으로 살펴보고, 사회환경적 대처방안으로 향략문화의 발달과 선정적인 대중문화 등을 중심으로 고찰할 것이다.

CASE

일용직 노동자인 부와 언어장애를 가진 모의 슬하에서 충분한 애정을 받지 못한 채 자란 김○○은 일종의 애정결핍 증세를 보이며 주로 집에서 생활을 하곤 했다. 중학교에 진학하여 초교동창으로부터 성추행을 당했고 이로 인해 성적 수치심을 느꼈으나 이내 이러한 감정은 잘못된 성적 환상과 욕구로 이어졌다. 김○○이 중학교에 진학해서도 이러한 성충동은 멈추지 않았다. 자위행위가 아닌 실제 성행위를 해보고 싶은 욕구를 참지 못하고, 학원을 마치고 집에 가려던 김○○의 친구를 발견하고 위협한다. 김○○의 친구는 또래보다 인지능력과 지적능력이 떨어지는 학생으로 평소 다른 사람들과 달리 김○○에게 호의적으로 반응해주었고 이 점을 김○○은 이용하였다. 친구를 위협하여 강제로 성관계를 맺고 최초의 성폭행이 있은 뒤 총 9회에 걸쳐 친구를 간음하였다. 김○○이 초등학교 때 겪은 성추행이 가학적이고 강압적인 성행위에 대한 호기심으로 이어졌고 결국 성충동을 참지 못하고 위와 같은 행위를 하게 된 것이다.

제1절 성비행의 개념과 유형

(1) 성비행의 개념

청소년 성비행은 성비행과 성범죄를 포괄하는 개념이다. 성비행은 청소년에게 기대되는 성과 관련된 규범에서 벗어난 일탈행동으로 성인에게는 문제가 되지 않지만 행위자가 청소년이기 때문에 문제가 되는 지위비행적 요소를 가진 비행이다. 대표적인 청소년 성비행은 이성과의 성관계 및 성접촉, 인터넷매체를 기반으로 한 음란물접촉 및 탐닉을 들 수 있다. 한편 청소년 성범죄는 성인 성범죄와 마찬가지로 법에 위반되는 범죄행위를 의미하는데, 강간, 성추행, 성희롱, 성매매, 심리학적으로 이상행동에 해당되는 여러 가지 성도착증상 등을 들 수 있다. 법무부의 정의에 따르면, 청소년 성비행은 법률적으로 저촉이 되는 성관련 일탈행위뿐만 아니라 성인에게 있어서는 사회적, 윤리적, 그리고 도덕적으로 문제가 되지 않지만 청소년의 경우 신분에 맞지 않는 성적 행동들을 성비행으로 규정한다.

성비행의 유형에는 첫째, 개인의 성적 자기결정권을 침해하는 강간, 성추행, 성희롱, 성기노출 등의 성범죄행위로, 성과 관련된 모든 신체적, 언어적, 시각적 폭력행위를 포괄하는 성폭력이 있다(이윤용, 2015). 둘째, 성을 상품으로 물질을 얻기 위한 대가성 행동으로 성매매를 들 수 있다(박용수 외, 2008). 셋째, 성인에게는 문제가 되지 않지만 청소년에게는 바람직하지 않는 이성과의 성관계, 성적 접촉, 음란물 탐닉 등의 성관련 지위비행이 있다(한상철, 2009). 넷째, 최근 스마트폰의 광범위한 보급으로 인해 발생하고 있는 스마트폰 성비행을 들 수 있다. 스마트폰 성비행은 문자나 동영상을 직접 이용한 성비행 이외에 스마트폰으로 주고받는 음란물관련 행위, 상대방의 수치심을 유발할 수 있는 성희롱, 스토킹 그리고 스마트폰의 랜덤채팅을 통하여 이루어지는 사이버 성매매 등을 포함한다.본 장에서는 법무부의 성비행 정의에 맞추어 법률적으로 저촉이 되는 성관련 범죄뿐만 아니라 청소년 지위비행에 해당되는 이성과의 성관계, 성적 접촉, 음란물 탐닉, 그리고 스마트폰을 이용한 청소년 성비행을 모두 포함하는 개념으로 사용하고자 한다. 단, 청소년들 사이에서 거의 발생하지 않는 성노출증 등과 같은 여러 가지 성도착관련 비행은 논의에서 제외한다.

(2) 성비행의 유형

성비행의 유형으로는 크게 상대방 없이 혼자서 행하는 일신적 성비행과 상대방과의 관계에서 발생하는 대인관계 성비행으로 나눌 수 있다. 일반적으로 일신적 성비행은 성인에게는 성범죄로 규정되지 않지만 청소년이기 때문에 문제가 되는 비행이 대부분이고 대인관계 성비행은 성인에게도 성범죄로 규정되는 비행이 이에 속한다(전복기, 2010). 성비행의 유형은 〈표 11-1〉과 같다.

〈표 11-1〉의 성비행의 유형에서 현재 청소년들에게 가장 빈번하게 발생하는 유형으로는 스마트폰이나 인터넷을 통한 음란물탐닉관련 성비행, 스마트폰 랜덤채팅을 통한 성매매, 이성과의 성행위 및 유사성행위, 성추행 및 여러 유형의 성희롱 등을 꼽을 수 있다.

표 11-1 성비행의 유형과 내용

<table>
<tr><th colspan="2">유 형</th><th>내 용</th></tr>
<tr><td rowspan="3">일신적 성비행</td><td>음란물 탐닉</td><td>음란물 탐닉은 일명 사이버 섹스중독으로, 인터넷과 스마트폰상에서 선정적인 이미지, 야한 게임 및 동영상, 음란 소설과 만화, 음란 채팅과 메일 등에 자주 접촉하여 경험하는 비행을 의미한다.</td></tr>
<tr><td>대체물품 비행</td><td>대체물품비행은 청소년들이 성기대체물품을 사용하거나 여성전용물건을 접촉하거나 사용하는 행위, 그리고 이성복장을 착용하여 일신상의 성적 만족을 느끼는 행위를 말한다.</td></tr>
<tr><td>지나친 자위행위</td><td>자위행위는 이성에 대한 관심이 폭발적으로 증가하는 청소년들에게 지극히 자연스러운 생리현상이지만 그 정도가 지나칠 때는 비행으로 간주되기도 한다.</td></tr>
<tr><td rowspan="3">대인관계 성비행 : 상대방의 동의에 의한 성비행</td><td>이성과의 성행위</td><td>이성과의 성행위는 가벼운 신체적 접촉, 키스와 애무, 성교행위 등이 포함된다.</td></tr>
<tr><td>성매매</td><td>성매매는 청소년에게 금품 또는 재산상의 이익이나 편의제공 등의 대가를 제공하거나 이를 약속하고 성교행위를 하는 것을 의미하며, 성교행위뿐만 아니라 유사 성행위까지 포함한다. 최근 청소년성매매는 스마트폰 랜덤채팅을 통해 빈번하게 발생하는데 스마트폰을 통해 청소년이 성을 사고파는 행위를 말한다. 그 외 성매매 집결지 출입이나 유흥업소를 통해 성을 매매하는 경우도 있다.</td></tr>
<tr><td>유사 성행위</td><td>성교 이외의 다른 신체적 접촉을 통한 성행위로 키스방, 마사지업소, 이미지방 등과 같은 업소에서 행해지는 것으로서 비록 신체내부로의 성교행위가 아니더라도 그 행위가 성교와 유사하고 성교와 유사한 정도의 성적 만족을 얻기 위한 행위라면 유사성교행위에 해당된다(박동률, 2013).</td></tr>
<tr><td rowspan="8">대인관계 성비행 : 상대방의 동의에 의하지 아니한 성비행</td><td>강간</td><td>상대방의 동의에 의하지 않은 성폭력의 대표적 유형이 강간이며, 주로 폭행이나 협박에 의해 이루어지는 경우가 대부분이다.</td></tr>
<tr><td>강제추행</td><td>강제추행은 성폭력범죄처벌특례법에서 삽입을 제외한 성적인 신체접촉을 통해 성적 모욕을 느끼게 하는 행위로 정의하고 있다. 일반적으로 폭행이나 협박에 의한 추행으로 포옹, 키스, 애무, 옷 벗기기, 손집어넣기, 손가락 삽입, 여성 성기에 이물질 투입, 남성 성기를 여성의 구강 또는 항문에 삽입하는 비행을 다 포함한다.</td></tr>
<tr><td>간음</td><td>간음은 부부가 아닌 남녀가 성관계를 맺는 것을 말하며 강간이나 간통, 성매매를 포함하며, 미혼인 사람의 성교도 포함하는 개념이다(위키백과, 2016). 하지만 청소년들은 주로 피보호자, 피감독자, 피감호자, 미성년자 등의 신분에 해당되므로 위계나 위력에 의한 간음과 추행은 법적인 처벌대상이 된다.</td></tr>
<tr><td>가벼운 추행</td><td>폭행, 협박, 위계, 위력보다는 약한 신체적 추행으로 주로 껴안기, 키스, 애무, 손잡기(버스, 지하철, 공연장 등에서의 추행 포함) 등이 해당된다.</td></tr>
<tr><td>언어적 희롱</td><td>노골적 음담패설, 여성의 가슴, 음부, 체격 등 신체부위와 관련된 조롱, 여성생리와 관련된 놀림, 성과 관련된 진한 농담 등이다.</td></tr>
<tr><td>시각적 희롱</td><td>성기를 노출하여 보이기, 옷 위로 성기 만지는 모습 보이기, 과다한 신체노출로 속살 드러내기, 음탕한 눈빛으로 쳐다보기, 훔쳐보기 등이 해당된다.</td></tr>
<tr><td>음란물 희롱</td><td>음란한 포르노 사진 및 동영상, 그림, 글, 책, 도색잡지 등 보이기, 성기대체물 보이기 등(전화, 우편, 컴퓨터, 스마트폰 등 통신매체 이용행위 포함) 등이 해당된다.</td></tr>
<tr><td>행위요구 희롱</td><td>술좌석 옆자리 앉히기, 술 따르게 하기, 주무르기 요구 등이 해당된다.</td></tr>
</table>

제2절 성비행 실태

청소년 성비행관련 실태조사는 검찰청과 경찰청에서 파악한 공식통계자료와 관련학술단체에서 조사한 비공식통계자료로 나누어 살펴볼 필요가 있다. 공식통계자료는 사법기관(경찰청과 검찰청)에서 실제 검거한 청소년 성범죄자들의 실태자료이고 비공식통계자료는 2012년 여성가족부에서 전국 초·중·고등학생 15,000명을 확률표본추출하여 설문조사한 통계자료이다. 여성가족부의 비공식통계자료는 공식통계자료에서 드러나지 않는 성관련 비행의 다양한 측면을 분석할 수 있다는 점에서 청소년 성비행 실태를 비교적 정확하게 파악할 수 있다.

(1) 공식통계자료

1) 검찰청 통계

검찰청에서 지난 10여 년간 강간으로 검거된 소년범죄자들의 공식통계 자료는 〈그림 11-1〉과 같다.

그림 11-1 지난 10여 년간 청소년 강간범의 실태

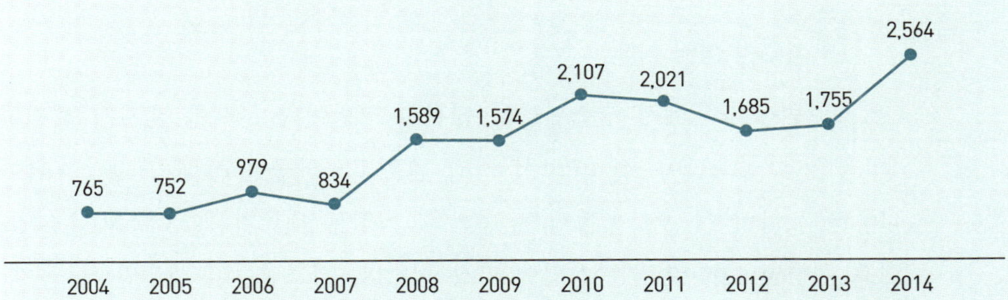

	2004	2005	2006	2007	2008	2009	2010	2011	2012	2013	2014
청소년 강간	765	752	979	834	1,589	1,574	2,107	2,021	1,686	1,735	2,564

출처: 대검찰청 범죄분석 2005년~2015년.

〈그림 11-1〉은 2004년부터 2014년까지 청소년들이 강간사건을 저질러 검찰에 적발된 실태를 나타낸 자료이다. 2004년에 강간사건을 저지른 청소년은 765명에서 꾸준히 증가하여 2014년에는 2,564명으로 3.35배 증가했다. 연도별로 2007년까지는 1,000명 이내 수준을 유지하다가 2008년에 1,589명으로 전년대비 약 2배 이상 증가했으며 2010년에 2,000명을 선을 넘어섰다가 2014년에는 2,500명 선을 넘은 것으로 나타났다.

(2) 비공식통계자료

경찰청과 검찰청에서 매년 발표하는 공식통계자료에서 청소년 성비행의 일반적 추세를 파악하기는 힘들다. 왜냐하면, 공식기관에서 집계하는 자료는 성관련 범죄로 입건된 건수나 인원을 단순 집계하는 차원에 그치기 때문이다. 청소년 성비행관련 최근 추세를 좀 더 상세하게 파악하기 위해서는 이성 간의 성행위에 대한 전반적인 조사자료가 필요하다. 즉, 청소년 당사자들 사이에서 서로 동의하에 행하는 성관계 경험 여부, 처음 성관계를 경험하는 시기는 언제인지, 평소 성관련 고민을 누구와 상담하는지, 성관련 태도는 어떠한지 등에 대한 조사자료가 필요하다. 이를 위해 지난 2012년 여성가족부에서 조사한 '청소년유해환경 접촉 종합실태조사' 자료를 통해 나타난 청소년 성비행에 대한 전반적인 조사는 다음과 같다(여성가족부, 2012).

① 성고민 상담 상대

〈그림 11-2〉에서 청소년들은 성관련 고민이나 문제를 혼자서 해결한다고 응답한 청소년이 38.4%로서 가장 많았고, 친구나 선배(24.9%) > 어머니(16.5%) > 아버지(3.9%) > 형제/자매(2.6%) > 전문상담 기관(2.0%)의 순이었고, 학교 선생님(1.0%)이라는 응답이 가장 적었다. 청소년들이 성고민상담을 부모나 학교교사, 전문 상담기관보다는 혼자 해결하거나 친구/선배와 상담하는 비율이 높게 나타난 점에 비추어볼 때 성에 관한 왜곡된 이미지와 부정확한 지식을 갖게 될 가능성이 높다. 성관련 고민이나 문제를 혼자서 해결한다는 응답률은 성별로는 남자(48.4%)가 여자(28.2%)보다, 교급별로는 고교생(41.0%)이 중

그림 11-2 성고민 상담 상대

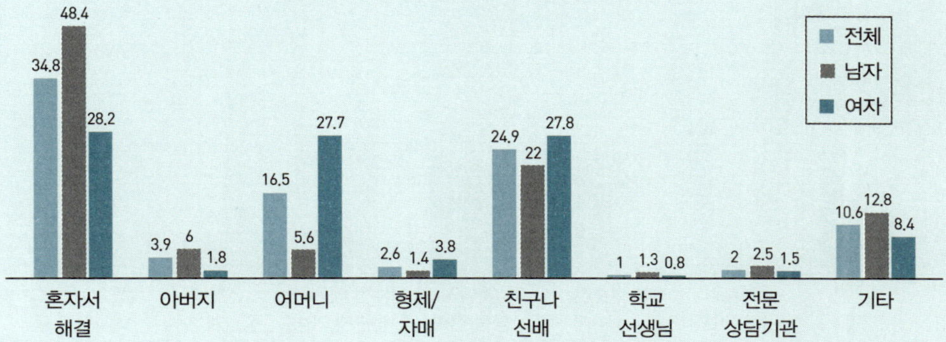

	혼자서 해결	아버지	어머니	형제/자매	친구나 선배	학교 선생님	전문상담기관	기타	사례수(명)
전체	38.4	3.9	16.5	2.6	24.9	1.0	2.0	10.6	4,907
남자	48.4	6.0	5.6	1.4	22.0	1.3	2.5	12.8	2,480
여자	28.2	1.8	27.7	3.8	27.8	0.8	1.5	8.4	2,427

출처: 여성가족부, 청소년유해환경 접촉 종합실태조사, 2012.

학생(35.7%)보다 높은 것으로 나타났다. 반면에 어머니와 상담하는 청소년은 여자(27.7%)가 남자(5.6%)보다, 중학생(21.7%)이 고교생(11.7%)보다 월등하게 많았다.

② 성관련 태도

〈그림 11-3〉에서 청소년들의 성관련 태도를 살펴보면, 남자/여자의 혼전 순결에 대해서는 찬성하는 청소년이 각각 40.4%, 48.6%로 반대하는 청소년(25.9%, 20.5%)보다 월등하게 많았다. 특히 여자의 혼전 순결에 대하여 찬성하는 청소년이 더 많은 것으로 나타나, 남자보다는 여자의 혼전 순결을 중시하는 전통적 성윤리관이 청소년들 사이에서도 강한 영향력을 미치고 있음을 알 수 있다. 이성과의 포옹/키스 등 성적인 접촉에 대해서는 찬성(46.2%)이 반대(19.1%)보다 많았지만, 결혼 이전에 성관계를 갖는 것에 대해서는 반대(37.2%)가 찬성(29.5%)보다 많았다. 성인과의 성매매(원조교제)와 성관계 없는 조건만남 데이

그림 11-3 성관련 태도

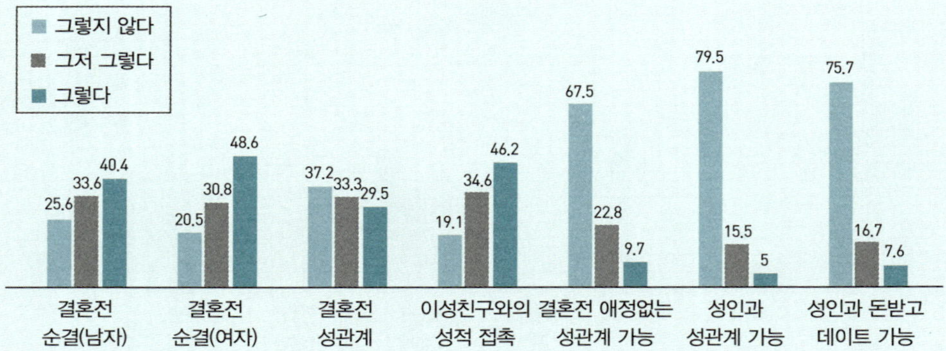

	그렇지 않다	그저 그렇다	그렇다	사례수(명)
남자는 결혼하기 전까지 순결을 지켜야 한다	25.6	33.6	40.4	4,935
여자는 결혼하기 전까지 순결을 지켜야 한다	20.5	30.8	48.6	4,934
사랑한다면 결혼하기 전에 성관계를 맺을 수 있다	37.2	33.3	29.5	4,927
이성친구와 포옹/키스 등의 성적 접촉을 할 수 있다	19.1	34.6	46.2	4,927
애정 없어도 결혼 전에 성관계를 맺을 수 있다	67.5	22.8	9.7	4,925
성인과 성매매(원조교제)를 해도 무방하다	79.5	15.5	5.0	4,922
성인과 성관계 없이 돈을 받고 데이트하는 것은 문제가 없다	75.7	16.7	7.6	4,919

출처: 여성가족부, 청소년유해환경 접촉 종합실태조사, 2012.

트에 대해서는 반대하는 청소년이 각각 79.5%, 75.7%로서 대다수를 차지하였다. 종합하면, 청소년들은 결혼 전에 남녀 모두 순결을 지켜야 된다고 생각하며, 이성간에 성관계가 아닌 가벼운 포옹이나 키스 등은 가능하다고 생각했다. 그러나 성인과 돈으로 연결된 성매매나 데이트에 대해서는 상당히 부정적인 반응을 보였다. 결론적으로 한국청소년들의 성관련 태도는 다른 외국의 청소년들에 비해 보수적인 것으로 드러났다.

③ 키스와 애무 같은 성적 접촉과 성관계(성교행위)

〈그림 11-4〉와 같이 이성과의 성적인 접촉(키스, 애무 등) 경험이 있는 청소년은 13.3%, 성관계를 경험한 청소년은 3.1%로 나타났다. 성적인 접촉 경험률은 남녀 간의 차이가 그리 크지 않은 반면(14.5%, 12.0%), 성관계 경험률은 남

그림 11-4 성적 접촉과 성관계

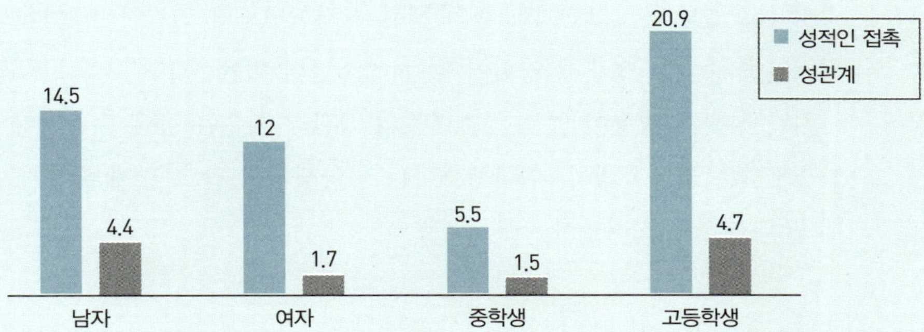

		성적 접촉		성관계	
		경험률(%)	사례수(명)	경험률(%)	사례수(명)
성별	남자	14.5	8,057	4.4	8,009
	여자	12.0	7,197	1.7	7,161
교급	중학생	5.5	7,513	1.5	7,452
	고등학생	20.9	7,741	4.7	7,718
2012년		13.3	15,254	3.1	15,170

출처: 여성가족부, 청소년유해환경 접촉 종합실태조사, 2012.

자(4.4%)가 여자(1.7%)보다 높았다. 교급별로는 성적인 접촉과 성관계 모두 고교생이 중학생에 비해 높게 나타났다. 이 수치는 청소년정책연구원에서 매년 조사하는 청소년 성관계 경험 비율보다는 훨씬 높은 수치이다. 청소년정책연구원에서 2010년부터 초등4학년부터 고등3학년까지 매년 추적 조사한 자료에 따르면, 전반적으로 1%대에 수준에 머물고 있다(한국청소년정책연구원, 2015). 청소년정책연구원의 조사에서 낮게 나타난 이유는 조사방식의 차이 때문으로 추측된다. 청소년정책연구원의 조사방식은 1차년도에 표본으로 선정된 청소년들을 2차년도부터는 매년 1:1의 면접식 조사방법을 취하고 있기 때문에 솔직하게 답변을 하지 않았을 가능성이 있다. 따라서 한국청소년의 성관계 경험률은 위 자료처럼 남자:여자는 4%대:1%, 중학생:고등학생은 1%대:4%대가 비교적 정확한 수치로 추정된다.

④ 연간 성관계 경험 빈도

〈그림 11-5〉에서 청소년들의 연간 성관계 경험빈도는 5회 이상이 다수를 차지하고 있었다. 〈그림 11-4〉의 성관계 경험빈도와 연결하여 살펴보면, 전체 청소년들 중에서 성관계 경험이 있는 청소년의 비율은 1%~4%로 극소수에 속하지만 성관계 경험이 있는 청소년들의 성관계 횟수는 높은 수준이다. 특히 중학생보다는 고등학생이, 여학생보다는 남학생의 연간 성관계 횟수가 두드러지게 많은 것으로 드러났다.

그림 11-5 연간 성관계 경험 빈도

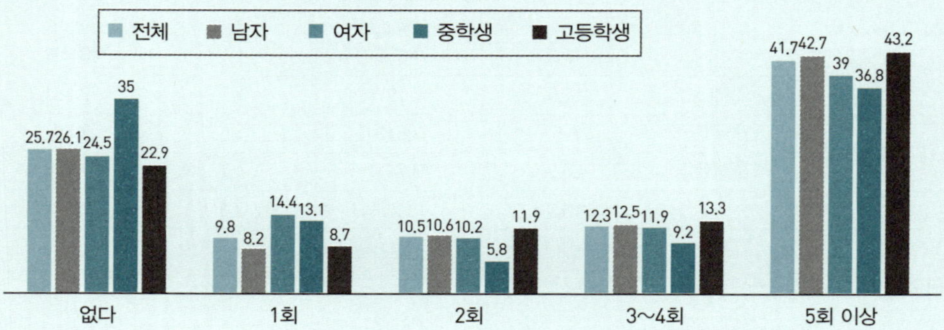

		사례수 (명)	성관계 경험빈도 (1년)				
			없다	1회	2회	3~4회	5회 이상
전체		465	25.7	9.8	10.5	12.3	41.7
성별	남자	347	26.1	8.2	10.6	12.5	42.7
	여자	119	24.5	14.4	10.2	11.9	39.0
교급	중학생	109	35.0	13.1	5.8	9.2	36.8
	고등학생	357	22.9	8.7	11.9	13.3	43.2

출처: 여성가족부, 청소년유해환경 접촉 종합실태조사, 2012.

⑤ 처음 경험시기(성적 접촉/성관계)

〈그림 11-6〉에서 성적 접촉은 중학교 3학년 때 시작한 비율이 가장 높았으며, 성관계는 고등학교 1학년 때 시작한 비율이 가장 높았다. 성적인 접촉은 남

그림 11-6 성적 접촉과 성관계 처음 경험시기

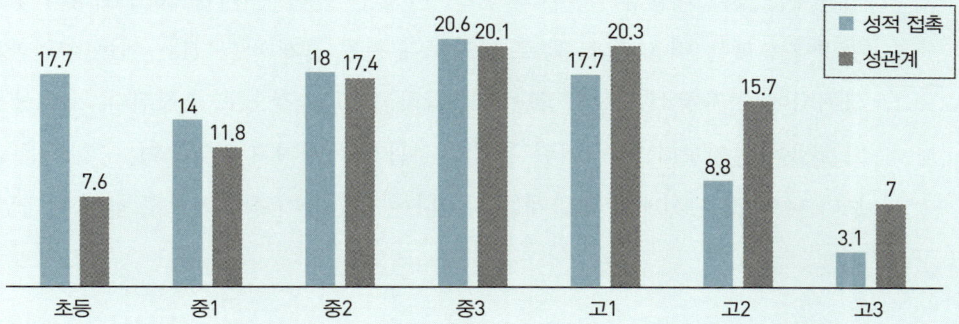

	사례수 (명)	처음 경험 시기(%)							평균	
		초등	중1	중2	중3	고1	고2	고3	학년	연령
성적 접촉	2,004	17.7	14.0	18.0	20.6	17.7	8.8	3.1	중3	14.0
성관계	464	7.6	11.8	17.4	20.1	20.3	15.7	7.0	고1	15.1

출처: 여성가족부, 청소년유해환경 접촉 종합실태조사, 2012.

자가 중학교 2학년, 여자는 중학교 3학년에 처음 경험한 것으로 나타나 남자가 빨랐지만, 성관계 경험은 남자가 고등학교 1학년, 여자는 중학교 3학년으로 여자가 더 빠른 것으로 드러났다. 초등학교 때 성적인 접촉과 성관계를 시도한 비율도 17.7%와 7.6%로 나타나 성관련 비행의 시작 시점이 과거에 비해 비교적 이른 시기에 진행되는 것으로 짐작된다. 이는 우리 사회에서 성관련 유해환경의 확산과 인터넷 및 스마트폰에서 쉽게 접할 수 있는 성관련 매체들에 청소년들이 무방비로 노출되어 상당한 영향을 받은 것으로 짐작된다.

⑥ 성관계 상대방

〈그림 11-7〉에서 성관계를 가진 경험이 있는 청소년을 대상으로 성관계의 상대방을 조사한 결과, 이성친구가 60.2%로서 제일 많았고, 다음으로 20세 이상 성인(14.1%) > 나이 많은 선배(15.0%) > 나이 어린 후배(10.7%)의 순이었다. 청소년들의 성관계 상대방은 이성친구가 다수를 차지하지만 성인들과 돈을 받

고 성관계를 하는 성매매 형태인 원조교제로 추정되는 비율이 14.1%로 상당히 높은 수준에 이른다. 성별로는 남자가 여자에 비해 본인보다 나이 어린 후배와 성관계를 맺는 비율(각각 13.4%, 1.2%)이 높은 반면, 여자는 20세 이상의 성인과 성관계를 맺는 비율이 18.3%로 남자보다 훨씬 높게 나타났다. 이는 성인들과의 성매매에 여자청소년들이 상당수 가담하고 있는 것으로 추정된다. 교급별로는 고교생이 본인보다 나이 어린 후배와 성관계를 가지고 있었으며, 중학생은 본인보다 나이 많은 선배와 성관계를 가졌다는 응답률이 상대적으로 높게 나타났다.

그림 11-7 성관계 상대방

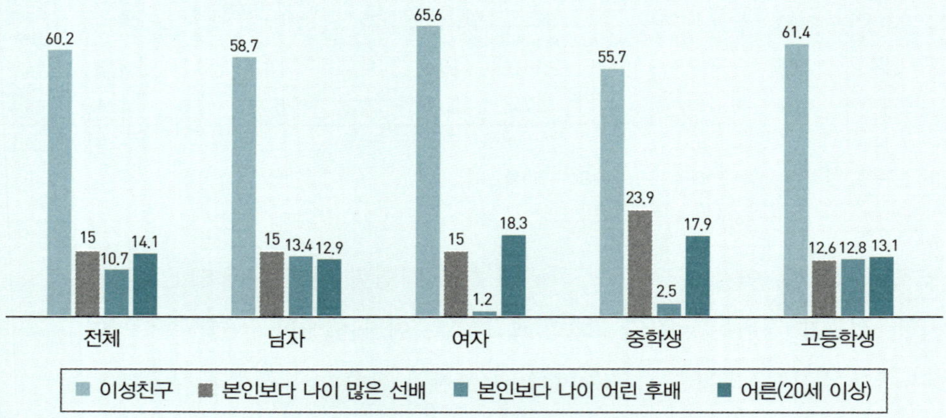

		사례수 (명)	성관계의 상대방(%)			
			이성친구	본인보다 나이 많은 선배	본인보다 나이 어린 후배	어른 (20세 이상)
전체		137	60.2	15.0	10.7	14.1
성별	남자	107	58.7	15.0	13.4	12.9
	여자	30	65.6	15.0	1.2	18.3
교급	중학생	20	55.7	23.9	2.5	17.9
	고교생	109	61.4	12.6	12.8	13.1

출처: 여성가족부, 청소년유해환경 접촉 종합실태조사, 2012.

제3절 성매매 실태

청소년 성매매관련 실태조사는 경찰청에서 파악한 통계자료와 여성가족부에서 조사한 자료가 있다. 경찰청 자료는 청소년을 대상으로 성관계를 가지다 적발된 자료이고 여성가족부 자료는 전국 초·중·고등학생 15,000명을 확률표본추출하여 설문조사한 통계자료이다. 경찰청의 자료는 청소년들에게 돈을 조건으로 성관계를 가지다 적발된 자료이므로 성매수자들의 거의 대부분이 성인들이다. 또한 경찰청 자료는 경찰의 단속활동에서 포착된 성매매 청소년들이므로 거의 대다수를 차지하고 있는 경찰의 단속활동에 포착되지 않은 청소년 성매매의 규모를 파악하는 데는 한계가 있다. 따라서 경찰청 자료의 한계점을 극복하기 위해서는 전체 청소년 중 표본을 산출하여 성매매 경험 여부를 조사하는 것이 바람직하다. 청소년 성매매관련 전국단위의 가장 최근의 표본조사는 2012년 여성가족부에서 시행한 '청소년유해환경 접촉 종합실태조사'가 있다.

(1) 경찰청 통계자료

〈그림 11-8〉는 지난 2008년부터 2014년까지 청소년을 대상으로 성매매 사범 검거건수를 나타낸 자료이다. 청소년을 대상으로 한 성매매 사범에는 성인과 청소년을 다 포함한 수치이다. 최근 경찰청의 자료를 분석한 결과, 2010년 총 성매매 사범 검거건수는 9,583건(2만8,244명)에서 2014년 8,977건(2만4,475명)으로 감소했으나 이 중 청소년 대상 성매매 사범 검거 건수는 528건(1,345명)에서 1,290건(2,064명)으로 2배 이상 증가한 것으로 조사됐다. 이처럼 전체 성매매에 비해 청소년 성매매의 경우, 검거건수 대비 검거인원이 줄어들고 있는 것은 업소 중심의 성매매보다 점점 1:1 스마트폰 랜덤채팅을 통해 청소년들이 더 많이 유입되고 있기 때문으로 추정된다. 실제로 여성가족부의 '2013년 성매매실태조사' 자료를 살펴본 결과 관련 검색어를 통해 확인된 성매매 조장 또는 혐의가 있는 스마트폰 애플리케이션은 717개였고, 이 중 분석 가능한 182개의 애플리케이션을 조사한 결과 성인인증을 요구하는 애플리케이션은 35.2%에 불과했다.

그림 11-8 청소년 성매매 검거 인원 추이

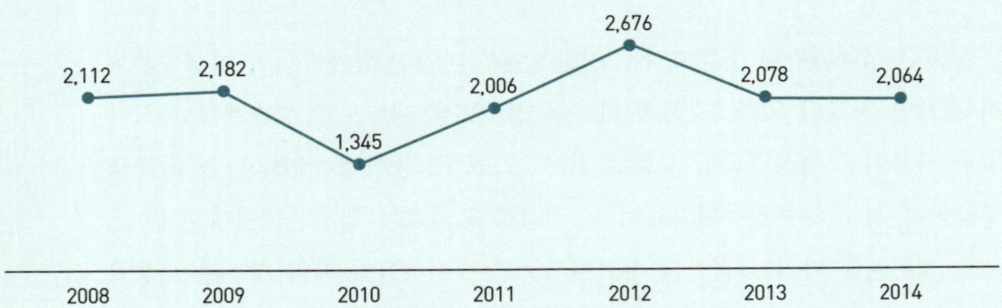

	2008년	2009년	2010년	2011년	2012년	2013년	2014년
청소년 성매매 검거 인원	2,112	2,182	1,345	2,006	2,676	2,078	2,064

출처: 경찰청 범죄통계연보 2009년~2015년.

95.6%는 무료회원으로 운영됐고 51.6%가 무료요금제가 적용되고 있어서 청소년들이 쉽게 이용할 수 있었다(시민일보, 2015).

경찰청의 통계자료를 종합하면, 청소년을 대상으로 한 성매매사범은 2010년 대비 2012년에는 약 2배 이상 증가한 것으로 나타났다. 이런 현상은 최근 성인들이 저지르는 성관련 범죄의 증가와 맥을 같이한다. 우리 사회에서 성관련 비행 및 범죄를 제외한 강력사건은 감소하는 데 반해 성관련 범죄가 지속적으로 증가하는 현상은 청소년뿐만 아니라 성인에게서도 공통적으로 나타나는 현상이다. 청소년들이 저지르는 성관련 비행 및 범죄와 청소년대상 성관련 범죄는 왜 지속적으로 증가하는가? 이에 대한 원인은 청소년 성비행의 원인에서 상세하게 다루기로 한다.

(2) 여성가족부 통계자료

① 성매매 경험률

〈그림 11-9〉에서 성관계를 경험한 청소년 중에서 금품이나 편의를 제공하는 대가로 이성과 성매매를 가진 청소년은 21.7%로서 전체의 1/5수준에 달하

그림 11-9 성매매 경험률

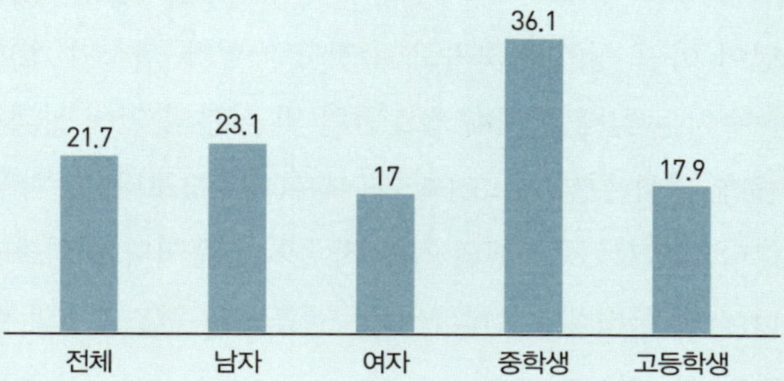

		사례수 (명)	성매매 경험 (%)	
			있었다	없었다
전체		143	21.7	78.3
성별	남자	111	23.1	76.9
	여자	33	17.0	83.0
교급	중학생	30	36.1	63.9
	고교생	113	17.9	82.1
학년	중1	4	50.0	50.0
	중2	7	40.7	59.3
	중3	19	31.6	68.4
	고1	33	7.2	92.8
	고2	37	25.6	74.4
	고3	43	19.4	80.6

출처: 여성가족부, 청소년유해환경 접촉 종합실태조사, 2012.

였다. 〈그림 11-4〉에서 우리나라 전체 청소년 중에서 성관계를 가진 경험이 있는 청소년은 15,000여 명 중 3.1%에 속하고, 이 3.1% 중에서 다시 금품을 대가로 성매매를 가진 비율은 21.7%에 속하므로 성경험이 있는 청소년 5명 중 1명은 금품을 대가로 성매매를 한 것으로 나타났다. 이 비율을 전체 청소년 수치로 환산하면, 2011년도 전체 중1학교 1학년부터 고등학교 3학년까지의 총학생 3,859,945명 중에서 성관계 경험이 있는 청소년은 119,658명(3.1%)이며 이 중에서 성매매 경험이 있는 청소년은 25,965명(21.7%)로 나타남에 따라 우리나라 청소년들 중 금품을 대가로 성매매를 하고 있는 청소년의 숫자는 상당수에 이른다. 위의 〈그림 11-8〉에서 2012년도 경찰에 적발된 성매매 검거인원 2,676명과 비교하면 약 10배 많은 청소년들이 성매매경험이 있으며, 2,676명 중 상당수는 청소년이 아닌 성인의 숫자로 추정하면 한해 청소년 성매매로 인해 경찰에 적발되는 수치는 실제 성매매 청소년의 몇 십분의 일에 불과하다. 〈그림 11-9〉에서 성매매 경험은 남자(23.1%)가 여자(17.0%)보다, 중학생(36.1%)이 고교생(17.9%)보다 많았다. 중학생의 경우 자신이 금품이나 편의를 제공하기보다는 성인이나 나이 많은 상대로부터 금품을 제공받은 원조교제의 형태가 많았을 것으로 추정된다(여성가족부, 2012).

② 성매매 제안 경험률

그림 11-10 성매매 제안 경험률

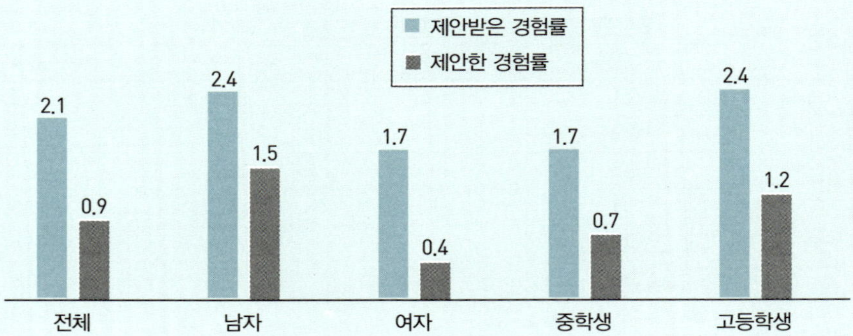

		제안받은 경험			제안한 경험		
		사례수 (명)	경험률 (%)	성매매로 연결	사례수 (명)	경험률 (%)	성매매로 연결
전체		5,107	2.1	24.7	4,868	0.9	58.3
성별	남자	2,595	2.4	35.9	2,455	1.5	67.6
	여자	2,512	1.7	9.3	2,413	0.4	16.5
교급	중학생	2,499	1.7	18.4	2,405	0.7	36.6
	고교생	2,608	2.4	28.9	2,463	1.2	71.2

출처: 여성가족부, 청소년유해환경 접촉 종합실태조사, 2012.

〈그림 11-10〉에서 전반적으로 성매매를 제안 받거나 제안한 경험률은 1%~2%에 불과하다. 특히 제안한 경험보다는 제안받은 경험이 약 2배 이상 높았다. 남자(2.1%)가 여자(1.7%)보다, 고교생(2.4%)이 중학생(1.7%)보다 제안받은 경험이 더 많았다. 이렇게 성매매를 제안받은 뒤 그것이 실제 성매매로 연결된 비율은 24.7%로서 전체의 1/5 수준이었다. 특히 여자청소년의 경우, 성매매를 제안 받거나 제안한 경험률이 남자보다 훨씬 낮았으며, 성매매 제의가 들어온다 하더라도 실제로 성매매로 연결된 비율도 가장 낮은 것으로 드러났다. 그러나 청소년이 성매매를 제안했을 경우 실제로 성매매로 연결될 확률은 58.3%로 상당히 높게 나타남에 따라 청소년들이 성매매에 대해 적극성을 띨 경우, 성매매가 실제로 성사될 확률은 높은 것으로 드러났다.

③ 성매매를 제안 받는 경로

〈그림 11-11〉에서 성매매를 제안받은 경로는 친구나 선후배의 소개가 26.0%, 휴대폰을 통한 채팅/문자 메시지가 25.9%로 비슷한 수준이었고, 이어서 길거리/공원(16.6%), 채팅/이성교제 사이트(15.6%), 식당/술집/나이트클럽 등 업소(12.0%), 조건만남 전화서비스(2.1%)의 순이었다. 친구나 선후배의 소개 또한 휴대폰을 통한 채팅이나 문자 메시지 등의 스마트폰 어플리케이션의 랜덤채팅을 통해 소개받은 경우를 가정한다면, 상당수의 청소년들은 스마트폰을 통해 성매매를 제안 받거나 연결되고 있다. 즉, 청소년들은 스마트폰 채팅을 통해서 25.9%+채팅/이성교제 사이트를 통해서 15.6%+친구나 선후배의 소개 26% 중에서 스마트폰 채팅 어플리케이션 소개를 통해서가 상당히 많을 것을 예상하면 약 50% 이상은 스마트폰이나 인터넷을 통해 성매매를 제안받은 것으로 드러났다.

그림 11-11 성매매를 제안 받는 경로

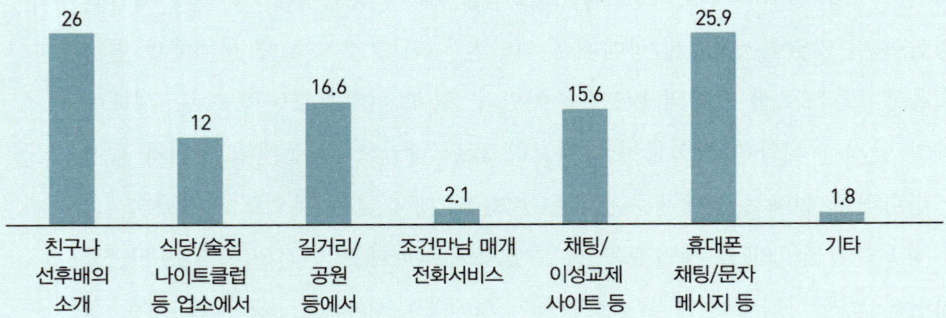

		사례수 (명)	제안 받는 경로(%)						
			친구나 선후배의 소개	식당/술집 나이트클럽 등 업소에서	길거리/ 공원 등에서	조건만남 매개 전화 서비스	채팅/ 이성교제 사이트 등	휴대폰 채팅/문자 메시지 등	기타
전체		105	26.0	12.0	16.6	2.1	15.6	25.9	1.8
성별	남자	62	31.8	16.7	12.8	3.6	10.5	21.5	3.1
	여자	43	17.6	5.2	22.1	0.0	22.9	32.2	0.0
교급	중학생	42	30.2	5.4	10.6	0.0	12.0	41.8	0.0
	고교생	63	23.2	16.4	20.5	3.6	18.0	15.3	3.0

출처: 여성가족부, 청소년유해환경 접촉 종합실태조사, 2012.

제4절 성매매의 특징

청소년 성매매는 일반 성인들의 성매매와 여러 가지 면에서 상이한 특성을 보인다. 이 절에서는 청소년 성매매에서만 발생하는 일반적인 특징을 청소년 성매매의 동기, 조건만남을 통한 성매매, 인터넷을 통한 성매매로 구분하여 살펴보고자 한다.

(1) 성매매의 동기

청소년의 성매매는 청소년 가출과 밀접한 관련이 있다. 청소년들이 가출 후 당장 눈앞에 펼쳐지는 것은 자유로움이 아니라 의식주를 스스로 해결해야 한다는 냉혹한 현실에 직면한다. 가출 후 처음에는 가출팸을 통해 어느 정도의 물질적, 정신적 지원을 받지만, 어차피 가출팸에 속한 청소년들 자신 또한 의식주 해결이 선결과제이기 때문에 자연스럽게 여자청소년을 이용한 성매매로 유입되는 경우가 많다. 예를 들면, 2012년 6월 서울시가 가출 십대 여성 175명을 대상으로 실시한 조사에 따르면, 그들 중 25%는 성매매 피해경험이 있었다. 응답자들이 처음 성매매를 하게 된 계기는 '잘 곳이 없어서'(19명, 44.2%)와 '배가 고파서'(13명, 30.2%)가 많았고, '강요에 의해'(13명, 30.2%), '돈을 많이 벌고 싶어서'(13명, 30.2%), '다른 일자리가 없어서'(11명, 25.6%)가 뒤를 이었다(변혜정 외, 2012). 이처럼 성매매를 하는 주된 동기는 가출 후 의식주 해결을 위한 경우가 많았다. 또 다른 연구에서도 성매매를 하게 된 동기가 첫째는 가출로 인한 생활비 마련이며, 둘째는 용돈이나 유흥비를 마련하기 위해서이며, 셋째가 친구의 권유나 압력에 의해서로 나타났다(성윤숙, 2011).

이전 청소년 성매매의 주된 동기는 유흥비 마련이었다. 현재처럼 가출청소년의 비율이 높지 않았던 2000년대 이전에는 일탈 및 비행청소년들을 중심으로 유흥비 마련을 위해 간헐적인 성매매를 하는 경우가 많았지만, 2000년 이후에는 가정의 급속한 해체와 더불어 가정폭력을 견디지 못한 청소년의 가출이 늘어나면서 유흥비 마련보다는 의식주 해결을 위한 성매매 비율이 늘어나고 있다. 예를 들면, 유지웅(2008)은 국가청소년위원회의 보고서(2007) 내용을 인용하여 2003년부터 2007까지 성매매 청소년의 성매매 동기를 분석한 결과, 유흥비 마련과 생활비 마련이 청소년들의 성매매의 가장 주된 동기이며, 유흥비 마련의 동기는 지속적으로 낮아지는 반면, 생활비 마련의 동기는 지속적으로 높아지고 있다고 보고하였다. 결론적으로 청소년 가출은 청소년 성매매와 깊은 관련이 있다. 성매매의 자발성에 관한 질적 연구를 한 연구결과에 따르면, 연구대상이 되었던 8명의 여자청소년 모두 거의 비슷한 가정환경과 학교생활 경험을 가지고 있었다(민가영, 2009). 8명의 여자청소년은 부모의 이혼을 경험한 후 모나 부 또는 조부모와 생활하고 있는 상태에서 가출한 경우가 거의 대부분이었으며 가출 후 의식주를 해결하기 위해 성매매를 하거나 청소년 또래 포주 등과 관련이 있는 성매매가 대부분이었다(민가영, 2009).

(2) 조건만남을 통한 성매매

60년대와 70년대의 성매매 여성을 대상으로 한 연구에 따르면, 대상자들이 성매매 행위를 하게 된 주요 매개체는 직업소개소(평균 23.1%)와 친구소개(평균 23.4%) 등이 약 50%를 차지했다(최재석, 1981). 그러나 이러한 양상은 2000년대에 들어서면서 개인컴퓨터와 휴대전화의 급속한 보급과 더불어 더욱 사적인 만남 방법으로 변화되었다. 자녀안심하고 학교보내기 서울시협의회 조사(2001, 박이숙, 2006 재인용)에서 청소년 성매매를 위한 최초 접촉 방법으로 다수가 인터넷(63.2%)을 이용하고 다음으로 전화방(23.0%)이나 핸드폰(7.5%)과 같은 개인형 방법을 사용한 것으로 나타났다(김혜원, 2011). 〈그림 11-11〉에 나타난 것처럼 최근의 청소년 성매매 조사에서도 약 50% 이상의 청소년 성매매는 스마트폰이나 인터넷을 통해 이루어지고 있다. 이렇게 성매매의 경로가 유흥업소나 직업소개소를 통한 공적인 경로보다는 청소년 개인이 소유한 인터넷이나 스마트폰을 통한 보다 사적인 만남으로 변화됨에 따라 금전적 대가를 매개한 원조교제나 조건만남으로 변화되었다. 조건만남은 성매매를 하고 헤어지는 일회적 만남을 지칭하는 용어로 남성과 여성이 개인형 성매매를 하기 위해 인터넷이나 스마트폰 랜덤채팅을 통해 자신들이 원하는 조건을 제시하는 데서 유래했다(김연주, 2015). 즉, 나이, 장소, 가격, 횟수, 가능한 서비스의 종류 등의 조건을 내걸어 상호 합의만 되면 만남이 성사되는 성매매 형태다. 이는 개인 통신기기의 급속한 보급과 함께 유행하게 된 새로운 형태의 청소년 성매매 유형이라 할 수 있다.

조건만남은 원조교제의 진화된 청소년 성매매 유형이다. 원조교제는 1997년에 처음으로 한국에 소개되었는데 포주에게 고용되지 않은 개인형 성매매로서 시공간적으로 언제 어디서나 성매매를 할 수 있는 새로운 성매매 유형이었다. 원조교제는 성인남성과의 금전적 대가를 바라는 청소년들의 성일탈적 요소가 강한 반면, 조건만남은 좀 더 의식주 해결과 밀접한 관련이 있다. 즉, 두 가지 모두 성인의 금전적 대가를 바란다는 점에서는 같지만, 원조교제에서는 여자청소년이 성인에게 바라는 것으로 핸드폰, 가방 같은 선물과 밥을 먹고 노래방에 가는 등의 식비와 유흥비 마련이 주를 이루었다. 그러나 조건만남은 좀 더 여성의 성을 직접적으로 매매하는 경향이 있다. 또한 원조교제에서는 여자청소년이 기성세대의 물질적 소유욕과 욕망에 대한 잘못된 모방표출이 대부분이었다. 가정형편상 고가의 휴대폰과 가방 등을 구입할 수 없는 청소년이 그들의 소유욕구를 충족시키기 위한 대가로 성인남성과 성매매를 했으므로 가출과는 깊은 상관이 없었다. 가출을 하지 않은 상태에서도 원조교제는 가능했기 때문이다. 그러나 대부분의 조건만남은 가출과 밀접한 관련이 있다. 가출한 청소년은 부모의 경제적 지원이 끊기기 때문에 의식주를 스스로 해결해야 하는 빈곤층으로 전락하게 된다. 이런 상황에서 그들이 택할 수 있는 선택지는 조건만남 외는 별다른 방법이 없어 보인다.

조건만남은 통신기기를 통해 사적으로 진행되기 때문에 성을 판매하는 여자청소년들 입장에서는 성구매자의 심한 폭력에 항상 노출될 수밖에 없다. 따라서 여자청소년의 입장에서는 성폭력이나 성사기를 당하지 않기 위해 자신들을 보호해줄 그늘막이 필요하다. 이런 여성청소년의 약점을 쉽게 파고든 대상이 가출패밀리를 주도하는 남성들이었다. 즉, 가출한 남자청소년이 채팅을 통해 성구매 남성을 구해주고, 이들로부터 보호해 주겠다는 명목으로 10대여성에게 접근하거나, 의식주를 해결해 주는 대가로 가출 여자청소년에게 성매매를 강요하는 경향이 점차 증가하고 있다. 안정적이고 충분한 수입원 없이 무리지어 생활하는 가출팸에게 조건만남은 상대적으로 짧은 시간에 많은 돈을 벌 수 있는 수단이다. 그러나 가출 여자청소년은 성매매를 하고 싶지 않을 때에도 또래 포주의 협박이나 강요에 의해 성매매를 할 수밖에 없어 보인다. 이처럼 조건만남을 하는 10대여성은 하나의 위험에서 자신을 보호하기 위해 또 다른 위험한 상황에 처해야 하는 아이러니한 상황에 놓이게 된다. 게다가 성인 포주나 또래 포주들이 개입하면서 조직화가 빠르게 진행되고 있다. 이제 조건만남 성매매는 기존의 성매매와는 차별적인 장점을 지니고 있는 대안적 성매매라기보다는 기존 성매매의 문제점들을 답습하거나 오히려 기존의 문제점들이 심화된 성매매의 한 유형으로 고착되고 있다(김연주, 2015).

(3) 인터넷을 통한 성매매

조건만남을 통한 성매매의 거의 대부분은 사이버 공간에서 일어난다. 인터넷을 통한 성매매는 매년 급격하게 증가했다. 2001년에는 66.7%의 청소년이, 2004년에는 83.8%가 인터넷을 이용하여 성매매를 한 것으로 나타났다. 2005년에는 82.0%, 2006년에는 94.0%의 청소년이 인터넷을 사용하여 성매매를 한 것으로 드러났다(조승희, 2007). 여성가족부(2011)에서 실시한 실태조사에 따르면, 청소년 성매매의 경로로 채팅(54.1%)이라는 응답이 가장 많았고 다음으로 부킹(11.5%), 친구나 선후배(11.2%)의 순으로 나타났다. 또 다른 연구에서는 조사대상자의 수가 제한적이기는 하지만 10대 청소년성매매 경로가 성구매자와 직접 채팅을 통해 만나는 경우가 59명 중 36명(83.7%)으로 가장 많았다(변혜정 외, 2012). 이처럼 2000년 이후 청소년 성매매의 대부분은 인터넷과 스마트폰 랜덤채팅을 통해 이루어지고 있다. 인터넷 성매매가 증가하는 원인으로 성윤숙과 그의 동료들(2011)은 인터넷의 특징으로 익명성과 시공의 초월성, 즉흥성과 신속성, 그리고 범죄확정의 어려움 등을 들고 있다.

1) 익명성

인터넷 공간에서 성매매가 이루어지는 인터넷의 특징은 익명성이다. 사이버 공간에서의 성매매는 전통적 성매매와 달리 성구매자와 판매자 사이의 비밀접촉이 가능하다. 일부 인터넷 성매매 사이트는 성인을 인정하는 시스템을 구축하고 있지만, 최근 유행하는 스마트폰 랜덤채팅은 최소한의 성인인증 과정 없이 무작위 입장이 가능하다. 청소년들은 익명성이 보장되는 상황에서 성적 욕망의 표출, 성적 일탈을 쉽게 할 수 있으며, 심지어 양심의 가책 없이 조건만남을 제시할 수 있다는 특징이 있다. 이런 익명성 때문에 사법기관의 체계적인 단속이 어렵다. 성매매 청소년들은 공식기관의 성매매 적발에 대한 두려움이나 위험성을 잘 인식하지 못하므로 청소년 성매매는 사이버상에서 폭발적으로 증가하고 있는 실정이다.

2) 시공의 초월성

전통적인 청소년 성매매에서는 시공간적인 제약이 있었다. 예를 들면, 유흥업소나 성매매 집결지에서만 성매매 협상이 가능했지만, 사이버상의 성매매는 이런 물리적 한계를 무력화시켰다. 인터넷 접속이나 스마트폰 와이파이 접속이 가능한 곳이라면 성매매 협상이 가능할 정도로 시간적, 공간적인 제약이 없는 특징을 가지고 있다. 이런 접근의 무제약성으로 인해 자연환경상의 성매매보다 더 은밀하게, 더 자주 성매매가 발생하고 있다. 즉 성매매 의향이 있는 청소년은 인터넷을 통해 성매매를 희망하는 글을 올리고, 성을 매수할 의향이 있는 성인들은 현재 자신의 물리적 위치에서 가장 가까이 있는 청소년 성매매자와의 접촉과 협상을 통해 성매매가 이루어진다. 결론적으로 시공의 초월성으로 인해 청소년 성매매 비율은 과거에 비해 현저하게 증가할 수 있는 물리적, 환경적 요인이 만들어진 셈이다.

3) 즉흥성과 신속성

인터넷 이용자들은 음성 또는 한 번이나 몇 번의 클릭만으로 상대방과의 의사소통이 가능하다. 이용자는 별다른 생각 없이 즉흥적으로 특정 또는 불특정의 상대방에게 직접 정보를 보낼 수도 있고 받을 수도 있다. 이러한 즉흥성은 이용자들에게 사회적 계급성을 인정하지 않고, 이용자의 나이, 성별, 국적, 직업 등과 상관없이 모든 이용자들을 동일하게 인정한다. 이로 인해 현실세계에서는 그 범위가 제한되는 반윤리적이고 반사회적인 성범죄가 별다른 고려 없이 즉흥적으로 이루어질 가능성이 높다(홍선영 외, 2013).

4) 적발의 어려움

사이버 성매매는 자신의 신분을 숨길 수 있어 이를 단속하려는 사법기관은 성매매자의 확정에 어려움을 겪고 있다. 특히 스마트폰 랜덤채팅의 익명성은 성매매 대상자를 특정할 수 없게 하는 주된 요인이 된다. 비록 사법기관이 사이버상의 성매매를 적발한다 하더라도 범죄확정을 하기가 쉽지 않다. 사이버 범죄로 인한 결과는 고의에 의한 것이건 과실에 의한 것이건 동일하게 발생하기 때문에 범행을 야기할 의사가 있었는지, 어떤 결과가 일어나도 무방하다는 인용의 의도가 있었는지, 다시 말하면 형법상의 고의에 대한 입증을 하기가 곤란하다. 사이버상의 성매매 또한 사이버 범죄의 특성을 그대로 반영하기 때문에 범죄를 확정하는 데 어려움이 있다(홍선영 외, 2013).

제5절 성비행의 원인

청소년 성비행은 일반 청소년비행과 마찬가지로 개인환경적 요인과 사회환경적 요인으로 구분할 수 있다. 개인환경적 요인은 개인이 속한 가정과 또래집단의 영향으로 인해 성비행이 발생한다고 보는 입장이고, 사회환경적 요인은 좀 더 거시적인 차원의 성산업의 발달과 대중매체의 영향 등이 여기에 속한다.

(1) 개인환경적 요인

청소년 성비행에 영향을 미치는 개인환경적 요인에는 낮은 자존감, 낮은 자기통제감, 개방적 성태도, 자극추구성향 등이 있다. 이 중에서 낮은 자존감과 낮은 자기통제감 그리고 자극추구성향은 갓프레드슨과 허쉬의 자기통제이론으로 설명될 수 있다. 어린 시절 가정에서의 잘못된 사회화과정을 밟거나 비일관적인 훈육을 받게 되면 낮은 자기통제감이 형성되는데, 이 낮은 자기통제감은 6가지 요소로 구성되어 있다. 즉, 만족감을 늦추기 힘듦, 단순작업선호, 위험추구성향, 육체적 활동선호, 자기중심성, 인내심결핍 등으로 자신의 낮은 자기통제감이 발현된다(황성현 외, 2015). 따라서 청소년 성비행의 개인환경적 요인은 자기통제이론으로 설명되는 자극추구성향과 개방적 성태도를 중심으로 살펴볼 필요가 있다.

1) 자극추구성향

청소년기에는 또래친구와의 긴밀한 사회적 상호작용이 활발하게 일어나는 시기이기 때문에 자극을 추구하는 성향 또한 유년기보다는 높아진다. 자극추구성향이 높은 청소년은 강력한 외적 자극을 필요로 하고 이런 짜릿한 자극을 증가시킬 수 있는 갖가지 비행에 연루될 가능성이 높아진다. 자기통제이론에 따르면, 낮은 자기통제력을 가진 청소년은 즉흥적으로 자신의 욕망을 충족시킬 수 있는 일에 몰두하게 된다. 그런 일이 위험을 수반하는 일이라 하더라도 지금 당장 자신의 욕구에 따라 행동하는 경향이 강하게 나타난다(만족감을 늦추기 힘듦 + 위험추구성향). 자극추구성향은 일탈적이고 위험성을 내포하고 있는데 주로 음란매체의 접촉, 성행동 등의 부정적 방향으로 표출되는 경우가 많다. 예를 들면, 음란물에 접속한 경험이 있는 청소년은 그런 경험이 없는 청소년보다 성에 대한 호기심과 성을 경험해 보고 싶은 욕구가 상대적으로 강하고(정연주, 2001), 음란물접촉이 청소년의 성적 허용성을 높일 뿐 아니라 성문제행동을 유발하는 계기가 된다(장선화, 1997). 음란물접촉으로 성적 호기심과 성행동 실행에 대한 욕구가 발생할 때 대부분의 청소년들은 자기 스스로 자극을 통제하거나 억제하는 방향으로 행동한다. 그러나 일부 자극추구성향이 높은 청소년은 자신의 성적 욕망을 억제하지 못해(만족을 늦추기 힘듦) 성관련 비행행동을 할 가능성(위험추구성향)이 높아지는 것이다.

자극추구성향은 청소년 성비행뿐만 아니라 청소년 약물남용, 폭행 등과 같은 반사회적 행동과도 관련이 있지만, 특히 성비행 행동과 밀접한 관련성을 가진다. 예를 들면, 보호관찰소, 대안교육센터, 소년원 등에 재소하고 있는 비행청소년을 대상으로 한 선행연구에서, 자극추구성향이 강할수록 성비행을 범할 가능성이 높아졌다. 또한 높은 수준의 자극추구성향을 지니고 있으면서 동시에 또래관계에서 동조를 많이 할수록 성비행을 범할 가능성이 높은 것으로 나타났다(이효빈·최윤경, 2016). 자극추구성향이 높은 사람들은 많은 자극에 노출이 되어 왔거나 혹은 많은 자극에 노출되고 싶어 하며, 그에 따라 다양한 성적 경험을 선호하게 된다. 성적 경험을 갈망하는 청소년은 자연스럽게 성에 대한 허용성이 높으며(김경희 외, 2004), 허용성이 실제로 성적 행동이나 성비행을 행할 가능성과 직결된다. 이처럼 자극추구성향은 청소년들의 성비행을 예측할 수 있는 중요한 개인환경적 요인이 될 수 있으며, 위험한 활동을 추구하고(위험추구성향), 성적 욕망이 발생할 때 그 성적 자극을 억제하지 못하고 어떤 행태로든 발현될 때(만족감을 늦추기 힘듦) 청소년들은 각종 성비행을 저지를 가능성이 높아지는 것이다.

2) 개방적 성태도

성태도는 성욕에 대한 개인이 가지고 있는 체계화되고 일관성 있는 사고, 감정 및 행동의 양식이라 할 수 있다. 우리 사회의 청소년들은 전통적인 유교문화에 익숙해져 있어 "혼전의 순결은 절대적으로 지켜야 한다"는 성태도를 대체적으로 지켜왔다. 그러나 서구의 성 개방 풍조가 유입되면서 청소년들의 성태도 또한 개방화되고 있다. 특히 성인이 되기 전의 과도기적인 단계에서 자신의 성적 정체감을 형성하는 시기인 청소년기에 성에 대한 태도는 불안전하여 탐색적인 과정을 거친다. 청소년기는 쾌락추구적인 성의 개방과 자유 속에서 청소년들로 하여금 쉽게 성적 충동을 느끼게 하고, 성에 대해 보다 허용적인 태도를 갖게 만든다. 청소년기에 형성된 성태도는 일생 동안의 성태도를 좌우하며, 청소년기의 건전한 성태도는 정신 건강에 도움을 주지만 그렇지 못한 경우에는 좌절감과 성적 일탈행위를 나타낼 수 있다(류미숙 외,2008). 개방적인 성태도는 단일차원에서 성비행의 원인으로 나타나지 않을 수 있으나 청소년이 개방적 성태도를 가질수록 성관련 경험에 적극적인 태도를 취할 수 있으며 이로 인해 성비행 상황에 노출될 가능성이 높아진다.

예를 들면, 남자청소년의 성태도와 성관련 경험에 관한 연구에서 남자청소년의 성태도 유형이 개방적일 경우, 성관련 행동을 더 많이 하는 것으로 나타났다(모현숙 외, 2006). 또한 중·고등학교 청소년과 성비행청소년의 성의식 및 성태도의 차이에 대한 연구에서 개방적인 성태도는 성비행과 정적(+) 영향을 미치는 있는 것으로 나타나 성비행청소년들이 전반적으로 일반청소년에 비해 개방적인 성태도를 보이는 것으로 나타났다. 남자고등학생의 성태도와 성행동의 관계에 관한 연구에서도 청소년의 성태도는 성행동과 강한 정적(+) 상관을 보이는 것으로 나타났으며(배경의·강양희, 2007), 남녀 고등학생을 대상으로 성태도, 분노, 성폭력 간의 관계를 파악한 선행연구에서, 개방적인 성태도를 가지고 있는 청소년이 그렇지 않은 청소년보다 성폭력을 더 많이 저지르는 것으로 드러났다(정은선,2007). 또 다른 선행연구에 따르면, 성경험이 있는 여자청소년은 성경험이 없는 여자보다 순결에 대해서 덜 중요하게 생각하며, 사랑하지 않아도 성관계를 할 수 있다는 개방적인 성태도와 성관념을 가지고 있는 것으로 나타났다. 결론적으로 개방적인 성태도를 가진 청소년은 성별에 관계없이 그렇지 않은 청소년에 비해 성비행이나 성폭력을 더 많이 저지를 가능성이 높은 것으로 나타났다.

(2) 가족요인

청소년들에게 가족의 역할은 절대적이라 할 수 있다. 허쉬의 사회유대이론에 따르면, 부모와의 약한 유대가 청소년비행의 주된 원인이라고 주장했으며, 자기통제이론에서도 어린 시절 가정에서 부모의 비일관적인 양육태도로 인해 낮은 자기통제력이 형성되며, 이 낮은 자기통제력은 청소년들에게 일생 동안 비행의 굴레에서 벗어나지 못하게 만드는 가장 중요하고 유일한 요인으로 파악했다. 청소년비행과 관련된 가족요인으로 부모-자녀관계, 부모의 양육방식, 부모감독, 부모학대 등을 이미 9장에서 논의한 바 있다. 청소년 성비행과 관련된 가족요인 또한 부모-자녀관계(한상철, 2009), 부모양육방식(강지영, 2007), 부모감독(김정규, 2006), 부부갈등(김유진, 2008) 등을 꼽을 수 있다.

첫째, 부모-자녀관계에서 부모와의 의사소통이 긍정적이고 개방적일수록 비행과의 연관성은 적으며, 의사소통이 부정적이고 역기능적일수록 비행 가능성은 증가한다. 즉, 부모와의 의사소통이 원만한 청소년은 또래친구와의 의사소통에서도 유연성을 발휘하여, 적대감을 덜 표현하므로 비행이나 범죄의 유혹에 빠질 가능성이 낮다. 부모-자녀관계와 청소년 성비행과의 관계를 밝힌 선행연구를 살펴보면, 부모와의 대화가 개방적인 가정의 청소년은 성충동이 작용하는 위험상황에서 성관계 등의 성비행 가능성이 완화되는 것으로 나타났다. 특히 청소년의 성관계와 콘돔사용 시기에 대한 부모-자녀 간의 의사소통이 또래친구의 동조압력과 성행동 간의 관계를 조절해주는 것으로 나타났다(한상철,2009). 즉, 부모와의 자율적인 의사소통이 원활한 청소년은 또래친구들의 성관련 비행에 대한 직접적인 압력이 있다 할지라도 성관련 비행이나 범죄를 저지를 가능성이 낮은 것으로 나타났다. 부모와의 의사소통과 청소년의 성허용성에 관한 연구에서도 부모와 개방적인 의사소통을 하는 청소년의 성허용성은 그렇지 않은 청소년에 비해 낮은 것으로 드러났다(최미혜 외, 2005). 따라서 부모와의 의사소통 형태는 청소년 성비행과 직접적인 관련이 있다고 볼 수 있다. 즉, 부모와 평소 의사소통이 원활한 청소년은 권위적이고 억압적인 의사소통을 하는 청소년에 비해 성관련 비행이나 범죄를 저지를 가능성이 낮다.

둘째, 부모양육방식은 애정적 양육방식과 거부적 양육방식, 통제적 양육방식과 허용적 양육방식으로 나눌 수 있는데, 이 네 가지 방식 중에서 애정적 양육방식이 자녀의 비행가능성을 줄일 수 있는 가장 좋은 방법이다. 그 외 거부적, 통제적, 허용적 양육방식 등과 같은 부모의 그릇된 양육태도는 청소년비행에 악영향을 미친다. 애정적 양육방식을 제외한 양육방식은 청소년의 정서적, 심리적 요인인 우울감, 낮은 자존감, 낮은 자기통제감, 공격성 등과 같은 부정적 감정 형성에 간접적으로 영향을 미치고 이런 부정적 감정을 해소하기 위해 청소년들은 각종 비행 및 범죄를 저지를 가능성이 높아진다. 부모의 양육방식은 청소년 성비행에도 상당한 영향을 미친다. 예를 들면, 부모의 양육방식이 남자 중학생의 성비행 행동에 미치는 영향을 파악한 연구에 따르면, 모의 양육방식 중에서 자녀에 대한 적대적 양육방식과 심리 통제적 양육방식은 자녀의 성비행에 유의미한 영향력을 미쳤으며, 부의 양육방식 중에서는 거부적 양육방식이 자녀의 성비행 행동에 영향을 미치는 것으로 나타났다(김유진, 2008).

셋째, 부모감독은 청소년 성비행을 포함한 각종 비행을 억제하는 역할을 한다. 즉, 부모감독이 잘 이루어지는 가정에서는 부모가 자녀의 활동이나 문제를 잘 파악할 수 있고, 효과적인 훈육이 이루어지는 반면에 잘 이루어지지 않는 가정에서는 자녀가 어디에서 누구와 무엇을 하는지 잘 모른다. 부모감독이 소홀할 경우, 자녀가 집 밖에서 친구를 선택하는 데 적절한 조절역할을 수행하지 못해 그들의 자녀는 비행친구와의 차별적 접촉을 통해 각종 비행 및 범죄를 저지를 가능성이 높아진다. 부모감독이 청소년 성비행에 미치는 영향력 또한 다른 일반적인 청소년비행에서의 역할과 비슷하다. 가정 내에서 평소 청소년 성에 관한 부모의 신념과 가치관이 청소년 성관념 형성에 영향을 미칠 뿐만 아니라 가정 밖에서 성비행을 자주 저지르는 비행친구와의 사귐을 통제할 수 있다. 예를 들면, 디터스(Dittus)와 그의 동료들의 주장에 따르면, 부모가 자녀의 성에 대한 통제를 직접적으로 할 뿐만 아니라 간접적으로도 자신의 신념이나 가치관을 전달함으로써 자녀의 신념과 가치관도 부모와 유사하게 된다고 주장한다(Dittus et al., 1999). 부모의 직접적 통제 외에 부모의 신념체계와 가치관의 성향, 그리고 그것이 자녀들에게 전달되는 정도에 따라 부모의 존재가 조기성행위의 억제요인으로 작용할지가 결정된다고 주장했다(Dittus et al., 1999). 미국의 청소년 자료를 분석한 연구결과에 따르면, 가부장가족에서 어머니의 도구적 통제가 다른 어떤 유형의 부모의 통제보다 효과적으로 청소년의 성행위를 억제하는 요인으로 나타났다(김정규, 2006). 그러나 평등가족의 경우 어떠한 부모통제 변수도 효과적으로 성행위에 영향을 미치지 못하는 것으로 나타남에 따라 가부장가족에서 어머니의 도구적 통제가 가장 효과적인 통제수단으로 작용한 사실을 설명할 수 있는 근거를 제공했다.

넷째, 부부갈등도 청소년 성비행과 깊은 관련성을 가진다. 자녀가 인식하는 부부갈등은 많은 연구를 통해 청소년의 부적응과 비행 및 범죄에 좋지 않은 영향을 미쳤다. 부부갈등은 부모의 이혼이나 아버지의 상실보다 자녀에게 더 부정적인 영향을 미침으로써 자녀의 발달 전반에 큰 영향을 미치며(홍주영, 2002) 자녀들이 부모로부터 사회적응능력을 배우기 때문에 부부갈등이 빈번하면 자신의 의지와 상관없이 여러 가지 어려움을 경험할 수 있다(김혜정, 2005). 특히 부부갈등은 청소년 성비행에 상당한 악영향을 미친다. 청소년에게 부부갈등에 따른 부모의 별거, 이혼, 불화 등은 부모에 대한 반항 심리로 이어지며, 이러한 가정에서 자란 청소년의 혼전임신율은 사별로 인한 한부모가정에서 자란 청소년들보다 더 높게 나타났다(정윤경·김재엽, 2005). 또한 가족체계와 청소년 성의식 및 성행동에 관한 연구에서 가족관계 중 부부간의 친밀도는 청소년의 가족생활

만족에 가장 큰 영향을 미치고 청소년의 가족생활만족도는 청소년의 성의식 및 성행동과 상관관계가 있는 것으로 나타났다(문선화·이선애, 2003). 중학생을 대상으로 가정환경요인이 성비행충동에 미치는 영향력을 분석한 연구에서 부부갈등이 성비행충동에 좋지 않은 영향을 미치는 것으로 나타나 청소년이 갈등을 겪는 부부의 모습을 강하게 인식하고, 갈등상황 중 폭력, 폭언 등이 존재할 때 더 큰 심리적 영향을 받아 성비행충동을 높이는 것으로 나타났다(김유진, 2008).

(3) 또래집단의 영향

청소년 성비행에서 또래집단의 영향은 절대적이다. 에이커스의 사회학습이론에 따르면, 비행친구와의 차별적 접촉을 통해 비행에 대한 우호적인 태도나 기술을 습득한다. 또한 비행친구와의 차별적 접촉 중 중요한 구성요소 중 하나인 '친구들의 반응'에 따라 어떤 비행행위를 다음에 계속할지 아닐지를 결정하는 경향이 있다. 예를 들면, 편의점에서 비행친구들과 함께 절도비행을 저지르고 난 후 친구들로부터 격려나 칭찬을 받았다면, 그런 행위를 다음에도 계속하게 될 것이다. 하지만 가장 친한 친구들이 자신의 절도행위를 비난하거나 꾸짖는다면 그런 행위를 다음에는 하지 않을 것이다. 이렇게 어떤 행위에 대해 친구들의 반응이 어떠한지에 따라 그 행위가 차별적으로 강화된다는 것이 사회학습이론의 중요 개념 중 하나이다. 청소년 성비행에서 또래집단의 영향은 주로 또래동조성과 또래지지로 나타난다. 또래동조성은 집단의 가치나 행동 등이 개인의 신념과 일치되었을 때는 물론이고 집단의 규범이나 의사가 개인적인 태도나 신념과 달라도 집단의 행동에 추종하게 되는 경향을 의미한다(김희화, 2009). 또래지지는 또래나 친한 친구들과 사회적 관계를 맺음으로써 얻을 수 있는 즐거움, 친밀감, 심리적 안정감, 사회성 발달 등의 긍정적 자원을 포함한다(이장범, 2012)

1) 또래동조성

청소년들은 또래집단의 반응을 통해 자신의 능력에 대한 피드백을 받아 자신이 하고 있는 일에 대한 옳고 그름을 판단하는 경향이 있으며 또래집단으로부터 호감과 인기를 얻기 위해 상당한 노력을 한다(김재은, 2007). 청소년들은 친구들의 반응에 의해 자연스럽게 또래집단에 대한 강한 동조 경향을 지니게 된다. 또래집단에 대한 동조는 사회화와 자아정체감 및 긍정적인 자아존중감을 발달시키기도 하지만 다양한 부적응 문제를 발생시키기도 한다. 즉, 또래동조성은 친구들과 함께 시간보내기, 이성교제와 같은 또래활동보다는 음주, 성관계, 파괴행위 등과 같은 반사회적 행동에서 더 큰 영향력을 행사한다. 왜냐하면 또래동조성은 청소년의 자극추구성향과 연결되어 있기 때문이다. 청소년기에는 좀 더 자극적이거나 위험을 추구하는 행위를 선호하므로써 또래동조성의 영향력은 일탈이나 비행행위에서 더 적극적으로 나타난다. 보호관찰을 받고 있는 성비행청소년의 특징에 대한 선행연구에 따르면, 대부분의 성비행이 단독으로 이루어지기보다는 친구, 가족, 학교와 같은 주변의 환경적인 요인으로부터 강한 영향을 받는 것으로 나타났다(강지원·최옥채, 1995). 또한 대다수의 비행청소년들은 음란물과 성매매 행위와 같은 또래문화를 통하여 왜곡된 성관념을 내면화하는 경향이 있다. 청소년들은 또래 상호간에 성지식과 성태도를 교환하여(김혜원·이해경, 2002), 실제로 비행청소년들은 이른 나이에 첫 성경험을 하게 되며, 대부분의 첫 성경험의 상대는 성매매 여성 또는 성경험이 많은 누나 등이며, 이들과의 관계를 통해서 구체적인 성행위를 학습하게 된다(전복기, 2010).

또래동조성은 직접적인 성비행뿐만 아니라 청소년들의 생활 전반에 영향을 미친다. 청소년들은 친구와 행동, 생각, 외모 등이 같아지기 위한 노력뿐만 아니라 성적인 면에서도 친구들의 강한 영향을 받게 된다(윤명선, 2000). 따라서 친구들의 성비행과, 친구들과 함께 성비행을 저지름으로써 친구들로부터 인정을 받고자하는 경향은 청소년 자신의 성행동에도 중요한 영향을 주게 되며, 이를 통해 친구와의 연대감을 강하게 느끼게 된다. 일부 청소년은 친구들과 어울리기 위해 약간의 나쁜 짓도 감수할 수 있다고 생각하며, 그들이 가지고 있는 높은 또래동조성으로 인해 성행동을 한다(손정화, 2009). 그러므로 비행을 권장하는 그릇된 가치규범이 설정된 집단 내부의 구성원들에게 또래동조성은 성비행의 중요한 원인이 된다.

2) 또래지지

또래지지는 허쉬의 사회유대이론에서 친구애착과 깊은 관련성을 맺고 있는 개념이다. 친구들과의 애착이 강한 청소년은 친구들로부터 강한 지지를 원하기 때문에 비행이나 범죄를 저지를 가능성이 낮아진다고 주장한다. 또래지지는 또래나 친한 친구들과 사회적 관계를 맺음으로써 얻을 수 있는 즐거움, 친밀감, 심리적 안정감, 사회성 발달 등의 긍정적 자원을 포함한다(이장범, 2012). 특히 청소년기의 또래관계는 부모나 형제 등의 비자발적인 관계와는 달리 자발적인 상호의존관계라는 새로운 대인관계의 시초가 되며, 또래는 가족들로부터 받는 사회적 지지와는 다른 성질의 사회적 지지를 제공하는 중요한 자원이다(이혜경, 2007). 따라서 청소년은 또래지지 정도에 따라서 긍정적이거나 부정적인 영향을 받게 되는데 이는 청소년의 문제행동과 성비행에도 같은 영향력을 발휘한다. 또래지지와 성비행과의 관계에 대한 선행연구에 따르면, 또래지지가 낮을수록 중학생이 지위비행을 더 많이 저지르는 것으로 나타나 또래지지가 청소년 지위비행을 낮추는 역할을 했다(박현수 외, 2010). 보호관찰 청소년의 성비행에 관한 연구에서도 또래지지는 청소년의 성비행에 독자적인 영향을 미치지는 않았지만 교사지지를 포함하여 사회적 지지 체계로 작용할 때에는 성비행을 낮추는 역할을 했다(김정만,2001).

하지만 또래지지에 대한 선행연구결과의 대부분이 청소년 성비행을 낮추는 역할을 하는 것만은 아니다. 보호관찰청소년과 일반청소년을 대상으로 또래지지와 청소년의 비행 성향에 관한 연구에서는 또래지지가 청소년의 비행성향을 높이는 것으로 나타났다(김선미, 2002). 이런 결과는 이미 허쉬의 유대이론을 비판하는 학자들이 꾸준하게 제기해 온 문제이다. 사회유대이론에 따르면, 부모나 친구와의 강한 유대는 범죄를 감소시키는 역할을 하는 것으로 알려져 있지만, 실제 경험적 연구결과 친구와의 강한 유대나 지지는 범죄를 증가시키는 요인으로 나타났다(Elliott et al., 1985; Junger-Tas, 1992; Warr, 2002). 허쉬의 주장에 따르면, 비록 친한 친구집단이 비행을 자주 저지른다 하더라도, 친구와의 유대가 강하면 범죄를 저지르지 않을 것이라고 주장했지만, 실제 다른 학자들의 경험적 연구결과, 허쉬의 주장과는 반대로 비행친구집단에 속해 있는 청소년의 강한 유대나 지지는 범죄를 감소시키는 것이 아니라 증가시키는 요인으로 작용했다. 따라서 청소년 성비행을 포함한 청소년비행에서 친한 친구의 지지나 애착이 청소년 자신의 성비행을 증가시키는 역할을 하는지 아니면 감소시키는 역할을 하는지에 대한 좀 더 정교하고 명확한 연구 설계와 연구결과물들이 필요하다.

(4) 사회환경적 요인

지금까지 청소년 성비행의 주된 원인으로 개인의 자극추구성향, 개방적 성태도, 가족요인, 또래집단의 영향 등을 살펴보았다. 그러나 이런 개인환경적 요인 못지않게 사회환경적 요인도 청소년 성비행에 많은 영향을 미친다. 청소년기는 가정에서 부모와의 긴밀한 상호작용을 하는 유년기를 벗어나 친한 친구들과의 사회적 상호작용을 통해 자신의 가치관을 형성하고 사회에 대한 자신의 세계관을 형성하는 시기이기 때문에 사회환경적 요인은 청소년 성관념과 성가치관 형성에 많은 영향을 미친다. 청소년성문화에 부정적인 영향을 미치는 사회환경적 요인으로는 향락문화의 발달과 선정적인 대중문화 등을 들 수 있다.

2012년 여성가족부의 청소년 유해환경접촉 실태조사에 따르면, 멀티방/룸카페는 24.4%, 비디오/DVD방은 12.3%, 성인용 주점은 13.8%의 청소년들이 사용한 경험이 있다고 응답할 정도로 성인들만이 출입할 수 있는 공간에 상당수의 청소년들이 출입하고 있었다. 비록 청소년이 이런 유해업소에 출입하지 않고도 성관련 정보나 매체를 가정이나 PC방, 스마트폰 등에서 쉽게 구할 수 있다. 2012년의 실태조사에서 지상파 TV성인용 프로그램은 23.5%, 케이블TV 성인용 프로그램은 26,9%, 컴퓨터 성인물은 45.5%, 휴대폰 성인물은 20.5%의 청소년들이 각각 사용한 경험이 있는 것으로 나타났다(여성가족부, 2012). 이처럼 청소년들은 마음만 먹으면 언제 어디서나 누구나 다 성관련 정보나 매체를 쉽게 접할 수 있다. 성관련 정보, 매체, 음란물 등은 청소년의 성의식 및 성행동에 부정적인 영향을 미칠 뿐 아니라 청소년기에 왜곡된 성의식과 태도를 형성하게 되는 요인이 된다. 왜곡된 성의식은 청소년 성비행과 직결되는데, 왜곡된 성의식을 강화하는 주요 매체는 음란물접촉이다. 선행연구에 따르면, 청소년들의 음란물 접촉경험은 성비행이 포함된 다양한 형태의 비행과 깊은 상관관계가 있는 것으로 나타났다(김정만, 2001). 이런 선행연구결과에서 음란물이 청소년에게 성적 충동을 유발시키고, 성도덕을 약화시키며, 성에 관한 비정상적이고 잘못된 지식과 사고를 심어줄 가능성이 높은 것으로 드러났다. 더군다나 성행동에 대한 왜곡된 태도를 발달시키며, 나아가 키스나 성관계는 물론이고 성희롱이나 강간과 같은 성범죄에 대한 억제력을 약화시키거나 저해할 가능성을 높이는 것으로 나타났다.

최근 청소년들은 음란물을 접촉하는 가장 빠르고 손쉬운 방법으로 스마트폰을 지목하고 있다. 이에 따라 스마트폰을 통한 음란물 접촉이 청소년 성비행 행동을 설명하는 중요한 요인으로 부각되고 있다(김미숙, 2011). 스마트폰에 빠져 살고 있는 청소년들은 스마트폰이 자신의 신체 일부로서 스마트폰이 없는 삶을 생각할 수 없을 정도로 스마트폰에 쉽게 노출 또는 중독되면서 온라인상의 음란물을 쉽게 접촉하고 있는 것으로 나타났다(신승옥, 2014; 최정임, 2015). 현재 청소년들이 성인물이나 음란물을 접촉하고자 할 때 성인인증절차없이 너무 쉽게 접근할 수 있다. 예를 들면, 우리나라의 정보통신보호법을 적용받지 않는 구글(google) 등의 검색사이트에서 특정 검색어를 입력하면 엄청난 양의 음란물 정보가 검색되고 특별한 성인인증절차 없이 그런 정보들을 볼 수 있다. 또한 청소년들이 인터넷 개인방송 사이트에서 불법 성인방송을 통한 음란매체물 접촉도 종종 발견된다. "서울 구로경찰서는 11일 인터넷 개인방송을 통해 성기를 노출하는 등 불법 성인방송을 진행하고 돈을 받아온 혐의(음란물유포위반)로 여성 BJ 15명과 운영자 A씨를 불구속 입건했다고 밝혔다. BJ들은 처음에는 섹시 댄스 등 비교적 수위가 낮은 노출을 하다 유료아이템을 선물한 회원만 볼 수 있는 방송을 개설해 단계적으로 수위를 높여나간 것으로 드러났다. 이어 높은 단계의 방송에서는 노골적으로 성적 행위를 묘사, 일부는 실제 남성과 성행위를 하기도 했다. 경찰 조사 결과, 이들은 특정 인터넷 방송 사이트가 제재가 심하지 않다는 것을 알고 다른 사이트에 자신의 홍보 글을 올려 이용자들을 모집, 특히 성인 인증에 별다른 제재가 없어 청소년 시청자도 다수인 것으로 전해졌다"(이뉴스투데이, 2016).

종합하면, 우리 사회에 만연한 향락산업과 인터넷에서 광범위하게 퍼져 있는 성인물 등을 청소년들이 아무런 제재 없이 접속할 수 있는 사회문화적 환경은 청소년의 성의식과 성관념을 왜곡하고 있다. 심지어 성인들은 자신들의 경제적 이득을 위해 청소년들이 이런 향락산업에 유입되는 것을 은연중에 방조하기도 한다. 특히 스마트폰은 청소년들에게 음란물과 성인정보의 무분별한 접촉을 가능하게 했다. 스마트폰을 통한 음란물 접촉은 청소년의 성관련 환경을 심각하게 왜곡시키고, 이런 환경에 노출된 청소년들은 왜곡된 성의식을 가질 가능성이 많으며, 성비행, 성폭력, 성범죄 등을 저지를 수 있는 개연성이 커졌다는 것은 부인할 수 없는 사실이다.

제6절 성비행 대처방안

청소년 성비행의 원인에서 살펴본 개인환경적 요인으로는 자극추구성향과 개방적 성태도, 또래동조성 등을 지적한 바 있다. 사회환경적 요인으로는 향락문화의 발달과 선정적인 대중문화 등을 들 수 있다. 청소년들은 이런 성문화를 주로 스마트폰을 통해 접촉한다. 따라서 성비행의 원인에서 지목한 부분을 중심으로 성비행 대처방안을 논의하고자 한다.

(1) 개인환경적 대처방안

청소년 성비행 예방을 위해 노력해야 할 대상에 대한 선행연구 결과에 따르면, 청소년 자신이 노력해야 한다고 인식하는 학생이 54.8%로 가장 많았으며, 다음으로 사회 34.9%>부모님 4.8%>선생님 2.9%>친구 2.5% 순으로 나타난 것처럼 청소년들은 성비행 예방을 위해 자신의 역할이 가장 중요하다고 인식하고 있다(박용수 외, 2008). 청소년기는 신체적 성장과 함께 분비되는 성호르몬의 영향으로 성적 호기심과 충동성이 강하게 표출되는 시기이다. 그러나 성과 관련된 내용들이 청소년에게 금기시되는 우리 사회의 성에 대한 이중적인 잣대는 청소년들이 성을 더욱 은밀하고 자극적인 형태로 받아들이게 만들 수 있다(신미·유미숙, 2010). 이런 생물학적 영향과 성문화에 대한 이중적인 잣대로 청소년들은 성에 대한 관심을 표출하기 쉽지 않다. 그 결과 좀 더 은밀하게 성적 자극을 추구한다. 청소년의 성에 대한 자극추구성향과 성개방적인 태도를 변화시키기 위해서는 학교 및 청소년관련 기관에서 춤, 등산, 운동 등 다양한 체험활동으로 구성된 프로그램을 제공하여, 그들의 자극추구성향을 긍정적으로 표출할 수 있는 기회를 제공할 필요가 있다. 청소년기에 증가하는 위험추구성향과 자극추구성향 그 자체가 성비행을 부추기는 요인이라 할 수 없다. 청소년 자신의 모험심, 호기심, 새로운 자극에 대한 관심 등이 어떤 방식으로 어떻게 발산하느냐가 중요하다. 따라서 자극추구성향이 긍정적인 방향으로 표출될 수 있도록 가정, 학교, 사회 전체가 도와주어야 한다. 또한 이미 높은 수준의 자극추구성향으로 인해 성비행을 경험한 청소년이라 할지라도 자극추구성향이 긍정적인 방향으로 전환될 수 있도록 지도할 필요가 있다. 자신의 모험심이나 새로운 자극에 대한 관심이 좋은 장점으로 변화될 수 있도록 함으로써 이들의 성장을 촉진하는 데 도움을 줄 수 있을 것이다. 개방적인 성태도 또한 성에 대해 보수적인 우리 사회에서 부정적인 역할만 하는 것이 아니다. 청소년들이 가지는 개방적인 성태도가 가정, 학교, 지역사회단체, 대중매체 등에서 올바른 성교육을 통해 습득된 것이라면 긍정적인 방향으로 표출될 것이다. 개방적 성태도는 청소년 자신의 성행위에 대한 책임의식과 함께 고취된다면 왜곡된 성의식을 가진 청소년들의 성비행 행위로 나아가지 않을 것이다. 건전하고 개방적인 성태도를 고취시키기 위해서는 청소년 자신의 성적 주체성과 책임의식을 강화할 수 있는 학교와 지역사회에서의 제대로 된 성교육이 필요하며 토론과 활동 중심의 청소년 성교육 프로그램의 보급과 확대가 필요하다.

(2) 가정의 대처방안

가정은 청소년들의 성장과정에서 친구영향과 함께 가장 중요한 사회화의 대행자이다. 청소년 성비행의 가정적 요인으로 부모-자녀 간의 개방적 의사소통, 애정적 양육방식, 부모감독, 부부갈등 등의 지적한 바 있다. 청소년 성비행을 줄이기 위해서는 먼저 부모-자녀간 의사소통이 개방적으로 이루어질 수 있도록 청소년 프로그램에 부모가 함께 동참하거나, 가족구성원이 함께하는 가족 프로그램을 실시할 필요가 있다. 이런 의사소통 프로그램을 통해 부모는 청소년의 성적 호기심과 욕구를 긍정적으로 발산할 수 있도록 지도함으로써 성비행을 예방하고 감소시키는 데 도움을 준다(양성혜, 2014). 또한 가정에서 애정적 양육방식과 적절한 부모감독이 실행되기 위해서 부모는 무조건적인 간섭이나 지시를 지양하고 올바른 성지식을 함양할 수 있도록 인간의 성에 대한 존엄성을 교육시킬 필요가 있다. 성지식에 대한 교육에서 부모의 태도는 일방적 강요나 금기보다는 설득이나 권장의 지도방법을 취해야 한다. 이를 위해 부모가 먼저 모범을 보여야 한다. 무조건적인 순종이나 복종보다는 평소에 성에 대해 부모의 건전한 가치관을 설명하고 부모 스스로 원만한 결혼생활을 통해 나와 다른 성에 대한 존엄성을 표현해야 한다. 청소년들의 기본 생활 습관, 성에 대한 건전한 가치관 등은 일차적으로 가정에서 이루어진다. 청소년 성비행을 예방하기 위해서는 가정의 기능 중 부모-자녀 간의 의사소통에 걸림돌이 되는 것들을 제거하고, 성에 대한 금기시나 강요보다는 설득의 부모훈육이 필요하며, 가정 밖에서 성비행을 자주 저지르는 비행친구와의 사귐을 억제할 수 있는 부모의 감독도 필요하다. 마지막으로 가정 내에서 부부간의 갈등을 최소화하여 자신과 서로 다른 성에 대한 존귀성을 인정하는 방법을 청소년들이 자신의 부모를 통해 배울 수 있는 가정분위기를 조성할 필요가 있다.

(3) 또래압력에 대한 대처방안

청소년 성비행에서 또래집단의 압력은 청소년 자신의 성비행을 증가시키는 중요한 매개체이다. 따라서 성관련 비행에서 또래집단의 성비행 압력을 극복하기 위한 교육과 훈련이 필요하다. 즉, 또래압력을 극복하는 예방프로그램에서 청소년들이 쉽게 겪을 수 있는 성비행 동조상황을 설정하고 그에 맞는 대응방식이나 해결책에 대한 역할연습을 하거나 성비행 동조압력을 단호하게 거절하는 기술 등을 배워야 한다. 예를 들면, 또래친구들의 성비행 압력에 저항하는 좋은 예로 미국의 데어(DARE; Drug Abuse Resistance Education) 프로그램을 들 수 있다(황성현 외, 2015). 데어 프로그램은 미국 젊은이의 마약 남용 예방과 성비행을 포함한 폭력예방 교육 프로그램으로서 청소년들이 친구들에 의한 폭력의 유혹을 뿌리칠 수 있도록 도와주는 프로그램이다. 이 프로그램은 자기만족, 발언능력, 인간관계에 있어서의 의사소통능력, 의사결정능력, 폭력조직 사이에 대한 자각을 확립하는 데 초점이 맞추어져 있다. 이 프로그램에서 청소년들은 먼저 성비행과 성폭력에 대한 정확한 정보를 제공받고, 또래 집단의 압력에 저항할 수 있는 기술을 배우며, 그들이 스스로 자부심을 갖도록 하는 기술을 제공받는다. 대부분의 청소년들이 호기심과 궁금증, 한번 해보고 싶은 충동성을 가지고 성비행을 저지르기도 하지만 친구들의 부추김, 권유, 압력을 통해 어쩔 수 없이 성비행에 가담하기도 한다(이효빈, 2012). 청소년 성비행의 여부는 또래 친구들에 달려 있다고 해도 과언이 아니다. 특히 성비행을 자주 저지르는 친한 또래집단의 압력이나 그 집단에 소속되거나 인정받기 위해 성비행을 감행할 가능성이 높다. 그러므로 학교, 가정, 지역사회에서 청소년들에게 또래집단의 압력에 대처하는 방법, 또래집단의 인정을 받기 위해서 성비행 이외의 긍정적 대안을 사용하도록 하는 방법, 그리고 성비행을 하는 친구들을 포함해서 긍정적인 사회적 관계망을 형성하는 방법을 청소년들에게 가르쳐야 한다. 따라서 우리나라에서도 청소년들이 성비행 상황에서 또래압력에 저항하거나 거부할 수 있는 기술을 배울 수 있는 데어(DARE)와 같은 특별 프로그램의 도입과 실행이 필요하다.

(4) 사회환경적 대처방안

청소년 성비행을 예방할 수 있는 사회환경적 대처방안으로는 성인들의 유흥문화와 선정적인 향락문화에 청소년들이 노출되지 않도록 하는 학교 주변 환경개선과 인터넷과 스마트폰 제도개선이 필요하다.

1) 학교 주변의 환경개선

청소년 성비행은 학교 주변의 향락문화에 많은 영향을 받는다. 청소년들의 등·하교 길에 늘어선 유흥업소, PC방, 멀티방, 노래방, 비디오방뿐만 아니라 여관, 모델, 호텔 등은 청소년의 왜곡된 성의식과 음란물 접촉을 부추기는 역할을 한다. 학교환경위생정화구역은 학교 경계선으로부터 200미터까지며 교문으로부터 직선거리 50미터까지를 절대정화구역, 절대정화구역을 제외한 지역을 상대구역으로 구분한다. 절대정화구역뿐만 아니라 상대구역까지 청소년 성문화에 위해를 가할 수 있는 유흥문화에 대한 주기적인 단속이 필요하다. 이를 위해 학교 주변의 유해 환경건축허가, 영업허가 관청인 시, 군, 구청에서 다각적으로 청소년 유해사업 정화에 보다 엄격한 기준을 적용하여 심의를 거쳐 허가할 필요성과 불법으로 설치 운영 중인 시설물에 대한 철저한 단속이 지속적으로 요구된다. 이와 더불어 성매매업소가 밀접한 지역에 청소년의 출입을 금지하거나 성인영화, 성인도서, 성인비디오 등에 접근하지 못하도록 부모뿐만 아니라 주위의 성인들도 적극적인 감시자 역할을 해야한다.

2) 인터넷 및 스마트폰에 대한 감시기능의 강화

가정이나 PC방에서 청소년들이 음란물이나 가학적, 피학적 성을 묘사하는 폭력물에 접근하지 못하도록 음란물 사이트 및 성매매 거래 랜덤채팅 사이트에 대한 주기적인 모니터링과 단속이 필요하다. 불건전한 내용의 콘텐츠를 허용하거나 조장하는 사이트를 찾아내고 건전한 사이트 운영에 대한 보안인증이 없는 사이트를 적극적으로 재제하는 방법을 고려할 필요가 있다. 이러한 사이트는 상업적 목적으로 많은 회원을 확보하는 것이 주된 목적이므로 수단과 방법을 가리지 않고 청소년을 사이트로 끌어들이고 있다. 특히 최근에는 개인방송이 유행처럼 번지면서 인터넷BJ들의 선정적인 방송 등에 성인인증 절차없이 청소년들의 상당수가 주 고객으로 시청하는 경향이 있다. 따라서 이런 사이트나 개인방송에 대한 강한 규제를 적용하여 심한 경우에는 사이트를 폐쇄시키는 법적 조치가 필요하다. 랜덤채팅을 개발하는 어플리케이션 업체들의 자정노력도 필요하다. 상당수의 랜덤채팅 어플리케이션은 성인인증 절차를 거치도록 어플리케이션이 설계되어 있지만 일부 어플리케이션은 성인인증 절차가 없기 때문에 청소년들의 출입이 가능한 실정이다. 비록 성인인증 절차를 거친다 하더라도 불법적으로 이런 랜덤채팅을 이용하여 성매매를 시도하는 청소년들을 차단하기 위해서는 성인들의 지속적인 감시가 필요하다. 예를 들면, 성매매 피의자와 청소년이 성매매를 암시하는 ID, 대화명, 댓글 등을 사용할 경우 어플리케이션 운영자는 이에 대한 감시활동을 통하여 삭제조치를 취하는 등 현재보다 더 적극적인 감시활동이 필요하다.

3) 스마트폰 사용에 대한 부모의 감독

최근 성관련 비행은 대부분 스마트폰을 통해 발생하기 때문에 청소년들의 스마트폰 가입 및 사용에 대한 부모의 감독이 무엇보다 중요하다. 스마트폰 가입 시 실명의 자가 청소년이 아닌 경우에 보호자 동의를 받도록 하고 있으며, 성인 콘텐츠 접속을 차단할 수 있는 청소년보호 약관규정을 마련해 놓고 있다. 그러나 실제 가입 시 부모가 대신 해 주는 경우가 많아 자녀를 보호하기 위한 제도에 대해 잘 알지 못하는 경우가 있다. 그러므로 청소년 스마트폰 가입 시 실명제를 확대 실시하고 이와 더불어 청소년 보호약관 규정, 그리고 청소년 전용 가입계약서에 대한 홍보가 필요하다(김미숙, 2011). 이를 통해 청소년들이 자신의 스마트폰을 통해 성인사이트 등에 접속하지 못하도록 원천적으로 차단할 필요가 있다. 또한 청소년들이 인증샷, 몰카, 음란동영상 촬영 등을 죄의식 없이 사용하는 경우가 간혹 발생하므로 올바른 스마트폰 사용에 대한 홍보 및 부모의 적극적인 감독이 필요하다. 가장 일차적인 예방은 스마트폰을 구입해주는 부모가 가정에서 자녀에게 스마트폰을 올바르게 사용할 수 있도록 교육하고 학교에서도 청소년들의 스마트폰 사용에 대한 강한 제재보다는 유용한 사용 방안을 꾸준하게 교육할 필요가 있다.

연습문제

1. 현재 발생하고 있는 청소년 성비행의 유형 중에서 어떤 성비행이 가장 빈번하게 발생하며 그 유형이 청소년들에게 가장 빈번하게 발생하는 이유가 무엇이라고 생각하는가?

2. 최근 언론에 보도된 청소년 성매매 실태를 중심으로 스마트폰이 청소년 성매매에 어떤 영향을 미치는지를 구체적으로 설명하여라.

3. 최근의 청소년 성매매는 이전의 청소년 성매매와 어떻게 다른가? 최근 언론에 보도된 청소년 성매매의 일례를 들어 원조교제와 조건만남을 중심으로 최근 성매매와 이전의 성매매의 차이점을 구체적으로 설명하여라.

4. 청소년 성매매의 특징을 성매매의 동기, 조건만남을 통한 성매매, 인터넷을 통한 성매매 등을 중심으로 설명하여라.

5. 청소년 성매매의 원인을 개인환경적 요인과 사회환경적 요인으로 나누어서 구체적으로 설명하여라.

6. 향후 우리 사회에서 청소년 성비행과 성매매가 줄어들 것이라 생각하는가 아니면 늘어날 것이라 생각하는가? 줄어든다면 그 이유를, 늘어난다면 그 이유를 구체적으로 설명해 보아라.

참고문헌

강지영. (2007), "지각된 부모 양육태도, 자기통제력 및 비행행동이 남자 고등학생의 위험 성행동에 미치는 영향", 「석사학위논문」, 전북대학교 대학원.

강지원·최옥채. (1995), 「성비행청소년을 위한 지도 및 치료프로그램 개발에 관한 연구」, 법무부.

경찰청. (2009-2015), 「경찰통계연보」, 경찰청

국가청소년위원회·한국청소년쉼터협의회. (2007). "가출청소년 및 청소년 쉼터 실태조사", 「연구보고서」, 국가청소년위원회.

김경희·최미혜·김수강. (2004), "고등학생의 학교생활적응과 자극추구성향에 따른 성허용성 정도에 관한 상관성 연구", 「아동간호학회지」, 10(2): 143-152.

김미숙. (2011), "청소년들의 휴대폰 사용이 청소년 성비행에 미치는 영향에 관한 연구", 「한국중독범죄학회보」, 1(1): 115-138.

김선미. (2002), "가족의 의사소통과 사회적 지지가 청소년비행성향에 미치는 영향", 「석사학위논문」, 충남대학교 대학원.

김연주. (2015), "청소년 성매매 어떻게 볼 것인가", 「진보평론」, 64: 268-286.

김유진. (2008). "청소년 성비행 충동에 미치는 가정환경 요인에 관한 연구", 「석사학위논문」, 중앙대학교 행정대학원.

김정규. (2006), "가족구조에 따른 청소년 성행위에 대한 인과요인의 변이: 부모통제, 종교성, 비행친구, 비행을 중심으로", 「한국사회학회」, 40(3): 91-124.

김정만. (2001), "보호관찰 청소년의 성비행에 영향을 미치는 위험요인과 보호요인 연구", 「석사학위논문」, 이화여자대학교 대학원.

김재은. (2007), "중학생의 성별에 따른 또래관계와 또래동조성이 문제행동에 미치는 영향", 「석사학위논문」, 계명대학교 대학원.

김혜원. (2011), "청소년 성매매의 현황 및 특징에 대한 분석: 2000년대 이전과 이후의 비교를 중심으로", 「청소년학연구」, 18(4): 301-327.

김혜원·이해경. (2002), "고등학생들의 성행동 경험 분석: 성별, 학교별, 거주지별 비교", 「청소년학연구」, 9(1): 247-272.

김혜정. (2005), "부부갈등이 청소년의 또래관계에 미치는 영향: 자기개방의 조절효과를 중심으로", 「석사학위논문」, 연세대학교 대학원.

김희화. (2009), "청소년 초기의 또래동조성과 비행 간의 관계에서 어머니 감독 및 친한 친구 비행의 중재효과", 「청소년학연구」, 16(7): 127-147.

대검찰청. (2005-2015), 「범죄분석」, 대검찰청.

류미숙·고경희·박정원·서순석·정춘자·최경아. (2008), "성교육 프로그램이 청소년 성의식과 성태도에 미치는 효과", 「정신건강정책포럼」, 3: 140-161.

모현숙·오현아·조은아. (2006), "남자 고등학생의 문제행동과 성지식, 성태도 유형 및 성 관련 경험과의 관계", 「여성건강간호학회지」, 12(3): 210-220.

문선화·이선애. (2003), "가족체계와 청소년 성의식·성행동에 관한 연구", 「부산대학교 사회복지연구소 사회복지연구」, 12: 77-97.

민가영. (2009). "청소년 성매매 행위의 자발성과 그 맥락에 대한 질적 연구를 통한 성매매 청소년의 자발성 논쟁에 대한 비판적 검토", 「한국청소년연구」, 20(1): 173-202.

박동률. (2013), "성관련 범죄 용어의 개념과 상호간의 관계", 「법학논고」, 44: 57-82.

박용수·배철효·서하성. (2008), "청소년 성비행 실태 및 대응방안", 「한국치안행정논집」, 5(2): 131-163.

박이숙. (2006), "사회복지적 개입을 위한 청소년 성매매의 문제 해결방향, 「석사학위논문」, 동아대학교 대학원.

박현수·김도우·이재영. (2010), "자아존중감과 사회적 지지가 청소년비행에 미치는 영향", 「한국범죄심리연구」, 6(1): 59-92.

배경의·강양희. (2007), "부산지역 남자 고등학생의 성태도, 성행동 및 자아존중감", 「부모자녀건강학회지」, 10(1): 36-47.

변혜정·김효정·이진영·황유나. (2012), 「가출십대여성실태조사: 서울경기지역 쉼터 거주자를 중심으로」, 서울시·유쾌한 섹슈얼리티인권센터.

성윤숙. (2011). 「청소년 인터넷 성매매 실태와 대응방안」, 한국청소년정책연구원.

성윤숙·박병식·박나래. (2011). 「여성청소년의 인터넷성매매 실태와 대응방안 연구」, 한국청소년정책연구원.

손정화. (2009). “부모와의 의사소통 및 친구동조성과 초등학생의 성지식, 성태도, 성행동과의 관계”, 「석사학위논문」, 창원대학교 대학원.

시민일보. (2015), “청소년대상 성매매 검거건수 2배 이상 증가”, 「시민일보」, 2015년 4월 19일자 사회면.

신 미·유미숙. (2010), “청소년 성발달에 따른 자극추구성향과 음란매체 접촉경험 및 반응의 영향력 분석”, 「청소년학연구」, 17(11): 205-225.

신승옥. (2014), “청소년에서 따돌림과 스마트폰 중독과의 관련성”, 「석사학위논문」, 조선대학교 대학원.

양돈규·조남근. (2004), “청소년의 인터넷 음란물 접촉경험과 성비행간의 관계”, 「중등교육연구」, 52(1): 325-347.

양성혜. (2014), “중학생이 인지한 부모의 자녀 성교육 실태 조사 연구: 제주시를 중심으로”, 「석사학위논문」, 제주대학교 대학원.

여성가족부. (2012), 「2012년 청소년유해환경 접촉 종합실태조사」, 서울: 여성가족부.

여성가족부. (2011), 「2010년 청소년유해환경 접촉 종합실태조사」, 서울: 여성가족부.

위키백과. (2016), https: //ko.wikipedia.org

유지웅. (2008). 가출청소년의 성매매 범죄와 경찰의 대응책. 치안정책연구소.

윤명선. (2000), “초기 청소년의 건강한 성을 위한 교육프로그램 개발”, 「박사학위논문」, 성균관대학교 대학원.

이뉴스투데이. (2016), “섹시 댄스에서 성관계 까지 불법 성인방송 여성 BJ 15명 적발”, 「이뉴스투데이」, 2016년 8월 11일 사회면.

이윤용. (2015), “성폭력범죄에 대한 국내외 정책동향 및 경찰정책 개선방안에 관한 연구”, 「박사학위논문」, 대전대학교 대학원.

이장범. (2012), “가출 청소년의 우울과 사회적 지지가 임파워먼트에 미치는 영향”, 「박사학위논문」, 명지대학교 대학원.

이혜경. (2007), “지역아동센터의 아동의 사회적지지 및 임파워먼트와 심리-사회적 적응”, 「박사학위논문」,숙명여자대학교 대학원.

이효빈. (2012), “자극추구성향과 또래동조성이 청소년 성비행에 미치는 영향”, 「석사학위논문」, 계명대학교 대학원.

이효빈·최윤경. (2016), “자극추구 성향과 또래동조성이 청소년 성비행에 미치는 영향”, 「청소년학연구」, 23(1): 257-278.

장선화. (1997), “음란물이 성행동에 미치는 영향: 대전지역 남자고등학생을 대상으로”, 「석사학위논문」, 고려대학교 대학원.

전복기. (2010), “성비행청소년과 일반청소년의 역기능적 사고 및 성의식, 성태도의 차이”, 「석사학위논문」, 대구대학교 대학원.

정연주. (2001), “사이버 매체와 청소년 성의식에 관한 연구: 인천광역시 중등 학생의 이성교제를 중심으로”,「석사학위논문」, 인하대학교 대학원.

정윤경·김재엽. (2005), “부부갈등이 성인초기 미혼 자녀의 이성과의 친밀감 위험과 성행동에 미치는 영향”, 「한국사회복지조사연구」, 12: 70-103

정은선. (2007), “청소년의 성태도, 분노, 성폭력간의 관계”, 「석사학위논문」, 단국대학교 대학원.

조승희. (2007), “인터넷을 통한 청소년 성매매에 관한 연구”, 명지대학교 학생생활연구소, 『학생지도』, 19: 18-41.

최미혜·김경희·권혜진·김수강. (2005), “청소년의 성허용성과 가족기능 및 부모와의 의사소통”, 「아동간호학회지」, 11(1): 54-62.

최재석. (1981), “한국에 있어서의 윤락여성 연구의 전개”, 「아시아여성연구」, 20(1): 9-52.

최정임. (2015), “모바일 미디어를 통한 성콘텐츠 노출과 성태도, 부모·또래관계가 청소년의 성행동에 미치는 영향”, 「박사학위논문」, 광운대학교 대학원.

한국청소년정책연구원. (2015), 「한국아동·청소년패널조사(KCYPS), 제1-6차 유저가이드」, 서울: 한국청소년정책연구원.

한상철. (2009), “청소년 성행동에 영향을 주는 위험요인 및 보호요인의 분석”, 「미래청소년학회지」, 6(4): 185-210.

홍선영·구차순·김향숙·김희영. (2013), 「부산지역 청소년 성매매 예방 방안 연구」, 부산여성가족개발원.

홍주영. (2002), “부부갈등 및 부모에 대한 애착과 청소년의 또래관계간의 관계”, 「석사학위논문」, 이화여자대학교 대학원.

황성현·이창한·이강훈·이완희·한우재. (2015), 「한국 범죄심리학」, 서울: 피앤씨미디어.

Dittus, Patricia J. and James Jaccard, and Vivian V. Gordon. (1999). “Direct and Nondirect Communication of Maternal Beliefs to Adolescent Motivations for Premarital Sexual Activity.” *Journal of Applied Social Psychology*, 29: 1927-1963.

Elliott, D. S., Huizinga, D., & Ageton, S. S. (1985). *Explaining Delinquency and Drug Use*. Beverly Hills: Sage.

Junger-Tas, J. (1992). An empirical test of social control theory. *Journal of Quantitative Criminology*, 8: 9-28.

Warr, M. (2002). *Companions in Crime: The Social Aspects of Criminal Conduct*. Cambridge England: Cambridge University Press.

Chapter

12

사이버 비행

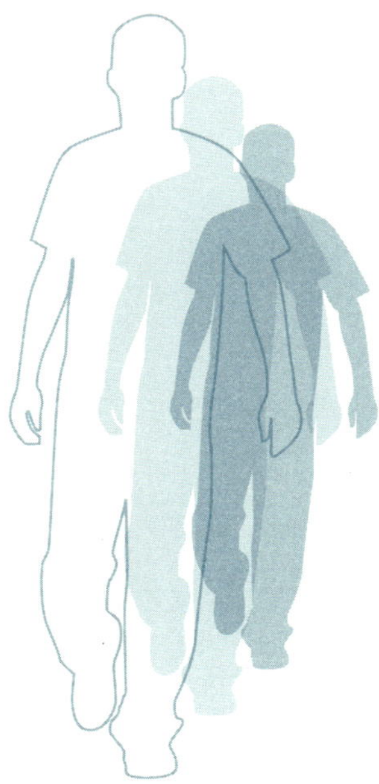

한 / 국 / 청 / 소 / 년 / 비 / 행 / 학

청소년 사이버 비행은 최근 인터넷 이용률의 증가와 스마트폰의 보급으로 인해 급격하게 증가하고 있다. '2011년 인터넷 윤리문화실태조사'에 따르면 인터넷 이용자 중 전체 응답자 청소년의 49.2%가 사이버 비행 가해 경험이 있는 것으로 나타났으며, 사이버 비행 가해 경험자 중 12~19세가 76.0%로 가장 높고, 20대는 58.2%로 연령이 낮을수록 사이버 비행 가해 경험률이 높게 나타났다. 최근의 사이버 비행은 과거 컴퓨터를 기반을 한 사이버 비행과 다른 양상을 보이고 있다. 과거 컴퓨터를 기반으로 한 사이버 비행은 주로 컴퓨터 사용 사기, 음란물유포, 해킹 및 바이러스 등으로 나타났다면, 최근에는 스마트폰을 통해 사이버 명예훼손, 사이버 스토킹, 신상정보유출, 사이버 불링, 사이버 폭력 등이 주를 이루고 있다. 특히 사이버 폭력 중에서 카카오톡 왕따(카따)는 심각한 사회문제로 대두되고 있다. 카카오톡 왕따를 당한 일부 청소년은 불안, 초조, 우울감 등의 정신적인 문제를 호소하며 심한 경우, 자살충동과 자살로 이어지기도 한다. 이 장에서는 사이버 비행의 개념에 대해 먼저 살펴볼 것이다. 사이버 비행은 스마트폰의 영향으로 랜덤채팅을 통한 사이버 성매매 등과 같은 새로운 형태의 비행으로 발전하고 있다. 그리고 청소년정책연구원에서 조사한 통계자료와 방송통신위원회와 한국인터넷진흥원에서 공동으로 연구한 자료를 통해 사이버 불링을 포함한 전반적인 사이버 비행의 실태를 살펴볼 것이다. 그다음으로 사이버 비행의 원인을 개인환경적 요인과 사회환경적 요인으로 나누어서 고찰할 것이다. 개인환경적 요인은 다시 개인의 심리적 요인과 부모학대 및 방임과 같은 가정환경적 요인 그리고 친구집단의 영향 등으로 세분화하고, 사회환경적 요인은 청소년의 인터넷 과다사용이 사이버 비행과 어떤 관련이 있는지를 학습할 것이다. 이런 원인을 중심으로 사이버 비행의 특징을 함께 살펴볼 것이다. 사이버 비행의 특징은 다양하지만, 주로 익명성, 가해와 피해의 중첩성, 피해의 신속성과 광범위성, 죄의식의 결여 및 피해의 심각성을 중심으로 설명할 예정이다. 마지막으로 우리 사회에서 청소년들의 사이버 비행의 줄이기 위한 대책을 개인환경적 측면과 사회환경적 측면을 중심으로 살펴볼 것이다.

CASE

18세의 김○○은 길을 지나가던 중 반지하방 화장실 안에서 한 여성이 샤워하는 것을 보기 위해 창문을 열고 침입하여 피해자의 알몸을 훔쳐보는 행위를 한다. 이후 근처 다른 집에 침입하여 부부가 성관계하는 장면을 스마트폰을 활용하여 촬영한다. 이러한 일탈은 단순한 충동이 아니었다.

부의 경제적인 무능력으로 인해 김○○은 안정적이 유년기를 보낼 수 없었고, 모마저 집을 떠나자 충격으로 인해 주의력결핍과잉행동장애의 치료를 받게 된다. 정서적 안정을 취할 수 없던 김○○은 중학교 시절 따돌림을 당하게 되고 학교생활에 적응하지 못한다. 고등학교에 진학한 뒤 성적인 행위를 통해 정서적 불안감을 없애려고 하였고, 단순한 성적 욕구가 아닌 가학적이거나 몰래 훔쳐보는 일종의 관음에 중독되게 된다. 인터넷 사이트에서 관련 포르노를 보는 것에 답답함을 느낀 김○○은 실제로 해당 행위를 하고 싶은 충동을 느끼고, 동네를 배회하며 창문이 열려 있는 타인의 화장실을 엿보며 여성의 벗은 몸을 관음하는 것을 통해 성적 욕구를 해소하였다. 이러한 성적 일탈행위를 지속해오던 중에 경찰에 적발된 것이다.

제1절 사이버 비행의 개념과 유형

(1) 사이버 비행의 개념

청소년 사이버 비행의 개념과 유형 정리는 상당히 광범위하고 어려운 작업이다. 왜냐하면 최근에 부상한 청소년비행의 한 형태로 실증적인 선행연구가 많이 축적되어 있지 않을 뿐만 아니라 지금도 새로운 형태의 사이버 비행이 발견되고 있으며, 오프라인에서 발생하는 현실비행의 여러 가지 유형이 결합된 형태의 사이버 비행이 발생하고 있기 때문이다. 그럼에도 불구하고 청소년 사이버 비행을 한마디로 요약한다면 오프라인에 발생하는 모든 유형의 청소년비행이 사이버상으로 옮겨 온 청소년비행을 청소년 사이버 비행으로 규정할 수 있다.

청소년 사이버 비행에 대한 개념정의를 한 선행연구에 따르면, 청소년에 국한하지 않은 일반적인 사이버 비행이란 사이버 공간을 중심으로 발생하는 해킹, 불법 소프트웨어 다운로드, 웹상에서 욕이나 폭력적 언어 사용 등의 제반 범죄 및 비행 또는 사회통념상 정상적인 행위를 벗어난 인터넷 활동을 말한다(이성식, 2009). 이와 같이 사이버 폭력, 범죄, 불링 등의 문제 행위가 청소년에 의해 사이버 공간에서 이뤄지는 경우 이를 사이버 비행으로 이해할 수 있다(염동문 외, 2014). 또한 사이버 비행은 인터넷상에서 이루어지는 청소년의 지위 또는 연령에 맞지 않는 행위인 지위비행, 인터넷상에서 이루어지는 성(性)과 관련된 행위인 성비행, 다른 사람의 물적·지적 재산을 훔치는 행위인 재산비행, 인터넷상에서 이루어지는 폭언이나 폭행 등의 부적절한 행위인 폭력비행으로 나누기도 한다(이정숙·안윤영, 2005).

청소년 사이버 비행 중에서 최근에는 사이버 불링(cyberbullying)이 사회문제로 부각되고 있다. SNS를 통해 확산되는 사이버 불링은 성인들뿐만 아니라 청소년 사이에서도 피해가 확산되고 있는 실정이다. 따라서 청소년 사이버 비행 및 폭력을 논의할 때 반드시 다루어야 할 유형으로 사이버 불링을 꼽을 수 있다. 사이버 불링은 사이버 폭력 중 한 유형이다. 국내에서는 사이버 불링을 사이버 폭력과 동일한 개념으로 사용하기도 한다. 조희정의 주장에 따르면, 사이버 불링은 이메일, 휴대전화, SNS 등 디지털서비스를 활용해 악성댓글이나 굴욕사진을 올림으로써 이루어지는 개인에 대한 괴롭힘 현상으로 파악했다(조희정, 2012). 따라서 청소년 사이버 불링은 청소년 개인 혹은 다수가 사이버 공간에서 누군가에게 의도적으로 해를 끼치거나 상처를 줄 목적으로 욕설, 모욕, 비방, 협박, 명예훼손, 개인정보 도용, 루머 퍼뜨리기, 괴롭힘, 소외와 배척, 원치 않는 동영상이나 사진 등을 유포하는 사이버 폭력 행위의 한 유형으로 정의할 수 있다.

종합하면, 청소년 사이버 비행은 현실비행에서 발생하는 모든 유형의 청소년비행이 사이버상으로 옮겨 와 진행되는 비행을 포함하여(재산비행, 성비행, 폭력비행 등), 오프라인상에서 발생할 수 없는 청소년비행, 예를 들면, 사이버 공간을 중심으로 발생하는 해킹, 바이러스 제작과 유포, 도메인주소 훔치기, 불법 소프트웨어다운, 모든 종류의 저작매체물의 불법다운 및 사용, 사이버 캐릭터 침해행위 등을 포함한 개념으로 규정지을 수 있다. 사이버 폭력에 해당되는 사이버 불링 또한 최근 청소년들 사이에서 급속하게 번지고 있는 사이버 비행의 중요한 유형으로 구분할 수 있다.

(2) 사이버 비행의 유형

학자들마다 사이버 비행의 종류를 유형화하는 기준은 다양하다. 전통적으로 컴퓨터범죄에 속했던 해킹, 바이러스제작 및 유포, 불법 소프트웨어 다운로드 등을 청소년 사이버 비행에 포함시키기도 하고, 최근 급속하게 확산되고 있는 사이버 불링을 사이버 비행의 중요한 유형으로 포함시켜야 한다는 주장도 있다. 이 장에서는 사이버 비행을 〈표 12-1〉과 같이 사이버 일탈, 사이버 성비행, 사이버 재산비행, 사이버 폭력비행으로 나누고, 사이버 폭력비행은 따로 구분하여 〈표 12-2〉처럼 구분한다. 또한 사이버 폭력비행 중에서 최근 가장 사회문제가 되고 있는 사이버 불링과 학교관련 사이버 폭력을 〈표 12-3〉과 〈표 12-4〉처럼 세분하여 살펴보고자 한다.

표 12-1 사이버 비행의 유형

종류	설명
사이버 일탈	사이버 일탈은 사이버 비행 중에서 비교적 가벼운 비행 또는 그런 일탈로 인해 발생하는 피해의 당사자가 타인이 아닌 청소년 자신인 경우로 한정할 수 있다. 대표적인 예로 게임중독, 인터넷중독, 스마트폰중독, 음란물중독 등을 들 수 있다.
사이버 성비행	사이버 성비행은 SNS를 통한 음란한 대화, 음란물 접촉, 불법 음란 동영상(몰래카메라, 성교행위, 유사성교행위 등) 업로드 및 다운로드, 인터넷 채팅 사이트나 랜덤채팅 어플리케이션을 통한 성매매 등 사이버상에서 성과 관련되어 발생할 수 있는 모든 유형의 비행을 의미한다.
사이버 재산비행	사이버 재산비행은 인터넷이나 스마트폰을 통해 다른 사람의 물질적, 지적 재산을 훔치는 모든 유형의 사기행위를 의미한다. 대표적인 예로 프로그램 불법 복제 및 유출, 불법사이트 운영, 개인정보 침해 및 도용, 모든 유형의 전자상거래 사기, 사이버도박, 불법동영상판매 등을 들 수 있다.
사이버 폭력비행	사이버 폭력비행은 사이버상에서 발생하는 모든 유형의 폭력행위를 의미한다. 예를 들면, 사이버 언어폭력, 사이버 명예훼손, 사이버 스토킹, 사이버 성폭력, 신상정보 유출, 사이버 왕따(불링) 등을 들 수 있다.

표 12-2 사이버 폭력의 유형

유형	설명
사이버 언어폭력	인터넷과 스마트폰의 SNS를 통해 발생하는 욕설, 거친 언어, 인신 공격성 발언 등을 하는 행위
사이버 명예훼손	사실 여부와 상관없이 다른 사람/기관의 명예를 훼손하는 글을 인터넷, SNS 등에 올려 아무나(불특정 다수) 볼 수 있게 하는 행위
사이버 스토킹	특정인이 원치 않음에도 반복적으로 공포감, 불안감을 유발하는 이메일이나 쪽지를 보내거나, 블로그, 미니홈피, 인스타그램, 트위터, 카카오스토리, 페이스북, SNS 등에 방문하여 댓글 등의 흔적을 남기는 행위
사이버 성폭력	특정인을 대상으로 성적인 묘사 혹은 성적 비하 발언, 성차별적 욕설 등 성적 불쾌감을 느낄 수 있는 내용을 인터넷이나 스마트폰을 통해 게시하거나 음란한 동영상, 사진을 퍼뜨리는 행위
신상정보 유출	개인의 사생활에 해당하는 내용을 언급 또는 게재하거나 신상정보(이름, 거주지, 재학 중인 학교 등)를 유포시키는 행위
사이버 왕따 (사이버 불링)	인터넷상의 SNS 사이트, 스마트폰 문자메시지, 채팅 사이트 등의 전자 통신 수단을 이용한 왕따를 지칭하는 신종 따돌림
학교 사이버 폭력	학교 급우들 사이에서 주로 발생하는 사이버 폭력의 유형으로 주로 카카오톡을 중심으로 벌어지는 최근 사이버 폭력의 한 유형이다. 카카오톡 왕따(카따), 와이파이 셔틀, 게임아이템 셔틀 등을 들 수 있다.

출처: 방송통신위원회 · 한국인터넷진흥원; 사이버 폭력실태조사 요약보고서, 2013.

표 12-3 사이버 불링의 유형

유형	설명
사이버 스토킹 (cyber stalking)	특정인이 싫다고 했음에도 불구하고 인터넷이나 스마트폰을 통해 계속적으로 말, 글, 사진, 그림 등을 보내 공포심과 불안감을 유발하는 행위
사이버 비방 (cyber slander)	인터넷이나 스마트폰을 통해 특정인에게 욕설, 비속어, 모욕적인 메시지 등을 전달하는 행위
이미지 불링 (image bullying)	특정인을 비난하거나 모욕하기 위해 타인에게 알려지기를 원치 않는 사진이나 동영상을 유포하는 행위
아이디 도용 (ID theft)	특정인의 아이디를 이용하여 사이버상에서 마치 그 사람인 것처럼 행동하는 행위
사이버 갈취 (cyber extortion)	인터넷이나 스마트폰을 이용해 특정인에게 돈이나 사이버머니, 캐릭터 등을 요구하거나 데이터 소액결제 등의 비용을 부담하게 하는 행위
사이버 성폭력 (sexting)	특정인에게 성적인 메시지를 보내거나 성적인 모욕 등을 하는 행위
사이버 감옥 (cyber jail)	인터넷 대화방이나 스마트폰 카톡 등에서 특정인을 퇴장하지 못하게 막고 비방 또는 욕설하는 행위
사이버 배제 (cyber exclusion)	사이버상에서 특정인을 친구목록에서 제외하거나 친구신청 거부 또는 배제하는 행위
플레이밍 (flaming)	특정인을 자극하여 일부러 논쟁 또는 분란을 일으켜 특정인이 문제 있음을 드러나도록 하는 의도적 행위
사이버 명령 (cyber-order)	인터넷이나 스마트폰을 이용해 특정인에게 원치 않는 행동을 강요하거나 심부름 시키는 행위
안티 카페 (anti-cafe)	특정인을 비방, 욕설, 따돌림 등을 위해 사이버상에 사이트나 게시판 등을 개설하여 운영하는 행위
사이버 왕따놀이 (cyberbullying play)	사이버상에 특정 그룹에 소속된 사람들끼리 번갈아 가면서 소속된 사람을 일방적으로 욕설, 비방, 모욕하는 행위

출처: 한국정보화진흥원; 학교폭력 2.0, 사이버 불링실태와 해법, 2013.

표 12-4 학교 사이버 폭력 유형

유형		설명
카카오톡 왕따 (카따)		카따란 '카카오톡 왕따'를 뜻하는 10대들의 은어로, 오프라인에서의 왕따 행위를 모바일 공간으로 옮겨와서 자행하는 것
	떼카	채팅방에서 피해학생에게 단체로 욕을 퍼붓는 것
	카톡방폭	채팅방에 피해학생을 초대한 뒤 한꺼번에 나가버려 피해학생만 카톡방에 남게 하는 것
	카톡감옥	피해학생을 채팅방으로 초대하여 괴롭히는 것
	기타	• 채팅방에서 피해학생의 말만 무시하며 유령 취급하는 행위 • 피해학생을 초대한 뒤 일제히 의미 없는 메시지를 던져 스마트폰을 마비시키는 행위
와이파이 셔틀		스마트폰의 테더링기능을 이용하여 피해학생의 스마트폰을 와이파이 공유기처럼 사용하는 것으로, 무선데이터 갈취를 통해 금전적 피해를 주는 것
게임아이템 셔틀		게임을 하기 위해서 필요한 아이템을 피해학생에게서 상납받는 행위

출처: 이창호 외, 청소년 사이버 불링 실태 및 대응방안 연구: 한국청소년정책연구원, 2014.

제2절 사이버 비행 실태

청소년 사이버 비행관련 실태조사는 정부부처의 공식기관에 조사한 자료와 청소년정책연구원에서 조사한 통계자료를 중심으로 살펴볼 것이다. 최근 정부부처 통계자료는 2013년에 한국방송통신위원회와 한국인터넷진흥원이 공동으로 연구한 '사이버 폭력 실태조사' 자료가 있으며, 비공식통계자료는 청소년 정책연구원이 지난 2011년부터 2015년도까지 수집한 한국·아동청소년패널 조사의 중등패널 자료와 2013년 사이버 불링에 관한 연구 자료가 대표적이다. 사이버 폭력 실태조사는 우리나라의 초등학생, 중학생, 고등학생 모집단 중에서 각각 500명씩 표본 추출한 자료로 초등학생은 면접조사를 통해, 중학생과 고등학생은 온라인조사를 통해 확보한 자료이다. 한국·아동청소년패널 자료는 2011년 제주도를 제외한 전국의 중1학생들을 모집단으로 층화다단계표집 방법을 통해 추출된 총 2,351명의 연구대상자를 중심으로 매년 추적 조사한 자료이다. 한편, 사이버 불링에 관한 데이터는 2013년 전국 16개 시도를 층화한 뒤 중학교 24개교, 고등학교 24개교 등 총 48개 학교를 층화다단계집락표집방식을 통해 중학생 2,000명, 고등학생 2,000명 등 총 4,000명의 학생들을 표집대상으로 삼았다. 따라서 한국아동·청소년패널자료와 사이버 불링 실태자료는 확률표본추출인 층화다단계표집 방법을 채택하여 조사했기 때문에 자료의 결과를 한국 전체 중학생과 고등학생으로 확대해석할 수 있으므로 자료가 대표성을 가진다고 평가할 수 있다.

(1) 한국·아동청소년패널조사

청소년정책연구원에서 조사한 한국아동·청소년 패널자료의 사이버 비행 유형은 채팅/게시판 등에 일부러 거짓정보 올리기, 불법 소프트웨어 다운받아 사용하기, 다른 사람의 아이디/주민번호 도용해서 사용하기, 채팅하면서 성별/나이 속이기, 다른 사람의 컴퓨터나 웹사이트 해킹하기, 채팅/게시판 등에서 욕이나 폭력적인 언어 사용하기 등이며 〈그림 12-1〉에서부터 〈그림 12-6〉에 잘 나타나 있다.

그림 12-1 채팅/게시판 거짓정보 작성

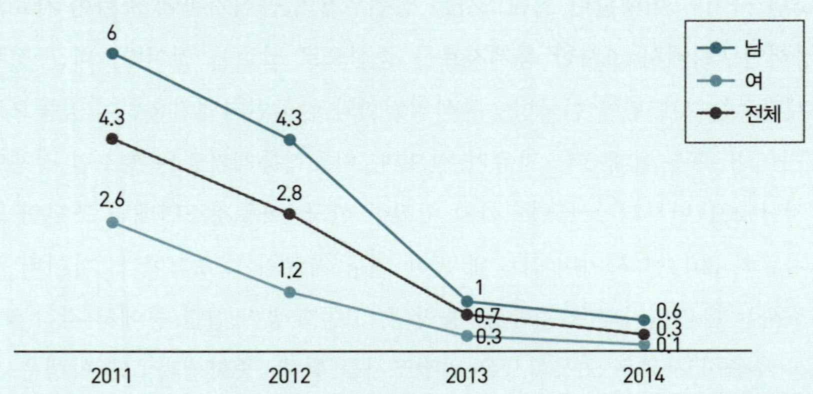

그림 12-2 불법 소프트웨어 다운로드 사용 경험

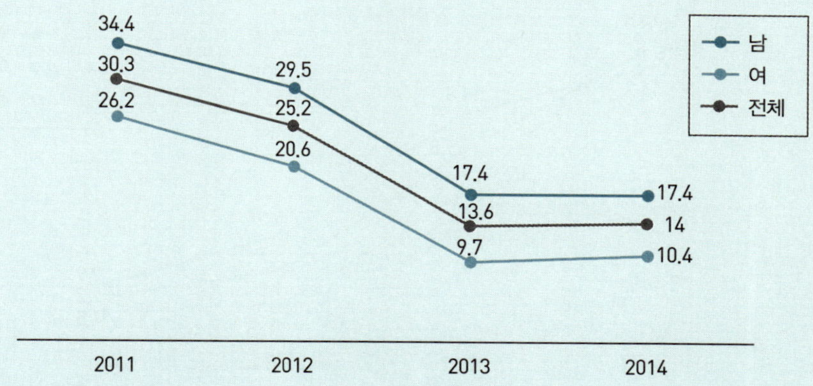

그림 12-3 아이디/ 주민번호 도용

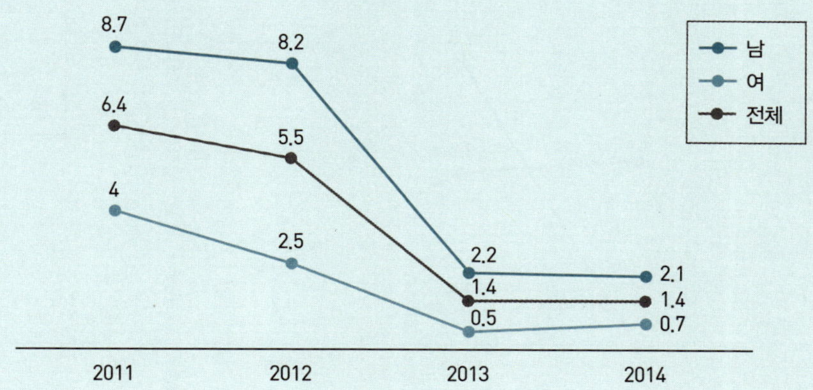

〈그림 12-1〉에서 〈그림 12-6〉까지는 사이버 비행의 실태를 나타낸 것이다. 전반적으로 2011년(중학교 2학년)부터 2014년(고등학교 2학년)까지 청소년의 사이버 비행률은 줄어드는 양상을 보인다. 즉, 중학교 2학년 청소년들이 각종 사이버 비행을 가장 많이 저지르고 학년이 높아짐에 따라 점차 줄어드는 경향을

그림 12-4 성별/나이 속이기

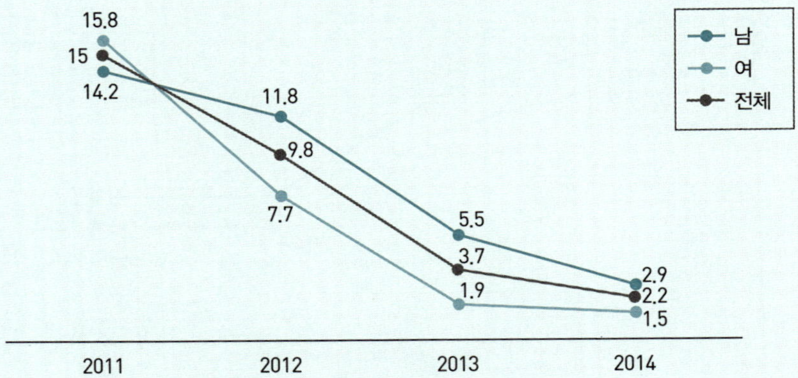

그림 12-5 컴퓨터나 웹사이트 해킹

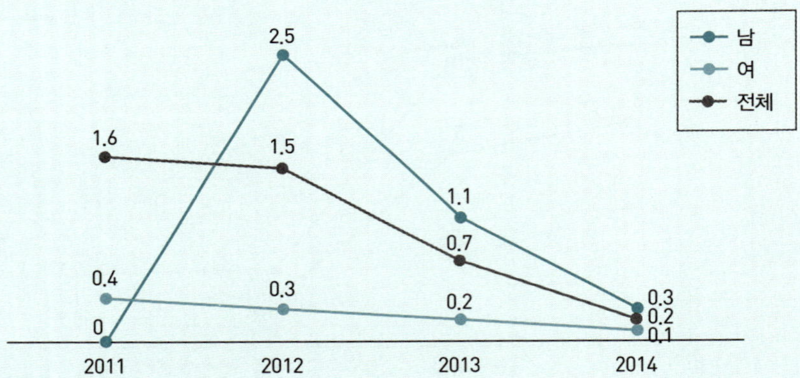

보였다. 특히 사이버상에 아이디나 주민번호를 도용하는 행위, 거짓정보를 올리는 행위, 해킹행위 등은 학년이 높아짐에 따라 점차 감소하는 현상을 보이다가 고등학교 2학년 즈음에는 3% 이내의 수준으로 떨어지는 것으로 나타났다. 사이버 비행 중에서 청소년들이 가장 많이 저지르는 비행의 유형은 불법 소프트웨어

그림 12-6 사이버상에서 욕/폭력적인 언어 사용

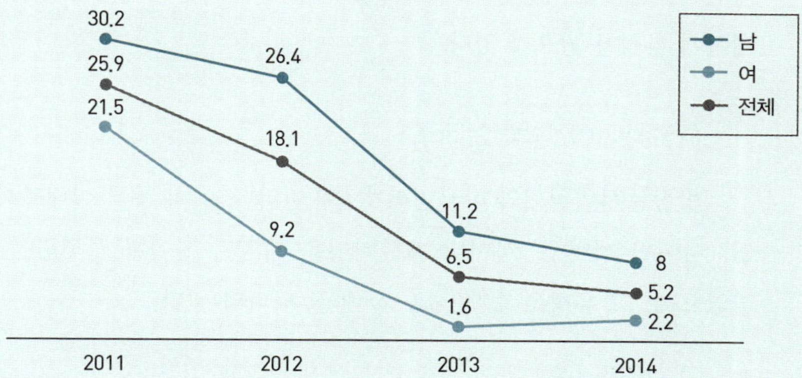

를 다운받아 사용하는 행위이며 그다음으로 사이버상에 타인에게 욕이나 폭력적인 언어를 사용하는 행위>성별이나 나이를 속이는 행위>아이디나 주민번호를 도용하는 행위>거짓정보를 올리는 행위>컴퓨터나 웹사이트를 해킹하는 행위 순으로 나타났다. 청소년의 사이버 비행 중에서 불법 소프트웨어를 사용하는 행위가 가장 높은 것은 그런 행위가 일반 성인들에게도 일종의 죄의식 없이 행해지는 사회분위기와 무관하지 않다. 즉, 컴퓨터 게임이나 각종 컴퓨터 프로그램을 사용할 때 정당한 가격을 지불하지 않고 사용하는 사람들이 많으며, 우리사회에서 지적재산권을 보호하려는 의식이 약하기 때문에 청소년들에게도 가장 높은 비율로 나타난 사이버 비행의 유형이라 볼 수 있다. 그다음으로 청소년들이 사이버상에 많이 저지르는 비행은 타인에게 욕이나 폭력적인 언어를 사용하는 행위이다. 최근에 청소년의 학교폭력 중에서 점차 증가하는 비행 유형은 사이버상에 욕이나 언어적인 폭력을 사용하는 행위이다. 2016년 교육부 국정감사 자료에 따르면, 사이버 학교폭력은 2012년 900건에서 2015년에 1천462건으로 3년 만에 1.6배 증가했다. 이 기간 전체 학교폭력 건수가 2만4천709건에서 1만9천968건으로 19.1% 감소한 것과 대조적이다(연합뉴스, 2016년 10월 22일). 이처럼 사이버상에 청소년의 욕이나 언어적인 폭력은 점차 증가하는 것으로 드러남에 따라 그 피해를 호소하는 청소년들의 비율도 함께 증가하고 있다. 사이버상에 행해지는 폭력의 실태를 실증적으로 조사한 데이터는 방송통신위원회와 한국인터넷진흥원이 공동으로 조사한 '사이버 폭력실태조사' 자료를 통해 좀 더 상세하게 분석할 필요가 있다.

(2) 사이버 폭력 실태조사

방송통신위원회와 한국인터넷진흥원의 '사이버 폭력 실태조사'는 사이버 일탈, 사이버 성비행, 사이버 재산비행은 제외된 사이버 폭력만을 조사대상으로 삼았으며, 그 유형은 〈그림 12-7〉에 잘 나타나 있다.

1) 사이버 폭력 가해경험

〈그림 12-7〉에서 사이버 폭력 가해 경험은 전체 29.2%로 전체 청소년 3명

그림 12-7 사이버 폭력 가해 경험 (복수응답, %)

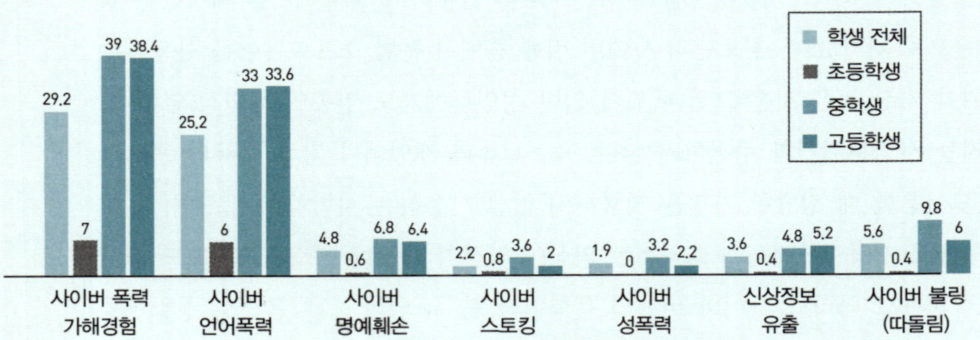

	사이버 폭력 가해경험	사이버 언어폭력	사이버 명예훼손	사이버 스토킹	사이버 성폭력	신상정보 유출	사이버 불링 (따돌림)
학생 전체	29.2	25.2	4.8	2.2	1.9	3.6	5.6
초등학생	7.0	6.0	0.6	0.8	0.0	0.4	0.4
중학생	39.0	33.0	6.8	3.6	3.2	4.8	9.8
고등학생	38.4	33.6	6.4	2.0	2.2	5.2	6.0

출처: 방송통신위원회·한국인터넷진흥원; 사이버 폭력실태조사 요약보고서, 2013.

중에서 1명꼴로 사이버 폭력을 한 경험이 있는 것으로 나타났다. 고등학생들의 가해 경험이 가장 높았으며, 그다음으로 중학생과 초등학생 순으로 나타났다. 사이버 폭력 중에서 사이버 언어폭력이 25.2%로 다른 사이버 폭력에 비해 압도적으로 높은 수치를 나타냈다. 그다음으로는 사이버 불링과 사이버 명예훼손 순이다. 사이버 불링과 사이버 명예훼손은 주로 글로 표현되는 경우가 많기 때문에 이 두 가지를 사이버 언어폭력에 포함한다면 청소년들이 저지르는 사이버상의 폭력은 대부분 사이버 언어폭력이 대부분이라 할 수 있다.

2) 사이버 폭력 가해 대상

〈그림 12-8〉에서 청소년들이 사이버 폭력을 저지를 때 대상은 초등학생의 경우, 같은 학교에 다니는 학생을 주 대상으로 삼았으며, 중학생과 고등학생은 전혀 모르는 사람을 대상으로 하는 경우가 제일 많았다. 따라서 청소년의 사이

그림 12-8 사이버 폭력 가해 대상 (복수응답, %)

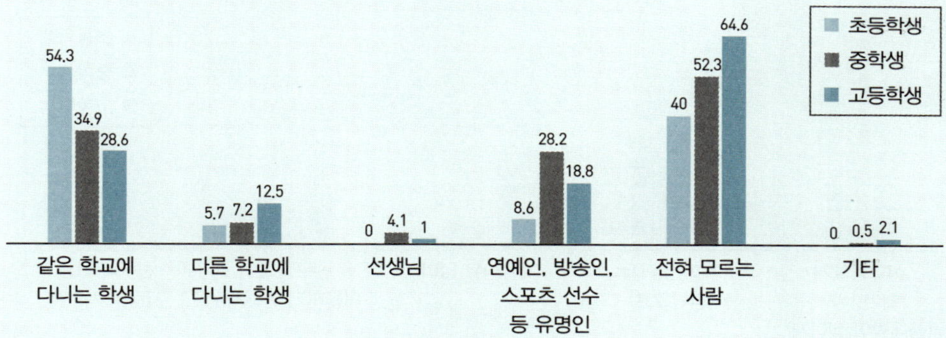

	같은 학교에 다니는 학생	다른 학교에 다니는 학생	선생님	연예인, 방송인, 스포츠 선수 등 유명인	전혀 모르는 사람	기타
초등학생	54.3	5.7	0.0	8.6	40.0	0.0
중학생	34.9	7.2	4.1	28.2	52.3	0.5
고등학생	28.6	12.5	1.0	18.8	64.6	2.1

출처: 방송통신위원회·한국인터넷진흥원; 사이버 폭력실태조사 요약보고서, 2013.

버 폭력 대상은 같은 학교에 다니는 친구들이나 전혀 모르는 사람이 거의 대부분을 차지하고 있다. 이는 초등학생의 경우, 매일같이 만나는 친구들과의 상호작용 과정에서 나타날 수 있은 갈등을 사이버 폭력을 통해 해결하는 경향이 있는 것으로 추정된다. 한편, 중학생과 고등학생의 경우, 사이버상에서 타인과의 상호작용의 범위는 친밀한 친구의 범위를 벗어나 좀 더 넓은 대인관계를 형성하는 과정에서 갈등이 더 많이 발생한다고 볼 수 있다. 즉, 컴퓨터 게임이나 인터넷 채팅 등과 같은 사이버상의 취미활동에서 평소 일면식이 없는 전혀 모르는 사람을 향해 사이버 폭력을 휘두를 수 있으며 이는 향후 사이버 폭력이 지금보다 더 많이 증가할 가능성을 내포하고 있다.

3) 사이버 폭력 가해 이유

〈그림 12-9〉에서 사이버 폭력을 한 이유에 대해 초등학생은 재미있어서

그림 12-9 사이버 폭력 가해 이유 (복수응답, %)

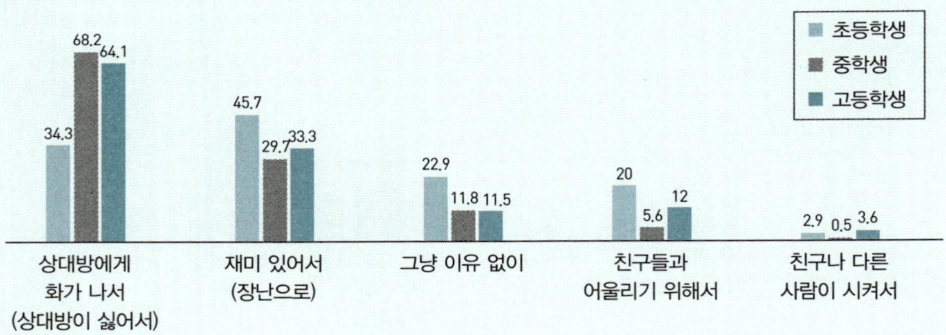

	상대방에게 화가 나서 (상대방이 싫어서)	재미 있어서 (장난으로)	그냥 이유 없이	친구들과 어울리기 위해서	친구나 다른 사람이 시켜서
초등학생	34.3	45.7	22.9	20.0	2.9
중학생	68.2	29.7	11.8	5.6	0.5
고등학생	64.1	33.3	11.5	12.0	3.6

출처: 방송통신위원회·한국인터넷진흥원; 사이버 폭력실태조사 요약보고서, 2013.

(장난으로)가 45.7%로 가장 많았으며, 중학생과 고등학생은 상대방에게 화가 나서(상대방이 싫어서)가 각각 68.2%와 64.1%로 가장 높게 나타났다. 초등학생의 경우, 사이버 폭력을 저지르는 명확한 이유가 없이 단지 재미로 한다고 응답한 비율이 높다는 사실은 사이버 폭력을 당하는 피해자들의 입장을 고려할 인지능력이 부족한 것으로 추정된다. 반면, 중고등학생은 사이버 폭력이 발생한 동기를 명확하게 상대방에게 돌리는 것으로 추정하건대 일단 폭력의 대상이 선정되면 지속적으로 상대방을 괴롭힐 가능성이 높다고 판단할 수 있다.

4) 사이버 폭력 피해 경험

〈그림 12-10〉에서 사이버 폭력의 피해 경험은 전체 청소년 중 30.3%이며, 이 수치는 〈그림 12-7〉의 가해경험 29.2%와 거의 일치한다. 이는 사이버 폭력을 저지르는 가해학생들과 폭력을 당하는 피해학생들 양쪽 다 명확하게 사이버

그림 12-10 사이버 폭력 피해 경험 (복수응답, %)

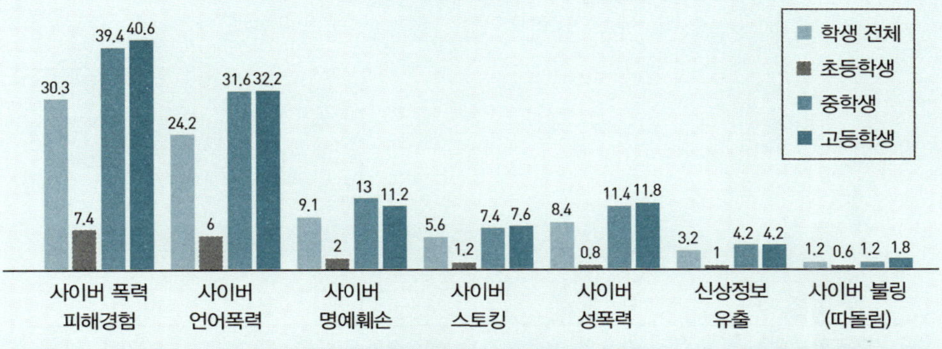

	사이버 폭력 피해경험	사이버 언어폭력	사이버 명예훼손	사이버 스토킹	사이버 성폭력	신상정보 유출	사이버 불링 (따돌림)
학생 전체	30.3	24.2	9.1	5.6	8.4	3.2	1.2
초등학생	7.4	6.0	2.0	1.2	0.8	1.0	0.6
중학생	39.4	31.6	13.0	7.4	11.4	4.2	1.2
고등학생	40.6	32.2	11.2	7.6	11.8	4.2	1.8

출처: 방송통신위원회·한국인터넷진흥원; 사이버 폭력실태조사 요약보고서, 2013.

폭력의 개념을 인지하고 있다는 사실을 반증한다. 사이버 폭력 피해는 고등학생이 40.6%로 가장 높았으며, 중학생이 39.4%, 초등학생이 7.4% 순으로 나타났다. 사이버 폭력 중에서 사이버 언어폭력을 당한 비율이 가장 높았으며, 그다음으로 사이버 명예훼손이 높게 나타남에 따라 〈그림 12-7〉의 가해경험과 비슷한 양상을 보이고 있다.

5) 사이버 폭력 피해 대상

〈그림 12-11〉에서 사이버 폭력을 당한 청소년이 초등학생의 경우, 같은 학교에 다니는 친구들로부터가 51.4%로 가장 많았으며, 중고등학생의 경우, 전혀 모르는 사람들에게 가장 많이 당하는 것으로 나타났다. 이는 〈그림 12-8〉의 사이버 폭력 가해 대상과 맥을 같이하고 있다. 사이버 폭력의 가해자는 초등학생의 경우, 같은 학교 친구들을 가장 많이 괴롭히고, 중고등학생의 경우, 전혀 모르는 사람으로 나타난 것처럼 사이버 폭력의 피해 또한 그 대상이 동일한 것으

그림 12-11 사이버 폭력 피해를 당한 대상(복수응답, %)

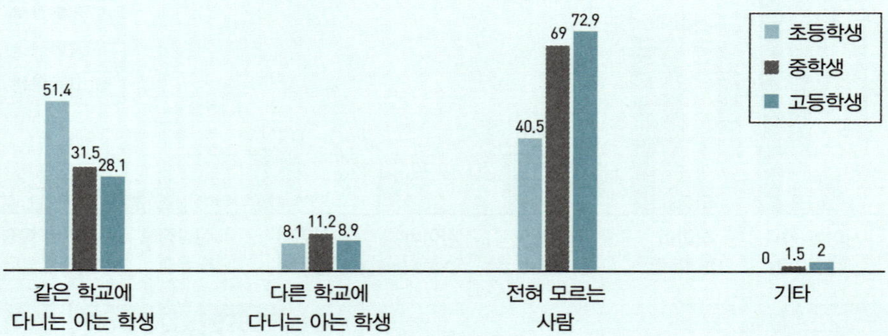

	같은 학교에 다니는 아는 학생	다른 학교에 다니는 아는 학생	전혀 모르는 사람	기타
초등학생	51.4	8.1	40.5	0.0
중학생	31.5	11.2	69.0	1.5
고등학생	28.1	8.9	72.9	2.0

출처: 방송통신위원회·한국인터넷진흥원; 사이버 폭력실태조사 요약보고서, 2013.

로 나타났다. 특히 고등학생의 경우, 사이버 폭력은 전혀 일면식이 없는 모르는 사람에게 당하는 경우가 약 3명 중 2명으로 가장 높은 비율을 차지하고 있다.

6) 사이버 폭력 후 감정상태

〈그림 12-12〉에서 사이버 폭력을 당한 경우, 피해자의 감정 상태는 '별 생각이 들지 않았다'가 제일 높은 수치를 나타냈지만, 피해자의 약 10명 중 1명은 자살/자해를 하고 싶었다고 생각할 정도로 그 피해 후유증은 심각하다. 초등학생의 경우, '가해자에게 복수를 하고 싶었다'와 '학교에 가기가 싫었다'가 21.6%로 높은 수치를 나타냈으며, '심한 불안감을 느꼈다'와 '사람을 만나거나 사귀기가 힘들었다'라고 표현한 비율도 상당히 높게 나타났다. 중고등학생의 경우, 또한 '가해자에게 복수를 하고 싶었다'가 높은 수치를 드러냈으며 그다음으로 심한 불안감과 학교에 가기 싫은 감정 순으로 나타났다. 종합하면, 사이버 폭력을 당한 청소년들의 약 1/3 정도는 별다른 감정의 변화를 느끼지 않았지만, 학년이

그림 12-12 사이버 폭력 후 감정상태 (복수응답, %)

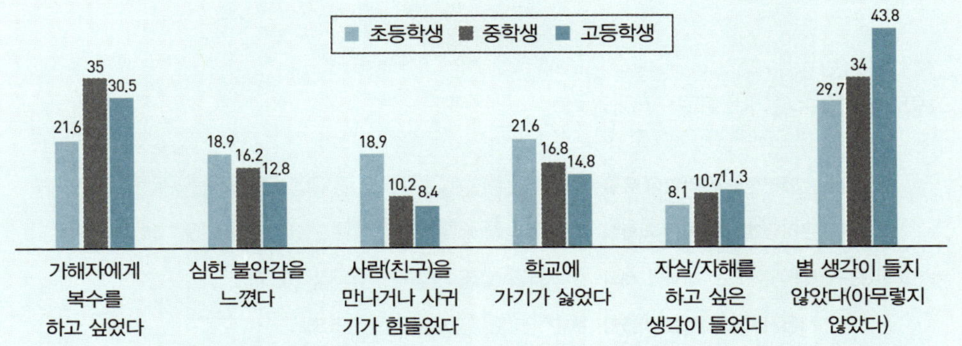

	가해자에게 복수를 하고 싶었다	심한 불안감을 느꼈다	사람(친구)을 만나거나 사귀기가 힘들었다	학교에 가기가 싫었다	자살/자해를 하고 싶은 생각이 들었다	별 생각이 들지 않았다(아무렇지 않았다)
초등학생	21.6	18.9	18.9	21.6	8.1	29.7
중학생	35.0	16.2	10.2	16.8	10.7	34.0
고등학생	30.5	12.8	8.4	14.8	11.3	43.8

출처: 방송통신위원회·한국인터넷진흥원; 사이버 폭력실태조사 요약보고서, 2013.

높아짐에 따라 폭력의 후유증은 심각한 것으로 나타났다. 즉, 자살을 하고 싶은 생각이 든 비율은 초등학생의 경우, 8.1%, 중학생의 경우, 10.7%, 고등학생은 11.3%로 점차 높아짐에 사이버 폭력의 심각성은 청소년 초기보다 중기나 후기로 넘어 오면서 더 큰 마음의 상처를 남기는 것으로 드러났다.

(3) 사이버 불링의 실태조사

최근 인터넷, 스마트폰의 발달로 새롭게 나타난 사이버 비행의 한 유형으로 사이버 불링을 꼽을 수 있다. 사이버 불링은 특정인을 사이버상에서 집단적으로 따돌리거나 집요하게 괴롭히는 행위이다. 사이버 불링은 인터넷과 SNS, 스마트폰 어플리케이션, 문자 등을 통해 이루어지기 때문에 시·공간의 제약을 받지 않으며 24시간 욕설이나 험담 등 지속적으로 상대를 괴롭혀 피해학생에게 큰 고통을 주고 있다. 사이버 불링의 실태조사는 지난 2013년 한국청소년정책연구원에서 조사한 자료인 '청소년 사이버 불링 실태 및 대응방안 연구'가 있다(이창호 외, 2014).

〈그림 12-13〉은 청소년들이 사이버 불링을 당한 피해경험을 나타낸 표이다. 사이버 불링의 유형 중에서 청소년들이 가장 많이 피해를 보는 형태는 온라

그림 12-13 사이버 불링 피해경험

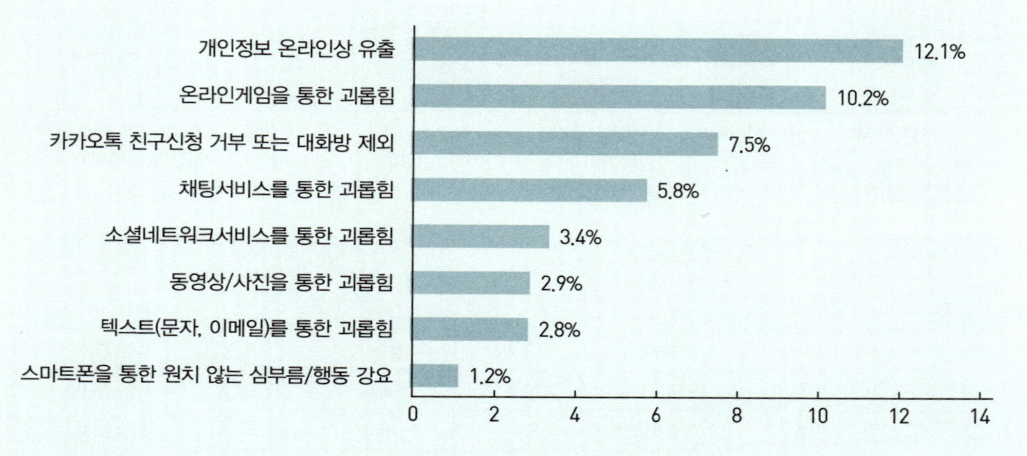

출처: 이창호 외, 청소년 사이버 불링 실태 및 대응방안 연구; 한국청소년정책연구원, 2014.

인상에서 개인정보유출이었다. 즉, 응답자의 12.1%가 자신의 개인정보가 온라인상에 유출된 적이 있다고 답했다. 이어 온라인게임을 통한 괴롭힘이 뒤를 이었는데 10명 중 1명가량(10.2%)이 피해를 입은 것으로 나타났다. 그다음으로 카카오톡 친구신청거부와 대화방 제외를 의미하는 '카카오톡 왕따'가 7.5%>채팅 서비스를 통한 괴롭힘 5.8% 순으로 나타났다. 한편, 동영상이나 사진을 통한 괴롭힘이나 텍스트를 통한 괴롭힘은 비교적 빈도수가 적었다. 특히 스마트폰을 통해 원치 않는 심부름이나 행동을 강요당한 사례는 전체의 1.2%에 불과했다.

〈그림 12-14〉는 사이버 불링을 당했을 때 피해학생이 하는 취하는 행동을 나타낸 표이다. 사이버 불링을 당했을 때, 상대방의 접속을 차단하는 경우가 29.6%로 가장 높게 나타났으며, 그다음으로 아무런 행동을 취하지 않는 경우가 23.8%, 상대방에게 사과를 요구하는 경우가 22.4%로 나타났다. 부모에게 알리거나 경찰에 신고하는 경우는 10% 미만으로 나타남에 따라 사이버 불링을 당하는 청소년은 피해를 공론화하기보다는 비공식적으로 처리하는 경우(상대방의 접촉을 차단, 아무런 행동을 취하지 않음, 사과를 요구함 등)가 거의 대부분을 차지하고 있었다.

그림 12-14 사이버 불링 피해 시 행동

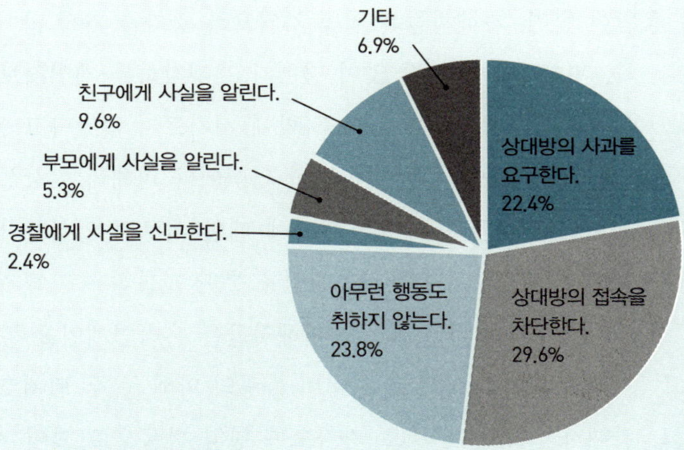

출처: 이창호 외, 청소년 사이버 불링 실태 및 대응방안 연구; 한국청소년정책연구원, 2014.

그림 12-15 사이버 불링 가해경험

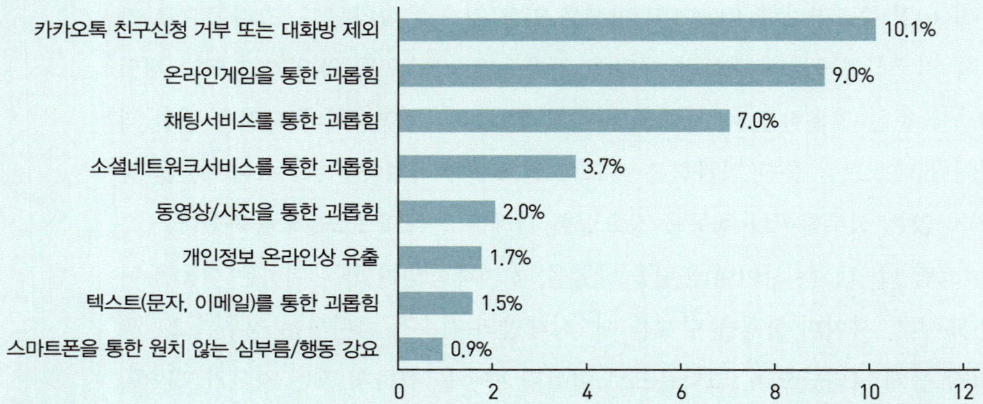

출처: 이창호 외, 청소년 사이버 불링 실태 및 대응방안 연구; 한국청소년정책연구원, 2014.

〈그림 12-15〉는 사이버 불링을 저지른 청소년의 가해경험을 나타낸 것이다. 사이버 불링 가해경험으로는 카카오톡 이용 중 친구신청을 거부하거나 대화방에서 누군가를 제외한 경험이 10.1%로 가장 높게 나타났다. 〈그림 12-13〉의 사이버 불링 피해자의 경험률과 비교할 때, 가해자들과 피해자들의 경험률이 다소 상이한 형태로 나타났다. 즉, 피해자들은 개인정보 온라인상 유출을 가장 많이 당한 것으로 응답한 반면, 가해자들은 일명 카카오톡 왕따를 가장 많이 저지른다고 응답했다. 즉, 피해자들이 가장 많이 당했다고 생각하는 개인정보 온라인상 유출(12.1%)은 가해자들 입장에서는 1.7%밖에 저지르지 않았다고 응답했다. 이는 가해자와 피해자의 사이버 불링에 관한 인식이나 피해의 심각성에 대해 서로 상이하게 받아들인 결과로 사이버 불링에 대한 서로의 인식차이가 매우 큰 것으로 판단할 수 있다. 그러나 온라인게임을 통한 괴롭힘은 가해자와 피해자의 입장이 서로 비슷하게 나타났다. 즉, 피해자들은 온라인게임을 통한 괴롭힘을 당했다고 응답한 비율이 10.2%로 사이버 불링의 피해 중 두 번째로 높은 비율로 응답했고, 가해자들 또한 9.0%로 카카오톡 왕따 다음으로 많이 저지른 유형으로 온라인게임을 통한 괴롭힘을 지목했다.

〈그림 12-16〉에서 사이버 불링을 저지르는 가해자들의 주된 이유는 상대

그림 12-16 사이버 불링 가해 이유

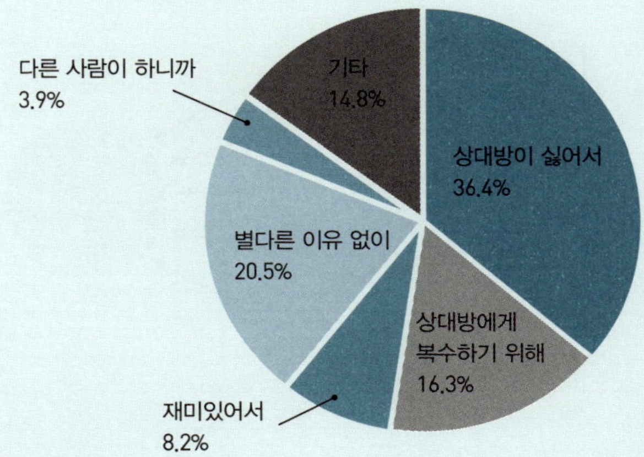

출처: 이창호 외, 청소년 사이버 불링 실태 및 대응방안 연구; 한국청소년정책연구원, 2014.

방이 싫어서가 36.4%로 가장 높게 나타났으며, 그다음으로 별다른 이유없이가 20.5%, 상대방에게 복수하기 위해서가 16.3% 순으로 나타났다. 즉, 사이버 불링의 가해 이유는 상대방을 제외시키거나 좀 더 적극적인 표현인 복수심 등이 50% 이상을 차지하는 것으로 나타났다. 이런 현상은 〈그림 12-9〉의 사이버 폭력 가해 이유와 동일하다. 〈그림 12-9〉에서 한국 초·중·고등학생들이 사이버 불링을 포함한 사이버 폭력을 저지르는 가장 큰 이유로 상대방이 싫어서가 50% 이상을 차지했던 조사와 동일한 결과를 보였다.

제3절 사이버 비행의 원인

청소년의 일반비행과 마찬가지로 청소년 사이버 비행 또한 그 원인이 다양하다. 일반적으로 청소년 사이버 비행은 크게 개인환경적 요인과 사회환경적 요인으로 나눌 수 있다. 개인환경적 요인은 다시 개인의 심리적 요인과 부모학대

그림 12-17 사이버 비행의 원인

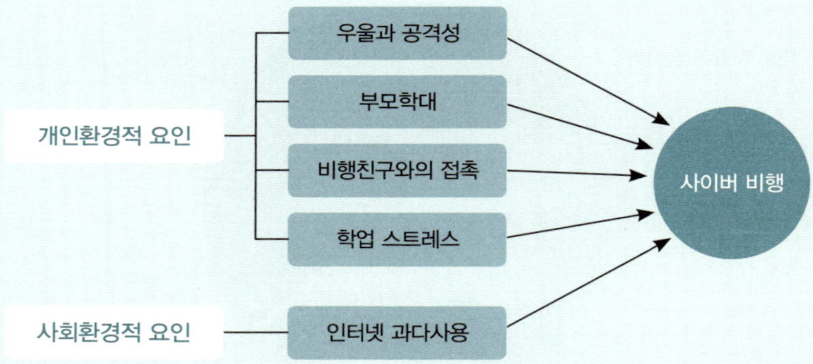

및 방임과 같은 가정환경적 요인 그리고 친구집단의 영향 등으로 세분화하고, 사회환경적 요인은 청소년의 인터넷 과다 사용이 사이버 비행과 관련이 있다고 본다. 사이버 비행의 원인은 〈그림 12-17〉과 같이 표현할 수 있다.

(1) 개인환경적 요인

청소년의 사이버 비행에 영향을 미치는 개인환경적 요인은 개인의 심리적, 감정적 요인이 사이버 비행과 관련이 있다는 주장과 가정에서 부모학대나 방임과 같은 부정적인 부모-자식 간의 관계에 기인한다는 주장이 있다. 또한 친구집단의 영향과 학업스트레스가 청소년의 사이버 비행에 상당한 영향력을 미친다고 알려져 있다.

1) 우울과 공격성

청소년들의 사이버 비행에 영향을 미치는 심리요인으로는 주로 우울과 공격성이 제시되고 있는데, 이런 심리적 요인과 관련하여 현실 세계에서는 화, 분노, 울분과 같은 격정적 감정의 경험이 중요한 반면, 사이버 세계에서는 우울한 청소년이 현실 도피적 이유로 사이버 공간에 빠져 있다가 사이버 비행을 저지르게 되는 경향이 있다(이성식, 2004). 예를 들면, 이성식과 전신현(2012)은 현실

세계에서의 긴장과 부정적 감정이 사이버 공간에서 표출되는데, 현실 세계에서는 긴장을 표출하기가 쉽지 않지만 사이버 공간에서는 비행이 발각될 가능성이 낮기 때문에 부정적 감정과 긴장을 쉽게 표출할 가능성이 높다고 주장하였다. 즉, 청소년들이 우울감을 느낄 때 이를 해소하기 위한 대안공간으로 사이버 공간에 의존하고 몰입하는 경향이 있다는 것이다(Wolak et al., 2007). 청소년의 우울감은 공격성으로 나타난다. 우울은 일상생활에서 이유 없이 슬픔을 느끼거나 행복하지 않다고 생각하거나 희망이 없다고 느끼거나 지속적으로 침체된 기분을 경험 또는 인지하는 심리·정서적 상태를 의미한다. 청소년 우울은 반항적이고 충동적이며 반사회적인 방법으로 자기의 우울한 감정을 적극적으로 표출하려는 특성을 보인다.

한편 공격성은 아동기부터 청소년기에 이르기까지 반사회적 행동을 예측하는 지표로서(Haapasalo & Trembly,1994), 다른 사람에게 의도적으로 상처를 입히는 행동으로 물리적인 신체적 폭력뿐 아니라 언어적인 심리적 폭력으로 나타난다. 이처럼 우울, 공격성과 같은 사회·심리적 변인은 발달적인 측면에서 청소년 사이버 비행의 원인이 되기도 하고 추후 결과로 나타나는 양면적인 특성을 지닌다(Wang et al., 2012). 사이버 비행의 경험자들은 피해이든 가해이든 경험자체로 우울감을 느끼고 이런 우울감을 해소하기 위해 사이버 공간에서 쉽게 공격성을 노출시킨다. 사이버 공간에서 우울과 공격성을 노출한 청소년은 사이버 공간에 머무는 것이 아니라 현실공간에서 실제적인 비행이나 범죄로 나타날 수 있는데 심할 경우 자살과 같은 좀 더 심각한 사회문제를 제기하기도 한다(Bonanno & Hymel, 2013).

청소년의 우울과 공격성이 사이버 비행에 미치는 영향에 관한 연구에서 우울증이 사이버관련 비행에 미치는 직접효과는 유의하게 나타났다(고은희·황성현, 2015; 김지혜, 2013; 박혜숙·김양곤, 2014; 이득연 외, 2006; 이성식, 2004; 이은선, 2006; 전홍빈, 2015). 구체적으로, 우울은 공격성과 더불어 비행행동을 유발하는 대표적인 변인으로 다른 변수들보다 상대적으로 영향력이 강한 것으로 나타났다. 우울을 경험한 청소년은 우울감을 극복하기 위하여 사이버 공간으로 도피하여 쉽게 비행을 저지르기도 한다(이성식, 2004). 김지혜(2013)의 연구에서는 청소년들의 우울은 사이버 비행 가해에 유의한 영향을 미치는 것으로 나타났으며 이은선(2006)의 연구 역시 우울을 경험하는 청소년들이 경험하지 않는 청소년들에 비해 사이버 비행 가해경험이 더 많은 것으로 드러났다. 중학생을 대상으로 한 최근 연구에서도 우울이 사이버 비행에 직접적인 영향을 미쳤다고 보고하였다(전홍빈, 2015). 우울과 공격성이 사이버 비행에 미치는 영향을 분석한 고은희와 황성현(2015)의 연구를 좀 더 구체적으로 살펴볼 필요가 있다. 한국아동·청소년패널조사(KCYPS) 중학교 1학년의 3차년도 데이터를 분석한 결과, 우울과 공격성은 〈그림 12-17〉처럼 청소년 사이버 비행에 상당한 영향력을 미치는 것으로 드러났다(고은희·황성현, 2015).

〈그림 12-18〉에서 비행친구, 부정자극, 애착요인이 우울과 공격성으로 대표되는 부정적인 심리요인에 영향을 미치고, 이런 우울과 공격성이 사이버 비행에 직접적인 영향을 미치는 것으로 드러났다. 즉, 위의 그림에서 청소년 사이버 비행에 가장 큰 영향을 미치는 요인은 애그뉴(Agnew)의 일반긴장이론(general strain theory)에서 추출된 부정적인 자극요인이며, 이 부정자극요인은 사이버 비행에 직접적인 영향(direct effect)을 미칠 뿐만 아니라 우울과 공격성(심리요인)을

그림 12-18 청소년 사이버 비행에 영향을 미치는 요인들

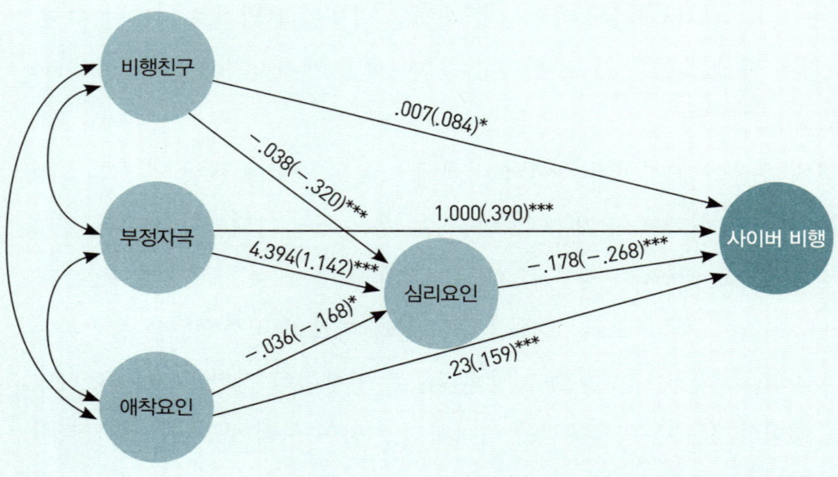

매개하여 간접적인 영향력(indirect effect)을 미치는 것으로 나타났다. 결론적으로 청소년들이 우울과 공격성 같은 부정적인 감정을 경험하면 할수록 각종 사이버 비행을 더 많이 저지를 가능성이 높은 것으로 나타났다.

2) 부모학대

사이버 비행에 영향을 미치는 개인환경적 요인 중 부모-자식 간의 부정적인 관계가 있다. 일반적으로 부모가 자녀에게 가하는 학대적 행동과 자녀의 비행간 관계에 대한 다수의 연구들이 부모의 학대가 자녀의 비행을 부추기는 역할을 하는 것으로 알려져 있다. 즉, 부모가 자녀에게 가하는 신체 및 언어폭력 경험이 많을수록 청소년 자녀의 비행빈도가 높아지며, 부모의 학대와 같은 긴장이 지속되는 스트레스 상황에서 자녀는 폭력적 행동으로 대응하는 경향이 있다. 이런 폭력성과 공격성은 성격이 소심한 청소년의 경우, 사이버 공간에서 그들이 가정에서 부모에게 받은 학대나 스트레스를 해소하는 방향으로 나타난다. 부정적인 부모-자식 간의 관계의 대표적 현상으로 부모로부터 학대를 당하는 청소년들은 자신이 소중한 인격체라는 자아존중감이 낮으며, 자신을 통제할 수 있는 자기통제력 또한 낮을 가능성이 높다. 낮은 자아존중감과 자기통제력은 화, 분노, 우울, 충동성, 공격성 등을 유발하며, 이런 개인의 부정적 감정은 사이버 비행과 깊은 관련성을 가진다.

부모학대와 사이버 비행을 고찰한 선행연구들은 지속적으로 두 변인 간에는 깊은 상관관계를 가지는 것으로 나타났다. 즉, 가정에서 부모학대를 많이 당하거나 부모 간의 폭력에 간접적으로 노출된 청소년이 사이버상에서 폭력을 행사할 가능성이 높다(김경은, 2012). 중고생 1,303명을 대상으로 다양한 형태의 폭력 경험이 폭력용인 태도와 사이버 폭력 가해행동에 미치는 영향을 조사한 결과, 폭력피해 경험이 사이버 폭력 가해행동에 영향을 미치는 것으로 나타났다(김경은·윤혜미, 2012). 남상인과 권남희(2013)의 연구에서도 청소년의 사이버 폭력 가해 행동에 영향을 미치는 가정요인으로 부모로부터의 욕설 및 폭력 경험이 사이버 비행에 유의미한 영향력을 미쳤다. 또한 부모와의 관계가 나쁠수록 인터넷게임이나 음란물, 사이버 폭력 등 역기능적 인터넷 사용 및 사이버 공간에서의 일탈행동이 되는 결과를 초래했다. 외국의 선행연구 결과 또한 국내연구와 비슷하다. 사이버 폭력 가해자들은 부모와의 유대관계가 낮고, 폭력과 사이버 폭력을 정당한 것으로 보는 경향이 높은 것으로 나타났다(Kowalski et al., 2012).

이처럼 부모로부터의 학대 및 방임 경험은 청소년 사이버 폭력과 직접적인 관련성을 가진다. 특히 부모학대는 청소년의 낮은 자아존중감과 자기 통제력에 영향을 미치며, 이런 감정을 해소하기 위해 청소년들은 사이버공간에서 공격성을 표출하는 것으로 볼 수 있다. 부모학대와 사이버 비행과의 관계를 밝힌 국내외 선행연구에서 가장 많이 거론되는 이론적 배경으로 애그뉴(Agnew)의 일반긴장이론을 꼽을 수 있다. 비행을 설명하는 이론 중 하나인 애그뉴의 일반긴장이론에서 일상긴장과 부정적 감정이 청소년비행의 주요 요인이라고 설명한다. 일반긴장이론에 따르면, 청소년은 긴장요인으로 인해 부정적 감정(스트레스)을 경험하고 이 부정적 감정을 해소하기 위해 비행을 저지른다는 것이다.

부정적 감정은 크게 세 가지 유형으로 나눌 수 있는데, 첫째, 긍정적인 목표를 달성하지 못했을 때 발생하는 긴장이다(목표달성의 실패-failure to achieve positively valued goals). 두 번째 긴장은 가족이나 친구의 상실, 애정적 관계의 소멸 혹은 학교 전학 등으로 인해 발생할 수 있는 긍정적 자극의 소멸(removal of positively valued stimuli) 때문에 발생한다. 마지막 긴장은 부정적 자극의 발생이다(presentation of negative stimuli). 부정적 자극의 발생은 부모로부터의 학대, 친구들의 괴롭힘과 범죄피해경험, 교사의 폭언과 체벌 등 청소년에게 고통을 안겨주는 사건으로 구성된다. 이러한 세 가지 형태의 긴장이 발생하면 이는 다시 분노, 불안, 우울, 공격성과 같은 부정적 감정을 낳으며, 이를 해소하기 위해 청소년은 사이버 비행을 저지르게 된다.

일반긴장이론을 활용하여 부모학대와 같은 부정적 감정이 사이버 비행의 원인이 된다고 설명하는 대표적인 선행연구로 고은희와 황성현의 연구결과를 들 수 있으며 그 결과는 앞의 〈그림 12-18〉에 잘 나타나 있다(고은희·황성현, 2015). 〈그림 12-18〉에서 부정자극을 표현하는 대표적인 변인으로 부모학대 변인이 사용되었다. 이 연구에서 '부모학대'는 "내가 무언가 잘못했을 때 부모님께서는 정도 이상으로 심하게 혼내신다", "내가 잘못하면 부모님께서는 무조건 때리려고 하신다", "내 몸에 멍이 들거나 상처가 남을 정도로 부모님께서 나를 심하게 대하신 적이 있다", "부모님께서는 나에게 심한 말이나 욕을 하신 적이 많다" 등의 4가지 질문에 대해 '매우 그렇다'부터 '전혀 그렇지 않다'의 4점 척도로 측정되었다. 연구결과, 부모학대 변인은 청소년의 화, 분노, 충동성, 우울감, 공격성 같은 부정적 감정에 미치는 경로계수 값(β)이 4.394로 연구모델에서 가장 높게 나타났다. 즉, 부모학대가 청소년의 부정감정에 간접적으로 유의미한 관계를 가질 뿐만 아니라 직접적으로 사이버 비행에 영향을 미치는 것으로 드러났다. 결론적으로 일반긴장이론에서 중요한 요인으로 지목된 부모학대와 같은 부정적 자극변인은 청소년들의 부정적 감정인 공격성 및 우울감과 같은 요인을 부추기며, 이런 감정을 해소하기 위해 청소년들은 각종 사이버 비행을 저지를 가능성이 높은 것으로 드러났다. 또한 부모학대는 직접적으로 청소년 사이버 비행에 통계적으로 유의미한 상관관계를 가지는 것으로 나타났다.

3) 친구 및 학교 요인

청소년들은 대부분의 시간을 학교에서 보낼 뿐만 아니라 방과 후에도 학원 등에서 친한 친구들과의 사귐을 통해 사회적 상호작용을 지속하므로 청소년들에게 그들의 친구관계는 청소년 사이버 비행에 많은 영향력을 미친다고 볼 수 있다. 또한 우리나라 청소년들은 학교 내외에서 받는 학업스트레스가 상당하다. 주입식교육과 획일화된 대학입시 위주의 학교커리큘럼 때문에 거의 대부분의 시간을 학업에 매진해야 하는 학교환경에 놓여 있다. 대부분의 청소년들은 학업스트레스를 어떤 형태로든 견뎌내고 있지만, 일부 청소년은 이런 학업스트레스를 감당하기 힘들어 한다. 학업스트레스를 많이 경험하는 일부 청소년은 그들의 성향과 비슷한 또래친구들과 자주 어울리게 되고(친구와의 차별적 접촉), 학업 스트레스를 해소하기 위해 사이버 폭력을 포함한 사이버 비행을 저지를 가능성이 있다.

학업스트레스가 사이버 비행을 야기하는 중요한 원인이 된다는 선행연구결과들이 존재한다(이성식, 2004; 이성식·전신현, 2012). 청소년패널자료를 분석한 이성식과 전신현(2012)의 연구에서 학업 스트레스 등 학교긴장이 높은 청소년은 점차 인터넷에 의존하는 시간이 많아지고 결과적으로 현실비행을 더 적게 하는 대신 사이버 비행을 더 많이 하는 것으로 조사되었다. 또한 사회학습이론에서 청소년의 각종 비행은 친한 친구와의 차별적 접촉을 통해 사회적으로 비행을 학습한다고 주장하는데, 이런 주장이 사이버 비행에도 적용된다. 즉, 사이버 비행을 자주 저지르는 친구들과 어울릴수록 청소년 자신도 각종 사이버 비행을 저지를 가능성이 높은 것이다(고은희·황성현, 2015; 이고은·정세훈, 2014). 반대로 학교생활에서 친한 친구들과의 우호적 친구관계와 교사관계는 청소년 자신의 사이버 폭력을 감소시키는 역할을 한다(신나민·안화실, 2013). 예를 들면, 〈그림 12-18〉에서 살펴본 것처럼 비행친구와의 차별적 접촉이 많은 청소년들은 우울감과 공격성을 간접적으로 매개하여(=.038***) 사이버 비행에 영향을 미칠 뿐만 아니라, 비행친구가 직접적으로(=.007*) 사이버 비행에 영향을 미치는 것으로 나타났다.

이처럼 비행친구와의 차별적 접촉을 많이 하는 청소년은 사이버 비행을 직접적으로 많이 저지를 뿐만 아니라 간접적으로 우울감, 충동성, 공격성 등의 부정적인 감정이 그렇지 않은 청소년에 비해 월등히 높으며 이런 부정적 심리감정을 해소하기 위해 사이버 비행을 많이 저지르는 것으로 드러났다. 비행친구와의 접촉 여부가 범죄행동을 결정짓는 직·간접적인 영향 요인이라는 선행연구에 따르면(홍봉선·아영아, 2009), 또래집단의 모델링이 청소년비행의 중요한 원인이라고 주장한다. 즉, 학교와 학원에서 대부분의 시간을 친한 친구들과 보내는 청소년기에는 친구들과의 사귐에서 법질서에 대한 태도와 가치관을 형성한다. 이 시기에 비행에 우호적인 태도를 가진 비행친구를 사귈 경우, 청소년 자신도 그런 부정적인 가치관을 가질 뿐만 아니라, 사이버 비행을 포함한 청소년비행에 가담하기를 원하는 친구들의 압력을 받아 사이버 비행을 저지를 가능성이 높아진다. 오프라인에서 청소년비행을 저지르는 가해자가 사이버상에서도 각종 비행을 저지른다는 많은 선행연구 결과들이 존재한다(가상준 외, 2013; Hinduja & Patchin, 2007; 2008; Dempsey et al., 2011). 청소년의 사이버 폭력과 오프라인 폭력 성향 간의 관계에서 오프라인 폭력 가해자가 사이버 공간에서도 친구들에게 폭력을 행사하는 것으로 나타났다.

종합하면, 상당수의 선행연구결과, 청소년 사이버 비행에 영향을 미치는 개인환경적 요인 중 학업스트레스와 비행친구와의 차별적 접촉은 청소년 자신의 사이버 비행을 증가시키는 중요한 역할을 하는 것으로 드러났다. 학업스트레스는 애그뉴의 일반긴장이론으로 설명되어지며, 비행친구와의 접촉은 에이커스의 사회학습이론으로 설명되어진다. 즉, 일반긴장이론에서 청소년들이 학업스트레스라는 긴장을 많이 받으면 받을수록 우울감, 충동성, 공격성이 증가하고 이런 부정적인 심리요인을 해소하기 위해 사이버상에서 각종 비행을 저지를 가능성이 높아진다. 또한 비행을 자주 저지르는 친구와의 접촉을 많이 하는 청소년은 친구들 사이에의 동조압력뿐만 아니라 비행에 우호적인 태도나 가치관을 형성하게 되어 스스로 사이버 비행을 저지를 가능성이 높아진다는 것이다.

(2) 사회환경적 요인

사이버 비행의 사회환경적 요인은 미디어환경 요인을 중심으로 살펴볼 필요가 있다. 한국인터넷진흥원(2011)에 따르면, 2011년 초등학생에서 대학생까지를 포함한 학생의 인터넷 이용률은 99.9%로 집계되었으며, 이 중 10대들은 99.9%가 하루에 1회 이상 유·무선 인터넷에 접속하는 것으로 나타났다. 무선인터넷 이용시간은 주 평균 11.7시간이며, '가정(89.6%)'이나 '이동 중인 교통수단(81.3%)'에서 주로 이용하는 것으로 조사됐다. 이처럼 청소년들의 하루 일과 중에서 유선 인터넷이든 스마트폰을 이용한 무선 인터넷이든 인터넷접속은 일상이 된 지 오래 되었다. 유무선 인터넷 접속이 용이한 환경하에서 청소년들의 인터넷 과다사용은 사이버 비행의 가해 및 피해경험과 상관관계가 깊다. 선행연구 결과에 따르면 인터넷 이용시간이 길수록 사이버 공간에 더욱 몰입하게 되고 부정적인 인터넷 사용에 참여할 가능성이 높아진다(김경은·윤혜미, 2012). 인터넷 과다 사용이 사이버 비행과 관련이 있다고 주장하는 이론에는 비행기회이론이 있다(이성식, 2009). 이 이론에 따르면, 우연한 비행기회에의 노출이 비행의 가장 중요한 원인이라 할 수 있다. 즉, 비행동기 및 성향이 강하다 할지라도 비행을 저지를 기회 자체가 제공되지 않으면 비행은 일어나지 않는다.

따라서 인터넷 사용시간이 많은 청소년이 그렇지 않은 청소년보다 사이버 비행 기회에 더 많이 노출되기 때문에 그만큼 더 사이버 비행을 저지를 가능성이 크다고 할 수 있다(Wilcox et al,, 2003). 사이버 비행과 인터넷 이용시간과의 상관관계를 규명한 선행연구 결과에 따르면, 인터넷 사용시간이 길수록 사이버 비행이 증가하는 것으로 나타났다(성동규 외, 2006; 이성식, 2009; 2010).

인터넷 매체 과다 사용과 사이버 비행과의 관계를 좀 더 구체적으로 살펴보면, 인터넷이나 소셜네트워크(SNS) 이용경험 및 이용시간과 사이버 불링과는 밀접한 관련이 있다. 이 또한 비행기회이론으로 설명될 수 있는데, SNS 등을 자주 사용하는 청소년은 그렇지 않은 청소년에 비해 사이버 불링을 포함한 사이버 비행을 당할 경험이 높다. 왜냐하면, 자신의 사생활이나 감정 상태를 SNS에 노출시키기 때문에 그만큼 다른 사람들에게 언어적 공격 등을 노출시키지 않은 청소년에 비해 당할 기회가 훨씬 높아지기 때문이다. 예를 들면, 미국 청소년과 그들의 부모를 대상으로 한 조사결과에서 SNS사이트에 개인의 프로파일을 가지고 있고 유튜브 영상을 많이 보며 채팅룸에 많이 참여한 청소년들이 사이버 불링 피해를 더 많이 겪은 것으로 나타났다(Mesch, 2009). 또 다른 연구에서도 메신저 서비스인 IM(Instant Messaging)을 적극적으로 이용하고 SNS 사이트를 이용하거나 온라인 채팅룸을 자주 방문하는 청소년일수록 사이버 불링위험에 노출될 가능성이 높은 것으로 나타났다(Navarro & Jasinski, 2012). 국내 연구에서도 온라인 활동이 활발하며 주중 게임을 많이 하는 청소년일수록 사이버 불링을 당하는 경향이 높은 것으로 나타났다(신나민·안화실, 2013). 이 같은 연구결과들은 사이버 불링의 온상지라 할 수 있는 온라인커뮤니케이션 참여가 활발할수록 사이버 불링을 당할 가능성이 더욱 커진다는 것을 암시해주고 있다.

제4절 사이버 비행의 특징

1) 익명성

사이버 비행과 관련된 대표적인 특성은 익명성이다. 사이버 공간에서는 본인을 밝히지 않고 단순히 자신의 아이디를 사용하거나 가상의 아이디를 사용함으로써 자신의 신분을 속일 수 있다. 청소년들은 사이버상에서 자신의 익명성을 유지함으로써 현실공간에서는 감히 할 수 없는 성적 표현이나 모욕적인 발언을 쉽게 할 수 있다. 익명성은 사이버상에서 누구나 동등한 위치를 가질 수 있다는 점과 가해자를 쉽게 찾을 수 없다는 이점을 가지고 있다. 따라서 익명성은 자신의 신분을 숨긴 채 욕설이나 해킹, 거짓정보 올리기 등을 손쉽게 할 수 있게 하며 이는 사이버 비행을 촉진시키는 요인이 된다. 익명성은 가해자와 피해자의 중첩성과도 연관이 있다. 즉, 오프라인에서 폭력을 당한 피해자들은 사이버상의 익명성을 이용하여 그들을 괴롭혔던 가해자들에게 보복 폭력을 가하기도 한다(Hinduja & Patchin, 2008).

최근 청소년들 사이에서 가장 많이 사용하는 SNS 중 하나인 카카오톡 또한 익명성을 유지하는 데 용이한 기능을 가지고 있다. 예를 들면, 카카오톡에서 가해자가 피해자의 전화번호를 저장하지 않고 상대의 아이디로만 친구를 추가할 경우, 피해자는 자신을 초대한 사람이 누구인지 알 수 없기 때문에 가해자의 익명성이 유지될 수 있다. 또한, 카카오톡 설정에서 자동 친구추천이라는 기능을 체크해 놓으면 나의 친구(번호저장한 사람들)는 물론, 친구의 친구가 뜨기도 하고 카카오톡에서 무작위로 친구를 추천해 주기도 한다. 이 경우, 피해자가 자동친구추천을 해지시켜 놓았다고 하더라도 자신에게만 가해자가 보이지 않을 뿐, 가해자는 피해자를 친구목록에서 볼 수 있고 얼마든지 대화요청을 할 수 있다. 따라서 가해자들이 본인을 드러내지 않고도 다른 누군가로 가장해서 피해자를 괴롭히는 것이 충분히 가능하다.

익명성에 관한 선행연구에 따르면, 익명성은 그 자체로도 청소년들의 사이버 언어폭력에 영향을 미칠 뿐만 아니라 개인권리침해 유형, 해킹관련 형태와 성관련 비행 등의 다른 기존 범죄를 설명하는 요인들과도 밀접한 관련을 가지고 있다(이성식, 2005). 익명성은 사이버상에서 익명의 상황도가 높을수록 사이버 폭력에 가장 유의미한 영향력을 미치는 것으로 나타났다(윤경운, 2006).

2) 가해와 피해의 중첩성

애그뉴의 일반긴장이론에 따르면, 오프라인에서 친구들에게 괴롭힘이나 폭력을 당한 청소년들은 부정적인 감정이 발생하고 이런 부정적 감정을 해소하기 위해 각종 청소년비행을 저지를 가능성이 높아진다. 청소년들은 오프라인에서 부정적 감정을 표출할 수도 있지만, 일부 청소년들은 그들의 내성적 성격이나 소심함으로 인해 사이버상에서 그들의 부정적 감정을 표출하는 경향이 있다. 따라서 사이버 비행은 가해자와 피해자의 중첩성이 매우 높게 나타나는 청소년비행의 유형 중 하나이다. 다시 설명하면, 오프라인에서 친구들로부터 집단 따돌림이나 폭력피해를 당하는 청소년은 그들의 폭력피해로 나타나는 화, 분노, 울분, 우울 등과 같은 부정적 감정을 사이버상에서 표출하는 경향이 있다. 즉, 오프라인상에서의 피해자가 단순히 피해를 당하는 수동적 입장에 머무르지 않고 가해자에 대한 보복 심리를 충족하기 위해 사이버 비행 가해자가 된다는 것이다(김경은·윤혜미, 2012; Hinduja & Patchin, 2008). 물론 오프라인에서 가해자는 온라인상에서도 가해자가 될 수 있지만, 그보다 더 오프라인에서 자신이 괴롭힌 피해자에게 온라인상에서 피해를 당하는 입장이 될 가능성이 더 높다. 반대로 오프라인에 피해를 당한 청소년은 온라인에서 가해자로 변할 수 있다는 것이다.

선행연구 결과에 따르면, 청소년의 사이버 비행 가해행동에 영향을 미치는 요인 중 하나로 폭력비행 피해경험을 들 수 있다. 중·고등학생을 대상으로 연구한 김혜영과 민정식(2014)은 현실에서의 괴롭힘 피해 경험이 사이버 불링 가해경험에 직접적인 영향을 준다고 주장했다. 이와 비슷하게 학교폭력 피해경험이 높은 청소년일수록 사이버 폭력의 가해자가 될 가능성이 높다는 결과가 있으며(김경은·윤혜미, 2012; Dooley et al., 2009). 폭력피해 청소년들이 사이버 불링을 한다는 연구결과도 있다(김종길, 2013). 이런 선행연구결과들을 종합하면, 오프라인에서 폭력비행 피해 청소년은 자신의 분노, 억울함, 화, 울분 등과 같은 부정적 감정을 자신의 신분을 숨기고 안전하게 비행행동을 저지를 수 있으며 쉽게 접근할 수 있는 사이버 공간을 활용하여 비행 피해자에서 가해자로 변할 수 있다는 것이다.

3) 피해의 신속성과 광범위성

사이버 공간은 익명성과 비대면성으로 인해 비행의 가능성을 증가시키며,

24시간 비행이 일어날 수 있어 그 피해의 속도와 범위가 매우 빠르고 광범위하게 확산될 가능성이 높은 특성을 가진다(전신현·이성식, 2010). 즉, 면대면으로 일어나는 일반적인 괴롭힘이나 폭력이 아니라, 정보화 기기를 이용하여 다양한 채널을 통하기 때문에 여러 가지 방법으로 일어날 수 있으며 확산이 빠르다는 특징을 가지고 있다(이성식, 2007). 특히 사이버 불링의 경우, 언제 어디서든지 힘들이지 않고 손쉽게 앉은 자리에서 한 번의 클릭으로 저지를 수 있기 때문에 피해를 당하는 입장에서는 피해의 고통과 후유증은 오프라인 폭력비행 못지않게 심할 수 있다. 사이버 불링의 결과로 노출된 비방성 글들은 급속하게 불특정 다수에게 전파될 수 있어 피해자 입장에서 그 피해의 범위와 정도가 엄청나다. 특히 무제한적으로 이루어지는 복사와 공유로 인해 피해자가 당하는 폭력의 횟수나 피해 정도를 가늠할 수 없을 만큼 심각할 수 있다.

4) 죄의식의 결여

사이버 비행의 또 다른 특징으로 죄의식의 결여를 들 수 있다. 사이버 비행은 비대면성, 익명성, 가치 규범의 부재로 인해 자신의 행위가 나쁜 행위라 생각하지 않고 죄책감이 없이 사이버 비행을 저지르는 경우가 많다(조희정, 2012). 사이버 공간에서는 상대방을 직접적으로 대면하지 않기 때문에 피해자의 반응이나 괴로움의 정도를 알 수 없어 후회나 동정심, 죄의식 등을 잘 느끼지 못하는 경우가 많다(Hinduja & Patchin, 2008). 가해자의 입장에서, 사이버 비행이 오프라인 비행보다 죄의식을 덜 느끼는 이유 중 하나는 사이버상의 피해는 대부분 신체적 피해가 없고, 피해자의 심각성이나 후유증을 덜 인식하기 때문이다. 이런 죄의식의 결여로 인해 악의적인 메시지를 게시판 등과 같은 곳에 더 자주, 더 심하게 노출시킨다. 사이버상의 언어폭력은 피해자뿐 아니라 많은 사람들이 볼 수 있으며, 빠른 시간 안에 인터넷과 스마트폰을 통해 다른 사람에게 전달될 수 있기 때문에 피해 청소년이 느끼는 고통과 피해의 후유증은 오프라인 피해보다 더 클 가능성이 높다(Walrave & Heirman, 2011). 결론적으로 사이버 비행의 특성 중 죄의식의 결여는 가해자로 하여금 더 심한 폭력을 저지를 수 있는 토양을 제공할 가능성이 높다.

5) 피해의 심각성

사이버상에서 당하는 피해 규모와 강도는 오프라인에서 당하는 피해보다 물리적으로, 심리적으로 더 클 수 있다. 예를 들면, 사이버 명예훼손의 경우, 짧은 기간 내에 가해자의 수가 폭발적으로 증가하며, 수많은 불특정 다수로부터 공격을 받을 수도 있다. 이를 경우, 피해자 입장에서는 심각한 물리적, 심리적 타격을 입게 되어 자살과 같은 극단적인 선택을 하는 행동으로 나타날 수도 있다. 또한 사이버 불링과 같은 언어폭력은 얼굴을 맞대지 않은 비대면으로 이루어지기 때문에 피해자에게 더 큰 상처와 고통을 줄 수 있다. 비대면성으로 인해 가해자는 오프라인에서 보다 더 무분별한 욕설과 폭언 등 언어적 표현이 과장되거나 거칠어질 수 있으므로 피해자 입장에서는 더욱더 심각한 문제를 야기할 수 있다(김민지, 2016). 예를 들면, "인천지역에서 중학생 A군(15)이 아파트에서 뛰어내려 목숨을 끊은 가운데 A군이 학교폭력을 당한 것으로 확인돼 경찰이 수사를 진행하고 있다. A군은 지난달 14일께 자신의 사회관계망서비스(SNS)에 동급생인 B군이 "찌질한데 여자 친구도 있느냐"고 놀리자 학교 측 학교폭력 담당교사에게 신고했다. 또 A군은 B군에게 "싸우자", "짜증난다" 등의 욕설을 듣는 등 언어폭력을 당했다(중략). 이에 앞서 지난 7월9일에도 한 여고생이 '친구들의 집단 괴롭힘 때문에 학교 다니기 힘들다'는 내용의 메시지를 남기고 아파트 7층에서 뛰어내리는 사고가 있었다(경기일보, 2016년 10월 20일)."

제5절 사이버 비행 대처방안

〈그림 12-17〉에서 사이버 비행의 원인을 개인환경적 요인과 사회환경적 요인으로 나누어 설명하였다. 개인환경적 요인으로는 우울과 공격성, 부모학대, 비행친구와의 접촉, 학업스트레스를 지적했고, 사회환경적 요인으로는 인터넷 과다사용에 주목했다. 사이버 비행의 대처방안은 사이버 비행의 원인을 중심으로 설명하는 것이 바람직하다.

(1) 개인환경적 대처방안

첫째, 청소년의 우울과 공격성은 사이버 비행의 원인이 될 뿐만 아니라 다른 일반비행에서 꾸준하게 제기되는 비행과 범죄의 근본 원인이다. 이런 부정적인 감정은 특히 사이버 불링에서 두드러진다. 사이버 불링의 가해자와 피해자들은 우울과 공격성을 공통적으로 가지고 있다. 가해자는 다른 요인에 의해 발생된 우울과 공격성을 해소하기 위해 사이버상에서 또래들을 괴롭히며, 피해자는 가해자의 괴롭힘에 의해 우울과 공격성이 발생한다. 청소년의 우울과 공격성은 학교 내에서 친구들과의 관계를 악화시킨다. 따라서 청소년의 우울과 공격성이 발생한 원인을 총체적으로 파악할 필요가 있다. 예를 들면, 가정에서 부모의 학대나 어린 시절 부적절한 사회화의 결과로 나타나는 낮은 자기통제력의 결과로 우울과 공격성이 표출될 수도 있으며, 과도한 학업스트레스 때문일 수도 있다. 가정뿐만 아니라 학교 및 지역사회는 청소년의 우울과 공격성을 조기에 발견하고 모니터링할 수 있는 장치를 마련할 필요가 있다. 치료가 요구되는 청소년들에게는 자신감을 가질 수 있도록 유도하고 학교생활이나 또래관계에 어려움이 없도록 하는 사회적응 훈련 같은 프로그램을 개발하여 적용할 필요가 있다.

둘째, 부모의 학대는 사이버 비행과 깊은 상관관계를 가진다. 부모로부터 받은 학대는 우울과 같은 부정적인 감정을 야기할 뿐만 아니라, 학대로 인해 유발된 우울은 다시 사이버 비행행동과 같은 문제행동에 영향을 미친다. 따라서 사이버 행동에 직접적 원인이 되는 부모의 학대를 예방하고 감소시키는 것은 무엇보다도 중요하다. 가정에서 부모의 학대를 줄이기 위해서는 우선 부모학대의 심각성을 미디어를 통해 적극적으로 홍보하고, 학대 피해가 늘어나지 않도록 신고의무를 강화할 필요가 있다. 또한 부모대상 교육 즉, 학교에서 의무적으로 가정학대가 자녀들에게 어떤 부정적인 결과를 초래하는지를 교육시킬 필요가 있다. 학교나 지역사회에서 부모들을 대상으로 가정 학대에 대한 정기적인 교육을 실시하여 부모의 역기능적인 양육태도를 변화시키고 부모와 자녀가 함께 참여할 수 있는 프로그램을 늘리는 것이 필요하다. 특히, 가정에서 부모의 학대는 부모-자녀 간의 원활하지 않는 의사소통 때문에 발생할 가능성이 높다. 따라서 부모-자녀 간 의사소통을 향상시킬 수 있는 학교나 지역사회에 교육복지 프로그램이 필요하다. 선행연구에 따르면, 부모역할훈련 프로그램은 가족관계 향상에 긍정적인 영향을 미치는 것으로 나타났다(강선경, 2011). 부모를 대상으로 의사소통 프로그램을 실시함으로써 부모가 주축이 되어 가족 간 상대방의 감정을 소중히 여기고, 생각을 공유하며 서로의 욕구나 감정을 이해하는 과정을 통해 가족관계를 원활하게 할 필요가 있다. 이를 위해 학교에서의 교육도 필요하지만 지역사회에서 제공하는 Wee 프로그램 등을 통해 부모-자녀 간의 원만한 의사소통의 기술을 배우고 실천할 수 있는 부모의 노력이 필요하다.

셋째, 비행친구와의 차별적 접촉을 차단할 수 있는 예방프로그램의 실현이 사이버 비행을 줄이는 좋은 방법이 될 수 있다. 청소년기는 학교나 학원에서 대부분의 시간을 보내기 때문에 늘 친구들과 함께 시간과 생각을 공유한다. 따라서 청소년기에는 좋은 일이든, 나쁜 일이든 또래 동조성이 절대적으로 작용하는 시기이다. 이 시기에 비행친구와 대부분의 시간과 생각을 공유하게 되면 청소년 자신 또한 또래 동조성향 때문에 각종 비행을 자연스럽게 저지를 수 있다. 비행친구와의 접촉을 부모가 직접적으로 개입할 수도 있지만, 청소년 자신이 비행에 우호적인 또래의 압력을 견딜 수 있는 기술을 습득해야 한다. 이를 위해 또래 압력에 슬기롭게 대처하는 방법, 자기 통제력을 함양시킬 수 있는 프로그램과 교육이 좀 더 확대되어야 한다. 각급 학교에 배치된 학교사회복지사가 시행하는 프로그램 내에 포함시키는 것도 가능할 것이다. 특히, 많은 연구에서 인터넷의 중독적 사용과 사이버 비행 문제에 대한 예방적 대응으로 청소년의 자기 통제력을 강화시키는 프로그램의 개발 및 제공을 적극 제안하고 있다(Gottfredson & Hirschi, 1990; Cho & Cheon, 2005). 자기통제력을 높일 수 있는 서비스 개입을 효과적으로 실행한다면 사이버 비행을 좀 더 줄일 수 있다. 자기통제력은 주로 어릴 때 가정에서 형성되고 일생 동안 안정적으로 지속되는 경향이 있다. 따라서 초등학생 혹은 그 이전 단계의 아동을 대상으로 한 자기통제력 강화를 위한 조기교육이 필요하다(차은진·김경호, 2013).

넷째, 학업스트레스는 청소년 우울과 공격성의 원인이 된다. 따라서 학업스트레스를 줄일 수 있는 우리 사회의 노력이 필요하다. 물론 입시 위주의 교육정책 때문에 청소년의 학업스트레스를 줄이는 방법을 모색하기 쉽지 않다. 그러나 부모의 양육태도의 개선이나 변화를 통해 자녀의 학업 스트레스를 개별적으로 낮출 수 있는 방법은 있다. 즉, 부모의 민주적이고 자율적인 양육태도가 자녀의 학업 스트레스를 낮추고 궁극적으로 사이버 비행에의 노출을 줄이는 효과가 있음을 부모에게 적극 알릴 필요가 있다. 이와 더불어 지역사회 차원에서 건전한 여가 프로그램을 개발하고 보급할 필요가 있다. 치열한 입시 경쟁에 내몰려 있는 청소년들은 대부분의 시간을 학업에 할애하고 있어 학업 외의 건전한 놀이문화를 즐기지 못하고 있는 것이 현실이다. 청소년들은 높아진 학업 스트레스를 해소하기 위해 인터넷 유해정보 등 다양한 위험요소에 노출되며, SNS를 통해 친구들에게 사이버상의 언어폭력을 사용하는 경향이 있다. 따라서 학업스트레스를 건전하게 해소할 수 있는 가정, 학교, 지역사회의 다양한 프로그램 개발이 필요하다. 가정에서는 부모와 함께 하는 여행이나 문화 활동(연극, 뮤지컬, 영화관람, 미술관 관람 등)을 좀 더 적극적으로 권장하고, 학교는 청소년 수련 캠프 등을 통해 자연과 함께 하는 인성 및 친구관계의 증진을 도모할 필요가 있다. 지역사회에서는 청소년을 위한 다양한 놀이공간을 제공하고 건전한 여가 프로그램을 운영하는 방안을 모색할 필요가 있다.

(2) 사회환경적 대처방안

사이버 비행의 사회환경적 요인으로 인터넷 과다사용을 지적한 바 있다. 청소년들이 인터넷과 스마트폰을 지나치게 많이 사용하는 것에 대한 근본적인 책임은 청소년 자신에게 있지만, 가정이나 우리 사회의 문화적, 환경적 요인 또한 간과할 수 없다. 청소년들이 살아가는 세상은 인터넷과 같은 문명의 이기로 편의성을 수반하여 편리과잉시대를 살아가고 있지만 실제로는 편리해진 세상 덕에 불편에 대한 내성이 점점 낮아지고 있다(염동문 외, 2014). 특히 청소년은 인터넷 검색으로 즉각적 만족을 찾는 데 익숙하기 때문에 사소한 불편에 대한 내성이 약하고 자신이 한 순간에 무너질 수도 있는 불안과 긴장 속에 살아가고 있다(염동문 외, 2014). 이런 인터넷 과잉시대 속에서 청소년이 균형 감각을 가지고 인터넷에 접속할 수 있는 방안으로 첨단기술 타임아웃과 멀티태스킹 시간제한하기, 만족의 욕구 늦추기, 빈둥거리는 연습하기 등을 통해 청소년의 인터넷과

다사용 억제를 위한 실천적 예방책이 필요하다(Marc & Kristin, 2014).

청소년 인터넷 과다사용을 억제하기 위한 지역사회나 기업의 노력이 필요하다. 예를 들면, 인터넷 과다사용을 막기 위해 정부차원에서 인터넷 셧다운제를 실시함으로써 밤 10시 이후에 청소년들이 인터넷에 접속하는 것을 제도적으로 막고 있지만 실효성에는 많은 의문점을 남기고 있다. 특히 최근에는 스마트폰의 급속한 보급으로 인해 굳이 청소년들이 PC방 등에 가지 않고도 개인 스마트폰을 통해 24시간 온라인 접속이 가능하므로 인터넷을 지나치게 사용하는 경향이 있다. 따라서 인터넷 셧다운제를 개인 스마트폰으로 확대할 필요가 있다. 즉, 청소년들이 주로 사용하는 인터넷 게임 등에 인터넷 셧다운 시스템을 탑재할 필요가 있다. 이를 위해서는 기업이 청소년들을 이윤의 원천으로만 생각할 것이 아니라 청소년을 보호할 사회적 주체로서 사회적 책임(social responsibility)을 다할 필요가 있다. 예를 들면, 스마트폰의 효율적인 어플리케이션을 개발할 때도 우리 사회의 청소년들을 사이버 비행으로부터 보호할 기능 등을 고려해서 개발할 필요가 있다. 청소년 성매매의 온상으로 변질된 랜덤채팅이 대표적인 예이다. 랜덤채팅을 개발하는 업체는 단지 성인용으로만 개발된 어플리케이션이라는 변명보다는 청소년들도 많이 사용할 수 있다는 가정하에서 성인인증절차를 강화하거나 청소년들이 접근하지 못하게 기술적으로 차단할 수 있는 장치를 탑재할 필요가 있다.

청소년들이 가장 많이 사용하는 카카오톡 기능 또한 마찬가지이다. 카카오톡에서 제공하는 '초대'기능이 청소년들 사이에서는 '카톡 감옥'으로 변질되어 사용되는 경우도 있기 때문에 기술적 범죄예방의 차원에서 청소년에 대한 차별화된 서비스의 제공도 고려해 볼 필요가 있다(박성훈·심현정, 2015). 결론적으로 인터넷 게임이나 스마트폰 어플리케이션을 개발하는 업체는 청소년들이 인터넷에 과도하게 중독되지 않도록 하는 기술적인 차단 기능을 각 프로그램에 탑재할 필요가 있다. 기업이나 지역사회는 청소년을 게임이나 어플리케이션을 사용하는 소비의 대상으로 바라 볼 것이 아니라 우리 사회에서 인터넷 과다사용에 빠지지 않도록 보호할 수 있는 배려의 대상으로 바라 볼 필요가 있는 것이다.

연습문제

1. 청소년의 사이버 비행 중에서 가장 심각한 유형의 사이버 비행은 무엇이라 생각하는가? 그 사이버 비행이 청소년들 사이에서 가장 심각하게 발생하고 있다고 생각하는가? 이 두 가지 질문을 최근 언론에 보도된 청소년 사이버 비행의 일례를 중심으로 설명하여라.

2. 청소년비행이론을 중심으로 사이버 폭력의 가해 이유와 피해 이유를 구체적으로 설명하여라.

3. 청소년비행이론을 중심으로 사이버 불링의 가해 이유와 피해 이유를 구체적으로 설명하여라.

4. 청소년 사이버 비행의 원인을 개인환경적 요인과 사회환경적 요인으로 나누어서 구체적으로 설명하여라.

5. 최근 발생한 청소년 사이버 비행의 일례를 중심으로 사이버 비행의 특성인 익명성, 가해와 피해의 중첩성, 피해의 신속성과 광범위성, 죄의식의 결여, 피해의 심각성을 구체적으로 설명하여라.

6. 청소년 사이버 비행의 예방과 대처방안을 개인환경적 요인과 사회환경적 요인으로 나누어서 구체적으로 제시해 보아라.

참고문헌

가상준·김강민·임재형. (2013), "SNS 사용문화가 청소년의 학교폭력 및 사이버 폭력에 미치는 영향", 「분쟁해결연구」, 11(1): 159-208.

강선경. (2011). "부모역할훈련 프로그램이 부모-자녀 간 의사소통, 가족유연성 및 가족관계 향상에 미치는 효과성에 관한 연구", 「한국가족복지학」, 34(12): 109-136.

경기일보. (2016). "SNS 폭력·왕따… 청소년 자살 내몬다", 「경기일보, 2016년 10월 20일자 사회면」.

고은희·황성현. (2015), "청소년의 부정적인 심리요인이 사이버 비행에 미치는 영향", 「한국경찰학회보」, 17(3): 3-26.

김경은. (2012), "청소년의 가정폭력경험과 사이버 폭력 관계에서 공격성의 매개효과", 「미래청소년학회지」, 9(4): 51-73.

김경은·윤혜미. (2012). "청소년의 폭력피해경험, 폭력용인태도와 사이버 폭력 가해행동의 관련성", 「한국아동복지학」, 39: 213-244.

김민지. (2016). "부모로부터의 학대 경험이 청소년의 사이버 폭력 가해 행동에 미치는 영향 – 교육복지프로그램 참여 경험의 조절효과-", 「석사학위논문」, 신라대학교 대학원.

김종길. (2013). "청소년의 폭력피해경험과 학업스트레스가 사이버 불링에 미치는 영향", 「한국범죄심리연구」, 9(1): 47-68.

김지혜. (2013), "청소년의 우울과 공격성이 인터넷 활용유형을 매개로 사이버 비행과 현실비행에 미치는 영향." 「학교사회복지」, 24: 31-59.

김혜영 · 민정식. (2014). "청소년들의 사이버 불링(Cyberbullying)에 미치는 영향에 대한 연구", 「한국엔터테인먼트산업학회논문지」, 8(4): 323-333.

남상인 · 권남희. (2013), "청소년 사이버 불링 가해에 영향을 미치는 변인 연구", 「미래청소년학회지」, 10(3): 23-43.

박성훈 · 심현정. (2015). "SNS에서 사이버 불링의 특징 및 위험요인에 관한 연구", 「한국공안행정학회보」, 58: 155-185.

박혜숙 · 김양곤. (2014). "한국 청소년의 정서, 가정, 또래 및 학교환경 특성이 비행에 미치는 영향 탐색", 「한국심리학회지: 사회 및 성격」, 28(2): 119-143.

방송통신위원회 · 한국인터넷진흥원. (2013), "사이버 폭력실태조사 요약보고서", 「연구보고서」, 방송통신위원회 · 한국인터넷진흥원.

성동규 · 김도희 · 이윤석 · 임성원. (2006). "청소년의 사이버 폭력 유발요인에 관한 연구; 개인성향, 사이버 폭력 피해경험, 윤리의식을 중심으로", 「사이버커뮤니티케이션학보」, 19: 79-129.

신나민 · 안화실. (2013), "청소년 사이버 폭력 현황 및 피해 · 가해 관련 변인에 관한 연구", 「교육문제연구」, 49: 1-21.

연합뉴스. (2016). "떼카, 방폭 사이버 학교폭력 급증…함께 해결할 문제", 「연합뉴스」, 2016년 10월 22일 사회면.

염동문 · 김선주 · 이성대. (2014), "청소년의 인터넷과다사용이 사이버 비행에 미치는 영향 연구: 자기통제력의 조절효과를 중심으로", 「한국청소년연구」, 25(4): 159-183.

윤경운. (2006). "청소년 사이버 폭력 실태에 관한 연구", 「석사학위논문」, 아주대학교 대학원.

이고은 · 정세훈. (2014). "청소년의 사이버 폭력 행위에 영향을 미치는 요인에 관한 연구: 계획된 행동이론, 사회학습이론을 적용하여", 「사이버커뮤니케이션학보」, 31(2): 129-162.

이득연 · 박자양 · 이동훈. (2006), "청소년의 역기능적 심리특성과 사이버 관련 비행의 관계 모형검증: 인터넷 중독을 매개변인으로", 「상담학연구」, 7(1): 103-115.

이성식. (2010). "낮은 자기통제력과 비행기회요인들의 오프라인 및 온라인 비행에의 영향 비교: 일반이론의 검증", 「형사정책연구」, 81: 203-223.

이성식. (2009), "초등학생들의 사이버 비행에 있어서 일상긴장, 낮은 자기통제력, 인터넷 사용시간의 영향작용: 세 이론의 검증을 중심으로", 「형사정책연구」, 77: 95-115.

이성식. (2007). "중학생 오프라인과 온라인 폭력 원인모색을 위한 주요 요인들의 적용", 「청소년학연구」, 13(6): 179-200.

이성식. (2006). "사이버 폭력의 원인과 방지대책", 「형사정책」, 18(2): 4211-440.

이성식. (2005). "사이버공간의 익명성이 청소년 언어폭력에 미치는 영향: 기존 요인들과의 비교", 「한국청소년연구」, 16(1): 77-108.

이성식. (2004). "청소년들의 긴장, 부정적 감정의 경험과 사이버공간에서의 비행 - 남녀의 차이를 중심으로", 「한국공안행정학회보」, 18: 273-299.

이성식·전신현. (2012), "인터넷사용, 일상긴장, 비행의 관계: 청소년패널자료의 분석", 「형사정책연구」, 23(3): 293-318.

이은선. (2006). "청소년기 우울증상과 인터넷중독 및 사이버 비행의 관계", 「석사학위논문」, 숙명여자대학교 대학원.

이정숙·안윤영. (2005), "초등학생의 컴퓨터 사용과 사이버 비행에 관한 연구", 「한국청소년연구」, 16(1): 225-254.

이창호·신나민·하은빈. (2014), "청소년 사이버 불링 실태 및 대응방안 연구", 「연구보고서」, 한국청소년정책연구원.

전신현·이성식. (2010). "청소년의 휴대전화를 이용한 사이버 집단 괴롭힘 현상의 원인 모색", 「청소년학연구」, 17(11): 159-181.

전홍빈. (2015). "중학생의 자기 통제력과 아동학대가 사이버 비행에 미치는 영향에 관한 연구", 「석사학위논문」, 호남대학교 대학원.

조희정. (2012), "청소년 사이버 불링(Cyberbullying)의 현황과 대책", 「연구보고서」, 국회입법조사처.

차은진·김경호. (2013). "초기 청소년의 자기 통제력이 사이버 비행에 미치는 영향: 인터넷 윤리의식과 유해정보 접촉의 매개효과", 「청소년복지연구」, 15(2): 1-31.

한국인터넷진흥원. (2011). "2011년 인터넷이용실태조사", 서울: 한국인터넷진흥원.

한국정보화진흥원. (2013) "학교폭력 2.0, 사이버 불링실태와 해법", 「세미나 자료집」, 한국정보화진흥원.

홍봉선·아영아. (2009). "환경요인과 청소년범죄의 관계에서 누적위험행동의 매개효과", 「청소년복지연구」, 11(3): 45-67.

Bonanno, R. A., & Hymel, S. (2013). "Cyber bullying and internalizing difficulties: Above and beyond the impact of traditional forms of bullying", *Journal of Youth and Adolescence*, 42(5): 685-697.

Cho, C. H., & Cheon, H. J. (2005). "Children's exposure to negative Internet content: Effects of family context", *Journal of Broadcasting & Electronic Media*, 49(4): 488-509.

Dempsey, A. G., Sulkowski, M. L., Dempsey, J., & Storch, E. A. (2011). "Has cyber technology produced a new group of peer aggression?". *Cyberpsychology, Behavior and Social Networking*, 14: 297-302.

Dooley, J. J., Pyzalski, J., & Cross, D. (2009). "Cyberbullying versus face-to-face bullying: A theoretical and conceptual review", *Journal of Psychology*, 217(4): 182-188.

Gottfredson, M., & Hirshi, T. (1990). *A General Theory of Crime*, Palo Alto, CA: Stanford University Press.

Haapasalo, Jaana & Tremblay, R. E. (1994). "Physically aggressive boys from ages 6 to 12: Family background, parenting behavior, and prediction of delinquency", *Journal of Consulting and Clinical Psychology*, 62(5): 1044-1052.

Hinduja, S., & Patchin, J. W. (2008). "Cyberbullying: An exploratory analysis of factors related to offending and victimization", *Deviant Behavior*, 29(2): 129-156.

Hinduja, S., & Patchin, J. W. (2007). "Offline consequences of online victimization: School violence and delinquency", *Journal of School Violence*, 6(3): 89-112.

Kowalski, R. M., Limber, S. P., & Agststen, P. W. (2012). *Cyberbullying: Bullying in the Digital Age*, 2nd Edition, Wiley-Blackwell.

Marc, S., & Kristin, L. (2014). "편안함의 배신: 편리한 것들은 어떻게 내 삶을 마비시키는가" (김성훈 역.). 고양: 위즈덤하우스.

Mesch, G. S. (2009). "Parental mediation, online activities, and cyberbullying", *Cyberpsychology and Behavior*, 12(4): 387-393.

Navarro, J. N., & Jasinski, J. L. (2012). "Going Cyber: Using Routine Activities Theory to Predict Cyberbullying Experiences", *Sociological Spectrum*, 32: 81-94.

Walrave, M., and Heirman, W., (2011), "Cyberbullying: Predicting victimization and perpetration", *Children and Society*, 25(1): 59-72.

Wang, J., Iannotti, R., & Luk, J. (2012). "Patterns of adolescent bullying behaviors: Physical, verbal, exclusion, rumor, and cyber", *Journal of School Psychology*, 50: 521-534.

Wilcox, P., Land, K. C., & Hunt, S. (2003). *Criminal circumstance: A dynamic multicontextual criminal opportunity theory*. New York: Walter de Gruyter.

Wolak, J., Mitchell, K. J., & Finkelhor, D. (2007). "Does online harassment constitute bullying? An exploration of online harassment by known peers and online-only contacts", *Journal of Adolescent Health*, 41: 51-58.

Chapter

13

소년사법시스템

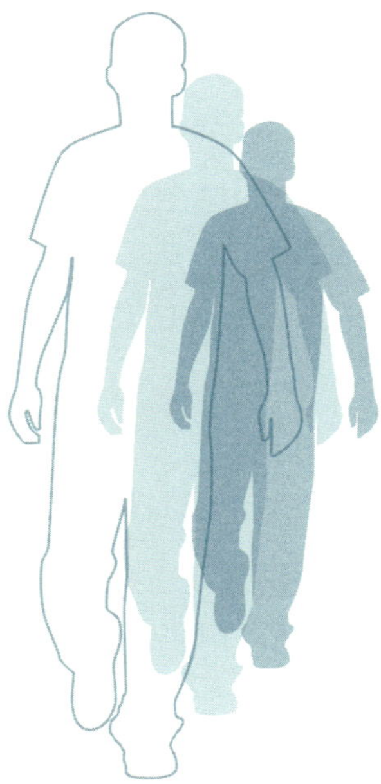

한/국/청/소/년/비/행/학

일반적으로 형사사법시스템은 경찰청의 수사에서 법무부의 교정에 이르는 공식적인 사법절차를 의미한다. 소년사법시스템은 형사사법시스템 내에서 성인과 다른 특성을 가진 소년범죄를 다루기 위해 설치된 소년사법기관의 조직과 그 구성, 소년범죄 사건의 처리절차, 처리에 따른 집행 및 처우 등에 관한 법규범을 의미한다. 이러한 소년사법시스템은 성인을 대상으로 하는 형사사법제도와는 차이를 보이고 있으며 소년사법시스템을 구체화한 것이 소년법이라 할 수 있다 소년법은 보통 대륙형, 영미형, 복구형으로 구분된다. 대륙형은 형사사법적 측면에 초점을 둔 반면, 영미형은 형사사법적인 내용보다는 소년복지와 보호에 초점을 둔다. 그리고 복구형은 스칸디나비아제국에서의 소년법 형태로 행정기관 소속의 준사법적 행정기관이 소년보호 관련 업무를 담당하는 형태이다.[1] 우리나라의 소년사법시스템은 1958년 제정된 소년법을 토대로 하며 광의의 의미로는 '아동복지법', '청소년보호법' 등 소년사법과 관련된 내용을 포함한다. 따라서 이 장에서는 소년사법시스템의 전반적인 내용을 소년법, 소년사법처리절차, 소년사법기관 등의 순으로 상세히 살펴볼 것이다.

CASE

18세의 이○○은 21차례에 걸쳐 무면허 운전, 특수절도, 사기, 폭행 등의 행위로 처벌을 받았다. 무엇이 이렇게 이○○을 반복적 비행의 길로 유인했을까?

이○○의 아버지는 상습적으로 도박을 하고 부채를 가지고 있다. 이에 모는 이○○을 떠나 이혼했고 누나와는 같은 공간에 살면서 사소한 얘기조차 나누지 않을 정도로 멀어졌다. 아버지의 폭음과 폭력이 반복되었다. 이러한 가정환경은 이○○의 청소년다면적인성검사(MMPI-A) 결과가 분노, 사회적 불안이 내재되어 있는 상태에 있음을 설명해주는 요소가 된다. 가족의 응집력이 없는 가정을 벗어나 비행전력이 있는 친구들과 어울리게 되었다. 고등학교 진학하면서 이○○의 비행친구들과의 관계는 더욱 깊어졌고 늦은 귀가, 무면허 운전을 시작으로 음주, 외박, 가출, 흡연 등의 일탈행동을 하였다. 특히 고등학교 2학년 때는 비행이 심화되어 무면허 운전, 사기, 건조물 침입, 자동차손해배상보장법위반 등의 중한 일탈행동을 저질렀고 보호관찰 및 사회봉사 처분을 받았다. 하지만 보호관찰명령을 어기고 또래들과 어울려 비행을 반복하였고 또다시 음주운전을 저질러 다시 입건된 것이다.

1) 대륙형은 사법모델이라고도 하는데, 사법모델은 적정절차를 준수하고 범죄행위에 대해 일정한 처벌을 원칙으로 한다. 영미형의 복지모델은 처벌보다는 처우에 중점을 두고 있어 사회사업가, 심리학자, 교육관련 종사자들의 영향력이 강하게 작용한다. 그러나 이 유형은 소년의 교정처우에만 관심을 가짐으로써 적정절차가 간과되기 쉬우며, 범죄 위험으로부터 사회를 보호하는 데 소홀하다는 비판을 받는다.

제1절 소년사법시스템의 의의

1. 소년법의 의의

소년법은 넓은 의미의 소년법과 좁은 의미의 소년법으로 구분할 수 있다. 광의의 소년법은 '소년에 관련된 법체계의 전반'으로, 공법과 사법, 행정법 등 관련된 모든 법조항을 아우르는 개념이다.[2] 반면 협의의 소년법은 '소년의 보호사건과 형사사건에 관하여 규정한 법률'인데, 일반적으로 말하는 소년법은 협의의 소년법 개념이다.

협의의 소년법은 다시 실질적 의미와 형식적 의미로 나누어진다. 실질적 의미의 소년법은 '반사회성이 있는 소년의 환경조정 및 품행교정을 위한 보호처분 등 필요한 조치를 목적으로 규정한 법률'로 여기에는 '소년법', '형사소송법', '법원조직법', '소년원법' 등이 포함된다(최병각, 1998). 형식적 의미의 소년법은 '소년법'이라는 이름으로 제정 및 공포되어 있는 법률로 비행소년에 대한 국가적 기본법으로서 소년법전을 말한다. 소년법은 비행소년의 처우에 대한 국가적 기본법이라 할 수 있으며, 반사회성 있는 소년에 대해 주변 환경의 조정과 성품 및 행동의 교정에 관한 보호처분을 시행하거나 형사처분을 통해 소년의 건전한 육성을 기하는 데 그 목적이 있다.

2. 소년법의 연혁

미국에서 시작된 소년법원 설립운동은 근대국가들의 소년법 제정에 선구적인 역할을 하였다. 소년은 성인에 비하여 미성숙한 존재로 의사결정능력이 서로 동일할 수 없으며, 성인과 동일한 행위 책임을 질 수 있는 존재가 아니라는 점에 기초하여 소년과 성인을 분리해 처우하자는 이념이 확립된 것이다.

---

2) 광의의 의미에 따르면 '소년법'뿐만 아니라 '아동복지법', '소년원법', '청소년 보호법', '청소년 기본법', '청소년복지 지원법', '아동·청소년의 성보호에 관한 법률', '보호관찰 등에 관한 법률' 등이 포함된다.

우리나라 최초의 소년법은 '조선소년령'으로, 1942년부터 시행된 일본의 소년법을 토대로 한다. '조선소년령'은 1958년 소년법이 제정 이전까지 적용되었다. 광복 이후 새로운 소년법 제정에 대한 제안이 이루어졌으나 1950년 6.25전쟁의 발발로 무기한 연기되었다. 이후 1954년 미국의 '소년보호법령'을 연구하여 대법원과 협의 후 1955년 소년법안을 국회에 제출되었고, 1958년 7월 24일 최초 소년법이 제정되었다(최준, 2009).

1958년 7월 24일 법률 제489호로 제정된 제정 소년법은 특히 보호처분에 관한 내용이 상세하게 규정되어 있다. 제정 소년법에 명시된 보호처분은 현재 보호처분의 근간이 되고 있다. 제정 소년법에서는 ① 법의 적용대상을 20세 미만으로 하며, ② 법관 또는 검사로부터 송치된 소년, 형벌법령에 저촉되는 행위를 한 12세 이상 14세 미만의 소년으로 경찰국장 또는 경찰서장으로부터 송치된 자 등은 소년부의 보호사건으로 심리하도록 한다고 규정하여 연령적 측면에서 현행 소년법과 차이를 보인다.

소년법은 법 구성의 미비와 가정법원의 발족을 계기로 1963년 7월 31일 1차 개정이 되었다. 이는 소년심리에 관한 모든 절차를 국가후견적 이론에 토대를 두는 동시에 소년보호를 교육적으로 발전시켜 소년범죄에 대한 처우 결정 및 집행에 있어서 사회와 가정 및 유관기관 상호간 유기적인 협조가 용이하도록 하고자 하였다.[3] 1차 개정 이후 소년법에서는 ① 소년보호사건의 관할법원을 가정법원소년부 또는 지방법원소년부로 한다고 규정하여 가정법원에 그 관할을 두었으며, ② 소년부의 보호사건대상자는 죄를 범한 소년, 형벌법령에 저촉되는 행위를 한 12세 이상 14세 미만의 소년, 범죄성이 있는 자 등과 교제하는 등의 사유가 있고 그의 성격 또는 환경에 비추어 장래 형벌법령에 저촉되는 행위를 할 우려가 있는 12세 이상의 소년 등으로 하여 그 범위를 확대하였다.

2차 개정은 1977년 12월 31일 소년감별소가 신설되면서 소년 사건을 담당하는 소년부가 소년감별소의 감별 결과 및 의견을 참작하도록 하면서 이루어졌다. 2차 개정을 통해 ① 판사는 필요할 경우 소년에 대한 조사·심리를 소년 감

3) 일부개정 1963.7.31. 법률 제1376호.

별소에 위탁할 수 있게 되었으며, ② 보호사건에 대한 항고는 고등법원에서 가정법원이나 지방법원 합의부로 그 관할을 변경하였다. 또한 ③ 환형처분 금지 연령의 상한을 20세 미만에서 18세 이상의 소년은 환형처분을 가능하도록 조정하였다.

3차 개정은 소년범죄의 증가와 2차 개정 소년법의 법적 미비로 인해 법무부는 1983년부터 '청소년 선도에 관한 세미나'를 개최하여 소년비행의 현황과 예방 및 처우에 대해 논의하기 시작하였다. 법무부 보호국 소속의 청소년 대책 연구반은 매년 진행된 세미나 내용을 토대로 소년법 개정 요강을 확정하고 1988년 12월 31일 공포하였다. 3차 개정에서는 비행소년의 효율적 교화를 위한 ① 다양한 보호처분 형성과 ② 보호관찰제도를 활성화하였으며, ③ 소년심판절차에 진술거부권의 고지 등 적법절차를 보장하고, ④ 사형·무기형 금지연령을 16세 미만에서 18세 미만으로 상향조정하여 종전 소년법의 미비점을 정비하고 보완하였다.

현행 소년법은 3차 개정 이후 발생한 문제들과 과거 검토되었으나 반영되지 못한 제도, 시대적 변화에 따른 소년범죄의 경향을 반영한 소년제도의 보완에 대한 논의가 요구되면서 2007년 개정이 이루어졌다(권근희, 2009). 청소년 인구가 감소하면서 소년사건 수도 감소하고 있으나 소년사건의 재범률은 높은 수준을 유지하고 있고, 범죄가 잔인화되고 있다는 점에서 2007년 개정 소년법은 처벌 위주에서 교화 및 선도 중심의 소년사법체계를 개편하였다, 특히 법 문장을 한글로 적고, 복잡한 문장은 체계 등을 정비하여 국민이 이해하기 쉽게 정비하였다. 2007년 개정 소년법에서는 ① 범죄소년, 촉법소년, 우범소년의 연령이 하한 조정되었고,[4] ② 보호처분 유형을 다양화[5]하였으며, ③ 검사의 결정 전 조

---

4) 범죄소년은 연령은 14세 이상 20세 미만에서 14세 이상 19세 미만으로, 촉법소년은 12세 이상 14세 미만에서 10세 이상 14세 미만으로, 우범소년은 12세 이상 20세 미만에서 10세 이상 19세 미만으로 하한 조정되었다.

5) 2007년 개정전 소년법은 품행 교정을 위한 적절하고 실효성 있는 처분이 미흡하다는 지적이 있었다. 또한 실효성과 인권을 보장하기 위해 보호처분의 기간 조정 필요성을 인식하고 있었으며, 이에 따라 2007년 개정 소년법에 반영하게 되었다. 주요내용으로는 사회봉사명령과 수강명령을 독립된 보호처분으로 규정하였고 1개월 이내의 소년원 송치 처분을 신설하였다. 이 밖에 인성교육 위주의 대안교육, 외출제한명령, 보호자 교육 명령제도 등을 새로이 도입하였다. 현행 소년법의 보호처분에 대한 구체적 내용은 제3절에서 살펴보기로 한다.

사제도[6] 신설 및 조건부 기소유예제도의 명문화가 이루어졌다. 또한 ④ 피해자 보호 방안으로 피해자들의 진술권 규정과 화해권고제도가 도입되었고, ⑤ 국선 보조인제도가 신설되었다.

3. 소년법의 기본이념

소년법의 이념에 대한 논의는 각 국가의 문화·역사적 배경 및 법제의 발전 과정에 따라 다르다. 일반적으로 소년법에 대한 기본이념은 역사적으로 영미형과 대륙형으로 구분할 수 있다. 영미형은 소년복지적 측면을 강조하는 유형으로 국가가 비행청소년에 대해 가하는 처우는 복지정책인 것을 명확하게 하는 '국친사상(parent patriae)'을 기본이념으로 하는 반면 형사사법적 측면을 강조하는 대륙형은 소년법제하 국가가 비행청소년에게 가하는 처우의 형사정책적 의의를 명확히 하는 것으로 '교육사상'을 기본이념으로 한다.

(1) 국친사상

영미형의 소년법은 비록 비행청소년일지라도 그들의 건전한 성장을 위해 처벌보다는 처우를 통해 비행 환경과 품행을 개선하고 건전한 사회인으로 살아가는 데 필요한 교육과 복지를 제공해야 한다고 본다. 이러한 논리는 국가가 비행청소년의 부모의 역할을 대신 수행한다는 국친사상에 근거한 것이다. 즉 국친사상은 국가가 국민의 보호자라고 전제하고 소년사법에서는 부모가 소년을 보호하지 못할 경우 국가가 대신하여 소년을 보호한다는 의미로 정의할 수 있다. 법률상 사용되는 용어로 라틴어인 'parens patriae'는 '국가를 대리하는 소년법원이 소년의 친부모가 소년을 보호하고 있지 못하는 정도까지 부모로서의 책임을 인수하는 것'이다(배종대, 2010).

국친사상은 13세기 영국 형평법사상에 기원을 둔다. 그러나 '국친(國親)'의

6) 검사가 소년사건을 처리할 때에는 분류심사관, 보호관찰관 등 전문가가 조사한 소년의 품행·환경 등에 대해 분석한 자료를 토대로 사건을 처리한다는 제도로(소년법 제49조의2), 소년사건 처리에 있어서 적합한 조사가 수사단계에서는 미흡하게 이루어진다는 점을 보완하기 위해 신설된 조항이다.

개념은 영국의 왕들이 종속자들의 생활에 대한 관여를 정당화하기 위해 사용하던 용어로 국왕대권(the royal prerogative)[7)]이라는 보통법상 개념과 관련된다. 즉 국친의 개념은 왕권의 한 영역으로서 형평법원의 보호적 관할권(Pro-tective Ju-risdiction)에 대한 이론적 기초이며 이 논리는 소년의 최대이익을 보장하는 국가의 책임을 의미하는 것으로 확대·발전되었다. 17세기에는 가장이 사망했을 경우 아동의 착취 예방을 위해 대법관의 보호적 역할이 요구되었고 대법관은 필요에 따라 교육의 방법으로서 해당 아동에 대해 그 권한을 행사하였다(Cogan, 1970: 147).

국친사상이 부모의 친권을 대리한 국가의 보호라고는 하지만 현실적으로 양자는 달리 평가될 수밖에 없다. 특히 과잉보호에 있어 친권의 과잉행사와 국가적 보호의 과잉은 전혀 다른 문제를 낳을 수 있는 것이다(연한모, 2013). 국가의 보호는 후견이 주된 목적이라 하더라도 보호 명목으로 소년의 기본권 침해와 국가적 강제 및 제재의 형태로 작용할 수 있다. 즉 국친사상에 근거하여 비행청소년에 대한 보호를 강조하면서도 한편으로는 형사상 대상에 포함되지 않았던 소년범죄까지 그 범위가 확대될 수 있다는 것이다.

(2) 교육사상

영국과 미국의 소년법 이념이 국친사상에 바탕을 두고 구축된 반면, 독일, 프랑스 등은 유럽대륙은 형사정책적 입장에서 근대 범죄학의 영향을 받은 교육형 이론 내용을 중점으로 한다. 교육형 이론에서의 교육사상은 소년의 경우 가정과 사회를 포함한 주변 환경으로부터의 영향에 보다 민감하므로 성인과는 달리 취급해야 한다는 전제하에 해당 소년에 적합한 개별적 처우를 통해 사회로의 복귀를 유도해야 한다고 본다. 즉 교육사상은 청소년비행과 성인의 범죄는 다르므로 교육을 목적으로 개별적 사회화처우 및 사회복귀를 도모해야 한다는 것이다. 성인의 형사사건 절차와는 다른 심판절차, 형벌 대신 보호처분, 소년범죄의 비형벌화가 교육사상에 입각한 대표적인 예로, 소년의 비행과 범죄는 성인의 상

---

7) 국왕대권 정신적 무능력 상태에 있는 사람들과 그들의 재산을 관리할 책임을 포함하는 개념이다.

습범과 다르기 때문에 교육적 목적을 지닌 개별적인 사회처우로 사회복귀를 도모하자는 교육형법의 특징을 부여하고 있다. 그러나 교육사상의 이념을 극단적으로 강조할 경우 국가의 청소년에 대한 체제 자체를 전면적으로 거부할 위험성이 있다는 한계가 있다.

제2절 소년사건처리

소년사건이란 10세 이상 19세 미만의 소년에 행한 범죄사건 및 형법에 저촉되는 행위를 할 우려가 있는 사건이다. 이러한 소년사건에 대해 소년법은 소년보호사건과 소년형사사건을 각각 규정하고 있다. 소년보호사건은 보호처분이 적합한 소년에 대하여 복지·교육적 목적에 따라 판사가 소년보호절차에 따라 보호처분을 하는 것인 반면, 소년형사사건은 14세 이상 소년이 행한 사건이 금고 이상의 형사처분이 필요하다고 인정되는 경우 소년법원이 아닌 일반 형사법원에서 형벌을 부과하는 사건으로 소년형사절차에 따라 처리한다.

소년사건에 대한 처리는 소년범의 유형에 따라 달리하는데, 소년법에서는 19세 미만의 소년에 대하여 소년을 세 가지 유형으로 구분하고 있으며(소년법 제4조), 이 유형에 따라 소년에 형사사건절차 적용 가부가 달라진다고도 볼 수 있다. 소년법에 따른 소년은 범죄소년, 촉법소년, 우범소년으로 구분된다.[8)]

이 절차는 소년 유형에 따라 형사사건처리절차와 보호사건처리절차로 이원화되어 있다. 촉법소년과 우범소년에 대한 보호처분은 소년보호사건의 절차에 따라 가정법원 또는 지방법원의 소년부에서 담당하며, 소년대상 형사사건은 일반 형사사건과 동일한 절차를 따른다.

8) 소년법의 유형에 따른 정의는 14세 이상 19세 미만의 소년 중 법률상 범죄 행위를 한 경우에는 범죄소년으로, 형법에 저촉되는 행위는 하였지만 형사미성년자에 해당하여 형사책임을 묻지 않는 10세 이상 14세 미만의 경우에는 촉법소년으로, 형벌법령에 저촉되는 행위는 하지 않았으나 소년법 제4조 제1항 3호에 해당하는 사유가 있고 소년의 환경에 비추어 장래에 형벌법령 저촉 가능성이 있는 10세 이상 19세 미만의 경우는 우범소년으로 한다.

그림 13-1 소년사건처리절차

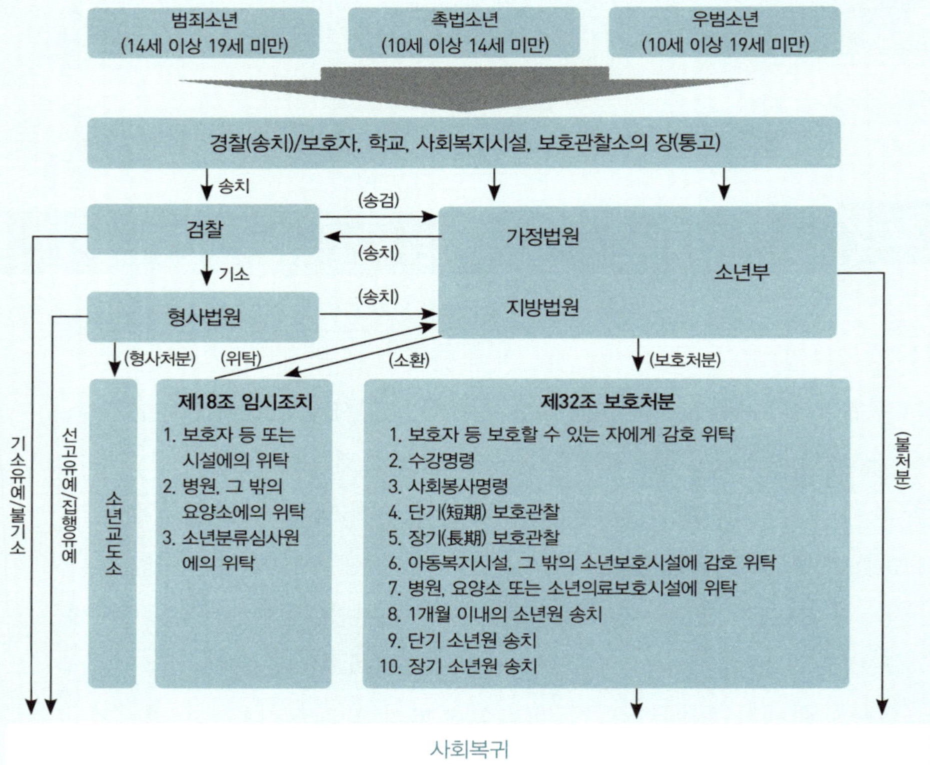

출처: 사이버 경찰청 청소년 치안정책 서비스: 소년사건처리절차.

1. 소년형사사건처리절차

소년사건에 대한 형사사건처리절차는 범죄소년이 금고 이상에 해당하는 범죄 사실이 발견된 경우에 적용된다. 즉 범죄소년 연령에 속한다고 하더라도 금고 미만의 형에 해당하는 범죄를 범한 경우와 보호처분이 보다 적합하다고 판단되는 경우에는 보호사건처리절차에 따라 처리한다. 보호처분이 보다 적합하다고 판단되는 경우란 범죄 사실과 경중에 관계없이 보호처분이 필요하다고 판단되는 때를 의미하는 것으로 금고 이상에 해당하더라도 보호처분이 적합하다

그림 13-2 소년형사사건처리절차

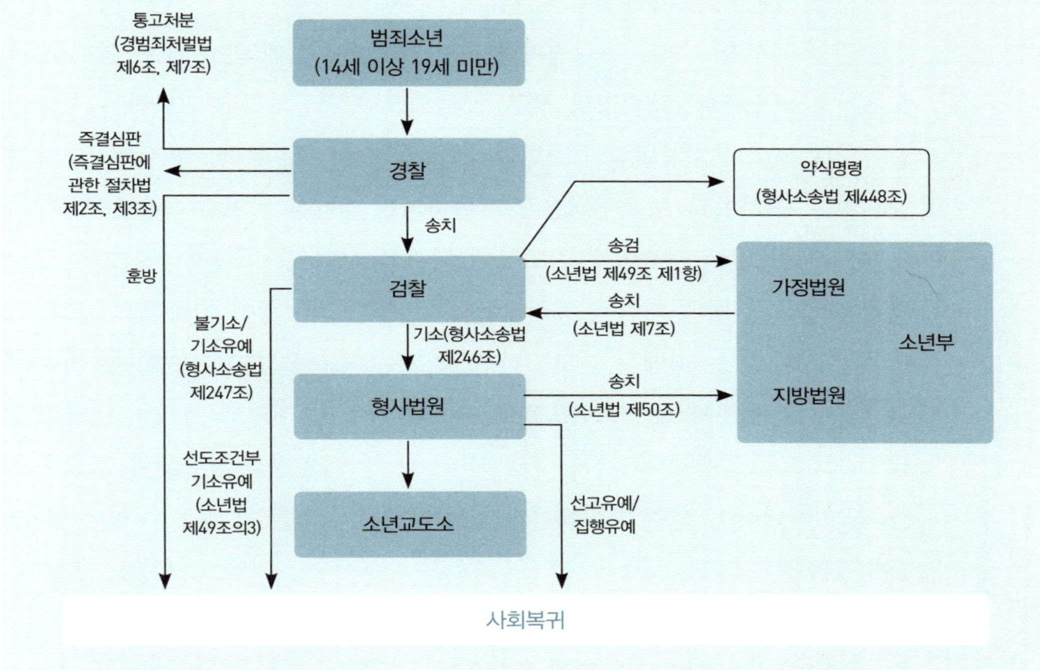

출처: 사이버 경찰청.

고 판단되는 경우에는 보호처분처리절차에 따라야 하고 해당 사건은 가정법원이나 지방법원의 소년부로 송치해야 한다. 구체적인 형사사건처리절차는 〈그림 13-2〉와 같다.

범죄소년이 행한 금고 이상의 범죄 사실을 인지한 경찰이 할 수 있는 처분은 해당 사건의 경중에 따라 훈방, 통고처분, 즉결심판청구, 검찰송치로 구분된다. 훈방은 경미한 사안에 대해 형사 입건을 하지 않고 경찰이 자체적으로 선도 후 귀가시키는 조치를 의미한다. 통고처분은 경범죄처벌법상의 노상방뇨, 음주소란, 금연 장소에서의 흡연 등의 행위에 대해 경찰서장 또는 지방해양경찰관서의 장 등이 서면으로 범칙금 납부를 통고하는 것을 의미한다. 이러한 처분은 경범죄처벌법상 18세 미만의 자에게는 할 수 없다. 따라서 경찰에 입건된 범죄소년 중 통고처분이 가능한 경우는 18세 이상 19세 미만의 소년에게만 해당한다

(경범죄처벌법 제6조, 제7조). 즉결심판 청구는 20만원 이하의 벌금, 구류 또는 과료에 처할 사건인 경우 관할경찰서장 또는 관할해양경찰서장이 관할법원에 청구하는 것이다(즉결심판에 관한 절차법 제2조, 제3조).

검찰은 경찰에 의해 송치되거나 직접 인지한 사건에 대해 기소, 불기소, 선도조건부 기소유예, 약식명령 청구, 보호처분이 적합하다고 판단하는 경우 관할 가정법원이나 지방법원의 소년법원으로의 송치 처분을 할 수 있다. 조사 후 혐의없음·죄가안됨·공소권없음으로 판단되는 때에는 불기소 처분을 하고, 기소 필요성이 없는 경우에는 기소유예 처분을 한다(형사소송법 제247조). 소년법에 의한 소년범에 대한 일종의 특칙으로 재범 가능성이 희박하고 선도보호의 필요성이 있는 때에는 선도조건부 기소유예처분을 하고, 보호처분에 대한 필요성이 인정될 때에는 소년법원에 송치한다(소년법 제49조 제1항). 아울러 벌금·과료 또는 몰수에 해당하는 사건일 때에는 약식명령을 청구할 수 있으며(형사소송법 제448조), 소추의 필요성이 있는 때에는 공소를 제기할 수 있다(형사소송법 제246조).

법원은 검찰에 의해 기소된 소년 중 변호인이 없는 소년에 대해서는 직권으로 국선변호인을 선정해야 한다(형사소송법 제33조). 형사법원에 기소된 소년은 일반적인 형사사건 절차에 따라 심리한다. 그러나 소년은 성인에 비해 미성숙하고 개선의 여지가 풍부하다는 점에 근거하여 절차상, 처분상의 특칙을 두고 심리한다. 주요 특칙에는 사형 및 무기징역의 완화, 상대적 부정기형, 환형처분의 금지 등이 있으며 관련 특칙 등이 있다. 한편 소년에 대한 심리 결과 보호처분에 해당할 사유가 있다고 인정되면 사건을 관할 소년부에 송치할 수 있다(소년법 제50조).

2. 소년보호사건처리절차

소년경찰직무규칙 제29조는 비행소년을 처우함에 있어 경찰이 비행소년이라고 인정되는 소년을 입건했을 때에는 소년법, 아동복지법, 청소년보호법 등의 법률에 정한 소년의 연령에 적절한 처리를 위해 입건 당시 소년의 연령을 정확

그림 13-3 보호사건처리절차

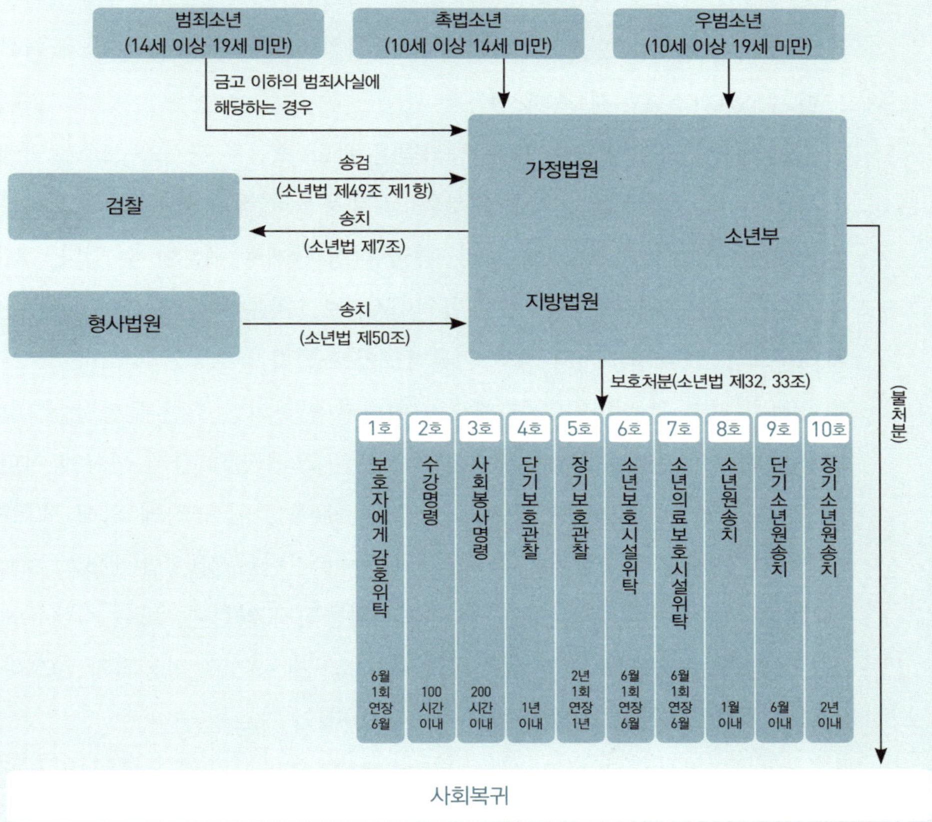

출처: 사이버 경찰청.

하게 확인하여야 한다고 규정하고 있다. 소년법은 소년의 연령을 기준으로 범죄소년, 촉법소년, 우범소년을 구분하고 있으므로 소년경찰직무규칙에 따른 연령 확인은 소년을 소년법상 보호처분이나 형사처분 절차 중 어떤 절차에 의해야 하는지를 결정하는 중요한 요소 중에 한 가지라 할 수 있다.

촉법소년 및 우범소년이 입건된 때에는 경찰서장이 검찰을 거치지 않고 직접 관할 소년부에 송치해야 한다(소년법 제4조 제2항). 즉, 10세 이상 14세 미만인 소년이 형벌 법령에 저촉되는 행위를 하였거나(촉법소년), 소년법 제4조 제1

항 3호에 해당하는 사유가 있고 소년의 성격 또는 환경에 비추어 볼 때 장래 형벌 법령에 저촉되는 행위를 할 우려가 있는 10세 이상인 소년(우범소년)에 대하여도 관할법원 소년부로 송치해야 한다. 범죄소년, 촉법소년, 우범소년을 발견한 보호자 또는 학교·사회복리시설·보호관찰소의 장은 이를 관할 소년부에 통고할 수 있다(소년법 제4조 제3항).

보호대상 소년을 송치 또는 통고받은 관할 소년부 판사는 보호소년에 대한 조사 또는 심리를 한 후, 처분 여부와 그 내용을 결정하게 된다. 보호처분에 관한 절차는 크게 송치, 조사와 심리, 종국 결정 단계로 구분할 수 있다. 보호처분 절차는 제4절 소년사법기관의 3. 법원에서, 보호처분 종류에 관하여는 제3절 처분내용의 1. 보호처분에서 상세히 살펴보기로 한다.

심리 결과 보호처분을 할 필요가 있다고 인정되면 소년부 판사는 보호처분 결정을 하여야 한다. 소년에 대한 보호처분은 그 소년의 장래 신상에 어떠한 영향도 미치지 아니한다(소년법 제32조 제1항, 제6항). 이 규정에 의해 보호처분을 받은 소년에게는 자격상실이나 자격정지 등에 관한 규정(형법 제43조, 제44조)이나 누범가중에 관한 규정(형법 제35조)은 적용되지 않는다. 또한 집행유예의 요건, 취소 또는 실효에 관한 규정(형법 제62조~제64조)도 적용되지 않으나 다만 소년법상 보호처분을 받은 사실이 상습성 인정의 자료는 된다.

소년부 판사는 제32조 제1항 또는 제32조의2에 따른 보호처분 결정을 한 때에는 조사관, 소년부 법원서기관·법원사무관·법원주사·법원주사보, 보호관찰관, 소년원 또는 소년분류심사원 소속 공무원 등 그 밖에 위탁 또는 송치 받을 기관 소속의 직원에게 그 결정을 집행하게 할 수 있다(소년법 제35조). 임시조치와 보호처분에 대한 집행지휘는 결정서의 등본을 그 집행담당자에게 교부함으로써 한다(소년심판규칙 제21조, 제37조).

제3절 소년범죄자에 대한 처분내용

1. 보호처분

(1) 보호처분의 의의

소년은 일반적으로 그 인격이 미성숙하고 유동적이며 환경에 의해 변화하기 쉽다. 또한 죄를 범하더라도 범죄성향이 뿌리 깊다고는 할 수 없어 개선 가능성 역시 풍부하다. 이 논리에 따르면 소년사건에 대해 형벌을 부과하는 것은 적절하지 않으며 전통적인 형법의 효과도 기대하기 어렵다. 즉 소년은 교화와 개선을 목적으로 하는 형벌과는 구분되는 처분이 필요한데, 이것이 보호처분이다.

보호처분은 소년 보호사건을 소년부 판사가 심리하여 소년의 교화·개선과 보호를 위해 소년의 환경 조정과 품행 교정이 요구되는 소년에 대한 처분이 필요하다고 인정될 때 결정으로 하는 처분을 말한다(연한모, 2013). 보호처분은 형사처분과 구분되는 개념으로, 소년에 대한 형벌적 처분이 아닌 교육적·복지적 처분을 목적으로 한다. 소년법 제1조는 보호처분우선주의를 선언하고 있다(한국소년법학회, 2008).

소년에 대한 보호처분 심리절차는 형사재판과 달리 당사자주의가 아니라 소년법원이 그 절차를 주재하고 관계자들이 이에 협력하는 직권주의적 구조를 취하고 있고, 조사와 심판이 분리되어 있다. 이는 국친사상을 기초로 복지적 관점에 비중을 두어 형사소송과 같은 절차의 엄격성 및 형식성은 비교적 완화되어 있는 것이다(김일수, 1985).

(2) 보호처분의 종류

소년부 판사는 경찰·검찰·형사법원에서 이송한 소년사건에 대해 비행원인을 조사·심리에 따라 보호처분을 할 필요가 있다고 인정되면 결정으로 다음 10가지 처분 중 어느 하나에 해당하는 처분을 하여야 한다(소년법 제32조 제1항).

표 13-1 보호처분의 종류 요약

구분	처분내용
1호 처분	보호자 또는 보호자를 대신하여 소년을 보호할 수 있는 자에게 감호위탁
2호 처분	수강명령
3호 처분	사회봉사명령
4호 처분	보호관찰관의 단기 보호관찰
5호 처분	보호관찰관의 장기 보호관찰
6호 처분	'아동복지법'상의 아동복지시설이나 그 밖의 소년보호시설에 감호 위탁
7호 처분	병원, 요양소 또는 '보호소년 등의 처우에 관한 법률'상의 소년의료보호시설에 위탁
8호 처분	1개월 이내의 소년원 송치
9호 처분	단기 소년원 송치
10호 처분	장기 소년원 송치

1) 1호 처분: 보호자 등에 대한 감호위탁

1호 처분은 보호자 또는 보호자를 대신하여 소년을 보호할 수 있는 자에게 감호를 위탁하는 것으로, 소년을 종전의 환경으로 되돌려 보내는 시설외처분의 일종이다(박달현, 2007). 보호자란 법률상 감호교육의 의무가 있거나 현재 소년을 감호하는 사람(소년법 제2조)으로서 친권자, 후견인 또는 아동복지시설의 장 등이 포함된다. 또한 보호자를 대신하여 소년을 감호할 수 있는 자는 자원보호자 등 보호를 대신할 수 있는 사람이 해당된다. 보호자 위탁감호처분 기간은 6개월이며, 6개월의 범위에서 1차에 한하여 그 기간을 연장할 수 있다(소년법 제33조 제1항). 이 처분은 획일화되고 경직된 교정처우를 대신하여 비권력적이고 자발적인 인간관계를 통하여 개별처우를 할 수 있다는 장점을 가진다. 또한 교정비용을 줄일 수 있으며, 낙인에 의한 폐해를 최소화할 수 있다.

한편 미국에는 위탁가정이라는 지역사회 내 일정생활을 할 수 있게 해주는 제도로 위탁가정이 있다. 위탁가정은 부모가 소년들을 적절히 보호 및 양육할 수 없거나 소년들이 버려진 경우, 고아가 된 경우, 일시적인 보호 장소로서의 기능을 된다. 이러한 점에서 위탁가정에 생활하는 소년들은 법위반자가 아니며,

감독이 필요한 소년들(children in need of supervision: CHINS)이거나 위험에 처한 소년들이다(Lee, 2008).

2) 2호 및 3호 처분: 수강명령 및 사회봉사명령

수강명령은 12세 이상의 소년에 한하여 100시간, 사회봉사명령은 14세 이상의 소년에 한하여 200시간을 초과할 수 없으며, 수강명령 및 사회봉사명령과 단기 보호관찰처분(4호 처분) 또는 장기 보호관찰처분(5호 처분)과 병합할 수 있다(소년법 제32조 제2항 1, 2호, 제32조 제3항, 제4항). 보호관찰관이 수강명령과 사회봉사명령을 집행할 때에는 소년의 정상적인 생활을 방해하지 않도록 하여야 한다(소년법 제33조 제4항). 수강명령과 사회봉사명령은 보호관찰에만 병합 가능한 부가처분이었으나, 보호처분의 다양화 측면에서 독립처분화되었다.

3) 4호 및 5호 처분: 보호관찰관의 단기 및 장기 보호관찰

보호관찰처분은 보호소년을 사회 내에 두면서 전문가인 보호관찰관의 지도·감독 등을 통해 교정하려는 보호처분으로, 대표적인 사회내처우이다(정희철, 2005). 4호 처분은 1년간의 단기 보호관찰이고, 5호 처분은 2년간의 장기 보호관찰로서 보호관찰관의 신청이 있으면 1차에 한하여 1년의 범위 내에서 그 기간을 연장할 수 있다(소년법 제33조 제3항). 또한 단기 또는 장기의 보호관찰의 처분을 할 때에 3개월 이내의 기간을 정하여 「보호소년 등의 처우에 관한 법률」에 따른 대안교육 또는 소년의 상담·선도·교화와 관련된 단체나 시설에서의 상담·교육을 받을 것을 동시에 명할 수 있고, 1년 이내의 기간을 정하여 야간 등 특정 시간대의 외출을 제한하는 명령을 보호관찰대상자의 준수 사항으로 부과할 수 있다(소년법 제32조의2 제1항, 제2항). 보호관찰처분은 보호자 감호위탁(1호 처분)·수강명령(2호 처분)·사회봉사명령(3호 처분)과 전부 또는 일부 병합할 수 있고(소년법 제32조 제2항 1호, 2호) 아동복지시설이나 그 밖의 소년보호시설 감호위탁(6호 처분)과 병합할 수 있다(소년법 제32조 제2항 3, 4호). 더불어 장기보호관찰은 1개월 이내의 소년원 송치(8호 처분)와 병합할 수 있다(소년법 제32조 제2항 5호).

보호관찰제도는 유죄가 인정된 자를 소년원이나 교도소에 수용하는 대신 일정기간 동안 준수사항[9])을 지킬 것을 조건으로 하여 사회생활을 허용하면서 보호관찰관의 지도와 감독 및 범죄예방위원의 원조를 통해 교화·개선하고 사회에 적응하게 하는 제도로 보호관찰은 보호관찰 대상자 주거지를 관할하는 보호관찰소 소속의 보호관찰관이 담당한다(보호관찰 등에 관한 법률 제31조). 보호관찰 대상자는 보호관찰관의 지도·감독을 받으며 준수사항을 지키고 스스로 건전한 사회인이 되도록 노력하여야 한다.

4) 6호 처분: 소년보호시설에의 감호위탁

아동복지시설이나 그 밖의 소년보호시설에 감호위탁하는 기간은 6개월이며, 6개월의 범위 내에서 1차에 한하여 그 기간을 연장할 수 있다. 또한 소년부 판사는 필요한 경우 언제든지 그 위탁을 종료시킬 수 있다(소년법 제33조 제1항). 그러나 처분을 받은 소년이 시설위탁이나 수용 이후 그 시설을 이탈하였을 때에는 위 처분기간은 진행이 정지되고, 재위탁 또는 재수용된 때로부터 다시 진행한다(소년법 제33조 제7항).

개인이 아닌 시설에 수용하는 처우라는 점에서 1호 처분(보호자 등에 의한 감호 위탁)과 구별되고, 시설내처우를 명한다는 점에서 4호, 5호(단기 및 장기 보호관찰) 처분과 구별된다(박상열, 2010). 또한 수용시설이 소년원 같은 공적 시설이 아닌 사적 시설이라는 점에서 소년원 송치처분인 8호 내지 10호 처분과 구별된다. 즉, 순수한 사회내처우와 소년원 송치 같은 공적 시설내처우의 중간에 위치하는 중간처우라고 할 수 있다(김용우, 2007).

---

9) **일반준수사항**: 1. 주거지에 상주하고 생업에 종사할 것, 2. 범죄로 이어지기 쉬운 나쁜 습관을 버리고 선행을 하며 범죄를 저지를 염려가 있는 사람들과 교제하거나 어울리지 말 것, 3. 보호관찰관의 지도·감독에 따르고 방문하면 응대할 것, 4. 주거를 이전하거나 1개월 이상 국내외 여행을 할 때에는 미리 보호관찰관에게 신고할 것
특별준수사항: 1. 야간 등 재범의 기회나 충동을 줄 수 있는 특정 시간대의 외출 제한, 2. 재범의 기회나 충동을 줄 수 있는 특정 지역·장소의 출입 금지, 3. 피해자 등 재범의 대상이 될 우려가 있는 특정인에 대한 접근 금지, 4. 범죄행위로 인한 손해를 회복하기 위하여 노력할 것, 5. 일정한 주거가 없는 자에 대한 거주장소 제한, 6. 사행행위에 빠지지 아니할 것, 7. 일정량 이상의 음주를 하지 말 것, 8. 마약 등 중독성 있는 물질을 사용하지 아니할 것, 9. 마약류 관리에 관한 법률상의 마약류 투약, 흡연, 섭취 여부에 관한 검사에 따를 것, 10. 그 밖에 보호관찰 대상자의 재범 방지를 위하여 필요하다고 인정되어 대통령령으로 정하는 사항

6호 처분은 국가시설수용에서 생기는 범죄학습 및 낙인의 효과를 감소시킬 수 있다는 장점이 있다. 또한 사회와의 단절을 줄임으로써 소년의 재사회화에 보다 용이하며, 비행소년의 처우에 민간 참여를 유도하여 소년의 형사정책적 개선에 기여할 수 있다(고명수, 2012). 그러나 대부분의 지방법원이 소년보호를 위한 수탁기관 수가 적고, 수탁기관이 존재하더라도 인력부족으로 프로그램의 연속성과 지속성을 유지하기 어렵다는 한계가 있다. 또한 국가의 재정지원이 미흡하여 보호소년 특성에 적합한 수탁기관을 찾기도 쉽지 않다(배종대, 2010).

5) 7호 처분: 병원, 요양소 또는 소년의료보호시설에의 위탁

7호 처분은 소년을 병원이나 요양소에 위탁하는 처분이다. 정신질환이 있거나 본드, 가스를 포함한 약물남용과 같이 의학적인 치료와 요양이 필요한 경우에 행하여지는 처분에 해당한다. 위탁기간은 6개월이며, 6개월의 범위 내에서 1차에 한하여 그 기간은 연장될 수 있다(소년법 제33조 제1항). 이 처분을 받은 소년의 보호자는 위탁을 받은 자에 대하여 그 감호에 관한 비용의 전부 또는 일부를 지급하여야 하나, 보호자가 지급할 능력이 없는 때에는 소년부가 이를 지급할 수 있다(소년법 제41조). 법원장은 처분을 받은 소년을 수용할 수탁기관을 지정해야 한다. 지정된 병원과 요양소는 소년에 대한 환경 조정과 성행 교정에 적당한 곳이어야 하며, 이를 지정함에 있어서는 미리 그 시설의 운영자와 협의해야 한다. 그리고 법원장은 언제든지 법원소속 공무원이 지정된 시설 등이 소년 보호에 충분한 시설을 갖추고 있는지 그 여부와 운영 실태를 조사 및 보고하도록 하고, 그 결과가 부적당하다고 인정되는 때에는 그 지정을 취소할 수도 있다(소년심판규칙 제34조 제1항, 제5항, 제6항).

6) 8호, 9호, 10호 처분: 소년원 송치

소년원 송치처분은 소년에 대한 시설수용처분으로 처분 중 강력한 처분으로 인식된다. 8호 내지 10호 처분은 수용 및 교육 기간에 따라 구분되는데, 8호 처분은 1개월, 9호 처분은 6개월, 10호 처분은 2년을 초과하지 못한다(소년법 제33조). 2007년 개정 소년법으로 신설된 유형으로 쇼크구금이라고도 하는 8호 처분은 사회내처우인 장기 보호관찰 처분과 병합할 수 있는 유일한 소년원 송치처분으로, 이 경우 소년이 입원해야 할 소년원과 입원 기일을 지정할 수 있다(소년심판규칙 제31조 제3항). 때문에 8호 처분은 사회내처우와 단기 소년원 송치 어느 쪽에도 적합하지 않은 소년에 대하여 집중적인 비행예방 프로그램을 실시하기 위한 것이다. 이러한 8호 처분은 기본적으로는 시설내처우의 성격을 가지지만 9호, 10호 처분은 사회와 소년 보호를 위한 수용기능과 더불어 교육기능을 동시에 수행하는 처분임에 비하여, 8호 처분은 소년보호를 위한 교육기능을 수행하고 있다는 점에서 처분의 성격을 달리한다.

2. 형사처분

(1) 형사처분의 의의

현행 소년법은 보호처분 이외에 형사처분에 대한 규정도 두고 있다. 형사처분은 소년사건에 관하여 조사·심리 결과 금고 이상의 형사처분을 할 필요가 있다고 인정되는 14세 이상 19세 미만의 소년에게 가해지는 처분이라 할 수 있다. 소년사건의 형사처분은 형벌을 수단으로 한다는 점에서 일반형사사건과 다르지 않다. 그러나 사회적으로 완전하게 성숙하지 못한 소년을 대상으로 한다는 점, 성인에 비하여 개선 가능성이 높다는 점을 고려하여 일반형사사건과는 다른 특칙을 두고 있다.

(2) 형사절차상의 특칙

소년대상 형사사건과 성인대상 형사사건은 절차적 측면에 있어 아예 다른 것은 아니다. 다만 소년의 신분에 맞는 절차상 특칙을 형사소송법 및 소년법을 통해 명시하고 있다.

첫째, 성인대상 형사사건은 필요적 변론의 대상사건을 사형, 무기, 3년 이상의 징역 또는 금고에 해당하는 사건으로 한정하고 있으나, 소년대상 형사사건은 모든 사건을 그 대상으로 한다(형사소송법 제33조 제1항 2호).

둘째, 소년법에서는 소년대상 형사사건의 조사·심리에 있어 대상 소년에 대한 구속영장은 부득이한 경우가 아니면 발부할 수 없고, 예외적으로 구속된 경우에도 원칙적으로 다른 피의자·피고인과는 분리 수용해야 한다(소년법 제55조 제1항, 제2항). 또한 소년대상 형사사건의 특성상 일반조사관에 의한 조사가 어렵다고 판단될 경우 법원은 조사관을 위촉할 수 있다(소년법 제56조).

셋째, 소년대상 형사사건이 다른 피의사건과 관련된 경우에는 원칙적으로 그 사건과 분리하여 심리하며, 다만 분리심사로 심리에 지장을 줄 경우에는 예외적으로 병합심리를 할 수 있다(소년법 제57조). 원칙적 분리심사 조항은 대상 소년이 사회적 낙인을 받거나 외부로부터 영향 받는 것을 방지하고자 한다.

(3) 형사처분상의 특칙

1) 사형 또는 무기형의 완화

현행 소년법은 범행 당시 18세 미만의 소년에 대하여 사형 또는 무기징역이 선고될 경우 15년의 유기징역으로 하여 사형 및 무기징역의 상한 연령은 18세로 제한하고 있다(소년법 제59조). 명문 해석상 범죄 해위 당시의 나이를 기준으로 하고 있으므로 과형시의 나이는 관계가 없다. 다만, 살인·특수강간·강도 등 특정강력범죄를 범한 때에는 20년의 유기징역으로 한다(특정강력범죄의 처벌에 관한 특례법 제4조 제1항).

2) 부정기형

소년법은 소년이 법정형으로 장기 2년 이상의 유기형에 해당하는 죄를 범한 경우에는 그 형의 범위에서 장기와 단기를 정하여 선고하되, 장기 10년, 단기 5년을 초과하지 못하고, 특정강력범죄에 해당하는 때에는 장기 15년, 단기 7년을 초과하지 못한다(소년법 제60조 제1항, 특정강력범죄의 처벌에 관한 특례법 제4조 제2항). 다만, 소년의 특성에 비추어 상당하다고 인정되는 때에는 그 형을 감경할 수 있으며, 대상 소년 부정기형을 집행하는 기관의 장은 형의 단기가 지난 소년범의 행형성적이 양호하고 교정 목적을 달성하였다고 판단되는 때에는 관할 검찰청 검사의 지휘에 따라 그 형의 집행을 종료시킬 수 있다(소년법 제60조 제2조, 제4항). 집행유예나 선고유예를 선고하는 때에는 1항을 적용하지 않고 정기형을 선고한다(소년법 제60조 제3항).

이러한 부정기형은 선고형의 기간보다 빨리 그 집행을 종료할 수 있다는 기대감을 주어 대상 소년들이 보다 성실하고 바르게 수형생활에 임하도록 유도함으로써 교정 효과를 증대시킬 수 있다(유학희, 2009). 또한 대상자의 개선정도에 따라 형기를 유동적으로 조정하여 교정의 극대화를 유도할 수 있어 소년범이나 상습범의 개인에 적합한 형벌 개별화에 용이하다. 그러나 이러한 부정기형은 오히려 해당 소년에게 불리하게 작용할 여지가 있다. 통상적으로 부정기형의 집행을 단기보다 장기형을 기준으로 집행함으로써 교정 목적이 달성되어 형의 집행을 종료하여도 해당 소년에게는 불리하게 작용할 가능성이 많다는 것이다(원혜욱, 2006). 또한 부정기형은 행위 당시 책임을 기준으로 이루어진다는 죄형법정주의에 어긋날 위험이 있다. 즉 부정기형에 의할 경우 행위 당시 책임을 초과한 처벌을 받을 우려가 있다는 것인데, 해당 사건의 소년이 장기형까지 복역하는 때에는 정기형이었을 때보다 더 오랜 기간을 복역하는 결과를 초래할 수 있다는 것이다.

3) 환형처분의 금지

현행 소년법에서는 18세 미만의 소년에게 환형처분을 선고하지 못한다고 규정하여 환영처분을 금지하고 있다(소년법 제62조). 성인형사범이 벌금 또는 과료를 선고받고 이를 납부하지 않은 때에는 유치기간을 정하여 노역장 유치를 선고하는 것과는 상반되는 처우로 교육적 배려를 고려한 조항이라고 할 수 있다. 그러나 판결선고 전 구속된 경우, 소년분류심사원에 위탁된 경우(소년법 제18조 제1항 3호)에는 형법 제57조를 적용하여 그 구속 또는 위탁기간을 노역장에 유치된 것으로 보고 구금일수에 산입할 수 있다.

벌금·과료는 납부가 가능한 사회·경제적 능력을 전제로 한 것이나, 소년의 경우는 경제적 무능력자에 해당한다. 납부에 대한 능력이 부재한 소년을 벌금·과료 미납을 이유로 강제노역 처분을 하는 것은 소년 보호조치로 볼 수 없다. 또한 일정 연령 미만의 소년은 근로기준법상으로도 근로를 금지하고 있으므로 미성년자에 대한 환형처분을 금지하는 조항은 다른 법과의 법리 조화와 소년을 보호하고자 하는 소년법의 취지에 적합하다고 할 수 있다.

제4절 소년사법기관

1. 경찰

(1) 경찰단계에서의 다이버전

범죄자를 인지하여 체포하고 검찰에 기소하여 공식적인 형사재판 절차를 통해 범죄 사실에 합당한 형벌을 부과하는 것이 범죄자 처리의 정식절차라 할 수 있다. 공식적 절차를 통한 처벌은 일반예방 및 특별예방효과로 범죄예방에 기여할 수 있다는 장점이 있으나, 한편으로는 공식적 기관에 의한 낙인 효과, 구금시설 운영의 비용 등의 문제를 발생시킨다는 단점도 있다. 특히 단점에 의한 부작용은 소년범 및 경미범죄 사안의 경우 두드러진다. 경미사범이나 소년범은 낙인 때문에 사회복귀에 막대한 지장을 받게 되고, 국가 입장에서도 상대적으로 경미한 범죄에 대하여도 사법절차의 진행과 보호 및 관리에 인력과 예산을 소요하는 것은 부담이 될 수 있다는 것이다(신동운, 1986). 이와 같은 문제점 해결을 위해 선진국들은 공식적 형사절차에서 벗어나 보다 융통성이 있는 대안을 모색하기 시작하였고, 그 대안으로 대두된 것이 사법절차의 우회, 전환을 의미하는 다이버전이다. 다이버전(Diversion)이란 절차의 회피, 분리, 전환 등 다양한 용어로 정의되고 있으나 핵심내용은 수사전, 기소전, 법원의 판결 전 등 형사사법기관의 결정이 있기 전에 통상적 정식절차를 중지하는 것을 말한다(이승현, 2008).

이러한 다이버전은 주로 미국에서 그 기원을 찾는다. 1965년 미국의 존슨 대통령은 '범죄와의 전쟁(War on Crime)'을 선언한 후 법집행 및 사법행정에 관한 대통령위원회(The President'S Commission on Law Enforcement and Administration of Justice)를 설치하였다. 이 위원회는 대부분 법률가로 구성하여 범죄문제 해결에 대한 능력의 한계를 인식하고 사회학을 전공한 형사학자의 도움을 구하게 되면서 시작되었다. 전문가들은 형사정책과 관련된 다양한 방안을 발표하였는데, 그중 특히 이목을 끄는 방안이 소년사법의 개선과 대체제도 도입에 관한 것이었다. 이 안은 소년사법과 관련하여 소년범을 공식적인 형사절차를 통한 제재를 가할 것이 아니라 되도록 재판 단계 전에 소년범죄를 해결할 방안을 강구하고 법원에 의한 소년범 처리는 최후의 수단으로 보류해야 한다는 것을 핵심 내용으로 하였다(이명우 외, 2005). 이후 법집행 및 사법행정에 관한 대통령위원회는 소년에 대한 다이버전 프로그램 확대와 구금 장소의 수용인원을 축소하도록 제안하였다. 이 제안은 실제로 실현되어 1968년 '소년비행의 예방과 통제에 관한 법률(Juvenile Delinquency Prevention and Control Act)'이 제정되었고, 이에 입각한 다이버전 운동이 미국 전역으로 전개되었다.

다이버전은 경찰 단계의 경우 선도 조건부 훈방, 검찰 단계에서는 선도 조건부 기소 유예, 재판 단계에서 보호 관찰을 조건으로 한 형의 유예, 교정 단계에서 보호 관찰부 가석방 등 다양한 형태로 존재한다. 이처럼 다이버전은 모든 사법절차에서 형사사법기관에 적용될 수 있지만 사회와의 격리를 최소화하고 낙인을 방지하기 위해서는 범죄 발생 초기 단계에 그 개입이 이루어지는 경찰단계에서의 개입이 가장 효과적이라 할 수 있다. 해당 소년을 사회로 조기 복귀시킨다는 것이 다이버전의 핵심적 요청이므로 경찰 단계에서 다이버전을 통해 적절히 운용하면 보다 큰 효과를 거둘 수 있다는 것이다. 미국의 경우는 이미 통합소년재판법(The Uniform Juvenile Court Act)의 규정을 통해 소년지도에 있어 경찰관들이 폭넓은 재량을 명시하고 있으며 대부분의 주의 법들은 청소년의 체포와 유치에 대한 규정에 있어 이 법의 규정들을 반영하고 있다(Whitehead & Lab, 2008: 74)

우리나라의 2010년부터 2014년까지의 검찰의 소년사건에 대한 처분 현황을 보면 그 폭은 다소 감소하고 있으나 불기소처분의 수치가 꾸준히 50%를 넘고 있다.[10] 이는 사실상 법률적으로 중대한 판단이 요구되지 않는, 검사의 개입이 필수적이지 않은 사건들까지 검찰 단계에 이르고 있는 것으로 반드시 검찰의 조사를 거칠 만큼 중한 범죄 사실이 아닌 경우에는 검찰 단계에 이르기 전에 미리 사회로 복귀시키는 것이 필요하다고 볼 수 있다. 또한 경찰 단계에서 다이버전의 개입이 이루어지는 것은 사건종결에 의한 비용 절감 효과도 있을 수 있다. 즉 해당 소년을 조속히 사회로 복귀시켜 낙인 효과 및 범죄 행위에 대한 학습 효과를

10) 검찰의 소년사건에 대한 불기소 처분은 2010년 60,679(59.7), 2011년 57,360(57.3), 2012년 56,061(55.9), 2013년 47,014(55.0), 2014년 39,548(54.2)이다(법무연수원, 2015).

최소화하고 소송 경제를 도모하여 피해자 보호도 가능하다는 것이다. 이러한 점에서 경찰 단계의 전면적 다이버전 도입이 시급하다고 할 수 있다.

(2) 경찰의 다이버전 활용제도

1) 선도조건부 훈방제도

경찰단계의 다이버전 중 가장 대표적인 방안은 훈방조치이다. 특히, 소년사건 처리에 있어 소년의 사회복귀는 형사사법절차 중 어느 단계에서나 이루어질 수 있으나, 가장 효과적으로 다이버전이 행해질 수 있는 기관은 최초로 사건을 인지하게 되는 경찰이다. 이러한 점에서 소년사건의 다이버전으로 경찰훈방은 중요한 의미를 가진다(한상암·신성원, 2006).

경찰은 학교폭력 예방과 근절을 목적으로 지난 2005년부터 법무부, 교육부 등의 6개 부처를 합동으로 하여 신학기 초 3개월간을 '학교폭력 자진신고 및 피해신고 기간'으로 정하여 자진 신고한 사안이 경미한 초범의 가해 학생을 선도조건부로 불입건하여 사회적 낙인 방지와 선도를 통해 재비행을 방지하고 있다(김향곤, 2009). 자진신고 경미 가해학생을 조사하는 과정에는 범죄심리사를 포함한 심리전문가가 참여하여 재비행 위험성을 분석한 후 사랑의 교실 등 선도프로그램에 연계하게 된다. 2007년 선도조건으로 훈방된 6,437명 중 2007년 말까지 재범학생 681명(10.6%)으로 전체 소년의 재범률 29.1%에 비해 재비행 억제 효과를 검증하였다(김항곤, 2009). 선도조건부 훈방제도를 통해 자진 신고한 초범의 가해 학생은 최대한 선처를 하여 재비행 방지 및 보복폭행 등의 2차 피해 방지를 도모하지만, 학교폭력을 하고도 신고 기간에 자진 신고를 하지 않고 단속에 의해 적발된 가해학생은 엄격히 처벌받도록 하고 있다(김혁, 2013).

경찰청은 지역사회 학교폭력 근절 환경 조성을 위해, 경찰·학교·학부모·유관단체 등이 합동하여 등하교 시간대에 예방 홍보 및 유관기관 간 업무협약을 맺어 공동 대응 체계를 구축하고 있다. 또한 합동 간담회 및 예방 설명회 개최 등을 통해 학교폭력 개념과 대처요령·신고방법 등을 안내하여, 학교폭력에 대한 불안감을 해소와 가정·학교 차원의 관심 촉구를 도모하고 있다.

2) 소년범 수사 시 전문가 참여제

소년법은 소년부에서 소년을 조사 또는 심리를 할 때에는 정신건강 의학과 의사·심리학자·사회사업가·교육자나 그 밖의 전문가의 진단, 소년 분류심사원의 분류심사 결과와 의견, 보호관찰소의 조사결과와 의견 등을 고려하여야 한다고 규정한다(소년법 제12조). 그러나 소년은 성인에 비해 미성숙하고 정서적으로 예민하여 주변 환경에 영향받기 쉽다는 점을 고려할 때 법원에서의 절차만 그 심리적 부담이 크다고는 할 수 없다. 즉, 소년사범은 해당 사건에 대한 수사단계에서부터 전문가의 협조가 반드시 이루어질 필요가 있다(강동욱, 2013).

경찰청은 2003년 '소년범 조사시 전문가 참여제도' 시범 운영을 시작하였다. 이 제도는 소년에 대한 조사 시에 1급 범죄심리사 및 범죄심리사 수련생이 참여하여 소년에 대한 특성 및 재범위험성을 파악하고 해당 자료를 소년 처우의 기초자료로 활용 및 맞춤형 선도 지원을 목적으로 한다.

2003년 9월부터 2005년 7월까지 조사과정에 전문가가 참여한 소년범(386명)에 대하여 재범 여부를 분석한 결과, 전문가가 재범 가능성이 높다고 판단한 고위험군의 재범률은 40%로, 저위험군의 재범률보다 4.5% 높게 나타나 비교적 정확히 예측하는 것으로 확인되었다(경찰백서, 2015). 이러한 분석결과는 선도심사위원회의 심의자료로 제공되어 훈방·즉결심판 등 처분 시에 활용된다. 또한 선도프로그램 연계 시에도 반영되어 재비행 위험군에 적합한 맞춤형 선도프로그램을 진행함으로써 개별 소년 특성에 맞는 교육을 제공하여 선도효과 제고에 기여하고 있다. 2014년에는 전체 소년범 중 11.4%가 전문가 참여 조사를 받았으며, 경찰청은 앞으로 더 많은 소년범이 전문가의 과학적인 분석에 근거한 선도조치를 받을 수 있도록 전문가 참여제를 연차적으로 확대하고 있다.

3) 선도심사위원회 운영

선도심사위원회[11]는 소년 특성에 맞는 맞춤형 사건처리를 위한 것으로 교

11) 선도심사위원회의 위원장은 경찰서장이며 외부위원은 지자체 공무원, 의사, 변호사, 교수, 교사, 범죄심리사, 상담사, NGO 등 청소년 선도에 학식과 경험이 풍부한 전문가 중 경찰서장이 2인 이상을 위촉한다. 내부위원은 1인 이상으로 주무과장(여성청소년·생활안전)이 담당한다.

사·의사·변호사 등 외부 전문가를 참여케 하여 의사결정의 전문성을 강화하고 있다. 위원회에서는 죄질이 경미한 소년범에 대한 처분(훈방·즉결심판 청구·입건 송치)과 개별적인 선도 방향(사랑의 교실, 자체 선도프로그램, 표준 선도프로그램 등)을 결정한다.

2012년 3월부터는 학교폭력 자진신고 가해학생 등 학교폭력 사건에 대해 선도심사위원회를 거쳐서 훈방 및 즉결심판으로 처분하기 시작하였고, 2013년에는 모든 소년사건으로 위원회의 심사 대상을 확대하였다. 2014년에는 선도심사위원회 외부위원 대상자에 자치단체·청소년단체·의료시설 등으로 그 대상을 확대하고, 역할별 분과를 신설하여 가해학생이나 피해학생지원 결정을 추가하여 경찰이 지역사회 네트워크를 소통시켜 주는 허브 역할을 담당하도록 하였다.[12)]

4) 선도프로그램 운영

경찰은 소년범 특성을 고려한 맞춤형 선도프로그램을 운영하여 소년의 조기 선도를 통한 재범방지 및 청소년의 건전한 육성에 기여하고자 한다. 각 경찰서 실정에 따라 다소 상이하지만 일반적으로 「사랑의 교실(청소년 전문단체 연계)」[13)]과 「표준 선도프로그램(신경정신과 병원 연계)」,[14)] 「자체 선도프로그램(경찰관서 자체개발)」[15)] 운영을 병행하여 경찰 단계에서 절차가 종료되는 입건, 훈방·즉결심판 청구 대상 소년들을 중심으로 소년 개인의 특성에 적합한 선도프로그램에 연계한다.

선도프로그램을 이수한 소년범 사건은 수사서류에 결과보고서 또는 수료증을 편철하여 송치하여 사법처리 단계에서 참고자료로 활용할 수 있도록 조치하고 있다.

---

12) 14년 선도심사위원회는 1,104건의 회의를 개최하였다. 그 결과 즉심 612명, 훈방 1,501명의 처분결정을 하였고, 가해·피해학생 1,686명을 대상으로 생활·의료·법률·상담 1,893건 지원 결정을 하였다.

13) 청소년 전문단체와 연계, 청소년상담사 등 전문가가 진행하는 집단상담·미술치료·법교육 등 선도프로그램으로 2014년 5,661명이 이수하였다.

14) 대한신경정신의학회에서 지정한 신경정신과 전문의·임상심리사가 진행하는 자기통제·인간관계 형성 프로그램으로 2014년 627명이 이수하였다.

15) 학교전담경찰관이 지역사회 전문단체(전문가) 및 경찰치안시스템을 활용하여 진행하는 경찰체험 및 선도프로그램으로 2014년 23,366명이 이수하였다.

2. 검찰

검찰은 소년사건에 대하여 먼저 그 성격을 결정하게 된다. 이를 검사선의주의라고 하는데, 이 결정에 따라 검사는 해당 소년사건을 수사하여 보호처분으로 할 것인지 형사처분으로 할 것인지를 결정하게 된다. 다만 소년부는 검찰이 보호처분이 적합하다고 송치한 사건에 대하여 조사 또는 심리한 결과 동기와 죄질이 금고 이상의 형사처분을 할 필요가 있다고 인정될 때에는 검찰청 검사에게 재송치할 수 있으며(소년법 제49조 제2항), 소년부가 검찰에 송치한 사건에 대해서는 검사는 다시 소년부에 송치할 수 있다(소년법 제49조 제3항).

소년사건을 수사한 결과 범죄혐의가 없는 경우, 죄가 안 되는 경우, 죄가 성립된다 해도 공소권이 없는 경우에는 불기소처분하고 공소가 가능하되 벌금이나 과료 혹은 몰수에 해당되는 사건일 경우에는 약식명령을 청구한다. 양형조건을 참작하여 기소 필요성이 없을 때에는 기소유예를 하는데, 소년범의 경우 재범 가능성이 희박하고 선도·보호 필요성이 있는 경우 선도조건부 기소유예를 하게 된다.

(1) 검사선의주의

검사선의주의란 소년사건을 송치 받은 검사가 검토 후 기소할 것인지 소년법원에 송치할 것인지를 결정하는 권한을 말한다. 소년법원에 송치되면 보호사건처리절차에 의해 보호처분을 받게 되고, 형사법원에 기소된 때에는 일반형사절차에 의하여 형벌을 받게 된다. 현행 소년법은 검사선의주의를 채택하고 있다(소년법 제49조 제1항). 따라서 범죄소년의 금고 이상의 범죄 사실을 인지한 경찰은 이를 검사에게 송치해야 하며, 검사는 범죄소년이 어떤 절차에 따라 처리할지에 관한 1차적 결정권을 행사하여 소년사건에 대해 기소, 불기소, 소년부송치 여부를 결정하게 된다.

이러한 검사 선의권은 검사가 소년사건 처리절차 초기단계에서 사법처리 여부 및 처리 종류를 결정하는 것이 해당 소년의 불안감 완화와 법원의 업무 부담을 경감시킬 수 있다는 점, 선의권 행사에 있어서 전국적으로 통일된 기준의 정립이 용이하다는 장점이 있다. 또한 검사는 행정부 소속이므로 소년 복지를 목적으로 하는 다른 행정적 조치 강구에 유리하다는 점에서 지지를 받는다(오영근·최병각, 1995). 아울러 모든 소년을 법원에서 심리하기보다는 준사법기관인 검사가 기소편의주의를 근거하여 소년을 신속하게 사회에 복귀시키는 것이 보다 효과적일 수 있다.

일반적으로 보호처분을 우선시하면 법원선의주의와 연결되는 반면 형사처분을 우선시하면 검사선의주의와 연결될 가능성이 높다. 법원선의주의를 취할 경우 법원은 먼저 보호처분이 가능한지 여부를 판단할 것이고 검사선의주의를 취한다면 검사는 형사기소가 가능한지 그 여부를 조사한다는 것이다. 현행 소년법은 해석상 검사선의주의를 취하고 있기 때문에(소년법 제49조 제1항) 형사처분 가능성을 우선적으로 판단해야 하지만 우범소년과 촉법소년에 대해서는 보호처분을 취하고 있다고 해석할 수 있다(박상식, 2006).

소년사건에 대하여 적절하게 보호사건과 형사사건으로 구분하여 처리하기 위해서는 범죄사실에 대한 자료와 소년의 환경 전반에 대한 자료 수집 및 분석이 전제되어야 하는바, 소년법 제49조의2에서는 자료의 수집과 조사방법을 규정하여 조사 결과 참고를 통해 소년의 교화·개선에 가장 적합한 처분을 하도록 하고 있다. 이러한 조항은 검사가 선의권을 행사함에 있어서 범죄사실의 경중에 치우쳐 보호 여부를 고려하는 데 미흡하다는 지적에 따라 법무부 소속의 전문가가 조사한 소년에 대한 사항을 보다 자세히 조사할 수 있도록 명문화하여 검사의 결정에 신중을 기하기 위한 것이다.

(2) 선도조건부 기소유예

1) 선도조건부 기소유예의 개념

선도조건부 기소유예란 검사가 금고 이상의 범죄 사실이 있는 범죄소년에 대하여 일정기간 동안 준수사항을 이행하고, 선도위원의 선도를 받을 것을 조건으로 하여 기소유예 처분을 하는 것을 말한다. 즉, 선도위원의 선도를 조건으로 기소유예의 처분을 하고, 범죄소년이 준수사항을 위반하거나 범죄를 범함이 없이 일정한 선도기간을 경과한 때에는 공소를 제기하지 않는 것이다. 원칙적으로 범죄소년은 금고 이상의 범죄사실이 있는 경우 일정부분 신체 자유를 제한하여 소년원이나 교도소에 수용하는 시설 내 처우를 받게 해야 하나 소년이라는 특성에 근거하여 사회에서 생활을 하게 하면서 일정기간 민간자원봉사자로부터 보호 및 원호를 받는 사회적 처우의 개념이라고 할 수 있다. 이 제도는 소년은 성인에 비하여 미성숙하며 개선의 가능성이 풍부하다는 점을 이유로 하여 범죄소년에 대해 기소유예 범위의 확대를 통해 소년범죄의 예방과 처우개선에 기여하고자 한다. 이러한 선도유예는 우리나라 특유의 비행청소년 선도 대책으로 검사가 선도를 조건으로 기소유예처분을 함으로써 공식적인 사법절차로부터 벗어나 사회에 복귀할 수 있도록 하는 소년에 대한 다이버전 제도의 일종이라고 할 수 있다(김을룡, 2008). 특히 「개입형 다이버전」(Diversion with Intervention)으로서 선도보호의 이념을 효과적으로 추구하고, 법원이라는 공식적 기관에 의한 판단에 따른 낙인을 방지하여 형사사법의 효율성을 제고하는 수단으로 취급되고 있다(이진국, 2006).

2) 선도조건부 기소유예의 연혁

선도유예 제도는 성인과 달리 인격 형성과정에 있어 감수성이 예민한 소년이 성인보다 쉽게 범죄를 저지를 수 있으나 그만큼 개선의 가능성도 풍부하다는 점을 배경으로 한다. 소년의 미성숙과 성인보다 높은 개선 가능성을 바탕으로 죄질이 상대적으로 중하다할지라도 개선 여지가 있는 소년은 교도소나 소년원 수용보다는 사회에서 선도·보호하게 하는 것이 바람직하다는 것이다(여성가족부, 2013).

다만 선도유예는 학자들의 이론적 논쟁에 의한 산물이 아니라 검찰 실무자들에 의해 만들어진 제도이다. 1972년 서울지방검찰청이 당시 소년범들에 대한 획일적 엄벌주의 완화를 목적으로 작성한 학생사범단속요강을 보완하여 1978년 광주지방검찰청이 작성한 소년범 처리지침의 모체가 되었다(김양균, 1983). 1978년 4월 1일 광주지방검찰청에서 최초 실시된 후 1981년 1월 1일부터 전국 검찰청에 확대·시행되었으며 1995년 5월에는 보호관찰소 선도유예제도가 신설되었다.

한편 선도유예 제도는 검찰의 소년범죄에 대한 예방기능을 보완·강화할 수 있다는 점, 단기자유형의 폐해를 제거할 수 있다는 점, 전과자 낙인에 의한 사회의 냉대·차별의 위험을 미리 예방할 수 있다는 장점이 있다.

3) 선도조건부 기소유예의 요건

선도유예는 인적 요건과 사회적 요건 모두가 만족되어야 가능한데, 인적 요건에 대하여는 소년선도보호지침(법무부 훈령 제733호)에서 규정하고 있다. 기존의 소년선도보호지침(법무부 훈령 373호)는 2009년 9월 22일부로 폐지되고 현재 선도유예 지침이 되는 것은 법무부 훈령 제733호이다. 소년선도보호지침은 인적요건으로 범죄내용의 경중에 관계없이 재범가능성이 희박한 18세 미만의 범죄소년을 주된 대상으로 하되, 공안사범, 마약사범, 흉악범, 조직적 또는 상습적 폭력배, 치기배, 현저한 파렴치범은 선도유예대상에서 원칙적으로 제외하고 있다(소년선도보호지침 제4조 제1항). 사회적 요건은 다시 소극적 요건과 적극적 요건으로 구분할 수 있다. 소극적 요건으로는 협의의 불기소 대상이 되어서는 안 된다. 즉 해당 소년이 범죄 행위 당시 14세 미만인 때에는 형법 제10조의 형사미성년자에 해당하므로 범죄 성립에 대한 조각 사유가 인정되어 죄가안됨 처분을 해야 한다는 것이다. 적극적 요건으로는 해당 소년이 선도보호의 필요성이 인정되어야 한다. 이 선도유예는 과거 해당 소년이 1회 이상 기소유예 처분을 받은 경험이 있더라도 가능하다.

4) 선도조건부 기소유예의 절차

검사가 유예 결정을 한 때에는 결정서를 작성하고 유예소년의 주거지 범죄예방위원에게 그 소년의 선도보호를 위탁함을 원칙으로 하되, 유예소년의 주거지에 범죄예방위원이 없거나 타지역 범죄예방위원이 선도함이 적합하다고 인정될 때에는 예외로 한다(소년선도보호지침 제6조 제1항). 다만 범죄예방위원보다 더 효과적으로 선도할 수 있는 보호자, 학교교사, 직장상사 등이 있을 때에는 그 사람에게 유예소년의 선도보호를 위탁할 수 있다(소년선도보호지침 제6조 제2항). 검사는 범죄예방위원에게 위탁할 때 해당 위원 1명당 3명 이상의 소년을 담당하지 않도록 주의해야 한다(소년선도보호지침 제6조 제3항). 유예소년에 대한 선도

기간은 재범가능성이 비교적 높은 1급 유예소년에 대하여는 1년, 재범가능성이 비교적 낮은 2급 유예소년에 대하여는 6월로 하고 3월씩 2차에 걸쳐 연장할 수 있다. 유예소년 등급 결정은 해당 소년의 범죄 동기, 수단, 결과, 개전의 정, 가족환경 및 교우관계 등 제반사항을 고려하여 판단해야 한다(소년선도보호지침 제25조).

검사는 범죄예방위원을 정하여 인수하도록 권고할 수 있으며 범죄예방위원이 자진하여 인수할 수도 있다(소년선도보호지침 제7조, 제8조). 범죄예방위원은 선도보호책임에 앞서 소년, 소년의 보호자, 소년의 친우 대면 등의 방법으로 소년선도보호지침에서 요구하는 사항들을 조사하고 구체적인 선도 방법을 강구해야한다(소년선도보호지침 제15조, 제16조). 전담검사는 접촉(원호)선도소년 색인부를 작성하여 보관하여야 한다. 색인부에는 사건번호, 소년카드번호, 피의자명, 연령, 죄명, 유예일자, 위탁일자, 범죄예방위원(시설)명, 연장, 해제, 취소일자 및 사유, 처분검사 등을 기재해야 한다(소년선도보호지침 제12조).

소년선도를 인수한 범죄예방위원은 검사의 요구가 있을 때에는 검찰청에 출석하여 소년의 선도보호 책임 인수 여부 및 선도방법에 관하여 협의하여야 한다. 또한 범죄예방위원은 소년선도 임무수행 중 지득한 대상소년 및 그 가족 기타 관계인에 대한 비밀을 엄수하고 명예를 보호해야 하며, 대상소년의 사정 및 환경을 상세히 파악하여 가장 적절한 선도방법을 모색하여야 한다(소년선도보호지침 제14조). 범죄예방위원이 접촉선도를 하는 때에는 상담을 포함한 직접 접촉과 서신·전화 등의 간접접촉에 의하여 대상 소년과 월 1회 이상 접촉을 해야 한다(소년선도보호지침 제18조 제1항). 접촉선도의 방법에는 제한이 없으며 접촉선도의 목적달성을 위하여 필요할 때는 학비보조, 취학알선, 취업알선, 기타 경제적인 지원을 할 수 있다(소년선도보호지침 제18조 제3항, 제4항). 원호선도를 하는 때에는 유예소년이 귀주처가 없거나 주거지에 귀주시킴이 부적당하다고 인정되는 경우 자신의 주거나 복지시설에 기거하게 하고 의식주를 제공하면서 선도할 수 있다. 접촉선도에 관한 규정은 원호선도에도 적용된다(소년선도보호지침 제19조).

범죄예방위원은 선도기간 중 매월 1회씩 대상소년에 대한 선도조치내용 등을 소정양식에 의하여 전담검사에게 통보하여야 한다. 이 통보서에는 대상 소년과의 접촉상황, 선도조치내용, 범죄예방위원 의견 등을 사실대로 성실하게 기재하여야 한다(소년선도보호지침 제22조 제1항, 제2항). 또한 선도기간의 마지막 달 통보서에는 연장 필요성 유무에 대한 내용을 포함해야 한다(소년선도보호지침 제22조 제3항). 선도기간 중 법에서 명시하는 사유가 발생하였거나 발생할 우려가 있을 때에는 즉시 전담검사에게 구두 또는 서면으로 통보하여야 한다(소년선도보호지침 제24조 제1항). 범죄예방위원의 통보를 받은 검사는 담당 범죄예방위원과 협의하여 대상소년과 그 보호자를 상대로 대책을 강구하여야 하며 소재불명의 경우 담당범죄예방위원에게 동·면사무소를 통한 대상소년의 거주이동상황을 조사하게 하거나 동인의 가족친지 등을 통하여 소재발견에 주력하도록 하고 필요하다고 인정될 때에는 타 지방검찰청 또는 지청 검사에게 소재탐지를 촉탁할 수 있다(소년선도보호지침 제24조 제2항).

선도기간 중 해당 소년의 재범, 준수사항의 현저한 위배, 소재불명 사유가 발생한 때에는 담당 범죄예방위원의 의견을 들어 선도 조치를 해제할 수 있다. 이때의 해제는 취소사유를 기재하여 검사장 또는 지청장의 결재를 받은 다음 소년카드를 정리하는 방법으로 한다. 접촉(원호)선도를 취소한 취지를 담당 범죄예방위원과 대상소년 및 그 보호자에게 통보한다(소년선도보호지침 제28조 제1항, 제2항, 제3항). 선도 취소 사유로 선도유예를 취소를 하였을 때에는 유예사건을 재기 수사한다(소년선도보호지침 제28조 제4항).

검사는 유예소년에 대한 기본기간 또는 1차 연장기간 중 접촉(원호)선도경과가 미흡하다고 판단되는 경우에는 해당 소년의 담당 범죄예방위원의 의견을 참작하여 그 기간을 연장하여 계속 선도하게 해야 한다. 이 연장에 대하여는 접촉선도 경과통보서에 연장사유를 기재하고 검사장 또는 지청장의 결재를 받아 소년카드에 정리하는 방법으로 하는바, 기간연장에 대한 취지를 담당 범죄예방위원과 대상소년 및 그 보호자에게 통보해야 한다(소년선도보호지침 제26조). 선도기간이 무사히 경과한 경우에는 담당 범죄예방위원의 의견을 들어 소년에 대한 선도 조치를 해제해야 한다. 해제 방법 및 해당 소년에 대한 통보는 제26조의 연장에 대한 내용과 동일하다(소년선도보호지침 제27조).

3. 법원

(1) 형사법원

범죄소년, 촉법소년, 우범소년 등을 대상으로 조사·심리한 결과 금고 이상의 형사처분을 할 필요가 있다고 인정되는 14세 이상 19세 미만의 소년은 형사법원에서 그 처분을 하게 된다. 형사법원에서는 소년사건에 대해 선고유예, 집행유예, 실형 등을 선고할 수 있다. 소년 형사사건 역시 형사범이므로 일반 형사사건과 동일하게 형사소송법에 근거하여 처리해야 한다. 그러나 소년은 인격형성 단계에 있으므로 개선 가능성이 크다는 점, 소년이라는 점에 특수성이 있다고 보고 몇 가지 특칙을 두고 있다.

형사소송법에서는 법원은 변호인이 없는 소년에 대하여 직권으로 국선변호인을 선정해야 한다고 규정한다(형사소송법 제33조). 소년법에서는 죄를 범할 당시 18세 미만의 소년에 대하여 사형 또는 무기형으로 처할 경우에는 15년의 유기징역으로 한다고 규정하되(소년법 제59조), 살인, 특수강간, 강도 등의 특정강력범죄인 경우에는 20년의 유기징역으로 한다(특정 강력범죄의 처벌에 관한 특례법 제4조 제1항). 이때 장기는 10년, 단기는 5년을 초과하지 못하고, 특정강력범죄를 범한 때에는 장기는 15년, 단기는 7년을 초과하지 못한다(소년법 제60조 제1항, 특정강력범죄의 처벌에 관한 특례법 제4조 2항). 그러나 집행유예를 선고할 경우에는 정기형을 선고한다(소년법 제60조 3항). 법원은 소년에 대하여 보호관찰, 사회봉사 또는 수강명령을 위해 필요한 경우에는 법원의 소재지 또는 소년의 주거지를 관할하는 보호관찰소의 장에게 소년의 환경 등 필요한 사항의 조사를 요구할 수 있고, 요구를 받은 보호관찰소의 장은 지체 없이 이를 조사하여 서면으로 당해 법원에 통보하여야 한다(보호관찰 등에 관한 법률 제19조).

형사처분상 특칙에 관하여는 제3절 처분내용의 2. 형사처분에서 절차상 특칙과 처분상 특칙으로 구분하여 상세히 설명하고 있다.

(2) 소년법원

1) 소년법원의 구성

소년법원은 경찰·검찰·법원에서 송치된 소년사건을 조사·심리하여 최적의 보호처분을 행하는 재판기관을 말한다. 소년법원은 1899년 미국 시카고에서 세계 최초로 설치되었다. 소년재판은 일반인의 형사재판과는 분리된 이념과 절차에 의해야 한다는 논리가 확산되면서 미국 각 주에서도 소년법원제도를 수용하게 되었으며 1920년대에는 세계 문명국가 대부분이 수용하게 되었다. 우리나라는 따로 소년법원은 두고 있지는 않고, 소년법에 근거하여 소년보호사건은 가정법원 소년부나 지방법원 소년부에서 심리하도록 한다. 현재 소년법원을 두고 있는 법원은 서울가정법원, 대구·부산·광주 지방법원 가정지원, 대전·춘천·청주·전주 지방법원 소년부 등 8개소가 있다. 이 중 서울가정법원의 소년부와 대구·부산·광주지방법원 가정지원만이 소년사건 전담 판사를 두고 있다. 또한 법원조직법 제54조의3에 의해 각 가정법원 및 지방법원 소년부에 판사 명에 따라 조사를 수행하는 조사관을 배치하고 있다. 소년법원은 조사관의 소년 성격, 환경, 비행경위와 재범 가능성을 등에 관한 조사의견, 소년감별소의 감별의견을 포함한 관련 전문가의 조언 등을 참조하여 처분결정을 하도록 되어 있다.

2) 소년법원의 처리절차

소년법원은 소년사건 중 보호사건에 관하여 판단하는 기관으로 처분에 대한 처리절차는 소년법에 근거한다.

① 송치 및 이송 절차

소년부 보호사건 심리 대상자에 해당하는 소년에 대하여 경찰서장은 직접 관할 소년부에 송치(해야 하고 해당 소년을 발견한 보호자 또는 학교·사회복리시설·보호관찰소(보호관찰지소를 포함한다. 이하 동일)의 장은 관할 소년부에 통고할 수 있다(소년법 제4조 3항). 송치할 때 송치서에는 소년 본인의 주거·성명·생년월일과 행위의 개요 및 가정 상황 등을 기재하고, 그 밖의 참고자료를 첨부해야 한다(소년법 제5조). 보호사건을 송치 받은 소년부는 적절한 보호를 위해 필요하다고 인정되는 경우 결정으로서 사건을 다른 관할 소년부에 이송할 수 있으며, 사건이 그 관할에 속하지 아니한다고 인정하면 결정으로 관할 소년부에 이송하여야 한다(소년법 제6조 제1항, 제2항). 소년부는 조사 또는 심리한 결과 금고 이상의 형에 해당하는 범죄 사실이 발견된 경우 그 동기와 죄질이 형사처분을 할 필요가 있다고 인정하면 결정으로서 사건을 관할 지방법원에 대응한 검찰청 검사에게 송치해야 한다. 또한 사건의 본인이 19세 이상인 것으로 밝혀진 때에는 결정으로 관할 지방법원에 대응하는 검찰청 검사에게 송치해야 한다(소년법 제7조 제1항, 제2항).

② 조사와 심리

소년부 판사는 사건의 조사 또는 심리에 필요하다고 인정하면 기일을 지정하여 사건 본인이나 보호자 또는 참고인을 소환할 수 있고 정당한 이유 없이 소환에 불응할 때에는 동행영장을 발부할 수 있다(소년법 제13조 제1항, 제2항). 동행영장은 조사관이 집행한다(소년법 제16조). 소년부 또는 조사관이 범죄 사실에 대해 소년을 조사할 때에는 성인의 범죄 사실을 조사할 때와 마찬가지로 미리 불리한 진술은 거부할 수 있음을 알려야 하며(소년법 제10조), 조사는 의학·심리학·교육학·사회학이나 그 밖의 전문적인 지식을 활용하여 소년과 보호자 또는 참고인의 품행, 경력, 가정 상황, 그 밖의 환경 등을 밝히도록 노력해야 한다(소년법 제9조). 소년부 판사는 사건 본인, 보호자 또는 참고인의 심문 및 필요한 사항에 대해 조사하도록 명할 수 있고, 소년부는 소년법 제4조 제3항에 근거하여 통고된 소년에 대해 심리 필요성을 인정하는 때에는 해당 사건을 조사해야 한다(소년법 제11조). 소년부의 조사·심리를 할 때에 정신건강 의학과 의사·심리학자·사회사업가·교육자, 그 밖의 전문가의 진단, 소년 분류심사원의 분류심사 결과와 의견, 보호관찰소의 조사결과와 의견 등을 고려하여야 한다(소년법 제12조).

소년법에서는 소년의 권리보장을 위해 보조인 제도를 두고 있으며 2007년 개정에서는 국선보조인제도를 도입하였다. 사건 본인이나 보호자는 소년부 판사의 허가를 받아 보조인을 선임할 수 있으나 보호자나 변호사를 보조인으로 선임하는 때에는 허가를 받지 않아도 된다(소년법 제17조 제1항, 제2항). 보조인이 고의로 심리절차를 방해하거나 대상 소년의 이익에 반하는 행위를 할 우려가 있다고 인정되는 때에는 그 선임 허가를 취소할 수 있다(소년법 제17조 제3항). 보조인 선임은 심급마다 이루어지며, 보조인의 권리의무는 소년 보호사건 성질에 반하지 않는 한 형사소송법의 변호인의 권리의무에 관한 규정을 준용한다(소년법 제17조).

2007년 신설된 국선보조인제도에 따르면 소년분류심사원에 위탁된 소년에게 보조인이 없는 경우나 소년분류심사원에 위탁되지 않은 때에도 대상 소년에게 신체적·정신적 장애가 의심되는 경우, 빈곤이나 그 밖의 사유로 보조인을 선임할 수 없는 경우, 그 밖에 소년부 판사가 보조인이 필요하다고 인정하는 경우에는 법원의 직권이나 소년 또는 보호자의 신청에 의해 국선보조인을 선정할 수 있다(소년법 제17조의2 제1항, 제2항).

소년부 판사는 송치서와 조사관의 조사보고에 따라 심리를 개시할 수 없거나 개시할 필요가 없다고 인정되는 경우 심리를 개시하지 아니한다는 결정을 해야 하며, 이 결정은 사건 본인과 보호자에게 알려야 한다. 경미한 사안을 이유로 심리 불개시의 결정을 할 때에는 소년에 대한 훈계 및 보호자에게 엄격한 소년 교육을 고지할 수 있다. 소년의 소재 불명으로 심리 불개시의 결정을 한 경우 소재가 밝혀진 때에는 그 결정을 취소해야 한다. 불개시의 결정이 있으면 제18조의 보호조치는 취소된 것으로 본다(소년법 제19조).

소년부 판사는 사건을 심리할 필요가 있다고 인정하면 심리 개시 결정해야 하며 이 결정은 심리 개시 사유의 요지와 보조인을 선임할 수 있다는 취지와 함께 사건 본인과 보호자에게 알려야 한다(소년법 제20조). 심리를 개시할 경우 소년부 판사는 심리 기일을 지정하고 본인과 보호자를 소환해야 하나, 필요 없다고 인정한 경우에는 보호자는 소환하지 않을 수 있다. 보조인이 선정된 경우에는 그 보조인에게도 심리 기일을 알려야 한다(소년법 제21조). 심리 기일에는 소년부 판사와 서기가 참석해야 하며 조사관, 보호자 및 보조인도 심리 기일에 출석할 수 있다(소년법 제23조). 심리는 비공개를 원칙으로 하지만, 적당하다고 인정되는 자에게 참석을 허가할 수 있다(소년법 제24조).

한편 심리의 의견진술 과정에서 소년부 판사는 소년의 품행을 교정하고 피해자를 보호하기 위하여 필요하다고 인정하면 소년에게 피해 변상 등 피해자와의 화해를 권고할 수 있다(소년법 제25조의3). 이 제도는 2007년 개정에 도입된 제도로 증가하는 회복적 사법에 대한 관심을 명문화한 조항이다. 2007년 신설 이후 2010년 5월부터 서울가정법원에서 화해권고위원회를 설치하여 운영 중이다.

③ 종국결정

소년부 판사는 심리 결과 보호처분을 할 수 없거나 할 필요가 없다고 인정하면 그 취지의 결정을 하고, 이를 사건 본인과 보호자에게 알려야 한다(소년법 제29조). 소년부는 조사 또는 심리한 결과 사건 본인이 19세 이상으로 밝혀진 경우, 금고 이상의 형에 해당하는 범죄 사실이 발견된 경우 그 동기와 죄질이 형사처분을 할 필요가 있다고 인정하면 결정으로 사건을 관할 지방법원에 대응하는 검찰청 검사에게 송치해야 한다(소년법 제7조). 또한 소년부는 소년법 제50조의 규정에 의하여 송치 받은 사건을 조사 또는 심리 결과 사건의 본인이 19세 이상인 것이 판명되면 결정으로 송치한 법원에 다시 이송해야 한다(소년법 제51조).

4. 소년교도소

(1) 개관

소년교도소는 소년 수형자를 성인 수형자와 분리하여 처우하기 위한 목적으로 설치된 기관이다. 금고 이상의 범죄 사실이 있는 범죄 소년이 검찰에 의해 형사법원에 기소되어 징역 또는 금고형의 선고를 받은 소년에 대하여는 소년교도소에의 수용을 원칙으로 하되, 일반교도소에 수용하는 경우에도 성인이 수용된 장소에서 구분된 장소에 별도로 수용하도록 하고 있다. 일반교도소 내의 특히 분리된 장소에서 형을 집행하는 경우는 잔여형기가 6월 미만인 경우, 여죄가 있는 경우, 환자의 경우 등 특별한 사정이 있다고 인정한 때에 6개월을 초과하지 않는 기간에 한정한다. 수형자가 소년교도소에 수용 중에 19세가 된 경우에는 교육·교화프로그램, 작업, 직업훈련 등을 실시하기 위하여 특히 필요하다고 인정되면 23세가 되기 전까지는 계속하여 수용할 수 있다(형의 집행 및 수형자의 처우에 관한 법률 제12조 제3항).

종전에는 소년 수용자를 천안 소년교도소에 수용하도록 하여 처우 전문성을 도모하였으나, 천안 소년교도소가 외국인 전담교도소로 그 기능이 전환되면서 2009년 12월 31일부로 법무부와 그 소속기관 직제개정(대통령령 제21946호)에 의해 김천교도소를 김천 소년교도소로 전환하여 운영하고 있다.

(2) 학과교육

과거의 학과교육은 한글해독 및 문장능력 미흡, 기초수리능력 부족한 자를 대상으로 초등교육 기초반을 비롯하여 초등과, 중등과, 고등과 등 4개 과정으로 구분한 학과교육을 편성·운용하였다. 그러나 전반적인 학력수준의 향상에 따라 기존의 학과과정을 폐지하고 검정고시반을 중점으로 운용하여 소년 수형자에게 각급의 검정고시에 응시할 기회를 주고 있다.

이 이외에도 소년 수형자에게 사회에서 제공하는 청소년들에 대한 정규 고등학교 과정을 이수할 기회를 주기 위하여 1981년 인천 소년교도소에서는 최초로 제물포고등학교 부설의 방송통신고등학교를 설치·운영하였고 연이어 1982년 김천 소년교도소에서는 김천중앙고등학교 부설의 방송통신고등학교를 설치하여 교육의 기회를 제공하고 있다. 〈표 13-2〉는 소년 수형자의 학과교육 실적이다.

표 13-2 소년 수형자의 학과교육 실적

구분	초중고등과	방송통신학교	검정고시합격	대학입학
2010년	35	40	38	1
2011년	35	40	30	–
2012년	25	30	10	–
2013년	25	30	55	–
2014년	25	30	69	–

출처: 법무연수원, 범죄백서, 2016.

(3) 직업훈련

소년교도소에서의 직업훈련은 공공직업훈련과 일반직업훈련으로 구분된다. 공공직업훈련은 고용노동부장관이 정하는 훈련기준(교과내용, 시설, 교사 등)에 의해 실시하는 직업훈련을 말하며, 일반직업훈련은 노동부의 허가 없이 자체적으로 이루어지는 훈련을 뜻한다. 김천 소년교도소에서는 법무부 제17공공직업훈련소가 설치되어 있으며, 현재 자동차 정비, 전기용접, 바리스타, 제과제빵 등 4개 직종의 훈련을 실시하여 기능사 자격취득이 가능하도록 운영하고 있다. 〈표 13-3〉은 김천 소년교도소 수형자의 직업훈련 실적이다.

표 13-3 소년 수형자의 직업훈련 실적

구분	계	훈련인원	기능자격 취득
2010년	121	64	57
2011년	143	76	67
2012년	119	61	58
2013년	138	70	68
2014년	137	75	62

출처: 법무연수원, 범죄백서, 2016.

(4) 생활지도 및 교화활동

소년교도소에서는 소년 수형자의 올바른 생활 자세를 확립하고, 개선의지를 고취하며 건전한 사회생활에 필요한 지식과 정보를 제공함으로써 사회복귀를 촉진시키기 위하여 생활지도교육을 시행하고 있다. 생활지도교육에는 신입자를 대상으로 하는 수용생활안내, 준수사항과 처우의 내용 등에 대하여 교육하는 신입자 생활지도와 출소 1개월 전 수형자를 대상으로 하는 취업, 창업교육, 인성교육이 있다.

교화활동은 소년 수형자의 의식 개선 및 정서 순화를 통한 교정목적을 달성하고자 하는 활동이다. 이에는 개별과 집단 교화활동이 있는데 종교지도, 상담, 보호자좌담회, 사회참관, 불우이웃돕기, 체육대회, 음악회, 한자교육, 정보화교육, 외국어교육 등이 있다. 특히 김천 소년교도소는 2013년 2월부터 제로캠프 프로그램을 운영하고 있다. 제로캠프는 문화예술교육과 집중상담을 실시하는 것으로 수형자 심성 순화와 건전한 문화의식 함양을 도모하고자 한다. 또한, 매년 연말에는 소년수형자가 주인공이 되어 뮤지컬을 공연하고 있다.

5. 소년원

(1) 개관

소년원은 법원 소년부에서 송치한 14세 이상 19세 미만의 범죄소년, 형벌법령에 저촉되는 행위를 한 10세 이상 14세 미만의 촉법소년과 소년법 제4조에서 제시한 행위에 해당하는 사유가 있고 해당소년의 환경에 비추어봤을 때 장래 형벌법령에 저촉되는 행위를 할 우려가 있는 10세 이상 19세 미만의 우범소년을 수용하는 법무부 소속의 특수교육기관으로, 규율 있는 생활 속에서 교과교육, 직업능력 개발훈련, 의료·재활교육 등을 통하여 전인적인 성장·발달을 도모하고 안정적인 사회복귀를 지원하고자 한다. 미국은 소년법원의 재판을 통해 대용수용시설로 수용된다. 대용수용시설은 공공기관의 성격을 띠거나 사적 영역을 띠고 있으며, 지역사회를 기반으로 하는 시설로, 소년들에게는 취업알선, 처우 및 관리감독을 해준다는 점에서 우리나라의 소년원과 유사한 기능을 한다고 볼 수 있다(Spigel, 2008: 437).

우리나라의 소년원은 1942년 경성소년원(현 서울소년원) 개원이 최초로 현재 전국적으로 10개의 소년원이 운영되고 있다. 소년원의 수용 대상과 지원하는 교육과정은 기관마다 약간씩 차이가 있는데, 의료·재활을 전문으로 하는 대전소년원을 제외한 나머지 소년원은 교과과정 중심, 인성 교육 중심, 직업능력 개발훈련 중심의 네 가지 교육 과정 중 한 개 내지 두 개를 운영하고 있다.

소년원은 보호처분을 받고 송치된 소년의 개별 처우를 위해 분류조사를 통해 각종 자료를 수집하게 된다. 이 조사내용에는 가족관계, 가정환경, 교육력, 직업력, 취미, 학력조사, 심리검사, 보호자 상담 등을 실시하게 된다. 수집된 자료를 바탕으로 보호소년처우심사위원회에서 개별처우계획을 수립하여 특성에 맞는 소년원에 분류수용하게 된다.

(2) 교육과정 및 내용

소년원 교육은 보호소년에 대한 인권중심 생활지도를 통하여 사회부적응 원인을 제거하고, 나아가 보호소년들의 흥미·적성 등을 고려하여 교과(특성화·보통)교육, 직업능력개발훈련, 인성교육, 검정고시 등을 제공해 사회적응 능력을 길러 건강한 사회의 구성원으로서 사회에 복귀할 수 있도록 지원하고 있다. 소년원에서는 보호처분 종류에 따른 수용기간에 따라 기본 교육을 실시하는데 이 교육 과정은 일반적으로 직업능력개발훈련, 인성교육, 의료·재활교육 등으로 이루어진다.

1) 교과교육

소년원 학생들은 일반학교와는 달리 학력과 연령이 상이하며, 소년원 입원시점이 달라 효율적인 교육을 위해서 소년원 특성에 적합한 다양한 교육과정을 마련해야 한다. 때문에 종래에는 소년원을 교과교육소년원, 직업능력개발훈련소년원, 종합소년원 등으로 구분하고, 직업능력개발훈련소년원 외의 모든 기관에서 초·중·고등학교 교육과정 등을 운영하도록 하였다. 2000년 9월 소년원이 특성화학교 체제로 전환한 이후 법무부 소속기관의 조직과 직제의 변화에 따라 일부 기관별 교육과정에 소폭 변화가 있었다. 최근 소년원별 교육과정을 살펴보면, 서울·안양·전주소년원에서는 컴퓨터와 인성교육 중심의 특성화 중·고등학교 교육과정, 서울·부산·대구·광주·전주·안양·춘천·제주소년원에서는 자동차정비, 제과제빵, 헤어디자인, 피부미용, 사진영상 등의 직업능력개발훈련 과정을, 대구·청주·춘천·제주소년원에서는 인성교육과정을 운영하는 한편, 대전·청주·제주소년원에서는 8호 처분(1개월 수용) 전담교육을 실시하고 있다.

2) 직업능력개발훈련

소년원의 직업능력개발훈련은 학생들이 직업에 대한 올바른 인식과 사회에서 꼭 필요한 기본기능의 습득 기회를 제공하여 퇴원 후 경제적으로 자립할 수 있는 토대를 마련하고, 나아가 근로정신의 함양을 통한 재범 예방을 목적으로 한다. 직업능력개발훈련과정은 기존의 훈련 직종 중 CNC선반, 전산응용건축제도 등 입원 학생들에 있어 경쟁력이 취약한 직종을 폐지하고, 사진영상, 제과제빵, 헤어디자인, 피부미용, 측량 등의 총 13개의 학생들이 선호하는 유망 직종을 추가하여 운영함으로써 취업에 실질적으로 도움이 되는 전문교육을 실시하고 있다. 한편, 훈련 직종의 다양화뿐만 아니라 시설 및 장비의 최적화, '산업체 겸임 교수제' 시행 등을 통하여 실무형 전문 인력 양성에 주력하고 있다.

3) 인성교육

2007년 소년보호기관 조정이 이루어지면서 교육과정 통폐합 및 교육기능 조정의 필요성이 강조되었다. 이 과정에서 소년원학교 교육과정이 개편되었고, 학생들 각 개인의 특성 및 욕구를 반영한 전문화된 인성교육과정을 운영하기 위하여 대구·청주·춘천·제주소년원을 인성교육 전문기관으로 지정하였다. 지정된 인성교육 전문기관들은 기본교육과정 중 50% 이상을 인성교육 시간으로 편성·운영하였다.

인성교육은 강·절도예방, 성범죄 예방 및 치료프로그램 등 비행유형에 따른 교육을 비롯하여 자기성장과 가족관계의 회복, 대인관계능력 향상, 진로교육 등 프로그램을 편성하였다. 인성교육 외의 잔여시간은 검정고시, 컴퓨터교육 등으로 구성·운영된다. 한편, 인성교육 전문기관 이외의 소년원에서도 인성교육 시간을 운영하도록 하고 있다.

2008년 「보호소년 등의 처우에 관한 법률」, 소년법 시행령 및 시행규칙이 시행되면서 1개월 이내 집중 인성교육을 실시하는 8호 처분 전담소년원을 대전·청주·제주소년원으로 지정하여 남자가 8호 처분을 받은 때에는 대전소년원, 여자가 8호 처분을 받은 때에는 청주소년원, 남자 8호 처분자 중 제주 거주자는 제주소년원에서 교육을 받도록 하고 있다.

8호 처분 대상자에 대한 교육은 비행 유형에 따라 비행예방 전문교육, 솔로몬 로파크 견학 등의 체험활동, 집단상담, 교양교육으로 편성하여 운영하고 있으며, 특히 대전소년원에서는 신체질환, 약물중독 및 정신·발달장애 등 집중치료와 특수교육이 필요한 보호소년을 대상으로 의료·재활교육을 실시하고 있다.

(3) 출원

「보호소년 등의 처우에 관한 법률」 제43조는 보호소년이 22세가 되면 퇴원시키도록 한다. 다만, 22세에 이르지 않은 경우에도 대상 학생이 교과 성적이 양호하고 교정 목적을 이루었다고 인정될 때에는 소년원장이 보호관찰심사위원회에 퇴원을 신청하도록 하고 있다. 또한 교정성적이 양호한 보호소년 중 보호관찰 필요성이 있다고 인정되는 때에는 소년원장은 보호관찰심사위원회에 임시퇴원을 신청한다. 이 때 보호관찰심사위원회에서는 보호소년의 인격, 교정성적 및 생활태도 등을 종합적 자료를 토대로 적부를 판단한 후, 법무부장관의 허가를 받아 임시퇴원을 시킨다. 그러나 임시퇴원기간 중 준수사항을 현저히 위반하고 그 정도가 중하여 임시퇴원 취소가 상당한 때에는 임시퇴원 허가를 취소하고 재수용하여 교육해야 한다(「보호관찰 등에 관한 법률」 제48조 제1항).

6. 보호관찰소

(1) 의의와 연혁

보호관찰제도는 범죄자에 대한 사회 내 처우의 하나로서, 유죄가 인정되는 범죄인에 대해 교정시설 또는 소년원 등에 수용·처벌하지 않는 대신 일정한 기간 동안 사회 내에서 정상적으로 자유로운 활동을 허용하되 전문지식과 소양을 갖춘 보호관찰관의 지도·감독과 원호를 받게 하여 건전한 사회복귀를 도모하고 재범 방지와 아울러 범죄로부터 사회를 보호하고자 하는 형사정책수단이다. 이 제도는 범죄인이 일반 사회 내에서 기본적인 직업의 자유, 교육에 대한 권리, 정상적인 가정생활 및 사회적 교제 등의 자유를 허용하면서도 단순한 형의 유예나 석방이 아니고 일반시민에게 요구되는 준법의무 이상의 강도 높은 준수사항에 대한 이행의무를 부과한다. 보호관찰관은 범죄인의 준수사항 이행을 지도 및 감독하고, 무보수 강제근로 등을 집행하여 구금형에 내재된 처벌적 요소를 실현함으로써 국가의 형벌권을 구현하는 동시에 국민의 법적 정의 관념의 충족을 도모하는 역할을 한다. 따라서 보호관찰제도는 개혁적인 형사정책수단으로서 범죄인의 성공적인 사회재통합(reintegration)과 사회 안전 확보에 적극적인 형사제도로 평가받고 있다.

우리나라 최초의 보호관찰은 1981년 법무부에 보호국이 설치된 후 1982년 보호관찰제도 도입연구반을 편성하여 1983년 1월 27일 훈령으로 보호관찰 시범 실시 지침을 작성하는 데서 비롯된다. 보호관찰 시범실시 지침에 따라 1983년 3월 1일부터 부산지방검찰청 관내 일부 가석방자를 대상으로 하여 보호관찰을 시작하였다. 이후 1984년 3월에는 전국적으로 확대 실시하였으며, 1985년에는 가퇴원자도 보호관찰 범위에 포함시켜 그 대상을 확대하면서 1988년 말까지 총 13,112명을 실시하였다.

이 같은 시범 실시의 성과를 바탕으로 1988년 12월 31일「보호관찰법」이 제정되어 1989년 7월 1일부터 우선적으로 소년범죄자에 대한 전면적·체계적인 보호관찰제도를 실시하게 되었다. 1994년 4월 1일「성폭력범죄의 처벌 및 피해자 보호 등에 관한 법률」의 시행으로 성폭력소년범에 대하여 필요적으로 보호관찰을 부과하고, 성인 성폭력 범죄자에게도 보호관찰을 확대하게 되었다. 그 후 각종 특별법 제정을 통하여 특정행위 범죄인에 대한 보호관찰, 사회봉사 및 수강명령 등 사회내처우가 활성화하게 되었다. 최근에는 2012년 12월 18일 특정범죄자에 대한 형집행 종료 후 보호관찰제도를 신설하면서 법률 명칭도「특정범죄자에 대한 보호관찰 및 전자장치 부착 등에 관한 법률」로 변경하였으며, 위치추적 전자장치부착 대상 특정범죄에 강도범죄가 추가되는 등 우리나라의 형사법체계에서 그 업무영역을 점차적으로 확대해 가고 있다.

(2) 소년범과 보호관찰

소년법상 제32조 제1항의 4, 5호에 따라 단기 및 장기 보호관찰 처분을 받은 경우와 동 조항에 따라 사회봉사명령이나 수강명령 처분을 받은 경우에는 보호관찰법상 보호관찰 대상자에 해당한다(보호관찰 등에 관한 법률 제3조 제1항). 보호관찰 업무는 보호관찰관에 의해 지도 및 감독을 받는바, 보호관찰관은 형사정책학, 행형학, 범죄학, 사회사업학, 교육학, 심리학, 그 밖에 보호관찰에 필요한 전문적 지식을 갖춘 사람이어야 한다(보호관찰 등에 관한 법률 제16조 제2항). 또한 범죄예방활동을 하고, 보호관찰활동과 갱생보호사업을 지원하기 위하여 범죄예방 자원봉사위원(이하 "범죄예방위원"이라 한다)을 둘 수 있다(보호관찰 등에 관한 법률 제18조 제1항). 현재 보호관찰관 수는 보호관찰 대상자 수에 비해 현저히 적으므로 범죄예방위원이 보호관찰관을 보조하여 해당 업무를 수행하고 있는 실정이다.

보호관찰소의 장은 소년법상 단기 및 장기 보호관찰을 받고 있는 소년이 보호관찰 기간 중 준수사항을 위반하고 그 정도가 중하여 보호관찰을 계속하기 적절하지 않다고 판단되면 보호관찰소 소재지를 관할하는 법원에 보호처분의 변경을 신청할 수 있다(보호관찰 등에 관한 법률 제49조 제1항). 보호관찰은 일반적으로 그 기간이 경과하면 종료되는 것을 원칙으로 한다. 다만, 보호관찰 대상자의 성적이 양호하고 선도 목적이 달성되었다고 판단되면 그 기간이 경과하지 않았더라도 보호관찰심사위원회의 직권이나 보호관찰소장의 신청으로 잠정적으로 해제할 수 있다. 소년법 제60조 제1항(상대적 부정기형)에 따라 형을 선고받은 후 가석방된 소년이 형의 단기가 지나고 보호관찰의 목적을 달성하였다고 인정되면 같은 소년법 제66조(가석방)에서 정한 기간 결과 전이라도 심사위원회는 보호관찰소의 장의 신청을 받거나 직권으로 형의 집행을 종료한 것으로 결정할 수 있다(보호관찰 등에 관한 법률 제50조 제1항). 또한 임시퇴원자가 임시퇴원이 취소되지 아니하고 보호관찰 기간을 지난 경우에는 퇴원된 것으로 본다(보호관찰 등에 관한 법률 제50조 제2항).

(3) 수강명령과 사회봉사명령

소년법 제32조(보호처분의 결정)에 따르면 2호 및 3호 처분은 수강명령과 사회봉사명령이다. 수강명령은 12세 이상의 소년에게만 가능하며 100시간을 초과하지 못하고, 사회봉사명령은 13세 이상 소년에게만 가능하고 200시간을 초과하지 못한다. 이러한 수강명령은 구금에 대신하여 사회에서의 자유로운 생활을 영위하면서 보호관찰소나 따로 지정된 기관에서 범죄성을 개선하기 위한 교육을 받도록 하는 제도이고, 사회봉사명령은 사회에서 자유로운 생활을 한다는 점은 수강명령과 유사하나 구금에 갈음하여 일정기간 무보수로 사회에서 유익한 근로봉사를 명하는 제도라는 점에서 차이가 있다. 수강명령 또는 사회봉사명령은 보호관찰관이 집행하되, 국공립기관이나 그 밖의 단체에 집행 전부 또는 일부를 위탁할 수 있다. 만약 그 집행을 국공립기관 등 단체에 위탁한 경우 이 사실을 법원 또는 법원의 장에게 통보하여야 하며 법원은 법원 소속 공무원으로 하여금 사회봉사, 수강할 시설 또는 강의가 사회봉사·수강명령 대상자의 교화·개선에 적당한지 여부와 그 운영 실태를 조사·보고하도록 하고, 부적당하다고 인정되면 그 집행의 위탁을 취소할 수 있다. 또한 보호관찰관은 수강명령이나 사회봉사명령의 집행을 위하여 필요하다고 인정하면 국공립기관이나 그 밖의 단체에 협조를 요청할 수 있다(보호관찰 등에 관한 법률 제61조).

법무부는 2010년부터 소년 인지치료, 가정폭력 예방, 성폭력 치료 등을 포함하여 다양한 분야 대해 전문적 개입이 필요한 분야와 관련된 표준 프로그램을 개발하여 실시하고 있다. 또한 수강명령 대상자 증가와 집행 분야의 세분화해 나가는 추세에 따라 광역 또는 본소급 기관에 '수강집행센터'를 설치하여 그 집행기능을 통합하고 전문 인력의 효율적 운용을 도모하고 있으며 수강명령을 진행하는 보호관찰소 직원들에게도 사내강사 양성 교육과정을 실시하며 전문가를 양성하고자 노력하고 있다.

법원이 집행 분야 및 장소를 정하는 경우 외에는 대상자의 범죄내용, 주거지와 명령 이행 장소의 거리, 가정환경, 건강상태 등을 참작하여 보호관찰관이 결정하게 된다.

연습문제

1. 우리나라 소년사법시스템의 특징을 설명하여라. 즉, 소년사법시스템이 일반 성인들의 형사사법시스템과 근본적으로 다른 점과 같은 점을 중심으로 설명하여라.

2. 우리나라 소년법의 근간이 되는 국친사상과 교육사상 중 어느 것이 더 중요하다고 생각하는가? 즉, 범죄를 저지른 청소년의 사회 복귀를 위해 어느 사상을 중심으로 형사정책이 수행되어야 한다고 생각하는가? 그 이유는 무엇인가?

3. 범죄를 저지른 청소년들에게 사법부는 형사처분을 하지 않고 가능한 보호처분을 하는 이유는 무엇인가? 국친사상과 교육사상을 중심으로 구체적으로 설명하여라.

4. 청소년보호처분은 1호부터 10호까지 있다. 이 중 몇 호 처분이 우리 사회에서 청소년범죄를 줄이는 데 획기적인 역할을 할 것으로 생각하는가? 한 가지를 선택했다면 그 보호처분이 청소년범죄를 줄이는 데 결정적 역할을 하는 주된 이유는 무엇이라 생각하는지 설명하여라.

5. 소년사건의 처리 시 경찰단계의 다이버전이 필요한 이유는 무엇인가? 또한 경찰단계의 다이버전이 확대된다면 우리 사회에서 청소년범죄율에 어떤 영향을 미칠 것으로 생각하는가?(청소년범죄율이 증가될 것으로 예상하는지? 아니면 감소될 것으로 예상하는가?), 그 이유는 무엇인가?

6. 우리나라의 청소년범죄자에 대한 다이버전 제도는 주로 경찰과 검찰이 담당하고 있다. 이 두 사법기관의 여러 가지 다이버전 제도 중 어떤 것이 청소년범죄를 줄이는 데 중요한 역할을 한다고 생각하는가? 그 이유는 무엇인가?

참고문헌

경찰백서. (2015). 경찰백서. 경찰청.
김용우. (2007). 소년법개론. 서울: 도서출판 상린.
김준호 외. (2009). 청소년비행론. 청목출판사.
배종대. (2010). 형사정책. 홍문사.
한국소년법학회. (2006). 소년법. 세창출판사.
범죄백서. (2016). 범죄백서. 법무연수원.

강동욱·문영희. (2013). 소년범의 재범방지를 위한 경찰의 기능과 역할의 확대방안. 교정연구, (58), 65-96.

권근희. (2009). 우리나라 소년법의 입법동향과 전망에 관한 연구, 숭실대 석사학위논문.

김양균. (1983). 소년선도보호제도의 배경.

김여경. (2016). 소년범죄 사법처리에 관한 연구, 건국대 석사학위논문.

김을룡. (2008). 선도조건부기소유예제도의 운영실태 및 내실화 방안에 관한 연구, 한양대 행정대학원 석사학위논문.

김일수. (1985). 소년범 인신구속에 관한 문제점 및 개선방안, 청소년범죄연구, 3, 127.

김항곤. (2009). 경찰단계. 법학논집, 14(2), 29-51.

김혁. (2013). 학교폭력에 대한 경찰의 대응방안에 관한 연구. 법학연구, 24(2), 261-299.

박달현. (2007). 현행 소년법상 보호처분의 문제점과 개선방안. 교정연구, (36), 149-173.

박상규. (2016). 선도조건부기소유예지도위원의 청소년 멘토링 참여실태분석, 명지대 석사학위논문.

박상식. (2006). 경찰수사단계에서 소년범죄 예방을 위한 효율적 방안. 교정복지연구, 6(2), 1-20.

박상열. (2010). 6 호 처분을 중심으로 본 소년보호처분의 현황과 문제점. 소년보호연구, (15), 193-218.

박정수. (2008). 소년법상 선의권에 관한 연구-법원선의주의 제도의 도입과 관련하여-, 아주대 석사학위논문.

강춘숙. (2010). 경찰 다이버전의 활성화 방안에 관한 연구, 동국대 석사학위논문.

신동운. (1986). 선도보호제도의 장래-비교법적 고찰을 중심으로.청소년범죄연구, (4): 5.

연한모. (2013). 소년범죄의 사법적 대책에 관한 연구, 대진대 석사학위논문.

오영근·최병각. (1995). "소년사건처리절차의 개선방안에 관한 연구", 한국형사정책연구원, 88.

원혜욱. (2006). 소년형벌제도의 개선방안, 형사정책연구, (17)4, 684.

유학희. (2009). 소년사건의 처리절차에 관한 연구, 원광대학교 대학원 박사학위논문.

이규호. (2012). 소년형사범 처리의 개선방안. 보호관찰, 12(2), 353-393.

이명우 외. (2005). "경찰 다이버전 체제 운영을 위한 학교폭력 가해자 상담모형 개발"『한국청소년상담원』.

이승현. (2008), "소년보호이념의 변화경향에 관한 고찰", 법학논총(24)4: 136.

이진국. (2006). 소년보호대상의 범위에 관한 형사정책적 검토. 형사정책연구, 89-116.

이춘화. (2009). 소년법상의 검사 결정전 조사제도에 관한 연구. 형사정책연구, 59-91.

장중식. (2008). 소년범죄 처리와 소년법상의 문제점 및 개선방안. 교정연구, (41), 141-162.

정희철. (2005). 학회발표논문: 현행 소년법의 보호처분의 문제점과 개선방안. 안암법학, 21(단일호), 86-106.

최병각. (1998). 소년보호사건의 범위와 처리에 관한 연구. 서울대 박사학위논문, 42-61.

최준. (2009). 소년범죄와 개정소년법. 교정복지연구, 16, 37-63.

한상암·신성원. (2006). 학교폭력에 대한 경찰의 효율적 대응방안. 한국경찰학회보, 11(단일호), 163-194.

John T. Whitehead & Lab, Steven P. (2008). *Juvenile Justice*, Anderson Pub Co.: 74.

Lee, Byung Hyun (2008), "The Impact of Parental Supervision and Control on Delinquent Behaviors." Unpublished paper present at the annual meeting of the Academy of Criminal Justice Sciences, Cincinnati, OH(March).

Cogan, Neil Howard (1970). Juvenile Law, Before and After the Entrance of Parens Patriae, *South Carolina Law Review* 22: 147.

Spigel, Saul (2008), *Group Home Notice Requirements*. Hartford, CT: Department of Children and Families.

Chapter

14

소년비행대책

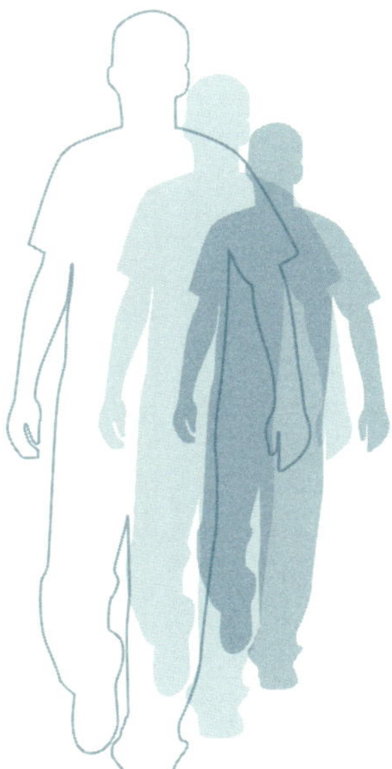

소년비행대책이란 소년범죄자와 피해자를 과학적으로 분석하여 범죄의 원인을 규명하고, 밝혀진 원인을 통해 범죄의 진압, 범죄자의 처우, 범죄의 예방을 추진하는 모든 노력을 뜻하는 것으로 형사정책의 핵심이다. 소년비행대책은 주로 비행예방과 소년범 처우라는 두 가지 축을 중심으로 논의되고 있다. 범죄원인론과 범죄대책론과의 관계는 의학에서 병의 원인을 밝혀 치료방법을 강구하는 것과 유사하다. 따라서 소년비행의 원인을 규명해야만 비로소 유효한 비행대책을 강구할 수 있게 되며, 원인론에 기초하지 않은 비행대책은 비과학적이게 된다. 그동안 청소년비행에 대한 대책은 형사사법기관이 그 중심이 되어 역할을 해왔고, 따라서 청소년비행에 대한 대책은 주로 사후대책에 그 초점을 두었다. 이를 통해 사건처리, 선도방법, 교정방법을 할 것인지에 많은 노력이 있어 왔다. 그렇지만 사법기관 중심의 사후대처는 오히려 청소년들에게 낙인의 오명을 부여할 뿐 큰 효과가 없다는 것이 지적되고 있다(김준호 외, 2013). 이는 비행청소년들의 재비행 방지를 위한 효과적인 프로그램의 실시가 필요함을 반증한다. 이러한 점에서 사법기관의 노력뿐만이 아니라 청소년비행의 문제를 해결하기 위하여 사법기관 이외에 학교, 가정뿐만 아니라 지역사회 등의 비공식적 예방의 부분 또한 매우 중요하다고 할 수 있다. 따라서 이 장에서는 청소년범

CASE

홍○○은 18세임에도 전과 11범에 해당하는 상습범죄자다. 특수절도, 공갈, 점유이탈물횡령, 사기 등 죄질 역시 가볍지 않다. 홍○○이 이렇게 상습범죄자가 된 것에는 또래 친구들의 영향이 컸다. 독자로 태어났지만 유아기 때 부모이혼으로 5살 때부터 조모의 돌봄을 받는 등 정서적으로 불안정한 가정생활을 했다. 초등학교 4학년 때부터 불량한 선배들과 어울리며 비행을 경험했고 무단결석, 가출 등의 일탈행동을 지속적으로 했다. 이후 수차례 보호관찰을 받았으나 보호관찰관의 지도감독에 불응하며 재비행을 반복했다. 중학교에 진학해서도 불량 교우들과 계속 교제하며 무단결석이 잦아졌고, 학교생활에 적응하지 못했다. 학교에서도 공격적인 태도로 교사를 대하고 감정을 절제하지 못하는 모습을 보였다. 유흥비를 마련하기 위해 금품을 갈취하는 행위를 반복했고 3차례 아동복지시설에 위탁되었지만 사회에 복귀하여 다시 또래들과 어울리며 비행을 반복했다. 또래들과 유흥비를 마련하기 위해 특수절도를 감행하였고 결국 소년원에 수감되었다. 소년원에서 임시퇴원을 하였지만 상황이 개선되지 않고 퇴원 후 4일 만에 다시 또래 친구들과 오토바이 불법으로 운전하다 적발되어 입건되었다.

죄의 현황을 분석함과 동시에 비행의 원인을 가정요인, 친구·학교요인, 사회적 요인으로 나누어 간략하게 고찰할 것이다. 마지막으로 형사사법기관에서 시행하고 있는 비행대책을 경찰, 검찰, 교정기관별로 나누어서 살펴본 후 지역사회에서의 청소년비행대책을 설명할 것이다.

제1절 청소년범죄의 발생현황

청소년범죄는 소년법에서 말하는 14세 이상 19세 미만의 소년에 의한 범죄행위와 10세 이상 14세 미만의 소년에 의한 촉법행위이며, 우범행위는 포함하지 않는다.[1] 개정 소년법의 시행(2008.6.22.)으로 소년법 적용대상이 20세에서 19세로 낮춰졌고, 촉법 소년의 대상 또한 12세에서 10세로 낮추어졌다.

〈표 14-1〉은 2004년부터 2013년까지 최근 10년간 전체 소년범죄의 인원과 소년인구 대비 범죄율과 전체 범죄자 중에서 소년범죄자가 차지하는 비율을 표로 정리하여 나타낸 것이다. 소년범죄자는 2004년 72,770명에서 2013년 91,633명으로 증가했다. 소년범죄율은 소년인구 10만 명당 범죄자 수를 의미하는데 2014년 경우 소년인구 10만 명당 범죄자 수는 1,412.2명으로 나타났다. 소년범죄율은 2008년 최고치를 보여진 이후 점차 감소하는 경향을 보이며, 지난 10년간 전체적으로는 증가한 것으로 보여진다.

이에 비하여 성인범죄율은 2004년 5,387.2명에서 2013년에는 4,676.6명으로 나타나며 전체적으로 감소하는 경향을 보이고 있어 소년범죄율과 대비되는 양상을 보이고 있다. 소년비는 전체 범죄인원(소년범죄인원+성인범죄인원) 중 소년범의 점유비율을 의미하는데 , 2004년에는 소년범죄자가 3.7% 차지하였고, 2013년에는 4.6%로 나타남에 따라 지난 10년 동안 범죄통계를 살펴본바 소년범죄자의 비율은 대체로 증가한 것으로 나타났다.

---

1) 소년법 제1조 제1항 제 1호, 2호, 3호

표 14-1 소년범죄자 범죄율, 소년비, 인원

구분	성인범죄율	소년비	소년범죄	
			소년범죄 인원	소년범죄율
2004년	5,387.2	3.7	72,770	1,412.2
2005년	4,572.8	4.0	67,478	1,299.0
2006년	4,377.7	4.2	69,211	1,321.9
2007년	4,464.4	5.1	99,104	1,644.7
2008년	5,507.1	6.2	134,992	2,499.0
2009년	5,482.0	5.1	113,022	1,830.5
2010년	4,511.6	4.9	89,776	1465.9
2011년	4,362.9	4.6	83,068	1,394.7
2012년	4,655.1	5.5	107,490	1,873.6
2013년	4,676.6	4.6	91,633	1,661.2

출처: 법무연수원, 범죄백서, 2015.

표 14-2 소년 형법범죄와 소년 특별법범죄

구분	전체 소년범죄	소년비		소년범죄	
		인원	구성비	인원	구성비
2004년	72,770 (100)	51,298	70.5	21,472	29.5
2005년	67,478 (100)	50,652	75.1	16,826	24.9
2006년	69,211 (100)	50,846	73.5	18,365	26.5
2007년	88,104 (100)	60,426	68.6	27,678	31.4
2008년	134,991 (100)	79,766	59.1	55,226	40.9
2009년	113,022 (100)	81,378	72.0	31,644	28.0
2010년	89,776 (100)	70,045	78.0	19,731	22.0
2011년	83,068 (100)	66,240	79.7	16,828	20.3
2012년	107,490 (100)	89,779	81.7	19,711	18.3
2013년	91,633 (100)	74,509	81.3	17,124	18.7

출처: 법무연수원, 범죄백서, 2015.

〈표 14-2〉는 전체 소년범죄 중 소년 형법범죄와 소년 특별법범죄로 나누어서 살펴보았다. 2004년 전체 소년범죄 인원 72,770명 중 중 형법범죄 인원은 51,298명(70.5%)이고 소년 특별법범죄는 21,472명(29.5%)으로 구성되어 있다. 2013년에는 전체 소년범죄 91,633명 중 소년 형법범죄 74,509명(81.3%), 소년 특별법범죄 17,124명(18.7%)로 나타나 소년 형법범죄자는 증가한 반면 소년 특별법범죄자는 줄어든 것으로 나타났다.

〈표 14-3〉은 최근 10년간 소년범죄자의 전과 현황을 나타낸 것이다. 2004년 전체 72,527명 중 전과가 없는 소년범죄자는 48,030명으로 66.2%로 나타났으며 6범 이상은 2,059명으로 전체 2.8%를 차지하였다. 2013년에는 소년범죄자

표 14-3 소년범죄자 전과 현황 (단위: 명, %)

구분	계	전과 없음	1범	2범	3범	4범	5범	6범 이상
2004년	72,527 (100)	48,030 (66.2)	11,171 (15.4)	5,225 (7.2)	3,132 (4.3)	1,748 (2.4)	1,162 (2.4)	2,059 (2.8)
2005년	67,132 (100)	46,241 (68.9)	9,299 (13.9)	4,593 (6.8)	2,666 (4.0)	1,574 (2.3)	960 (1.4)	1,799 (2.7)
2006년	69,012 (100)	49,037 (71.1)	9,185 (13.3)	4,120 (6.0)	2,428 (3.5)	1,474 (2.1)	964 (1.4)	1,804 (2.6)
2007년	87,798 (100)	62,276 (70.9)	11,531 (13.1)	5,329 (6.1)	3,090 (3.5)	1,969 (2.2)	1,225 (1.4)	2,378 (2.7)
2008년	132,340 (100)	98,941 (73.6)	15,470 (11.5)	7,549 (5.6)	4,296 (3.2)	2,682 (2.0)	1,778 (1.3)	3,624 (2.7)
2009년	112,685 (100)	76,114 (67.5)	15,095 (13.4)	7,636 (6.8)	4,798 (4.3)	2,884 (2.6)	1,905 (1.7)	4,253 (3.8)
2010년	89,580 (100)	58,059 (64.8)	12,086 (13.5)	6,538 (7.3)	4,067 (4.5)	2,749 (3.1)	1,784 (2.0)	4,297 (4.8)
2011년	102,162 (100)	64,924 (63.6)	64,924 (63.6)	7,477 (7.3)	4,755 (4.7)	3,196 (3.1)	2,181 (2.1)	5,994 (5.9)
2012년	107,452 (100)	67,252 (62.6)	67,252 (62.6)	7,669 (7.1)	5,001 (4.7)	3,154 (2.9)	2,470 (2.3)	7,504 (7.0)
2013년	91,573 (100)	53,534 (58.5)	53,534 (58.5)	6,782 (7.4)	4,551 (5.0)	3,185 (3.5)	2,406 (2.6)	8,730 (9.5)

출처: 법무연수원, 범죄백서, 2015.

가 전체 91,573명으로 나타났으며 전과 없음은 53,534명으로 58.5%로 2004년과 비교하여 전과가 늘어났음을 유추할 수 있다. 6범 이상의 소년범죄자 현황만 보더라도 총 8,730명, 9.5%로 나타나 2004년 대비하여 약 4배 이상 높은 비율을 나타내고 있다. 따라서 청소년범죄자의 범죄 상습화나 반복적 범죄행위에 대한 재범 대책 마련의 시급함을 보인다.

많은 선행연구들이 비행청소년들을 재비행에 이르게 하는 기제 확인을 중요하게 다루고 있다(Loeber, Farrington & Waschbusch, 1998; Stouthamer-Loeber, Loeber, Wei, Farrington & Wilkstrom, 2002). 비행청소년의 재비행이 갖는 가장 큰 문제점으로 지적되고 있는 것은 그들의 비행이 제지되지 않는다면 향후 성인에 이르기까지 계속해서 이어질 수 있다는 점이다. 따라서 비행청소년의 지속적인 범죄를 예방하고 재비행의 심각성을 줄이고, 이에 대한 효과성을 높이는 재비행 예측요인들을 이해하는 것이 중요하다(Mulder, Brand, Bullens & Marle, 2011).

비행청소년의 최초 비행연령 요인이 재비행과 직접적으로 연관이 있음을 나타내주는 연구들이 있다(Dembo et al., 1991; Ganzer & Sarason, 1973). 우울감과 같은 심리적 요인은 청소년 재비행을 예측하는 주요 인자로 제시되고 있다(권지은, 1998; 양종국·김충기, 2002). 가족 관련 요인으로는 부모의 양육기술 부족(Mulder et al., 2011), 부모의 범죄행동(Huesmann, Eron, Lefkowitz & Walder, 1984)나 가족갈등(Ganzer & Sarason, 1973)이 재비행 예측에 있어 주요 요인으로 나타났다. 또한, 부모의 사망(Wadworth, 1979)이나 부모의 이혼(Ganzer & Sarason, 1973)과 같은 결속가족 형태 등도 청소년 재비행 촉발원인으로 나타났다. 비행친구와의 차별접촉(Mulder et al., 2011; 유성경, 2000)은 재비행 예측의 주요 요인이라고 주장하였으며, 잦은 무단결석(Wooldredge, Hartman, Lateessa & Holmes, 1994)와 같은 학교 관련 변수도 재비행의 위험성을 높인다고 말하였다.

그러나 자아존중감이나 건강한 자아관과 같은 심리적 요인은 비행청소년들의 재비행에 있어 긍정적 영향을 주는 것으로 나타났다(양종국·김충기, 2002; 이석형, 2008; 유성경 2000; 권지은, 1998; Carr & Vandiver, 2001). 이는 긍정적 자존감이나 건강한 자아관을 지닌 비행청소년들이 그렇지 않은 비행청소년과 비교하여 학교적응, 진로의식, 학업성취, 정신건강 등에 있어 더욱 쉽게 어려움을 이겨내어 재비행 행동을 줄이는 가능성이 높다고 설명하고 있다(홍성흔·김희수, 2007). 또한 사회유대이론에서 말하는 가족구성원과의 강한 애착이나 정서적 지지는 성공적 성인 궤도를 경험하기 위해 가장 필요한 욕구이며(Unruh, Povenmire-Kirk & Yamamoto, 2009), 부모로부터의 사회적 지지는 재비행 중단에 있어 유의미하다고 설명한다(de Ruiter Doreleijers, 2010; 양종국·김충기, 2002; 유성경, 2000). 학교요인에 있어 학업성적의 상승은 비행청소년으로 하여금 재비행을 막아주는 주요 보호요인으로 지적되었으며(지승희·이은경, 2001; Katsiyannis & Archwamety, 1999), 재비행을 저지른 후 치료의 목적 개입과정을 통해 비행친구와의 접촉감소가 재비행 방지에 효과적이라 언급하고 있다(Huey, Henggeler, Brondino & Pickerell, 2000).

제2절 청소년비행 발생요인

1. 가정요인

청소년비행의 발생원인으로 가정요인을 들 수 있다. 가정은 발달과정에 있는 청소년의 1차적 사회화를 담당하고 있어, 부모의 결손, 가족의 경제적 지위와 같은 구조적 측면과 부모와 자녀의 관계, 부모의 양육태도, 훈육 방식 등의 기능적 측면의 결손이 청소년비행을 유발할 수 있다.

먼저 가족의 빈곤과 청소년비행의 관계를 다른 연구를 살펴보면, 부모의 보고에 의한 자료를 통해 빈곤한 소년은 직·간접적 공격, 재산범죄에 가장 높은 점수를 보여주는 것을 발견하였다(Offord et al., 1998). 또한 교사의 보고에 의하면 빈곤가정 아동은 재산범죄, 신체적 공격성, 적대적 행위 모두에서 높은 점수를 보였다. 부모의 경제적 지위가 낮고 빈곤한 가정의 경우, 부모가 맞벌이를 하는 경우가 많아지고, 자연스레 자녀는 부모와 함께 보내는 시간이 줄어들어 부모 감독에 벗어나는 시간이 많아진다.

부모 감독에서 벗어난 소년은 가정에서 소속감이나 안정을 찾지 못하여 많은 시간을 밖에서 보내며 비행 위험 요인에 노출되는 시간이 많아지게 되며 이러한 원인은 결국 비행으로 이어지게 되는 것이다(이수정 외, 2007). 부모의 이혼도 아동비행의 위험요인 중 하나로 언급되고 있는데, 이는 다른 위험요인(부정적 생활사건—이혼 전 자녀행동문제, 가족소득감소, 가족갈등, 부모재혼, 부모손실 등)과 같이 발생하기 때문에 이혼이 아동에게 미치는 정확한 효과는 파악하기 어렵다(이미경, 2015).

가족구조와 관련해서 보면, 편모가정은 어머니의 정신건강문제가 상대적으로 많으며, 자녀를 감독하기 위한 자원이 적기 때문에 아동비행과 관련될 수 있다고 논의된다(Wasserman et al., 2003). 패링턴(Farrington, 1978)은 부모의 양육태도와 청소년의 공격성향에 관한 연구들을 종합한 결과 부모로부터 가혹한 양육을 경험한 아이는 8살 때부터 남을 무시하는 태도와 소극적인 태도를 가지게 되며 강압적인 부모의 양육태도, 부모의 범죄경력 등은 청소년이 14살이 될 때 난폭한 비행을 유발하게 한다고 한다. 청소년비행을 통제하는 가장 주된 요인으로 부모와 자녀 간의 애정적 관계와 같은 가족 유대라는 것을 발견하였다(Rhodes & Jason, 1990; Cattearello, 2000).

또한 부모의 훈육과 자녀양육 태도는 청소년비행을 예측하는 데 가장 좋은 요인이라고 증명했다(Guleck & Guleck, 1959; McCord & McCord, 1959; Loeber & Stiythamber-Leober, 1986). 또한 가정이 화목한 분위기를 가지고 있으면 갈등이 적지만, 그렇지 못한 경우에는 가정에서 편안함을 느끼기 어려워 가정 밖에서 관심거리를 찾게 될 경향이 높기 때문에 비행으로 나아갈 가능성이 높다[2](이정주, 2012).

2. 친구·학교요인

친구·학교요인과 청소년비행과의 관계도 많이 논의되어 온 주제이다. 청

2) 가정폭력으로 인해 가족의 응집성이 매우 낮은 경우도 비행으로 이어질 가능성이 높다(신혜섭, 2005).

소년의 경우 친구와 보내는 시간이 많으며 친구에게 의미를 많이 부여하는 시기로 상호간 많은 영향을 받는다. 따라서 친구의 성격에 따라서 긍정적 또는 부정적 영향을 받게 되며 비행친구들과의 교류는 외현적 문제 행동에 영향을 준다고 한다(Agnew, 1991; Dishion et al., 1995; Elliot et al., 1985; Farrington, 1991). 화이트와 콜드(Fite & Colder, 2007)의 연구에서 9~12세 아동을 대상으로 2년간 종단적 연구를 수행한 결과 동료비행은 아동의 반사회적 행동의 근접 요인인 것으로 나타났다.

학교는 가정과 더불어 청소년이 사회규범을 배우고 인성을 함양하는 중요한 기능을 수행하는 곳으로, 학급동료·교사와의 관계를 통해 사회의 규범과 가치관을 학습하고 자아개념을 형성하게 된다(이수정 외, 2007). 따라서, 청소년들이 학교생활에 유연히 적응하지 못할 경우 바람직한 사회화습득이 어려워 문제행동으로 나타날 가능성이 높아져, 청소년들의 긴장을 야기하여 청소년비행으로 이어진다는 것이다. 와서먼(Wasserman, 2003)의 연구에서 아동기의 학교에 대한 유대 실패는 비행으로 이끌 수 있다는 것을 발견하였으며, 학교에 대한 유대 요소 중 하나로 교사의 지지와 비행의 관계를 다룬 연구들이 있다(Charlebois et al., 1995; Sprott, 2004). 덧붙여 교육제도의 문제를 청소년비행과 연관 지을 수 있다. 인성보다는 입시 위주의 교육으로 인한 학업능력에 초점을 맞추어 학업 성적이 낮은 학생들은 비교적 부모, 친구들, 학교선생님과의 원만한 관계를 가지기가 힘들다. 이러한 요인으로 인해 실망, 좌절을 느끼며 비행을 하게 되는데, 학교에서는 지도보다는 낙인을 찍으며 무시한다. 낙인이 찍히게 되면 비행적 정체감을 가지게 되고 사회로부터 배척당하여 부정적 자아가 형성되고 자신에게 낙인찍힌 지위대로 행동하게 되어 지속적으로 비행을 하게 된다고 한다(Becker, 1963). 또한 무단결석은 미국에서 지위비행의 아주 중요한 행위유형으로 다루어지고 있다(이정주, 2012). 무단결석은 부모의 허락 없이 학교에 가지 않는 것으로 단순히 학교를 가지 않는다는 사실 외에 여러 다른 문제행동과 관련이 깊으며 소년기 무단결석의 문제가 성인이 되어서도 계속 이어질 수 있다는 점에서 소년기 무단결석문제는 중요한 의미를 가진다(한영희·조아미, 2008).

3. 사회적 요인

사회적 요인과 청소년비행과의 관계를 다룬 연구들은 청소년의 각종 사회적 환경이 청소년들에게 영향을 끼친다고 말하고 있으며, 주로 빈곤 지역에서의 거주, 지역사회 폭력 등에 관한 연구가 있다. 먼저, 사회경제적으로 열악한 지역이 반사회적 행위 발달에 중요하다고 논의된다(전영실·기광도, 2009). 이러한 거주 지역은 문제 청소년에 대해 제대로 된 모니터링을 하지 못하고, 적절한 통제도 잘 이루어지지 않아 범법행위에 노출이 쉽다. 불량 주택지, 오락실, 빈민가, 노래방, 유흥업소, 게임방 등 퇴폐유해환경은 자기 정체성이 확립되지 못한 청소년들의 호기심을 자극하고 유흥비에 대한 욕구를 만들어 냄으로써 다른 청소년들에게 폭력을 행사하여 금품을 갈취해서라도 욕구를 충족시키는 선택을 용이하게 하였다(조종태, 2013).

도시화 또한 청소년비행을 조장하는 데 하나의 원인으로 지목된다. 도시에는 지역적 연대성이 희박하고 익명성이 증대되어 향락적이고 유혹적 환경이 많아 청소년비행을 조장한다는 결과를 보여주고 있다(박상기 외, 1989). 또한 도시 특유의 익명성과 비인격성 등은 비행청소년들을 은폐시켜 주고 가해나 피해의 발각을 어렵게 하여 비행을 용이하게 만들어 청소년비행을 증가시키는 요인으로 일컬어진다(배종대, 2011). 지역사회 폭력에 대한 노출과 아동의 음주와의 관계를 살펴본 연구에서 모든 형태의 폭력노출—경험, 폭력, 목격에 관해 듣는 것—은 음주가능성을 증가시키는 것으로 나타났다(Taylor & Kliewer, 2006).

제3절 형사사법기관 소년비행대책

1. 경찰의 소년비행대책

경찰은 범죄의 진압과 범죄의 예방을 주된 임무로 하는 국가기관이다. 경찰은 범죄를 사전에 예방하는 방범경찰활동과 범죄사건의 발생 후 진압과 수사하는 사법경찰활동 모두를 수행한다. 청소년범죄예방에 있어 경찰의 가장 중요한 것 같은 경찰순찰활동인데, 이는 순찰활동을 통해 청소년들의 비행욕구와 동기를 차단하는 주요 역할을 담당한다(김준호 외, 2013). 또한 지역사회내 파출소를 거점으로 가정방문을 통한 지역내 문제사항을 파악하고 비행청소년들의 선도와 감독을 하기도 한다. 덧붙여 강의나 학교방문을 통하여 청소년들에게 비행예방교육을 실시함과 동시에 지역기관과의 협력을 통한 노력을 해야 한다. 경찰은 지역내 비행집단을 파악하고 선도하는 데에도 노력해야 하며, 아울러 문제청소년들과 결연을 맺어 선도할 수 있다. 또한 경찰은 비행예방에서뿐만 아니라 비행청소년들을 발견하고 사건을 처리하는 역할도 담당한다(김준호 외, 2013).

경찰단계에서 비행소년에 대한 일반적 처리절차가 존재한다. 지구대 서류 여성 청소년계 접수, 보호자 연락, 진술조서 작성, 조사시 보호자 동석, 서류작성(소년범환경조사서, 비행성예측자료표, 소년범수사시전문가참여보고서, 수사보고서 등), 귀가(보호자동행, 보호자 없을 시 쉼터 연계)의 순으로 이어지게 된다(전영실·기광도, 2009). 또한 경찰은 소년비행예방을 위해 일반예방 및 특별예방차원에서 균형적인 시작에서 접근하여 여러 가지 제도 및 프로그램들을 실시하고 있는데, 일반예방차원에서 학교폭력예방 프로그램, 가출소년 및 실종된 소년들을 위한 시스템을 강화하고, 청소년보호법위반사범에 대해 지속적으로 단속을 실시하여 유해환경 정화에도 노력을 기울이고 있다(이정주, 2012). 우범 소년들을 위한 제도 및 프로그램으로는 소년사건 조사 시에 전문가를 참여시키는 전문가 참여제도, 소년 선도·보호활동을 위해 상담활동 및 선도프로그램으로서 사랑의 교실을 운영하고 있다.

(1) 소년범 조사 시 전문가 참여제

소년법에 따르면 낙인효과 방지 및 업무 효율성을 위해 자체적으로 소년업무처리규칙 및 범죄수사규칙을 근거로 소년풍기사범에 대해 훈방처리를 하고 있다(이정주, 2012). 그러나 단순히 훈방조치를 하는 등 청소년을 문제 환경으로 되돌려 보내는 문제점을 해결하고자 입건 초기부터 개입하여 전문적 판단을 하는 서비스조사 전문가 참여제도가 마련되었다. 소년범 조사 시 전문가 참여제는

표 14-4 최근 5년간 소년범 조사 시 전문가 참여제 운영현황

구분	2010년	2011년	2012년	2013년	2014년
운영관서	70개	100개	120개	137개	180개
참여소년범	7,172명	7,639명	10,258명	11,548명	8,968명
전체소년범	94,862명	86,643명	107,018명	90,694명	78,794명
참여비율	7.6%	8.8%	9.6%	12.7%	11.4%

출처: 경찰백서, 2015.

소년범의 특성[3)]을 고려하고 인권을 보호하기 위하여 소년범을 조사하는 과정에서 범죄심리사, 사회복지사, 청소년 상담사 등이 참여하여 청소년 성격 검사 및 면담 등을 통하여 청소년에 대한 종합의견을 수사서류에 첨부해 검찰에 송치함으로써 검사의 소년범 처리시 참고자료로 사용하도록 하는 수사 시스템이다(이미경, 2015). 2개의 경찰서가 2003년 시범적으로 운영하여 2013년에는 137개 관서에서 전체 소년범 90,694명 가운데 12.7%에 해당하는 11,548명이 참여하였다. 소년범 조사 시 전문가가 참여함으로써 소년범의 심리적 충격을 완화시키고 멘토 역할을 하여 소년범의 재범 억제에 영향을 미친 것으로 판단된다(양형근, 2010).

(2) 명예경찰소년단

명예경찰소년단은 학교, 선도단체, 경찰의 유기적인 협조하에 각종 비행과 사고로부터 청소년 스스로를 보호할 수 있는 능력을 기르고 봉사활동과 기초질서의식을 함양시키기 위하여 초등학교 고학년 학생들과 중학생들 가운데 선발하여 운영한다(어린이경찰청, 2016). 2014년에는 1,520개 초·중학교에서 17,395명을 선발하였다.

각급 경찰서에서 합기도, 태권도, 유도 및 심신 건강 증진 종목 중 한 가지

3) 비행소년의 조사시에 청소년관련 전문가들이 참여하여 가정, 학교환경 등 43개 비행촉발 요인과 공격성, 반사회성 등 344개 인성평가 항목을 심층 분석하여 그 결과를 바탕으로 소년범의 특징 및 재범가능성을 판단하여 전문적인 선도프로그램과 연결시켜 준다(경찰백서, 2010).

표 14-5 2014년 명예경찰소년단 선발현황

구분	초등학교		중학교	
	학교(개)	학생(명)	학교(개)	학생(명)
전체 초·중학교 수 및 학생 수	5,901	2,784,000	3,179	1,804,524
소년단 운영 학교 수 및 인원	1,300	15,008	220	2,387

출처: 경찰백서, 2015.

표 14-6 2014년 명예경찰소년단 활동현황

경찰서 무도학교 운영			경찰서 견학 및 체험			수련프로그램 운영		
회	개교	명	회	개교	명	회	개교	명
51	186	1,799	819	2,189	20,683	148	639	4,152

교통캠페인 등			봉사활동			학교폭력방지활동					
						신고		취약지역순찰		친구맺기	
회	개교	명	회	개교	명	회	명	회	명예경찰	명	명예경찰
8,611	4,375	63,452	2,431	1,304	19,528	103	225	10,009	58,390	6,073	5,239

출처: 경찰백서, 2015.

를 교육하며, 불우학생 도와주기, 경찰서 방문, 학교폭력방지활동, 지구대 현장 체험 등을 기본프로그램으로 운영한다. 특별프로그램으로는 환경보호 캠페인, 불우시설 봉사활동, 지역 유적지답사, 경찰관과의 합동 근무 등이 있다. 명예경찰 소년단은 1999년 서울지방경찰청의 '명예경찰 포돌이 포순이 소년단' 발대를 시작으로 2013년 기준 전국 1,644개의 학교에서 초·중학생 17,853명의 학생들이 명예경찰단으로 활동해 오고 있다(경찰청, 2014).

(3) 청소년 선도 보호활동

경찰은 청소년의 선도 보호를 위하여 선도심사위원회를 조직하여 운영하고 있다. 위원회는 경찰서장을 위원장으로 하고 의사, 변호사, 교사, 교수, 소년범

조사시 참여 전문가 등의 청소년 선도 전문가 가운데 경찰서장의 위촉을 받은 위원과 여성 청소년·생활안전·형사·청문감사관 가운데 경찰서장의 지정을 받은 내부위원으로 구성된다(이미경, 2015). 경찰이 입건하거나 입건하지 않아도 비행우려 소년들이나 우범소년들을 대상으로 한 '사랑의 교실' 프로그램[4]에 참여시키기도 한다. 이는 경찰에서 운영하고 있으며, 한 예로 대전광역시 '사랑의 교실'이 있다. 이는 대전광역시 청소년상담지원센터에 위탁하여 운영되고 있으며, 대상은 범죄·촉법·우범소년 및 선도 사각지대 학교폭력과 비행소년 선도 조건부 불입건 대상자이다. 교육법은 매월 각 경찰서에서 선정된 소년범을 대상으로 3시간, 5회 이상 교육을 실시하며, 연령별(초/중/고), 죄종별, 성별로 분리해서 운영하고 있다. 그 밖에도 경찰관서별로 범죄예방교실을 운영하여 지역사회 및 학교와 연계한 범죄예방의식을 강화/차단하고 있다(박은민·최진아, 2011).

경찰청(2015)에 따르면 2012. 3월부터 학교폭력 자진신고 가해학생 등 학교폭력 사건에 대해 선도심사위원회를 거쳐 훈방·즉결심판으로 처분하기 시작

표 14-7 분과별 외부위원 역할 및 구성

분과	역할	인력풀 구성 예시
선도분과	• 경미 소년범 처분결정 • 심리·진로상담 • 멘토-멘티 연계 • 인성교육	• 교육청, 교육기관 • 청소년 단체, Wee센터 • 상담기관, 봉사단체
생활지원분과	• 생활비·교육비 지원 • 취업지원 • 복지 서비스 지원	• 자치단체(복지·청소년 부서) • 교육청·교육지원청 • 청소년 단체 • 지역 기업, 종사단체
의료분과	• 신체적·정신적 치료	• 자치단체 보건시설 • 종합병원 등 의료시설
법률분과	• 법률자문 • 학교폭력 정책 자문	• 변호사 • 교육청 소속 변호사 등

출처: 경찰백서, 2015.

4) 청소년 전문단체와 연계, 청소년상담사 등 전문가가 진행하는 집단상담·미술치료·법교육 등 선도프로그램. 2014년도 사랑의 교실은 총 5,661명이 있었음

하였고, 2013년에는 모든 소년사건으로 대상을 확대하였다. 또한 2014년에는 선도심사위원회 외부위원에 자치단체·청소년단체·의료시설 등 참여대상을 확대하고, 역할별 분과를 신설하여 가해·피해학생 지원결정을 추가하는 등 경찰이 지역사회 네트워크를 소통시켜 주는 허브 역할을 담당하도록 개선하였다.

(4) 청소년 유해환경의 정화

경찰은 청소년들의 비행을 조장하는 유해환경이 지속적으로 증가함에 따라 청소년에게 유해약물을 판매하는 행위나 유해업소에 청소년을 고용하거나 출입시키는 행위 등을 지속적으로 단속해오고 있다[5](경찰청, 2015). 이는 청소년의 올바른 성장을 저해하는 행위이며 청소년의 탈선과 범죄행위를 조장하는 것이므로 학교주변에서 신·변종 풍속업소 등의 유해업소들이 난립함을 사회적 문제로 보고 경찰청, 안전행정부, 교육부, 지자체가 합동으로 집중단속을 실시해오고 있다(경찰청, 2015). 경찰은 '학교주변 유해업소 집중관리 사범지역'을 선정하여 자정활동을 추진하고 있으며 2013년 8월 이후 전국 18개소로 확대하여 유해업소들의 적극 폐쇄 조치함으로써 154개소가 자진 철거하고 33개소가 업종을 전환하는 성과를 보였다(이미경, 2015).

표 14-8 2014년 청소년 유해환경 단속현황

계(명)	단속유형				조치	
	유해업소	유해약물	유해행위	유해매체물	구속	불구속
8,348	870	6,888	401	189	5	8,343

출처: 경찰백서, 2015.

5) 경찰은 청소년이 올바른 인격체로 성장할 수 있도록 '청소년보호법'이 규정하는 술·담배 등 청소년 유해약물이나 음란·폭력매체 등을 청소년에게 제공하는 행위, 유흥주점·비디오방 등 유해업소에 청소년을 출입시키거나 고용하는 등의 행위에 대한 지속적 단속을 실시하여 2014년에는 총 8,8348명을 적발하였음

(5) 학교폭력 예방 및 근절을 위한 활동

소규모 학급 단위로 이루어진 학교폭력 예방을 위한 교육을 진행하며 따돌림이나 사소한 폭력 또한 범죄가 된다는 점을 청소년들에게 인지시켜 주기 위해 노력하고 있다(경찰청, 2014). 2005년부터 6개 부처가 매년 신학기 초에 '학교폭력 자진신고 및 피해신고 기간'을 3개월 동안 운영하고, 2010년부터는 상/하반기로 나누어 각각 2개월 동안 자진신고 기간을 두었다. 이는 자진신고를 한 초범의 가해학생의 경우(경미한 범죄) 선도조건부 불입건을 진행하며, 피해신고 학생의 경우 담당 경찰을 서포터로 지정하며 비밀을 보장해주는 보호활동을 하고 있다(임승환, 2011). 2012년에는 학교전담경찰관 제도를 도입하고 학교폭력신고체계를 '117'로 통합[6]하였으며, 초·중·고 학생을 대상으로 하는 범죄예방교육을 유치원생까지 확대하고 학생안전지역으로 지정하여 집중 단속하는 등 학교폭력의 근절을 위해 힘쓰고 있다(승재현·조윤오, 2013).

(6) 청소년 경찰학교 운영

2014년부터 기존 단순 전달방식의 학교폭력 예방교육에서 학생 눈높이에 맞는 체험형 예방교육으로 전환, 실효성 있는 예방교육이 필요하다는 판단에서 활용도가 낮은 치안센터 건물 등을 리모델링하여 범죄예방 교육 및 경찰체험활동을 실시하는 '청소년 경찰학교'를 운영하고 있다(경찰청, 2015). 이는 2013년 서울강북경찰서에서 운영중이던 '폴리스아카데미'를 벤치마킹하여 한층 더 완성된 체험형 예방교육의 프로그램[7]이다. 학생들이 학교폭력 심각성에 대해 공감하고 경찰의 역할을 이해할 수 있도록 ▷학교폭력 예방교육, ▷가·피해자 역할극, ▷과학수사 등 경찰체험, ▷심리상담 등으로 구성되어 있다(경찰청, 2015).

---

6) 2012년 6월 18일에는 전국비장청(17개) 117신고센터를 개소하여, 경찰·교육부·여성가족부 합동으로 24시간 신고접수 및 상담 등의 서비스를 제공하고 있음(경찰청, 2015).

7) 2014년 교육부의 지원을 받아 전국 19개 경찰서(서울청 3, 경기청 2, 기타 14개청 각 1개서)의 치안센터를 리모델링하여 '청소년 경찰학교'를 설치·운영하고 있으며, 총 693회에 걸쳐 14,051명의 청소년이 참여하였다(경찰청, 2015). 2015년에는 10개의 경찰서를 추가해 전국에 29개 경찰서에서 운영할 예정이며, 앞으로도 확대할 예정이다.

2. 검찰의 소년비행대책

(1) 검사선의주의

소년법 제49조 제1항에서 검사는 소년과 관련된 피의사건에 대하여 불기소처분을 하거나, 소년형사사건으로 처리 혹은 소년보호사건으로 처리하는 등의 권한을 가지고 있으며, 이를 검사선의주의라고 한다. 검사는 형사소송법상의 소년법상의 선의권과 기소재량권을 기초로 선도조건부 기소유예제도를 운영하고 있다(최종식, 2007). 이를 구체적으로 살펴보면 검사는 경찰이 송치하거나 직접 인지한 소년피의사건을 수사하여 범죄혐의가 없거나 죄가 안되거나 공소권이 없을 경우에는 협의의 불기소처분을 하며, 소추필요성이 없을 때에는 기소유예처분을 한다. 아울러 재범가능성이 희박하고 선도보호의 필요성이 있을 때에는 선도조건부 기소유예처분을 한다. 벌금 이하의 형에 해당하는 사건이거나 보호처분의 필요성이 있는 때에는 소년법원 송치를 하고, 벌금, 과료, 몰수에 처할 사건인 때에는 약식명령을 청구하여 소추필요성이 인정되는 때에는 공소를 제기할 수 있다(안경옥, 2007).

(2) 선도조건부 기소유예제도

개정 소년법(2007. 12. 21. 개정)에서는 이전까지 법무부 훈령으로써 규율되었던 선도조건부 기소유예가 명문화되었다. 이에 따르면 검사는 소년범에 대하여 범죄예방자원봉사위원의 선도 또는 소년의 선도·교육과 관련된 단체·시설에서의 상담·교육·활동 등을 받게 하고, 피의사건에 대한 공소를 제기하지 아니할 수 있다. 즉, 선도조건부는 검사가 범죄소년에 대해 일정한 기간 동안 준수사항을 이행하고 민간인인 범죄예방위원의 선도를 받을 것을 조건으로 기소유예처분을 하고, 그 소년이 준수사항을 위반하거나 재범을 하지 않고 선도 기간을 경과한 때에는 공소를 제기하지 않는 제도를 의미한다(안경옥, 2007). 이는 다이버전 제도의 일종이라 할 수 있다. 그러나 이러한 경우 소년과 소년의 친권자·후견인 등 법정대리인의 동의를 받아야한다. 이에 대한 요건은 피의사실이 명확한 소년에 대한 재범가능성이 없거나 희박하다고 보는 경우 소년부에 송치하지 않거나 형사법원에 기소하여 선도를 조건으로 하는 기소유예처분을 할 수 있다. 선도유예처분을 선별하는 과정에서 적합한 소년을 채택하기 위하여 검사는 비행성예측자료표, 사건기록, 소년범환경조사서 등과 같은 필요적 참작자료와 소년의 보호자, 학교교사, 직장상사의 의견, 피해자의 감정과 피해보상 여부, 유치장 행상기록 등 임의적 참작자료를 고려한다(박상기·손동권·이순래, 2011). 따라서 검사에게 범죄년의 절차선택권과 기소재량이 부여되어 소년사건의 사안을 경중에 따라 구 약식, 기소유예, 소년부송치, 불구속/구속 구공판으로 처리할 수 있다.

형사정책적으로 선도조건부 기소유예는 몇 가지 의의를 가진다. 기소법정주의에 비해 비교적 형식성과 경직성을 지양하고 탄력있는 정의실현이 가능하며, 단기자유형의 폐해를 감소시키는 방법으로 기소전 단계에서 사회복귀를 유도할 수 있다. 또한 합리적이라고 판단될 때에만 기소함으로써 형사사법에 대한 일반인의 신뢰를 높일 수 있으며 기소유예를 통하여 경미한 범죄행위로 인한 범죄경력을 방지할 수 있다. 마지막으로 경미범죄에 대한 소추를 면제함으로써 법원 및 교정시설의 부담을 줄일 수 있다. 그러나 기소단계의 행정처분적 작용에 의해 사법적 판단이 좌우되는 본질적 문제를 야기하며, 정치적/사회적으로 민감한 사건의 경우 공소의 타당성이나 형사사법절차의 신뢰성에 대한 논란을 야기할 수 있다. 기소유예기간 동안 비행청소년이 불안한 법적 지위를 가져야 하기 때문에 법적 안정성을 해칠 수 있다. 또한 검찰은 기존에 시행하고 소년범의 특성에 따라 다양한 조건부 기소유예를 소년범에게 적용함으로써 선도 및 재범방지의 효과를 높이고 있다.

(3) 소년선도보호

소년선도보호제도는 소년선도위원이 선도조건부 기소유예 처분을 받은 소년 또는 형사재판이나 보호처분이 확정되어 소년교도소의 소년수형자나 소년원의 수용중인 소년원생에 대하여 지원하고 선도보호하여 재범을 예방하고 건전한 사회인으로 복귀시키고 지역사회의 정화활동을 주도하는 것을 목적으로 한다(박상기 외, 2015). 이에 기소유예를 결정함에 있어 계속 선도할 필요가 있다고 판단되는 경우 범법소년에 대하여 선도를 조건으로 기소유예를 결정하는 제도이다(양원근, 2010). 1981년도에 법무부훈령 제88호 소년선도보호지침이 제정되어 수차례 개정되었으며, 현재는 2013년 개정된 법무부훈령 제894호에 따라 시행되고 있다(대검찰청, 2014). 소년선도보호는 주임검사나 법무부장관이 위촉하는 상임·비상임의선도위원에 의해 수행된다. 또한 소년선도위원은 상담활동, 구휼활동, 계몽활동과 같은 선도보호를 하며 지역사회 내 범죄유발요인을 제거하고 환경 정화활동에 힘을 쓴다. 선도위원협의회를 구성하여 선도활동과 범죄예방을 구성하고 있으며, 각 지방검찰청은 청소년을 대상으로 장학사업 및 시설지원 등을 통한 범죄예방활동에 참여하고 있다(이건종·전영실, 1994).

(4) 갱생보호 지원

갱생보호는 갱생보호법 제3조에서 정한 갱생보호 대상자에 대하여 환경의 조성을 통해 범죄를 방지하는 관찰보호활동을 진행하며 취업을 알선하는 등 필요한 보호를 제공하는 지원활동을 의미한다(이건종·전영실, 1994). 검찰의 지원하에 갱생보호를 실시하는 갱생보호공단은 1995년 보호관찰 등에 관한 법률 제71조에서 정하고 있는 출소자의 소년원 퇴원생 등 갱생보호대상자에 대하여 건전한 사회복귀를 촉진하고 효율적인 범죄예방활동을 진행함으로써 사회를 안전하게 보호하기 위한 법무부 산하에 설립된 특수법인으로 2009년에 한국법무보호복지공단으로 기관 명칭이 변경되었다(양원근, 2010). 현재 중앙본부와 각 지방검찰청 소재지에 22개 지부, 지소와 2개의 센터로 구성되어 운영하고 있으며 각 시설마다 사회복지사가 상주 근무하여 지원을 돕고 있다(양원근, 2010). 갱생지원의 구체적 내용은 비행청소년들을 대상으로 하여 학업지도, 취업알선, 사회성향교육, 직업훈련 및 생활관에서 숙식을 제공하고 있다.

3. 교정기관의 소년비행대책

(1) 소년원에서의 처우

소년원은 소년보호기관의 수용인원 감소로 인해 소년보호기관이 감축되면서 소년보호기관의 기능이 통폐합되어, 소년원의 주된 기능에 소년분류심사원의 기능과 신설된 대안교육센터의 기능까지 수행하는 통합운영체제로 확대되었다(최인섭·이순래, 2009). 현재 소년보호행정은 기존의 보호·위탁소년의 교육, 수용, 분류심사와 함께 지역사회 청소년의 비행예방 역할까지 수행하게 되어 현재 6개의 소년원, 1개의 소년분류심사원, 16개의 청소년비행예방센터로 소년보호기관이 재편되어 운영 중이다(법무부 범죄예방정책국, 2015). 소년원은 법원 소년부의 보호처분에 의해 송치된 비행청소년의 수용보호와 초·중등교육법에 의한 교과교육, 약물남용, 발달장애, 신체질환이나 근로자직업능력개발법에 의한 직업훈련을 진행하고, 특수교육이 필요한 경우 재활교육 및 의료교육을 진행하고, 사회봉사활동, 심리치료 등 인성교육을 병행한 건전한 청소년으로 육성하고 있다(양원근, 2010). 또한 개방처우로서 사회적응력을 배양하고 사회복귀를 지원하기 위하여 통학, 외출, 통근, 체험학습, 시설개방, 주말가정학습, 봉사활동 등을 운영하며, 가족관계 회복을 위한 지원, 경제적 자립을 위한 지원, 문신제거 시술, 취업 및 사후관리 등의 사회정착 지원을 실시하고 있다(최인섭·이순래, 2009).

2007년 12월 21일에 개정된 소년법에 의하면 만 10세 이상은 7호처분(병원, 요양소, 소년의료보호시설 위탁), 8호처분(1개월 이내 소년원 송치), 9호처분(단기 소년원 송치)을 받을 수 있으며, 만 12세 이상은 10호처분(장기 소년원 송치)을 받을 수 있도록 되어 있다. 소년원에서는 보호하는 소년에 대한 인성발달, 비행성 감소, 직업능력 개발 등을 위하여 다양한 프로그램을 운영하고 있다. 소년원 자체의 교육과정을 살펴보면, 연간 중학생의 최소 수업시수는 1,122시간, 고등학교의 경우 1,190시간으로 되어 있다.

소년원 교육에 대하여 자세히 살펴보면 신입생교육, 직업능력개발훈련, 교과교육, 재활교육 및 치료, 인성교육으로 크게 나뉜다(최인섭·이순래, 2009). 신입생 교육은 소년원에 처음 들어오는 보호소년을 대상으로 이뤄지며 개인의 소질과 특성을 심층적으로 진단하여 향후 사회복귀 목표와 연계된 개별처우계획을 수집하는 것을 바탕으로 시설생활에 대한 지도, 상담 등을 통해 원활한 적응을 돕는 것을 내용으로 한다(김봉수, 2011). 교과교육은 컴퓨터 교육과 인성교육을 바탕으로 특성화 교과교육과 학교생활의 적응을 중심으로 하는 보통 교과교육과 봉사활동에 비중을 둔 재량·특별활동이 있다(최인섭·이순래, 2009). 소년원 퇴원 이후에는 직업능력개발훈련을 통한 사회정착 지원을 위해 취업과 훈련을 연계하여 운영한다. 치료·재활교육의 경우 교육이 필요한 보호소년을 대상으로 하여 약물에 대한 장애나 중독 정도에 따라 개별적으로 교육이 이루어지며, 치료와 더불어 사회에 적응할 수 있는 훈련도 함께 진행된다. 마지막으로 인성교육은 비행성향 교정을 위하여 심리치료프로그램으로 개방처우, 특성화교육 등 인성교육 중심으로 운영되고 있다.

비행소년의 사회정착을 위하여 딱딱한 운영방식에서 벗어나 자율적이고 개방적인 분위기를 조성하여 보호자와 지역사회가 적극적 참여를 통한 사회적응을 돕고자 노력하고 있다. 그 예로 통학, 외출, 통근, 체험학습, 시설개방, 주말가정학습, 봉사활동 등을 운영한다. 또한 비행소년 개인적 특성으로 고려하여 체계적 진로설정과 함께 사회복귀목표관리시스템을 구축하였다. 가정에서의 신뢰 회복을 위하여 가족합숙제, 가족사랑캠프 프로그램 등을 운영하고 있다. 또한 생활안정자금을 통하여 비행소년의 경제적 자립을 도와주고, 소년원을 퇴원한 이후에도 취업활동, 복학주선 등 지속적 사후관리를 통하여 사회정착을 돕고 있다.

(2) 보호관찰

보호관찰소는 비행을 저지른 청소년들을 위한 기관이라고 할 수 있다. 지역사회 내에서 비행청소년들에 대한 처우가 확대되고, 그들이 학교나 가정에 복귀하여 사회에서 처우를 받는 경우가 늘어나면서 지역사회 내에서 보호관찰기관의 역할이 점점 중요해진다. 그러나 보호관찰소는 대도시 단위에 설치되어 있어 보호관찰대상 청소년들에게 필요·적절한 서비스를 제공하기 어려운 위치에 있다. 따라서, 보호관찰대상 청소년들에게 적절한 처우, 예컨대 성향치료 이외에 부모를 포함한 가족치료, 그리고 사회복귀를 위한 제반 교육과 훈련이 필요하고, 또한 그들의 행동이 적절히 감독·통제됨으로써 사회보호의 목적도 달성하고자 한다면 지역사회내 비행청소년들을 교정·감독하기 위해 보호관찰소의 지소를 확대/설치하여 다른 기관과 연계하면서 보호관찰을 담당할 필요가 있다(김준호 외, 2013).

(3) 보호관찰부 기소유예제도

1995년 보호관찰부 기소유예제도가 선도조건부 기소유예제도와 함께 신설되었다. 이는 소년범의 범죄동기, 연령, 수단과 결과 등 사정을 참작하여 전문적 선도가 요구되어지는 범죄소년에게 주임검사가 보호관찰소에 위탁을 하면 보호관찰관이 선도업무 수행하는 제도를 말한다(안경옥, 2007). 선도조건부 기소유예는 법무부 훈령으로 소년선도보호지침에 의하여 운용되지만, 보호관찰부 기소유예는 보호관찰 등에 관한 법률에 근거하여 보호관찰소 선도위탁규정에 의하여 운영되고 있다.

제4절 지역사회 비행예방대책

1. 학교의 비행예방대책

청소년들에게 학교는 범죄예방 교육이나 법 교육을 실시하기에 적절한 기관이다. 청소년들에게 범죄에 대한 사전 차단이나 범죄예방 교육이 가능하기 때문이다. 학교에서 비행을 예방하기 위한 대책으로 첫 번째는 사회에 대한 청소년들의 올바른 인식 정립을 위하여 교과 내용으로 교육을 실시하며, 특별교육과정을 통한 범죄예방 교육과 법 교육을 정기적으로 실시한다. 미국의 경우도 청소년비행 문제와 범죄예방을 위해 법 교육 운동을 전개하였다(조정란, 2011). 법 교육의 경우 단계별 교육 내용으로 실시하여 다양한 매체를 활용한 시청각 수업과 학생들의 생활에 밀착된 사례형 교육내용으로 관심도를 높이고, 알기 쉬운 표현과 용어 설명으로 학생들의 눈높이에 맞는 교재를 활용한다(박성혁, 2007). 이미 도입되어 시행중인 '명예경찰소년단'과 같은 사법기관 및 경찰청 견학과 재판 방청 등 현장학습 프로그램 개발에도 힘써 청소년의 교육의 효과와 참여도를 높이는 것도 필요할 것이다. 실제 법 교육을 통하여 비행예방과 재범행위 억제에 긍정적인 효과를 나타냈다는 연구결과도 있어 적극적인 실행이 필요하다(최영신 외, 2008). 그 외에도 내신 성적 평가를 통하여 경찰서, 파출소 등 사법기관 방문을 체험 프로그램으로 참여하여 성적으로 인정해주는 방식도 고려해 볼 필요가 있다(양원근, 2010).

둘째, 학생과 교사와의 지속적 유대관계를 위한 멘토링 프로그램이나 또래 친구들과의 여가활동 및 상담을 통해 관계를 개선·형성을 돕는 또래 프로그램 등을 고려해 볼 수 있다. 현재 범죄청소년을 대상으로 소규모로 운영되고 있는 멘토링 프로그램에 대하여 학교에 재학 중인 요보호학생들과 비행청소년들에게 확대하여 실시하는 방법을 고려해 볼 필요가 있다(조정란, 2013). 학교에서의 범죄를 예방하는 기초적인 단계는 학생들이 학교생활에 대하여 물리적으로나 심리적으로 즐거움을 되찾을 수 있도록 관계 및 여가 증진 프로그램을 다양하게 개발하고 운영하는 것이 필수적으로 전제되어야 한다(이은영, 1999).

마지막으로 학교 내 범죄예방 관련 협의회이나 상담 서비스와 같은 범죄예방 시스템 구성이 필요하다. 학교전담 경찰관이나 상담 전문가가 학교에 상주하여 학교폭력과 같은 문제에 대처할 수 있도록 교내에 상담 교실을 운영하는 것을 제고해 볼 수 있다(이미경, 2015). 미국의 경우 긍정 행동 함양(Positive Action Through Holistic Education: PATHE) 프로젝트를 들 수 있는데, 학교 운영에 대한 의사결정에 교사, 학생, 경영자, 학부모, 관계기관을 참여하도록 하여 교육 환경의 중요성을 인식시킴으로 학생들의 범죄예방의 효과를 제고하는 프로그램으로 범죄예방을 위한 학교프로그램으로서 주목해 볼 필요가 있다(Siegel, Brandon & Welsh, 2011). 아래에 제시되어 있는 예는 현재 한국에서 시행되고 있는 프로그램이다.

(1) 학교안전통합시스템

'학교안전통합시스템'은 'Wee Project'로 명명하며, 경제적 빈곤, 학교부적응, 정서불안, 폭력 등 위기 학생에 대한 safe-net 구축사업을 2단계로 구성하고

표 14-9 Wee Class 프로그램

개별 프로그램	학생의 부적응 특성 맞춤형 개별상담 프로그램 (자기표현, 감수성 프로그램, 진로탐색, 소질계발 프로그램 등)
집단 프로그램	친구들과 함께하는 집단 상담 프로그램 (집단 상담-사랑나눔, 심리여행 등, 예술치료 프로그램 등)
체험 프로그램	특기와 적성, 흥미에 맞춘 각종 체험·활동 프로그램 (음악, 스포츠, 연극, 영화관람, 현장체험 등)

출처: 이정주(2012).

있다. 교육부는 단위학교에서는 부적응 학생을 위한 '친한 친구교실'(Wee Class)을, 교육청 차원에서는 'Wee Center'를 운영하고 있으며, 위기학생 예방 및 선도를 위한 학교안정망 구축 사업이다(전영실·기광도, 2009). 이 중 'Wee Center'는 중학생·고등학생을 대상으로 하고 있으며 초등생에게는 '친한 친구교실'을 운영하고 있다. 또한, 학교에서 학생들이 친근하게 다가가 상담할 수 있는 상담실을 정비하여 상담활동 등을 하고 있는데, '친한 친구교실'은 일정 자격을 갖춘 전문상담사를 배치해서 상담 등을 수행하고 있다(교육과학기술부, 2008). 현재는 일부 초등학교에서 친한 친구교실이 운영되고 있지만 앞으로 확대될 전망이다. 이는 상담활동과 지원을 통해 비행예방에 기여할 수 있을 것이다.

(2) 배움터지킴이

배움터지킴이 퇴직 교사나 퇴직 경찰 등의 퇴직 유휴인력을 활용한 학교폭력을 예방하고자 한다. 활동내용으로는 안전지도, 교통, 교내외 순회 지도를 통하여 학교폭력에 대한 예방 및 생활지도를 보조하고 있다. 방과 후나 쉬는 시간에 학교 안팎을 다니며 감시활동을 하고 있으며, 1일 8시간, 연 180일 이내로 활동한다. 서울시교육청에 의하면 현재 585개교에 모두 배움터지킴이가 있으며, 이는 학교 내 감시가 강화되어 비행가해 및 피해 예방에 도움이 될 수 있을 것이다.

(3) 학교전담경찰관

경찰은 신학기가 시작되기 전 학교 안전망을 강화[8)]하기 위해 2012년 6월 학교전담경찰관을 발대한 이후, 학교폭력 근절대책 추진을 위하여 가교역할을 충실히 수행하고 있다(경찰청, 2015). 학교전담경찰관은 2013년 681명에서 1,068명으로 증원되어 1인당 10.7개교를 담당하고 있으며, 향후 지속적으로 인력을 충원할 예정이다(경찰청, 2015). 경찰청(2015)에 따르면 학교전담경찰관 업무는 총 다섯 가지로 학교와 협력, 예방교육, 자치위 참석, 학생 상담과 117 해결이 있다. 첫째, 학교와 협력은 생활지도교사와 핫라인 구축하여 학교폭력 사안에 대해 공동대응하고, 학교에서 해결하기 어려운 사안에 대해 적극 해결한다. 둘째, 예방 교육은 전문성과 경험을 갖춘 학교전담경찰관이 소규모 학급 단위로 학생 눈높이 예방교육을 전담하며, 셋째, 자치위 참석은 학교폭력대책자치위원회 위원으로 참석, 형사법적 지식을 바탕으로 의견을 제시하여, 분쟁조정 및 가해학생 선도프로그램 연계 등을 실시한다. 넷째, 학생 상담은 연락처를 적극 홍보하여 전화·카톡·SNS 등을 통해 자연스럽게 신고를 유도하고 가해·피해학생 상담을 통해 학교 적응을 지원한다. 마지막으로 117 해결은 전담경찰관 명단을 117센터와 공유하여 구체적 피해사실 및 사후관리 필요 시 전담경찰관에 연계하여 대면 상담 및 보호·지원을 한다.

2. 회복적 사법

우리나라 소년법 제25조의3은 소년보호사건의 경우 판사가 소년에게 피해자와의 화해를 권고할 수 있고, 화해가 되었을 경우 보호처분의 결정에 이를 참작할 수 있도록 하여 회복적 사법이념을 소년법에 도입했다. 이러한 입법정책은 갈등이론의 정책적 시사점으로 브레이스웨이트(Braithwaite)가 주장하는 회복적 사법이념을 적극적으로 받아들인 것이다. 즉 회복적 사법은 범죄예방과 통제에서 비처벌적인 방식을 주장하는데, 이는 청소년을 포함하여 형사사법기관이 권

---

8) 신고접수·사건처리는 물론 가해학생, 피해학생 사후관리까지 학교와 협력하여 학교폭력에 대한 전반적인 업무를 전담 처리하고 있다(경찰청, 2015).

력을 갖지 못한 하류층 출신들을 엄격하게 처벌함으로써 만들어내는 갈등을 줄이기 위한 노력에서 출발했다.

이와 같은 입법정책의 변화는 현행 형사사법의 기능과 운영이 수사절차상 형사소송법의 궁극적 목표인 실체적 진술의 발견이라는 명제에 대한 실무가들의 왜곡과 형집행이 가해자에 대한 응보에서 출발하여 피해자에 대한 배려 없이 가해자에게 자신이 저지른 범죄로 야기된 문제를 해결하는 데 있어 자유롭게 만들어 결론적으로 범죄예방 및 범죄자 교정처우에 거의 효과가 없다(박미숙, 1999)는 비판에 대한 반성에서 기인하였다.

(1) 회복적 사법의 역사적 배경

형벌의 목적은 범죄자 혹은 가해자를 중심으로 응보적 모델, 특별예방 모델, 일반예방 모델 등을 놓고 논의가 전개되어 왔다. 위의 세 가지 모델에서 범죄피해자를 추상적인 존재로 취급하여 피해자의 실질적인 이익을 보호하지 못하는 우를 범하고 말았다(Mika, Achilles, Halbert, Amstutz, LAmstutz, & Zehr, 2004). 이에 대한 많은 비판이 가해진 데에 대한 반성으로 형사사법의 패러다임이 가해자 중심에서 피해자 중심으로, 응보적 사법(retributive justice)에서 회복적 사법(restorative justice)으로 바뀌었다(Bazemore & Umbreit, 1994). 소년범죄자의 비행성을 교정하기 위한 보호관찰당국에서도 피해자의 요구, 즉 피해자의 시각이 접목되어야만 한다(Reno, Fisher, Brennan, & Turman, 1999). 실천적 경험의 산물인 회복적 사법은 1974년 캐나다의 올랜드주 키치나에서 이루어졌던 「피해자와 가해자간의 화해(Victim-Offender Mediation)」가 기원이 되었다. 이것은 보호관찰관과 자원봉사자의 협력을 얻어 소년범죄에서 실시된 화해프로그램으로 가해자와 피해자 모두 만족한 결과를 얻은 것으로 평가되었다(Peachey, 1989).

그 이후 오스트레일리아, 캐나다, 영국, 뉴질랜드 등지에서 회복적 사법의 실천운동이 활발히 전개되었으며 성인범죄자의 사례뿐만 아니라 중대범죄의 사례에도 적용되고 있다(法務總合研究所, 2000). 한국과 법체계가 유사한 독일에서는 1980년대부터 특히 소년사건에 있어 실무가에 의한 화해프로그램이 나타났고, 1990년 소년법원법(Jugendgerichtsgesetz)의 개정에 의해 「가해자와 피해자의 화해」가 절차요건 또는 처분의 내용으로 규정되었다. 그 이후 화해프로그램은 성인사건에도 적용시키기 위해 1994년 「범죄방지법」에 의해 형법 제46조 a에서 「가해자와 피해자의 화해」 및 손해회복에 관한 규정이 신설되었으며 1999년 12월 29일에는 이 형법전의 규정을 실현시키기 위해 형사소송법을 개정하기도 하였다. 이러한 국제적 흐름은 형법의 역할을 감소시키고 사적인 범죄처리를 지지하는 경향, 형법의 목적에 대해 새로운 시각으로 응보보다는 범죄에 대한 건설적인 처리방향을 목표로 해야 한다는 주장, 부서진 창문(Broken Window)이론의 적용 요구, 그리고 특히 소년사법의 영역에서 가해자와 피해자의 화해프로그램의 중요성에 대한 주장 등이 그 원인이 되었다(Whitehead & Braswell, 2000).

(2) 회복적 사법의 성격

회복적 사법을 둘러싼 이론적 및 실천적 문제의 밑바탕에는 '회복적 사법은 무엇인가' 즉 회복적 사법을 어떻게 정의내릴 것인가의 문제가 있다. 회복적 사법에 비판적인 연구자들은 그 개념의 애매함을 지적하지만 역으로 '현재의 형사사법은 무엇인가'라는 물음에 회복적 사법 비판론자들의 명쾌한 대답도 없다. 일본의 저명한 회복적 사법 연구가인 다카하시(高橋則夫, 2002: 85~86)는 회복적 사법의 정의를 내리는 데 있어 다음과 같은 논점들을 제시했다.

① 회복적 사법의 중점은 형사사법절차에 있는 것인가 그렇지 않다면 그 성과에 있는 것인가? ② 회복적 사법은 현재의 형사사법의 대안인가 그렇지 않다면 다이버전적인 것인가? ③ 회복적 사법에 있어서는 강제적인 요소가 완전히 배제되는 것인가 그렇지 않다면 회복적 제재(restorative sanction)도 포함되는 것인가? ④ 회복적 사법에 있어 지역사회가 본질적인 요소인가 그렇지 않다면 지역사회는 반드시 포함될 필요는 없는가 등이다.

회복적 사법의 성격을 잘 설명하는 데 인용되는 두 가지의 정의 중 하나는 마샬이 제시하여 루벤선언(1997년)과 범죄예방 및 형사사법에 관한 국제연합 NGO 동맹이 채택하고 있는 것으로 '당해 범죄에 관계되는 모든 이해당사자가 한 곳에 모여 범죄의 영향과 그것이 장래에 대하여 가지는 의미를 어떻게 다룰 것인가를 집단적으로 해결하는 과정이라'라고 정의된다(이호중, 2000). 또 다른 하나는 웰그레이브 등이 주장한 것으로 '당해 범죄로 인해 발생한 피해를 회복함으로써 사법정의의 실현을 지향하는 일체의 활동이다'라고 정의되어진다. 전자를 순수모델(Purist Model), 후자를 최대화모델(Maximalist Model)이라고 한다(高橋則夫, 2002). 순수모델은 범죄의 직접적인 관계자가 모여 상호 협력함으로써 각각의 욕구가 충족되어 피해자, 가해자 기타 관계인의 재통합이 가능하다고 생각한다. 이 모델에 의하면 회복적 사법 프로그램은 피해자, 가해자 및 지역사회가 직접적으로 모이지 않으면 안 되고, 그 성과 또한 그들에게서 나오므로 당사자들의 적극적인 참여에 의존한다. 이 모델을 기반으로 한 프로그램은 가족집단회의(FGC), 지역사회협의, 평화서클 등이 있다. 이들 프로그램은 1차적인 당사자들이 공동의 협의를 통해 피해자를 회복시키고, 가해자에게는 당해 행위에 대한 책임을 지우며, 양자에 대하여 사회적 지원을 강화하는 것을 목적으로 한다. 즉 피해자의 회복, 가해자의 책임, 지역사회의 지원이 순수모델의 구성요소이다. 이러한 절차의 통해 당해 사건의 이해관계자들의 욕구를 충족시키는 것이다(McCold, 2000).

그러나 최대화모델은 순수모델을 한편으로는 너무 범위가 넓고 다른 한편으로는 너무 좁다고 비판한다. 우선 순수모델은 이해관계자가 한 곳에 모여 사죄하는 과정을 중시하여 범죄에 의해 발생하는 피해를 회복하는 것에 우선순위를 두지 않아도 회복적 사법에 포함되는 등 그 범위가 너무 넓어, 순수모델은 이상적인 것으로 실천적이지 못하다는 것이다(McCold, 2000).

우리나라 소년법은 최대화모델을 받아들인 것으로 소년범죄자가 직접적으로 피해자의 피해회복 및 감정치유에 적극적으로 참여할 것을 판사가 권고할 수 있고, 피해자와 화해가 되었을 경우 보호처분의 결정에 이를 참작하는 등 실질적으로 회복적 사법이념을 구현하고자 노력하고 있다.

(3) 회복적 사법의 실천적 모델

다양한 회복적 사법의 대표적인 형태는 피해자와 가해자의 화해, 집단회의(Conferencing), 양형 모임(Sentence Circles)의 세 가지 모델을 들 수 있다. 피해자와 가해자의 화해는 객관적인 중재자의 조정하에 피해자와 가해자가 모여 피해자는 자신의 피해체험과 그 영향을 말하고 가해자는 자신의 행한 범죄내용과 그 원인은 답하는 형식으로 중재자가 사건 당사자의 욕구를 파악, 구체적인 회복방안으로 배상명령 또는 사회봉사명령 등을 제시한다. 유럽에서는 피해자와 가해자간의 직접적인 대면을 필요조건으로 하고 있지 않으며, 북미에서는 범죄영향을 받은 제3자와 당사자의 지원자 등도 참가한다(Reno, Fisher, Brennan, & Turman, 1999).

집단회의(Conferencing)는 뉴질랜드에서 발전한 모델로 원주민인 마오리족의 전통적인 풍습이었다. 이 시스템은 피해자와 가해자뿐만 아니라 피해자의 가족과 친구, 심지어는 가해자의 가족과 친구도 참가하는 점에 특색이 있다. 이처럼 직접적인 사건당사자 이외의 참가자는 간접적인 피해를 받은 자들이며, 최종적인 합의가 이루어질 때까지 회의에 참여한다. 중재자는 회의를 통제하지만 실질적인 논의에 있어서는 중요한 역할을 수행하지 않는다. 가해자는 자기가 행한 범죄내용과 피해자에 대해 어떻게 생각하고 있는가 등을 설명하고 다음으로 피해자는 자신의 피해체험과 그 후유증에 대해 말한 다음 피해자의 가족과 지원자, 가해자의 가족과 지원자 순으로 회의는 진행된다. 회의에 참석한 모든 구성원은 가해자가 피해회복을 위해 할 수 있는 여러 합의사항을 도출하여 형사사법기관에 보낸다(Johnstone, 2002: 136~143).

양형 모임(Sentence Circles)은 피해자와 가해자 및 가족과 지원자 이외에 형사사법기관을 포함하는 점에서는 가족회의모델과 유사하지만 사건에 관심이 있는 지역사회구성원도 참가하는 점에서 특색이 있다. 회의는 우선 가해자가 사건개요에 대해 설명한 후 모임에 참가한 모든 구성원이 차례로 이야기한다.

3. 환경설계 범죄예방(CPTED)

청소년범죄자를 사회로 원활히 복귀시키는 데에 있어 지역사회의 역할은 무엇보다 중요하며, 지역사회를 통해 청소년에 대한 울타리 역할이 필요하다(이미경, 2015). 지역 내 행정기관에서는 청소년의 성장과 발달에 유해한 영향을 줄 수 있는 환경을 대상으로 청소년범죄를 예방하고 재범을 막기 위해 지역사회 내의 유흥업소 밀집지역이나 학교주변 유해업소 등 범죄가 발생할 우려가 있는 지역을 순찰, 학교 주변 환경 정화 활동이 필요하다(전혜경, 2012). 지역 행정기관을 중심으로 한 유해환경 정비활동에 있어서도 전문가의 진단을 바탕으로 지역주민의 참여와 협조를 통해 진행·단속하여 지도활동에 있어서도 관련 부처와 함께 지속적이고 강력한 단속을 추진하여야 한다(이하섭·조현민, 2011).

아파트에서 발생하는 범죄가 아파트의 환경계획적 특성에 의해 영향을 받고 있다는 연구결과를 감안할 때(김수암, 1993), 미국에서 시작된 환경설계를 통한 범죄예방(CPTED)을 통한 계획적인 지역환경 조성을 주목해 볼 필요가 있다(최영인·염건령, 2005). 무엇보다 환경설계를 통한 범죄예방에 있어 아파트, 주택 등 주거지역뿐만 아니라 지역 내 일반 건물에 있어서 범죄예방을 위한 방어공간을 확보하도록 하는 것을 제도화할 필요가 있다(이건종·전영실, 1994; 전대양, 1992). 이를 활용하여 청소년범죄나 학교 폭력 발생가능성을 최소화하여 범죄를 방지할 수 있다는 연구결과에 근거하여 학생들의 안전과 범죄 예방을 위한 환경 조성도 고려해 볼 필요가 있다(최영인·염건령, 2005). 아래는 환경설계를 통한 범죄예방에서 중요하게 여기는 요소들을 활용하여 학교 내에서 발생할 수 있는 학교폭력 및 범죄에 대한 예방책을 제시하고 있다.

(1) 자연적 감시

범죄에 대한 자연적 감시는 학생, 교직원 등 학교시설 이용주체에 의한 감시와 주변지역 거주자, 통행자 등 제 3자에 의한 감시, 그리고 인적 감시가 부족한 장소에 대한 기계적 감시의 세 가지 측면에서 접근하여야 한다(조민희·이재민, 2012). 자연적 감시를 극대화하기 위해서는 주요 활용공간에서 사각지대를 없애고 개방적 설계가 이루어져야 한다. 즉, 가시성을 높여 어느 방향에서든 학교건물이 보이는 형태의 설계가 이루어져야 한다. 또한, 조경적 측면에 있어서 낮은 울타리나 야간의 조명도 고려되어야 한다. 제3자에 의한 자연적 감시가 가능하도록 도시설계 측면에서 유동량이 많은 도로변을 따라 등하굣길이 배치되고, 주변 건물이나 상가 등에서 학교가 항상 보이도록 설계되어야 한다(이형복 외, 2012). 마지막으로 기존의 적벽돌색 담장을 탈피하여 투명 벽면을 활용한 개방감을 통해 사각지대나 담장 주변 CCTV를 이용하여 기계적 감시기능을 보충하는 것도 바람직한 방안이다(이상원, 2010).

(2) 자연적 접근통제

학교시설에서 자연적 접근통제는 학교 내 후미진 공간의 접근과 학교에 대한 접근으로 나누어 볼 수 있다. 먼저 학교 내 건물 뒤편, 옥상, 주차장 등 구석진 공간으로의 접근을 막기 위해서는 통제 안내표지나 잠금장치를 동시에 적용한다. 특히 옥상의 경우 각종 비행행위가 발생할 가능성이 높지만 재난발생시 대피장소로 사용되어야 하기 때문에 내외부에서 일정 방향으로만 개폐가 가능한 장치의 설치가 바람직하다(권지훈, 2008). 학교시설에 대한 자연적 접근통제로는 관리인에 의한 출입통제, 출입구의 제한, 월담을 어렵게 하는 담장 소재 등을 고려할 수 있다. 최근 학교개방 정책으로 운동장의 개방이 활발해진 만큼 학교건물이나 시설에 접근을 막는 것이 바람직하다.

(3) 영역성

학교 시설에 대한 명확한 경계 표시는 주인의식을 강화하여 방화, 침입, 파손 등으로부터 학교를 보호해준다. 수목, 담장을 이용하여 방범 경고문의 부착과 동시의 경계 표시를 하면 효과적이다. 영역성을 표시하는 담장이나 수목의 경우, 자연적 감시가 가능하도록 과도한 밀집 식재를 지양함으로써 다른 기능들과의 상충이 일어나지 않도록 고려해야 한다(이형복 외, 2012).

(4) 유지관리

운동장, 건물, 기타 공간에 대한 보수와 유지는 추가적 방화 및 파손의 위험을 낮춘다. 또한 범죄동기를 가지고 접근하는 사람에 대한 방어적 효과도 있다. 학생들이나 학교의 관리자에 의한 유지관리뿐 아니라 주변지역 거주자들로 구성된 자발적 유지관리 시스템의 구축은 매우 유용한 학교시설 CPTED 적용방안이 될 수 있다(이형복 외, 2012).

연습문제

1. 비범죄화 정책 중 전환제도는 청소년범죄 발생을 줄이는 데 긍정적인 역할을 하는가? 즉, 검찰과 경찰의 전환제도 시행은 청소년범죄를 줄이는 데 중요한 역할을 하는가? 만약 그렇게 생각한다면 그 이유는 무엇인지 경찰과 검찰의 전환제도를 중심으로 설명하여라.

2. 경찰의 여러 가지 비행대책 중 어느 대책이 청소년범죄를 줄이는 데 가장 중요하다고 생각하는가? 6가지 대책 중 가장 중요하다고 생각하는 것을 선택하고 왜 그 대책이 청소년범죄를 줄이는 데 가장 중요하다고 생각하는지를 구체적으로 설명하여라.

3. 교정기관에서의 소년비행 대책으로 여러 가지 정책들이 시행되고 있다. 그럼에도 불구하고 우리 사회에서 청소년범죄율이 줄지 않는 주된 이유는 무엇인가? 비행 대책의 실효성이나 효과성에 문제가 있는가? 아니면 범죄를 저지르는 청소년 자신에게 근본적인 문제가 있는가? 대책의 실효성, 효과성과 청소년 자신의 문제를 중심으로 설명하여라.

4. 청소년비행 대책을 경찰, 검찰, 교정기관, 지역사회 차원에서 살펴보았다 이 4가지 차원 중 청소년비행 및 범죄를 획기적으로 줄이는 데 효과적인 기관은 무엇이며, 왜 그 기관의 대책이 청소년비행 감소에 결정적 역할을 하는지를 구체적으로 설명하여라.

5. 회복적 사법제도가 우리나라에 적용될 필요가 있다고 생각하는가? 만약 그렇다면 청소년범죄의 어떤 유형(살인, 강도, 강간, 절도, 약물범죄, 각종 지위비행 등)을 처리하는 데 효율적이라고 생각하는가? 그 이유는 무엇이라고 생각하는가?

6. 청소년들 사이에서 발생되는 집단따돌림(왕따) 문제를 회복적 사법제도를 적용하여 설명하여라. 즉, 집단따돌림이 발생했을 때, 가해자, 피해자, 중재자 등을 중심으로 집단따돌림 문제를 해결하는 과정을 구체적으로 설명하여라.

참고문헌

경찰청. (2014). 경찰백서.

경찰청. (2015). 경찰백서.

교육과학기술부 보도자료. (2008). 09. 24

권지은. (1998). 청소년비행 관련 변인에 대한 메타분석. 「숙명여자대학교 대학원 석사학위 청구논문」.

권지훈. (2008). "학교폭력 예방을 위한 초등학교시설 건축계획에 관한 연구 –대구광역시 초등학교 공간구성 및 가시특성 분석을 중심으로-.「대한건축학회」. 10(2): 47-56.

김봉수. (2013). "소년범죄의 최근 동향과 대책".「법학논총」. 33(1): 173-198.

김수암. (1993). "아파트단지의 범죄발생동향 및 계획적 대책",「대한건축학회」. 주거단지범죄예방을 위한 건축환경계획 세미나발표집.

김준호·노성호·이성식·곽대경·박정선·이동원·박철현. (2013).「청소년비행론」. 청목출판사.

김용우. (2006).「형사정책」. 박영사

김혜정·조상희. (2015). "피해자 없는 범죄에 대한 규제에 관한 소고".「피해자학연구」. 23(1): 83-103.

대검찰청. (2014).「검찰연감」.

대검찰청. (2016). http://www.spo.go.kr/spo/major/guidance/act/guidance02.jsp

박은민·최진아. (2011). "청소년 범죄 재범방지를 위한 경찰 다이버전 프로그램 활성화 방안",「한국콘텐츠학회」. 11(6): 311-325.

박상기·손동권·이순래. (2011).「형사정책」. 한국형사정책연구원.

박상기 외. (2015).「형사정책」. 한국형사정책연구원.

범죄백서. (2003). 법무연수원.

범죄백서. (2015). 법무연수원.

박미숙. (1999), "회복적사법과 피해자 보호", 피해자학연구 제8호: 201.

승재현·조윤오. (2013).「재범방지를 위한 교정보호의 선진화방안 연구(II) -교정 민간 자원봉사 활동의 활성화 방안-」. 한국형사정책연구원 연구총서 13-CB-08.

신혜섭. (2005). "가정폭력 요인과 가족구조 요인이 남녀학생 청소년의 비행에 미치는 영향",「가족과문화」. 17(2): 63-88.

안경옥. (2007). "청소년범죄의 형사법적 대책과 검사의 역할 -한국의 소년사건처리절차와 검사의 역할-".「형사정책」. 42(2): 10-23.

양원근. (2010). 청소년 범죄 실태와 효과적 예방에 관한 연구-지역중심의 종합적 연계방안과 경찰의 역할-.「영남대학교 대학원 석사학위논문」

양종국·김충기. (2002). "비행청소년의 비행 위험요인 및 보호요인과 재비행간의 관계".「청소년상담연구」, 10(2): 101-121.

어린이경찰청 홈페이지(http://kid.police.go.kr). 2016.

유성경. (2000).「청소년비행예방 및 개입전략 개발을 위한 기초연구: 비행수준별, 유형별 위험요인 및 보호요인 분석.」서울: 한국청소년상담원.

이건종·전영실. (1994). "각국의 범죄예방정책에 관한 연구", 한국형사정책연구원 연구보고서. 93-111.

이명우·신효정·김태선·송은미·김소라. (2005).「경찰 다이버전 체제 운영을 위한 학교폭력 가해자

상담 모형 개발」. 한국청소년상담원.

이미경. (2015). 청소년 범죄의 재범 예방 위한 대책 연구. 「연세대학교 법무대학원 석사학위 논문」.

이상원. (2010). "초등학생 성폭력 방지를 위한 CPTED 전략". 「한국치안행정논집」. 7(3): 25-42.

이석형. (2008). "청소년비행 보호요인에 대한 타당성 연구." 「청소년학연구」. 15(1): 223-246.

이수정·윤옥경·황태정. (2007). 「비행 및 일탈청소년 관련 프로그램의 현황과 프로그램 이용 실태 조사 및 예방적·회복적 강화 방안 연구」. 국가청소년위원회.

이순래. (1996). "소년범죄와 성인범죄와의 관계에 관한 연구". 「형사정책」. 8: 39-63.

이은영. (1999). "소년강력범죄의 원인과 대책에 대한 연구".

이정주. (2012). 우범소년의 비행예방대책에 관한 연구. 「한양대학교 박사논문」

이하섭·조현민. (2011). "청소년 범죄에 대한 경찰활동", 「자치경찰연구」. 4(3): 285-297.

이형복·임윤택·최봉문·김낙수. (2012). "학교시설에서 CPTED 적용 방안 및 원칙 따른 시뮬레이션". 「한국콘텐츠학회논문지」. 12(6): 424-427.

이호중. (2000), "회복적사법(restorative Justice) - 이념과 법이론적 쟁점들", 피해자학연구, 9(1): 30.

임승환. (2011). "청소년 범죄의 실태 및 대책에 관한 연구", 「자치경찰연구」. 4(3): 101-126.

전대양. (1992). "우리나라 방범체제의 개선방향". 「민생치안」. 1(4): 147-184.

전대양. (1998). "사회내처우의 과제와 전망", 「사회과학논총」. 제3호.

전영실·기광도. (2009). "저연령 소년의 비행실태 및 대책". 「형사정책연구원 연구총서」. 9-290.

조민희·이재민. (2012). "범죄예방과 학교 안전을 위한 CPTED 적용방안". 「무도연구소지」. 6: 95-108.

조정란. (2013). 청소년 범죄 예방의 실질적 개선방안 연구. 「대진대학교대학원 석사학위논문」.

조종태. (2013). "학교폭력에 대한 효율적 대처 방안". 「저스티스」. 143: 141-160.

지승희·이은경. (2001). 「청소년비행 예방 및 개입전략 개발을 위한 종단연구」. 서울: 한국청소년상담원.

최영신·최지연·황태정·김기환. (2008). 「비행청소년 대상 법교육 프로그램 개발 연구」. 형사정책연구원 연구총서 08-10.

최영인·염건령. (2005). 「환경설계를 통한 범죄예방이론의 역사와 전략」, 백산출판사.

최인섭·이순래. (2009). 「청소년의 재범예방프로그램 개발에 관한 연구」. 한국형사정책연구원 연구총서 09-11.

최종식. (2007). "소년범죄의 대책", 형사정책연구원 춘계학술세미나 발표자료.

한국형사정책연구원. (2010). 「청소년 범죄예방 법교육」. 한국형사정책연구원

한영희·조아미. (2008). "무단결석 청소년의 생활과 진로". 「미래청소년학회지」. 5(3): 29-53.

홍성흔·김희수. (2007). "청소년의 비행행동에 관한 연구: 대인관계의 매개효과를 중심으로," 「한국청소년연구」. 18(3): 193-216.

Agnew, R. (1991). "A Longitudinal Test of Social Control Theory and Delinquency", *Journal of Research in Crime and Delinquency*, 28(2): 126-156.

Bazemore, G. & Umbreit, M. (1994), "Balanced and Restorative Justice: Program Summary", Washington, DC: U.S. Department of Justice, Office of Juvenile Justice and Delinquency Prevention.

Becker, H. S.(1963). *Outsiders: Studies in the Sociology of Deviance*. New York: Free Press.

Carr, M. B., and Vandiver, T. A. (2001). Risk and Protective Factors among Youth Offenders. *Adolescence*, 36(143): 409-426.

Dembo, R., Williams, L., Schmeidler, J., Getreu, A., Berry, E., Gemung, L. et al.(1991). Recidivism among High Risk Youths: A 2-year Follow-up of a Cohort of Juvenile Detainees. *The International Journal of the Addictions*, 26: 1197-1221.

Farrington, D. P.(1978). "The family backgrounds of aggressive youths." In L. Hersov, M. Berger & D. Schaffer(eds.), *Aggression and antisocial disorder in children*, 73-94. Oxford: Pergamon.

Farrington, D. P.(1991). Childhood Aggression and adult violence: early precursors and life outcomes, 5-29 in D. J. Pepler and K. H. Rubin(eds.), *Development and Treatment of Childhood Aggression*. Hillsdale: Lawrence Erlbaum Associates.

Ganzer, V. J., & Sarason, I. G. (1973). Variables Associated with Recidivism among Juvenile Delinquents. *Journal of Consulting and Clinical Psychology*, 40: 1-5.

Gleuck, S. & E. Gleuck.(1959). *Predicting Delinquency and Crime*, Cambridge, MA: Havard University Press.

Houesmann, L. R., Eron, L. D., Lefkowitz, M. M., & Walder, L. O. (1984). Stability of Aggression over Time and Generations. *Developmental Psychology*, 20: 1120-1134.

Huey, Jr., Henggeler, S. W., Brondino, M. J., & Pickerell, S. G. (2000). Mechanisms of Change in Multisystemic Therapy: Reducing Delinquent Behavior through Therapist Adherence and Improved Family and Peer Function. *Journal of Consulting and Clinical Psychology*, 68: 451-467.

Johnstone, Gerry (2002), *Restorative Justice: Ideas, Values, Debates*. UK: Willan Publishing: 136-143.

Katsiyannis, A., & Archwamety, T. (1999). Academic Remediation/Achievement and Other Factors related to Recidivism Rates among Delinquent Youths. *Behavior Disorders*, 24: 93-101.

Larry, Siegel, Brandon C., & Welsh(2011). *Juvenile Delinquency*. Wadworth Cengage. USA.

Loeber, L., & Farrington, D. P., & Waschbusch, D. A. (1998). Serious and Violent Juvenile Offenders. In R. Loeber, & D. P. Farrington (eds.), *Serious and Violent Juvenile Offenders: Risk Factors and Successful Intervention*. CA: Sage Publications.

McCold, P. (2000), "Toward a Holistic Vision of Restorative Juvenile Justice: A Reply to the Maximalist Model", *Contemporary Justice Review*, 3(4): 373-374.

Mika, H., Achilles, M., Halbert, E., Amstutz, L. S., Amstutz, L. S., & Zehr, H. (2004), "Listening to Victim-A Critique of Restorative Justice Policy and Practice in the United States", *Federal Probation*, 68: 1, 32-33.

Mulder, E., Brand, E., Bullens, R., & Van Marle, H. (2011). Risk Factors for Overall Recidivism and Severity of Recidivism in Serious Juvenile Offenders. *International Journal of Offender Therapy and Comparative Criminology*, 55(1): 118-135.

Offord, David, R., Kraemer, Helena C., Kazdin, Alan E., Jensen, Peter S., & Harrington, Richard (1998). "Owering the Burden of Suffering from Child Psychiatric Disorder: Trade-Offs among Clinical, Targeted, and Universal Interventions," *Journal of the American Academy of Child and Adolesccent Psychiatry*, 37: 686-694

Peachey, D. (1989), "The Kitchener Experiment" in Mediation and Criminal Justice: Victims, Offenders and Community, M. Wright and B. Galaway(ed)(London: Sage), 14-16.

Reno, J., Fisher, R., Brennan, N., & Turman, K. (1999), "Promising Victim-Related Practice and Strategies in Probation and Parole", Washington, DC: U.S. Department of Justice, Office for Victim of Crime, 1-2.

Rhodes, J. E., & Jason, L. A. (1990). "A social Stress Model of Substance Abuse", *Journal of Consulting and Clinical Psychology*. 58: 395-401.

Sprott, J. C. (2004). Dynamic Models of Love. Nonlinear Dynamics, *Psychology, and Life Science*, 8: 303-314.

Stouthamer-Loeber, M., Loeber, R., Wei, E., Farrington, D. P., & Wikstrom, P. O. (2002). Risk and Promotive Effects in the Explanation of Persistent Serious Delinquency in Boys. *Journal of Consulting & Clinical Psychology*, 70: 111-123.

Unruh, D., Povernmire-Kirk, T., & Yamamoto, S. (2009). Perceived Barriers and Protective Factors of Juvenile Offenders on their Developmental Pathway to Adulthood. *Child and Adolescent Behavior Newsletter*, 25(9): 5-7.

Wadsworth, M. (1979). *Roots of Delinquency*. London: Martin Robertson.

Wasserman, G. et al.. (2003). "Risk and Protective Factors of Child Delinquency," Child Delinquency, Bullutin Series. Washington DC: U.S. Department of Justice, Office of Justice Programs, Office of Juvenile Justice and Delinquency Prevention.

Whitehead, John & Braswell, Michael (2000), "The future of probation: Reintroducting the spiritual dimension into correctional practice", *Criminal Justice Review*, 25: 2, 207-208.

高橋則夫, 修復的司法の探求(東京: 成文堂), 2002, 85-86面.

法務總合研究所,「法務總合研究所研究部報告 9-諸外國における犯罪被害者施策に關する研究」, 2000.

찾아보기

ㅅ

【저자 약력】

이완희

미국 머레이주립대학(Murray State University) 언론학 학사
미국 테네시대학(The University of Tennessee at Martin) 법의학 수료
미국 샘휴스턴대학(Sam Houston State University) 범죄학 석사
미국 써던미시시피대학(The University of Southern Mississippi) 범죄학 박사
미국 테러리서치센처(The Institute for the Study of Violent Group/ISVG) 수석연구원
현 가천대학교 경찰·안보학과 교수

황성현

부산대학교 사회과학대학 사회학과 학사 및 석사
미국 플로리다대학교(University of Florida) 범죄사회학 박사
미국 플로리다대학교 Center for Studies in Criminology and Law 박사후 연구원(post-doc.)
현 고려사이버대학교 청소년상담학과 교수

이창한

동국대학교 경찰행정학과 학사 및 석사
동국대학교 경찰학박사
일본 게이오대학(慶應義塾) 대학원 법학연구과 객원연구원
제41회 행정고등고시 합격
국무총리실 대테러센터 자문위원
현 동국대학교 경찰사법대학 경찰행정학부 교수

문준섭

단국대학교 경영학과 학사
미국 미시간주립대학교(Michigan State University) 형사사법학석사
미국 샘휴스턴주립대학교(Sam Houston State University) 형사사법학박사
미국 뉴저지주립대(Kean University), 조지아주립대(Armstrong State University), 휴스턴대(University of Houston-Downtown) 교수 역임
미국 연방교정국(Federal Bureau of Correction) 범죄심리 자문위원, 미국 텍사스주 교정국(TICOOMMI) 연구원, 미국 텍사스주경찰교육국(TCLEOSE) 연구원
현 가톨릭관동대학교 경찰행정학과 교수

한국청소년비행학

초판 인쇄 2017년 5월 10일
초판 발행 2017년 5월 20일

지은이 이완희 · 황성현 · 이창한 · 문준섭
펴낸이 박노일

총괄기획 김중용 · 최준규
편 집 심성보

펴낸곳 pnc publishing and culture 피앤씨미디어
경기도 고양시 일산동구 강송로 153 310-1501
등록 제396-2012-000203호
전 화 070)7550-3758 팩 스 02)718-8554
홈페이지 www.pncmedia.co.kr 이메일 pnc@pncmedia.co.kr
ISBN 979-11-5730-407-3 93180

정 가 26,000원